333 教育综合大纲解析

教育学基础和教育心理学分册

333 教育综合蓝皮书编写组　主编

北京理工大学出版社
BEIJING INSTITUTE OF TECHNOLOGY PRESS

版权专有　侵权必究

图书在版编目（CIP）数据

333教育综合大纲解析.教育学基础和教育心理学分册/333教育综合蓝皮书编写组主编. -- 北京：北京理工大学出版社，2022.3

ISBN 978-7-5763-1155-6

Ⅰ.①3… Ⅱ.①3… Ⅲ.①教育学–研究生–入学考试–自学参考资料②教育心理学–研究生–入学考试–自学参考资料 Ⅳ.①G40②G44

中国版本图书馆CIP数据核字(2022)第045028号

出版发行 /	北京理工大学出版社有限责任公司
社　　址 /	北京市海淀区中关村南大街5号
邮　　编 /	100081
电　　话 /	(010)68914775（总编室）
	(010)82562903（教材售后服务热线）
	(010)68948351（其他图书服务热线）
网　　址 /	http://www.bitpress.com.cn
经　　销 /	全国各地新华书店
印　　刷 /	三河市恒彩印务有限公司
开　　本 /	880毫米 1230毫米　1/16
印　　张 /	15.25
字　　数 /	761千字
版　　次 /	2022年3月第1版　2022年3月第1次印刷
定　　价 /	96.80元（共2册）

责任编辑 / 多海鹏
文案编辑 / 多海鹏
责任校对 / 周瑞红
责任印制 / 李志强

图书出现印装质量问题，请拨打售后服务热线，本社负责调换

本书特色

1 聚焦考点 方便查阅

高频考点索引

教育	P12	教师劳动的特点	P99
人的发展的规律性	P18	教师的素养	P103
教育的社会变迁功能	P27	皮亚杰认知发展阶段理论	P129
教育目的	P33	维果茨基的文化历史发展理论	P132
教育目的的价值取向	P34	科尔伯格的道德发展阶段理论	P136
我国教育目的的基本精神	P35	发现学习	P156

2 辨清概念 突破疑难

[易混知识]

教育的主导作用和引领作用
（宁波 18 简答；福建 21，深大 19，苏大 17 论述）

教育的主导作用是高频考点，教育的引领作用是 2021 年大纲新增的表述。教育的引领作用体现在教育如何宏观把控教育方向，引领学生从自然人走向社会人；教育发挥主导作用则是教育的引领作用的具体表现。

教育发挥主导作用的条件：

（1）科学的学校教育。教育的影响着教育的效果；教育物质条件影响着教育的速度和规模；教育活动影响着教育影响的深度；教师素质影响着教育的水平；教育管理水平影响着教育的功能。

（2）优化的家庭教育。学校教育在人的身心发展中的主导作用的发挥，还受学生家庭的经济状况、家长的文化水平、家庭的人际关系等家庭条件的影响。

（3）良好的社会状况。教育活动是在一定社会的条件和背景下进行的，并受到社会条件的制约。这些

3 数据分析 梳理考点

考频分析

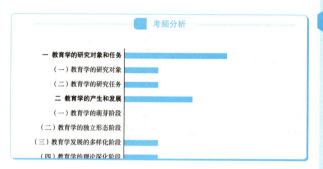

一 教育学的研究对象和任务
（一）教育学的研究对象
（二）教育学的研究任务
二 教育学的产生和发展
（一）教育学的萌芽阶段
（二）教育学的独立形态阶段
（三）教育学发展的多样化阶段
（四）教育学的理论深化阶段

4 攻克难点 知识延伸

[超纲知识]

课程评价的模式

1. 目标游离模式（海师 17 名解）

（1）内容：由美国学者斯克里文提出，他认为评价者应该注意的是课程计划的实际效应，而不是预期效应，他主张评价重点从"课程计划预期的结果"转向"课程计划实际的结果"。

（2）评价：目标游离模式强调评价过程是一种价值判断的过程，使评价更接近其本质，突破了预设目标的限制，将形成性评价和总结性评价结合了起来。但目标完全"游离"的评价是不存在的，目标游离模式没有一套完整的评价程序，操作比较困难。

2. CIPP 模式（东师 20 简答；中央民族 19 论述）

（1）内容：该评价模式由斯塔弗尔比姆提出，CIPP 是由背景评价、输入评价、过程评价、成果评价这几种评价名称的英文首字母组成。

①背景评价：要确定课程计划实施机构的背景；明确评价对象及其需要；明确满足需要的机会；诊断需

5 系统归纳 脉络清晰

章节框架

课程
├─ 课程概述
│   ├─ 课程及相关概念
│   ├─ 课程理论的发展
│   └─ 课程论争的几个主要问题
├─ 课程设计
│   ├─ 课程目标的设计
│   └─ 课程内容的设计
└─ 课程改革
    ├─ 世界各国课程改革发展的趋势
    ├─ 我国基础教育的课程改革
    ├─ 我国中小学的课程设置
    ├─ 影响课程改革的主要因素
    └─ 新一轮课程改革对教学过程和教师的要求

6 知识拓展 有料有趣

[拓展知识]

教育信息化与教师（湖师 20 论述）

教育的信息化是现代教育最显著的特征之一，也是世界教育改革的一个重要趋势。它带给教育的不仅仅是手段与方法的变革，而且也是包括教育观念与教育模式在内的一场历史性变革。

教育信息化有两个含义：一是教育培养适应于信息化社会的人才，二是教育把信息技术手段有效应用于教学与科研。

（1）对教师职能的影响。教学自动化并不能取代教师所发挥的作用，只能使教师职能有所改变，教师所具有的一些"人性化"的特质，是任何机器都代替不了的。教师将更多地成为学习活动的参谋和指导者，而不再是知识的提供者。同时，教师可以从事务性工作中解放出来，有更多的时间从事教改，更好地进行个别辅导。

（2）对师生关系的影响。教学技术促进了教育者和受教育者的地位互动。现代教学技术加快了知识信息传播的速度及知识传播的广度。教育者既可以通过先进的技术传授自己拥有的知识，同时接受、学习

7 直击重点 有的放矢

一 教育概述 ★★★★★

（一）教育概念的界定

（宁夏 21/18、福师 21、陕师 18/17、华南 18/17、贵师 18/17、宁波 / 扬大 / 天师 17 名解）

教育是人的发展与社会发展的中介活动，其主旨在于以人为本、育人成人，培养人成为他所生存的那个时代的社会实践主体，引导人和社会的持续发展。

其概念有广义和狭义之分。

广义教育：指凡是有目的地增进人的知识技能、影响人的思想品德、增强人的体质的活动都是教育，包括人们在家庭中、学校里、亲友间、社会上所受到的各种有目的的影响。

狭义教育：主要指学校教育，指一种专门组织的不断趋向规范化、制度化、体系化的教育。它是根据一定的社会现实和未来需要，遵循着受教育者身心发展的规律，有目的、有计划、有组织地对受教育者身心施加影响，把他们培养成为一定社会或阶级所需要的人的活动。

8 实战实练 经典真题

[名校真题]

名词解释

1. 教育（陕西师范大学 2017）
2. 狭义教育（华南师范大学 2017）
3. 教育者（华南师范大学 2020）

简答题

1. 简述教育的质的规定性（华中师范大学 2021）
2. 教育与教学的关系（南京师范大学 2021）
3. 简述教育起源的主要观点（苏州大学 2018）
4. 简述现代教育特征（中央民族大学 2021）

论述题

1. 教育是什么？选一种观点论述（东北师范大学 2020）

前言

亲爱的同学们：

你们好！非常感谢大家的信任和选择。相信你们在阅读这些文字的时候，已经做好了为成功上岸全力以赴、为追寻梦想不遗余力的准备。《333教育综合大纲解析》（以下简称"大纲解析"）是大家在这场征程中最坚实的"伙伴"和助手，能为大家解答知识疑惑和节约复习的时间成本，帮助大家顺利抵达成功的彼岸。

教育学的知识体系庞杂、繁多，帮助考生在较短的时间内对知识点进行精准把握，是我们编写这本大纲解析的初衷。为此，我们特意在以下几个方面做出了努力：

第一，确保知识点的全面覆盖和系统呈现

大纲解析是根据《全国教育硕士专业学位研究生入学考试大纲及指南》（以下简称"大纲"）编写，内容包含333教育综合考试大纲所规定的四个科目的所有知识点。此外，我们在仔细研读和分析近年来各校真题、认真总结近年考试趋势和动态的基础上，对大纲以外的高频考点也进行了总结归纳并将其补充到了大纲解析之中。因此，我们不仅基于大纲，还囊括了大纲没有但是可能会命题的内容，从而确保了知识点的全面性。

第二，结合最新大纲和多版参考教材

大纲解析是根据最新大纲的内容编写并进行了相应地调整。此外，在编写大纲解析的过程中，我们参考和结合了许多版本的参考教材，对各个版本教材的相关内容进行了仔细研读和对比分析，力求使知识点的表述更加合理，做到知识的易懂宜背和与时俱进。

第三，添加"高频考点索引"，快速定位重难点

333教育综合知识内容繁多，在众多的内容之中把握高频考点和重难点是非常重要的，尤其在考研的最后冲刺阶段，更应该注重高频考点复习。为此，我们添加了"高频考点索引"栏目，让考生能快速定位本书中的重点内容，从而节省考生查找重难点知识内容的翻阅时间，提高复习效率。

第四，设置知识框架及考频分析，厘清知识结构及重难点

教育综合内容繁多、体系庞大，为了方便考生对其进行知识的学习、整合、理解和记忆，我们在各科目和章节前都准备了对应的知识框架，以便于考生在头脑中形成

I

相关内容的知识地图，从而帮助考生对知识进行编码和记忆。

其次，每章的正文之前都呈现了本章的考频分析图，使本章的高频考点和重难点一目了然，考生可结合考频分析图进行针对性地、有重点地复习，对各章的高频知识点倾注更多的注意，把握考试的规律。

第五，设置各类模块，增加对个别争议性、超纲知识点的解读与拓展

教育学是一门允许"百家争鸣"的学科，众多教材版本和大家对同一个内容的理解和说法都莫衷一是，因此对于一些存在争议性或超出大纲的知识，我们在"拓展知识""易混知识""超纲知识""温馨提示"等模块中进行了相关的说明和解释，在解答考生疑惑的同时，也对很多大纲没有涉及但是有可能会命题的内容进行了拓展。

第六，标注真题与星级，把握高频考点及命题方向

基于近几年333教育综合考试的变化趋势，为了帮助考生更加精准地把握命题方向和考试重难点，本书精选诸多985、211、双一流以及重点师范院校（院校名单及简称见附录）的最新333考研真题，并根据考频标注了相应的星级，方便考生在复习的过程中更具有针对性和高效性。此外，每一章节后面均附上了"名校真题"板块，呈现了相关考点近几年的出题方式，便于考生了解并把握该部分内容的命题方式以及出题趋势。

总之，大纲解析与时俱进，在最新大纲的指导下，基于对历年真题的充分研究，并结合当前的教育学发展现状，参考了大量的教材进行编写，适用于绝大多数考333教育综合的考生。考生在阅读和使用本书时，要正确理解和领会，举一反三，学会融会贯通，绝不可死记硬背。当然，即使我们做出了很大的努力，本书也难免会存在一些不足，如果在使用时遇到一些疑惑和问题，可以在QQ群（325244018）进行交流，也可以在我们的教育学蓝皮书系列反馈问卷中进行反馈。我们也会及时将回复结果更新于在线文档中。

最后，祝各位考生顺利复习，成功上岸！

333教育综合蓝皮书编写组
2022年1月

反馈问卷

在线文档

第一部分　教育学基础 ... 1

第一章　教育学概述 ... 5

第二章　教育的概念 ... 11

第三章　教育与人的发展 ... 17

第四章　教育与社会发展 ... 24

第五章　教育目的 ... 32

第六章　教育制度 ... 39

第七章　课程 ... 46

第八章　教学（上） ... 59

第九章　教学（下） ... 67

第十章　德育 ... 78

第十一章　班主任 ... 88

第十二章　教师 ... 95

第十三章　学校管理 ... 108

第二部分　教育心理学 ... 117

第一章　教育心理学概述 ... 121

第二章　心理发展与教育 ... 125

第三章 学习及其理论 …………………………………………… 142

第四章 学习动机 ………………………………………………… 164

第五章 知识的学习 ……………………………………………… 176

第六章 技能的形成 ……………………………………………… 186

第七章 学习策略及其教学 ……………………………………… 193

第八章 问题解决能力与创造性的培养 ………………………… 203

第九章 社会规范学习与品德发展 ……………………………… 214

第十章 心理健康及其教育 ……………………………………… 226

附录 ………………………………………………………………… 232

参考文献 …………………………………………………………… 233

高频考点索引

考点	页码	考点	页码
教育	P12	教师劳动的特点	P96
人的发展的规律性	P18	教师的素养	P100
教育的社会变迁功能	P27	皮亚杰的认知发展阶段理论	P127
教育目的	P33	维果茨基的文化历史发展理论	P130
教育目的的价值取向	P34	科尔伯格的道德发展阶段理论	P134
我国教育目的的基本精神	P35	发现学习	P153
教育制度	P40	奥苏伯尔的有意义接受说	P154
学校教育制度	P41	建构主义学习理论的基本观点	P160
课程	P47	学习动机	P165
课程标准	P47	需要层次理论	P168
课程论争的几个主要问题	P49	认知理论	P169
学科课程和活动课程	P49	学习动机的培养与激发	P173
教学过程中应处理好的几种关系	P63	知识	P177
我国的教学原则	P65	知识的应用与迁移	P182
教学方法	P68	学习策略	P194
中小学常用的教学方法	P69	元认知及其作用	P198
班级授课制	P70	加德纳的多元智力理论	P205
教学评价的种类	P74	影响问题解决的因素	P209
我国现行的德育原则	P83	创造性及其培养	P210
德育方法	P84	品德不良及其矫正	P222
班主任工作的内容和方法	P90	青少年心理健康教育的途径	P230

第一部分 教育学基础

```
                        ┌ 教育学概述 ─┬ 教育学的研究对象和任务
                        │            └ 教育学的产生和发展
                        │            ┌ 教育概述
                        ├ 教育的概念 ─┼ 教育活动的基本要素
                        │            └ 教育的历史发展
                        │              ┌ 人的发展概述
                        ├ 教育与人的发展 ┼ 影响人的发展的基本因素
                        │              └ 教育对人的发展的作用
                        │              ┌ 教育的社会制约性
                        ├ 教育与社会发展 ┼ 教育的社会功能
                        │              └ 教育与我国社会主义建设
                        ├ 教育目的 ─┬ 教育目的概述
                        │          └ 我国的教育目的
                        │          ┌ 教育制度概述
                        ├ 教育制度 ─┼ 现代学校教育制度
                        │          └ 我国现行学校教育制度
教育学基础 ─┤          ┌ 课程概述
                        ├ 课程 ─────┼ 课程设计
                        │          └ 课程改革
                        │          ┌ 教学概述
                        ├ 教学（上）┼ 教学过程
                        │          └ 教学原则
                        │          ┌ 教学方法
                        ├ 教学（下）┼ 教学组织形式
                        │          └ 教学评价
                        │      ┌ 德育概述
                        │      ├ 德育过程
                        ├ 德育 ┼ 德育原则
                        │      ├ 德育途径与方法
                        │      └ 德育模式
                        │        ┌ 班主任工作概述
                        ├ 班主任 ┼ 班主任工作的内容和方法
                        │        └ 班集体的培养
                        │      ┌ 教师工作概述
                        │      ├ 教师的素养
                        ├ 教师 ┼ 教师的培养与提高
                        │      └ 师生关系
                        │          ┌ 学校管理概述
                        └ 学校管理 ┼ 学校管理的目标与过程
                                   ├ 学校管理的内容和要求
                                   └ 学校管理的发展趋势
```

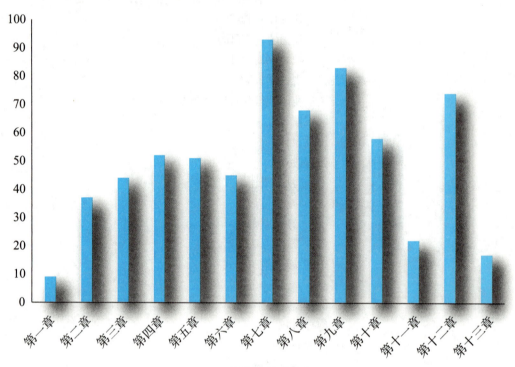

第一章 教育学概述

考频分析

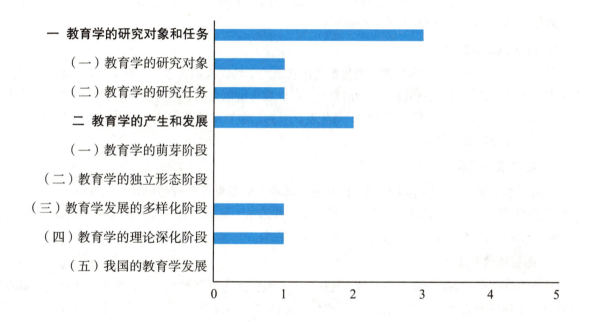

章节框架

教育学概述
├─ 教育学的研究对象和任务
│ ├─ 教育学的研究对象
│ └─ 教育学的研究任务
└─ 教育学的产生和发展
   ├─ 教育学的萌芽阶段
   ├─ 教育学的独立形态阶段
   ├─ 教育学发展的多样化阶段
   ├─ 教育学的理论深化阶段
   └─ 我国的教育学发展

一 教育学的研究对象和任务 ★★

（深大 20/16 简答，湖师 17）

（一）教育学的研究对象（华南 21 名解）

教育学是以<u>教育活动</u>为研究对象的学科，是通过<u>研究教育现象和教育问题</u>、<u>探索教育规律</u>、<u>探讨教育价值</u>、<u>探寻教育艺术</u>、<u>指导教育实践</u>的一门科学。它的核心是引导、培育和规范人的发展，解决培养什么人和怎样有效培养人的问题。

（二）教育学的研究任务（山师 19 名解）

1. 探索教育规律

教育规律是指不以人们意志为转移的教育内部诸因素之间、教育与其他事物之间具有本质性的联系，以及教育发展变化过程的规律性。

教育学的任务就是要在研究教育的现象与问题、总结教育经验的基础上去揭示教育的各种可验证的客观性规律，并阐明教育工作的原理、原则、方法与组织形式等的有效性问题，为教育工作者提供理论上和方法上的依据。

2. 探讨教育价值

教育学是一门探讨教育价值理念或教育应然状态的学科。人们在进行教育活动时，易将自己对人生意义与社会理想的选择和诉求作为出发点，形成教育价值观念，以引领和规范教育与人的发展。因而在从事教育工作、开展教育活动时，首先要认真探讨教育的价值问题，以选择正确的价值取向，制定合理的教育目的或要求。

3. 探寻教育艺术

教育是教育者与受教育者主体之间的互动。培养人的教育活动应是倡导循循善诱、沟通协调、自由创造的活动。在这一意义上，可以说教育是一种艺术，是最讲究教育方法与睿智，最注重关爱和调动学生内在向上的动力，最具创造性和个性的艺术。

4. 指导教育实践

教育学既要研究教育问题，揭示教育规律，也要能够回到教育实践中去，指导具体的教育实践，它应当在个体的身心和谐、全面发展方面产生具体的"发展效应"，也应当在经济、科技、文化发展方面产生直接的社会效益。此外，教育学还必须研究如何使教育理论迅速而有效地转化为实践运用的问题。

二 教育学的产生和发展 ★

（河南 17 简答；广师 19 论述）

（一）教育学的萌芽阶段

在古代社会，教育学处于萌芽阶段，<u>没有形成一门独立的学科</u>。古代的思想家、教育家的教育思想，都表现在他们的哲学或伦理学、政治学著作中。

在人类历史上，<u>最早出现专门论述教育问题的著作是我国的《学记》</u>，比外国最早的教育著作、古罗马教育家昆体良写的《论演说家的培养》一书，还早三百来年。

(二)教育学的独立形态阶段

随着近代生产和科学的发展,资产阶级为了培养所需要的人才,阐明他们的教育主张,革新了教育的举措与方法,系统总结了教育方面的经验,出现了体系比较完整的教育学。

(1) 1632年,捷克著名教育家夸美纽斯写的《大教学论》,是近代最早的一部教育学著作。

(2) 1762年,法国启蒙思想家卢梭出版了《爱弥儿》,系统地阐述了他的自然主义教育思想。

(3) 1776年,德国著名哲学家康德在哥尼斯堡大学讲授教育学,成为最早在大学开设教育学讲座的教授之一。

(4) 1779年,德国哲学家特拉普成为世界上第一位教育学教授。他于1780年出版的《教育学探讨》一书,是第一本以教育学命名的著作,标志着作为学科的教育学基本形成。

(5) 1806年,赫尔巴特出版的《普通教育学》标志着教育学已经成为一门独立的学科,被公认为是第一本现代教育学著作。赫尔巴特因此被誉为"现代教育学之父"。

[拓展知识]

独立形态教育学创立的标志
1. 在研究对象上,教育问题成为一个专门的研究领域。
2. 在概念和范畴上,有了专门的教育概念和范畴。
3. 在研究方法上,有了严谨科学的研究方法。
4. 在研究结果上,有了一些重要的教育学家,出现了专门的、系统的教育学著作。
5. 在组织机构上,有了专门的教育研究机构。

(三)教育学发展的多样化阶段(北师19简答)

随着科学技术的发展与心理学、社会学、伦理学等学科的兴起,教育学在科学化的道路上又前进了一步。由于人们所处的社会条件的不同、研究方法的不同,对教育认识的不同,自19世纪50年代起,世界上便出现了各种各样的教育学。

1. 实证主义教育学

(1) 代表人物及著作:斯宾塞《教育论》。

(2) 主要观点:①反对思辨,主张科学是对经验事实的描写和记录;②提出教育任务是为完满生活做准备;③主张启发学生学习的自觉性,反对形式教育,重视实科教育。

(3) 评价:斯宾塞重视实证教育的思想,反映了19世纪资本主义大工业生产对教育的要求,有明显的功利主义色彩。

2. 实验教育学

(1) 代表人物及著作:梅伊曼《实验教育学纲要》、拉伊《实验教育学》。

(2) 主要观点:①反对以赫尔巴特为代表的强调概念思辨的教育学;②提倡把实验心理学的研究成果和方法运用于教育研究;③把教育实验分为三个阶段:提出假设、实验计划、验证结论;④认为教育实验和心理实验的差别在于心理实验是在实验室里进行的,而教育实验则要在真正的学校环境和教学实践活动中进行;⑤主张用实验、统计和比较的方法探索儿童心理发展过程的特点及其智力发展水平,用实验数据作为改革学制、课程和教学方法的依据。

(3) 评价:实验教育学所强调的定量研究成为20世纪教育学研究的一个基本范式,并极大地推动了教育科学的发展;但当他们把实验方法夸大为教育研究唯一有效的方法时,就使教育学陷入了"唯科学主义"的迷途。

3. 文化教育学

文化教育学又称<u>精神科学教育学</u>，是19世纪末出现在德国的一种教育学说。

（1）代表人物及著作：<u>狄尔泰</u>《关于普遍妥当的教育学的可能》、<u>斯普朗格</u>《教育与文化》、<u>利特</u>《职业陶冶、专业教育、人的陶冶》。

（2）<u>主要观点</u>：①人是一种文化的存在，因此人类历史是一种文化的历史；②教育对象是人，教育是在一定社会历史背景下进行，因此教育的过程是一种历史文化过程；③教育研究既不能采用纯粹思辨，也不能依靠数量统计来进行，而是要采用精神科学或文化科学的方法，即<u>理解与解释</u>的方法进行；④教育的目的是培养完整的人格，通过"陶冶"与"唤醒"的途径，发挥教师和学生个体两方面的积极作用，建构和谐的对话的师生关系。

（3）评价：文化教育学作为实验教育学和赫尔巴特式教育学的对立面而存在与发展，在教育的本质、目的、师生关系以及教育学性质等方面都能给人以许多启发；但其思辨气息较浓，有很强的哲学色彩，在解决现实的教育问题上很难提出有针对性和可操作性的建议，许多理论缺乏彻底性。

4. 实用主义教育学

（1）代表人物及著作：<u>杜威</u>《民主主义与教育》、<u>克伯屈</u>《设计教学法》。

（2）<u>主要观点</u>：①教育即生活，教育的过程与生活的过程是合一的，而不是为将来某种生活做准备的；②教育即学生个体经验持续不断的增长；③学校是一个雏形的社会，学生在其中要学习现实社会中所要求的基本态度、技能和知识；④课堂组织以学生经验为中心，而不是以学科知识体系为中心；⑤师生关系以儿童为中心，教师只是学生成长的帮助者，而非领导者；⑥教学过程应重视学生自己的独立发现、表现和体验，尊重学生发展的差异性。

（3）评价：实用主义教育学以实用主义文化为基础，对以赫尔巴特为代表的理性主义教育理念进行了深刻的批判，推动了教育学的发展；但其在一定程度上忽视了系统知识的学习、弱化了教师在教育教学过程中的主导作用，模糊了学校的特质，并因此受到批判。

5. 经验教育学

20世纪20年代以后，人们不满足于教育实验研究，主张以教育事实为研究对象，开展教育事实的经验实证研究，这就是经验教育学。

（1）代表人物及著作：法国社会学家涂尔干的《教育学的本质与方法》。

（2）主要内容：①主张用社会学方法建立教育科学；②教育科学以作为社会事实的教育现象的客观性、实证性研究为内容，描述和说明教育"是什么"或"曾经是什么"；③教育科学只描述教育事实，对教育不做任何的规定。

6. 马克思主义教育学

马克思主义教育学包括两部分内容：一是马克思、恩格斯以及其他马克思主义者的教育思想；二是教育学家们根据马克思主义的基本原理对现代教育问题的研究结果。

（1）代表人物及著作：克鲁普斯卡娅《国民教育和民主主义》、凯洛夫《教育学》、杨贤江《新教育大纲》等。

（2）<u>主要观点</u>：①教育是一种社会历史现象，在阶级社会中具有鲜明的阶级性，不存在脱离社会影响的教育；②教育起源于生产劳动，劳动方式和性质的变化必然引起教育形式和内容的改变；③现代教育的根本目的是促进学生个体的全面发展；④现代教育与现代大生产劳动的结合不仅是发展社会生产力的重要方法，也是培养全面发展的人的唯一方法；⑤在教育与社会的政治、经济、文化的关系上，教育既受它们的制约，又具有相对独立性，促进其发展；⑥马克思主义唯物辩证法和历史唯物主义是教育科学研究的方法论基础。

（3）评价：马克思主义的产生为教育学的发展奠定了科学的方法论基础。但在实际研究过程中，人们没能很好地理解和运用马克思主义理论，出现了简单化、机械化的问题。

7. 制度教育学

（1）代表人物及著作：乌里和瓦斯凯《走向制度教育学》《从合作班级到制度教育学》、洛布罗《制度教育学》等。

（2）主要观点：①制度本身具有教育意义，教育学研究应该以教育制度为优先目标，阐明教育制度对于教育情境中的个体行为的影响；②"不说话的教育制度"并不是客观中立、不成问题的，它们都隐藏在学校的建筑、仪式、人际关系、教育观念、管理机构、课程与知识、教学方法和技术、组织形式、传统与习俗之中；③制度教育学首要任务在于进行制度分析、干预或批判。

（3）评价：制度教育学侧重对学校中各种教育制度的分析，引起人们对教育制度的高度关注，促进了教育社会学的发展；但其过分依赖精神分析理论来分析教育制度与个体行为之间的关系，显得不够科学。

8. 批判教育学

（1）代表人物及著作：弗莱雷《被压迫者教育学》、鲍尔斯与金蒂斯《资本主义美国的学校教育》、布厄迪尔《教育、社会和文化的再生产》、阿普尔《教育与权力》、吉鲁《批判教育学、国家与文化斗争》等。

（2）主要观点：①当代资本主义的学校教育是维护现实社会的不公平和不公正，是造成社会差别、歧视和对立的根源；②学校教育的功能就是再生产出占主导地位的社会政治意识形态、文化关系和经济结构；③人们对事实上的不公平和不公正丧失了"意识"；④批判教育学的目的是要揭示看似自然事实背后的利益关系，对教师和学生进行"启蒙"，以达到意识"解放"；⑤批判教育学认为，教育现象是充满利益纷争的，教育理论研究要采用实践批判的态度和方法，通过真实教育行动揭示具体教育生活中的利益关系，使之从无意识的层面上升到意识的层面。

（3）评价：批判教育学仍在发展中，将继续对西方教育理论乃至我国教育理论产生广泛的影响，值得学者们积极关注。

> [温馨提示]
>
> "制度教育学"和"批判教育学"，分别产生于20世纪60年代和70年代，从时间线看，这两种思潮应属于教育学理论深化阶段。

（四）教育学的理论深化阶段（东北20论述）

20世纪60年代以来，由于科学技术的迅猛发展，人力资源的开发和运用成了提高生产效率和发展经济的主要因素，引起了世界性的新的教育改革，促进了教育学的发展。

（1）1956年，美国心理学家布卢姆制定出了教育目标的分类系统。他把教育目标分为认知目标、情感目标、动作技能目标三大类。

①认知领域：知识、领会、运用、分析、综合、评价六个层次。

②情感领域：接受、反应、评价、组织和个性化。

③动作技能：知觉、模仿、操作、准确、连贯、习惯化。

布卢姆的教育目标分类学，可以帮助教师更加细致地确定教学的目的和任务，为人们观察、分析教育活动过程和进行教育评价提供了方法、框架，但对情感目标、动作技能目标的阐述还有待深入。

（2）1963年，美国心理学家布鲁纳出版了《教育过程》，提出知识结构说和发现教学法。

（3）1958年，苏联心理学家、教育家赞科夫在《论教育和发展的问题》中强调，教育学要重视教育和儿童心理发展关系的研究，并明确肯定儿童发展的内因、内在矛盾在发展中的重要地位；1975年，他编写的《教学与发展》中，强调教学应走在学生发展的前面，促进学生的一般发展。

（4）1972年，苏联教育科学院副院长巴班斯基提出了"教育过程最优化"的思想，他认为，应该把教学看作一个系统，从系统的整体与部分、部分与部分以及系统与环境之间的相互联系、相互作用之中考察教学，以便最优处理教学问题。

（五）我国的教育学发展

最近几十年，我国的教育工作者坚持以马克思主义为指导，研究我国教育事业发展与改革过程中的重大实践问题和理论问题，取得了多方面的丰硕成果。

（1）促进了教育观念和方法论的转变与更新，推动了教育理论和实践的发展。

（2）教育学科蓬勃发展，逐步形成了许多分支学科及交叉学科。

（3）开展了多种教育实验，促进了教育理论与教育实践的结合，推动了教育实验的发展。

（4）涌现了一批学者型的教师，他们的宝贵研究成果，增添了教育实践领域的活力。

（5）广泛开展了专题研究，出版了大量有学术价值的专著，推动了现代教育理念在我国的流传、运用与创新。

【名校真题】

名词解释

1. 教育学（华南师范大学2021）
2. 教育规律（山东师范大学2019）

简答题

1. 根据教育研究对象和任务，为什么必须对教育问题进行研究？（湖南师范大学2017）
2. 简述19世纪末20世纪初的实验教育学的主要观点和意义（北京师范大学2019）

论述题

1. 教育学的产生与发展（广西师范大学2019）

第二章 教育的概念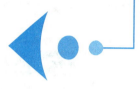

考频分析

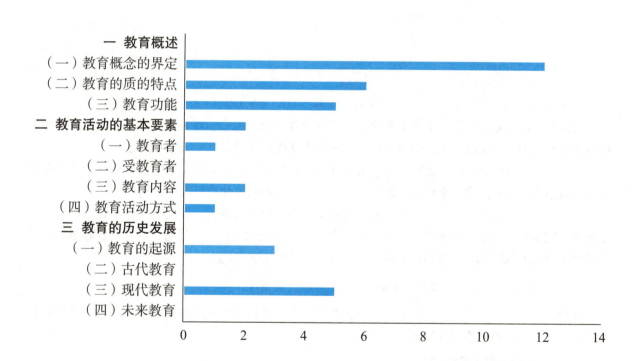

章节框架

教育的概念
- 教育概述
  - 教育概念的界定
  - 教育的质的特点
  - 教育功能
- 教育活动的基本要素
  - 教育者
  - 受教育者
  - 教育内容
  - 教育活动方式
- 教育的历史发展
  - 教育的起源
  - 古代教育
  - 现代教育
  - 未来教育

一 教育概述 ★★★★★

（一）教育概念的界定

（宁夏 21/18，福师 21，陕师 18/17，华南 18/17，贵师 18/17，宁波／扬大／天师 17 名解）

教育是人的发展与社会发展的中介活动，其主旨在于以人为本、育人成人，培养人成为他所生存的那个时代的社会实践主体，引导人和社会的持续发展。其概念有广义和狭义之分：

广义教育：指凡是有目的地增进人的知识技能、影响人的思想品德、增强人的体质的活动都是教育，包括人们在家庭中、学校里、亲友间、社会上所受到的各种有目的的影响。

狭义教育：主要指<u>学校教育</u>，指一种专门组织的不断趋向规范化、制度化、体系化的教育。它是根据一定的社会现实和未来需要，遵循受教育者身心发展的规律，有目的、有计划、有组织地对受教育者身心施加影响，把他们培养成为一定社会或阶级所需要的人的活动。

（二）教育的质的特点（华中／河南 21，天师 20 简答；东北 20，扬大 19，广大 17 论述）

教育是一种<u>有目的地培养人的社会活动</u>，是人类社会生活不可或缺的重要组成部分。教育有其相对稳定的质的特点，表现在以下三个方面：

1. 有目的地培养人的活动

教育是有目的地选择目标、组织内容及活动方式来培养人，促进人的发展。其首要任务是促进年轻一代体、智、德、美、行（实践智慧与能力）的全面发展，使他们从生物人逐步成长为社会人，进而成为适应与促进社会生活各个方面发展需要的人。

2. 教育者引导受教育者传承人类经验的互动活动

年轻一代按自己的意愿和经验来获得自我的身心发展，其效果是极其低下的，难以符合社会的期望与要求，因而需要由有经验的父母、年长一代、或学有专长的教师有目的地引导年轻一代以及其他的受教育者来学习、传承、践行人类经验，并在生活、交往与实践中领悟经验的社会意义，才能有效地发展他们的智能和品行，把他们培养成为既能适应并能促进社会发展需要的人和各种专门人才。

3. 激励与教导受教育者自觉学习和自我教育的活动

教育者与受教育者的教学互动是以激励学生学习为基础和动力的，旨在使青少年学生积极主动地成为自觉学习、自我教育的人。可以说，一切教育本质上都是自我教育。

总之，教育是有目的地引导受教育者能动地学习与自我教育以促进其身心发展的活动。

（三）教育功能（苏大20名解；陕师20，宁波17简答；苏大19，宁夏18论述）

教育功能就是教育对人的发展和社会发展所能够起到的影响和作用，尤指积极的促进作用，具有客观性、社会性、多样性、整体性和条件性。从对象上将教育功能分为个体功能与社会功能。

1. 教育的个体功能

教育的个体功能是教育对个体的生存和发展所产生的作用和影响，由于促进个体发展的功能是教育固有的功能，因此也被称为教育的本体功能。教育的个体功能表现为个体个性化功能和个体社会化功能。

（1）个性化是个体在社会生活中追求独特性、主体性、创造性的过程。教育促进人的主体意识的形成和主体能力的发展；教育促进个性差异的充分发展，形成人的独特性；教育开发人的创造性，促进个体价值的实现。

（2）社会化是个体由一个"自然人"变成"社会人"的过程。教育促进个体思想意识的社会化；教育促进个体行为的社会化；教育促进角色和职业的社会化。

2. 教育的社会功能

社会功能是教育对社会的稳定、运行和发展所产生的影响，它的发挥必须通过培养人来实现，因此也被称为教育的派生功能。

3. 教育的个体功能和社会功能的关系

教育的个体功能和社会功能是教育功能相互联系的两个方面，它们共同构成了完整的教育功能，教育的个人本位论和社会本位论，把教育的个体功能与社会功能对立起来，形成"本体论"和"工具论"的功能观，都是对教育功能完整性的割裂。教育功能是个完整的系统，必须确保教育个体功能和社会功能的统一。

二 教育活动的基本要素 ★★

（宁夏21，陕师18简答）

（一）教育者（华南20名解）

教育者是指参与教育活动、与受教育者在教学或教导上互动，对受教育者体、智、德、美、行等方面产生影响的人，主要指教师。他们在教育活动中处于领导者、设计者、引导者的地位。

教育者的作用在于有目的、有计划地教导受教育者学习与领悟文化科学知识及其蕴含的社会意义，以获得智能、品德、审美与体魄等方面的发展，成为社会所需要的人，保障社会的延续和发展。所以，教育者是教育活动的主体，是有意识地启动、调整和有效地完成教育活动的一个基本要素。

（二）受教育者

受教育者是指参与教育活动、与教育者在教学与教导上互动，以期自身获得发展的人，主要是学生。受教育者是既是教育的对象，也是学习的主体。

教育活动的实际效果必须落实到受教育者的自愿学习、自我建构和自我实现上。随着受教育者的学习自觉性和知识、能力的不断增长，他们的能动性在教育活动中起的作用将日益加大，逐步趋向自觉、自为、自律与自主。

（三）教育内容（华东21，扬大20名解）

教育内容是指教育者引导受教育者在教育活动中学习的前人积累的经验，包括<u>书本知识</u>和<u>实际经验</u>。教育内容在教育活动过程中具有重要意义，它是师生教学互动共同操作的对象，是引导青少年学习与发展成人的精神资源。

（四）教育活动方式

教育活动方式是指<u>教育者引导受教育者学习教育内容所选用的交互活动方式</u>，是教育者、受教育者与教育内容三者形成一个有目的地培养人的教育活动的<u>中介和纽带</u>。教师引导学生学习的教育内容需要经过教育活动的中介作用才能转化为个体素质。

教育活动的基本要素之间既相互独立，又相互规定，共同构成一个完整的实践系统。没有教育者，教育活动就不可能开展，受教育者也不可能得到有效的指导；没有受教育者，教育活动就失去了对象，无的放矢；没有教育活动和教育活动方式，教育就成了无米之炊，再好的教育意图、发展目标，也都无法实现。

> [拓展知识]
>
> 教育中介系统（山师18名解）
>
> 教育中介系统是教育者与受教育者联系与互动的纽带，包括开展教育活动的内容和方式。此外，教育活动的中介系统还应当有以培养人为目的而组织的包括生产劳动在内的社会实践活动。

三　教育的历史发展 ★★★

（一）教育的起源（宁波18名解；广西20，苏大18简答）

1. 神话起源说

（1）主要观点：教育与其他事物一样，都是由上帝或天所创造的，教育的目的就是体现神或天的意志，使人皈依于神或顺从于天。

（2）评价：神话起源说是人类关于教育起源的最古老的观点，但该观点受到当时在人类起源问题上认识水平的局限，是错误的、非科学的。

2. 生物起源说

（1）代表人物：法国哲学家利托尔诺、英国教育学家沛西·能。

（2）主要观点：教育活动不仅存在于人类社会中，也存在于人类社会之外，甚至存在于动物界。<u>教育的产生完全来自于动物的本能</u>，是种族发展的需要。

（3）评价：生物起源说是教育学史上<u>第一个正式提出</u>的有关教育起源的学说。它以达尔文生物进化论为指导，标志着在教育起源问题上开始从神话解释转向科学解释。其根本性错误在于没有把握人类教育的目的性和社会性，从而没能区分人类教育行为与动物类养育行为之间质的差别。

3. 心理起源说

（1）代表人物：美国教育家孟禄。

（2）主要观点：原始教育的形式和方法主要是日常生活中<u>儿童对成人的无意识模仿</u>。

（3）评价：心理起源说认为教育是人类的类本能，而不是动物的类本能，这是其进步之处。但它并没有区分人类的类本能与动物的类本能的界限。

4. 劳动起源说（社会起源说）

（1）代表人物：主要集中在苏联和我国的教育学家。

（2）主要观点：①生产劳动是人类最基本的实践活动；②教育起源于生产劳动过程中经验的传递；③生产劳动过程中的口耳相传和简单模仿是最原始和最基本的教育形式；④生产劳动的变革是推动人类教育变革最深厚的动力。

（3）评价：劳动起源说提供了理解教育起源和教育性质的"金钥匙"，但也存在着需要进一步讨论的问题，特别是教育如何从普通的生产劳动中分离出来成为一种独立的社会行为。

（二）古代教育

古代教育的主要特点是：生产技术低下，积累的经验不够丰富，社会逐步分化演变为阶级社会，阶级之间和国家之间尖锐对立，总的来说社会发展比较缓慢、分散、封闭、保守。

（1）<u>原始的教育状况</u>。在原始社会里，生产力水平很低，人们积累的生活、生产和战斗经验不够丰富，不需要也不可能组织专门的教育活动。

（2）<u>古代学校教育的产生</u>。到了奴隶社会，随着生产力的发展，社会分工的逐步进行，剩余产品的出现，使社会上出现了脑力劳动与体力劳动的分工。逐渐出现了专门从事教育工作的教师，产生了学校，使学校教育从生活与生产中分化出来，成为独立的形态。

（3）<u>教育阶级性的出现并不断强化</u>。在奴隶社会，由于奴隶主占有生产资料和生产者，掌管了国家，因而学校教育也被奴隶主阶级所独占。教育的阶级性不仅体现在教育权和受教育权上，而且体现在教育目的、教育内容、教育方法、教师选择与任用等方面。

（4）<u>学校教育与生产劳动相脱离</u>。奴隶社会、封建社会中体力劳动与脑力劳动分离与对立状况，反映在教育上就表现为学校教育与生产劳动的脱离。

（三）现代教育（中央民族/山师21，宁夏19/18，福建18简答）

现代社会包括资本主义社会和社会主义社会。其主要特点是：生产力发展加速，科技日益发达，促进了各国工业化、信息化、国际化的发展，引发了对专门人才的大量需求，从而提高了教育在社会发展中的地位与作用，推动了学校教育事业的发展。具体表现如下：

（1）<u>学校教育逐步普及</u>。由于资本主义生产尤其是机器大工业生产在欧洲兴起，因而西欧的资本主义国家最先提出普及教育的要求。1619年，德意志魏玛邦在宗教改革的影响下颁布了学校法令，规定父母送6—12岁男女儿童入学，这是普及教育的开端。

（2）<u>教育的公共性日益突出</u>。随着大工业生产发展的需要，随着工人阶级和其他劳动人民对教育权的争取，对受教育权的阶级垄断越来越不合时宜，受到来自被统治阶级和统治阶级两方面的批判。在此情形下，大力发展学校教育逐渐成为社会的公共事业和共同话题。

（3）<u>教育的生产性不断增强</u>。在现代社会，随着工业生产的发展和科学技术的进步，科技与教育在生产中的作用增强。现代教育与生产劳动的逐步结合，对提高社会生产效率和增加社会财富起着重要作用，日益成为经济发展的有力保证。

（4）<u>教育制度逐步完善</u>。随着学校数量的增加，学校教育的层次、种类及其运行和管理的复杂化，需要一定的教育宗旨、制度、要求等，以推动学校教育系统有条不紊地运行。教育制度化的实现，使得教育系统中的各级各类学校、各种教育机构和教育行政部门的工作均有制度可循，能排除来自内外部的干扰，使教育活动有序有效地开展，取得了良好效果。

（四）未来教育

当代，经济发展迅速，全球化日益凸显。人们对人的现实生存境况和未来前景有不同的认识、评价、态度和选择，对未来教育也有不同的期望。不少国家都把教育改革视为国策，期待能提高人的素质，培养出高质量的人才。

未来教育将是一种新的理想教育。这种教育理想强调<u>以人为本</u>，<u>为人的发展服务</u>，<u>要促进人的全面而自由的发展</u>。这种新的教育理想已经成为世界教育改革和发展的重要趋势。

【名校真题】

名词解释

1. 教育（陕西师范大学 2017）
2. 狭义教育（华南师范大学 2017）
3. 教育者（华南师范大学 2020）

简答题

1. 简述教育的质的规定性（华中师范大学 2021）
2. 教育与教学的关系（南京师范大学 2018）
3. 简述教育起源的主要观点（苏州大学 2018）
4. 简述现代教育特征（中央民族大学 2021）

论述题

1. 教育是什么？选一种观点论述（东北师范大学 2020）

第三章 教育与人的发展

考频分析

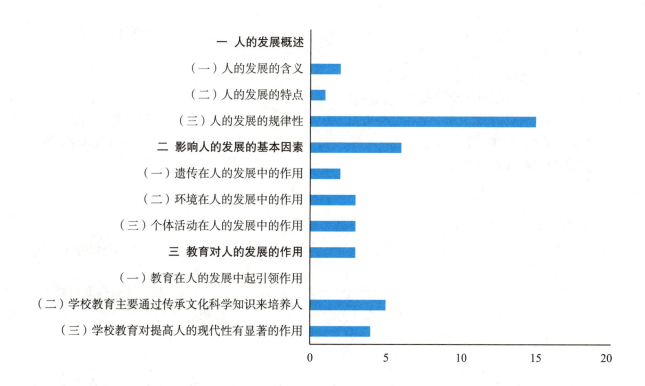

章节框架

教育与人的发展
- 人的发展概述
  - 人的发展的含义
  - 人的发展的特点
  - 人的发展的规律性
- 影响人的发展的基本因素
  - 遗传在人的发展中的作用
  - 环境在人的发展中的作用
  - 个体活动在人的发展中的作用
- 教育对人的发展的作用
  - 教育在人的发展中起引领作用
  - 学校教育主要通过传承文化科学知识来培养人
  - 学校教育对提高人的现代性有显著的作用

一 人的发展概述 ★★★★

（一）人的发展的含义（华中/福师19名解）

人的发展有两种含义，一种是将它看成是<u>人类的发展或进化的过程</u>；另一种则将它看成是<u>人类个体的成长变化过程</u>，即个体发展。个体发展有广义和狭义之分。

（1）广义：指个人从胚胎到死亡的变化过程，其发展持续于人的一生。

（2）狭义：指个人从出生到成人的变化过程，主要指儿童的发展。

人的发展是整体性的发展，大体可分为<u>生理发展</u>、<u>心理发展</u>、<u>社会性发展</u>三个层面。这三个方面，既有一定的相对独立性，又密切地联系在一起，相互制约、相辅相成，有机地促进人的体、智、德、美和实践能力的全面发展。

（二）人的发展的特点（宁波21简答）

1. 未完成性

人是未完成的动物，人的未完成性与人的非特定化密切相关。对儿童来说，他们不仅处于未完成状态，而且处于未成熟状态。

儿童发展的未成熟性、未完成性，蕴含着人的发展的不确定性、可选择性、开放性和可塑性，潜藏着巨大的生命活力和发展的可能性，都充分说明了人的可教育性和需教育性。

2. 能动性

人的发展的能动性主要表现在两个方面：

（1）人的发展是一个具有社会性的能动发展过程，这是人的发展区别于动物发展的一个质的特性。

（2）人在其发展的过程中是自决的，人在发展过程中表现出的主动、自主、自觉、自决和自我塑造等能动性，是人的生长发展与动物生长发展最重要的不同，它为教育活动提供了科学依据，指明了努力方向。

（三）人的发展的规律性

（华东/川师21，扬大21/20/18/17，浙师20，苏大19简答；湖师20/19/18，北师/浙师/天师/青岛17论述）

1. 顺序性

（1）基本含义：在正常情况下，人的发展具有一定的方向性和顺序性，既不能逾越，也不能逆向发展。如个体动作的发展就遵循自上而下、由躯体中心向外围、从粗动作向细动作的发展规律性。就心理而言，儿童的发展总是从无意注意到有意注意，从机械记忆到意义记忆，从具体形象思维到抽象逻辑思维，从喜怒哀乐等一般情绪发展到道德感、理智感、美感等高级情感。

（2）教学指导：个体身心发展的顺序性，决定了教育教学工作的顺序性，在不同的发展阶段展开不同的教育活动，同时更应该按照发展的序列来施教，做到循序渐进。

2. 不平衡性

（1）基本含义：人的发展不总是匀速直线前进的，不同的系统的发展速度、起始时间、达到的成熟水平是不同的；同一机能系统在发展的不同时期也有不同的发展速率。从总体发展来看，幼儿期出现第一个加速发展期；青春发育期出现第二个加速发展期。

（2）教学指导：人的发展的不平衡性要求教育要掌握和利用人的发展的成熟机制，抓住发展的关键期，促进学生健康地发展。

3. 阶段性

（1）基本含义：人的发展变化既体现出量的积累，又表现出质的飞跃。当某些代表新质要素的量积累到一定程度时，就会导致质的飞跃，从而表现出发展的阶段性。个体的身心发展的阶段性表现为不同年龄阶段的个体具有不同的年龄特征及主要矛盾，面临着不同的发展任务。

（2）教学指导：人的发展的阶段性要求教育要从学生的实际出发，尊重不同年龄阶段学生的特点，并根据这些特点提出不同的发展任务，采用不同的教育内容和方法，进行有针对性的教育，以便有效地促进他们的个性发展。

4. 个别差异性

（1）基本含义：人的发展的个体差异表现在身心发展的速度、水平表现方式等方面。如在发展速度上，有的儿童早慧，有的儿童大器晚成。

（2）教学指导：人的发展的个别差异性要求教育要深入了解学生，针对学生不同的发展水平及不同的兴趣等因材施教，引导学生扬长避短、发展个性，促进学生自由发展。

5. 整体性

（1）基本含义：人的生理、心理和社会性等方面的发展是密切联系在一起的，并在发展过程中相互作用，使人的发展表现出明显的整体性。

（2）教学指导：人的发展的整体性要求教育要把学生看作复杂的整体，促进学生在体、智、德、美、行等方面全面和谐地发展，把学生培养成完整和完善的人。

二 影响人的发展的基本因素 ★★★★

（海师 21/18，苏大／广师 18，华南 17 简答；中央民族 17 论述）

（一）遗传在人的发展中的作用（上师 18，海师 17 简答）

1. 遗传素质是人的发展的生理前提

遗传是指人从上代继承下来的生命机体及其解剖上的特点，这些遗传的生理特点，也叫遗传素质，是人的发展的自然的或生理的前提条件，为人的发展提供可能。

2. 遗传素质的成熟程度制约着人的发展过程及年龄特征

遗传素质的成熟过程，表现为人的身体的各种器官的形态、结构和机能的发展变化与完善，为一定年龄阶段的身心特点的出现提供了可能，制约着人的发展的年龄阶段。

3. 遗传素质的差异性对人的发展有一定的影响

遗传素质的差异不仅表现在体态和感觉器官的功能上，也表现在神经活动的类型上。人们对外界事物反应的快慢、情感表现的强弱和是否容易转移等方面，也存在着差异。

4. 遗传素质具有可塑性

随着环境、教育和实践活动的作用，人的遗传素质会逐渐地发生变化，这就说明了遗传素质具有可塑性。但是人成长为什么样的人，并不决定于人的遗传素质。

（二）环境在人的发展中的作用（山东/上师19，福师17简答）

1. 环境是人的发展的外部条件

环境是人的发展的**外部实现根基与资源**，泛指个体生存于其中并影响个体发展的外部世界。人的生存与发展环境十分复杂，根据其性质可以分为自然环境（包括自然条件与地理位置）和社会环境（包括经济的、政治的、文化的以及与个体相关的各种性质的社会关系）。社会环境是儿童得以发展的现实条件和现实源泉，对人的发展起着不可替代的作用。

2. 环境的给定性与主体的选择性

（1）**环境的给定性**：指的是由自然与社会、历史遗产与他人为儿童个体所创设的环境，它对于儿童来说是客观的、先在的、给定的。儿童无法抗拒或摆脱环境的影响与限制，只有适应环境，以获得自身的生存与发展。

（2）**主体的选择性**：人是具有能动性的主体，他对环境变化的刺激做出的回应是可以由主体内在的意愿来选择和决定的。环境对人的发展的制约作用离不开人对环境的能动活动，环境的给定性不会限制人的选择性，反而能激发人的能动性、创造性。

（三）个体活动在人的发展中的作用（江苏20简答；天师19，华中17论述）

1. 个体活动是人的发展的决定因素

个体的活动、个体的社会实践是个体与环境互动的中介，是个体发展的基础，是个体发展的决定性因素。学生的主体活动既是学生存在和发展的方式，又是教育的重要基础。教育必须通过引领和组织学生的主体活动来促进学生的身心与个性的发展。

2. 个体活动制约着环境影响的内化与主体的自我建构

人在同环境的相互作用的过程中，既改造着环境，也在改造环境的活动中发展和提升了个人的素质，从人的发展的视域看，实质上是一个主体的自我建构的过程。学生的能动性主要表现为：在教育者的影响下，在积极参与社会生活和交往活动的基础上能动地进行自我认识、自我发展和自我建构。

3. 个体通过能动的活动选择、构建着自我的发展

个人通过能动的活动不仅能把握自己与外部世界的关系，而且能把自身的发展当做自己认识的对象和自觉实践的对象，选择与建构自己的发展。人的发展的过程就是通过能动的活动不断自我超越的过程。

三 教育对人的发展的作用★★★★

（宁夏17简答；河南21，华中19论述）

（一）教育在人的发展中起引领作用

教育在年轻一代的发展中起着引领作用主要体现在有意识地为年轻一代的成长选择、建构、调控良好的环境，对他们的生活、交往、学习与实践等活动进行正确的教导、示范和辅助，并注重尊重他们的主体地位和激发、引导他们内在的学习动力与自我发展的能动性和自主性，从各方面引领、关怀、维护他们的发展。

（二）学校教育主要通过传承文化科学知识来培养人

（福师/贵师19简答；华中/浙师18，南师17论述）

学校教育是教育者有意识地为儿童的身心发展精心设置的一种环境，它把经过选择的、重新组编的、人类长期积累起来的文化知识作为精神客体与儿童互动，以促进儿童的发展，使他们成人成才。文化知识蕴含着有利于人的发展的多方面价值：

1. 促进人的认识的发展（认识价值）

知识是人类长期认识与实践的成果，是前人遗留下来的精神财富。学生掌握和运用前人的知识，就等于继承和掌握了前人认识的资源和工具，以此来认识世界。如今，借助于网络与数字化信息，能更快捷有效地获取知识，使人类的认识又一次实现了新的飞跃。

2. 促进人的精神的发展（陶冶价值）

知识蕴含着科学精神和人文精神。科学精神引导人实事求是、独立思考、追求真理；人文精神则引导人追求人生的意义与尊严，坚持自由、平等与公正，争取人的合理存在，向往人的解放。二者不单是一个知识问题、认识问题，而是引导学生从知识、认识层面上升到人格层面，让学生在这个过程中接受科学精神和人文精神的陶冶。

3. 促进人的能力的发展（能力价值）

知识及其运用能力是前人在认识事物、解决具体问题的过程中提炼形成的结晶。因此，要有效地发展学生的认识问题和处理问题的能力，不仅要引导他们学习、理解知识，还要引导他们运用知识去解决各种实际存在的问题。

4. 促进人的实践的发展（实践价值）

主要指促进人运用知识去指导、推进社会实践的发展。当学生通过学习获取了知识，认识了某种事物特性，就能获得改造某种事物的可能性，推动了这一领域的社会实践的发展。

总的来说，鉴于知识的多方面的价值，要有效地促进学生的发展，教育必须引导学生尊重、热爱知识，追求真知，创造性地理解、运用知识，并在这个过程中使儿童的智能、品德、审美等方面获得自由而全面的发展，成为社会实践的主体。但切记不可搞"唯知识教育论"。

（三）学校教育对提高人的现代性有显著的作用

教育在人的现代化过程中起着重要作用，是因为学生在学校里不仅学会了读、写、算等各个方面的基础知识与技巧，而且学到了与他们个人的发展和国家的未来有关的态度、价值和行为方式。人的现代化是社会现代化的重要基础和前提条件，我们应该自觉地优先发展教育，高度重视并充分发挥教育对人的现代化的促进作用。

学校教育的特点有以下几个方面：

（1）学校教育具有较强的目的性。学校是专门培养人的机构，其一切活动几乎都是围绕有目的地培养人而展开的。

（2）学校教育具有较强的系统性。人的培养是一个复杂的系统工程，因此学校教育必须要有较强的系统性，在总体上要避免教育影响的自发性、偶然性、随意性、片面性。

（3）学校教育具有较强的选择性。影响人的发展的因素是复杂多样的，这就需要学校教育对复杂多样的教育影响进行选择、整理和加工，避害趋利，去伪存真，尽可能为年轻一代的发展营造一个良好和谐的环境。

（4）学校教育具有较强的专门性。在所有的社会机构中，学校是培养人的最专门的场所，因而学校教育在培养人上最具有专门性。

（5）学校教育具有较强的基础性。从终身教育的角度看，各级各类学校教育都是在不同层面上为人一生的发展打基础，包括为一生的"做人"打基础。

【易混知识】

教育的主导作用和引领作用
（宁波18简答；福建21，深大19，苏大17论述）

教育的主导作用是高频考点，教育的引领作用是2021年大纲新增的表述。教育的引领作用体现在教育如何宏观把控教育方向，引领学生从自然人走向社会人；教育发挥主导作用则是教育的引领作用的具体表现。

教育发挥主导作用的条件：

（1）科学的学校教育。教育目的影响着教育的效果；教育物质条件影响着教育的速度和规模；教育活动影响着教育影响的深度；教师素质影响着教育的水平；教育管理水平影响着教育的功能。

（2）优化的家庭教育。学校教育在人的身心发展中的主导作用的发挥，还受学生家庭的经济状况、家长的文化水平、家庭的人际关系等家庭条件的影响。

（3）良好的社会状况。教育活动是在一定社会的条件和背景下进行的，并受到社会条件的制约。这些社会条件包括：社会生产力发展水平、社会政治经济制度、文化传统等。

（4）受教育者自身的主观能动性。人的主观能动性是人的一种内在需要和动力。当受教育者具备了积极的求教动机时，环境和教育的外因才能发挥相应的作用。学习者的积极性越高，教育的作用就越大。

总之，教育的主导作用不是无条件产生的，它受到多方面因素的制约。教育如果能得到社会各方面条件的积极配合，就能充分发挥出教育的主导作用。

【名校真题】

名词解释

1. 个体发展（狭义）（华中师范大学2019）

简答题

1. 简述人的发展规律性（华东师范大学2021）
2. 影响个体发展的因素（华南师范大学2017）

论述题

1. 试论述人的发展的特点及其对教育的启示（湖南师范大学 2020）
2. 教育对人的发展的作用及实现条件（华中师范大学 2019）
3. 为什么教育对人的发展起主导作用？试分析教育起主导作用的条件（苏州大学 2017）
4. 试论学校教育在人的发展中的作用（南京师范大学 2017）
5. 文化知识的育人价值（华中师范大学 2018）

第四章 教育与社会发展

考频分析

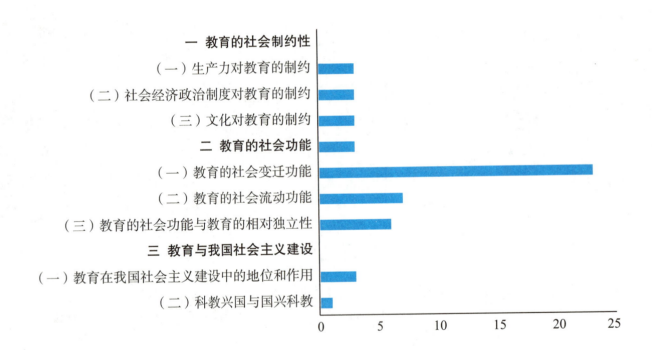

章节框架

教育与社会发展
- 教育的社会制约性
  - 生产力对教育的制约
  - 社会经济政治制度对教育的制约
  - 文化对教育的制约
- 教育的社会功能
  - 教育的社会变迁功能
  - 教育的社会流动功能
  - 教育的社会功能与教育的相对独立性
- 教育与我国社会主义建设
  - 教育在我国社会主义建设中的地位和作用
  - 科教兴国与国兴科教

一 教育的社会制约性 ★★★

教育的社会制约性是指，在社会历史发展的过程中，教育的目的与制度、内容与方法、规模与速度，都受到一定社会的<u>生产力</u>、<u>经济政治</u>与<u>文化</u>等因素的制约。

（一）生产力对教育的制约（南师21，华南18简答；东北21论述）

1. 生产力的发展制约教育事业发展的规模和速度

物质资料的生产是社会存在与发展的基础。教育事业发展的规模和速度，归根结底是由生产力发展的水平和状况决定的，一定的教育必须与一定的生产力发展相适应，这是学校教育发展必须遵循的规律。

2. 生产力的发展水平制约人才的培养规格和教育结构

不同的生产力发展水平，对教育所培养的人提出了不同层次的要求。生产力的发展与分工，也必然引起教育结构的变化。因此学校教育结构必须反映经济的技术结构和产业结构的发展变革。这样教育为生产培养的人才在总量、类型和质量上才能满足生产力发展的需求。

3. 生产力的发展制约教学内容、教学方法和教学组织形式的发展和改革

生产力的发展推动了科学技术的发展，也必然促进教学内容的发展与更新。教学方法和教学组织形式的变革也是一样，如班级教学组织形式的产生与改进、多媒体教学等现代方法的运用，都是与生产力的发展和科学技术的运用紧密相关的。

（二）社会经济政治制度对教育的制约（贵师20，宁波/青岛18简答）

1. 社会经济政治制度制约教育的性质

一定的教育具有什么样的性质是由那个社会的经济政治制度的性质决定的，而且教育的发展也受制于社会经济政治制度的发展变革。

2. 社会经济政治制度制约教育的宗旨和目的

教育目的是一个社会的经济政治制度对教育的权益要求的集中体现，它直接反映着统治阶级的利益和需求。

3. 社会经济政治制度制约教育的领导权

在人类社会中，掌握政权的阶级必然掌管着社会生产资料，从而必然掌握着精神生产资料，也就掌握着教育的领导权。

4. 社会经济政治制度制约受教育权

在一个社会里，让哪些人受教育，达到什么程度，受什么样的教育，教育的结果如何，都是由社会的经济政治制度决定的。

5. 社会经济政治制度制约教育内容、教育结构和教育管理体制

为了实现不同的教育目标，不同社会经济政治条件下的教育有着不同的教育内容，尤其是社会科学方面的内容。特定社会的教育结构也是由该社会的社会结构、经济结构决定的。教育的管理体制更直接受制于社会的经济政治制度。

（三）文化对教育的制约（山师/广师17简答；川师19论述）

1. 文化知识制约教育的内容与水平

文化是教育的基础，教育的本质是通过传承和创新文化来培养人才。学校教育的一个重要任务就是传授系统的文化知识。因此，文化是教育的主要资源，文化知识的发展特性与水平制约着教育的发展特性与水平。

2. 文化模式制约教育的背景与模式

首先，文化模式为教育提供了特定的背景；其次，文化模式还从多方面制约教育的模式。不同文化模式影响的教育模式，在教育目的、内容与方式等各方面也有明显的差异。

3. 文化传统制约教育传统的特性

文化传统越久，对教育传统的制约性越大。我们在教育改革中遇到的许多阻力，究其根源，都与文化传统的消极因素有一定的关系。正确认识文化传统与教育传统的制约关系，对于指导我们今天的教育改革具有重大现实意义。

> **[拓展知识]**
>
> 人口因素对学校教育也产生一定的制约和影响：①人口的发展状况决定着学校教育发展的速度；②人口的密度决定着学校教育的规模；③人口出生的高峰与低谷影响到学校不同时期的学额与班级的调整；④人口的迁移影响到学校的拆、迁、建、并。
>
> 地域环境对学校教育也产生一定的制约和影响：①地理环境影响到学校校址的选择，以及学生在校活动的时间、内容和方式；②资源环境影响到教学计划的制订与课程设计；③人造环境影响到学生的入学条件与学校面貌的改变。

二 教育的社会功能 ★★★★★

（中央民族19简答；浙师19，苏大17论述）

教育被社会发展所制约，但教育也能动地反作用于社会，具有推动社会发展的功能。教育的社会功能主要有：教育的社会变迁功能、教育的社会流动功能。

(一)教育的社会变迁功能

(华中/河南21名解;华东21/20/19,天师21/18,川师21/20,贵师20,河南19/18,扬大19,华中18/17,青岛18,福师/江苏/广西17简答;东北21,河南20,江苏19,南师18论述)

教育的社会变迁功能是指教育通过开发人的潜能,提高人的素质,引导人的社会化,影响人的社会实践,推动社会的发展和变革。教育的社会变迁功能表现在社会生活的各个领域。

1. 教育的经济功能

(1)教育是<u>使可能的劳动力转变为现实的劳动力</u>的基本途径。

劳动力是生产力中能动的要素。个体的生命的成长只构成了可能的劳动力,一个人只有经过教育和训练,掌握一定生产部门的劳动知识和技能,并能生产某种使用价值,他才能成为现实的生产力。

(2)现代教育是<u>使知识形态的生产力转化为直接的生产力</u>的重要途径。

科学技术是一种知识形态的生产力,要使其转化为现实的生产力,除了要通过科学研究、发明创造或革新实践外,其技术成果的推广、经验的总结与提升都需要教育与教学的紧密配合。

(3)现代教育是<u>提高劳动生产率</u>的重要因素。

现代生产有其显著特点,它的生产率提高依靠科学技术在生产中的应用、推广和不断革新,依靠提高劳动者受教育的程度与质量,依靠劳动者的素质、扩大脑力劳动者的比重、发挥劳动者在生产和改革中的创造性。

2. 教育的政治功能

(1)教育通过传播一定的社会的政治意识,<u>完成年轻一代的政治社会化</u>。

人的社会化是人的发展的重要方面,而政治社会化又是人的社会化的重要方面。教育作为传递知识、训练思维与培养情感的活动,能向年轻一代传播一定的社会政治意识,促进他们的政治社会化,从而为一定社会政治秩序的稳定创造重要条件。

(2)教育通过造就政治管理人才,<u>促进政治体制的变革与完善</u>。

现代社会强调法治,使得教育更重视培养政治管理人才。由于科技向管理部门的全面渗透,社会越发展,国家对政治管理人才的素质要求越高,通过教育选择、培养政治管理人才显得越重要。

(3)教育通过提高全民文化素质,<u>推动国家的民主政治建设</u>。

一个国家的政治是否民主,取决于政体和国民素质。普及教育的程度越高,国民的文化素质越高,其国民就越能认识民主的价值,在政治生活和社会生活中就越能履行民主的权利。

(4)教育是<u>形成社会舆论</u>、<u>影响政治时局</u>的重要力量。

学校是知识分子和青少年集中的地方,他们有见解,勇于发表意见,通过教育者和受教育者的言论、演讲和社会活动等,来宣传思想,造就舆论,借以影响群众,为一定的政治、经济服务。

3. 教育的文化功能

(1)<u>传递文化</u>。文化教化的前提是人类对文化的创造与传递。教育起着传递文化的作用。尤其是学校教育因其具有明确的目的性、计划性等特点,一直承担着传承文化的重任。

(2)<u>选择文化</u>。为了有效地传承文化,必须发挥教育对文化的选择功能。教育的选择功能十分重要,体现了教育对文化发展的积极引导和自觉规范。

(3)<u>发展文化</u>。文化的生命不仅在于它的保存和积累,更在于它的更新与创造。随着社会的日益开放化,学校在加强国际文化交流中的作用也日益明显。教育通过广泛的文化交流,不断地吸收其他民族的文化精华,补充、更新和发展本民族的文化,也是文化发展的一种重要方式。

4. 教育的生态功能

（1）树立建设生态文明的理念。

通过在学校里和社会上加强生态文明的教育与宣传，让学生从小养成爱护自然、节约资源、保护生态环境的思想情感，从而逐步在全社会牢固树立建设生态文明的观念。

（2）普及生态文明知识，提高民族素质。

造成生态灾害与失衡的原因很多，大多都与人的素质不高相关。因此，我们应当有计划地普及生态文明知识，并注意指导与督促他们将知识运用于生活实践。只要从小普及生态文明知识，养成保护生态环境的行为习惯，最终就能提高民族的生态文明素质。

（3）引导建设生态文明的社会活动。

生态文明建设关涉社会的移风易俗，因此，学校的生态文明教育不应局限在校内，要组织学生参加到社区的生态文明建设中去。

（二）教育的社会流动功能（上师20，扬大19名解；江苏21/20，川师18简答；福师20，华师19论述）

1. 含义

教育的社会流动功能是指社会成员通过教育的培养、筛选和提高，能够在不同的社会区域、社会层次、职业岗位、科层组织之间转换、调整和变动，以充分发挥其个人的智慧才能，实现其人生价值。它包括横向流动功能（水平流动）和纵向流动功能（垂直流动）。前者指改变其环境而不提升其社会层级地位；后者指改变其社会层级地位及作用。

2. 教育的社会流动功能在当代的重要意义

（1）教育是个人社会流动的基础。如今，不管从事什么行业，要在社会上生存与流动，就要有一定的文化知识和能力，必须接受一定的教育。它使享受这一教育的人能够选择自己将要从事的职业，参与建设集体的未来和继续学习。

（2）教育是现代社会流动的主要通道。今天，我国农村的年轻一代要成功地进行社会流通，尤其是向上流通，必须经过教育，甚至只有经过优质的高等教育才能实现。

（3）教育深刻影响社会公平。教育的社会流动，实质上涉及教育机会均等与社会公平问题。到近代，人们才逐步提出普及教育与入学机会人人均等的要求。如今，各国纷纷实行普及义务教育制度，注重教育公平，这是教育发展的趋势。

（三）教育的社会功能与教育的相对独立性

1. 教育的社会变迁功能与社会流动功能的关系

（1）区别：二者是性质不同的两种功能，有严格的区别。

教育的社会变迁功能是就教育所培养的社会实践主体在生产、科技、经济、政治和文化等社会主要领域所发挥的作用而言的，它指向社会的存在、变革和发展，以期为社会的发展、为国家与民族的发展服务。

教育的社会流动功能是教育所培养的社会实践主体，经过个人能力与品行的培养和提高，以实现其在职业分工和社会层次之间的流动而言，它指向个体身心的发展、境遇的改善与提升，以期为个人的诉求与理想的实现服务。

（2）联系：二者相互促进，相辅相成。

教育的社会变迁功能为社会流动功能的产生奠定了客观基础，为其实现开拓了可能的空间；而教育的社会流动功能的实现程度，既是衡量社会变迁功能的价值尺度，又是推进社会变迁功能的动力。二者的互动是社会发展和进步的必要条件，体现了教育对社会发展的能动作用。

2. 教育的相对独立性（贵师21，华中20，中央民族18，川师/贵师17简答；深大17论述）

教育的相对独立性是指作为社会一个子系统的教育，它对社会的能动作用具有自身的特点和规律性，它的历史发展也有其独特连续性和继承性。主要表现为以下几方面：

（1）教育是培养人的活动，通过所培养的人作用于社会。教育尤其是学校教育，是有意识地影响人、培养人、塑造人的社会活动。它主要通过引导和促进年轻一代社会化、个性化，成为社会活动的参与者和继承者，以保证并促进社会的生存、延续与发展。

（2）教育具有自身的活动特点、规律及原理。教育是培养人的活动，而人具有特殊的身心发展和成熟的规律。教育教学及其相关活动必须认识、遵循和创造性地运用这些基本特点与规律，才能有效地培育人才。此外，还应重视和遵循前人的宝贵经验，并在此基础上继续发展、前进。

（3）教育具有自身发展的传统与连续性。由于教育有自身的规律和特有的社会功能，它一经产生、发展便将形成和强化其相对独立性，具有发展的连续性、继承性和惯性。因此，无论在发展教育事业，或进行教育改革，都要重视与借鉴教育的历史经验，都应在原有的基础上积极改进、稳步前行。

三 教育与我国社会主义建设 ★

（一）教育在我国社会主义建设中的地位和作用（海师18论述）

建设有中国特色社会主义必须以科学发展观为指导。科学发展观的核心是以人为本。科学发展观是指我国各项事业发展的世界观和方法论，对以培养人为特点的教育来说，有特殊的重要意义。

1. 树立以人为本的教育观

（1）树立以人为本的教育观，意味着肯定教育的根本主旨在于促进人的全面发展，在生产力发展的基础上尽可能地满足大多数人的文化需要，尽可能地让每个人有公平的受教育机会，尽可能地开发每个人的发展潜能，启发每个人的能动性、创造性，引导每个人成为社会的主人、国家的公民，自觉地为人民服务，为社会主义现代化建功立业，在实现民族复兴梦中实现自我。

（2）树立以人为本的教育观，还意味着肯定人是自我教育、自我发展的主体。教育对人的个性素质的发展只是人的发展的外因，必须经过人的发展的内因，经过人的自我教育，才能转化为人的个性素质。教育必须尊重人在自我教育、自我发展中的主体地位。教育的艺术和教育的实效，取决于培养和发挥人的自我教育、自我发展的能动性。

2. 把教育摆在优先发展的战略地位（扬大21，深大18论述）

"百年大计，教育为本。"教育在我国社会主义现代化建设中具有基础性、先导性、全局性意义。落实科学发展观，实现科教兴国战略和人才兴国战略，就必然要求把教育摆在优先发展的地位。

（1）教育的基础性，指人的素质在社会主义现代化建设中的基础性。教育对人的个体素质全面发展的促进，既是个人为人处世的基础，也是社会稳定发展的基础。

（2）教育的先导性，指教育的发展对社会主义现代化建设具有引领作用。要使经济社会可持续发展，关键在于知识创新，掌握核心技术，这要依靠教育传播最新知识技术，培养创新性人才。教育的先导性不仅表现在经济发展方面，还表现在对科学技术的引领与文化价值观念方面。

（3）教育的全局性，指教育的发展关乎社会主义现代化建设的方方面面，具有全局性的影响。我们应当全面发挥教育的功能，促进人的全面发展和社会的全面进步。

[拓展知识]

教育先行

教育先行是一种发展战略，就是要求教育要面向未来，使教育在适应现存生产力和政治经济发展水平的基础上，适当超前于社会生产力和政治经济的发展。具体表现在：一是教育投资增长速度应当超过经济增长速度；二是在人才培养上要兼顾社会主义现代化建设近期与远期的需要，目标、内容等方面适当超前。

（二）科教兴国与国兴科教（华南20名解）

实现科教兴国，前提在国兴科教，关键在国兴教育，教育为本。

1. 国兴教育的重大举措和巨大成绩

（1）恢复高考和高校扩招。我国于1977年恢复高考，1999年高校开始扩招。这是我国现代化建设人才培养的一项奠基工程。

（2）普及义务教育的立法。2006年我国对《义务教育法》做了修订，对义务教育的性质、经济保障、政府责任、管理体制、法律追究等均做了进一步规定："义务教育是国家统一实施的所有适龄儿童、少年必须接受的教育，是国家必须予以保障的公共性事业。"

（3）建立贫困学生的国家资助体系。教育公平是社会公平和社会和谐的基石。近年来，我国建立了对贫困学生的资助体系，为实现"不让一个学生因家庭经济困难而失学"的目标奠定了可靠的基础。

（4）大力发展教育事业。改革开放以来，我国教育事业迅猛发展。目前，我国学校教育的普及与提高在加速，高等教育也在大众化道路上迅跑，正朝着建设人力资源强国前进。

2. 国兴教育面临的问题

（1）教育公共投入有待进一步加大。长期以来，我国教育投入严重偏低，亏缺甚大，农村教育尤甚。教育投入不足导致我国人才培养滞后于产业结构的转型和高新技术的发展，影响到我国现代化建设的进程。近几年我国加大了对教育的财政投入力度，但与发达国家相比仍有较大差距，且远不能满足实际需要。

（2）教育公平面临严峻挑战。

①城乡之间、地区之间存在明显的差距问题。首先，教育经费与设备配置的差异导致教育条件的不公平；其次，师资力量与教学水平的差异导致教育过程的不公平；再次，城乡学校的教育条件与教学水平的差距导致教育结构的不公平；最后，教育投入的差距深刻影响教育的公平。因此，关注与促进缩小城乡与地区差距是实现教育公平的基础。

②农民工子女接受教育需要妥善解决的问题。它包括"留守儿童教育"和"农民工子女上学难"两个问题。若不能妥善解决，不仅影响社会主义现代化建设和社会的转型，而且影响社会的稳定和和谐。

③优质教育资源短缺引发的教育机会不公平问题。大量研究证明，优质教育资源的分配与学生家庭的经济背景以及父母的社会阶层存在显著的关联。于是，优质教育资源短缺与人民群众对优质教育越来越高的需求的矛盾便成为人们普遍关注、最为突出的教育问题和社会问题。

3. 努力办好让人民满意的教育

（1）普及和巩固义务教育。义务教育是一切教育的基石，也是社会主义现代化建设的基础，关系到人民群众根本利益的保障和潜能的发挥，要居于教育事业"重中之重"的地位。而义务教育的重点、难点又在农村。为了实现义务教育的公平，必须使义务教育均衡发展。

（2）**大力发展中等职业教育**。发展中等职业教育，有利于为社会发展培养大批高素质的劳动者和技能型人才、拓宽就业渠道，推进我国产业结构的调整和经济增长方式的转变。

（3）**努力提升高等教育质量**。高等教育处于整个教育发展的龙头地位，高等学校既是数以千万计的专门人才的"培养所"，又是知识创新、技术创新与观念创新的"发源地"，在支撑经济社会发展、提高自主创新能力、增强综合国力中具有不可替代的作用。

【名校真题】

名词解释

1. 教育功能（苏州大学 2020）
2. 教育的社会变迁功能（华中师范大学 2021）
3. 科教兴国（华南师范大学 2020）

简答题

1. 简述文化对教育的影响（广西师范大学 2017）
2. 简述政治经济制度和经济发展水平对教育的制约作用（宁波大学 2018）
3. 简述现代教育的生态功能（华东师范大学 2020）
4. 教育在社会主义中的地位和作用（海南师范大学 2018）

论述题

1. 教育的社会流动功能及其当代意义（福建师范大学 2020）
2. 结合实际谈谈生产力对教育的制约（东北师范大学 2021）
3. 什么是教育的相对独立性？根据实际教学谈谈教育相对独立性的重要意义（深圳大学 2017）
4. 教育为什么要放在优先发展的战略地位（扬州大学 2021）

第五章 教育目的

考频分析

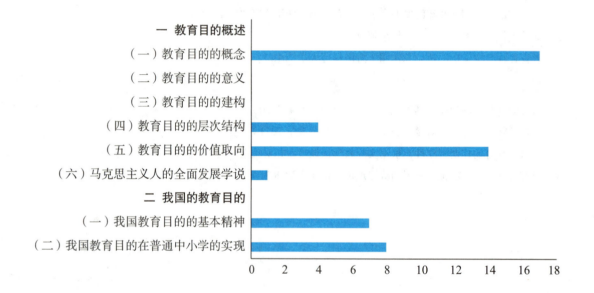

章节框架

```
           ┌─ 教育目的概述 ─┬─ 教育目的的概念
           │               ├─ 教育目的的意义
           │               ├─ 教育目的的建构
教育目的 ──┤               ├─ 教育目的的层次结构
           │               ├─ 教育目的的价值取向
           │               └─ 马克思主义人的全面发展学说
           │
           └─ 我国的教育目的 ─┬─ 我国教育目的的基本精神
                             └─ 我国教育目的在普通中小学的实现
```

一 教育目的概述 ★★★★★

（一）教育目的的概念

（天师 21/19，华中／陕师／宁夏 20，河南／华东 19，海师 19/18，贵师 19/17，川师／扬大 18，华南／东北／杭师／宁波 17 名解）

教育目的是对教育活动所要培养的人的个体素质的总的预期与设想，是对社会历史活动的主体的个体素质的规定。它体现一定社会对受教育者质量规格的界定和要求，也体现人自身发展所应该达到的水准和高度。教育目的的概念有广义和狭义之分。

（1）广义的教育目的：指主体对受教育者的期望或理想规定的设计，即人们希望受教育者通过教育在身心诸方面发生什么样的变化，或者产生什么样的结果。

（2）狭义的教育目的：指国家对教育培养出什么样人才的基本要求，它规定了教育所要培养的人的基本规格和质量要求，是各级各类学校都必须遵守的总要求。

（二）教育目的的意义

（1）定向作用。教育目的规定了学校教育和学生发展的根本方向，是学校办学的根本指导思想，也是学生发展的总方向，是学校教育工作的起点与归宿，并制约其全过程。

（2）调控作用。教育目的规定了学校教育培养人才的基本质量规格，对学校教育的内容和活动方式起选择、协作、调节和控制作用。

（3）评价作用。学校的办学质量以及学生的发展质量如何，可以有很多的标准来衡量，但根本标准是教育目的。

[拓展知识]

教育方针

教育方针是国家在一定历史时期，根据社会政治经济发展需要和国家的现实状况与发展趋势，通过一定的法定程序，为教育事业确立的总的工作方向和奋斗目标，是教育政策的总概括。教育方针的基本内容包括：①教育发展的指导思想；②教育目的；③实施的途径。

（三）教育目的的建构

（1）教育目的的建构需要反映社会发展规律，遵循社会历史条件的可能与限定。

教育目的只能依据现实的社会生活、生产、分工、交往状况及其发展趋势的需求来建构，才能使教育培养出社会所需要的成员及各种人才、促进社会向前发展。

（2）教育目的的建构还需要反映人的发展规律，遵循人的发展的可能与限定。

人是教育的出发点，是教育的对象，也是教育的主体。因此，建构教育目的，不仅要依据社会发展的需要，而且要反映人的发展特性、规律与需求，遵循人的发展的可能与限定。这样才能使学校教育有正确的方向，从而顺利、有效地实现预期的目的。

（四）教育目的的层次结构（江苏 17 名解；华南／苏大 21 简答；陕师 19 论述）

（1）国家的教育目的：关于教育培养什么样的人的质量和规格的总的设想和规定，体现了国家对教育培养人的系列要求。它一般以成文的形式表现，通常是从哲学的高度提出，因而很难客观测量它。

（2）各级各类学校的培养目标：培养目标是各级各类学校依据国家教育目的和不同类型教育的

性质与任务，对受教育者身心发展所提出的具体标准和要求。

教育目的和培养目标是一般与特殊的关系：教育目的是制定培养目标的依据，培养目标是教育目的的具体化，即培养目标不能脱离教育目的，教育目的要体现、落实在培养目标之中。

（3）课程目标：即课程方案设置的各个教学科目所规定的教学应当达到的要求或标准。这个层次的目标是各级各类学校培养目标的具体化，通过课程目标的实现来完成培养目标。

（4）教师的教学目标：教育者在教学过程中，在完成某一阶段（如一节课、一个单元或一个学期）工作时，希望受教育者达到的要求或产生的变化结果。

（五）教育目的的价值取向

（宁波21，山师18，川师17名解；上师21，青岛21/17，山师/福师20，华中19，深大19/17，苏大18简答；宁波/海南20论述）

教育目的的价值取向，是指教育目的的提出者或从事教育活动的主体，依据自身对人和社会发展需要的理解而对教育价值做出选择时所持有的一种倾向。

1. **个人本位论**

（1）代表人物：卢梭、裴斯泰洛齐、福禄培尔等。

（2）主要观点：

①教育目的是根据个人发展的需要制定的，而不是根据社会的需要制定的。

②个人价值高于社会价值。社会价值只有在有助于个人发展时才有价值，应由个人来决定社会，个人价值恒久高于社会。

③人生来就有健全的潜在本能，教育的基本职能就在于使这种潜能得到发展。

（3）评价。

个人本位论把个人的自身的需要作为制定教育目的的依据，在一定的历史条件下具有一定的进步意义；但如果只强调个人的需求与个性的发展，而一味贬低和反对满足社会发展的需要，则是片面的、错误的。

2. **社会本位论**

（1）代表人物：那托尔普、涂尔干、凯兴斯泰纳等。

（2）主要观点：

①个人的一切发展都有赖于社会，都受社会的制约，人的一切发展也是为了满足社会的需要。

②教育除了满足社会需要以外并无其他目的。

③教育结果的好坏是以其社会功能发挥的程度来衡量的，离开了社会，就无法对教育的结果做出衡量。

（3）评价。

社会本位论者从社会需要出发来选择教育目的的价值取向，无疑是看到了教育的社会作用，在今天这样生产高度社会化的时代，也具有一定的借鉴价值；但只是站在社会的立场看教育而抹杀了个人在选择教育目的过程中的作用，并以此来排斥教育满足个人发展的需要，则是片面的、不正确的。

（六）马克思主义人的全面发展学说（浙师19简答）

马克思运用历史唯物主义观点分析了人的发展与社会进步的关系，认为人的发展是一个社会历史过程，受社会生产力和生产关系的制约。

1. 人的全面发展是一个社会历史过程

（1）古代社会：以人的依赖关系为基础，个人没有人身自由，没有独立性和个性。

（2）现代社会：以物的依赖性为基础人的独立性。在这种社会形态下，促使个人随之摆脱了人的依赖关系，获得了人身的一定的独立自主与自由。

（3）共产主义：在这个阶段，人们既摆脱了人的依赖关系，又摆脱了物的依赖关系，个人将得到全面而自由的发展。

2. 人的全面发展的内涵

马克思、恩格斯所讲的人的发展，是指在人的劳动能力全面发展的基础上包括人的社会关系、体力、智力、道德精神面貌、意志、情感、个性及审美意识和实践能力等各方面的和谐统一发展。人的全面发展过程是人不断走向自由和解放的过程，是人类历史追求的真正目的。

3. 人的全面发展学说的现实意义

马克思关于人的自由而全面发展学说是在继承和发展历史上有关理论基础上的新的探索和科学概括，是我们选择社会主义教育目的价值取向的理论基础。

（1）社会主义制度的建立为人的全面发展拓宽了道路。我国建设中国特色社会主义各项事业，既要着眼于人民现实的物质文化生活的需要，同时也要促进人的自由而全面的发展。这是马克思主义关于建设社会主义新社会的本质要求。

（2）要依据我国的特点尽可能地促进人的全面发展。结合我国处于社会主义初级阶段的现实情况，采取各种切实举措，提高人的素质，促进人的全面发展，并以此作为现阶段我国教育目的的基本价值取向。

（3）人的全面发展是构建社会主义和谐社会的基本内涵。教育作为专门培养人的社会实践活动，就是要通过培养全面发展的人来实现我们的社会发展理想和人的发展的理想。

（4）追求人的全面发展与实现人的自由发展必须和谐统一。我国当前教育改革与发展应该高度重视马克思对人的自由发展的憧憬，在引导学生全面发展的同时，关注学生个性的自由发展，着重培养学生的创新精神、批判意识与独立个性。

二 我国的教育目的 ★★★★

（一）我国教育目的的基本精神（深大 20/18，华南/川师 19，福师/天师 18 简答；河南 18 论述）

2015 年新修订的《中华人民共和国教育法》规定："教育必须为社会主义现代化建设服务，必须与生产劳动和社会实践相结合，培养德、智、体、美等方面全面发展的社会主义事业的建设者和接班人"。这是目前教育目的最规范的表述。

我国教育目的表述虽几经变化，但其基本精神却是一致的，就是培养学生成为未来国家、社会发展的实践主体与主人。其基本点包括以下几个方面：

1. 培养"劳动者"或"社会主义建设人才"

我国当代教育目的在表述上不断发生变化，但培养"劳动者"或"社会主义建设人才"这一基本规定却始终没有变。教育目的的这个规定，明确了我国教育的社会主义方向，指明了培养出来的人的社会地位和价值，是社会主义的劳动者、建设人才，是国家的主人。

2. 坚持全面发展

受教育者的全面发展，教育界通行的说法是德、智、体、美、劳的发展。从人要处理的现实生活的关系分析，人的全面发展主要包括处理人与自然关系的能力、人与社会关系的能力和人与自我关系的能力的发展。如果一个人的发展在这三个方面都形成了健全的能力，那么这个人的发展就是全面发展。

3. 培养独立个性

培养受教育者的独立个性，是马克思人的全面发展学说的基本内涵和根本目的。追求人的个性发展，就是要使受教育者的自由个性得到保护、尊重和发展，要增强受教育者的主体意识、开拓精神、创造才能，要提高受教育者的个人价值。

综上所述，我国教育目的的价值取向的出发点与归宿在于：培养德、智、体、美、劳全面发展，具有创新精神、实践能力和独立个性的社会主义现代化需要的各级各类人才。

> **[拓展知识]**
>
> 全面发展与独立个性二者并不排斥。所谓"全面发展"，是指受教育者个体必须在德、智、体、美诸方面都得到发展，不可或缺，即个性的全面发展；所谓"独立个性"，是指德、智、体、美等素质在受教育者个体身上的特殊组合，不可一律化，即全面发展的个性。二者的关系是辩证统一的关系。

（二）我国教育目的在普通中小学的实现

（北师 21/20，深大/华中 17 名解；青岛 18 简答，重师 21，苏大 18 论述）

1. 普通中小学的性质与任务

普通中小学的性质是基础教育；正确而深入地理解中小学教育的性质和任务，应该把握以下几个基本要点：

（1）为年轻一代做人打好基础。普通中小学的教育对象是青少年儿童，他们在这一时期要掌握科学文化基础知识和基本技能，发展思维能力和表达能力，形成良好的思想品德和高尚的审美情趣，拥有健康的身体，为成为社会主义的建设者和接班人打好基础。

（2）为年轻一代在未来接受专业教育打好基础。普通中小学教育首先要注重促进年轻一代的一般发展，以便为他们进一步接受专业教育打好基础。职业训练在中学阶段应占有合理的比重，才能完成培养各级各类建设人才和劳动者的任务。

（3）为提高民族素质打好基础。普通中小学，特别是义务教育，对提高民族素质起着奠基的作用。义务教育普及的程度和质量的高低，直接关系到民族素质的建构与提高。

2. 普通中小学教育的组成部分

（1）体育：授予学生健身知识、技能，发展学生体力、增强学生体质的教育。普通中学在体育方面的要求主要是：向学生传授基本的运动知识、技能，培养他们锻炼身体和讲究卫生的良好习惯，促进他们身体的正常发育和机能的成熟，增强他们的活动能力和身体素质。

（2）智育：授予学生系统的科学文化知识、技能和发展他们智力的教育。普通中学在智育方面的要求主要是：帮助学生在小学教育的基础上进一步系统地学习科学文化基础知识，掌握相应的基本技能和技巧，拓宽文化视野，发展思维能力、想象力和创造力，养成良好的自学能力、兴趣和习惯。

（3）德育：引导学生领悟社会主义思想和道德规范，组织和指导学生的道德实践，培养学生的社会主义品德的教育。普通中学在德育方面的要求主要是：教育学生初步了解马克思主义，热爱中国共产党和社会主义祖国，热爱劳动、学习等；帮助学生提高主体意识、心理承受力、应变力等。

（4）美育：培养学生正确的审美观，发展他们鉴赏美、创造美的能力，培养其高尚情操和文明素质的教育。普通中学在美育方面的要求主要是：通过音乐、美术、文学教育等审美活动，充实学生的精神生活，培养他们感受美、欣赏美和创造美的能力，养成审美情趣和高尚情操。

（5）劳动技术教育：传授基本的生产技术知识和生产技能，培养劳动观点和劳动习惯的教育。劳动技术教育包括劳动教育和技术教育两个方面，有利于促进学生的全面发展。劳动技术教育方面的要求主要是：通过科学技术知识的教学和劳动实践，使学生了解物质生产的基本技术知识，掌握一定的职业技术知识和技能，提高动脑和动手能力，养成良好的劳动态度和劳动习惯。

总而言之，对于普通中小学学生的全面发展来说，上述五个组成部分，既相对独立、各有特点、规律和功能，缺一不可；同时，又相互制约、相互促进，组成统一的教育过程。因此，我们必须考虑到人的发展的全面性和整体性，坚持五育并举，处理好它们之间的关系，使其相辅相成，发挥其整体功能。

[拓展知识]

全面发展（杭师19名解）

所谓全面发展教育，是对含有各方面素质培养功能的整体教育的一种概括，是对为使学习者多方面得到发展而实施培养的教育活动的总称，是由多种相互联系而又各具特点的教育所组成。关于全面发展教育的基本构成，学界论通常多以德育、智育、体育、美育等作为全面发展教育的构成主体。

3. 素质教育

素质教育是以人的素质发展为核心的教育。它以注重人各方面的程度和水平的实际发展为主要特征，追求对人的发展的有效引领和促进。素质教育的内涵包括以下几个方面：

（1）素质教育是面向全体学生的教育。素质教育就是要改变以往教育只重视升学有望的学生的做法，坚持面向全体学生，依法保障义务教育阶段儿童和青少年学习和发展的基本权利，努力开发每个学生的潜能，使所有的学生都得到平等健康的发展。

（2）素质教育是全面发展的教育。实施素质教育，必须把德、智、体、美等有机地统一在教育活动的各个环节，使各方面教育相互渗透、协调发展，促进学生的全面发展和健康成长。

（3）素质教育是促进学生个性发展的教育。素质教育反对应试教育不顾学生个性差异的"一刀切"的做法，主张从人的个性出发，承认个性的客观存在，尊重每个人的个性，并以此作为实施教育和教学的依据，通过教育使不同层次、不同程度的学生得到个性健康、完善与发展。

（4）素质教育是以培养创新精神为重点的教育。长期以来的应试教育片面强调知识传授，采用"填鸭式"教学。素质教育则以创新精神和创新能力培养为重点，注重发现和开发蕴藏在学生身上的潜在的创造性品质，全面提高学生的综合素质。

【名校真题】

名词解释

1. 教育目的（陕西师范大学 2020）
2. 综合实践活动（深圳大学 2017）
3. 全面发展教育（杭州师范大学 2019）

简答题

1. 简述有关教育目的的两个典型价值取向 (青岛大学 2017)
2. 全面发展与独特个性关系（深圳大学 2018）
3. 素质教育（青岛大学 2018）

论述题

1. 按照教育目的的层级结构进行分类，并简述各自的含义、区别、联系（陕西师范大学 2019）
2. 结合人的全面发展思想，论述中国学生核心素质的构成要素（苏州大学 2018）
3. 结合实际，谈谈美育与审美教育对个体认知发展的影响（重庆师范大学 2021）

第六章 教育制度

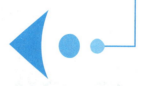

考频分析

- 一 教育制度概述
  - （一）教育制度的含义和特点
  - （二）制约教育制度的社会因素
  - （三）教育制度的历史发展
  - （四）终身教育
- 二 现代学校教育制度
  - （一）学校教育制度的概念
  - （二）学校教育制度的设立依据
  - （三）现代学校教育制度的发展
  - （四）现代学校教育制度的变革
- 三 我国现行学校教育制度
  - （一）我国学校教育制度的演变
  - （二）我国现行学校教育制度的形态
  - （三）我国现行学校教育制度的改革

章节框架

教育制度
- 教育制度概述
  - 教育制度的含义和特点
  - 制约教育制度的社会因素
  - 教育制度的历史发展
  - 终身教育
- 现代学校教育制度
  - 学校教育制度的概念
  - 学校教育制度的设立依据
  - 现代学校教育制度的发展
  - 现代学校教育制度的变革
- 我国现行学校教育制度
  - 我国学校教育制度的演变
  - 我国现行学校教育制度的形态
  - 我国现行学校教育制度的改革

一 教育制度概述 ★★★★★

（一）教育制度的含义和特点

（南师 21，宁夏 20/18，陕师 / 深大 / 川师 19，上师 19/ 18/17，川师 19，河南 17 名解；福师 17 简答）

1. 含义

教育制度是指一个国家各级各类实施教育的机构体系及其组织运行的规则。它包括相互联系的两个方面：一是各级各类教育机构与组织；二是教育机构与组织赖以存在和运行的规则，如各种相关的教育法律、规则、条例等。

2. 特点

（1）客观性。教育机构的设置、层次类型的分化、各级各类教育机构的制度化，都受客观的生产力发展水平制约，具有客观性。

（2）规范性。教育制度的规范性主要表现在入学条件和各级各类学校培养目标的确定上。

（3）历史性。教育制度是随社会的发展变化而变化的，在不同的社会历史条件下会有不同的教育需要，就要建立不同的教育制度。

（4）强制性。教育制度是先于作为年轻一代的个体而存在的。它对于受教育者个体的行为具有一定的强制作用，要求受教育者个体无条件地去适应和遵守制度。

（二）制约教育制度的社会因素

（1）经济的制约。经济的发展为教育制度提供了一定的物质基础，并向教育提出了一定的育人需求。

（2）政治的制约。在阶级社会里，统治阶级掌握着教育权，制约着不同社会背景下的学生享受教育的类型、程度和方式。

（3）文化的制约。教育活动是在一定的文化观念的影响下进行的，不同的文化特性必然会影响到教育制度的特性。

（三）教育制度的历史发展

（1）原始社会。教育尚未从社会生活中分离出来，没有专门的学校教育，也不可能有教育制度。

（2）古代社会。产生了学校，逐渐出现了简单的学校系统，形成了简朴的教育制度。

（3）现代社会。现代教育制度是随着现代学校的发展、分化和改革而建立起来。现代学校发展程度具有大众性和普及性，结构上具有多类型和多层次性。

（4）当代社会。教育制度还在不断向前发展。它已由过去单一的学校教育系统，发展成为以学校教育系统为整体，包括幼儿教育系统、校外儿童教育系统、成人教育系统的庞大教育体系，它的整体发展方向是终身教育。

（四）终身教育（川师21，南师20，华中/杭师19名解；宁波21简答）

1. 含义

终身教育是人一生各阶段当中所受各种教育的总和，也是人所受的不同类型教育的综合。前者从纵向上讲，说明终身教育不仅仅是青少年的教育，而且涵盖了人的一生；后者从横向上讲，说明终身教育既包括正规教育，也包括非正规教育和非正式教育。

2. 特点

（1）终身教育思想是对教育全新的理解，教育不局限于学校，也包括家庭、社会对人的影响。

（2）终身教育使教育与生产、生活重新结合，打破教育长期与劳动世界相隔绝的局面。

（3）终身教育的对象更广泛，学习形式更多样。

终身教育的理念符合"人即目的""机会均等""差别性对待"的原则。终身教育是实现教育平等制度的基础，是现代教育制度的创新，是未来学制发展的趋势。

二　现代学校教育制度★★★★★

（一）学校教育制度的概念

（中央民族/宁夏/上师/云师21，深大21/18，陕师20，杭师20/18，北师/华南/青岛19，华东/华中/河南18，苏大/川师/海师/扬大17名解）

现代教育制度的核心部分是学校教育制度。学校教育制度简称学制，指的是一个国家各级各类学校的系统及其管理规则，它规定着各级各类学校的性质、任务、入学条件、修业年限以及它们之间的关系。

（二）学校教育制度的设立依据（中央民族18简答，苏大21论述）

（1）社会生产力和科技发展水平。

教育制度的产生和建立取决于生产力发展水平和科学技术发展状况，教育制度的发展和完善在很大程度上也取决于生产力和科技发展水平。

（2）社会经济制度。

教育制度作为社会的基本制度之一，受社会的政治经济制度的制约。不同的政治经济制度决定了不同阶级享有不同的教育，也决定了各级各类学校的教育目的、入学条件、修业年限、教育内容以及它们之间的关系等教育制度方面的问题。

（3）人的身心发展规律。

学制中关于入学年龄、修业年限、教育目标、学习内容的确立必须根据人的身心发展规律制定。

此外，学制中关于各级各类学校的分段与衔接、升级升学制度、特殊教育制度也是依据人的身心发展规律制定的。

（4）本民族语言、文字、习俗、习惯等文化传统。

在学制的改革与发展中，要发扬本民族的优秀文化传统，吸收其他民族的长处。

（5）历史经验的继承与发展。

学制总是在不断地发展变化、完善，以适应发展变化的情况。但是，任何国家学制的发展和革新必须立足于本国的历史，不是对过去的全盘否定，而是对过去继承基础上的发展。

（三）现代学校教育制度的发展（山师20，宁波19，北师17名解）

1. 双轨制

（1）主要代表：18—19世纪的西欧。

（2）结构：一轨自上而下，是为资产阶级的子女设立的，其结构是大学（后来也包括其他高等学校）、中学；另一轨从下而上，是为劳动人民的子女设立的，其结构是小学（后来是小学和初中）及其后的职业学校（先是与小学相连的初等职业教育，后发展为和初中相连的中等职业教育）。

（3）特点：两个平行的系列，一轨基于家庭教育，从初中开始，一轨最初只有小学。这样就剥夺了劳动者子女升入中学和大学的权利，阶级对立性十分明显。

2. 单轨制

（1）主要代表：美国。

（2）结构：小学、中学、大学。

（3）特点：一个起点、一个系列、多种分段，如六三三、五三四、八四、六六等分段。单轨制被世界许多国家采用，因为它有利于教育的逐级普及，有利于现代生产和科技的发展。

3. 分支型学制

（1）主要代表：苏联，因此该学制也称为苏联型学制。

（2）结构：一开始不分轨，升入中学阶段开始分叉，是介于双轨制和单轨制之间的分支型学制。

（3）特点：苏联型学制的中学，上通（高等学校）下达（初等学校），左（中等专业学校）右（中等职业技术学校）通畅。这显示了分支型学制没有阶级、没有等级差别的优越性。

（四）现代学校教育制度的变革（南师21/19简答）

1. 从学校系统看，双轨制在向分支型学制和单轨制方向发展

从发展过程可以看出，义务教育延长到哪里，双轨制并轨就要并到哪里，单轨制是机会均等地普及教育的好形式；其次，综合中学是双轨制并轨的一种理想形式，因而综合中学化就成了现代中等教育发展的一种趋势。

2. 从学校阶段看，每个阶段都发生了重大变化

（1）幼儿教育阶段。近年来，发达国家幼儿教育发展迅速，幼儿教育制度也发生了重要变化：①幼儿教育的结束期提前到6岁或5岁；②加强了小学和幼儿教育的连接。很多国家把幼儿教育列入学制系统，这是发展的趋势。

（2）小学教育阶段。小学成为普通基础教育的初级阶段。小学教育制度发生了深刻变化：①小学已无初、高级之分；②入学年龄提前到6或5岁；③缩短年限，如法国缩短至五年；④小学和初中衔接，取消初中的入学考试。

（3）初中教育阶段。许多国家义务教育延长至初中阶段，初中教育成为基础教育的重要阶段，

其制度变化有：①初中学制的延长，有的延长至4年；②把初中阶段看作普通教育的中间阶段；③连接初中和小学，看作基础教育阶段，统一进行文化科学基础知识教育，加强初中的结业考试，以便尔后再进行分流。

（4）高中教育阶段。高中阶段学制的多种类型，即高中阶段教育结构的多样化，是现代学制的一个重要特点。

（5）职业教育阶段。职业教育在当代有两个突出的特征：①对文化科学技术基础的要求越来越高；②职业教育的层次和类型的多样化。

（6）高等教育阶段。高等教育结构变化表现在：①多层次，过去主要是本科一个层次，而现在则有多个层次；②多类型，现代高等学校的院校、科系、专业类型繁多。当今，高等学校与社会、生产、科学技术、社会生活的各个方面的联系越来越密切。

[拓展知识]

当代学校教育制度改革的趋势

1. 进一步完善终身教育体系。终身教育是当今各国教育改革的共同指导思想，建立终身教育体系则是各国学制改革的共同目标。

2. 义务教育的范围逐渐扩展，年限不断延长。随着知识社会的到来，大多数国家的义务教育范围有进一步扩展的趋势，主要表现在义务教育的一端在逐渐向幼儿教育方向扩展，而另一端则向初中后教育阶段延伸。

3. 普通教育和职业教育向着综合统一的方向发展。促进普通教育和职业技术教育的结合，是当前各国学制改革的一个重要方面。如在普通学校中加强职业技术教育及在职业技术教育中加强普通教育。

4. 高等教育大众化、普及化。目前，日本、美国等发达国家的高等教育已经达到大众化，正在向着普及化发展，大多发展中国家正在为高等教育的大众化而努力。主要表现在两个方面：①高等教育机构的日益多样化；②高等教育机构中学生的成分发生了变化，成人大学生所占比重增加。

三 我国现行学校教育制度★

（一）我国学校教育制度的演变（华南21论述）

1. 新中国成立前的学制改革

（1）1902年，清政府颁布"壬寅学制"，这是我国正式颁布的第一个学制，但未实施。

（2）1904年，清政府颁布"癸卯学制"，这是我国正式实施的第一个学制。

（3）1912年，临时政府教育部颁布"壬子癸丑学制"，这是我国第一个资产阶级性质的学制。

（4）1922年，国民政府颁布"壬戌学制"，也称"六三三制"，它是以美国学制为蓝本制定的，反映了当时社会政治经济的需要。

2. 新中国成立以后至改革开放前的学制改革

（1）1951年，中央人民政府政务院颁布《关于改革学制的决定》，明确规定了中华人民共和国的新学制，这是我国学制发展的一个新阶段。

（2）1958年，中共中央、国务院颁布《关于教育工作的指示》，明确指出："现行的学制是需要积极地妥当地加以改革"。

（3）1961年，开始贯彻"调整、巩固、充实、提高"的方针，制定大、中、小学工作条例。

（4）1976年，恢复和新建学制系统，使我国学制逐步向合理和完善的方向发展。

3. 改革开放以来的学制改革

（1）1985年，《中共中央关于教育体制改革的决定》提出：①加强基础教育，有步骤地实施九年义务教育；②调整中等教育结构，大力发展职业技术教育；③改革高等教育招生与分配制度，扩大高校办学的自主权；④对学校教育实行分级管理。

（2）1993年，《中国教育改革和发展纲要》，确定了20世纪末教育发展的总目标：①基本普及九年义务教育，基本扫除青壮年文盲；②全面贯彻党的方针，全面提高教育质量；③建设好一批重点学校和一批重点学科。

（3）1999年，《面向21世纪教育振兴行动计划》提出的目标是：①到2000年，全国基本普及九年义务教育，基本扫除青壮年文盲，大力推进素质教育；②完成职业教育培训和继续教育制度；③积极稳步发展高等教育；④深化改革，建立教育新体制的框架，以适应社会经济发展。

（4）2010年，《国家中长期教育改革和发展规划纲要（2010—2020年）》所确立的目标是：到2020年，基本实现教育现代化，基本形成学习型社会，进入人力资源强国行列。

（二）我国现行学校教育制度的形态（北师17简答）

经过一个世纪的发展，我国已建立了比较完整的学制，在1995年颁布的《中华人民共和国教育法》里得到了确认。它包括以下几个层次的教育：

（1）学前教育（幼儿园）：招收3—6、7岁的幼儿。

（2）初等教育：指全日制小学教育，招收6、7岁儿童入学，学制为5—6年。在成人教育方面，还包括成人业余初等教育。

（3）中等教育：指全日制普通中学、各类中等职业学校和业余中学。全日制中学修业年限为6年，初中3年，高中3年。职业高中2—3年，中等专业学校3—4年，技工学校2—3年。属成人教育的各类业余中学，修业年限适当延长。

（4）高等教育：指全日制大学、专门学院、专科学校、研究生院和各种形式的业余大学。高等学校招收高中毕业生和同等学历者。专业学校修业为2—3年，大学和专门学院为4—5年，业余大学修业年限适当延长，硕士研究生修业年限为2—3年，博士研究生为3年，在职研究生修业年限适当延长。

改革开放以来，我国学制改革和发展的基本方向就是大力普及单轨的机会均等的基础教育，大力发展基础教育后的多样化的职业与专业教育，使学制日趋完善。

（三）我国现行学校教育制度的改革（苏大20简答）

1. 基本普及学前教育

现代学前教育的发展十分迅速。发达国家的学前教育有结束期提前、由高班到低班逐步普及、加强学前教育与小学低年级教育的联系和衔接的趋势。随着我国义务教育和高中阶段教育的逐步普及，学前教育也将逐步普及。

2. 均衡发展义务教育

义务教育是国家统一实施的所有适龄儿童、少年必须接受的教育，是国家必须予以保障的公益性事业，对于人的发展、教育发展和社会发展都具有重大意义。到2008年底，我国实现了普及义务教育，但我国的义务教育也存在着发展不平衡的问题，促进义务教育均衡发展成为我国现阶段教育改革和发展的重大任务。

3. 努力普及高中阶段教育

在普及九年义务教育以后，普及高中阶段教育就成为教育发展的重要趋势。为了适应青少年的升学与就业的选择并满足社会的需要，高中阶段的学制应该多样化。即应有普通高中、职业高中、中等专业学校和技工学校等不同类型的学校供学生选择；应当扩大普通高中在高中阶段所占的比例，以满足我国高等学校不断扩大招生的需要。九年义务教育后的职业教育也应多样化，使未能升入高中的学生可以选择接受就业前的各种职业培训。

4. 大力发展高等教育

我国高等教育近年来呈现日益开放和大众化的趋势，主要表现在：①高等教育的多层次：有大专、本科、硕士和博士研究生多个层次；②高等教育的多类型：有理、工、农、林、医、师、文法、财经、军事、管理等多种院校、科系和专业；③高等教育面向在职人员开放，主要是通过函授教育、广播电视教育、自学考试等形式，使在职人员有计划地进修高等学校的课程。

【名校真题】

名词解释

1. 教育制度（南京师范大学 2021）
2. 终身教育（华中师范大学 2019）

简答题

1. 简述当代世界学校教育体制改革与发展的主要趋势（南京师范大学 2019）
2. 简述学制制定的依据（中央民族大学 2018）
3. 简述我国的基本学制（北京师范大学 2017）

论述题

1. 论述我国现行学校教育制度的演变（华南师范大学 2021）

第七章 课程

考频分析

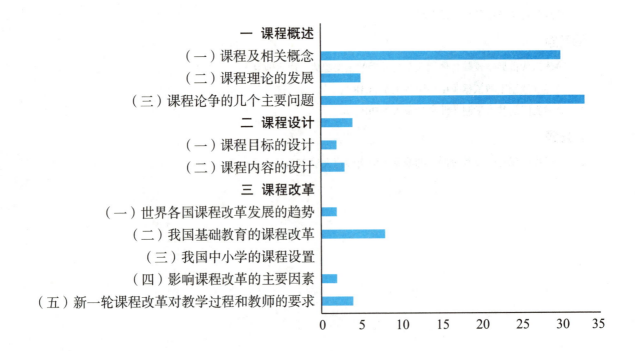

章节框架

课程
- 课程概述
  - 课程及相关概念
  - 课程理论的发展
  - 课程论争的几个主要问题
- 课程设计
  - 课程目标的设计
  - 课程内容的设计
- 课程改革
  - 世界各国课程改革发展的趋势
  - 我国基础教育的课程改革
  - 我国中小学的课程设置
  - 影响课程改革的主要因素
  - 新一轮课程改革对教学过程和教师的要求

一 课程概述★★★★★

（一）课程及相关概念

（青岛21，华中/扬大/福师20，北师/华南/天师/海师/杭师19，贵师19/18，广师18，华南17名解）

1. 课程

课程是由一定的育人目标、特定的知识经验和预期的学习活动方式构成的一种蕴含着丰富、基本而又有创造性与潜质的一套计划与设定。从育人目标角度看，课程是一种培养人的蓝图；从课程内容角度看，课程是一种适合学生身心发展规律的、连接学生直接经验和间接经验的、引导学生个性全面发展的知识体系及其获取的路径。

广义的课程指所有学科（教学科目）的总和；狭义的课程指一门学科。

2. 课程方案

课程方案是指教育机构或学校为了实现教育目的而制定的有关课程设置的文件。我国普通中小学的课程方案是指在国家的教育目的与方针的指导下，为实现各级基础教育的目标，由国家教育主管部门制定的有关课程设置、顺序、学时分配以及课程管理等方面的政策性文件。

3. 课程标准

（中央民族21，扬大21/19，华东20/18，深大20/18，海师20/18，上师20/17，川师/青岛19，天师18，陕师/重师17名解）

课程标准是指在一定课程理论指导下，依据培养目标和课程方案以纲要形式编制的关于课程的性质与价值、目标与内容、教学实施建议以及课程资源开发等方面的指导性文件，一般由说明（或前言）、课程目标、课程内容标准和课程实施建议等部分组成。

4. 教科书

教科书也称课本，是依据课程标准编制的教学规范用书。它以准确的语言和鲜明的图表，明晰而系统地按教学科目分别编写的教学规范知识，是学生在学校循序渐进地学习以获得系统的基础知识的主要资源和工具，也是教师进行教学的主要依据。

5. 课程资源

课程资源是指一切能够运用到教学活动中的各种条件和材料，能促进教学活动更好地开展，有广义和狭义之分。广义的课程资源是指编制、研发课程所利用的各种条件和材料，各种社会资源如人力、财力、物质资源等；狭义的课程资源是指每个学科按照课程标准制作提供给学生和教师使用的材料来开展教学活动。

6. 微课

微课是指运用信息技术按照认知规律呈现碎片化学习内容、过程及扩展素材的结构化数字资源。核心组成内容是教学视频，即课程片段，同时还包含与该教学主题相关的教学设计、素材课件、教学反思、练习测试及学生反馈、教师点评等辅助性教学资源，它们以一定的组织关系和呈现方式共同营造了一个半结构化、主题式的资源单元应用"小环境"。

> **[拓展知识]**
>
> **课程和教学的辩证关系（江苏19论述）**
>
> 1. 大教学小课程
>
> 认为教学是上位概念，课程是包含于其中的，只是教学的一个部分，从而教学理论包含课程理论。典型的代表是苏联教育家和我国一些学者，他们认为课程是教学内容的代名词，属于教学的一部分；课程也往往被具体化为教学计划、教学大纲和教科书三部分，课程理论主要研究教学内容的设计、编制和改革。
>
> 2. 大课程小教学
>
> 认为课程涵盖的范围要宽于教学，教学只不过是课程的一个组成部分。认为教学只是课程的实施与设计，教学理论只是课程理论的一个组成部分。
>
> 3. 目的与手段的关系
>
> 在一定程度上两者还可以被认为是内容与形式的关系，正是因为这种"胎连式"关系，"课程—教学"一词已被人们接受且被广泛采用。

（二）课程理论的发展（南师17名解；苏大20/18，陕师19简答；云师19论述）

1. 斯宾塞的知识价值论

斯宾塞于1885年提出"什么知识最有价值"的问题，这是课程问题化的开端。他讲究知识的价值，注重人的社会生活对于科学知识的需求，是非常有意义的。但是，他把课程仅仅看成是科学知识，则有所偏颇。

2. 杜威的经验课程

（1）理论内容。杜威于1902年发表《儿童与课程》，这是影响深远的、现代课程理论的开创性的著作。他主张抛弃把教材当做某些固定的、现成的东西；不再把儿童的经验当做一成不变的东西。从儿童现在的经验进展到以有组织体系的真理即我们称之为各门科目为代表的东西，是继续改造的过程。

（2）评价。杜威用动态的知识观来阐述儿童现有经验与课程之间的联系使儿童经验改组的过程的观点值得肯定，但他并未明确解决课程设置的目的的要求，也未阐明课程与教学的联系与区别，致使课程及教材具有极大的不确定性，给教材的选编带来了困难，严重削弱了教材在教学中的作用。

3. 博比特的活动分析法

（1）理论内容。博比特于1918年出版的《课程》被看作教育史上<u>第一本课程论专著</u>。他认为应当运用科学的方法来确定教育目标。为此，他对成人的社会生活的活动做了大规模的调查，将社会生活活动分为十大类并将其作为教育的主要目标，据此来确定教育应当使儿童获得的知识、技能、能力、态度与品行等方面的要求，作为课程的基础。这种方法就是"活动分析法"，为后来课程目标的确定提供了方法论基础。

（2）评价。博比特的方法论注重适应社会生活发展的需要，有其积极的一面，但过于繁琐、具体，既忽视与排斥了社会教育总的价值取向与教育目的，也未突出儿童身心发展的特点及需求。

4. 泰勒的目标模式

泰勒于1949年出版的《课程与教学的基本原理》，被视为现代课程理论的奠基石。

（1）理论内容。①课程设计与开发的四个基本问题：学校应达到哪些教育目标？提供哪些教育经验才能实现这些目标？怎样才能有效地组织这些教育经验？怎样才能确定这些目标正在得到实现？②课程编制的四个步骤：确定目标、选择经验、组织实施、评价结果。

（2）评价。人们把泰勒的这些理论称为"泰勒原理"，其课程开发模式称为"目标模式"，对课程理论的发展有很大影响，至今仍在西方课程领域中占有主要的地位。

（三）课程论争的几个主要问题

（宁波/重师21，陕师19，宁夏18/17，北师18，杭师17名解；杭师21/20，江苏20，南师17简答；中央民族18论述）

1. 学科课程与活动课程

（华南21/20，苏大/深大/青岛/广师/海师21，河南20/10，中央民族/苏大/川师/云师20，华东19/17，天师17名解；山师21，中央民族/云师19，陕师18简答）

（1）学科课程也称分科课程，是指根据学校培养目标和科学发展，分门别类地从各门科学中选择适合学生年龄特征与发展水平的知识所组成的教学科目。

特点：①重视成人生活的分析及对儿童为适应未来社会生活需要所做准备的要求，有明确的目的与目标；②能够按照人类整理的科学文化知识的逻辑系统，结合学生身心发展的特点进行教学；③强调课程与教材内在的伦理精神价值和智能训练价值。

优点：符合学生认识特点，便于在短时间内掌握人类长期积累起来的科学文化知识与基本技能。

缺点：往往忽视儿童现实的兴趣与欲求，易与学生的生活和经验脱节，使学生被动、消极，造成死记硬背等弊端。

（2）活动课程又称经验课程、儿童中心课程，与学科课程相对立，它打破学科逻辑系统的界线，是以学生的兴趣、需要、经验和能力为基础，通过引导学生自己组织的有目的的活动系列而编制的课程。

特点：①重视儿童的兴趣、需要、能力和阅历，以及儿童在学习中的自我指导作用与内在动力；②注重引导儿童从做中学，通过探究、交往、合作等活动使学生的经验得到改组与改造；③强调解决问题的动态活动的过程；④把课程资源作为解决问题的工具，反对预先确定目标的观念。

优点：能调动学生的积极性、自主性，发挥他们个人的潜力、个性和创造性，提高学生处理各种实际问题和适应社会生活的能力与品德修养。

缺点：①不重视系统的科学文化知识的教学；②缺乏规范性，其教学过程不易理性地引导，存在较大难度；③对教师要求过高，不易实施与落实，学生也往往学不到预期的系统的科学基础知识。

（3）二者关系。活动课程与学科课程，在总体上都服从于整体的课程目标，二者都是学校课程结构中不可缺少的要素。但是，在目的、编排方式、教学方式和评价上，两者又有着明显的区别。

①从目的来看，学科课程主要向学生传递人类长期创造和积累起来的种族经验的精华，而活动课程则主要让学生获得包括直接经验和直接感知的新信息在内的个体教育性经验。

②从编排方式来看，学科课程重视学科知识逻辑的系统性，而活动课程则强调各种有教育意义的学生活动的系统性。

③从教学方式来看，学科课程是以教师为主导，而活动课程则主要是以学生自主的实践交往活动为主导。

④从评价方面来看，学科课程强调终结性评价，侧重考查学生学习的结果，而活动课程则重视过程性评价，侧重考查学生学习的过程。

2. 综合课程与核心课程

（1）综合课程，又称"广域课程""统合课程"或"合成课程"。它采取合并相关学科的办法，减少教学科目，把几门学科的教学内容组织在一门综合学科之中，根本目的是克服学科课程分科过细的缺点。

优点：比较容易贴近社会现实和实际生活，通过把多种学科的相关内容融合在一起，构成新的课程。

缺点：①教材的编写：通晓各门学科的人才较少，聘请教师来编写综合课程的教材会有一定的难度；②师资问题：过去培养的师资专业划分过细，那些只受过单一学科训练的教师难以胜任综合课程的教学。

（2）核心课程，既指所有学生都要学习的一部分学科或学科内容，也指对学生有直接意义的学习内容，主张以人类社会的基本活动为中心。

优点：①强调内容的统一性和实用性，以及对学生和社会的适用性；②课程内容主要来自周围的社会生活和人类不断出现的问题，学生积极参与学习，具有强烈的内在动机；③通过积极的方式认识和改造社会。

缺点：①课程的范围和顺序没有明确的规定，学习的内容可能是凌乱的、琐碎的或肤浅的；②学习单元可能被搞得支离破碎，影响知识的逻辑性、系统性和统一性；③由于缺乏有组织的内容，文化遗产不可能得到充分体现，还可能背离家长和学校对课程的期望和要求。

3. 国家课程、地方课程与校本课程

（1）国家课程，又称国家统一课程，它是自上而下由中央政府负责编制、实施和评价的课程，具有权威性、多样性和强制性的特点。

（2）地方课程，在国家课程的基础上，为满足地方政治、经济、文化、民族等发展需要，由省、自治区一级的教育行政部门开发的课程。

（3）校本课程，以学校为课程编制主体，自主开发与实施的一种课程，是相对于国家课程和地方课程的一种课程。

优点：①有助于最大限度地促进每个学生的发展，有助于提高教师的专业水平，有助于提高学校的办学水平；②校本课程的开发使教师成为课程开发的主体，确立了教师的专业自主地位，给教师的个性化教学提供了机会。

缺点：①很多学校开发的校本课程缺乏长远的规划，都是教师有什么特长就开什么课；②教师队伍团队缺乏多样化；③学校之间的交流不够，不利于资源共享，实现校本课程的系统性。

[拓展知识]

1. 校本课程开发的意义

（1）弥补国家课程不足。校本课程是在保证国家对教育的统一基本要求的前提下，以学校自身特色为主要特征，为学生提供多样化可选择的课程，它在一定范围内补充了国家课程、地方课程开发的不足。

（2）形成学校办学特色。各学校开发出适合自身特点及发展需要的课程体系，能在保证国家教育整体质量的基本前提下，使不同学校之间因校本课程建设的差异，形成不同的办学特色。

（3）促进学生个性形成。校本课程在内容上丰富多彩、在形式上灵活多样、在操作时间上因地制宜，拓宽了学生学习领域、开阔了学生视野、丰富了学生的生活，有助于学生个性的形成。

（4）提升教师专业水平。校本课程开发赋予了教师一定的自主权，充分调动了教师积极参与课程开发的热情，为教师提供了发挥创造性的空间和大显身手的机会。

2. 校本课程开发中对教师的要求

（1）树立大课程观。校本课程的开发首先需要教师改变传统的、封闭的旧课程观，树立新型的、开放的大课程观。

（2）转变教师角色。教师不再是一个消极被动的"教书匠"，教师既是国家课程的实施者，又是校本课程的编制者、实施者和评价者。

（3）提升课程开发的专业能力。以往教师是课程的实施者而非开发者，而教师的课程开发能力恰恰是校本课程开发的前提条件和关键所在。因此，需要花大力气进行课程开发能力的培养。

（4）培养参与意识和合作精神。校本课程开发无论采取何种方式来进行，都需要教师、校长、家长、学生以及社区人员的广泛参与，因此，教师必须积极参与课程开发，学会与他人合作、学会与他人分享。

3. 校本培训（云师 20 名解）

校本培训是指在教育行政部门、教师培训机构的规划指导下，以学校为单位，面向教师的学习方式，内容以学校的需求和教学方针为中心，目的是提高教师的业务水平和教育教学能力。

4. 显性课程与隐性课程

（1）显性课程是教育系统内或教育机构中用正式文件颁布而提供给学生学习，学生通过考核后可以获取特定教育学历或资格证书的课程，表现为课程方案中明确列出和有专门要求的课程。

（2）隐性课程，也称潜在课程、隐蔽课程，是以内隐的、间接的方式呈现的课程，是学生在显性课程以外所获得的所有学校教育的经验，不作为获取特定教育学历或资格证书的必备条件。其主要表现形式有：

①观念性隐性课程，包括隐藏于显性课程之中的意识形态，学校的校风、学风，有关领导与教师的教育理念、价值观、教学指导思想等。

②物质性隐性课程，包括学校建筑、教室的设置、校园环境等。

③制度性隐性课程，包括学校管理体制、学校组织机构、班级管理方式、班级运行方式等。

④心理性隐性课程，主要包括学校人际关系状况、师生特有的心态、行为方式等。

（3）两者关系。

①隐性课程对于某一个或某几个课程主体来说总是内隐的、无意识的；而显性课程则是以直接的、明显的方式呈现的课程。

②显性课程的实施总是伴随着隐性课程，而隐性课程也总是蕴藏在显性课程的实施与评价之中。

③当显性课程中存在的积极或消极的隐性课程影响为更多的课程主体所意识，且对其有意加以控制时，隐性课程便转化为显性课程。

5. 基础型课程、拓展型课程与研究型课程

（1）基础型课程。这类课程注重学生对科学文化基础知识和基本技能的掌握，同时获得智力的发展和能力的培养，即培养学生作为一个公民所必需的、以"三基"（读、写、算）为中心的基础素养，是中小学课程的主要组成部分。

（2）拓展型课程。这类课程注重拓展学生的知识与能力，开阔学生的知识视野，发展学生各种不同的特殊能力并迁移到其他方面。常常以选修课的形式出现，比起基础型课程，它有较大的灵活性。

（3）研究型课程。这类课程注重培养学生的探究态度与能力。这类课程可以提供一定的目标、一定的结论，但获得结论的过程和方法则由学生自己组织、自己探索与研究，以此来培养学生的研究能力和创新精神；也可以不提供目标和结论，由学生自己确立目标、得出结论。

（4）三者关系。

基础型课程、拓展型课程、研究型课程三者之间关系紧密。基础型课程的教学是拓展型课程、研究型课程的学习基础，拓展型课程的教学是研究型课程的学习基础；反过来，拓展型、研究型课程的学习，对基础型课程的教与学也起着至关重要的作用。

6. 课程的一元化与多样化

（1）课程的一元化，主要指课程的编制应当反映国家的根本利益、政治方向、核心价值，反映社会的主流文化、基本道德以及发展水平，体现国家的信仰、理想与意志。它有助于各民族的融合，全国人民的凝聚，国民素质的提高，国家的统一、强盛与进步。

（2）课程的多样化，主要指课程应当广泛反映不同地区的不同经济社会发展的要求；反映不同民族、阶级、阶层、群体的不同文化、利益与需求；反映不同学生个人的个性发展的选择与诉求。它有助于以人为本，实事求是，尊重不同地区、群体与个人的差异、特色及其对教育与课程的追求；有助于肯定各方面的独特价值，调动个人的积极性，增加社会的民主、公平，促使社会与个人都能得到发展。

（3）二者的关系。

在我国，坚持基础教育课程的一元化方向，体现了国家对青少年学生的基本要求，是贯彻教育目的与方针的重要举措，是提高教育质量的基本保障。但是也不能一味只讲求课程的一元化而否定或排斥课程的多样化，要认识到课程的多样化也是至关重要的。当然，我们也不能盲目追求多样化，一味照顾各方面的局部利益，那样不仅会造成课程的繁杂，加重学生的课业负担，而且会削弱教育的正确政治方向，严重影响教育教学的质量。

二 课程设计★★★

（上师21/17，云师18，深大17名解）

课程设计是以一定的课程观为指导制定课程标准、选择和组织课程内容、预设学习活动方式的活动，是对课程目标、教育经验和预设学习活动方式的具体化过程。

（一）课程目标的设计（福师18，山师17简答）

1. 课程目标的含义及特征

课程目标是课程实施应达到的学生身心素质发展的预期结果，是对培养目标的具体化。具有以下特征：

（1）整体性。各级各类的课程目标都是相互关联的，而不是彼此孤立的。

（2）阶段性。课程目标是一个多层次和全方位的系统。

（3）持续性。高年级课程目标是低年级课程目标的延续和深化。

（4）层次性。课程目标可以逐步分解为总目标和从属目标。

（5）递进性。低年级课程目标是高年级课程目标的基础。

（6）时间性。随着时间的推移，课程目标会有相应的调整。

2. 课程目标制定的依据

（1）直接依据：教育目的和学校的培养目标。

（2）具体依据：对学生的研究、对社会的研究、对学科的研究。

①课程目标是直接指向学生的身心发展及其素质提高的，因而学生身心发展规律及其发展需要，也是设定课程目标的重要依据。

②社会因素是制约课程目标的重要因素。要为设计课程目标提高明确的依据，就需要深入考察社会生活领域。

③知识因素与课程目标有内在联系。教育的重要任务就在于将人类积累起来的知识传授给年轻一代以促进他们的成长，所以在确定课程目标时，首先要考虑人类社会已整理好的知识科目。

3. 课程目标设计的基本问题

（1）课程目标的具体化和抽象化问题。课程目标是对培养目标的具体化，但对更为具体的教学目标来说，它又是具有概括性的。课程目标的设计过于具体、目标行为表述太细致，往往会限制过死，不利于教学目标的研制；而课程目标过于抽象和概括，又不利于课程知识的选择和组织，不利于课程评价。因此，应当使这两个方面保持适当的平衡。

（2）课程目标的层次与结构问题。课程目标的设计应当有不同层次的目标，包括最高标准和最低标准、终极目标和过程目标等不同层次的目标，这样才能对课程的实施起着导向、调控和评价作用。课程目标还应有一定的逻辑结构，是由具有逻辑联系的项目组成的。

4. 课程目标设计的基本方式

一般说来，完整的课程目标体系包括三类：结果性目标、体验性目标与表现性目标。

（1）结果性目标：明确告诉人们学生的学习结果是什么。在设计时所采用的行为动词要求具体、明确、可观测、可量化，主要应用于"知识"领域。

（2）体验性目标：描述学生自己的心理感受、情绪体验应达成的标准。它在设计中所采用的行为动词往往是历时性、过程性的，主要应用于"过程"领域。

（3）表现性目标：明确安排学生个性化的发展机会和发展程度。它在设计中所采用的行为动词通常是与学生表现什么有关的或者结果是开放性的，主要应用于"制作"领域。

（二）课程内容的设计（江苏21，山师18名解；华东17论述）

1. 课程内容的概念

课程内容是课程的核心要素，是根据课程目标从人类的经验体系中选择出来，并按照一定的学科逻辑序列和儿童心理发展需求组织编排而成的知识体系和经验体系。它以学科文化知识为核心，主要包括间接经验，但也包括设计一定的实践—交往活动要求学生获取的直接经验，以及预期的学习活动方式。

[拓展知识]

1. 课程内容与教科书。教科书虽然选编了课程的基本内容，但并不等于明确地展现了课程的全部内容，课程内容所包含的学生应获取的各种丰富的直接经验、情感经验时隐含在教科书中，难以完全呈现出来。

2. 课程内容与学习经验。把学习经验作为课程内容，强调了学生对课程的理解、体验，和学生已有认知结构及情感特征对课程内容的制约作用。但把学习经验当做课程内容，则片面夸大了学生的学习经验与直接经验，会否定或贬低学科的系统知识的重要作用，过于强调学生直接经验的探究也给学科课程内容的预期带来极大的困难。

3. 课程内容与学习活动。课程内容应当反映生活的一些方面，为儿童的生活、成长和他们未来参加社会和就业服务。但学校课程反映生活也不能全盘照搬，而应依据教育的目的与要求有选择地反映，并经过理性地概括和提升，具体表现在课程设置、课程纲要和教科书上。

2. 课程内容的选择

课程内容是依据课程目标从各门科学或学科中的系统的知识理论及方法选编而成的，其理论知识十分丰富。总体来看，分为直接经验和间接经验。

（1）直接经验的选择。直接经验是指与学生现实生活及其需要直接相关的个人知识、技能和体验的总和。如社会生活经验、学生处理与自然事物关系的知识和经验与技能技巧等。直接经验选择的依据是<u>学生的现实社会生活需要和学生社会性发展的要求</u>。

（2）间接经验的选择。间接经验即理论化、系统化的书本知识，它是人类认识的基本成果，间接经验具体包含在各种形式的科学中。间接经验选择的依据是<u>科学理论知识内在的逻辑结构</u>。

3. 课程内容的组织

20世纪40年代，泰勒明确提出了课程内容组织的三条规则：<u>连续性</u>，指直线式地陈述主要的课程内容；<u>顺序性</u>，要求每一后继内容应以前面的内容为基础，同时又对前面的内容加以深化、拓展；<u>整合性</u>，强调保持各种课程内容之间的横向联系，以便有助于学生获得一种统一观念。

应处理好的几种逻辑组织形式的关系：

（1）<u>直线式与螺旋式</u>。

①内涵。<u>直线式</u>是指把学科课程内容的组织呈直线前进，前面安排过的内容在后面不再呈现；<u>螺旋式</u>是指在不同单元或阶段，乃至同课程门类中，使课程内容重复出现，螺旋上升、逐渐扩大知识面，加深知识难度，即前面的内容是后面内容的基础，后面内容是对前面内容的不断扩展和加深，且层层递进。

②适应条件。直线式与螺旋式是教科书编写的两种基本的组织方式，它们各有利弊，分别适用于不同性质的学科、不同年级的学生。螺旋式的组编适合对理论性较强、学生不易理解和掌握的内容，尤其是低年级的儿童；直线式组编更适合于对一些理论性、难度或操作性相对较低的学科知识。在组织编写中究竟应当采用何种形式，应根据不同学科内容的特点和学生心理发展的需求而定。

（2）<u>纵向组织与横向组织</u>。

①内涵。<u>纵向组织</u>是指教材内容要按照学科知识的逻辑序列，从已知到未知、从简到繁、从具体到抽象等先后顺序来组织编写；<u>横向组织</u>是指打破学科的知识界限和传统的知识体系，按照学生发展的阶段，以学生心理发展阶段需要探索的、社会和个人最关心的问题为依据，组织课程内容，构成一个个相对独立的专题。

②适应条件。比较地看，纵向组织注重课程内容的学科理论体系和知识的深度，而横向组织强调课程内容的综合性和知识的广度。在实际编写过程中，两者组织方式都是不可偏废的。

（3）逻辑顺序与心理顺序。

①内涵。逻辑顺序是指依据学科本身的体系和知识的内在联系来组织课程内容；心理顺序是指按照学生心理发展的特点来组织课程内容。

②适应条件。课程内容的组织要把两者结合起来，两者的统一实质上是在课程观上把学生与课程统一起来，在学生观方面，体现为把学生的"未来生活世界"与"现实生活世界"统一起来。

三　课程改革★★★★★

（一）世界各国课程改革发展的趋势（浙师18/17简答）

1. 追求卓越的整体性课程目标

当前各国在课程改革中倾向于培养学生公民的责任感和创新精神，社会交往能力和团队精神，灵活处理各种信息、适应急剧变化的社会环境和创造性地进行工作的能力，并注重国际理解教育，要求使学生具有国际视野，尊重文化差异。

2. 注重课程编制的时代性、基础性、综合性和选择性

面对全球化、信息时代、知识经济等新的世界背景，各国基础教育课程改革都强调把握课程内容的时代性，既要反映科学发展的新趋势，又要关注时代发展对人生存方式及其必备素质的新要求，注重处理基础知识与学科发展的关系，增强课程对学生的适应性，大量开设选修、综合、实践课程，满足学生个性发展的需要。

3. 讲究学习方式的多样化

信息化社会、知识社会、学习化社会引起了教育教学方式的变革。通过课程改革，创设以"学"为中心的课程，创造以"学"为中心的教学，真正使教学过程成为和事物对话、和他人对话、和自身对话的活动过程，从而超越单一的知识接受性教学，创造一种活动性的、合作性的、反思性的学习，已成为世界各国课程改革的共同选择。

（二）我国基础教育的课程改革（北师21，海师20，东北/青岛17简答；江苏18论述）

1. 基础教育课程改革的指导思想与基本目标

（1）指导思想：《基础教育课程改革纲要（试行）》指出："基础教育课程改革要以'教育要面向现代化，面向世界，面向未来'和'三个代表'的重要思想为指导，全面贯彻党的教育方针，全面推进素质教育。"

（2）具体目标：新一轮基础教育课程改革的具体目标有六个方面。

①转变课程功能。改变课程过于注重知识传授的倾向，强调形成积极主动的学习态度，使获得基础知识与基本技能的过程同时成为学会学习和形成正确价值观的过程。

②优化课程结构。改变课程结构过于强调学科本位、科目过多和缺乏整合的现状，整体设置九年一贯的课程门类和课时比例，体现课程结构的均衡性、综合性和选择性。

③更新课程内容。改变课程内容"繁、难、偏、旧"和过于注重书本知识的现状，加强课程内容与学生生活以及现代社会和科技发展的联系，关注学生的学习兴趣和经验，精选终身学习必备的基础知识和技能。

④转变学习方式。改变课程实施过于强调接受学习、死记硬背、机械训练的现状，倡导学生主动参与、乐于探究、勤于动手，培养学生搜集处理信息的能力、获取新知识的能力、分析和解决问

题的能力以及交流与合作的能力。

⑤改革课程评价。改变课程评价过分强调甄别与选拔的功能，发挥评价促进学生发展、教师提高和改进教学实践的功能。

⑥深化课程管理体系改革。改变课程管理过于集中的状况，实行国家、地方、学校三级课程管理，增强课程对地方、学校及学生的适应性。

[超纲知识]

课程评价的模式

1. 目标游离模式（海师17名解）

（1）内容：由美国学者斯克里文提出，他认为评价者应该注意的是课程计划的实际效应，而不是预期效应，主张把评价重点从"课程计划预期的结果"转向"课程计划实际的结果"。

（2）评价：目标游离模式强调了评价过程是一种价值判断的过程，使评价更接近其本质，突破了预设目标的限制，将形成性评价和总结性评价结合了起来。但目标完全"游离"的评价是不存在的，目标游离模式没有一套完整的评价程序，操作比较困难。

2. CIPP模式（东师20简答；中央民族19论述）

（1）内容：该评价模式由斯塔弗尔比姆提出，CIPP是由背景评价、输入评价、过程评价、成果评价这几种评价名称的英文首字母组成。

①背景评价：要确定课程计划实施机构的背景；明确评价对象及其需要；明确满足需要的机会；诊断需要的基本问题；判断目标是否已反映了这些需要。

②输入评价：帮助决策者达到目标的最佳手段，对各种可供选择的课程计划进行评价。

③过程评价：主要是通过描述实际过程来确定或预测课程计划本身或实施过程中存在的问题，从而为决策者提供如何修正课程计划的有效信息。

④成果评价：要测量、解释和评判课程计划的成绩。

（2）评价：CIPP评价模式考虑到影响课程计划的种种因素，可以弥补其他评价模式的不足，相对来说比较全面。但它的操作过程比较复杂，难以被一般人掌握。

2. 新课程改革的基本理念

（1）倡导个性化的知识生成方式。新课程旨在扭转以"知识传授"为特征的教学局面，把转变学生的学习方式作为重要的着眼点，以尊重学生学习方式的独特性和个性化作为基本信条，从而使教、学、师生关系等概念获得了新的含义。

（2）增强课程内容的生活化、综合化。首先，加强课程与学生生活和现实社会的联系；其次，设置许多综合性学科，推进课程的综合化，对已有的课程结构进行改造；再次，各分科课程都在尝试综合化的改革，强调科学知识同生活世界的交汇，理性认识同感性经验的融合。

（三）我国中小学的课程设置

我国新一轮基础教育课程改革整体设置九年义务教育课程。

（1）小学教育：以综合课程为主。小学低年级开设品德与生活、语文、数学、体育、艺术（或音乐、美术）等课程，小学高年级开设品德与社会、语文、数学、科学、外语、综合实践活动、体育、艺术（或音乐、美术）等课程。

（2）初中教育：设置分科与综合相结合的课程，主要包括思想品德、语文、数学、外语、科学（或物理、化学、生物）、历史与社会（或历史、地理）、体育与健康、艺术（或音乐、美术）以及综合实践活动，鼓励学校创造条件开设选修课程。

（3）普通高中教育：在九年义务教育基础上进一步提高国民素质、面向大众的基础教育。普通高中学制为三年。课程由必修和选修两部分构成。课程设置注重时代性、基础性和选择性，以分科课程为主，开设语文、数学、外语、物理、化学、历史、地理、通用技术、综合实践活动、艺术（或音乐、美术）、体育与健康等课程。所有课程均包括若干必修和选修模块。

（四）影响课程改革的主要因素（南师20简答；宁波17论述）

1. 政治因素

政治因素对课程变革的影响是多层面的、深刻的，而且课程变革也不可能脱离社会政治因素的影响。主要表现在课程改革的目标厘定、课程变革的内容选择和课程的编制过程三个方面。

2. 经济因素

经济因素对学校课程有直接的推动作用，现代以来由于科技的发展和生产过程日益复杂，社会大生产需要提高劳动者的科技文化素质，所以学校课程门类日益增多，课程中科技知识的含量加重，学校课程更加贴近经济发展的需求。主要表现在经济领域劳动力素质提高的要求制约课程目标、经济发展的地区差异性制约课程变革和市场经济与课程变革三个方面。

3. 文化因素

文化通过教育的传递、传播和创造而得以保存和发展，课程是社会文化的缩影。但课程内容来自于社会文化，并不是社会文化的简单复制，社会文化需要通过教育机制的筛选才能进入学校课程。具体表现在文化模式与课程变革、文化变迁与课程变革、文化多元与课程变革三个方面。

4. 科技革新

当代新技术革命对学校课程变革起着直接的推动作用，主要表现为科技革新制约课程变革的目标、科技革新推动课程结构的变革、科技革新影响着课程变革的速度。

5. 学生发展

学校课程要充考虑到学生的发展状态与心理特征，根据学生的智力、能力的水平、倾向及其潜力来选择和组织相应的课程内容。

（五）新一轮课程改革对教学过程和教师的要求（江苏21/17，杭师20，贵师17论述）

1. 教学过程的要求

（1）转变教学观念。新的教学观强调教学的开放性和灵活性，要求教师紧密联系学生的生活实际，创设生动有趣的情境，加强实际运用的训练等。

（2）更新教学方式。以自主学习、合作学习和探究学习作为主要的教学方式。

①自主学习。包括学习者参与确定对自己有意义的学习目标的提出，自己制定学习进度，参与设计评价指标；学习者积极发展各种思考策略和学习策略，在解决问题中学习；学习者在学习过程中有情感的投入，有内在动力的支持，能够从学习中获得积极的情感体验；学习者在学习过程中对认知活动能够进行自我监控，并作出相应的调适。

②合作学习。指学生在小组或团队中为了完成共同任务，有明确的责任分工的互助性学习。包括积极的相互支持、配合，特别是面对面的促进性的互动；积极承担在完成共同任务中个人的责任；期望所有学生能进行有效的沟通，建立并维护小组成员之间的相互信任，有效地解决组内冲突；对于各人完成的任务进行小组加工；对共同活动的成效进行评估，寻求提高其有效性的途径。

③探究学习。指从学科领域或现实社会生活中选择和确定研究主题，在教学中创设一种类似于

学术研究的情境，通过学生自主、独立地发现问题、实验、操作等探索活动，获得知识、技能、情感与态度的发展，特别是探索精神和创新能力的发展的学习方式和学习过程。

（3）转变师生关系。学校应当是教师和学生这两类主体"交互作用"形成的"学习共同体"。"学习共同体"的中心使命是使所有儿童都有接受优质教育的权利。

2. 教师的要求

（1）树立平等、民主的教育观。教师应当树立平等、民主的教育观，对自身角色进行重新定位，关注学生的需求，走进学生的内心。新课改要求教师从传统的教育观中跳出来，不仅仅关注学生的考试分数的多少，而更应该面向全体学生，做到"一切为了学生，为了学生一切，为了一切学生"，使学生的能力得到全面发展。

（2）改变传统的教学模式。教师应当在新课改理念的指导下，转变传统教学模式，增强师生之间的互动，形成教师引导，学生主动探索的教学方法，让学生合作探究、独立思考、增强学生的主动性、创造性。

（3）不断提高自身素养。教师在教育教学战线上的作用不可替代，教师对学生的影响力之大使得教师必须不断提高自身内在素质。教师一方面要积极补充知识、保证自己知识储备的广泛性；另一方面应当积极反思，通过自我反思不断改善教学，从而更好地完成新课改提出的要求。

（4）具有良好的心理素质。由于教师职业的特殊性，在面对来自各方面的压力下，不少教师处于心理亚健康状态。这种不健康的心理不仅会给教师的个人生活带来困扰，也会给学生带来不适，不利于教师教学工作的开展和学生身心健康的发展。因此，教师要积极观察自己的身心健康状态，及时地调整自己、提高自己的心理适应能力。

【名校真题】

名词解释

1. 课程（北京师范大学 2019）
2. 课程标准（华东师范大学 2020）
3. 学科课程（华东师范大学 2019）

简答题

1. 新一轮课程改革的六大目标（东北师范大学 2017）

论述题

1. 分析分科课程、活动课程、综合课程的特点，以及我国基础教育课程设置的现状（中央民族大学 2018）
2. 论述课程内容组织中"纵向组织"和"横向组织"的关系（华东师范大学 2017）

第八章 教学（上）

考频分析

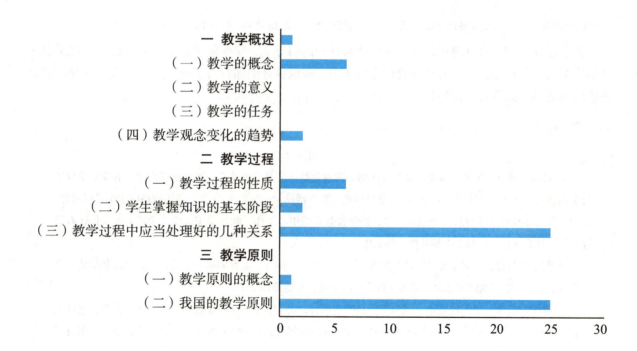

章节框架

教学（上）
- 教学概述
  - 教学的概念
  - 教学的意义
  - 教学的任务
  - 教学观念变化的趋势
- 教学过程
  - 教学过程的性质
  - 学生掌握知识的基本阶段
  - 教学过程中应当处理好的几种关系
- 教学原则
  - 教学原则的概念
  - 我国的教学原则

一 教学概述 ★★★

（浙师 17 简答）

（一）教学的概念（扬大 21，宁夏 19/17，重师 19，华南 18 名解；南师 18 简答）

教学是在一定教育目的规范下，在教师有计划的引导下，学生能动地学习、掌握系统的课程预设的科学文化基础知识，发展自身的智能与体力，养成良好的品行与美感，逐步形成全面发展的个体素质的活动。简言之，**教学是在教师引导下学生能动地学习知识以获得素质发展的活动**。

[拓展知识]

教学与相关概念

1. 教育与教学，既相互联系，又相互区别，两者是整体与部分的关系。教育包括教学，教学是学校进行全面教育的一个基本途径。除教学外，学校还通过课外活动、生产劳动、社会实践等途径向学生进行教育。教学工作是学校教育工作的一个组成部分，是学校教育的中心工作。除教学工作外，学校教育工作还有德育工作、体育工作、后勤工作等其他一些工作。

2. 教学与智育，是交叉关系。教学是进行德育、智育、体育、美育的基本途径，智育只是教学的一个主要内容；而且智育也要通过课外活动与校外活动等途径才能全面实现。

3. 教学与自学，关系较复杂，因为学生自学有两种，必须区分：一种是在教师指导下的自学，包括配合教学进行的预习、复习、自习和作业，它是教学的组成部分；另一种是在教学过程以外，学生自主进行的自学。

4. 学校教学与德育的关系。德育工作和教学工作都是围绕共同的育人目标而各有侧重的两个工作方面。它们是一个不可分割的整体，我们绝对不能将相互联系的事物的两个方面割裂开来、对立起来。德育在诸育中处于领导和指导地位。教学在学校工作中居于主要地位，是学校工作的主要部分。从实践上看，德育工作离不开教学工作，因为没有教学工作，学校就不叫学校，育人就要落空。同时，教学工作也离不开德育工作，因为不抓德育，学校就要偏离办学方向，不能完成"培养德智体美等全面发展的建设者和接班人"的任务。

（二）教学的意义

教学在传承文化、促进学生个性全面发展上具有不可替代的重大价值，在学校工作中居于主要地位。教学的意义主要表现在以下几个方面：

（1）教学是传播系统知识、促进学生发展的最有效的形式。
（2）教学是进行全面发展教育、实现培养目标的基本途径。
（3）教学是学校教育的主要工作。

（三）教学的任务

依据教育目的与学生个体素质发展的需求，并考虑到人们的研究成果，我国基础教育的教学任务有以下几个相互联系的方面：

（1）掌握科学文化基础知识、基本技能和技巧。
（2）发展体力、智力、能力和创造才能。
（3）培养正确价值观、情感与态度。

（四）教学观念变化的趋势（宁夏19，重师17简答）

（1）从重视认知向重视发展转变。当代教学非常强调研究学生身心发展的规律，研究学生在课堂情境中的学习规律，并遵循这些规律组织、安排教学。

（2）从重视教法向重视学法转变。教学过程实质上应该是学生主动学习的过程，教学设计的实质是学生学习目标、学习内容、学习进程、学习方式、学习辅助手段以及学习评价的设计。目前流行且影响较大的教学方法：问题解决法、发现学习法、学导式方法、掌握学习法、异步教学法等，都渗透出重视学法的精神。

（3）从重视知识传授向重视能力培养的转变。当代社会，科学技术的发展导致"知识爆炸"，知识经验陈旧周期加快。教学的主要任务不再只是知识的传授而是学生能力的培养，着重培养学生学习、掌握和更新知识的能力，即"授人以渔"。

（4）从重视结果向重视过程转变。在当代社会，人们意识到教学结果是重要的，但更重要的是教学过程中学生的切身体验，学生的认知体验、情感体验和道德体验等。

（5）从重视教师的教向重视学生的学转变。随着社会发展，传统的"教师中心说"受到越来越深刻的批判。学生是学习活动的主体和主人。因此，当代教学强调研究学生的身心发展规律和学习规律，并遵循这些规律组织、安排教学。

（6）从重视继承向重视创新转变。在当代社会，人们认为教学的重要功能就是创造文化，学生的主要任务就是通过掌握知识经验，形成创造文化和创新生活的能力。无论是重视学生、重视能力、重视学法，还是重视发展、重视过程，都是重视创新的体现。

二 教学过程★★★★★

（一）教学过程的性质（福师21，上师18名解；川师/青岛20，陕师17简答；华中21论述）

1. 教学过程是一种特殊的认识过程

教学过程作为特殊的认识过程，其特殊性在于它是学生个体的认识过程，具有不同于人类总体认识的显著特点：①间接性，主要以掌握人类长期积累起来的科学文化知识为中介，间接地认识现实世界；②引导性，需要在富有知识的教师的引导下进行认识，而不能独立完成；③简捷性，走的是一条认识的捷径，是一种科学文化知识的再生产。

2. 教学过程是以认识过程为基础的学生全面发展的过程

教学过程不只是要学生完成认识世界的任务，更重要的是在这个过程中促进学生的全面发展。学生的发展是教学过程的核心，教学过程的本质与社会发展需要相联系，要从生理和心理两个方面来看待学生的发展。

3. 教学过程是以交往为背景和手段的活动过程

教学活动不是孤立的个体认识活动，它离不开师与生、生与生之间的交往、互动，离不开人们的共同生活。个体最初的学习与认识就是在共同生活与交往中发生与发展的。在教学过程中，教师不仅运用交往引导学生进行认知，而且通过交往与学生达致情感的沟通、同情与共鸣。

4. 教学过程也是一种促进学生身心发展、追寻与实现价值目标的过程

在教学活动中，教师引导学生学习知识、开展交往、认识与作用世界，进行多方面的演练与实践，其实都是为了促进学生的身心发展，以追寻与实现使他们成人、成才的价值增值目标。从这方面看，教学过程又是一个促进学生身心发展及实现教育目标的过程。

（二）学生掌握知识的基本阶段（湖师21，天师20 论述）

1. 传授—接受教学的学生掌握知识的基本阶段

传授—接受教学又称接受学习，是指教师主要通过语言传授、演示与示范使学生掌握基础知识、基本技能，并对他们进行思想情趣熏陶的教学。

（1）基本阶段：①引起学习动机；②感知教材；③理解教材；④巩固知识；⑤运用知识；⑥检查知识、技能和技巧。

（2）具体要求：①要根据具体情况有创意地设计教学过程阶段；②完成预计的教学阶段任务也不可机械死板，要根据情况变化，灵活机智地进行。

（3）优点：注重书本知识的授受，能充分发挥教师的主导作用；按学科的逻辑系统，循序渐进地教学，也能较好地调动学生个人的学习积极性，使他们掌握系统的科学知识与技能，获得自身智慧、品德、审美的发展。

（4）缺点：由于以书本知识学习为主，易脱离社会生活实际，使学生感到抽象、死板、难以理解；常常是教师讲得多，学生活动得少，容易出现注入式教学；注重面向集体，忽视个别指导，不易使每个学生都能理解，都能得到较好的发展；特易忽视教学民主、忽视学生主动性、创造性和独立思考能力的培育与发展。

2. 问题—探究教学的学生获取知识的基本阶段

问题—探究教学是指在教师引导下，学生主要通过积极参与对问题的分析、探索，主动地发现或建构新知，获得学习与探究的方法、能力与科学人文精神的教学。

（1）基本阶段：①明确问题；②深入探究；③做出结论。

（2）具体要求：①要根据具体情况创造性地运用；②要善于将学生的好奇心引导到获取真知的探究目的上来。

（3）优点：注重引导学生对问题的探究，强调学生的学习主体性，注重激发学生的求知欲，调动学生的主动性、创造性；它注重让学生经历探究的艰难困苦，体验获取新知的乐趣和严格要求，尝到克服困难和达到成功的兴奋和喜悦，不仅使他们获得的知识与能力更切实，而且使他们逐步掌握了思维与研究的方法，养成了大胆怀疑、小心验证、实事求是的科学精神。

（4）缺点：探究教学的工作量大，费时过多，而学生获得的知识量相对较少；若探究教学过多，可能影响教学任务的完成；若无高水平的教师引导，学生的主动性就难以发挥，容易出现自发与盲

目，迷失探究的方向，影响教学的质量。

总之，上述两种教学各有其独特功能与局限，我们应当依据不同的教学目的、任务、内容的需要来选用，以便两种学习模式在教学工作中相辅相成，充分发挥出其整体功能，以便全面提高教学质量。

（三）教学过程中应当处理好的几种关系

（海师 21 名解；天师 21/11，云师 21，华南 20，东北 19，深大 19/18，山师 19/18，海师 19/18，青岛 19/18/17，陕师 18，上师 17 简答；华东/扬大 21，湖师/南师/云师/海师 20，上师 19，东北 17 论述）

1. 间接经验与直接经验的关系

（1）学生认识的主要任务是学习间接经验。

儿童认识始于直接经验，并通过直接经验不断扩大对世界的认识。但个人的活动范围是狭小的，无论个人如何努力，仅仅依靠直接经验来认识世界越来越不可能。学生要适应高度发展的文明社会，便必须以学习间接经验为主，便捷地掌握人类积累起来的基本科学文化知识。

（2）学习间接经验必须以学生个人的直接经验为基础。

学生要把书本知识转化为自己能理解的知识，就必须以个人已有的或现时获得的感性经验为基础。教学中要注重联系生活与实际，利用学生已有经验，并补充学生学习新知识所必须有的感性认识，以便学生能顺利地理解书本知识并运用所学知识于实际，获得比较完全的知识。

（3）防止只重书本知识传授或直接经验积累的偏向。

只重书本知识的传授或只重直接经验的积累都违反了教学的规律，割裂了间接经验与直接经验的内在联系，影响了教学质量的提高。

2. 掌握知识与发展智力的关系

（1）智力的发展与知识的掌握二者相互依存，相互促进。

在教学过程中，学生智力的发展依赖于他们知识的掌握程度。对学生来说，掌握、运用知识及反思、改进的过程，也就是他们运用和发展智力的过程；同时，学生对知识的掌握又依赖于他们的智力发展，只有那些智力发展好的学生，他们的接受能力才强、学习效率才高，而智力发展较差的学生在学习中则有较多的困难。

（2）生动活泼地理解和创造性地运用知识才能有效地发展智力。

通过传授知识来发展学生智力是教学的一个重要任务，然而知识不等于智力，一个学生知识的多少并不一定能标志他的智力发展的高低。因此，在教学中不仅要教给学生知识，而且要引导学生通过生动活泼的教学活动，透彻地理解知识原理，了解获取知识的过程与方法，学会独立思考、推理与论证，创造性地解决实际问题，这样才能使学生的智力获得高水平的发展。

（3）防止单纯抓知识教学或只重能力发展的片面性。

在教学实践中，有的认为"双基"教学抓好了，学生的智力就自然地发展了，却忽视引导学生通过探究、反思有意识地锻炼学生的智力；有的则只注重学生自主探究、反思，却忽视通过系统知识和原理的学习与运用来发展智力。这两者都不利于提高教学质量。

3. 掌握知识与进行教育的关系

（1）进行教育性教学是现代教学的重要特性。

教育性教学主要通过引导学生掌握知识及其蕴含的丰富而深刻的社会意义来实现，包括：①透彻地理解教学内容并感悟与认同其社会意义；②受到教材中伟人、哲学家、科学家的坚定信仰、高尚情操等的熏陶；③通过获取真知的艰难困苦过程的磨炼、反思、体悟与提高等，来培养学生的良好的思想品德修养与学风；④通过各种规范、传统和教师的榜样与严格要求对学生进行教育，还要通过严格组织、有序运转的班级教学活动，对学生进行现代生活方式的训练及文明行为习惯的养成。

（2）只有使所学知识引发了学生情感、态度的积极变化，才能让他们的思想真正得到提高。

要使教学中传授的知识能给学生以深刻的影响，不仅要使学生深刻领悟知识，而且要让他们感受到它的巨大意义或深远影响，引起他们思想情感深处的共鸣、惊讶、敬慕或愧疚、悔恨，形成强烈的爱憎感、荣辱感，在态度和价值追求上发生积极的变化，这样才能推动学生由自我强迫的，逐渐转变为自觉的、坚持不懈的自我要求、自我教育与提高。

（3）防止单纯传授知识或脱离知识教学的思想教育的偏向。

在教学中要防止两种偏向。一种是单纯传授知识、忽视思想教育的偏向。另一种是脱离知识教学，另搞一套思想教育的偏向。

4. 智力活动与非智力活动的关系

（1）教学活动既要注重引导学生进行智力活动，也要重视调节学生的非智力活动。

学生的智力活动，主要指为认知事物、掌握知识而进行的感知、观察、思维等心理因素的活动，它是进行学习、认识世界的工具。学生的非智力活动，主要指在认知事物、掌握知识过程中诱发的好奇、欲求、情趣等心理因素的活动，它是学生进行学习、研究与实践的内在动力。在教学过程中，学生的智力活动与非智力活动同在，各有特点与功能，二者相互依存，相互作用。只有正确地发挥其整体功能，才能提高学生的学习效能和教学的质量。

（2）按教学需要调节学生的非智力活动，才能有成效地进行智力活动。

在教学中，调节非智力活动需要注重两个方面。一方面，要改进教学本身，使教学的内容和过程都富有知识性、趣味性、启发性、吸引力，以便激发、保持学生的求知欲和学习兴趣，使他们能够生气勃勃地主动学习。另一方面，要提高学生的自我教育能力，让他们能够逐步按教学要求自觉加强学习的注意力、毅力、责任感等，以提高学习效率。

5. 教师主导作用与学生主动性的关系

（1）发挥教师的主导作用是学生简捷有效地学习知识、发展身心的必要条件。

在教学过程中，教师的教一般是矛盾的主导方面。教师主导作用是针对能否引导学生积极学习与上进而言的。因而学生的主动性、反思性、创造性发挥得怎样，学习的效果怎样，又是衡量教师主导作用发挥得好坏的根本标志。教学中一切不民主的强迫灌输和独断专横的做法，都有悖于教师的主导作用。

（2）尊重学生、调动学生的学习主动性是教师有效地教学的一个主要因素。

学生是有能动性的人，他们不只是教学的对象，而且是学习主体与发展主体。学生的学习主动性、积极性发挥得怎么样，直接影响并最终决定着学生个人的学习质量、成效和身心发展的方向与水平。

（3）防止忽视学生积极性和忽视教师主导作用的偏向。

过于突出教师或者过于强调学生在教学中的主体地位与作用都是片面的。最可靠的措施是普遍提高教师的修养和水平，加强对学生的了解、沟通，提高教师的责任感与创造性，这样才能实现师生之间的民主平等、尊师爱生、教学相长地互动与合作，使师、生两方面主动性都能得到弘扬，在教学互动的过程中达到动态的平衡和相得益彰。

三 教学原则 ★★★★★

（一）教学原则的概念（云师19名解）

教学原则是有效进行教学必须遵循的基本要求。它既指导教师的教，也指导学生的学，应贯彻于教学过程的各个方面和始终。

（二）我国的教学原则

（扬大20/17、华中/天师19名解；广师21/19，北师/陕师/青岛20，山师20/19/18，贵师/云师18，华中/杭师17简答；上师21/20，华东/贵师19，东北/华中/苏大/川师18，福师17论述）

1. 启发性原则

（1）含义：指在教学中教师要激发学生的学习主体性，引导他们经过积极思考与探究，自觉地掌握科学知识，学会分析问题和解决问题，树立求真意识和人文情怀。也称探究性原则或启发与探究相结合原则。

（2）基本要求：①调动学生学习的主动性；②善于提问激疑，引导教学步步深入；③注重通过解决实际问题启发学生获取知识；④引导学生反思学习过程；⑤发扬教学民主。

2. 理论与实践相结合原则

（1）含义：指教学要以学习基础知识为主导，将理论运用于解释和解决实际问题，学以致用，发展动脑、动手能力，并理解知识的含义，领悟知识的价值。

（2）基本要求：①注重联系实际学好理论；②重视引导学生运用知识；③逐步培养与形成学生综合运用知识的能力；④面向生活现实，培养学生的对策思维。

3. 科学性和思想性统一原则

（1）含义：指教学要以马克思主义为指导，授予学生以科学知识，并结合知识教学对学生进行社会主义品德和核心价值观教育。

（2）基本要求：①保证教学的科学性；②发掘教材的思想性，注意在教学中对学生进行思想品德教育；③重视补充有价值的资料、事例或录像；④教师要不断提高自己的专业水平和思想修养。

4. 直观性原则

（1）含义：指在教学中通过引导学生观察所学事物或图像，聆听教师用语言对所学对象的形象描绘，形成有关事物具体而清晰的表象，以便理解所学知识。

（2）基本要求：①正确选择直观教具和现代化教学手段；②直观要与讲解相结合；③防止直观的不当与滥用；④重视运用语言直观。

5. 循序渐进原则

（1）含义：指教学要按照学科的逻辑系统和学生认识的顺序逐步进行，使学生系统地掌握基础知识、基本技能，形成严密的逻辑思维能力。也称系统性原则。

（2）基本要求：①按教材的系统性进行教学；②抓主要矛盾，解决好重点与难点；③由浅入深、由易到难、由简到繁；④将系统连贯性与灵活多样性结合起来。

6. 巩固性原则

（1）含义：指教学要引导学生在理解的基础上牢固地掌握知识和技能，并将其长久地保持在记忆中，能够根据需要迅速再现，有效地运用。

（2）基本要求：①在理解的基础上巩固；②把握巩固的度；③重视组织各种复习；④在扩充、改组和运用知识中积极巩固。

7. 发展性原则

（1）含义：指教学的内容、方法和进度，既要适合学生已有的发展水平，又要有一定的难度，激励他们经过努力才能掌握，以便有效地促进学生的身心发展。

（2）基本要求：①了解学生的发展水平，从实际出发进行教学；②考虑学生认识发展的时代特点。

8. 因材施教原则

（1）含义：指教师要从学生的实际情况与个性特点出发，有的放矢地进行有区别的教学，使每个学生都能扬长避短、长善救失，获得最佳发展。

（2）基本要求：①针对学生的特点进行有区别的教学；②采取灵活多样的举措，使学生的才能得到充分的发展。

【名校真题】

名词解释

1. 教学（宁夏大学 2019）
2. 教学原则（云南师范大学 2019）
3. 非智力因素（海南师范大学 2021）

简答题

1. 教学过程的性质（陕西师范大学 2017）
2. 简述教学过程中应当处理好的几种关系（天津师范大学 2021）
3. 因材施教的内涵和原则（青岛大学 2020）

论述题

1. 有校长说："如果没有升学率的压力，我真想好好做德育。"试从学校教学和德育关系的角度谈谈你对这一论点的看法（北京师范大学 2018）
2. 分析论述学生掌握知识的基本阶段的两种模式（天津师范大学 2020）

第九章

教学（下）

考频分析

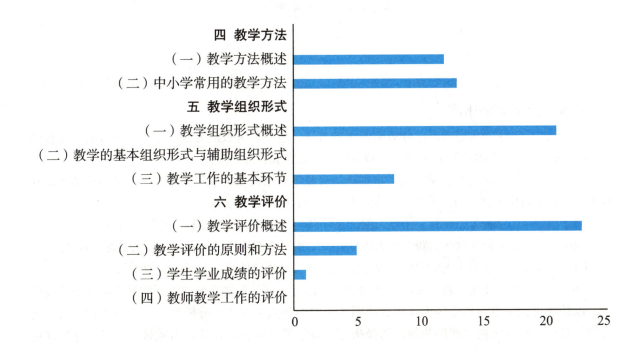

章节框架

教学（下）
- 教学方法
  - 教学方法概述
  - 中小学常用的教学方法
- 教学组织形式
  - 教学组织形式概述
  - 教学的基本组织形式与辅助组织形式
  - 教学工作的基本环节
- 教学评价
  - 教学评价概述
  - 教学评价的原则和方法
  - 学生学业成绩的评价
  - 教师教学工作的评价

四、教学方法 ★★★★★

（一）教学方法概述

（杭师 21/18，深大／广师 20，山师 19，苏大／宁夏 18，上师／重师 17 名解；南师／天师 19 简答；天师 18 论述）

1. 教学方法及相关概念

（1）教学方法：指为完成教学任务而采用的方法，包括教师教的方法和学生学的方法，是教师引导学生探讨与掌握知识技能、获得身心发展而共同活动的方法。

（2）教学方式：狭义的教学方式常常是指构成教学方法运用的细节或形式。广义的教学方式外延很广，包括教学方法和教学形式，甚至涉及教学内容的组合与安排。

（3）教学手段：指为完成教学任务，配合某种教学方法而采用的器具、资料与设施。

（4）教学模式：指在教学实践中形成的具有一定指导性的简约理念和可照着做的标准样式。

（5）教学策略：指为达成教学的目的与任务，组织与调控教学活动而进行的谋划。

（6）教学设计：指研究教学系统、教学过程和制定教学计划的系统方法。它是教师在备课过程中，以传播理论和学习理论等为基础，应用系统论的观点和方法，分析教学中的问题和需求，确定教学目标，设计解决问题的步骤，选择相应的教学策略和教学媒体，形成教学方案，分析评价其结果并修改方案的过程。

（7）教学环境：指由影响人的教学因素组成的总体，包括教学自然环境、教学物质环境、教学人际环境、教学观念环境、班级教学环境和社会教学环境。

2. 教学方法的选择

教学方法是将知识的教育价值转化为学生精神财富的手段。教学方法的选择与设计取决于面临的教学任务、学科知识的特点与学生的经验基础。现代教学提倡以系统的观点为指导来选用教学方法，优化教学。主要的依据如下：

（1）学科的任务、内容和教学法特点，课题（或单元）与课时的教学目的和任务。

（2）教学过程、教学原则和班级上课的特点。

（3）学生的情趣、水平、智能的发展与个别差异、独立思考能力、学习态度、学风与习惯。

（4）教师的思想与业务水平、实际经验与能力、教学的习惯与特长。

（5）学生参与教学过程中的答问、讨论、作业、评析的积极性与水平。

（6）师与生双边活动的配合、互动的状况与质量。

（7）班、组活动与个人活动结合的状况，课堂教学、课外作业或课外活动结合的状况与质量。

（8）学校与地方可能提供的物质与仪器设备、社会条件、自然环境等。

（9）学科、单元、课题乃至每节课所规定的课时，其他可利用的时间，如早、晚自习等。

（10）对可能取得的成效的缜密预计与意外状况出现时的应变措施。

（二）中小学常用的教学方法

（华南21，广师18，陕师/华中17名解；扬大19，北师18，宁夏18/17，中央民族17简答；陕师21，杭师20，华东18，南师17论述）

1. 讲授法

（1）含义：指教师通过语言系统地向学生传授科学文化知识、思想理念，并促进他们的智能与品德发展的方法。可分为讲读、讲述、讲解和讲演四种。

（2）基本要求：①精炼讲授内容，讲授内容要有科学性、系统性、思想性、启发性和趣味性；②注重讲授的策略与方式；③讲究语言艺术。

2. 谈话法

（1）含义：通过师生问答、对话的形式来引导学生思考、探究，以获取或巩固知识，促进学生智能发展的方法，也称问答法。

（2）基本要求：①要准备好谈话计划；②要善问；③要善于启发诱导；④要做好小结。

3. 练习法

（1）含义：指学生在教师指导下运用知识去反复完成一定的操作、作业与习题，以加深理解和形成技能技巧的方法。

（2）基本要求：①提高练习的自觉性；②循序渐进、逐步提高；③严格要求。

4. 演示法

（1）含义：指教师通过展示实物、直观教具、实验或播放有关教学内容的软件、特制的课件，使学生认识事物、获得知识或巩固知识的方法。演示的特点在于加强教学的可观察性。

（2）基本要求：①做好演示前的准备；②让学生明确演示的目的、要求；③讲究演示的方法。

5. 实验法

（1）含义：指学生在教师指导下运用一定的仪器设备进行独立作业，观察事物的特性，探求其发展和变化规律，以获得知识和技能、培养科学精神的方法。可分为探究性实验和验证性实验。

（2）基本要求：①做好实验的准备；②明确实验的目的、要求与做法；③注意指导实验过程；④做好实验小结。

6. 实习作业法

（1）含义：指学生在教师指导下进行的学科实践活动，以培养学生专业操作能力的方法。其实践性、独立性、创造性都很强，能培养学生独立工作和实践的能力与品质。

（2）基本要求：①做好实习作业的准备；②做好实习作业的动员；③做好实习作业过程中的指导；④做好实习作业总结。

7. 讨论法

（1）含义：指学生在教师指导下为解决某个问题而进行探讨、评析，以辨明是非、获取真知、锻炼思维和独立思考能力的方法。讨论的种类有课堂讨论、短暂讨论、全班讨论及小组讨论等。

（2）基本要求：①讨论的问题要有吸引力；②要善于对学生启发、引导；③做好讨论小结。

8. 研究法

（1）含义：指学生在教师的指导下通过独立的探索，创造性地解决问题，获取知识和发展科研能力的方法。

（2）基本要求：①正确选定研究课题；②提供必要的条件；③让学生独立思考与探索；④循序渐进、因材施教。

9. 问题教学法

（1）含义：指在教师引导下，学生主要通过积极参与对问题的分析、探索，主动地发现或建构新知，获得学习与探究的方法、能力与科学人文精神的教学方法。

（2）基本要求：①创设情境，明确问题；②引导学生积极探索、分析和解决问题；③组织学生交流和研讨，得出基本结论。

10. 读书指导法

（1）含义：指教师指导学生通过阅读教科书、参考书以获取或巩固知识的方法。包括指导学生预习、复习、阅读参考书、自学教材等。

（2）基本要求：①提出明确的目的、要求和思考题；②教给学生读书的方法；③善于在读书中发现问题和解决问题；④适当组织学生交流读书心得。

五 教学组织形式 ★★★★★

（一）教学组织形式概述（华东20，中央民族18名解；东北20，山师19论述）

教学组织形式是指为完成特定的教学任务，教师和学生按一定要求组合起来进行活动的结构。教学组织形式不是固定不变的，它随着社会政治经济和科学文化的发展，对所培养人才要求的提高也会不断改进。目前常见的教学组织形式有以下几种：

1. 个别教学制

（1）定义：个别教学制是教师面对个别或少数学生进行教学的一种教学组织形式。在个别教学中，每个学生所学的内容和进度可以有所不同，教师对每个学生教的方法和要求也有所区别，因此学生学习的成效各不一样，甚至差距极大。

（2）优点：教师能够根据每个学生的特点包括天赋、接受能力和努力程度而因材施教，加强教学的针对性，比较充分地发展每个学生的潜能、特长和个性。

（3）缺点：教师每次只能教一个学生，教学具有较大的随意性。因此教学的规模较小、教学成本较高，但效率不高。

2. 班级授课制

（川师21，华南/贵师20，南师19，扬大18，杭师/河南17，北师17/16名解；深大21，宁夏19，浙师/上师/青岛18简答；北师20，福师19论述）

（1）定义：一种集体教学形式。它把一定数量的学生按年龄与知识程度变成固定的班级，根据周课表和作息时间表，安排教师有计划地向全班学生上课，分别学习所设置的各门课程。

（2）优点：①形成了严格的教学制度；②以课为单位科学地组织教学；③能充分发挥教师的主导作用；④能促进学生的社会化与个性化；⑤便于传授系统的科学知识。

（3）缺点：①不利于照顾学生的个别差异；②不利于培养学生的兴趣、特长和发展个性；③不利于理论联系实际；④不利于实现教学的灵活性。

（4）改革趋势：①根据学生年龄、学科性质等不同情况，对每节课的时间长度，做有弹性的不同规定；②加强班级教学中的小组与个别指导活动；③提高学生在教学活动中的主体地位与作用；④注重到特定的实验室、作业室里上课，或在现场教学；⑤将班级上课、分组学习、个别辅导恰当地结合起来；⑥防止班的人数超限，逐步实现小班教学；⑦允许成绩优异或有特长的学生跳级、选班或选课等。

3. 分组教学制

（1）定义：指按学生的能力或学习成绩把他们分为<u>水平不同的小组</u>进行教学。

（2）类型：

①<u>能力分组和作业分组</u>。能力分组是根据学生的能力发展水平进行分组教学，各组课程相同，学习年限不同；作业分组是根据学生的特点和意愿进行分组教学，各组学习年限相同，课程各有不同。

②<u>内部分组和外部分组</u>。内部分组是在传统的按年龄编班前提下，根据学生能力或学习成绩变化情况进行分组教学；外部分组是打破传统的年龄编班，按学生的能力或学习成绩来分组教学。

（3）优点：能较好地照顾个别差异，重视学生的个别性，有利于因材施教，有利于发展学生的个性特点。

（4）缺点：①对学生能力和水平的鉴别不一定科学，却要按能力和水平进行分组教学，忽视了学生的发展性；②对学生心理发展的负面影响较大，被分到快班的学生容易骄傲自满，被分到慢班的学生容易产生破罐子破摔的心理；③家长、学生、教师和学校就分组教学问题很难达成一致；④考虑到学生的发展性，分组必须经常进行，教育管理上比较麻烦。

4. 走班制

（1）定义：指<u>教室和教师固定而学生不固定</u>的一种教学组织形式。学生根据自己的兴趣和能力选择适合自身发展的班级，在不同的教室中流动上课。

（2）优点：不同学科、不同层次的班级，其教学内容和要求不同，作业和考试的难度也不一样。走班制把学生的兴趣和能力放在更加突出的位置，有利于因材施教。

（3）缺点：①流动性影响了同辈群体的形成和增加了班级管理的难度；②分层上课使学生心理产生困扰；③分层教学使教师压力增大。

[超纲知识]

协作教学、特朗普制与虚拟教学（杭师 20/18 名解）

1. 协作教学：也称"协同教学"或"小队教学"。其基本做法是：由若干名教师组成的教学小队，共同负责一个班或几个平行班的教学工作，共同制订教学计划，并根据各人所长，分工合作，完成教学任务并评价教学效果。

2. 特朗普制：也被称为"灵活的课程表"，出现于 20 世纪 50 年代的美国。其基本做法是：将大班小课、小班讨论、个人独立研究结合在一起，这三种形式穿插进行，分别占有的时间大约是 40%、20%、40%；采用灵活的时间单位代替固定划一的上课时间，以大约二十分钟为计算课时的单位。

3. 虚拟教学：指利用虚拟现实技术，构建一个虚拟学习环境，再现知识赖以产生的客观事实，讲授知识要点，进行理论概括，引导学习者充分利用自己的视觉、听觉等感官接受信息，激发学习者的学习兴趣和创新意识，引导学习者发挥自己的想象力，开展创新思维活动的一种教学方法，是一种双向交互的教学形式。

（二）教学的基本组织形式与辅助组织形式

1. 教学的基本组织形式

今天，我国的学校教学仍以班级授课制为基本组织形式（详见第九章第五节《教学组织形式》）。

2. 教学的辅助组织形式

除上课外，还要采用多种辅助教学组织形式，以巩固、加深或补充上课之不足。

（1）作业：指学生在课外或家中独立完成由教师布置的，为理解、掌握知识与技能而进行的学习或练习任务。

（2）参观：指根据一定的教学目的组织学生到一定的现场，通过对实际的事物或活动进行观察、询问，以获取知识的教学活动形式。

（3）讲座：指由教师或请有关专家不定期地向学生讲授与学科有关的科学趣闻或新的发展，以扩大他们的科学视野的一种教辅活动。

（4）辅导：指根据学生的需要，由教师给予指引的一种教辅形式。

（三）教学工作的基本环节（青岛21，华东20，宁夏/江苏18简答；重师21，浙师/河南20，华南17论述）

1. 备课

备好课是上好课的先决条件。上课前，教师必须备好课，编制出学期教学进度计划，写出课题计划与课时计划。备课应做好的工作有：①钻研教材；②了解学生；③设计教学。

2. 上课

上好课，是提高教学质量的关键。应以现代教学理念为指导，遵循教学规律与原则，创造性地运用教学方法，并注重做到以下几点：

①明确教学目的。这是上好一堂课的前提。

②保证教学的科学性与思想性。这是上好一堂课的基本质量要求。

③调动学生的学习积极性。这是上好一堂课的内在动力。

④注重解惑纠错。这是上好一堂课的关键。

⑤组织好教学活动。这是上好一堂课的保障。

⑥布置好课外作业。

3. 布置与批改作业

（1）含义：作业是深化对知识的理解和巩固知识的有效手段，是课堂教学的延续，是教学活动的有机组成部分。主要包括三类：口头作业、书面作业、活动型作业。

（2）要求：

①注意布置作业的内容和分量。

②对作业进行必要的指导，明确作业的目的、内容、形式、完成时间和步骤。

③教师要认真、及时批改并讲评作业。

4. 课外辅导

（1）含义：课外辅导是课堂教学的一种必要补充，是适应个别差异、实施因材施教的重要举措。主要分为集体辅导和个别辅导。

（2）要求：

①从实际出发，具体分析，做到因材施教。

②明确目的，充分调动学生的积极性。

③注意态度，师生平等相处，让学生有问题可以问。
④加强思想教育和学习方法的指导，提高辅导效果。

5. 学业成绩评定

评定学生成绩的方式主要有考查和考试。

六　教学评价★★★★★

（一）教学评价概述（福师19简答）

1. 教学评价的概念（中央民族/天师21，华南19，川师/河南18，山师17名解）

教学评价是对教学工作质量所做的测量、分析和评定。它以参与教学活动的教师、学生、教学目标、内容、方法、教学设备、场地和时间等因素的优化组合的过程和效果为评价对象，是对教学活动的整体功能所做的评价。

[超纲知识]

教育评价

（北师21名解；贵师21简答；深大20论述）

教育评价是指以教育为对象，根据一定的目标，采用一切可行的评价技术和方法，对教育现象及其效果进行测定，分析目标实现程度，从而作出的价值判断。组成教育评价系统的要素包括价值目标、人员组织、实施程序、方法技术与质量保证。

教育评价的改革：

（1）树立科学成才观念。坚持以德为先、能力为重、全面发展，坚持面向人人、因材施教、知行合一。在实施路径上，提出创新德智体美劳过程性评价办法，完善综合素质评价体系，切实引导学生坚定理想信念、厚植爱国主义情怀、加强品德修养、增长知识见识、培养奋斗精神、增强综合素质。

（2）完善德育评价。在目标引领上，提出根据学生不同阶段身心特点，科学设计各级各类教育德育目标的要求，引导学生养成良好思想道德、心理素质和行为习惯，传承红色基因，增强"四个自信"，立志听党话、跟党走，立志扎根人民、奉献国家。在评价方式上，提出通过信息化等手段，探索学生、家长、教师以及社区等参与评价的有效方式，客观记录学生品行日常表现和突出表现，特别是践行社会主义核心价值观情况，将其作为学生综合素质评价的重要内容。

（3）强化体育评价。在总体要求上，提出建立日常参与、体质监测和专项运动技能测试相结合的考查机制，将达到国家学生体质健康标准要求作为教育教学考核的重要内容。同时，分学段提出具体要求，中小学要客观记录学生日常体育参与情况和体质健康监测结果并定期向家长反馈；改进中考体育测试内容、方式和计分办法；探索在高等教育所有阶段开设体育课程。

（4）改进美育评价。对中小学，提出把中小学生学习音乐、美术、书法等艺术类课程以及参与学校组织的艺术实践活动情况纳入学业要求；探索将艺术类科目纳入中考改革试点。对高校，提出推动高校将公共艺术课程与艺术实践纳入人才培养方案，实行学分制管理。

（5）加强劳动教育评价。一是实施大中小学劳动教育指导纲要，明确不同学段、不同年级劳动教育的目标要求，引导学生崇尚劳动、尊重劳动。二是探索建立劳动清单制度，明确学生参加劳动的具体内容和要求，让学生在实践中养成劳动习惯，学会劳动、学会勤俭。三是加强过程性评价，将参与劳动教育课程学习和实践情况纳入学生综合素质档案。

2. 教学评价的意义

（1）对学校来说，可以记载和积累学生学习情况的资料，定期向家长报告他们子女的成绩，并作为学生升、留级和能否毕业的依据。

（2）对教师来说，可以及时了解学生的学习情况和获得教学效果的反馈信息，明白自己教学的优缺点，以改进教学。

（3）对学生来说，可以及时得到学习效果的反馈信息，明确自己学习中的长处与不足，以扬长补短。

（4）对领导来说，可以了解每个教师、班的教学情况，便于发现问题与总结经验，以改进教学。

（5）对家长来说，可以了解子女的学习情况及其变化，以便配合学校进行教育。

3. 教学评价的种类

（苏大/河南/华中/山师/云师21，青岛21/20/19，福师20/19，中央民族19/17名解；华东17简答）

（1）根据评价在教学中的作用不同，分为诊断性评价、形成性评价、总结性评价。

①诊断性评价：在学期教学或单元教学开始时，对学生现有的知识水平和能力发展的评价，如各种摸底考试。其目的是为了弄清学生现有知识和能力发展情况，优点与不足之处，以便更好地改进教学，因材施教，因势利导。

②形成性评价：在教学进程中，对学生的知识掌握和能力发展所做的比较经常而及时的测评，包括对学生的提问、书面测验、作业批改等。其目的不注重于成绩的评定，而是使师与生都能及时获得反馈信息，更好地改进教与学，以促进教师和学生的发展、提高。

③总结性评价：在一个大的学习阶段，对学生学习的成果进行制度化的正规考查、考试及成绩评定，也称终结性评价。其目的是为学生评定一定阶段的学习成绩。

（2）根据评价所运用的方法和标准不同，分为相对性评价和绝对性评价。

①相对性评价：用常模参照性测验对学生成绩进行的评定，依据学生个人的成绩在该班学生成绩序列中或常模所处的位置来评价和决定他的成绩优劣，而不考虑他是否达到教学目标的要求。相对性评价也称常模参照性评价。它宜于选拔人才用，但不能表明他在学业上是否达到了特定的标准。

②绝对性评价：用目标参照性测验对学生成绩进行评定，依据教学目标和教材编制试题来测量学生的学业成绩，判断学生是否达到了教学目标的要求，而不以评定学生之间的差别为目的。绝对性评价也称目标参照性评价。它宜用于升级考试、毕业考试、合格考试，不适用于甄选人才。

（3）根据评价主体的不同，分为教师评价和学生自我评价。

①教师评价：指任课教师与班主任对学生的学习状况与成果进行的各种评价。

②学生自我评价：指在教师的引导下学生对自己的作业、试卷、其他学习成果进行的自我评价。

（二）教学评价的原则和方法（宁波20名解；华南21，深大17简答；宁夏20，青岛19论述）

1. 教学评价的原则

（1）客观性原则。教学评价要客观公正、科学合理，切实反映教师的教学质量和学生的学业水平，不能掺杂个人情感，不能主观臆断，这样才能使人信服。

（2）发展性原则。教学评价应着眼于学生的学习成绩的进步与能力的发展，其目的在于激励学生的积极性和创造性，而不是压抑和扭曲学生的发展。

（3）指导性原则。教学评价应在指出师生的长处与不足的基础上提出建设性意见，以便他们扬长避短，不断前进。

（4）计划性原则。教学评价应当全面规划，使每门学科都能依据制度与教学进程的要求，有计划、规范地进行教学评价，以确保其效果和质量。

2. 教学评价的方法

（1）观察法。观察法是直接认知被评价者行为的最好方法，它适用于在教学中评价那些不易量化的行为表现（如兴趣、爱好、态度、习惯与性格）和技艺性的成绩（如唱歌、绘画）。

（2）测验法。测验主要以笔试进行，是考核、测定学生成绩的基本方法，它适用于对学生学习文化科学知识的成绩评定。

（3）调查法。调查是收集有关学生成绩评定的资料以探明他们学习的真实情况及原因的方法，一般通过问卷、交谈（访谈）进行。

（4）自我评价法。自我评价可以帮助学生明确教学目标，自觉改进学习。具体方法有：①运用标准答案；②运用核对表；③运用录音机、录像机。

（5）档案袋评价法。档案袋评价法又称成长记录袋，是一种新的评价方法，属于质性评价的范畴，主要是指有目的地收集学生学习表现的一些信息，包括考试成绩、作业、作品、照片、录音带等放进个人的文件夹中，并附有教师评语、同伴互评、学生自评及家长评语，以展示学生学习的历程及意义。

（三）学生学业成绩的评价

1. 教学目标在学生学业成绩评价中的作用

教学目标规定了通过教学应当使学生达到掌握一定知识、技能和发展一定能力、品质的要求，因而教学目标是评价学生学业成绩优劣的唯一质量标准。

2. 中小学的考试制度

我国中小学的考试制度，主要由考查和考试两个部分组成。

（1）考查：指对学生的学习情况和成绩进行的一种经常性、非正规的检核。包括口头提问、检查书面作业、书面测验等形式。

（2）考试：指对学生学业成绩进行的阶段性或总结性的检查与评定。通常有期中考试、学期考试、学年考试、毕业考试等。

[拓展知识]

学生综合素质评价的内容和方法（重师21简答）

1. 内容

目前我国中小学生综合素质评价的内容主要是依据2002年教育部颁发的《关于积极推进中小学评价与考试制度改革的通知》的精神和提法，包括基础性发展目标和学科学习目标两个方面。其中，基础性发展目标主要包括道德品质、公民素养、学习能力、交流与合作、运动与健康、审美与表现六个方面；学科学习目标的评价内容以各学科课程标准所罗列的学习目标和各个学段学生应达到的目标为准。

普通高中学生综合素质评价包括课程修习评定和基本素质评价两个方面。课程修习评定反映学生在校期间各科目和模块修习情况以及各科目学分获得情况；基本素质评价反映学生的道德品质、公民素养、学习能力、交流与合作、运动与健康、审美与表现等各方面情况。

2. 方法

（1）主要着眼于学生的成长过程和整体表现，既要反映学生德、智、体、美等方面的综合素质，又要彰显学生的个性、特长和发展潜能。

（2）主要采用学生自评和他评相结合的方式，重视形成性评价与终结性评价的有机结合，评价结果由等级与写实性文字描述予以表达，辅之以实证性材料。

（3）坚持以发展的眼光看待学生，将评价过程变成教育与指导过程，有效实现学生评价的导向、激励和发展功能。

（四）教师教学工作的评价

1. 评教的意义

评教是对教师教学的质量分析和评价。其对教学工作的重要意义在于：①可以使教师更清楚地了解教学中的长处与不足，以增进教师之间相互了解、相互促进；②可以使学校领导深入第一线，探究教学的经验与问题，以提高教师的水平和改进教学。

2. 评教的要求

评教除了应遵循客观性、发展性、指导性和计划性等原则外，还须注意下述要求：

（1）要重视分析教师的教学质量，而不是评价他的专业水平。
（2）根据学生的成绩来评价教师的教学质量。
（3）注意教学的系统性和完整性。

3. 教学的几种水平

教学一般可分为三种水平：记忆水平、理解水平和探索水平。

（1）<u>记忆水平</u>：一种低水平的教学。其主要特点是：教师照本宣科、一味灌输，不会引导、启发，学生则停滞在机械掌握、一知半解上，不能保证教学质量。

（2）<u>理解水平</u>：这是教学应达到的基本要求。其主要特点是：教师能系统、明确地联系实际讲解教学内容及其运用、操作，学生通过观察、思考与练习，能较好地掌握所学知识、技能。

（3）<u>探索水平</u>：这是教学的较高境界。其主要特点是：教师注重启发、诱导、激励，善于提出发人深思、能挑战学生智慧的问题；学生能主动质疑、辨析、独立思考、发表个人见解，进行探究与论争；师生协力，集思广益，推动探取真知的教学活动不断深入；师生双方的主动性都得到发挥，对教学都感到有收获、有乐趣、很眷恋。

4. 评教的方法

（1）<u>分析法</u>。根据一定教学目的或标准来评析教师教学质量的方法。能帮助教师明确教学的优点、存在问题及其产生根源，有助于提高和改进教学。但它缺乏定量的评定，难以比较和区分教师之间的教学质量与水平的差距。

（2）<u>记分法</u>。通过量化的分项记分来评价教师教学质量的方法。记分法评价教学工作比较全面，特别重视教学的定量分析，便于比较和统计，能够区分每位教师的教学得分的高低。但测评、记分费时甚多，不易精确，尤其不重视定性分析，不重视分析教学中存在的问题及其根源，并提出改进的建议。

上述两种方法各有优缺点，应根据需要选用，使其相互补充，才能获得较好的效果。

【名校真题】

名词解释

1. 教学模式（苏州大学 2018）
2. 走班制（华东师范大学 2020）
3. 诊断性评价（苏州大学 2021）
4. 教育评价（北京师范大学 2021）
5. 档案袋评价法（宁波大学 2020）

简答题

1. 简述我国中小学教学方法的内涵和基本类型（北京师范大学 2018）

2. 简述教学工作的基本环节（华东师范大学 2020）
3. 分析阐释一堂好课的基本标准（宁夏大学 2018）
4. 简述教学评价的原则和方法（华南师范大学 2021）

论述题

1. 我国中小学教学方法存在哪些问题？以一节中小学课堂为例，提出你对教学方法的选择与使用策略（陕西师范大学 2021）
2. 试论述个别教学、班级授课制、分组教学的优缺点（山东师范大学 2019）
3. 习主席指出要改革教育评价，避免"以分为上，以论文为上"，请谈谈如何改革教育评价（深圳大学 2020）

第十章 德育

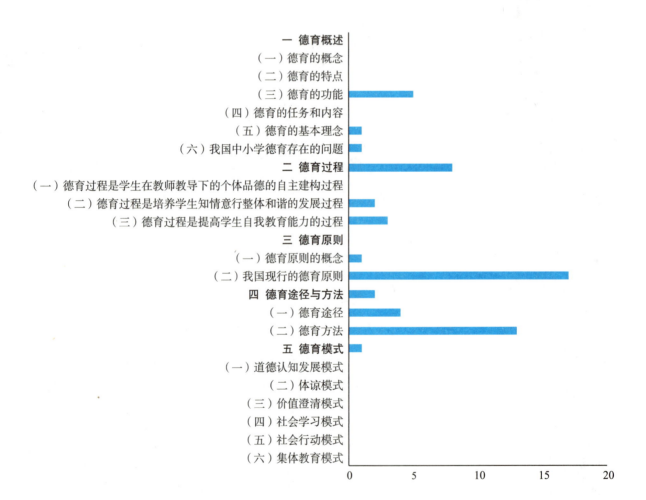

章节框架

德育
- 德育概述
  - 德育的概念
  - 德育的特点
  - 德育的功能
  - 德育的任务和内容
  - 德育的基本理念
  - 我国中小学德育存在的问题
- 德育过程
  - 德育过程是学生在教师教导下的个体品德的自主建构过程
  - 德育过程是培养学生知情意行整体和谐的发展过程
  - 德育过程是提高学生自我教育能力的过程
- 德育原则
  - 德育原则的概念
  - 我国现行的德育原则
- 德育途径与方法
  - 德育途径
  - 德育方法
- 德育模式
  - 道德认知发展模式
  - 体谅模式
  - 价值澄清模式
  - 社会学习模式
  - 社会行动模式
  - 集体教育模式

一 德育概述 ★★

（一）德育的概念（扬大21，宁夏20，广师19，华南18/17 名解）

德育即道德教育。一般来说，学校德育是指学生在教师的引导下，以学习活动、社会实践、日常生活、人际交往为基础，同经过选择的人类文化，特别是一定的道德观念、政治意识、处世准则、行为规范相互作用，经过自己的观察、感受、判断、践行和改善，以形成行为习惯、道德品质、人生价值和社会理想的教育。简言之，德育是培养学生思想品德的教育。

（二）德育的特点

（1）德育旨在培养学生的道德信念和人生观，形成学生的道德行为习惯，主要属于伦理领域。

（2）德育解决的矛盾主要不是求真、不是知与不知，以回答世界是什么的问题；而是求善、知善、行善，回答人应当怎样生活才有意义的问题。

（3）品德是个体素质结构的重要因素，在个体素质结构中起着价值定向的作用。

（三）德育的功能

1. 育德功能

德育的育德功能就是培养学生对他人、他物、他事的态度，引导学生懂得为人处世的行为规则和行为方式。学校德育在青少年学生发展中的导向作用极其重要。

2. 社会功能

学校德育的社会功能在于经过所培养的学生积极参与日常生活、人际交往和社会实践，对社会发展与改革发挥出巨大作用，这种作用也就是德育对社会的文化功能、经济功能和政治功能。

德育的社会功能和德育的育德功能是相互促进，相互转化的，这二者的联系，实质上是人的发展与社会发展的互动，也是人生意义与社会理想的沟通，其现实基础在于社会实践，其价值取向在于以人为本。

（四）德育的任务和内容

1. 德育的任务

德育任务是指学校德育要实现的目标，它是对德育活动结果的期望。在发展市场经济、民主政治和多元文化的历史背景下，我国中小学德育的的任务有三个层次：①培养合格公民；②培养具有正确世界观和人生观，具有较高思想觉悟的社会主义者；③使少数优秀分子成为共产主义者。

2. 德育的内容

德育内容是指用什么样的道德规范和价值观等来培养学生。现阶段我国学校德育具有多方面的内容，包括基本文明习惯和行为规范教育、基础道德品质教育、爱国主义教育、集体主义教育、民主法治教育和理想信念教育等。在德育内容中，起主导作用的是社会主义核心价值观。积极倡导、培育和践行社会主义核心价值观，对学校德育具有划时代的指导意义。

> **[拓展知识]**
>
> 关于德育任务，1998 年的《中小学德育工作规程》较具代表性，它规定："中小学德育工作的基本任务是，培养学生成为热爱社会主义祖国、具有社会公德、文明行为习惯、遵纪守法的公民。在这个基础上，引导他们逐步确立正确的世界观、人生观、价值观，不断提高社会主义思想觉悟，并为使他们中的优秀分子将来能够成为坚定的共产主义者奠定基础。"

（五）德育的基本理念（南师17简答）

（1）确立"育人为本"的教育理念。"育人为本"是当代教育的基本价值取向。德育的目标、内容、方法都要以促进学生的思想品德发展为出发点和落脚点。

（2）从学生实际出发。德育要从学生的生活和思想实际出发，反映他们在成长中的需要，解决他们在现实生活中的问题，做到贴近学生、贴近生活、贴近实际。

（3）坚持知行统一。德育要培养知行统一的人格，养成学生践履躬行的道德学习态度，发展他们自觉实践、主动参与的积极性。

（4）整合各方面的教育影响。德育工作必须贯穿全部学校生活之中，营造一个道德的学校生活环境，重视校园文化建设，引导健康高雅文化的发展。

（六）我国中小学德育存在的问题（深大21论述）

（1）学校德育地位尴尬。长时间以来，我国学校德育处于"说起来重要，做起来次要，忙起来不要"的尴尬地位，存在着理论上的"德育首位"与实践上的"德育无位"的矛盾。

（2）学校德育目标偏离。我国学校德育目标在某种程度上存在假、大、空现象，只注重方向性，缺乏阶段性和层次性，未能考虑青少年的年龄特征和接受水平，使其在一定程度上缺乏具体性和可操作性。

（3）学校德育内容陈旧，脱离现实生活。现行学校德育和生活社会缺乏广泛的联系，严重脱现实生活，不足以解释当前复杂的社会现象，也不能解决学生的实际思想问题。

（4）学校德育方法落后、呆板。德育方法必须是多种多样、各具特色的，在学校德育实施过程中，各种方法也必须有机配合，灵活运用。但当前我国学校德育实践中，大多数教师采用的德育方法依然是以说服教育为主，德育方法单一，强调灌输，偏重权威说教。

（5）学校德育环境封闭。我国现行学校德育环境呈现出典型的封闭性与限制性的特点，是一种"硬控"的、校内外有隔离带阻隔的环境。

（6）学校德育师资队伍不容乐观。一方面，部分中小学教师师德衰微；另一方面，部分德育教师缺乏现代德育理论素养，出现德育工作队伍数量庞大与理论水平低下的矛盾。

（7）学校德育评价低效。主要表现在德育评价滞后，随意性大，缺乏应有的激励和制约作用。

二 德育过程 ★★★★

（扬大19，上师18名解；北师/深大19，川师17简答；华东/天师20，浙师19论述）

德育过程是学生在教师的引导下，主动积极地进行道德认识和道德实践，逐步提高自我修养能力，形成个人品德的过程。

（一）德育过程是学生在教师教导下的个体品德的自主建构过程

学生的思想道德认识和行为习惯不是与生俱来的，是学生在与社会环境的相互作用过程中，尤其是在教师有目的、有意识的教育引导下，逐步形成自己的思想认识，发展自己的道德素质的。包含以下三个方面：

1. 学生对环境影响的主动吸收

学生在吸取社会和教育影响的活动中，不完全是被动、受动的教育客体，也是能动地选择、吸收环境与教育影响的主体。外界的影响只有通过学生自己的理解、选择、吸取与践行，才能内化成为他们自己的观点、立场，成长为他们的品德习性。

2. 教师对学生的积极教导

教师的教导是学生品德健全发展的一个必不可少的指针与动力。教师应该在正确的政治、教育、心理等学科理念的指导下，通过课程、活动、师生互动等途径积极开展对学生的教育引导。

3. 外部活动与内部活动相互促进

在德育过程中我们既要组织好学生的各种外显的实际活动，以启迪、激发和引导他们积极开展内部的心理活动，促进他们思想认识的提高、价值观念的明确、情感上的认同以及品德的发展；又要激发学生内部的思想、情感与意志活动，把他们的能动性引导到道德实践活动中去，进一步推动学生思想品德的发展与提升。

（二）德育过程是培养学生知情意行整体和谐的发展过程（华中/中央民族20论述）

学生的品德包含知、情、意、行四个要素。所以德育过程也是培养学生思想品德的知、情、意、行整体和谐的发展过程。

1. 思想道德发展的整体性

个体思想品德的发展是品德各要素协调统一的发展。依据这一品德形成规律，开展德育活动时，就应该注意全面性，兼顾知情意行各要素。个体品德结构中的知情意行等要素，是相互制约、相互促进的，共同推动着个体思想品德的发展；应该晓之以理、动之以情、导之以行、持之以恒，全面关心学生品德中知情意行的培养，使它们全面而和谐地发展。

2. 德育过程有多种开端

开展德育可以有多种开端，既可以从知或情的培养入手，也可以从行的锻炼开始。在思想品德的发展过程中，知情意行诸因素的发展往往是不平衡的，而且每个学生的品德发展也有显著差异。这就要求我们进行德育时，必须针对不同情况加以灵活处理，有的放矢，因材施教。

3. 德育实践的针对性

道德品质的知、情、意、行的培养不能一概而论，简单对待，用一种方法进行，应该根据知、情、意、行每一要素的特点，开展具有针对性的教育活动。

（1）学生的道德认识，既可以通过学习间接经验的方式，如听讲、看书、背诵等方式习得，也可以通过直接经验的方式，如亲历道德实践和社会活动等方式获取。

（2）要注重学生的道德情感培育。

（3）德育的最终目标是要促进学生实现道德认知、道德情感向行为的转化。

（三）德育过程是提高学生自我教育能力的过程（江苏21，福师20，河南17论述）

在德育过程中，要引导学生积极参与社会学习、生活交往和道德践行，培养和提升他们的思想品德素质，均有赖于发挥学生个人的能动性和自我教育能力。

1. 自我教育能力培育的意义

一方面，自我教育能力是德育的一个重要条件，只有注意培养与提高学生的这种能力，德育才能进行得更顺利、更有效。另一方面，学生的自我教育能力的形成又是学生思想道德发展过程的一个重要标志。

2. 自我教育能力的构成因素

自我教育能力主要由自我期望能力、自我评价能力、自我调控能力所构成。

（1）自我期望能力，是个体设定自我发展愿景的能力。它是自我教育的内在目的和动力。儿童自幼就有做"好孩子""好学生"的热切期望，这是学生自我期望能力发展的心理基础。

（2）自我评价能力，是个体对自我发展现状和趋势的评判能力。它是进行自我教育的认识基础。

（3）自我调控能力，是在自我评价的基础上建立起来的自觉调节、控制自己思想与行为的能力。它是进行自我教育的重要机制。

3. 学生自我教育能力的发展

儿童自我意识与自我教育能力的发展是有规律的，大致是从"自我中心"发展到"他律"，又从"他律"发展到"自律"。教师应该依据这一规律，从实际出发，因势利导，有目的地培养学生的自我意识，提高学生的自我期望、自我评价和自我调控能力，形成和发展他们的自我教育能力，充分发挥他们在自身品德建构中的主体作用。

三 德育原则 ★★★★★

（一）德育原则的概念（天师18名解）

德育原则是教师对学生进行德育应该遵循的基本要求。它以个体品德发展规律和社会发展要求为依据，概括了德育实践的宝贵经验，反映了德育过程的规律性。

（二）我国现行的德育原则

（华南 21 名解；东北／云师 21，深大 20/17，江苏 19，福师 19/18，华东 18，上师／天师 17 简答；川师／河南 21，山师 21/20，贵师 18，江苏 17 论述）

1. 理论和生活相结合原则

（1）含义：指进行德育要注重引导学生把思想政治观念和社会道德规范的学习同参与生活实践结合起来，把提高道德认识与养成良好道德行为结合起来，做到心口如一，言行一致。

（2）基本要求：①理论学习要结合学生生活实际，切实提高学生的思想；②注重实践，培养道德行为习惯。

2. 疏导原则

（1）含义：指进行德育要循循善诱、以理服人，从提高学生认识入手，调动学生的主动性，使他们积极向上，也称循循善诱原则。

（2）基本要求：①讲明道理、疏通思想；②因势利导、循循善诱；③以表扬、激励为主，坚持正面教育。

3. 长善救失原则

（1）含义：指进行德育要调动学生自我教育的积极性，依靠和发扬他们自身的积极因素去克服他们品德上的消极因素，促进学生的道德成长。

（2）基本要求：①"一分为二"地看待学生；②发扬积极因素，克服消极因素；③引导学生自觉评价自己，勇于自我教育。

4. 严格要求与尊重学生相结合原则

（1）含义：指进行德育要把对学生的思想品行的严格要求与对他们个人的尊重信赖结合起来，使教育者的严格要求易于转化为学生主动的道德自律。

（2）基本要求：①尊重和信赖学生；②严格要求学生。

5. 因材施教原则

（1）含义：指进行德育要从学生品德发展的实际出发，根据他们的年龄特征和个性差异进行不同的教育，使每个学生的品德都能得到最优的发展。

（2）基本要求：①深入了解学生的个性特点和内心世界；②根据学生个人特点有的放矢地进行教育；③根据学生的年龄特征有计划地进行教育。

6. 在集体中教育原则

（1）含义：指进行德育有赖于学生的社会交往、共同活动，注意依靠学生集体，通过集体活动进行教育，充分发挥学生集体在教育中的巨大作用。

（2）基本要求：①引导学生关心、热爱集体，为建设良好的集体而努力；②通过集体教育学生个人，通过学生个人转变影响集体；③把教师的主导作用与集体的教育力量结合起来。

7. 教育影响一致性和连贯性原则

（1）含义：指德育应当有目的、有计划地把来自各方面对学生的影响加以组织，使其优化为教育的合力前后连贯地进行，以获得最大的成效。

（2）基本要求：①组建教师集体，使校内对学生的教育影响一致；②做好衔接工作，使对学生的教育前后连贯和一致；③发挥学校教育的引领作用，使学校、家庭和社会对学生的教育得到整合、优化。

四 德育途径与方法 ★★★★★

(天师 21 简答；杭师 21 论述)

(一) 德育途径 (福师 21，深大 20，天师 19 简答；海师 17 论述)

1. **思想政治课与其他学科教学**

   思想政治课与其他学科的教学都是学校德育的重要途径。需要注意的是，知识转化为品德还需要将知识与学生生活相联系，与学生思想"对话"，以激发学生的道德需要，并用这些道德认识来探寻做人的道理，调节对人、对事应持有的态度，并付诸行动。

2. **劳动和其他社会实践**

   这是学校德育尤其是劳动教育的重要途径。有意义的劳动和社会实践，能够提高学生的责任意识、服务意识，形成学生勤俭、朴实、艰苦、顽强等许多好的品德，在德育上有着不可或缺、不可替代的意义。

3. **课外活动和校外活动**

   课外活动不受教学计划的限制，学生可以根据兴趣、爱好自愿选择活动，自主地制订一定的计划与规则，以组织协调人际关系、开展丰富多彩的活动，是生动活泼地向学生进行德育的一个重要途径。通过课外活动进行德育，能调动学生的积极性，培养他们的自律能力，形成互助友爱、团结合作、尊重规则等品德。

4. **学校共青团、少先队活动**

   共青团、少先队是青少年儿童自己的组织。青少年儿童热爱自己的组织，积极参加团队活动，渴望加入团队组织。因而开展团队活动，能激发学生强烈的上进心、荣誉感，使他们能够严于律己，自觉提高思想品德，是德育的重要途径。

5. **心理咨询**

   心理咨询是培养学生健康心理品质的有效途径。通过个别谈心、咨询、讲座等多种方式对学生进行心理健康教育，可以帮助学生处理好学习、交往、择业等方面问题，使他们成为积极向上、心理健康的人。

6. **班主任工作**

   通过班主任工作，学校不仅能有效地管教学生基层组织和个人，而且能对教育学生的其他途径的活动起协调作用，是学校德育的一个特别重要的途径。

7. **校园生活**

   校园生活包括上述活动在内的全部学校生活。要建立良好的校园生活，一是要研究如何使德育在各个途径中真正到位，使之互相补充，构成整体效应；二是要根据学校实际，研究如何增加跨越班级的活动与交往，逐步形成学校特色；三是要研究如何使校园生活能够体现时代精神，蕴含深厚文化，让学生在生活中养成现代文明习气和人文情怀。

(二) 德育方法

(华中／江苏／中央民族／云师 18，东北／福师 17 名解；青岛 21，陕师 21/20 简答；湖师 21，上师 21/20，深大 18 论述)

德育方法是师生为完成德育任务而采取的活动方式的总和。它有两层含义：首先它是师生共同活动的方法；其次它是为实现德育的目标、要求服务的。

1. 明理教育法（说服法）

（1）含义：指引导学生摆事实、讲道理，经过思想情感上的沟通与互动，让他们悟明道德真谛，自觉践行的方法。包括讲理、沟通、报告、讨论、参观等。

（2）基本要求：①要有针对性；②要有知识性和趣味性；③要善抓时机；④要注重互尊互动。

2. 榜样示范法

（1）含义：指以他人的高尚品德、模范行为和卓越成就来影响学生品德的方法。教师应向学生提供好榜样，主要有四类：历史伟人、现实的英雄模范、优秀教师和家长的风范、优秀学生。

（2）基本要求：①榜样必须是真实可信的；②激起学生对榜样的积极情感；③给不同年龄段的学生树立不同的榜样；④要注重教师自身的示范作用。

3. 情境陶冶法

（1）含义：指通过创设良好的教育情境，潜移默化地培养学生品德的方法。它利用暗示原理，让学生通过无意识的心理活动来接受某种影响。包括人格感化、环境陶冶和艺术陶冶等。

（2）基本要求：①创设良好的情境；②与启发引导相结合；③引导学生参与情境的创设。

4. 实践锻炼法

（1）含义：指有目的、有组织地安排学生进行一定的生活交往与社会践行活动以培养品德的方法。包括练习、委托任务和组织活动等。

（2）基本要求：①调动学生的主动性；②教师给予适当的指导；③坚持严格要求学生；④及时检查并长期坚持。

5. 自我修养法

（1）含义：指在教师引导下学生经过自觉学习、反思和自我改进，使自身品德不断完善的一种方法。包括立志、学习、反思、箴言、慎独等。

（2）基本要求：①培养学生自我修养的兴趣与自觉性；②指导学生掌握修养的标准；③引导学生积极参加社会实践。

6. 制度育德法

（1）含义：指通过构建合理的学校制度来引导和培养学生品德的方法。

（2）基本要求：①学校制度要合法。学校制度不能与国家法律法规冲突，尤其是不能与《中华人民共和国未成年人保护法》这样的法律相矛盾。②学校制度要合德。学校制度必须是道德的，符合时代伦理精神的。提高学校制度的教育性，要做到让学生参与、要注重促进学生的思想品德发展。

7. 奖惩法

（1）含义：指对学生的思想和行为做出评价，包括表扬、奖励和批评、处分两个方面。

（2）基本要求：①表扬与批评：一般以表扬为主、批评为辅；二者相辅相成，缺一不可。②奖励与处分：要公平公正、正确适度、合情合理；要发扬民主，获得群众支持；要注重宣传与教育。

五 德育模式

（苏大20简答）

德育模式即道德教育模式，是在道德教育理论和实践的发展中逐步形成的、用以组织和实施道德教育过程的典型化范式。它是在一定社会条件下，以一定道德理论为基础发展起来，并由实际操作中逐步完善而形成的一种道德教育的范式。

（一）道德认知发展模式

1. 皮亚杰的道德发展阶段理论（详见《教育心理学》第九章第三节）

2. 科尔伯格的道德发展阶段论（详见《教育心理学》第二章第三节）

（二）体谅模式

体谅模式由英国学校德育专家麦克费尔首创，它把道德情感的培养置于中心地位。该模式有一套具有特色的系列教科书——《生命线》，并配有教师指导用书——《学会关心》。因此，体谅模式又称学会关心的道德教育模式。主要观点如下：

（1）学校道德教育的首要职责是满足与人友好相处、爱和被爱的基本需要。

（2）学校道德教育的根本目的是教会学生关心人和体谅人。

（3）学校道德教育重要方法是观察学习和社会模仿。

（三）价值澄清模式

价值澄清模式是针对美国儿童在多元社会中面对多种价值观的选择而提出的理论，代表人物有拉思斯、西蒙、鲍姆等。其中，拉思斯是该理论的创始人，价值澄清即学生可通过学习一个价值观的形成过程来获得自己的价值观。该模式的核心理论是"学会选择"。主要观点如下：

（1）学生某些偏差行为或不良品行由他们自认为合理的价值观念支撑，改变品行的关键在于进行价值观教育。

（2）价值教育的核心是让儿童学会评价过程而非传递具体的价值观；价值观的形成是通过澄清的方法在评价过程中实现的。

（3）价值澄清过程中强调四个关键性的要素：关注生活、接受现实、激发思考、提高潜能。

（四）社会学习模式

社会学习模式是在社会学习理论的基础上提出的，代表人物是班杜拉。他认为，人的一切社会行为都是在社会环境的影响下，通过对他人示范行为及其结果的观察学习而得以形成的。主要观点如下：

（1）通过榜样培养个体的道德行为。个体道德行为的学习是通过观察学习和模仿学习实现的。

（2）注重培养学生的道德判断力。在复杂的道德情境中，个体经常处于两难选择的道德困境，只有具备良好道德判断力的个体才能及时做出判断，作出适当的道德行为。

（3）强调自我调节对道德行为的作用。道德教育应把环境的示范和个体的发展与认知调节机制结合起来，使个体的行为符合道德规范，并在此过程中逐渐发展自我评价能力。

（4）倡导教育者的言行一致。对学生进行道德行为的训练，可以通过口头说教的形式，也可以通过教育者自身的行为进行教育活动，教育者必须言行一致。

（五）社会行动模式

社会行动模式是由美国著名学者纽曼提出。他认为，当代德育模式偏重增加道德知识和改变认知结构，而缺乏实施行动的训练和技能，从而提出道德教育的目的是培养道德推动者。主要内容包括：

（1）道德教育不应强调道德教育本身，而应注重培养和提高学生在进行社会行动时所必须的胜任环境的能力。

（2）学生既要学习有关课程，也要参加社会活动以获得胜任环境的能力。

（3）应把有关公民行动的活动和道德推理、价值分析等内容结合起来。

（六）集体教育模式

集体教育模式是苏联教育家马卡连柯提出来的。马卡连柯认为，集体教育就是"通过集体""在集体中"和"为了集体"的教育。

（1）集体教育的前提：尊重人和信任人。

（2）集体教育的原则：前景教育原则和平行教育影响原则。

①前景教育原则。就是通过经常在集体和集体成员面前呈现美好的前景，推动集体不断向前运动、发展，永远保持生气勃勃的旺盛的力量。

②平行教育影响原则。教育者对集体和集体中的每一个成员的教育影响是平行的，即"每当我们给个人一种影响的时候，这影响也必定同时是给予集体的一种影响"。

（3）集体教育的方法：纪律是达到集体目的的最好方式，纪律可以美化集体。在对学生进行纪律教育时，要合理使用惩罚与奖励，反对滥用惩罚，坚决反对体罚。

【名校真题】

名词解释

1. 德育（华南师范大学2018）
2. 长善救失（华南师范大学2021）
3. 说服法（东北师范大学2017）
4. 修养（华中师范大学2018）
5. 角色扮演法（福建师范大学2017）

简答题

1. 中小学德育的培养途径（天津师范大学2019）
2. 简述榜样法的定义及实施要求（陕西师范大学2021）

论述题

1. 结合实际，谈谈中小学德育过程的基本特点（华东师范大学2020）
2. 自我教育能力的构成要素及其在德育过程中的作用（江苏师范大学2021）
3. 论述德育原则及其要求（四川师范大学2021）
4. 论述情境陶冶法的基本内涵和运用要求（湖南师范大学2021）
5. 结合现实举例说明德育中奖惩的含义、具体方法与运用要求（上海师范大学2021）

第十一章 班主任

考频分析

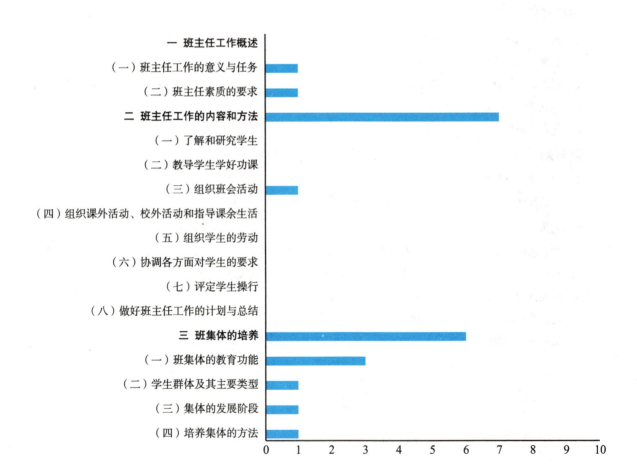

章节框架

班主任
- 班主任工作概述
  - 班主任工作的意义与任务
  - 班主任素质的要求
- 班主任工作的内容和方法
  - 了解和研究学生
  - 教导学生学好功课
  - 组织班会活动
  - 组织课外活动、校外活动和指导课余生活
  - 组织学生的劳动
  - 协调各方面对学生的要求
  - 评定学生操行
  - 做好班主任工作的计划与总结
- 班集体的培养
  - 班集体的教育功能
  - 学生群体及其主要类型
  - 集体的发展阶段
  - 培养集体的方法

一 班主任工作概述

（一）班主任工作的意义与任务（海南17名解）

1. 班主任工作的意义

班主任是班的教育者和组织者，是学校进行教导工作的得力助手。班主任对一个班的学生工作全面负责，组织学生的活动，协调各方面对学生的要求，对一个班集体的发展起主导作用。

班主任工作的状况与质量，在很大程度上决定着一个班的精神面貌和发展趋向，深刻地影响每个学生的全面发展。

2. 班主任工作的基本任务

依据我国教育目的和学校的教育任务，协调来自各方面对学生的要求与影响，有计划地组织全班学生的教导活动，做好学生的思想教育工作，并对他们的学习、劳动、工作、课外活动、课余生活以及社会活动等全面负责，把班培养成为积极向上的集体，使每个学生在德、智、体、美等方面都得到充分的发展。

（二）班主任素质的要求（天师20简答）

1. 为人师表的风范

班主任是学生的教育者、引路人，是他们崇敬的老师、依靠的长者、学习的榜样。班主任应严于律己，其为人处世、一言一行、性情作风等各方面均能为人师表，为学生示范。

2. 相信教育的力量

相信每个学生都有自己的特点、优势和潜能，只要经过教育，都有美好的发展与前途。即使是有严重缺点和错误的学生，只要真情关怀、耐心教育、切实帮助，也能转变好。只有确信教育的力

量的班主任，才能不畏困难曲折，把学生教育好。

3. 要有家长的情怀

班主任对待学生要像家长对待孩子一样，有深厚的情感，能无微不至地关怀，与学生彼此信赖。这样才能使学生更易亲近班主任，听班主任的话，才能使班主任工作顺利进行。

4. 较强的组织亲和力

班主任要善于与人打交道、善于亲近学生、与学生打成一片，这样才便于组织学生开展活动。他还要善于在工作中表现出魄力，能令行禁止，坚定地引导学生沿着正确的方向，不断前进。

5. 能歌善舞、多才多艺

每个学生都有自己的兴趣与爱好，因而需要展开各种各样、丰富多彩的活动。这就要求班主任也有广泛兴趣、多才多艺，易与学生打成一片，便于开展工作。

二 班主任工作的内容和方法 ★★★

（云师20，中央民族／海南17简答；福师21，华南／上师18，华东17论述）

（一）了解和研究学生

了解学生，包括个人和集体两方面。了解学生个人情况，包括个人德、智、体的发展，他的情趣、特长、习性、诉求，家庭状况和交往情况。了解学生集体情况，是在了解学生个人情况的基础上汇集而成，包括全班学生的年龄、性别、家庭等一般情况；学生德、智、体发展的一般水平和有特殊才能的学生情况，班风与传统等。了解和研究学生的主要方法有观察、谈话、分析书面材料和调查研究等。

（二）教导学生学好功课

学好功课是学生的主要任务也是班主任的一项经常性的重要任务。有成效地完成这一任务，主要靠各科教师，但班主任的作用不可忽视。班主任应做到：①注意学习目的与态度的教育；②加强学习纪律的教育；③指导学生改进学习的方法和习惯。

（三）组织班会活动

班会是向学生进行思想教育的一个重要阵地。有计划地组织班会活动是班主任的一项重要任务。

组织班会活动应注意：①班会的内容与形式应当多样化；②组织班会活动要有计划。

> **[拓展知识]**
>
> **主题班会（宁波20名解）**
>
> 主题班会是班级活动中阶段性的教育活动的形式之一，一般是班级自己主导组织的、针对班级的发展需要而展开的。在活动主题的选择上应注意：主题班会要贴近学生成长的实际；主题班会应体现学生的全员参与和获益；主题班会的形式要丰富而具有创意。

（四）组织课外活动、校外活动和指导课余生活

课外活动与校外活动对培养学生的志趣、才能，丰富和活跃他们的生活，促进他们德、智、体

全面发展有重要意义。在开展课外与校外活动方面，班主任主要负责动员和组织工作。

对课余活动，班主任的责任是经常关心、了解、给予必要的指导。要尊重学生个性与兴趣爱好，不要干预太多，同时严格要求他们遵守学校规章制度和纪律，自觉抵制不良思想风气的侵蚀。

（五）组织学生的劳动

学生的劳动内容很广，主要有生产劳动、建校劳动和各种公益劳动。每学期开学之初，学校应当根据情况对各班学生的劳动做出统一的计划和安排。班主任则应按学校的安排与要求，有目的有计划地组织好本校学生的劳动。

（六）协调各方面对学生的要求

调节和统一校内外各方面对学生的要求，这是有成效地教育学生的重要条件，也是班主任工作的一项重要内容。这项工作包括统一校内教育者对学生的要求以及统一学校与家庭对学生的要求。

（七）评定学生操行

操行是指学生的思想品德表现。操行评定是对学生一学期（或一学年）以来的思想品德发展变化情况的评价。操行评定，一般采用评语，有的还要评定等级。

（八）做好班主任工作的计划与总结

为了能够较自觉地做好班主任工作，一要加强计划性，使工作有条不紊地进行；二要注意总结工作经验，以便不断改进和提高。二者是互为基础、相互促进的。

三 班集体的培养★★★★

（扬大21，青岛20，陕师17简答；华东/湖师/宁夏19论述）

（一）班集体的教育功能（宁波19名解；河南17论述）

班集体是一个有一定人数规模的学生集体，是学校行政根据一定的任务、按照一定的规章制度组织起来的有目标、有计划地执行管理、教育职能的正式小群体。班集体不仅是学生在校生活的基本组织单位，而且也是促进学生成长的正式组织之一。班集体的教育功能如下：

1. 班集体不仅是教育的对象，而且是教育的巨大力量

进行班主任工作必先注意培养班集体。因为班集体一旦形成，它便能成为教育的主体，具有巨大的教育力量。它能向其他成员提出要求，指出努力方向，并通过班集体的活动、纪律与舆论来培养其成员的品德。它能紧密地配合班主任开展工作，成为班主任依靠的重要力量。

2. 班集体是促进学生个性发展的一个重要因素

在班集体的各种活动中，一方面，每个学生通过自己的经历和感受，都会积累集体生活的经验，掌握丰富的道德规范，养成社会主义思想品德，更加社会化；另一方面，每个学生都能找到适合自己的活动、工作和角色，不断发展自己特有的志趣与爱好，更加个性化。在班集体中，学生个人的社会化与个性化是相互促进的。

3. 班集体能培养学生的自我教育能力

班集体毕竟是学生自己的集体，有它的组织机构，需要学生学会自己管理自己，自己教育自己，尤其是需要学生自主地制订集体的活动计划，积极地开展各种工作与活动。这无疑能有效锻炼和逐步提高学生的自我教育能力。

[超纲知识]

班级文化（南师17名解）

班级文化是"班级群体文化"的简称，是作为社会群体的班级所有或部分成员共有的信念、价值观、态度的复合体。班级成员的言行倾向、班级人际环境、班级风气等为其主体标识，班级的墙报、黑板报、活动角及教室内外环境布置等则为其物化反应。

（二）学生群体及其主要类型（宁波18名解）

1. 正式群体

（1）含义：正式群体一般都是根据学校和班级的需要或要求成立的，得到学校、班主任或有关教师的领导。它通常包括班级的学生群体、共青团和少先队等；也包括为完成班的某方面的工作或任务而组建的小组，如班刊编辑小组、学科小组等。

（2）特点：①有明确的目的与任务；②有一定的组织纪律；③能够正常开展工作或活动，进行总结与提高。

（3）意义：正式群体如果组织得好，就能有力地团结、教育全班学生共同前进，在一个班的学生的学习、交往、文艺活动和精神生活中起重要作用。

2. 非正式群体

（1）含义：非正式群体是指学生自发形成或组织起来的群体。它包括因兴趣爱好相同，感情融洽，或是邻居、亲友、同学关系而形成的各种学生群体。

（2）特点：①大都自愿结合，三五成群，人数不等；②有共同的需要，或性情相近、志趣相投，或利害相关，结为一体；③强者领头，活动频繁，有活力；④没有明确的目的和系统的活动计划；⑤成员不稳定，易受外部或内部情况的变化而变化；⑥主要成员的变化易导致群体的解体、重组及其性质的变化。

班主任应公正、热情地对待学生的各种非正式群体。不可偏爱正式群体，歧视和打击非正式群体，而要关怀它和尊重它，看到它的积极一面。

3. 参照群体

（1）含义：参照群体是指学生个人乐意把它的目标、标准和规范作为自己的行为动机、调节自己思想和行为的一种群体。参照群体是学生个人心目中向往和崇尚的群体。

（2）意义：了解每个学生的参照群体十分重要，由此可以了解学生的内心世界，了解他们的志趣与价值诉求，了解他们的生活或学习的动力，从而能够有针对性地对他们进行引导和教育。

（三）集体的发展阶段（河南20简答）

一个班从刚组建的群体发展为坚强的集体，要经历一个发展过程，大致分为三个阶段：

1. 组建阶段

这时，班组织从形式上建立起来了，但同学间互不了解，缺乏凝聚力和活动能力，对班主任有很大的依赖性，需要班主任亲自指导和监督才能开展活动。

2. 核心初步形成阶段

师生之间、同学之间有了一定的了解、友谊与信赖，学生积极分子不断涌现，班的核心初步形成，班组织的功能已较健全。这时，班主任可以从直接领导、指挥班的活动，逐步过渡到向他们提出建议，由班干部来组织、开展集体的工作与活动。

3. 集体自主活动阶段

积极分子队伍壮大，学生普遍关心、热爱班集体，积极争先承担集体的工作，维护集体的荣誉，形成了正确的舆论与班风。班组织能根据学校和班主任的要求，与同学民主协商，自觉地向集体或其成员提出任务与要求，自主地开展集体活动。

（四）培养集体的方法（上师19论述）

1. 确定集体的目标

目标是集体的发展方向和动机。建构集体首先要使集体明确奋斗的目标。集体的目标应当由班主任同全班同学一道讨论确定，以便统一认识，调动大家的积极性。集体的目标一般包括近期的、中期的和远期的。目标的提出应当由易到难，不断推动集体向前发展。

2. 健全组织、培养干部以形成集体核心

要注重健全班的组织与功能，关键是要做好班干部的选拔与培养，以形成集体核心，使班组织能正常开展工作。班主任应放手让班干部大胆工作，在实践中锻炼、培养、提高；要教育班干部谦虚谨慎，以身作则、严于律己，对他们不可偏爱和护短，以免导致干群对立和班的不团结。

3. 有计划地开展集体活动

班集体是通过开展集体活动逐步形成起来的，只有在为实现集体的共同目标而进行的系列活动中，全班学生才能充分交往、沟通、协作，紧密团结，形成集体的核心，调动全班同学的积极性；才能激发出学生的工作责任感和集体主义精神，使他们学会正确处理人与人、个人与集体、班与学校及社会之间的关系，形成正确的舆论和班风。班主任应重视全面开展各种活动，让每个学生都能在活动中得到锻炼与提高，以推动班集体的蓬勃发展。

4. 培养正确的舆论和良好的班风

班主任应经常注意组织学生学习政治理论、道德规范，以提高他们的认识；并注重表扬好人好事，批评不良思想行为，为形成正确舆论打下思想基础。特别是班主任要善于抓住重大偶发事件的处理，组织学生讨论，以分清是非，推动正确舆论的形成。

5. 做好个别教育工作

个别教育十分重要，只有教育好每个学生，使每个学生都积极参与班的各种活动，都关心班、热爱班，在参与班组的活动中发挥作用、获得提高，确保没有一个人掉队，才能真正带好一个班，把班建设成为真正的集体。个别教育工作包括：①促进每个学生个性的全面发展；②做好后进生的思想转变工作；③做好偶发事件中的个别教育。

【名校真题】

名词解释

1. 非正式群体（宁波大学2018）

简答题

1. 简述班主任的素质要求（天津师范大学2020）
2. 班集体发展的阶段以及班集体的培养方法（河南师范大学2020）

论述题

1. 举例说明班主任工作对集体发展和学生品德发展的影响（华东师范大学 2017）
2. 班主任的作用是什么？如何组织和建立良好的班级群体？（宁夏大学 2019）
3. 结合实例说明和评价班主任工作的内容和方法（福建师范大学 2021）

第十二章 教师

考频分析

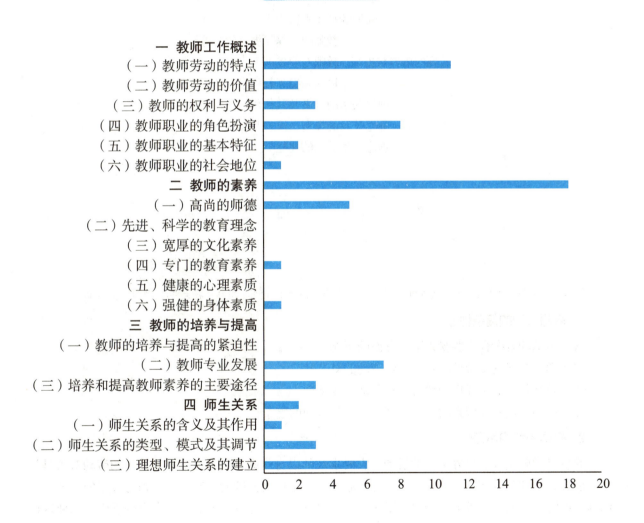

章节框架

教师
- 教师工作概述
  - 教师劳动的特点
  - 教师劳动的价值
  - 教师的权利与义务
  - 教师职业的角色扮演
  - 教师职业的基本特征
  - 教师职业的社会地位
- 教师的素养
  - 高尚的师德
  - 先进、科学的教育理念
  - 宽厚的文化素养
  - 专门的教育素养
  - 健康的心理素质
  - 强健的身体素质
- 教师的培养与提高
  - 教师的培养与提高的紧迫性
  - 教师专业发展
  - 培养和提高教师素养的主要途径
- 师生关系
  - 师生关系的含义及其作用
  - 师生关系的类型、模式及其调节
  - 理想师生关系的建立

一 教师工作概述 ★★★★★

（一）教师劳动的特点

（江苏17名解；深大21/18，上师20，宁波19，华南/福师17简答；川师/扬大20，湖师/杭师17论述）

1. 教师劳动的复杂性

教师劳动的复杂性主要受以下三方面的影响：

（1）学生状况的复杂性决定着教师劳动的复杂性。

（2）教师任务的多样性制约着教师劳动的复杂性。

（3）影响学生发展因素的广泛性制约着教师劳动的复杂性。

2. 教师劳动的示范性

教育是教师引导、培养学生的活动，它要求教师以身作则，具有示范性。教师的劳动对象是处在发展过程中的青少年学生，他们具有尊敬教师、乐于接受教师的教导、以教师为表率的所谓"向师性"的特点。因此，教师必须严格要求自己，以身作则，通过示范的方式去影响学生，以便取得最佳教育效果。

3. 教师劳动的创造性

（1）教师劳动创造性的最重要特征之一是他的工作对象——儿童经常在发生变化，永远是新的，今天同昨天就不一样。

（2）教师劳动的创造性表现在因材施教上。教师不仅要针对学生集体的特点，而且还要针对学生个体的特点有的放矢地进行教育，创造性地开展工作，才能收到良好的效果。

（3）教师劳动的创造性，也表现在对教育、教学的原则、方法、内容的运用、选择和处理上。

（4）教师劳动的创造性，还表现在教育教学过程中，教师对各种突发情况做出及时反映、妥善处理的应变能力上，即教育机智。

（5）教师劳动的创造性，并不意味着它会自动产生。一位教师要创造性地开展教育工作，必须经历艰苦的劳动和长期的积累，善于反思与探究，机智地开展工作，才能涌现出创造性。

4. 教师劳动的专业性

1966年，国际劳工组织、联合国教科文组织在《关于教师地位的建议》中提出："教育工作应被视为专门职业，这种职业是一种要求教员具备经过严格而持续不断的研究才能获得并维持专业知识及专门技能的公共业务；要求对所辖学生的教育和福利具有个人的及共同的责任感。"1993年颁布的《中华人民共和国教师法》也明确规定"教师是履行教育教学职责的专业人员"。这从根本上肯定了教师劳动的专业性。

教师劳动的专业性突出表现在教师对育人的崇高敬业精神和道德修养上，对教育教学专门化知识和技能的掌握与教育活动的自主权上。

（二）教师劳动的价值（浙师19简答；福师18论述）

教师劳动的价值，是指教师的劳动对社会和个人所产生的直接和间接的积极作用。

1. 教师劳动的社会价值

教师劳动的社会价值可以从宏观和微观两个角度进行分析：

（1）从宏观上看，突出地表现在教师劳动对延续和发展人类社会的巨大贡献上。教师的工作，联系着人类的过去、现在和未来。

（2）从微观上看，教师的劳动关系到年轻一代每个人的发展和幸福。在现代社会，一个人的发展状况如何，在很大程度上取决于他所受的教育，取决于教师的劳动。

2. 教师劳动的个人价值

教师劳动的个人价值体现在以下三个方面：

（1）教师劳动的个人价值首先在于这种劳动能够创造巨大的社会价值。因为，个人价值的大小主要取决于他对社会的贡献。

（2）教师劳动比一般劳动更具有自我实现的价值。教师的劳动是培养人，具有特殊的复杂性和创造性。教师在自己的劳动中能够充分发挥个人的才智，促进个人自身的完善和发展，满足个人较高层次的需要。

（3）教师劳动还能享受到一般劳动所享受不到的乐趣。这种乐趣来自学生平日的点滴进步，来自桃李满天下，来自学生毕业后对社会的贡献。

3. 正确认识和评价教师的劳动价值

教师劳动虽有巨大的社会价值，但因其特殊性，往往不受社会重视，需要我们正确认识与对待。教师的劳动价值具有以下几个特性：

（1）模糊性。学生的成长与进步，是由遗传、家庭、社会、教师以及学生个人努力等多种因素作用的结果，人们很难准确地指出学生的变化是由哪方面的因素引起的。正是这种模糊性，很难使教师的劳动得到明确的评价。

（2）滞后性。教师的劳动价值，要在学生进入社会，并为社会做出贡献之后才能最终得到体现。

这时，教师及其劳动常常被人淡忘。

（3）隐蔽性。教师劳动所创造的价值，是作为一种潜在的价值因素寓于学生身上，只有借助于学生行为表现的外显，或对社会做出的贡献才能得到证明，缺乏自明性。所以，教师的价值往往很难为人们所充分了解、正确评价，并给予恰当的报酬。

（三）教师的权利与义务（青岛19，华南18，扬大17简答）

1. 教师的权利

教师除了享有国家宪法规定的公民的一般权利外，还应享有这一领域有关法律所赋予教师的各种特殊权利。主要有以下几个方面：

（1）独立工作的权利，即教师依法享有对学生实施教育、指导、评价的权利。

（2）自我发展的权利，即教师依法享有发展自己、提高专业文化水平的权利。

（3）参与管理的权利，即教师可以通过各种合法途径参与学校的管理。

（4）争取合理报酬、享受各种待遇的权利。法律明确规定：教师享有"按时获取工资报酬，享受国家规定的福利待遇以及寒暑假期的带薪休假"的权利。

2. 教师的义务

教师的义务是指教师依法应当承担的各种职责。《中华人民共和国教师法》规定，教师除了必须承担国家宪法规定的公民的一般义务外，还必须履行如下基本职责：

（1）遵守宪法、法律和职业道德，为人师表。

（2）贯彻国家的教育方针，遵守规章制度，执行学校的教学计划，履行教师聘约，完成教育教学工作任务。

（3）对学生进行宪法所确定的基本原则的教育和爱国主义、民族团结教育，法制教育以及思想品德、文化、科学技术教育，组织、带领学生开展有益的社会活动。

（4）关心、爱护全体学生，尊重学生人格，促进学生在品德、智力、体质等方面全面发展。

（5）制止有害于学生的行为或者其他侵犯学生合法权益的行为，批评和抵制有害于学生健康成长的现象。

（6）不断提高思想政治觉悟和教育教学业务水平。

教师的权利和义务均由法律规定，受法律保障，二者相互依存、不可或缺。任何教师都不能只行使权利而不履行义务，当然也不能只承担义务而不享受权利。教师所享有的权利越多，所承担的责任越重，意味着社会对教师的要求也越高。同时，教师的权利与义务的界限也不是绝对的，在不同的场合下，权利和义务可以相互交叉、相互转化。

（四）教师职业的角色扮演（上师21，山师20/17，东北/扬大/江苏18简答；云师18，天师17论述）

1. 教师职业的"角色丛"

教师角色丛是指与教师特定的社会职业和地位相关的所有角色的集合。仅就教师与学生的关系而言，教师就要扮演多重角色。

（1）"家长代理人"和"朋友、知己者"的角色。

（2）"传道、授业、解惑者"的角色。

（3）"管理者"的角色。

（4）"心理调节者"的角色。

（5）"研究者"的角色。

2. 教师角色的冲突及其解决

（1）教师角色的常见冲突。

由于个人在社会不同群体中所处的地位不同，往往需要同时扮演若干个角色。当这些角色与个人的期待发生矛盾、难以取得一致时，就会出现角色冲突。教师职业常见的角色冲突主要有以下几种：

①社会"楷模"与"普通人"的角色冲突。

②"令人羡慕"的职业与教师地位低下的实况冲突。

③教育者与研究者的角色冲突。

④教师角色与家庭角色的冲突。

（2）调适教师角色冲突的解决方式。

①主观上，首先要树立自尊、自信、自律、自强的自我意识；其次要根据实际情况的需要，善于处理多种角色的矛盾冲突，做到有主有辅，有急有缓，统筹兼顾；最后要善于控制自己的思想情绪，意志坚定地完成所承担的任务。

②客观上，首先要进一步提高教师的社会地位与经济待遇，改善教师的生活和工作条件，解决教师的实际困难；其次要努力创造条件，给教师提供选修、培训与发展、提高的机会；最后要提高教师的思想修养，增强其责任感与使命感等。

3. 教师角色发展的趋势

（1）在教学过程中更多地履行多样化的职能，更多地承担组织教学的责任。

（2）从强调知识的传授转向着重组织学生的学习。

（3）注重学习的个性化，改进师生关系。

（4）实现教师之间更为广泛的合作，改进教师与教师的关系。

（5）更广泛地利用现代教育技术，掌握必需的知识与技能。

（6）更密切地与家长和其他社区成员合作，更经常地参与社会生活。

（7）更广泛地参加校内服务和课外活动。

（8）削弱加之于孩子们身上——特别是大龄孩子及其家长身上的传统权威。

教师角色的这些转换，不仅意味着学校教育功能的某些变化，而且对教师素养的要求以及相应的师资培训问题也提出了更高的要求。

（五）教师职业的基本特征（宁波19简答）

（1）教师职业是一种专业性职业。教师职业是一种专门性职业，它需要经过专业的师范教育训练、掌握专门的知识和技能、通过培养人才为社会服务。

（2）教师职业是以教书育人为职责的创造性职业。有目的地培养人才是教育区别于其他社会领域的根本特征。教育人的工作是由多方面力量协调来完成的，教师是通过教书来育人的。教师应根据不同的教育对象、不同的教育内容和教育条件，运用自己的知识、经验，设计各式各样的教育教学方案和方法，形成不同的教育教学风格和特色。

（3）教师职业是需要持续专业化的职业。教师必须不断学习，及时更新自己的知识结构；必须善于研究，积累自己的教育智慧，才能适应学生发展的时代要求。培养教师的终身学习能力和研究能力是现代教师成长的重要条件。

[拓展知识]

教师开展教育研究的意义（南师21论述）

教育研究是以发现或发展科学知识体系为导向，通过对教育现象的解释、预测和控制，以促进一般化原理、原则的发展。其宗旨是解决一定的教育科学问题。教师从事教育研究的意义表现在以下几个方面：

（1）教师的教育研究有利于解决教育教学实际问题。

（2）教师的教育研究可以使课程、教学与教师真正融为一体。

（3）教师的教育研究也是教育科学发展的需要。

（4）教师的教育研究可以促进教师持续的专业成长与发展。

（六）教师职业的社会地位（宁波18简答）

教师职业的社会地位是通过教师职业在整个社会中所发挥的作用和所占有的地位资源来体现的，主要包括以下几个方面：

（1）教师职业的政治地位。指教师职业在国家或民族的政治生活中所处的地位和所起的作用，表现为教师政治身份的获得、教师自治组织的建立、政治参与度、政治影响力等。随着社会的发展、教育地位的提升，教师政治地位的提高成为提高教师职业社会地位的前提。

（2）教师职业的经济地位。指将教师职业与其他职业相比较，其劳动报酬的差异状况及其经济生活状态。教师的经济地位不仅影响教师个体的生存和发展，也影响教师队伍的稳定和教师职业的专业化程度，它是教师社会地位的最直观表现。

（3）教师职业的法律地位。指法律赋予教师职业的权利、责任。教师职业的权利主要是指法律赋予教师在履行职责时所享受的权利。

（4）教师职业的专业地位。它是教师职业社会地位的内在标准，主要是通过其从业标准来体现。教师职业的从业标准既有软性标准，如道德要求等；也有硬性标准，如教师资格证书等。这成为教师职业学术性要求和从事专业活动的基本要求，保证了教师队伍的专业性。

二 教师的素养★★★★★

（中央民族20，北师19/18，华南19，天师18，东北/上师/贵师17简答；湖师21，天师21/19，陕师/华东/深大20，东北19，山师18，浙师18/17，川师17论述）

（一）高尚的师德（华中/贵师19，河南19/18论述）

1. 热爱教育事业，富有献身精神和人文精神

热爱教育事业，是搞好教育工作的基本前提。许多优秀教师之所以能在教育工作中做出卓越的成绩，首先是因为他们热爱教育事业，愿意为下一代的成长贡献出自己的毕生精力，甚至自己宝贵的生命。另外，教师还应具备人文精神，要关怀学生的学习和发展，关怀民族、人类的现实境遇和未来发展。

2. 热爱学生，诲人不倦

热爱教育事业具体体现在热爱学生上。爱学生是教师的天职，是教育好学生的重要条件。教师只有热爱学生，才能教育好学生，才能使教育发挥最大限度的作用。教师对学生的爱是一种巨大的教育力量，也是一种重要的教育手段。它往往能激发起学生对教师的爱戴、感激和信任之情，使学生愿意接近教师，接受教师的教育。教师的爱还应该表现在对学生的学习、思想和身体的全面关心上，一视同仁地热爱全体学生，公正平等地对待每个学生。

3. 热爱集体，团结协作

教师的劳动既具有个体性，又具有集体性。一个学生的成才，绝非仅仅是哪一位教师的功劳，而是教师群体的智慧和共同劳动的结晶，是许多教育工作者团结协作、一致努力的结果。因此，教师之间，教职员工之间应该相互尊重、团结协作，步调一致地教育学生，最大效度地发挥集体的教育力量。

4. 严于律己，为人师表

教师为人师表，必须以身作则，严于律己。凡是要求学生做到的，教师首先要做到；凡是要求学生不能做的，教师首先要自律。教师只有以身作则，才能树立威信，受到学生的尊敬。

[拓展知识]

中小学教师职业道德规范

根据教育部2008年修订的《中小学教师职业道德规范》，教师的职业道德主要包括爱国守法、爱岗敬业、关爱学生、教书育人、为人师表、终身学习等。

（二）先进、科学的教育理念

教育理念是教师在对教育工作本质理解的基础上形成的关于教育的观念和理性信念，它是以观念或信念的形式存在于教师头脑中的对教育现象和教育问题的看法。先进、科学的教育理念体现在教师的所有努力都要有利于学生精神世界的丰富、人格尊严的维护和美好人性的成长，如学生主体观、教学交往观、发现性教学评价观等。

（三）宽厚的文化素养

教师的主要任务是通过向学生传授科学文化知识，培养其能力，促进其个性生动活泼地发展。一个好教师的基本条件之一，就是要有比较渊博的知识和多方面的才能。因此，教师对自己所教学科知识应科学、深入地把握，能对自己所教专业融会贯通、深入浅出、高瞻远瞩，达到运用自如的境界，在教学过程中不出知识性的错误。同时，教师还应有比较广博的文化修养。

（四）专门的教育素养（华中21论述）

教师的专门教育素养水平及其合理结构是教育教学任务得以完成的重要保证，它主要包括三个方面的内容。

1. 教育理论素养

教育理论素养主要指教师对教育科学基本理论知识的掌握，能恰当地运用教育学、心理学的基本概念、范畴、原理去处理教育教学中的各种问题，能自觉、恰当地运用教育理论总结、概括自己的教育教学经验并使之升华，能清晰、准确地表达自己的教育思想和进行改革的设想。

2. 教育能力素养

教育能力素养主要指保证教师顺利完成教育、教学任务的基本操作能力。这要求教师具有：课程开发的能力、良好的语言表达能力、组织与引导教学的能力、机智地应变与创新的能力等。

3. 教育研究素养

教育研究素养主要指教师运用一定的观点方法，探索教育领域的规律和解决问题的能力。教师应富有问题意识和"反思"能力，善于总结工作中的经验教训，创造性地、灵活地解决和改进各种教育问题。

（五）健康的心理素质

教师的心理健康不仅会直接影响教育工作的优劣成败，而且会影响学生的心理健康水平。因此，教师应该注重提高自己的心理素质。健康的心理素质体现在心理活动的方方面面，概括起来主要指：教师要有轻松愉快的心境，昂扬振奋的精神，乐观幽默的情绪以及坚韧不拔的毅力等。

（六）强健的身体素质

教师的身体素质是指教师在教学活动中的自然力，是教师的身体健康状态和身体素质状态在教学中的表现。它主要通过健康的体魄、旺盛的精力、蓬勃的活力、有节律的生活方式和锻炼习惯等体现。教师的身体素质在教育教学中具有重要的教育意义。

[拓展知识]

教育信息化与教师（湖师20论述）

教育的信息化是现代教育最显著的特征之一，也是世界教育改革的一个重要趋势。它带给教育的不仅仅是手段与方法的变革，而且也是包括教育观念与教育模式在内的一场历史性变革。

教育信息化有两个含义：一是教育培养适应于信息化社会的人才，二是教育把信息技术手段有效应用于教学与科研。

（1）对教师职能的影响。教学自动化并不能取代教师所发挥的作用，只能使教师职能有所改变，教师所具有的一些"人性化"的特质，是任何机器都代替不了的。教师将更多地成为学习活动的参谋和指导者，而不再是知识的提供者。同时，教师可以从事务性工作中解放出来，有更多的时间从事教学改革，更好地进行个别辅导。

（2）对师生关系的影响。教学技术促进了教育者和受教育者的地位互动。现代教育技术加快了知识信息传播的速度和知识传播的广度。教育者既可以通过先进的技术传授自己拥有的知识，同时又接受、学习他人的知识和经验。受教育者则一方面获取知识，另一方面，也可以用自己的观点和主张影响他人。

（3）对教师提出新的要求。教师必须站在变革的前沿，掌握现代信息技术，树立新的教育观念。教师不仅要教会学生运用信息技术查找、加工、储存各种信息，而且更要指导学生以批判的精神对待这些信息。因此，对教师进行培训，使他们掌握现代信息技术是必不可少的。

三 教师的培养与提高 ★★★

（一）教师的培养与提高的紧迫性

1. 教师的分布与结构失调

由于城市教师工作条件相对较好，工资待遇相对较高，因而城市中小学教师的数量比较富余；而农村尤其是老、少、边、穷地区的教师工作条件比较艰苦，工资待遇也偏低，因而其中小学教师的数量有所不足。

2. 教师的质量不均衡

经过系统培养与实践锻炼，我国大部分教师德才兼备，具有较高的素质，但是也应看到教师队伍质量存在种种不均衡的现状。例如，农村中小学教师原有的基础较差，而近几年来合格率提升又较快，主要是通过函授、电大、自学考试等非正规教育来实现的；有的教师所学非所教，这样便出现了所学非所用，所用非所学的状况；代课教师比例较大，稳定性较差等，均会影响教师的质量。

3. 教师队伍不够稳定，师资流失严重

师资流失有显性流失与隐性流失。显性流失是指工资较低、条件较艰苦的中西部或农村地区的教师，千方百计地设法调往工资较高、条件较好的东部地区或城市学校任教师或从事其他工作而形成的流失；隐性流失是指在岗教师因从事以增加个人经济利益为目的的第二职业或活动挤压、削弱了他的本职工作所造成的实质性流失。

4. 不少教师还缺乏现代教育的意识与能力

由于深受传统教育思想和实践模式的惰性影响，又缺乏接触与研习新的教育思想理念的机遇和参与教育改革实践的锻炼，许多教师仍执着于传统的教育观、教学观、师生观，习惯于传统模式的一套做法，不重视且未真正认识到在教育教学过程中弘扬学生的主动性、自主性、创造性的必要，甚至有人对学习与实施新的教育理念及改革本能地抵触与消极地对抗。

（二）教师专业发展（南师 21/18，杭师 20，中央民族 19 名解；宁夏 21，中央民族 18 简答；宁波 17 论述）

1. 教师专业发展的内涵

教师专业发展，又称教师专业成长，是指教师在整个专业生涯中，依托专业组织、专门的培养制度和管理制度，通过持续的专业教育，习得教育教学专业技能，形成专业理想、专业道德和专业能力，从而实现专业自主的过程。它包括教师群体的专业发展和教师个体的专业发展。

（1）教师群体的专业发展是指教师职业不断成熟，逐渐达到专业标准，并获得相应的专业地位的过程。它既是教师个体专业化的条件与保障，同时也最终代表着教师职业的专业化。主要包括：

①教育知识技能的体系化，形成学科专业和教育专业，国家对教师任职既有规定的学历标准，也有必要的教育知识、教育能力和职业道德的要求。

②国家有教师教育的专门机构、专门教育内容和措施，教师教育专业化。

③国家有对教师资格和教师教育机构的认定制度和管理制度。

④形成社会公认的教师专业团体。

（2）教师个体的专业发展是指教师作为专业人员，从专业理想到专业知识、专业能力、专业心理品质等方面由不成熟到比较成熟的发展过程，即由一个专业新手发展成为专家型教师或教育家型教师的过程。

教师个体专业发展途径包括师范教育、新教师的入职辅导、教师的在职培训、教师专业发展学校、同伴互助和教师的自我教育。

2. 教师个体专业性发展的过程

（1）凯兹根据前人的观念概括并提出了教师发展的四个阶段：

①求生期：在工作的第一年，努力适应以求得生存。

②强化期：一年后，对一般学生的情况有了基本的了解，开始把注意力放在有问题的学生身上。

③求新期：在第三和第四年时，教师开始寻求新的教育教学方法。

④成熟期：教师花费三年、五年或更多的时间，成为一个专业工作人员，能够对教育问题做出反省性思考。

（2）叶澜等从"自我更新"取向角度对教师专业发展阶段及其特征进行了深入研究，把它分为"非关注""虚拟关注""生存关注""任务关注""自我更新关注"五个阶段。

(三)培养和提高教师素养的主要途径（宁波/云师21，华南20论述）

1. 加强和改革师范教育

要发展师范教育，切实提高教师队伍的质量，第一，必须采取有效的政策性措施，鼓励和吸引大批优秀学生报考师范院校。第二，努力提高教师的社会地位和物质待遇，增强师范教育的吸引力。第三，联系现时代对教师作用和职能的新要求，使未来教师能获得与之相应的专业训练，尤其要树立师范生先进的教育理念。第四，吸收除正规教师以外的各种可能参与教育过程的人，并为其从教提供必要的职业帮助。

2. 实施教师资格考察制度

实施教师资格考察制度，不仅有利于加强教师质量的管理与考核，而且为非师范专业毕业的大学生谋求教师职业开辟了道路，从而切实有效地充实了教师队伍。该制度包括三层含义：①教师资格制度是国家实行的一种职业资格制度；②教师资格制度是法律规定的，必须依法实施；③教师资格是教师职业许可。

3. 加强教师在职提高

教师在职提高的主要途径包括教学反思、校本培训、校外支援与合作等形式。

（1）教学反思是指教师把自己放到研究者、反思者的位置，通过对教育、教学日常工作中出现的某些疑难问题的观察、分析、反思与解决，提升自己的专业理论水平和专业实践的智慧与能力。

（2）校本培训是指以教师任职的学校为组织单位，以提高教师专业素质为主要目标，通过教育、教学实践和教育科研活动等形式，对全体教师进行的全员性在职培训。

（3）校外专业支援与合作的主要形式有：①跨校合作，包括学校与学校，学校与大学或师范院校的合作；②专家指导，包括专家讲座、报告等；③政府教育部门和教研机构组织的各类专业培训，包括短期培训、脱产进修、业余进修等。

四 师生关系 ★★★★

（南师/宁波18论述）

(一) 师生关系的含义及其作用（陕师21名解）

师生关系是指教师和学生在教育教学过程中结成的相互关系，包括彼此所处的地位、作用和相互对待的态度等。良好的师生关系不仅是顺利完成教学任务的必要手段，而且是师生在教育教学活动中的价值、生命意义的具体体现。师生关系在教育中的作用如下：

（1）**良好的师生关系是教育教学活动顺利进行的重要条件**。良好的师生关系使学生产生安全感，乐于接受教师的教育和影响；激发学习的乐趣，集中学习的注意力，启发积极思维；同时也唤醒教师的教学热情与责任感，激励教师专心致志地从事教育工作。

（2）师生关系是衡量教师和学生学校生活质量的重要指标。师生关系除了对教育教学目标的实现具有手段价值以外，还对教师和学生的发展具有本体价值、目的价值。理想的师生关系是教师和学生既作为独立的完整的人，又作为合作者、共享共创者所形成的相互理解、相互尊重、相互信任、相互合作的和谐亲密关系。

（3）师生关系是一种重要的课程资源和校园文化。师生关系是教育教学实践中及时形成的一种课程资源，具有重要的德育功能、心理功能和认知价值。同时，师生关系作为学校中最基本、最重要的人际关系，是一所学校的精神风貌、校风、教风、学风的整体反映和最直观反映。

（二）师生关系的类型、模式及其调节

1. 师生关系的类型

从对师生关系的意义及稳定性等的综合分析，师生关系主要表现为以下几个方面：

（1）<u>以年轻一代成长为目标的社会关系</u>。师生之间的社会关系是教师作为成人社会的代表与学生作为未成年的社会成员在教育教学过程中结成的代际关系、政治关系、文化关系、道德关系、法律关系等。

（2）<u>以直接促进学生发展为目标的教育关系</u>。师生的教育关系是指教师和学生在教育教学活动中为促进学生的整体发展和自主发展而结成的教育与被教育、组织与被组织、引导与被引导等主体间关系。

（3）<u>以维持和发展教育关系为目标的心理关系</u>。师生间的心理关系是指教师和学生为了维持和发展教育关系而构成的内在联系，包括人际认知关系、情感关系、个性关系等。

2. 师生关系的几种模式

在现实的教学实践中，基本的师生关系体现为放任型、专制型、民主型三种模式，不同的师生关系往往会产生不同的教育结果。

（1）<u>放任型</u>。在放任型师生关系中，教师只管教书，完成教学任务，对学生不管不顾，学生处于放任自流状态。教师没有尽到自己的育人职责，不利于学生的发展，容易培养自我中心主义的、我行我素的人。

（2）<u>专制型</u>。在专制型师生关系中，教师作为专制者，管理学生的一切事务，学生完全处于被动接受的地位。专制型师生关系不仅压抑了学生的主动性、积极性，而且容易培养懦弱、两面三刀的人。

（3）<u>民主型</u>。在民主型师生关系中，教师既尊重学生，又严格要求学生，在发挥学生主体性的同时又给予其合理的引导；教师与学生的关系是平等的、相互促进的，是一种比较理想的师生关系模式。民主型师生关系培养自主、自立、自强、自律的人。

[易混知识]

教师威信和教师权威

（宁波18名解；广师18，重师17简答）

教师威信是教师的教育教学行为对学生影响所产生的众望所归的心理效应，把教育和教学对象紧密聚集在自己周围，是进行双向交流，完成教学任务的重要条件。教师威信体现着对学生的凝聚力、吸引力、号召力和影响力。

教师权威可以认为是教师个体凭借国家和社会所赋予的外在的教育权力，以及个体自身内在因素而产生的被尊重和被认同的一种持续的教育影响力，具体表现为在教育教学活动过程中，学生对教师的信任、依赖和遵从。包括以下类型：

（1）制度化权威。这是社会制度赋予教师的"合法权威"与文化传统赋予教师的"传统权威"联合作用的一种权威类型。

（2）学识化权威。对于教师在教育教学过程中所拥有学识广度和深度的应然状况，社会、家长和学生历来都有较高的期望，希望教师在知识方面有权威的地位，这对教学取得良好效能至关重要。

（3）人格化权威。教师人格上的魅力足以使钦佩他的学生成为教学有益的合作者。教师在教学中，以自己的人格作为手段去影响学生，学生在教师人格魅力的感召下，最大可能地在自由空间中发展。

3. 师生关系的调节

由于师生关系具有不同的性质和类型，所以其调节方式也有所不同。从调节的主体和方式来划分，主要有以下几种：

（1）社会调节。师生关系本质上是一种社会关系，是对社会的反映。作为一种社会关系的调节方式，主要有法律调节、道德调节。

（2）学校调节。师生关系是学校的一种重要资源，属于学校自主管理的范畴。学校对师生关系也有基本的规范，这些规范是在遵循国家法律的前提下，根据学校的具体情况确定的，其调节的原则是公开、公平、公正。

（3）教师调节。教育教学中的师生关系本质上是教育工作关系，同时伴随着人际关系、心理关系。这种关系涉及人的内在精神世界，不由法律调节或道德、习俗调节，而由教师的认知调节、组织和沟通行为调节、态度调节、情感调节、意志调节，其调节的原则是教学相长、人际和谐、心理相容。

（三）理想师生关系的建立（南师 20/17，陕师／中央民族 19 简答；海师 21，重师 17 论述）

1. 影响师生关系的因素

（1）教师方面：①教师对学生的态度；②教师的领导方式；③教师的智慧；④教师的人格因素。

（2）学生方面：学生受师生关系影响的主要因素是学生对教师的认识。许多调查表明：与教师关系好就喜欢上这位教师的课，主动亲近教师；自认为教师瞧不起自己，就会主动疏远教师。

（3）环境方面：包括学校的人际关系环境和课堂的组织环境。①学校的人际关系环境包括学校领导与教师的关系、教师与教师的关系、教师与家长的关系；②课堂的组织环境主要包括教室的布置、座位的排列、学生的人数等。

2. 理想师生关系的基本特征

理想的师生关系是师生主体间关系的优化，从其发生、发展的过程及其结果来看，具有三个基本特征：

（1）尊师爱生，相互配合。

（2）民主平等，和谐亲密。

（3）共享共创，教学相长。

3. 良好师生关系构建的基本策略

良好师生关系的构建就是师生关系建立、调整和优化的过程。教师在师生关系建立与发展中占有重要地位，起着主导作用。要建立民主、和谐亲密、充满活力的师生关系，对教师来说，有以下几种策略：

（1）了解和研究学生。包括了解学生个体的思想意识、道德品质、兴趣、需要、知识水平、学习态度和方法、个性特点、身体状况和班集体的特点及其形成原因。

（2）树立正确的学生观。学生观就是教师对学生的基本看法，它影响着教师对学生的认识及其态度与行为，进而影响学生的发展。正确的学生观来自教师对学生的观察和了解，来自教师向学生的学习和对自我的反思。

（3）热爱、尊重学生，公平对待学生。热爱学生包括热爱所有学生，对学生充满爱心，经常走到学生之中，忌讳挖苦、讽刺学生、粗暴对待学生。尊重学生特别要尊重学生的人格，保护学生的自尊心，维护学生的合法权益，避免师生对立。教师处理问题必须公正无私，使学生心悦诚服。

（4）主动与学生沟通，善于与学生交往。要求教师掌握沟通与交往的主动性，经常与学生保持接触、交心；同时教师还要掌握与学生交往的策略和技巧，如寻找共同的兴趣或话题、一起参加活动等。

（5）努力提高自我修养，健全人格。教师要使师生关系和谐，就必须通过自己崇高的理想、科学的世界观、人生观、渊博的知识、严谨的治学态度、活泼开朗的性格、多方面的爱好与兴趣等来吸引学生。

【名校真题】

名词解释

1. 教师专业发展（南京师范大学 2021）
2. 师生关系（陕西师范大学 2021）

简答题

1. 教师劳动的特点（华南师范大学 2017）
2. 简述教师劳动的价值（浙江师范大学 2019）
3. 教师的义务（华南师范大学 2018）
4. 教师职业的社会地位主要包含哪些方面？谈谈你对当前教师社会地位的看法（宁波大学 2018）

论述题

1. 教师的角色冲突及解决办法（天津师范大学 2017）
2. 教师的专业素养有哪些？如何培养教师的专业素养？（陕西师范大学 2020）
3. 论述培养和提高教师素质的主要途径（华南师范大学 2020）

第十三章 学校管理

考频分析

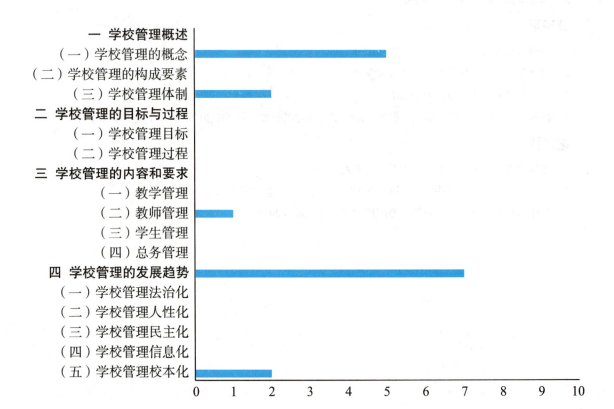

章节框架

学校管理
- 学校管理概述
  - 学校管理的概念
  - 学校管理的构成要素
  - 学校管理体制
- 学校管理的目标与过程
  - 学校管理目标
  - 学校管理过程
- 学校管理的内容和要求
  - 教学管理
  - 教师管理
  - 学生管理
  - 总务管理
- 学校管理的发展趋势
  - 学校管理法治化
  - 学校管理人性化
  - 学校管理民主化
  - 学校管理信息化
  - 学校管理校本化

一 学校管理概述 ★★

（一）学校管理的概念（上师19，华南18，扬州18/17，东北17名解）

学校管理是学校管理者在一定的社会历史条件下，通过一定的组织机构和制度，采用一定的方法和手段，带领师生员工，充分发挥学校人、财、物、时间、空间和信息等资源的最佳整体功能，实现学校工作目标的组织活动。简言之，学校管理是管理者通过一定的组织形式以实现学校教育目标的活动。有如下特性：

（1）学校管理以育人为中心，具有教育性。
（2）学校管理的实质是为师生服务，具有服务性。
（3）学校管理在是特定的文化环境中进行，具有文化性。
（4）学校管理是对校内外各种资源的有效整合，具有创造性。

（二）学校管理的构成要素

1. 学校管理者

指在学校管理活动中处于领导地位、发挥引领作用的人。学校管理者在学校管理的实践活动中起着关键性的作用。

学校的正、副校长和各个职能部门的负责人都是学校的管理者，在学校管理中处于主导地位。此外，在一定意义上，学校的教职员工和学生也是学校的管理者，因为他们也是学校的主人，不仅接受管理，而且积极参与管理。学校管理者也必须提高素养、转变角色，从传统的控制者走向服务者，这就是新时期学校管理者的发展趋向。

2. 学校管理对象

指学校管理者认识和实践的对象，包括学校的人、财、物、时间、空间和信息等资源。

（1）<u>人</u>，指学校的教职工和学生。

（2）<u>财</u>，指学校办学所需的经费，包括国家拨款、学生缴费、自筹资金等办学经费。

（3）<u>物</u>，指学校办学所必需的物质设备，包括校舍、教具、仪器、图书资料等。

（4）<u>时间、空间和信息</u>，是学校管理的特殊资源，学校管理者必须科学地支配时间，合理地利用学校空间，有效地采纳各种信息，这样才能提高管理效能。

3. 学校管理手段

要想管理好一所学校，学校管理者必须拥有一定的管理手段。学校管理手段主要包括学校的组织机构和规章制度。

（1）<u>学校组织机构</u>是根据一定的组织原理和工作需要建立起来的，它可以分为两种类型：①行政组织机构，如决策机构、咨询机构等；②非行政组织机构，如工会、学生会等团体组织。

（2）<u>学校规章制度</u>是学校全体成员日常工作的基本规范，也是学校管理科学化、民主化和法制化的重要保证。一般包括学校的领导制度、教育教学管理制度、学生管理制度、校园管理制度等。

（三）学校管理体制（华南/深大19名解）

1. 学校管理体制的内涵

学校管理体制是学校管理的枢纽，对学校管理功能的实现发挥着全局性、根本性的作用。它包括学校组织机构体制和学校领导体制两个方面，前者规定了学校管理机构的设置、各机构的职、责、权划分及相互关系，后者规定了学校由谁领导和负责。

2. 校长负责制

我国现行的中小学管理体制是校长负责制。校长负责制指校长受上级政府主管部门的委托，在党支部和教代会的监督下，对学校进行全面领导和负责的制度。在这一体制中，校长是学校行政系统的<u>最高决策者</u>和<u>指挥者</u>，是学校的法人代表，他对外代表学校，对内全面领导和管理学校的教育、教学、科研和行政工作。实施校长负责制要注意处理好下述几个问题：

（1）明确校长的权力与责任。既然校长全面负责各项工作，就应名实相符，拥有一定的权利。一般说来，校长拥有学校行政的决策权、各项工作的指挥权、副校长的提名和教职工的聘用与考核的人事权、学校办学经费的使用权、校内机构的设置权和校舍校产的管理权。

（2）发挥党组织的保证监督作用。实行校长负责制并不意味着削弱党对学校的领导，相反，应使党组织的领导职责更加明确和突出。

（3）建立以教师为主体的教职工代表大会制度，加强民主管理和监督。为了避免校长独断专行，以防出现"家长制"和"一言堂"的管理陋习，学校应建立教职工代表大会制度，吸收教职员工参与学校的民主监督和管理。

二 学校管理的目标与过程

（一）学校管理目标

1. 学校管理目标的概念与意义

学校管理目标是指学校管理主体对管理活动的要求和期望，也就是通过管理活动所要达到的状态、标准和结果。它在学校管理活动中占据重要地位，既是学校管理活动的指南，也是衡量学校管理工作好坏的标尺。

学校管理目标的四大作用：①<u>导向作用</u>；②<u>激励作用</u>；③<u>调控作用</u>；④<u>评价作用</u>。

2. 学校管理目标的定位

学校管理的最终目的是通过科学而规范的管理，最大限度地利用校内外的各种资源和办学优势，发挥学校的效能，提高学校的教育教学质量。简言之，发挥学校效能，促进学生发展，是现代学校管理的目标定位。学校管理目标可以从以下几个方面进行分类：

（1）从时间上看，可以分为长期目标（10年以上）、中期目标（3—5年）和短期目标（1—2年）。

（2）从层次上看，可以分为总体目标、部门目标和岗位目标。

（3）从策划形式上看，可以分为发展战略、发展规划、工作目标和工作计划。

（4）从管理对象上看，可以分为对人的管理目标、对物的管理目标、对财的管理目标、对时间的管理目标、对信息的管理目标等。

3. 学校管理目标的实施要求

（1）保持各种管理目标的协调一致。①学校管理目标与学校教育目标一致；②学校管理总目标与部门管理目标一致；③学校管理者的目标与被管理者的目标一致。

（2）建立高效率的管理组织系统。①从静态上看，应该是机构健全、职责明确、权职对称的，各部门在相互联系中分工合作、各司其职；②从动态上看，学校管理的各层级、各部门不仅能够处理好日常管理工作，而且能根据变化创造性地解决问题。

（3）组建一支高水平的学校管理队伍。①加强教师队伍建设；②从年龄、专业和学历等方面调整教师结构；③注重年轻干部的选拔与培养。

（4）采取科学的管理方法和手段。要从学校管理工作实际出发，根据人、财、物的不同特点，采取切实有效的方法：①对人而言，要以人为本，充分尊重人，发挥他们的自主性和创造性；②对财、物而言，要用现代化的技术手段进行系统管理，充分发挥其作用。

（二）学校管理过程

学校管理过程就是学校管理者为实现学校管理的预定目标，对学校管理对象进行策划、引领、规范、调整与提高的动态过程。通常包括计划、实施、检查和总结四个基本环节。

1. 基本环节

（1）计划，指对学校工作目标的全面设计和统筹规划。它是学校管理过程的起始环节，起着指明方向、规划进程、统一步调、提高效率的作用。

（2）实施，指将计划付诸行动，将设想转变为现实，使学校的人、财、物、时间、空间、信息等资源产生最大的实际效益与社会价值。

（3）检查，指对计划的执行情况进行考核，其目的在于发现问题和解决问题。检查在学校管理中具有监督、考评和激励的作用。

（4）总结，指对学校管理过程的计划、实施、检查等工作做分析、评价等反思性活动。

2. 相互关系

学校管理过程的四个环节是一个互相联系、互相制约、循序渐进、首尾相连的有机整体。计划统率着管理全过程，实施是计划的执行，检查是对实施过程的监督与检验，总结则是对计划、实施、检查的总体分析与评价及其改进建议。

学校管理过程的四个环节是在不断循环地向前发展的，这种循环不是机械地重复，而是螺旋式地上升。每次循环都是对前一个阶段工作的改进和提高。学校管理工作就是在这种循环往复的活动中不断向前发展的。

三 学校管理的内容和要求

（一）教学管理

教学是学校工作的中心，教学的质量与效率直接决定着学校的办学水平和效益。学校领导必须把教学管理放在学校工作的首位，切实做好下述教学管理工作。

1. 教学思想管理

要有计划地经常组织教师学习先进的科学教学理论和教育方针、政策，澄清各种模糊或错误的认识，树立正确的教学理念，这是教学思想管理的基本任务。

2. 教学组织管理

建立有效的教学指挥系统，充分发挥各职能部门的作用，是教学组织管理的基本任务，也是实现教学目标的重要保证。

（1）加强教导处的建设：①明确教导处的职责；②精心挑选教导主任；③教导处的机构不宜臃肿，人员要精明强干。

（2）领导好教研组的工作：①建立健全教研组；②选好教研组长；③加强对教研组工作的指导和帮助。

3. 教学质量管理

教学质量管理是学校管理者依据一定的质量标准，对学校的教学过程及其结果进行全面引导、检测、评估与改进的活动，其目的是为了提高教和学的质量。教学质量是教学管理的生命线，教学质量管理在教学管理中处于核心地位。

（1）主要内容：①制定科学的教学质量标准；②对教学质量进行检查和分析；③对教学质量进行控制。

（2）基本要求：①坚持全面教学质量管理；②坚持全过程教学质量管理；③坚持全员教学质量管理；④坚持全因素教学质量管理。

（二）教师管理（深大17论述）

1. 教师管理的性质

教师管理是学校管理的一个重要组成部分，但教师管理又有其特殊性。教师是脑力劳动者，工作复杂而艰巨，需要发挥创造性。如何创造良好的工作环境与氛围，调动每位教师的积极性，把他们的潜力与智慧引导到提高人才培养的质量上来，是做好教师管理工作的关键。

2. 教师管理的内容

建设一支素质优良、结构合理、能适应现代教学和科研的教师队伍，必须做好下述工作。

（1）教师的选拔：①资格控制；②编制控制；③录用控制。

（2）教师的任用：①因事择人；②扬长避短；③新老搭配；④立足全局。

（3）教师的培养：①适应现代教育发展需要作为教师培训的出发点；②将教师培养的长远规划和短期目标结合起来；③建立健全教师的各种学习和进修制度，使教师培养工作规范化、制度化；④坚持改革创新，加强教师培训工作的针对性和实效性。

（4）教师的考评：教师考评的内容一般分为思想政治、业务能力和工作业绩考评。考评工作应注意下述要求：①坚持平时考核与定期考核相结合，以平时考核为主；②坚持领导考评、群众考评和自我考评相结合，使考评主体多元化；③坚持定性考评和定量考评相结合，力求考评结果公平、全面、切实；④坚持考评和奖惩相结合，发挥考评的激励功能。

3. 教师管理的发展趋势

（1）逐步实现职务聘任制。教师管理从统一分配转向职务聘任，变身份管理为岗位管理，建立健全公开、公平的教师聘用制度与自主流动机制，是未来发展的趋势。

（2）趋向科学化、人性化和服务化。许多学校越来越注重对教师的动机激励、尊重关怀，注重同教师谈心，主动地为教师服务。同时，也倡导教师的自律、自励与主动工作。

（3）注重发挥教师组织的效应。教师组织是学校管理的重要组成部分，应充分发挥其效应，形成积极向上的教师组织队伍。

（三）学生管理

1. 学生管理的内容

（1）思想品德管理。包括学生日常行为规范的常规管理，各种偶发事件的非常规管理，后者指学生吸烟、早恋、斗殴、犯罪、人身伤亡事故等。

（2）学习管理。包括学生课堂堂规管理、学籍管理、学生成绩和档案管理。

（3）健康管理。包括学生体育活动管理、卫生保健管理和心理健康教育管理。

（4）学生组织的管理。包括班级、少先队、共青团、学生会等正式组织的建设与管理，以及学生自发形成的各种非正式组织的关注与管理。

（5）课外活动管理。包括帮助学生组织、安排活动的内容、时间和地点，提供必需的物质条件，进行小结等。

2. 学生管理的要求

（1）遵照国家的法律法规要求，对学生进行依法管理。

（2）依据学生的身心发展特点，对学生进行科学管理。

（3）发挥学生的主动性，引导学生进行自我管理。

（四）总务管理

1. 总务管理的内容

学校总务管理是一项事多、量大、涉及面广、政策性强的工作。其内容主要包括财务管理、生活管理、校产管理和环境管理等方面。

2. 总务管理的要求

（1）管理者要深入基层了解实际情况，增强工作的针对性。

（2）把教学服务放在首位，想方设法为教学提供必要的资金和设备，不断改善教学环境和条件，妥善保管各种仪器和设备，做到物尽其用。

（3）坚持勤俭节约、廉洁奉公的原则是做好总务工作的重要保障，让有限的经费发挥更大的效益，以便更好地为教育教学服务。

四 学校管理的发展趋势 ★★★

（山师21，海师19，川师18简答；华东21/20/18，深大18论述）

（一）学校管理法治化

随着科教兴国战略的实施和依法治国方略的确立，依法治教已成为党和政府管理教育的基本方针，而依法治校是依法治教的重要组成部分，将成为21世纪学校管理的必然选择。依法治校可分为两个方面：①政府及教育行政部门依法管理学校；②学校管理者依法管理学校。为推进依法治校工作，学校管理者应采取以下措施：

（1）转变行政管理职能，切实依法行政。
（2）加强制度建设，依法加强管理。
（3）推进民主建设，完善民主监督。
（4）加强法制教育，提高法律素质。
（5）严格教师管理，维护教师权益。
（6）完善学校保护机制，依法保护学生权益。

（二）学校管理人性化

人性化管理是指学校管理工作要以人为本，关注人的情感、满足人的需要、崇尚人的价值、尊重人的主体人格和地位。为推进学校管理人性化，学校管理者应采取以下措施：

（1）考虑人的因素，一切要从人的实际出发。
（2）考虑个体差异，懂得每个人都有自己的思想、情感、兴趣和爱好。
（3）强调人的内在价值，把满足作为工作的起点，通过激励的方式来提高工作效率。
（4）努力构建充满尊重、理解和信任的人际环境，增强教职工和学生的集体归属感。
（5）加强校园文化环境建设，充分发挥校园文化的管理和育人功能。
（6）转变管理观念和方式，贯彻管理即育人、管理即服务的思想。

（三）学校管理民主化

民主管理以对个体价值的肯定为基础，以个体才能的充分发挥和潜能挖掘为前提，积极吸引全员参与管理活动，集思广益，共同参与，以取得最优的管理效益。实施民主管理应做好以下工作：

（1）学校管理者应充分肯定个体价值，树立"以人为本"的管理理念。
（2）广大教职员工要不断提高自身素质，积极参与民主管理。
（3）管理体制上要充分保障教职员工的民主参与权利。

（四）学校管理信息化

在信息化时代，学校管理呈现出信息化的新特点。它表现在两个方面：①学校对信息技术的开发和使用，把计算机、网络、多媒体等现代技术运用到管理上，以提高学校管理的实效；②学校管理方式的信息化，实行"人—机"管理，即注重对有关信息资源的管理。为推进学校管理信息化，学校管理者应采取以下措施：

（1）实现信息化管理，要加强硬件投入与软件开发，打好学校管理信息化的物质基础。
（2）提高学校教职员工的信息管理素养，以保障信息化管理的运行。
（3）改进培训内容和方式，使其具有针对性，满足教师需求。
（4）完善学校信息化管理规章制度，以便学校信息化管理能够有效地进行。

（五）学校管理校本化（扬大20名解；云师19简答）

校本管理是指学校在教育方针与法规的指引下，可以根据自己的实际情况和需要自主确定发展的目标与任务，进行管理工作。简言之，校本管理即以学校为本位的自主管理。

实施校本管理应注意做好以下工作：

（1）<u>教育行政部门要简政放权</u>。教育行政主管部门要把学校本身应有的教育决策权、财政预算权、人事聘任权、课程与教学研究及实施权逐步下放给学校，学校要实现由执行机构到决策机构的职能转变，把政府下放的权利管好、用好。

（2）<u>倡导集体参与、共同决策</u>。政府下放权利是交给整个学校而不是校长个人。学校必须从集权管理变为民主管理，想方设法吸引教职员工和学生及家长参与学校管理。

（3）<u>开展校本研究，提高学校管理者的决策能力</u>。提高管理者决策能力的最有效的方式就是开展校本研究，实施校本培训。只有对学校自身实际情况研究清楚了，自主决策才有针对性和可行性。

【名校真题】

名词解释

1. 校长负责制（华南师范大学 2019）
2. 学校管理校本化（扬州大学 2020）

简答题

1. 校本管理的内涵及工作要点（云南师范大学 2019）

论述题

1. 中小学教师管理的主要内容和发展趋势（深圳大学 2017）
2. 联系实际分析学校管理的发展趋势（华东师范大学 2021）
3. 有人主张依法治校，有人主张以德治校，评述这两种观点（华东师范大学 2018）

第二部分 教育心理学

教育心理学

- 教育心理学概述
  - 教育心理学的研究对象与研究任务
  - 教育心理学的发展

- 心理发展与教育
  - 心理发展及其规律
  - 认知发展理论与教育
  - 人格发展理论与教育
  - 社会性发展与教育
  - 心理发展的差异性与教育

- 学习及其理论
  - 学习概述
  - 行为主义的学习理论
  - 认知派的学习理论
  - 人本主义的学习理论
  - 建构主义的学习理论

- 学习动机
  - 学习动机概述
  - 学习动机的主要理论
  - 学习动机的培养与激发

- 知识的学习
  - 知识及知识获得的机制
  - 知识的理解
  - 知识的整合与应用

- 技能的形成
  - 技能及其作用
  - 心智技能的形成与培养
  - 操作技能的形成与训练

- 学习策略及其教学
  - 学习策略的概念与结构
  - 认知策略及其教学
  - 元认知策略及其教学
  - 资源管理策略及其教学
  - 学习策略的教学训练

- 问题解决能力与创造性的培养
  - 有关能力的基本理论
  - 问题解决的实质与过程
  - 问题解决能力的培养
  - 创造性及其培养

- 社会规范学习与品德发展
  - 社会规范学习与品德发展的实质
  - 社会规范学习的心理过程
  - 品德的形成过程及培养
  - 品德不良及其矫正
  - 态度

- 心理健康及其教育
  - 心理健康概述
  - 青少年心理健康教育的目标与内容
  - 青少年心理健康教育的途径与方法

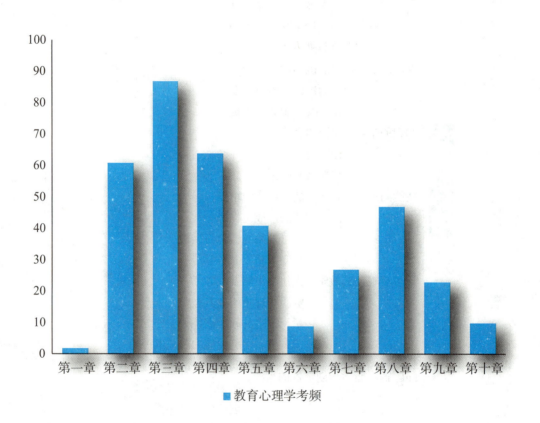

第一章
教育心理学概述

考频分析

一 教育心理学的研究对象与研究任务
　　（一）教育心理学的定义
　　（二）教育心理学的研究对象
　　（三）教育心理学的研究任务
　　（四）教育心理学与教师
二 教育心理学的发展
　　（一）教育心理学的起源
　　（二）教育心理学的发展过程
　　（三）教育心理学的发展趋势

章节框架

教育心理学概述
├─ 教育心理学的研究对象与研究任务
│　├─ 教育心理学的定义
│　├─ 教育心理学的研究对象
│　├─ 教育心理学的研究任务
│　└─ 教育心理学与教师
└─ 教育心理学的发展
　　├─ 教育心理学的起源
　　├─ 教育心理学的发展过程
　　└─ 教育心理学的发展趋势

一、教育心理学的研究对象与研究任务

（一）教育心理学的定义

教育心理学是一门通过科学方法研究学与教相互作用基本规律的科学，是心理学的一个分支学科。教育心理学的知识正是围绕学与教的相互作用过程而组织的，包括学生心理、学习心理、教学心理和教师心理四个部分的内容。

（二）教育心理学的研究对象

（1）研究教育心理学的科学学问题，建构学科基础和学科体系。
（2）研究主体心理发展的一般机制和规律，揭示教与学情境中主体心理活动的机制和规律。
（3）研究在教与学情境中促进主体心理发展变化的有效途径和策略。
（4）研究制约和影响主体顺利实现教与学的目标及主体发展的条件和因素。

[拓展知识]

心理学的研究对象（扬大 18 名解）

1. 心理过程。是指人的心理活动发生、发展的过程。具体来说，它是指在客观事物作用下，在一定时间内大脑反映客观现实的过程。心理过程包括认知过程、情绪过程和意志过程。

2. 个性心理。认知过程、情感过程和意志过程是人们所共有的心理过程，体现着人类心理活动的共同规律和一般特征。但是，当这些过程具体表现在不同人身上时却有较大的个体差异。这些个体差异的表现称为个性心理。

（三）教育心理学的研究任务

1. 理论探索

（1）教育心理学作为心理学的分支，其理论任务在于揭示教与学的基本心理规律，丰富和发展心理科学及教育心理学的理论和事实。
（2）教育心理学作为教育科学的分支，还应研究怎样遵循教与学的心理规律去设计教育内容、改革教育方式方法、优化教育资源、提高教育效能、培养高素质人才。
（3）作为应用理论学科的任务是探索教与学情境中主体获得知识、发展智能、形成健全人格的心理机制和规律，为构建科学合理的教育心理学理论体系服务，推动教育科学的发展。

2. 实践指导

教育心理学以研究教与学情境中主体的心理规律为己任，也需要为学校教育系统的确立和应用提供实施途径、策略、方法等方面的具体指导。

（四）教育心理学与教师

（1）教育心理学中包含着大量对教师的教学实践起积极作用的知识，教师可以运用这些知识指导自己的教学实践，提高教学的有效性，进而提高自己的教育教学能力。
（2）教师在日常的教学实践中，会遇到很多新问题，产生新见解，这又拓宽了教育心理学的研究范围。

二 教育心理学的发展

（一）教育心理学的起源

1. 教育心理学诞生的背景

（1）社会背景：西方工业革命对教育的期待；城市化进程与教育发展；移民带来的教育问题。

（2）哲学背景：教育心理学乃至整个心理科学都是从哲学中独立出来的，它的产生和发展离不开哲学根基。其中影响最大的哲学流派主要有经验主义、理性主义、实证主义和实用主义。

（3）心理科学背景：包括教育心理学化运动、心理测量运动、儿童研究运动、冯特的科学心理学、艾宾浩斯的记忆研究和动物心理研究。

（4）科学背景——进化论。

2. 教育心理学诞生的标志

1903年，美国心理学家桑代克出版了《教育心理学》，这是西方第一本以教育心理学命名的专著，标志着教育心理学的诞生。

（二）教育心理学的发展过程

1. 教育心理学的发展阶段

（1）20世纪20年代以前：初创时期。

这一时期，教育心理学学科体系不完整、不系统，其内容主要建立在对普通心理学资料的印证的基础上。

（2）20世纪20—50年代末：发展时期。

这一时期，行为主义的学习理论占据了主导地位，与此同时，杜威基于实用主义的"做中学"以及维果茨基的理论对教育产生了深远影响。在20世纪初，我国出现了第一本编译的教育心理学著作《教育实用心理学》。1924年，廖世承编写了我国第一本《教育心理学》教科书。这一时期的教育心理学尚未成为一门具有独立理论体系的学科。

（3）20世纪60—70年代末：成熟时期。

这一时期教育心理学作为一门具有独立的理论体系的学科正在形成。主要代表人物有布鲁纳、罗杰斯等。教育心理学发展在这一时期出现如下特点：

①西方教育心理学比较注重结合教育实际，注重为学校教育服务。

②认知学习理论逐渐进入了发展与兴盛时期，发展出认知结构理论和信息加工理论。

③人本主义思潮出现，主张研究整体的人。

（4）20世纪80年代以后：深化拓展时期。

这一时期，教育心理学的体系越来越完善，研究越来越深入，视角越来越综合，人们对学习的理解发生了很大的改变。建构主义作为认知学习理论的新发展对教育心理学的研究和实践产生了深刻的影响。

2. 教育心理学发展的基本特点

（1）教育心理学的发展与时代社会发展密切联系。

（2）教育心理学的发展以教育发展要求为前提。

（3）教育心理学的发展受心理科学思潮的直接影响。

（4）教育心理学的发展受自身研究方法的制约。

（三）教育心理学的发展趋势（东北21论述）

（1）在研究取向上，从行为范式、认知范式向情境范式转变。

（2）在研究内容上，强调教与学并重、认知与非认知并举、传统领域与新领域互补。

（3）在研究思路上，强调认知观和人本观的统一、分析观和整体观的结合。

（4）在学科体系上，从庞杂、零散逐渐转向系统、整合、完善。

（5）在研究方法上，注重分析与综合、量性与质性、现代化与生态化、人文精神与科学精神的结合。

【名校真题】

名词解释

1. 心理学的研究对象（扬州大学2018）

第二章 心理发展与教育

考频分析

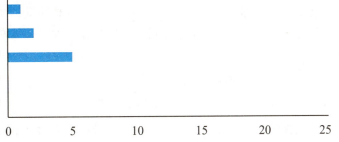

- 一 心理发展及其规律
  - （一）心理发展的内涵
  - （二）认知发展
  - （三）人格发展
  - （四）社会性发展
  - （五）心理发展与教育的关系
- 二 认知发展理论与教育
  - （一）皮亚杰的认知发展阶段理论
  - （二）维果茨基的文化历史发展理论
  - （三）认知发展理论对教育的启示
- 三 人格发展理论与教育
  - （一）埃里克森的心理社会发展理论
  - （二）科尔伯格的道德发展阶段理论
  - （三）人格发展理论的教育启示
- 四 社会性发展与教育
  - （一）亲社会行为的发展与教育
  - （二）攻击行为的发展与教育
  - （三）同伴关系的发展及培养
- 五 心理发展的差异性与教育
  - （一）认知差异与教育
  - （二）人格差异与教育
  - （三）性别差异与教育

章节框架

心理发展与教育
- 心理发展及其规律
  - 心理发展的内涵
  - 认知发展
  - 人格发展
  - 社会性发展
  - 心理发展与教育的关系
- 认知发展理论与教育
  - 皮亚杰的认知发展阶段理论
  - 维果茨基的文化历史发展理论
  - 认知发展理论对教育的启示
- 人格发展理论与教育
  - 埃里克森的心理社会发展理论
  - 科尔伯格的道德发展阶段理论
  - 人格发展理论的教育启示
- 社会性发展与教育
  - 亲社会行为的发展与教育
  - 攻击行为的发展与教育
  - 同伴关系的发展及培养
- 心理发展的差异性与教育
  - 认知差异与教育
  - 人格差异与教育
  - 性别差异与教育

一 心理发展及其规律 ★

（宁波18简答）

（一）心理发展的内涵（华南/川师18名解）

心理发展是指个体从胚胎期经由出生、成熟、衰老一直到死亡的整个生命过程中所发生的持续而稳定的内在心理变化过程，主要包括认知发展、人格发展和社会性发展三个方面。

（二）认知发展

1. 认知发展的含义

认知是个体获得知识、运用知识、加工信息的过程，包括感知觉、注意、记忆、思维、言语等。认知发展是指在个体与环境相互作用的过程中，其感知觉、注意、记忆、思维、言语等认知的功能系统不断发展，并趋于完善的变化过程。即认知发展是个体在心理上表征世界、思考世界的方式的发展。

2. 认知发展的一般规律

（1）认知活动从简单、具体向复杂、抽象发展。

（2）认知活动从无意向有意发展。儿童最初的活动是不自觉的、无意识的，逐渐向有意识的心理活动发展，出现有意注意、有意记忆等。

（3）认知活动从笼统向分化发展。儿童认知活动的发展趋势是从笼统到分化和明确。

（4）认知活动具有顺序性、阶段性、差异性、连续性等特征。

（三）人格发展

1. 人格发展的含义

人格是指人所具有的与他人相区别的独特而稳定的思维方式和行为风格，也指一个人整体的精神面貌，是具有一定倾向性的和比较稳定的心理特征的总和，包括需要、动机、兴趣、情感、意志力等方面。人格发展是指个体自出生经成年到老年的整个生命全程中人格特征或个性心理形成、发展和表现的过程，一般认为是遗传因素和环境因素相互作用的结果。

2. 人格发展的一般规律

（1）连续性和阶段性并存。从人的一生来看，个体人格的发展是连续不断的。但是，在不同的阶段又有不同的表现，体现阶段性的特点。

（2）发展具有定向性和顺序性。个体人格发展指向一定的方向并遵循一定的先后顺序，这种顺序是不可逆的，也是不可逾越的。

（3）发展表现出不平衡性。同一个体内，个体人格在不同时间段发展的快慢不同；同一时间段，个体人格的不同方面，发展的快慢也不同。

（4）共同性和差异性。个体人格发展表现出一些共有的特点，但是每个个体又都有自己的独特性，世界上完全没有完全相同的两个人。

（四）社会性发展

社会性发展是指个体在其生物特性基础上，与社会生活环境相互作用，掌握社会规范、形成社会技能、学习社会角色、获得社会性需要、态度、价值、发展社会行为，并以独特的个性与人相互交往，相互影响，适应周围社会环境，由自然人发展为社会人的社会化过程。

（五）心理发展与教育的关系

1. 心理发展是有效教育的背景和前提

虽然教育对个体身心素质发展起主导作用，但个体身心发展的规律又制约着教育主导作用的发挥，影响着教育的效率，教育必须以个体身心发展的水平和特点为依据。

2. 有效的教育能促进个体心理的发展

教育一方面要依据个体心理的发展状况和水平，另一方面又能够极大地促进个体心理的发展并对个体的心理发展起着主导作用。

二 认知发展理论与教育 ★★★★★

（一）皮亚杰的认知发展阶段理论

（中央民族 21/17，苏大 21/20，福师 21，青岛 / 广师 20 名解；宁夏 20/18，广师 19，青岛 17 简答；天师 / 云师 18 论述）

皮亚杰（1896—1980）是瑞士著名的发展心理学家，终身致力于个体认知发展的研究，提出了认知发展的阶段理论。

1. 认知发展的实质

皮亚杰认为，认知（或智力）的本质就是适应，即儿童的认知是在已有图式的基础上通过同化、顺应和平衡等机制，不断从低级向高级发展。

（1）图式是指儿童用来适应环境的认知结构。从发展的角度来看，儿童最初的图式是遗传所带来的一些本能反射行为，如吸吮反射等。

（2）同化是指儿童把新的刺激物纳入已有图式中的认知过程。同化是图式发生量变的过程，它不能引起图式的质变，但影响图式的生长。

（3）顺应是指儿童通过改变已有图式或形成新的图式来适应新刺激的认知过程。顺应是图式发生质变的过程，通过顺应，儿童的认知能力达到一个新的水平。

（4）平衡是指同化和顺应之间的平衡。平衡是相对的，不平衡是绝对的。儿童的认知就是通过平衡—不平衡—平衡的循环过程，从低级水平向高级水平发展。

2. 影响认知发展的因素

（1）成熟，指机体的成长，特别是大脑神经系统和内分泌系统的成熟。借助于成熟，个体才能获得发展的可能性，但要使这种可能性变为现实，还必须通过机能的练习与习得经验。

（2）练习和习得经验，是指个体对物体施加动作过程中的练习和习得的经验，它包括两类：①物理经验，指个体作用于物体，抽象出物体的特性；②逻辑—数理经验，指个体作用于物体，目的在于理解动作间相互协调的结果。

（3）社会性经验，是指社会环境中人与人之间的相互作用和社会文化的传递，主要涉及教育、学习和语言等方面。

（4）平衡化，是指个体在自身不断成熟的内部组织与环境相互作用过程中的自我调节，是心理发展的决定因素。通过调节同化与顺应的关系，使个体的认知不断发展。

3. 认知发展的阶段

（1）0—2岁：感知运动阶段。

这一时期为儿童思维的萌芽期。在这一阶段，儿童主要通过探索感知觉与运动之间的关系来获得动作经验，其中，手的抓取、嘴的吮吸是他们探索世界的主要手段。这个阶段的一个显著标志是儿童渐渐获得了客体永久性，即当某一客体从儿童的视野中消失时，儿童知道该客体并非不存在。

（2）2—7岁：前运算阶段。

这一时期是儿童表象思维阶段。在这一阶段，儿童能运用语言或较为抽象的符号来代表他们经历过的事物，凭借表象思维，他们可以进行各种象征性活动或游戏、延缓性模仿以及绘画活动等。这一阶段的儿童在认知方面具有以下特点：

①具体形象性。儿童在感知运动阶段获得的感觉运动行为模式被内化为表象或形象模式，能够形成和使用符号使得动作图式符号化。

②泛灵论。儿童不能很好地把自己与外部世界区分开来，认为外界的一切事物都有生命，有感知、情感和人性。

③自我中心主义。在思维方面存在自我中心，认为别人眼中的世界和他所看到的一样，以为世界是为他而存在的，一切都围绕着他转。

④集体的独白。在儿童的语言中表现出集体的独白，即尽管没有一个人听，儿童也会热情地谈论着，没有任何真实的相互作用或者交谈。

⑤思维的不可逆性和刻板性。不可逆性是指本阶段儿童的认知活动具有相对具体性，还不能进行抽象的思维运算，他们的思维还只能前推，不能后退；刻板性是指本阶段儿童在注意事物的某一方面时往往忽略其他方面。

⑥尚未获得物体守恒的概念。守恒是指不论物体形态如何变化，其质量是恒定不变的。这一阶段的儿童由于受直觉知觉活动的影响，还不能认识到一点。

⑦集中化。儿童作出判断时倾向于运用一种标准或维度，不能同时运用两个维度。

图2-1　皮亚杰的液体守恒实验

（3）7—11/12岁：具体运算阶段。

这一阶段相当于小学阶段。此阶段儿童的认知结构已经发生了重组和改善，思维具有一定的弹性，可以逆转，已经获得长度、体积、质量和面积等方面的守恒，能凭借具体事物或从具体事物中获得的表象进行逻辑思维和群集运算。但其思维仍然需要具体事物的支持。这一阶段的儿童在认知方面具有以下特点：

①去集中化。儿童能够学会处理部分与整体的关系，进行逆向或互换的逻辑推理。

②去自我中心。此时的儿童越来越以社会为中心，日益意识到别人的看法。

③刻板地遵守规则。儿童已经能理解原则和规则，但在实际生活中只能刻板地遵守规则，不敢改变。

④逻辑思维和群集运算。儿童能从具体事物中获得的表现进行逻辑和群集运算，但还不能进行抽象思维。

（4）11岁至成年：形式运算阶段。

此阶段儿童的思维已经超越了对具体的可感知的事物的依赖，能以命题的形式进行，并能发现命题之间的关系，能理解符号的意义，能进行一定的概括。思维已经接近成人的水平。这一阶段的儿童在认知方面具有以下特点：

①抽象思维获得发展。本阶段的儿童能够根据逻辑推理、归纳或演绎的方式来解决问题；思维是以命题形式进行的，并能发现命题之间的关系；能理解符号的意义、隐喻和直喻，能做一定的概括，其思维发展已接近成人的水平。

②青春期自我中心。本阶段儿童不再刻板地恪守规则，并且常常由于规则与事实的不符而违反规则或违抗师长。

[拓展知识]

运算是皮亚杰从逻辑学中引来的一个术语，用作区分思维水平的标志。运算是指一种能在心理上进行的内化了的动作，动作的内化是指这种动作不仅可以在物质上，而且可以在心理上或在思想上（头脑中）进行。例如，我们可以用手把瓶中的水倒到杯子中，这一动作具有一系列外显的、直接诉诸感官的特征。如果我们不实际做这个动作而只在头脑中想象完成这一动作的情形，并预见其结果，这种心理上的倒水过程就是内化的动作。

4. 认知发展与教学的关系

根据皮亚杰的认知发展理论，教育教学应注意以下几点：

（1）提供活动。教师既应为学生创设大量的物理活动，也应为他们提供相应的心理活动机会。在形式运算阶段前，教师应为学生提供从现实物体和事件中学习的机会。

（2）创设最佳的难度。皮亚杰认为认知发展是通过不平衡来促进的。因而，教师要通过提问来引起学生认知的不平衡，并提供有关的学习材料或活动材料，促使学生的认知发展。

（3）关注儿童的思维过程。在教学中，教师必须认识到儿童思考问题的方式与成人不同，并根据儿童当前的认知水平提供适宜的学习活动，这样才能真正促进儿童的认知发展。

（4）认识儿童认知发展水平的有限性。教师需要认识各年龄阶段儿童认知发展所达到的水平，遵循儿童认知发展顺序来设计课程，这样在教学中就会更加主动。

（5）让儿童多参与社会活动。儿童在参与社会活动的过程中，能够逐渐认识到他人的观点与自己的不同，引发认知发展。

（二）维果茨基的文化历史发展理论

维果茨基是苏联著名的心理学家，20世纪30年代，他将认知过程的起源与发展置于人类文化历史的框架中，提出心理发展的文化历史理论。这一理论强调人类社会文化与社会交互作用对人的认知发展起着重要作用。

1. 文化历史发展理论的主要观点

维果茨基从种系和个体发展的角度分析了心理发展的实质，提出了文化历史发展理论，以此来说明人的高级心理机能的社会历史发展历程。他提出，人的高级心理是随意的心理过程，不是先天就有的，而要受人类文化历史所制约。

（1）两种工具的理论。维果茨基认为人有两种工具，一种是物质工具，如原始人使用的石刀，现代人使用的机器；另一种是精神工具，主要指人类所特有的语言、符号等。物质工具和精神工具一样，受人类文化历史发展的影响，是不断发展变化的。

（2）两种心理机能。维果茨基认为必须区分两种心理机能：①作为动物进化结果的低级心理机能，是个体早期以直接的方式与外界相互作用时表现出来的特征；②作为历史发展结果的高级心理机能，是以符号系统为中介的心理机能，受到社会历史发展规律的制约。在个体发展过程中，这两种心理机能是融合在一起的。

2. 心理发展的实质

维果茨基认为，心理发展是指一个人的心理从出生到成年，在环境与教育影响下，通过掌握高级心理机能的工具——语言、符号这一中介，在低级心理机能的基础上，逐渐向高级心理机能转化的过程。心理机能由低级向高级发展的标志有四个方面：

（1）随意机能的不断发展。随意机能是指心理活动的主动性、有意性，是由主体按照预定的目的自觉引发的心理活动。儿童心理活动的随意性越强，心理水平越高。

（2）抽象—概括机能的提高。随着词汇、语言的发展，随着知识经验的增长，儿童的各种心理机能的概括性和间接性得到发展，最后形成了最高级的意识系统。

（3）高级心理结构的形成。各种心理机能之间的关系不断变化、重组，形成间接的、以符号为中介的心理结构。儿童的心理结构越复杂、越间接、越减缩，心理水平越高。

（4）心理活动的社会文化历史制约性。随着年龄的增长，儿童不断地社会化，其心理发展才能趋向成熟，儿童才能成为社会的人。

（5）心理活动的个性化。个性的形成是高级心理机能发展的重要标志，个性特点对其他机能的发展具有重要的作用。

3. 教学与认知发展的关系

（华东／华南／青岛／海师21，宁波19/17，陕师18/17，上师／福师18，宁夏／贵师17名解；中央民族21，青岛／杭师18简答；上师21，河南19，湖师18，东北／海师17论述）

（1）教学的含义。

广义的教学：指儿童通过活动和交往掌握精神生产的手段，它带有自发的性质。

狭义的教学：指有目的、有计划进行的一种交际形式，它"创造"着儿童心理的发展。

（2）最近发展区。

维果茨基认为，在进行教学时，必须注意到儿童有两种发展水平：一种是儿童现有的发展水平，另一种是即将达到的发展水平，维果茨基把这两种水平之间的差距称为"最近发展区"，即独立解决问题的真实发展水平和在成人指导下或与其他其它儿童合作情况下解决问题的潜在发展水平之间的差距。

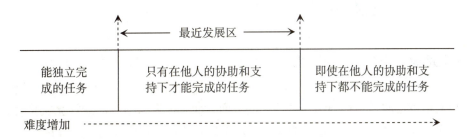

图2-2 最近发展区示意图

（3）教学应当走在发展的前面。

维果茨基主张教学应当走在儿童现有发展水平的前面，一方面，教学决定着儿童发展的内容、水平和速度等；另一方面教学也创造着最近发展区。教学需要注重学生的最近发展区，把儿童潜在的发展水平变成实际的发展水平，同时不断创造新的最近发展区。

（4）学习存在着最佳期。

维果茨基认为，儿童在学习任何内容时都有一个最佳年龄。教师在开始教学时要处于儿童的最佳期内，教学最佳期是由最近发展区决定的，随着最近发展区的动态发展而不断变化，并且教学最佳期也是因人而异的，因此教师要把握教学的适当时机。

（5）认知发展的"内化"学说。

内化是指将外部实践活动转化为内部心理活动的过程。学生是认识的主体，教师在教学中起主导作用，学生的学习主要是掌握人类的经验并内化于自身的认知结构之中的过程。教育必须重视内化，促进学生从外部语言向内部语言转化，促进个性发展。

4. 维果茨基的理论对教学的影响

（1）在搭建支架的基础上发展出了支架式教学。教学支架就是教学者给学生提供适当的指导和支持。这种指导和支持处于学生的最近发展区内，而且要随着儿童认知发展的变化进行调整。

（2）阐释了在相互作用情境下学习的机制。由于最近发展区是一个动态的区域，需要教师通过与学生的相互作用不断地获得学生发展的反馈，这种在最近发展区内的相互作用的实质是教师与学生共同协作的认知活动，使学生和教师的认知结构得到精细加工和重新建构。交互式教学就体现了这种相互作用。

（3）对于合作学习有一定的指导作用。教师要尽量组织、安排能力水平不同的学生进行合作学习，接受能力较强的同伴的指导是促进儿童在最近发展区内发展的最有效的一种方式。

（4）情境认知理论及其教学模式的应用。任何学习都处在一定的社会或实际的有意义的背景里，这些背景尤其是社会性作用将通过不同途径影响学习的过程和结果。因此教师在教学过程中要引导学生从旁观者逐渐转变为教学活动的参与者，在社会性互动中获得知识和技能。

（三）认知发展理论对教育的启示

以皮亚杰和维果茨基为代表的认知发展理论对教育的启示：
（1）教育目标应该是提高学生的认知能力。
（2）教学内容应适应学生的认知发展水平。
（3）教学在学生"最近发展区"开展最有效。
（4）教学应充分发挥学生主动性和能动性。

三 人格发展理论与教育 ★★★★

（一）埃里克森的心理社会发展理论（北师20，宁波19，苏大/川师17简答）

埃里克森是美国现代著名的精神分析学家之一，年轻时受教于弗洛伊德，他并不赞同弗洛伊德把一切活动和人格发展的动力都归结为"性"的方面，而是强调人格发展受社会文化背景的影响和制约。基于对文化和个性关系的重要性的认识，埃里克森提出了社会文化发展理论。

1. 心理社会发展的内涵

埃里克森认为个体的人格发展是在社会背景下进行的，受文化和社会背景的影响和制约。人格的发展是一个经历一系列阶段的过程，每个阶段都有一种特定的危机和特定的任务，即亟待解决的心理社会问题。危机的解决标志着前一阶段向后一阶段的转化。危机的成功解决有助于自我力量的增强和对环境的适应；不成功的解决则会削弱自我的力量，阻碍对环境的适应。

[拓展知识]

> 自我概念（青岛21名解）
>
> 自我概念是"由个体对自身的观念、情感和态度组成的混合物"。许多研究假设自我概念是按等级组织的，总体自我概念位于等级的上层，下面是一些具体的自我概念，共同构成一个具有等级的多维结构。自我概念是个体在与环境相互作用而形成的经验的基础上建立的，主要受他人的强化和评价的影响。

2. 心理社会发展的阶段

埃里克森把人的心理发展分为8个阶段：
（1）出生到18个月：婴儿期。

这一阶段的主要矛盾是<u>信任对怀疑</u>。如果婴儿得到较好的抚养并与母亲建立了良好的亲子关系，儿童将对周围世界产生信任感，否则将产生怀疑和不安。家长在这一时期应该积极地、始终如一地满足婴儿的需求。

（2）18个月到3岁：儿童期。

这一阶段的主要矛盾是<u>自主对羞怯</u>。儿童在这一时期开始表现出自我控制的需要与倾向，渴望自主并试图自己做一些事情，如吃饭、穿衣。如果父母给儿童过多的限制或者过度的保护，儿童就开始对自己的能力产生怀疑，产生羞愧感。

（3）3到6岁：学龄初期。

这一阶段的主要矛盾是<u>主动对内疚</u>。这个阶段的儿童开始想象自己扮演成年人的角色，并希望在活动中获得成年人的欢迎和赞赏。父母或教师需要对儿童提出的问题进行正面的鼓励，提出合理的建议，这样儿童的主动性会得到加强，反之则会降低儿童从事活动的热情，也影响他们的积极性。

（4）6 到 12 岁：学龄期。

这一阶段的主要矛盾是勤奋对自卑。儿童在这一阶段进入学校，学习知识和技能。儿童开始发展勤奋感，形成一种成功感和对成就的认识。如果面临的任务太过困难，造成了失败，那么儿童能会产生自卑感。教师或父母如果对儿童在活动中表现出的勤奋视而不见，也会导致儿童发展出自卑的人格。

（5）12 到 18 岁：青春期。

这一阶段的主要矛盾是角色同一性对角色混乱。这一时期的个体开始考虑"我是谁"这一问题。个体尝试把自己的各个方面形成自我形象的整体评价。但是由于经验等的限制，个体难以对自己的各个方面形成明确的认识，也难以在实际生活中始终保持自我的一致性。

（6）18 到 30 岁：成年初期。

这一阶段的主要矛盾是友爱亲密对孤独。婚姻问题和家庭生活是这一时期面临的重大问题。如果个体乐于与他人交往，不过分计较得失，能在交往中获得乐趣，可以形成一种亲密感。但如果一个人缺乏与朋友、配偶之间的亲密友爱关系，则会产生孤独感。

（7）30 到 60 岁：成年中期。

这一阶段的主要矛盾是繁殖对停滞。这个阶段的个体已经成家立业，面临着抚育和关怀下一代的任务。如果个体事业有成、家庭美满，则表现出较大的创造力。但如果个体过于自我专注，满足私利，则容易产生颓废感，生活消极懈怠。

（8）60 岁以后：老年期。

这一阶段的主要矛盾是完美无憾对悲观绝望。这个阶段的个体已经进入老年期。如果前几个阶段发展顺利，个体在这个时期会巩固自我感觉并完全接受自我，对自己的过去不再遗憾，获得自我完满感。反之，如果个体对过去有过多悔恨，但又感觉力不从心，则在绝望中度过余生。

3. 心理社会发展理论的教育启示

（1）帮助学生适应勤奋和自卑危机。教师一定要意识到学生总是在努力保持着积极的自我概念，认为自己是有能力、有价值的个体。学校和教师可以向儿童提供他们参与社会所需的工具，设置有挑战性的任务，同时给予一定的帮助，让学生不断体验到成功，从而帮助学生通过这一危机。

（2）帮助学生适应同一性和角色混乱危机。中学生绝不应该被当作"孩子"看待；教师不应在其他同伴或其他有关的人面前轻视青少年；而应给予明确的指示，让学生独立完成任务；此外，还要注意同伴之间的影响。

4. 心理社会发展理论的评价

（1）优点。

①注重文化和社会因素对人的发展的作用，从整体上、从个体心理发展的各个层面及其相互关系中考察了人的社会性发展和道德等的形成发展，而不是孤立地看待它们的发展历程。

②阐释了个体从出生到青年期、中年期、老年期一生的发展，体现了研究人的终生发展的观念，比较符合人的发展实际。

（2）缺点。

①该理论在一定程度上忽视了人的意识、理智等高级心理过程在发展中的作用。

②把许多社会问题（人生目标的选择、确立等）归结为心理发展过程中某一特殊阶段的心理任务与危机，并认为心理任务与危机跟社会矛盾之间是什么关系等问题也需要进一步探讨。

③并没有解释个体如何以及为什么从一个阶段发展到另一个阶段，缺乏实证性研究的支持。

（二）科尔伯格的道德发展阶段理论

(陕师/青岛/天师/江苏19，苏大19/17简答；华南20，杭师18论述)

科尔伯格是美国心理学家，他继承了皮亚杰的理论，认为儿童道德的发展是分阶段的，但是他在研究中发现道德发展不是只有两个水平，而应该有多个水平，在20世纪60年代提出了著名的三水平六阶段的道德发展阶段论。

1. 道德发展的实质

所谓道德发展就是指个体随着年龄的增长，逐渐掌握是非判断标准以及按该标准表现道德行为的过程。

> [拓展知识]
>
> **道德两难法（陕师21名解）**
>
> 道德两难故事法是科尔伯格研究道德发展问题的重要研究方法，是皮亚杰对偶故事的发展，同样也是用情境故事设置道德冲突并提出道德问题，让被试在自己的反应中"投射"内心的观念，反映出个体的道德发展水平。

2. 道德发展的三水平六阶段学说

（1）0—9岁：**前习俗水平**。大约出现在幼儿园及小学低中年级阶段。该时期的特征是儿童遵守规范，但尚未形成自己的主见，着眼于人物行为的具体结果，关心自身的利害。

①阶段1：**惩罚和服从的定向阶段**。儿童缺乏是非善恶观念，只是因为恐惧惩罚而要避免它，因而服从规范。认为免受处罚的行为都是好的，遭到批评指责的事都是坏的。

②阶段2：**工具性的相对主义定向阶段**。行为的好坏按行为的后果带来的赏罚来定，没有主观的是非标准，或是对自己有利就好，对自己不利就不好。

（2）9—15岁：**习俗水平**。在小学中年级以上出现，一直到青年、成年。该时期的特征是个人逐渐认识到团体的行为规范，进而接受并付诸实践。

①阶段1：**人际协调的定向阶段**。个体按照"好孩子"的要求去做，以得到别人的赞许。如"偷"是不对的，"互助"是对的。

②阶段2：**维护权威或秩序的定向阶段**。服从团体规范，尊重权威，有了法制观念。

（3）15岁以后：**后习俗水平**。该阶段已经发展到超越现实道德规范的约束，达到完全自律（自己支配）的境界。这个水平是理想的境界，成人也只有少数人才能达到。

①阶段1：**社会契约定向阶段**。有强烈的责任心与义务感，尊重法制，而且相信它是人制定的，不适应社会时理应修正。

②阶段2：**普遍道德原则的定向阶段**。此时个体有个人的人生哲学，对是非善恶有其独立的价值标准，对事有所为有所不为，不受现实规范的限制。

3. 对道德发展阶段理论的评价

（1）优点。

①形成了一个研究个体品德发展阶段的重要模式，有助于将品德发展的理论用到学校道德教育中去，实施道德教育。

②揭示了人类道德认知发展的两大规律：从他律向自律方向发展的规律、循序渐进的规律。

③让人清楚地看到了道德判断与道德行为之间的关系。

④个体的品德具有浓厚的主体特征，因此道德教育必须吻合儿童的心理发展。

（2）缺点。

①只研究了道德领域中的一个重要问题——公正问题。

②只研究了禁令取向的道德推理，没有研究亲社会道德两难情境的道德推理。

③只是通过研究言语反应来考察人的道德发展水平。

④只研究了道德发展的一般性问题，没有考虑道德发展的特殊性。

⑤没有证据证明"三水平六阶段"模型普遍有效。

⑥将"习俗"与"道德"等同。

（三）人格发展理论的教育启示

（1）强调在社会文化环境中形成和发展学生的健全人格。优化社会文化和学校教育环境是学生健全人格发展的前提。

（2）依据个体人格发展不同阶段的主要任务，提高学校人格教育的针对性。教师要针对青少年人格发展各阶段的主要任务，有效地促进各阶段发展任务的顺利完成。

四 社会性发展与教育★

社会性发展是指个体在其生物特性基础上，在与社会生活环境相互作用的过程中，掌握社会规范，形成社会技能，学习社会角色，获得社会性需要、态度、价值，发展社会行为，适应社会环境的过程。

（一）亲社会行为的发展与教育（华东21名解；浙师20简答）

1. 亲社会行为的含义

亲社会行为是指有益于他人和社会的行为，包括助人行为、安慰、分享、合作等。个体亲社会行为发展的过程就是他们道德认识水平提高、道德情感丰富的过程。

2. 亲社会行为的发展阶段

表 2-1 亲社会行为发展的水平

水平	年龄段	阶段特征的描述
享乐主义、自我关注取向	学前儿童及小学低年级学生	关心自己，在对自己有利的情况下可能帮助他人
他人需求取向	小学生及一些正要步入青春期的少年	助人的决定是以他人的需求为基础的，不去助人时不会产生同情或内疚
赞许和人际关系取向	小学生及一些中学生	关心别人是否认为自己的利他行为是好的或值得称赞的，有好的或适宜的表现是重要的
自我投射的、移情的取向	一些小学高年级的学生及中学生	出于同情而关心他人，设身处地为他人着想
内化的法律、规范和价值观取向	少数中学生	是否助人的决定以内化的价值、规范和责任为基础，违反个人内化的原因将会损伤自尊

3. 影响亲社会行为的因素

（1）移情。指体验他人的情绪情感的能力。

（2）文化。对于利他行为的认可和鼓励存在着明显的文化差异。

（3）榜样。成人是影响儿童亲社会行为形成的主要榜样。

4. 亲社会行为的习得途径

（1）移情反应的条件化。亲社会行为使助人者感到愉快或减轻了移情的痛苦，因而强化了亲社会行为。

（2）直接训练。教师利用一切学习和游戏活动，引导并训练儿童在实践中表现出合作、谦让、共享等良好行为。

（3）观察学习。一方面，成人的亲社会行为会成为儿童学习的榜样，诱导出儿童相似的亲社会行为；另一方面，儿童经常受到榜样的引导，更有可能内化利他性原则，从而有助于利他倾向的发展。

（二）攻击行为的发展与教育（宁波21名解）

1. 攻击行为的含义

攻击行为是一种经常有意地伤害和挑衅他人的行为。这是儿童、青少年中比较常见的一种问题行为，对儿童、青少年的人格和品德的发展有着消极的影响，严重的甚至会导致儿童、青少年走向犯罪。

2. 攻击行为的分类

（1）按攻击行为的表现形式，可分为身体攻击、言语攻击和间接攻击。

①身体攻击，是指攻击者利用身体动作直接对受攻击者实施的攻击行为，如打人。

②言语攻击，是指攻击者通过口头言语直接对受攻击者实施的攻击行为，如骂人。

③间接攻击，指不是面对面地实施攻击行为，而是借助第三方间接对受攻击者实施攻击行为，主要表现为造谣、离间等。

（2）按攻击行为的起因，可分为主动型攻击和反应型攻击。

①主动型攻击，是指行为者在未受激惹的情况下主动发动的攻击行为，主要表现在物品的获取、欺负等情境中。

②反应型攻击，是指受到他人攻击或激惹后而做出的攻击反应，主要表现为愤怒、发脾气或失去控制等。

（3）按攻击行为的目的，可分为敌意性攻击和工具性攻击。

①敌意性攻击，是有意伤害别人的行为，其根本目的是打击、伤害他人。

②工具性攻击，是为了达到一定的非攻击目的（如获得某一物品）而伤害他人的行为，虽然不一定有伤害别人的想法，但是会伤害别人。

3. 改变攻击行为的方法

（1）消退法。对儿童的攻击行为用不加理睬的方法，使它们得不到强化而逐渐减少。

（2）暂时隔离法。为了抑制某种特定行为的发生，而让行为者在一段时间内得不到强化或远离强化刺激的一种行为干预方法。

（3）榜样示范法。利用榜样示范去改变儿童攻击行为有两种做法：①将有攻击行为的儿童置于无攻击行为的榜样当中，减少他们的攻击行为；②让有攻击行为的儿童观察其他儿童的攻击行为如何受到禁止或处罚。

（4）角色扮演法。利用该方法时要注意让他们扮演不同的角色。首先，让他们扮演攻击者的角色，并说出自己扮演此角色的心理感受；其次，让他们扮演被攻击者的角色，然后让他们说出自己扮演此角色的心理感受。多次互换角色，能够提高他们自我控制冲动的能力。

（三）同伴关系的发展及培养（浙师19论述）

1. 同伴关系及其作用

（1）含义。同伴关系是指个体在交往过程中建立和发展起来的一种个体之间的，特别是同龄人之间的一种人际关系。同伴关系存在于整个人类社会。

（2）作用。①有利于个体社会价值的获得、社会能力的培养以及健康人格的发展；②同伴可以满足个体归属与爱的需要和尊重的需要；③同伴交往为个体提供学习他人反应的机会；④同伴是为个体提供情感支持的来源。

2. 儿童友谊的发展

儿童友谊的发展表现在亲密性、稳定性和选择性等方面。塞尔曼通过研究，提出了儿童友谊的发展要经历五个阶段。

（1）阶段1：尚不稳定的友谊（3—7岁）。儿童还没有形成友谊的概念。儿童间的关系还不能称为友谊，而只是短暂的游戏同伴关系。

（2）阶段2：单向帮助关系（4—9岁）。儿童要求朋友能够服从自己的愿望和要求。如果顺从自己就是朋友，否则就不是朋友。

（3）阶段3：双向帮助关系（6—12岁）。儿童能相互帮助，但还不能共患难。儿童对友谊的交互性有一定的了解，但带有明显的功利性。

（4）阶段4：亲密的共享（9—15岁）。儿童发展了朋友的观念，认为朋友之间可以分享，朋友之间应相互信任和忠诚，同甘共苦。但此阶段朋友关系存在明显的排他性和独占性。

（5）阶段5：友谊发展成熟（12岁以后）。随着年龄的增长，儿童对朋友的选择性逐渐增强。由于选择朋友更加严格，所以一旦建立起来的朋友关系持续时间都比较长。

3. 如何促进同伴关系的良好发展

（1）开设相关课程，进行交往技能训练。通过引导学生了解、分析人际冲突的内在因素，使学生掌握非报复性冲突化解的原理与方法，培养其对冲突事件进行自我反省的态度，提高学生解决纷争的能力，帮助学生建立良好的同伴关系。

（2）丰富课堂教学交往活动。交往能力主要是在教学中形成发展起来的，教师应该注意为学生创造更多的交往机会，采用合作学习的方式增强课堂交往，以促进同伴关系的发展。

（3）组织丰富多彩的交往实践活动。让学生在真实情境中体验、学习各种交往技能，树立正确的交往观念，提高解决人际冲突的能力，最终在实践中学会交往。

（4）培养学生的亲社会能力。个体做出的亲社会行为越多，其同伴接纳程度越高，就越能发展出良好的同伴关系。因此，教师可以通过培养的亲社会行为来促进同伴关系的发展。

五 心理发展的差异性与教育 ★★

（东北19，宁波18简答）

心理差异是指人在认识、情感、意志等心理活动中表现出来的相对稳定而又不同于他人的心理特征方面的差异。

(一)认知差异与教育（杭师19，山师18名解；广师/河南17论述）

1. 认知水平的差异

认知水平的差异主要表现为智力水平的差异，而智力水平的差异又表现为智力发展水平的差异和智力发展速度的差异。

（1）智力发展水平的差异。

①智力发展水平的高低是通过智力测验所得到的智商来体现的。智商是智力年龄与实足年龄之间的比值。智商的计算公式为：智商＝智力年龄／实足年龄×100。

②智力按发展水平的高低，可以分为超常、正常和低常三种类型。一般认为，智商在130以上为超常，智商在70以下为低常，智商在100左右的为正常。

③一般来说，智力的发展是呈正态分布的，即智力超常和智力低常的人数极少，智力偏高和智力偏低的人次之，智力中等的人数最多。

（2）智力发展速度的差异。

智力的发展有早晚的差异：有的人天生聪慧，在很小的时候就表现出较高的智力水平；有的则是大器晚成，在很大年龄才表现出较高的智力水平。

2. 认知类型的差异

认知类型又叫认知风格，是人在信息加工的过程中所偏好的相对稳定的态度和方式。认知类型差异就是人们在感知、理解、记忆、思维等过程中采用的与众不同的方式。

（1）知觉类型的差异。

①根据知觉时分析和综合所占的比重，可分为分析型、综合型和分析—综合型。

分析型：善于分析，容易察觉事物的细枝末节，但对事物的整体感知较差。

综合型：善于概括，把握整体；不善于分析感知对象的局部。

分析—综合型：同时具有较强的分析能力和概括能力，是一种较为积极的类型。

②根据知觉受外界环境影响的程度，可分为场依存型与场独立型。

场依存型：受环境影响因素大，倾向于把外在参照系作为心理活动的依据。一般而言，场依存型者对人文学科和社会学科更感兴趣。

场独立型：不受或很少受环境因素影响，倾向于利用个体内在参照系（主体感觉）作为心理活动的依据。一般而言，场独立型者在数学与自然科学方面更为擅长。

（2）记忆类型的差异。

根据记忆过程中的知觉偏好，可分为视觉型、听觉型、动觉型和混合型。

①视觉型：主要通过视觉来学习，阅读、观察、记笔记等方式容易使他们吸取知识。

②听觉型：偏好以听的方式学习，对语言、音乐的接受能力和理解能力强。

③动觉型：好动，善于通过触摸物体，动手操作来学习。

④混合型：使用多种感觉通道相互协调配合。

（3）思维类型的差异。

①根据思维的概括性，可分为艺术型、思维型和中间型。

艺术型：具有知觉印象的鲜明性、记忆的形象性、高度的情绪易感性、想象的丰富性等特点。

思维型：具有较强的分析能力、概括能力和抽象思维能力，善于抽象、分析、逻辑推理。

中间型：兼有两者的特点，大多数人属于中间型。

②根据学习策略的差异，可分为整体型和序列型。

整体型：在面临问题时倾向于把问题视为一个整体，注重全面看问题，采取整体性策略。

序列型：在面临问题时倾向于把重点放在一个个的子问题上，一步一步地分析这些子问题。
③根据认知反应和情绪反应的速度，可分为冲动型和慎思型。
冲动型：在回答问题时很快就做出反应，但错误率较高，面对问题时急于求成。
慎思型：在做出回答前倾向于进行深思熟虑的、计算的、分析性的和逻辑的思考。

[拓展知识]

除以上分类方式，有学者根据学生对信息进行加工的深度，将认知方式分为深层加工和表层加工。深层加工是指深刻理解所学内容，将所学内容与更大的概念框架联结起来，以获取内容的深层意义。表层加工是指记忆学习内容的表面信息，不将它们与更大的概念框架联结起来。

3. 针对认知方式差异的教育

（1）教师必须帮助学生识别自己的认知类型。教师对学生认知方式的识别不仅仅在于调整自己的教学方法，还应帮助学生分析和认识自己的认知方式。

（2）教师要明确适应认知类型的两类教学策略，即匹配策略与失配策略。前者指与学习者认知风格一致的教学策略，后者指采取对学习者缺乏的认知风格进行弥补的教学策略。

（3）教师要调整自己的教学风格，提供多模式教学。学生认知方式的多样性要求教师必须改变自己单一的教学风格，采用各种教学方法，组织多样化的教学活动来满足和弥补不同学习者不同层次的需要。

（4）教师要针对学生在智力上的个别差异进行因材施教，采用按能力分组的形式，对智力不同水平的学生设置不一样的教育目标，选择不同的教育方式。

[拓展知识]

学习风格（华东19名解）

学习风格是指学习者在完成学习任务时所表现出来的一贯的、典型的、独具个人特色的学习策略和学习倾向。学习风格的心理因素包括认知、情感和意动三方面。学习风格的认知因素就是心理学家倾向于使用的认知风格。

（二）人格差异与教育

人格差异又称个性差异，是指个人在稳定的心理特征方面的差异，反映的是人格特征在个体之间所形成的不同品质。

1. 性格差异

主要表现为性格类型的差异，是指在某一类人身上共同具有的某些性格特质的组合，主要有以下两种：

（1）根据心理活动的倾向，可分为外向型和内向型。外向型的学生爱交朋友，乐于助人，对新鲜事物比较敏感，社会适应能力强；内向型的学生爱安静，不善交际，对新事物反应迟缓，社会适应力差。

（2）根据个人独立性的程度，可分为独立型和顺从型。独立型的人不容易受别人的暗示和环境的影响，独立能力强，有主见；顺从型的人容易受环境的影响，独立性差，无主见。

2. 气质差异

气质就是平常所说的脾气秉性，是表现在心理活动的强度、速度、灵活性与指向性的一种稳定的心理特征。心理学家把人的气质分为多血质、胆汁质、抑郁质和粘液质四种类型。一般认为，气质无好坏之分，每种气质都有其长处和短处。

表 2-2 四种气质类型

气质类型	活动类型	特点
多血质	兴奋型	热情大方，思维活跃，行动敏捷，善于交际，适应环境能力强；但注意力易分散，做事轻率不踏实，兴趣容易变化
胆汁质	活泼型	精力充沛，直爽热情，情绪产生快而强，能以极大的热情投入工作；但是常常缺乏耐心，难以坚持完成一项工作
抑郁质	抑郁型	情绪发生慢而强，反应速度慢，不善交往，易多愁善感；但情感细腻，观察细致，体验深刻，考虑问题比较周到，善于忍耐
粘液质	安静型	安静、稳重、反映性低，交际适度，自制力强，适于细心程序化的学习；但可塑性差，有些死板，缺乏生气

3. 针对人格差异的教育

（1）根据学生的性格类型进行因材施教。

（2）发挥集体的作用，学校中的校风、班风、学风等对学生的性格形成起着直接的促进作用。

（3）引导学生进行自我教育，性格教育要从被动向主动转变，让学生通过自我教育和自我调节将外在的教育影响转换为内在品质。

（4）学生的气质类型存在很大的差异，因此，教师要充分考虑学生的气质类型进行因材施教，发挥其气质中的积极方面，克服消极方面。

（三）性别差异与教育

性别差异是指男女两性的生理差异及在智力、人格和成就等方面的心理差异。

1. 智力的性别差异

（1）男女两性在智力发展的总体上是平衡的，男性智力分布的离散程度比女性大。

（2）男女两性在智力结构上表现出不平衡性。

（3）男女智力差异发展变化具有年龄倾向。

（4）智力差异取决于遗传、环境和教育等许多因素的影响，特别是环境和教育的影响。

2. 人格和行为上的性别差异

（1）性格特征。小学阶段男女学生的性格特征并无显著的性别差异，但到了中学阶段，学生逐渐形成了对现实的稳固的态度和习惯了的行为方式，并表现出性别差异。

（2）学习兴趣。一般来说，小学男生对数学、体育和美术的兴趣超过女生；女生对语文、英语和音乐的兴趣超过男生。中学男生对数学、物理、化学等理科的兴趣超过女生，女生对语文、外语、政治、历史等文科的兴趣超过男生。

（3）学习动机。小学阶段，女生在成就性动机、认知性动机上都显著高于男生；男生在附属性动机上显著高于女生。中学阶段，男生成就性动机显著高于女生，女生的成功性因素、认知性动机中的获取知识因素显著高于男生；威信性动机和班级威信因素女生略高于男生，他人尊重、社会影响因素男生略高于女生，附属性动机和执行教师要求、挣大钱因素男生显著高于女生。

（4）学习归因。一般来说女生比男生更容易把失败的原因归结为自己内部的因素，如努力程度不够、自己的学习能力较低等。男生则更多地归结为外部环境的因素，如学习内容太困难、学习任务重、教师教学方法有问题等。

3. 依据性别差异的教育

（1）改变不同性别学生的性格局限，培养积极兴趣，提高多种能力。男女生的性格，各有所长，各有所短，要教育他们以人之长，补己之短，发扬优点，弥补缺点。

（2）改变传统观念，对男女学生一视同仁，彻底改变男尊女卑的思想。

【名校真题】

名词解释

1. 心理发展（华南师范大学 2018）
2. 最近发展区（华东师范大学 2021）
3. 同化（中央民族大学 2017）
4. 图式（苏州大学 2021）
5. 亲社会行为（华东师范大学 2021）
6. 认知风格（杭州师范大学 2019）

简答题

1. 简介儿童青少年的身体发展、认知发展和人格发展的关系（宁波大学 2018）
2. 皮亚杰发展原理对教育的影响（宁夏大学 2020）
3. 简述埃里克森社会发展理论的主要观点（北京师范大学 2020）
4. 亲社会行为习得的途径（浙江师范大学 2020）
5. 简述学习者的个体差异（东北师范大学 2019）

论述题

1. 维果茨基的"最近发展区"在教学中应该如何发挥作用（湖南师范大学 2018）
2. 论述科尔伯格的道德发展理论（华南师范大学 2020）
3. 结合儿童友谊发展的五阶段理论，论述同伴关系的发展及其配演策略（浙江师范大学 2019）

第三章 学习及其理论

考频分析

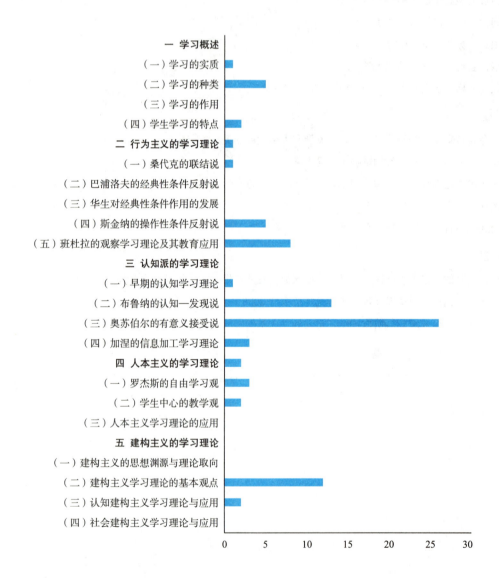

章节框架

学习及其理论
- 学习概述
  - 学习的实质
  - 学习的种类
  - 学习的作用
  - 学生学习的特点
- 行为主义的学习理论
  - 桑代克的联结说
  - 巴甫洛夫的经典性条件反射说
  - 华生对经典性条件作用的发展
  - 斯金纳的操作性条件反射说
  - 班杜拉的观察学习理论及其教育应用
- 认知派的学习理论
  - 早期的认知学习理论
  - 布鲁纳的认知—发现说
  - 奥苏伯尔的有意义接受说
  - 加涅的信息加工学习理论
- 人本主义的学习理论
  - 罗杰斯的自由学习观
  - 学生中心的教学观
  - 人本主义学习理论的应用
- 建构主义的学习理论
  - 建构主义的思想渊源与理论取向
  - 建构主义学习理论的基本观点
  - 认知建构主义学习理论与应用
  - 社会建构主义学习理论与应用

一 学习概述 ★★★

（一）学习的实质（宁夏17名解）

学习是个体在特定情境下由于练习或反复经验而产生的行为或行为潜能的比较持久的变化，具有以下几个特点：

（1）学习是由反复经验引起的。
（2）学习导致行为或行为潜能的变化且这种变化是相对持久的。
（3）行为的变化并不等同于学习的存在。
（4）学习所带来的行为变化往往要通过行为表现出来，但学习与表现不能等同。
（5）学习是一个广义概念，它不仅是人类普遍具有的，也是动物所具有的。

（二）学习的种类（苏大21，宁波19简答）

1. 学习主体分类

（1）根据参与学习的主体，可分为动物学习、人类学习和机器学习。
（2）根据主体的活动状况，可分为接受学习和发现学习。

接受学习：在教师指导下，学习者通过教师的传授和自己的主动建构接受事物意义的学习。

发现学习：在主体的活动中通过对现实能动地反映及发现创造，构建起一定的经验结构的学习。

2. 学习水平分类

加涅根据学习的繁简水平不同，将学习分为八类：

（1）信号学习：个体学习对某种信号做出某种反应，其过程是刺激—强化—反应（经典性条件作用）。

（2）刺激—反应学习：在一定情境下，个体做出反应，然后得到强化，其过程是情境—反应—强化（操作性条件作用）。

（3）连锁学习：一系列刺激—反应的联合。

（4）言语联想学习：由言语单位所联结的一系列刺激—反应的联合。

（5）辨别学习：个体学会识别多种刺激的异同，并对它们做出不同的反应。

（6）概念学习：个体对刺激进行分类时，学会对一类刺激做出同样的反应。

（7）规则的学习：规则指两个或两个以上概念的联合，规则学习则是个体了解两个或两个以上概念之间的关系。

（8）解决问题的学习：个体使用所学规则解决问题。

3. 学习性质分类

奥苏伯尔等人根据两个维度对认知领域的学习进行了分类：

（1）根据主体所得经验的来源不同，将学习分为接受学习和发现学习。

（2）根据主体所得经验的性质不同，即学习材料和学习者原有知识经验的关系的不同，将学习分为意义学习和机械学习。

这两个维度互不依赖，彼此独立，且每个维度存在着许多过渡形式，其具体组合可见图3-1。

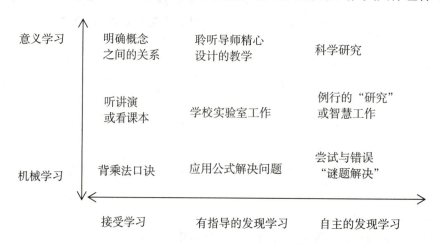

图 3-1 有意义学习、机械学习、发现学习、接受学习的例子

4. 学习结果分类

加涅认为学习结果就是各种习得的能力或性情倾向，可以分为五种类型：

（1）言语信息的学习：指有关事物的名称、时间、地点、定义以及特征等方面的事实性信息，帮助学生解决"是什么"的问题。

（2）智力技能的学习：也叫智慧技能或心智技能，指个体习得运用符号或概念与环境交互作用的能力，主要解决"怎么做"的问题。智慧技能定向于学习者的外部环境。

（3）认知策略的学习：指个体调控自己注意、学习、记忆和思维等内部心理过程的技能。认知策略支配着在对付环境时自身的行为，即内在的东西。

（4）态度的学习：态度影响个体行为选择的内部状态。态度的学习就是通过学习获得一种相对稳定的影响个人行为选择的内部状态的过程。

（5）动作技能的学习：指个体通过身体动作的质量（敏捷、准确、有力和连贯等）不断改善而形成的整体动作模式，又称为运动技能。

5. 学习的意识水平分类（福师 21，浙师 19，宁夏 17 名解）

（1）内隐学习：是指机体在与环境接触的过程中不知不觉地获得了一些经验并因之改变其事后某些行为的学习，是一种产生抽象知识、平行于外显学习方式的无意识加工。

（2）外显学习：是指有意识的、明确需要付出心理努力并需按照规则做出反应的学习，如学习物理中的牛顿运动定律。

6. 正式学习与非正式学习

（1）正式学习：是指在学校的学历教育和工作后的继续教育中发生的学习，是通过课程、教学等形式进行的。

（2）非正式学习：是指由学习者在自主的、非正式的学习时间和场合，通过非教学性质的社会交往而进行的学习。

7. 学习内容分类

（1）知识的学习；（2）技能学习；（3）道德品质或行为习惯的学习。

（三）学习的作用

（1）学习是机体和环境取得平衡的条件。人不仅要适应环境，而且还要改造环境，使环境更好地为人类服务，这就更需要学习。

（2）学习可以影响成熟。个体的生理结构和机能为学习提供了可能性，但同时，如果个体的生理结构得不到使用的话，其机能就会消退。没有环境的刺激作用及学习活动，正常的成熟是不可能的。

（3）学习能激发人脑智力的潜力，从而促进个体心理的发展。

（四）学生学习的特点（上师 20，扬大 18 简答）

（1）接受学习是学习的主要形式。学生的学习是在教师的指导下有目的、有计划、有组织、有系统地进行的，是在较短时间内接受前人所积累的文化科学知识，并以此促进自己发展和完善的过程。

（2）学习过程是主动构建的过程。学生的学习必须通过一系列的主动构建活动来接受信息，形成经验结构或心理结构，这意味着学习是主动构建意义的自主活动，而不是被动地接受刺激。

（3）学习内容的间接性。在经验传递系统中，学生主要是接受前人的经验，而不是亲自去发现经验，因此，所获得的经验具有间接性。

（4）学习的连续性。学生的学习是一个连续的过程，这表现在前后学习相互关联。当前的学习与过去的学习有关，同时也将影响以后的学习。

（5）学习目标的全面性。学生的学习不但要掌握知识经验和技能，还要发展智能，以及形成行为习惯、培养道德品质、促进人格发展。

（6）学习过程的互动性。学生的学习是相互作用的过程。师与生、生与生之间的互动质量对学习质量有十分明显的影响。

二 行为主义的学习理论★★★★

（宁夏21简答）

（一）桑代克的联结说（杭师19简答）

桑代克是美国第一个系统地论述教育心理学的心理学家，被誉为现代教育心理学的奠基人。他创立了学习的联结—试误说。著名的实验是饿猫打开迷笼实验。

1. 实验：饿猫打开迷笼

桑代克将一只饿猫关在他专门设计的实验迷笼里（图3-2），箱门紧闭，在外面放一条鱼，迷笼内有一个开门的开关，碰到这个开关门就会开启。饿猫要冲出门去吃鱼，必须踩到开门的机关。经观察，刚放入笼中的饿猫以各种方式想逃出迷笼，在这些努力和尝试中，它会无意踩到机关最终使门打开。把猫多次放回笼中后，发现饿猫的无效动作越来越少，逃出笼子的速度越来越快。经过反复尝试，最终饿猫能够在一入迷笼就会立即以一种正确的方式去触及开关打开门。这时，饿猫就学会了做出成功的反应，抛弃了不成功的反应，自动形成了迷笼刺激情境与触及开门机关反应之间的联结。

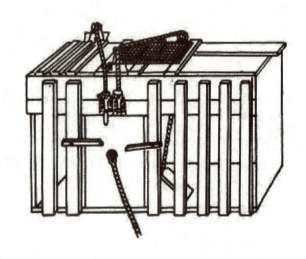

图 3-2 桑代克迷笼

2. 基本规律

（1）学习的实质在于形成一定的联结。桑代克认为学习即联结，联结是指某情境仅能唤起某些反应，而不能唤起其他反应的倾向。他认为，学习—刺激与反应的联结的形成是通过渐进的尝试与错误，按一定的规律形成的。

（2）三大学习律。

①准备律：个体在学习开始时存在预备定势。个体有准备又有活动就感到满意，有准备而不活动就感到烦恼，个体无准备而强制活动也会感到烦恼。

②练习律：指重复一个学会了的反应，将增强刺激—反应之间的联结，这种联结被练习和使用得越多就变得越强，反之变得越弱。在后来的著作中修改为没有奖励的练习是无效的，联结只有通过有奖励的练习才能增强。

③效果律：在一个情境中，一个动作如果被跟随着一个满意的变化，那么在类似的情境中这个动作重复的可能性将增加；如果被跟随的是一个不满意的变化，那么这个行为重复的可能性将减少。个体当前行为的后果对决定其未来的行为起着关键作用。

3. 对教育的启示

（1）效果律指导人们使用一些具体奖励，如小红花、口头表扬等；练习律指导人们通过大量的重复、练习和操练来训练学生。

（2）中小学生的学习也是通过尝试与错误的过程获得的。在学习过程中，教师应该允许学生犯错误，并鼓励学生从错误中进行学习，这样获得的知识也许能更加长久保持。

（3）在实际教育过程中，教师应努力使学生获得自我满意的积极结果，防止一无所获或得到消极后果。同时，应注意在学习过程中加强合理的练习，并注意在学习结束后及时地进行练习。此外，任何学习都应该在学生有准备的状态下进行。

（二）巴甫洛夫的经典性条件反射说

巴甫洛夫是俄国生理学家，通过对动物的实验研究最早提出了经典性条件作用。其中最著名的实验是狗分泌唾液的实验。

1. 实验：狗分泌唾液实验

如图3-3，把食物呈现给狗，并测量其唾液的分泌。实验时，当铃声响起后就紧接着喂食，重复若干次后，即使没有食物，只要听到铃声，狗也会分泌唾液。这表明铃声与分泌唾液之间形成了联结，分泌唾液是对铃声的一种条件反射，即一个原来对分泌唾液中性（无作用）的刺激（铃声）能够达到一个原来就能引起某种反应（分泌唾液）的刺激（食物）的作用，从而使动物学会对中性刺激（铃声）做出反应（分泌唾液）。其中食物叫做<u>无条件刺激（US）</u>，由食物引起唾液分泌叫做<u>无条件反应（UR）</u>。铃声原来是一种<u>中性刺激（NS）</u>，和食物在时间上多次结合后，形成了<u>条件刺激（CS）</u>，仅由铃声引起唾液叫做<u>条件反射（CR）</u>。

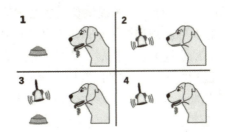

图3-3 巴甫洛夫经典性条件作用实验图

2. 基本规律

（1）习得、强化、消退。

①<u>习得</u>。通过条件刺激反复与无条件刺激相匹配，从而使个体学会对条件刺激做出条件反应的过程。条件刺激和无条件刺激必须同时或近于同时呈现，且条件刺激必须先于无条件刺激呈现，否则难以建立联系。

②<u>强化</u>。在习得的过程中，条件刺激和无条件刺激在时间上的结合就称为强化。

③<u>消退</u>。条件作用建立以后，如果多次只给条件刺激而不用无条件刺激加以强化，条件反应强度将逐渐减弱，最后将完全不出现。这种现象被称为消退。

（2）<u>泛化</u>。是指条件作用形成后，机体对与条件刺激相似的刺激作出条件反应，如"一朝被蛇咬，十年怕井绳。"

（3）<u>分化</u>。条件作用形成后，个体只对条件刺激做出条件反应，而对其他相似的刺激不做出条件反应，这就是分化。

（4）<u>高级条件作用</u>。中性刺激一旦成为条件刺激，就可以起到与无条件刺激相同的作用。另一个中性刺激与其反复结合，可形成新的条件作用，这一过程称为高级条件作用。

（5）第一信号系统和第二信号系统。

第一信号系统的刺激：能够引起条件反应的物理性的条件刺激。

第二信号系统的刺激：能够引起条件反应的以语言符号为中介的条件刺激，如"谈虎色变"。

（三）华生对经典性条件作用的发展

华生是美国第一个将巴甫洛夫的研究作为学习理论基础的心理学家，是行为主义的创始人。他认为人类出生时只有几个反射（膝跳反射、打喷嚏等）和情绪反应（惧、爱、怒等），所有其他行为都是通过条件作用建立新的刺激—反应（S—R）联结而形成的。著名的实验是婴儿恐惧形成实验。

（1）实验过程。华生首先让一个只有11个月大的婴儿接触一个小白兔，婴儿毫无惧怕反应，然后兔子出现后紧接着出现一声使婴儿害怕的巨响，经过多次结合，仅出现小白兔也会引起婴儿害怕的反应，甚至对任何毛绒的东西都感到害怕。

（2）实验结论。学习就是以一种刺激替代另一种刺激建立条件作用的过程。学习的实质就是通过建立条件作用形成刺激与反应之间联结的过程，从而形成习惯。习惯的形成遵循近因律和频因律。近因律是指当反应频繁发生时，最新近的反应比较早的反应更容易得到强化；频因律是指在其他条件相等的情况下，某种行为练习得越多，习惯就形成得越快。

（四）斯金纳的操作性条件反射说（宁波21，华中19，云师18，北师/天师17名解）

斯金纳是美国著名的新行为主义心理学家，他在桑代克的联结主义学习理论的基础上创设了"斯金纳箱"，提出了操作性条件反射。

1. 实验：斯金纳箱

斯金纳箱内装有一杠杆（踏板），杠杆和另一提供食丸的装置连接。实验时将饥饿的白鼠置于箱内，白鼠在箱内自由活动，当它偶然触碰到杠杆时，供丸装置里就会自动落下一颗食丸。经过几次尝试，它会不断地按压杠杆，直到吃饱为止。同时，箱外的记录器记下白鼠按压杠杆和得到食物的详细情况。在这一实验中，白鼠学会了按压杠杆以获取食物的反应，刺激情境（杠杆S）和压杆反应（获得食物R）之间形成固定的联系，形成了操作性条件反射。另外，按压杠杆变成了取得食物的手段或工具，因此，操作性条件反射又称工具性条件反射。

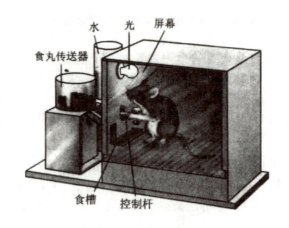

图3-4 斯金纳箱

2. 行为分类

（1）应答性行为（经典性条件作用），是由已知的刺激引起的，机体被动地对环境刺激做出反应，如巴甫洛夫的经典性条件作用的行为。

（2）操作性行为（操作性条件作用），是由机体自身发出的，最初是自发的行为，如吹口哨等，这些行为由于受到强化而成为在特定情境中随意的或有目的的操作，机体主动地对环境产生这些操作以达到对环境的适应。

3. 基本规律

（1）强化。凡是能增强反应概率的刺激和事件都叫强化，可分为正强化和负强化。

①正强化：通过呈现愉快刺激增强反应概率。

②负强化：通过消除厌恶刺激来增强反应概率。

（2）逃避条件作用与回避条件作用。

①逃避条件作用：指当厌恶刺激或不愉快情境出现时，机体做出某种反应，从而逃避了厌恶刺激或不愉快情境，则该反应在以后的类似情境中发生的概率便增加。

②回避条件作用：指当预示厌恶刺激或不愉快情境即将出现的刺激信号出现时，机体自觉地做出某种反应，从而避免了厌恶刺激或不愉快情境的出现，则该反应在以后的类似情境中发生的概率也会增加。

（3）惩罚与消退。

①惩罚：指当有机体做出某种反应以后，呈现一个厌恶刺激或不愉快刺激，降低该反应发生的概率。可分为正惩罚和负惩罚。

正惩罚：通过呈现厌恶刺激而降低反应概率。

负惩罚：通过消除愉快刺激而降低反应概率。

②消退：当有机体做出以前曾被强化过的反应，如果在这一反应之后不再有强化物相伴，那么这一反应在今后发生的概率便会降低。

表 3-1 强化与惩罚的区分

	增强反应概率	降低反应概率
呈现刺激	正强化：呈现愉快刺激，如表扬	正惩罚：呈现厌恶刺激，如关禁闭
消除刺激	负强化：消除厌恶刺激，如免做家务	负惩罚：消除愉快刺激，如禁用手机

4. 教育应用：程序教学与行为矫正

（1）程序教学：指通过教学机器呈现程序化教材而进行自学的一种方法。它把一门课程学习的总目标分为几个单元，再把每个单元分成许多小步子。学生在学完每一步骤的课程后，就会马上知道自己的学习结果，即能得到及时强化，然后按顺序进入下一步的学习。

（2）行为矫正：指通过逐步强化可以塑造儿童的良好行为，通过消退则可以消除儿童的不良行为，通过不给予强化来减少某类行为出现的可能性。

5. 连续渐进法与塑造

斯金纳设计了连续渐进法，用以研究包括一连串反应的学习，使用的程序是：先把要求个体学习的目标行为列出来并进行分解，在每一次完成分解动作时，都及时给予奖励（强化）。用此种类似分解动作的方式循序渐进，最后将多个反应连贯在一起形成复杂行为的方法，称为"塑造"。

6. 对教育的启示

根据操作性条件作用说，在教育过程中，教师应多用正强化的手段来塑造学生的积极行为，用不予以强化的方法来消除消极行为，并应慎重地对待惩罚，因为惩罚只能让学生明白什么不能做，并不能让学生知道什么能做和应该怎么做。

[拓展知识]

普雷马克原理

普雷马克原理即用高频的活动作为低频活动的强化物，或者说用学生喜欢的活动去强化学生不喜欢的活动。例如："你吃完这些青菜，才可以吃鸡腿"。这一原则有时也叫做祖母的法则：首先做我要你做的事情，然后才可以做你想做的事情。

（五）班杜拉的观察学习理论及其教育应用

（北师/华东19，天师/扬大/江苏17名解；青岛21简答；华中21，贵师18论述）

班杜拉是社会学习理论、社会认知理论的奠基人，著名的实验是赏罚控制实验。

1. 实验：赏罚控制实验

实验一：班杜拉首先让儿童观察成人榜样对一个充气娃娃拳打脚踢，然后把儿童带到一个放有充气娃娃的实验室，让其自由活动，并观察他们的行为表现。结果发现，儿童在实验室里对充气娃娃也会拳打脚踢。这说明，成人榜样对儿童行为有明显的影响。

实验二：对上述实验做了进一步的延伸，试图了解榜样攻击行为的奖惩后果是否影响儿童攻击行为的表现。实验中，把儿童分为三组，首先让儿童看到电影中的成年男子的攻击行为。在影片结束后，第一组儿童看到成人榜样被表扬，第二组儿童看到成人榜样被批评，第三组儿童看到成人榜样既不受奖也不受罚。然后，把三组儿童都带到一间游戏室，里面有成人榜样攻击过的对象。结果发现，榜样受奖组儿童的攻击性最强，榜样受罚组儿童攻击性最少，控制组居中。这说明榜样攻击行为所导致的后果是儿童是否自发模仿这种行为的决定因素。

实验三：为了回答是否榜样受奖组的儿童比榜样受罚组的儿童习得了更多的攻击行为这个问题，在上述三组儿童看完电影回到游戏室时，以提供糖果作为奖励，要求儿童尽可能地回忆榜样行为并付诸行动，结果发现三组儿童的攻击行为水平几乎一致。这说明榜样行为所导致的后果只是影响儿童攻击行为的表现，而对攻击行为的学习几乎没有影响。

2. 观察学习理论

观察学习是一种间接学习的形式，人类的大多数行为是通过观察而习得的，人们通过观察他人的行为及其后果，可获得榜样行为的符号表征和经验教训，并可引导观察者今后的行为。其基本过程如下：

（1）注意过程。注意过程影响观察者对榜样行为的探索和知觉过程，决定观察者的观察内容。影响注意过程的因素有：榜样行为的特性、榜样的特征和观察者的特征。

（2）保持过程。保持过程使观察者将示范行为以某种形式储存在头脑中以便今后可以指导操作。示范信息的保持主要依赖两种符号系统——表象系统和言语系统。影响保持过程的因素有：注意过程的效果、榜样呈现的方式和次数以及观察者自身记忆能力、动机等。

（3）复制过程（动作再现过程）。观察者以内部表征为指导，将榜样行为再现出来。影响复制过程的因素有：观察的有效性、从属反应的有效性、反馈的及时性和准确性以及自我效能感。

（4）动机过程。动机过程决定个体复现榜样行为的具体内容，换言之，决定哪一种经由观察习得的行为得以表现。动机过程存在着三种强化：

①直接强化，指在模仿行为之后直接给出的强化，为学习者提供信息和诱因。

②替代性强化，指观察者因看到榜样受强化而受到的强化。

③<u>自我强化</u>，指观察者依照自己的标准对行为作出判断后而进行的强化。

3. 社会认知论

班杜拉认为，儿童通过观察他们生活中重要人物的行为而习得社会行为。这些观察以心理表象或其他符号表征的形式存储在大脑中，来帮助他们模仿行为。

4. 交互作用论

班杜拉认为，学习不但要受外部环境的影响，而且也要受到个人的认知调节和自我调节。他强调人的行为是内部因素和外部环境相互作用的产物，坚持多因素相互作用共同决定行为的观点。交互作用论认为，个人、环境和行为是相互影响、彼此联系的，形成了相互作用的系统，三者影响力的大小取决于当时的环境和行为的性质。

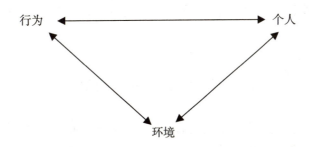

图3-5　个人、行为和环境之间的交互决定关系

5. 观察学习理论的教育应用

（1）<u>教授新行为、技能、态度和情感</u>。教师需要将所期望的行为、技能、态度和情感以明确外显的方式示范出来，并对学生的模仿予以强化。同时，教师也要注意发挥自身的榜样作用，用自身对世界的好奇心、对本学科的热爱以及对学习的热情等感染学生。

（2）<u>监控学生习得行为的表现</u>。教师需要在创造榜样的同时，对良好的行为给予及时的表扬和鼓励，对错误的行为则给予批评和教育。

（3）对学生道德行为的养成具有现实指导意义。在该理论的基础上创建的认知行为矫正法在心理咨询和心理治疗中也得到广泛应用。

6. 评价

班杜拉的社会学习理论揭示了人类的一种极为普遍的学习方式。多因素相互作用，共同决定行为的观点，以及注重观察、模仿、自我效能感在学习中的作用等思想，不论是在行为习惯和道德品质的形成方面还是在语言知识及人际交往技能的学习方面，都有着很重要的指导作用和参考价值。

三　认知派的学习理论★★★★★

（一）早期的认知学习理论（江苏19名解）

1. 格式塔学派：完形—顿悟说

（1）代表实验：苛勒的黑猩猩顿悟实验。

（2）具体观点：在格式塔心理学家看来，学习就是知觉的重新组织。人在认知活动中需要把感知到的信息组织成有机的整体，在头脑中构造和组织一种格式塔（或称为完形），对事物、情境的各个部分及其相互关系形成整体理解，而不是对各种经验要素进行简单的集合。这一过程不是渐进的试误的过程，而是顿悟。也就是通过对问题情境的观察，理解它的各个部分的构成及其相互关系，分析出制约问题解决的各种条件，从而发现通向目标的途径。

2. 托尔曼：符号学习理论

（1）代表实验：白鼠学习方位迷宫的实验。

（2）具体观点：①学习是有目的的行为，而不是盲目的。②学习是对"符号—完形"的认知。③在外部刺激（S）和行为反应（R）之间存在中介变量（O）。④潜伏学习：动物未获得强化前学习已出现，只不过未表现出来，这种在无强化条件下进行的学习称为潜伏学习。

（二）布鲁纳的认知—发现说（扬大20，南师18名解；宁波20，苏大18，中央民族17简答；天师21论述）

布鲁纳是美国著名的认知教育心理学家，提倡发现学习，主张学习的目的在于采用发现学习的方式，使学科的基本结构转变为学生头脑中的认知结构。因此他的理论被称为发现学习论。

1. 认知学习观

（1）认知表征系统。

布鲁纳把智慧生长（认知生长）看作形成表征系统的过程，他认为人类的智慧生长经历了三种表征系统阶段：

①动作表征。该阶段大致相当于皮亚杰的感觉运动阶段，儿童通过作用于事物来学习和再现它们，以后能通过合适的动作反应再现过去的事物。

②映象表征。相当于皮亚杰的前运算阶段，儿童开始形成图像或表象去表现在他们的世界中所发生的事件。

③符号表征。大致相当于皮亚杰前运算阶段的后期及以后的阶段。儿童能够通过符号再现他们的世界，最重要的符号是语言。

（2）学习的实质。

学习的实质是主动形成认知结构。所谓认知结构就是编码系统，是"一组相互关联的、非具体性的类别"，它是人用以感知外界的分类模式，是新信息借以加工的依据，也是人的推理活动的参照框架。

布鲁纳十分强调学习的主动性和认知结构的重要性，他认为，学习者不是被动地接受知识，而是主动地获取知识，并通过把新获得的知识和已有的认知结构联系起来，积极地建构其知识体系。

（3）学习的过程。

学习包括获得、转化和评价三个过程。学习活动首先是新知识的获得；获得新知识以后还要对它进行转化，运用各种方法将它们变成另外的形式，以适合新任务，并获得更多的知识；评价是对知识转化的一种检查，通过评价可以核对我们处理知识的方法是否适合新的任务，或者运用得是否正确。

2. 结构教学观

（1）教学的目的在于理解学科的基本结构。

学科知识结构就是某一学术领域的基本观念，不仅包括一般原理，还包括学习的态度和方法，掌握有关某一知识结构就是理解它与许多其他事物之间有意义的联系。学习学科的基本结构的必要性包括：促进理解、利于记忆、增强迁移、引导知识体系形成。

（2）发现学习的准备性。

布鲁纳认为任何一门学科最基本的观念是既简单又强有力的，他提出任何学科的基础都可以用某种适当的形式教给任何年龄的任何人，主张向儿童提供具有挑战性但又合适的机会使其发展步步向前，引导儿童智慧发展。

（3）培养直觉思维。

布鲁纳认为直觉思维、预感的训练是正式的学术学科和日常生活中创造性思维的重要特征，他指出鼓励猜想在培养直觉思维中的重要性。

（4）激发内在动机。

布鲁纳强调学习是一个主动的过程，主张教师要使学生主动地参加到学习中去，并且体验到有能力掌控他的外部世界，以此来激发学生的内在学习动机。

（5）学科基本结构的教学原则。

①<u>动机原则</u>。布鲁纳认为，内部动机是维持学习的基本动力。学生具有三种最基本的内在动机，即好奇内驱力、胜任内驱力和互惠内驱力。

②<u>结构原则</u>。为了使学习者容易理解教材的一般结构，教师必须采取最佳的知识结构进行传授。布鲁纳认为任何知识结构都可以用动作、图像和符号三种表征方式来呈现。

③<u>程序原则</u>。布鲁纳认为，教学就是引导学习者有条不紊地陈述一个问题或大量知识的结构，以提高他们对所学知识的掌握、转化和迁移的能力。

④<u>强化原则</u>。为了提高学习效率，学习者还必须获得反馈，知道结果如何。教学规定适当的强化时间和步调是学习成功重要的一环。

3. **发现学习**（苏大21/18，青岛19，华东/华中17名解；宁波19简答）

（1）概念。

发现学习是指学生在学习情境中，经过自己探索寻找，从而获得问题答案的一种学习方式，布鲁纳所说的发现不只限于寻求人类尚未知晓的事物的行为，也包括用自己的头脑亲自获取知识的一切形式。

（2）教学阶段。

①<u>提出问题</u>。教师创设问题情境，使学生在这种情境中发现其中的矛盾，提出问题。

②<u>做出假设</u>。教师促使学生利用提供的某些材料，针对所提出的问题提出解答的假设。

③<u>验证假设</u>。学生用理论或者通过实验数据检查自己的假设。

④<u>形成结论</u>。学生根据实验获得的一些材料或结果，在仔细评价的基础上引出结论。

（3）优点。

①<u>有利于提高智力的潜力</u>。学习者自己提出解决问题的探索模型，学习如何对信息进行转换和组织，使他能超越这一信息。

②<u>有利于使外部奖赏向内部动机转移</u>。通过发现例子之间的关系而学习一个概念或原则，比起给予学习者这一概念或原则的分析性描述来更能让学生从学习过程中得到较大的满足。

③<u>学会将来进行发现的最优方法和策略</u>。如果某人具有有效发现过程的实践，他就能最好地学到如何去发现新信息。

④<u>帮助信息的保持和检索</u>。布鲁纳认为，按照一个人自己的兴趣和认知结构组织起来的材料就是最有希望在记忆中"自由出入"的材料。

（4）局限。

①完全放弃知识的系统讲授，而以发现法教学来替代，夸大了学生的学习能力，忽视了知识学习活动的特殊性。

②布鲁纳认为"任何科目都可以按某种适当的方式教给任何年龄的任何人"，这是无法实现的。

③<u>发现法运用范围有限</u>。从<u>学习主体</u>来看，真正能够用发现法学习的只是极少数学生；从<u>学科领域</u>来看，发现法只适合自然科学某些知识的教学，对于文学、艺术等以情感为基础的学科不是完全适用；从<u>执教人员</u>来看，发现法教学没有现成方案，过于灵活，对教师知识素养和教学机智等要

求很高；从效率来看，发现法耗时过多，不经济，不适合于在短时间内向学生传授一定数量的知识和技能的集体教学活动。

> [拓展知识]
>
> 《教育过程》（杭师21名解）
>
> 1960年，布鲁纳撰成了《教育过程》一书。该书体现了美国20世纪60年代课程改革运动的核心思想——布鲁纳的结构课程论。该书提出了"学科的基本结构"，即将各学科的基本概念、原理和方法当作教学的中心，认为学习的准备主要取决于教材和呈现教材内容的方式，所有学科的基本概念都可以以某种有效的方式教给任何年龄阶段的儿童，并在课程编制上采用"螺旋形课程"。

（三）奥苏伯尔的有意义接受说

（陕师21/17，湖师21/19，宁夏21，华南/海师20，山师20/17，扬大/苏大19，江苏18，川师17名解；北师/中央民族/福师/青岛20，扬大/山师17简答；扬大/杭师20，东北19，上师19/17，南师18，华东17论述）

奥苏伯尔是和布鲁纳同时代的美国著名教育心理学家，他在教育心理学中最重要的一个贡献是他对意义学习的描述。

1. 有意义学习的实质和条件

（1）有意义学习的实质。有意义学习就是符号所代表的新知识与学习者认知结构中已有的适当观念建立非任意的和实质性的联系。有意义学习的类型包括表征学习、概念学习和命题学习。

①非任意的联系是指新知识与认知结构中有关观念存在某种合理的或逻辑上的联系。

②实质性的联系是指新的符号或观念与学习者认知结构中已有的表象、已经有意义的符号、概念或命题的联系，是一种非字面的联系。

（2）有意义学习的条件。

①有意义学习的材料必须具有逻辑意义，这种逻辑意义指的是材料本身在人的学习能力范围内而且与有关观念能够建立非任意的和实质性的联系。

②学习者必须具有有意义学习的心向，也就是积极主动地把新知识与认知结构中原有的适当知识加以联系的倾向。

③学习者认知结构中必须具有适当的知识，以便与新知识进行联系。

④学习者必须积极主动地使这种具有潜在意义的新知识与他认知结构中有关的原有知识发生相互作用，使原有知识得到改造，新知识获得实际意义，即心理意义。

2. 认知同化理论

奥苏伯尔的认知同化理论认为，有意义学习是通过新信息与学生认知结构中已有的有关观念相互作用而发生的，这种相互作用导致了新旧知识有意义的同化。根据新旧观念的概括水平及其联系方式的不同，奥苏伯尔提出了三种认知同化过程。

（1）影响认知同化的因素。

①固着观念。指认知结构中对新知识起固定作用的适当观念。如学生在学习了"力"的概念之后就可以更好地理解"浮力"的特征和规律。

②可辨别性。指新材料与原有观念之间区别的程度。

③清晰稳定性。认知结构中的固着观念是否清晰、稳定也影响学生能否对新旧观念作出区分。

（2）同化模式。

①下位学习。又称类属学习，是指学习者认知结构中原有的观念在包摄和概括的水平上高于新

知识，在新旧知识之间构成一种类属关系。可以分为两种类型：

派生类属学习，即新知识是学习者认知结构中原有观念的特例。如学生先掌握水果的概念，再学习新的概念荔枝。

相关类属学习，即新知识的纳入使得原有的观念得到扩展、深化、精致或限制。如学生已经形成了自然数的概念，当新的概念负数纳入后，原有的自然数的概念扩展为有理数。

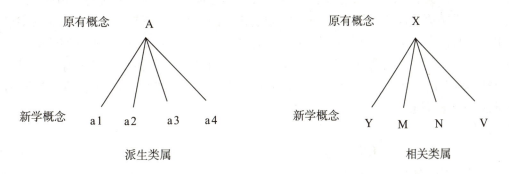

图 3-6 下位学习

②上位学习。又称总括学习，是指学习者在已形成若干观念的基础上学习包摄程度更高的知识。如学生熟悉了胡萝卜、菠菜这些概念之后再学习蔬菜这一概念。

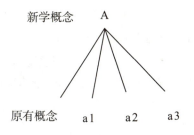

图 3-7 上位学习

③组合学习。又称并列学习，指新概念或新命题与认知结构中的观念不产生下位关系又不产生上位关系时，它们之间可能存在组合关系。这种只能凭借组合关系来理解意义的学习就是组合学习。如质量与能量、热与体积、遗传与变异等都属于组合学习。

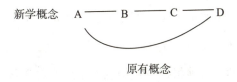

图 3-8 组合学习

3. 先行组织者策略

（1）含义。为了促进有意义学习的产生，奥苏伯尔提出了先行组织者策略。先行组织者是指先于学习任务本身呈现的一种引导性材料，它要比学习任务本身具有更高的抽象、概括和综合水平，并且能清晰地与认知结构中原有的观念和新的学习任务关联。

（2）目的。为新的学习任务提供观念上的固着点，增加新旧知识之间的可辨别性，以促进类属性的学习。通过呈现组织者，为学习者已有的知识与新知识之间架设一道桥梁，以便更好地学习新材料。

（3）分类。①陈述性组织者，旨在为新知识提供最适当的类属者，与新知识产生一种上位关系。

如教师在教授"钢铁"之前,先提出"合金"的概念。②比较性组织者,用于比较熟悉的学习材料,旨在比较新材料与已有认知结构中相类似的材料,从而增强新旧知识之间的可辨别性。如学生学习了"动作技能"有关材料后再学习"智力技能"的新材料。

4. 接受学习

(1) 含义。接受学习,又叫讲授教学,是指在教师的指导下,学习者接受事物意义的学习。在接受学习中,所要学习的内容大多是现成的、已有定论的、科学的基础知识,通过教科书或教师的讲述,用定义的方式直接向学习者呈现,使学习者接受这些已有的知识,掌握它们的意义。

(2) 特点。①师生之间要有大量的互动;②大量利用例证,包括图解或图画;③它是演绎的,最一般蕴涵的概念最初呈现,然后从中引出特殊的概念;④它是有序列的,材料的呈现有一定步子,这些步子首先是先行组织者。

(3) 评价。

①优点。接受学习是学习者掌握人类文化遗产及先进的科学技术知识的主要途径,在教师合理指导下,学习者可以在较短时间内掌握大量的间接知识,所获得的知识是系统的、完整的、精确的,而且便于存储和巩固。

②局限性。过于强调接受而忽视了学生的主动创造和发现,不利于学生创造性的培养。

5. 发现学习和接受学习的异同

(1) 不同点。

①教师的角色不同。发现学习中教师主要是引导者的身份;接受学习中教师是讲授者的身份。

②学习的方式不同。发现学习中学习者是通过自己的探索来获取问题的答案,强调的是直接经验的获得;接受学习中学习者通过教师的讲授来获取知识,属于间接经验的获取。

③学习内容的呈现方式不同。发现学习主要是让学生自己去发现学习内容;接受学习的学习内容则主要是以定论的形式传授给学生。

④学习的过程不同。发现学习强调归纳过程,让学生由特殊发现一般;接受学习则强调演绎的过程,让学生的理解从一般到特殊。

(2) 相同点。

①都重视学生学习的主动性。

②都强调新知识的学习对已有知识的依赖性。

③都强调认知结构对学习新知识的重要性,以及认知结构的可变性。

(四) 加涅的信息加工学习理论(华南21,华中20论述)

加涅是美国著名的教育心理学家,他根据现代信息加工理论对学习的实质、过程、条件以及教学做出了系统的论述,致力于将行为主义的刺激—反应学习模式和认知心理学的学习分类模式相结合,形成了自己的学习理论。

1. 学习的信息加工模式

加涅根据现代信息加工理论提出了学习过程的基本模式,这一模式展示了学习过程的信息流程。如下图。

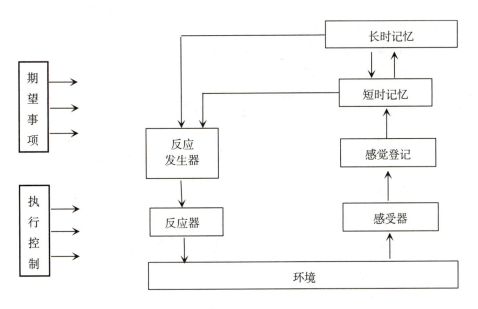

图 3-9 学习的信息加工模式

（1）信息的三级加工（信息流）。

学习者的环境中的刺激作用于感受器，并通过感觉登记器进入神经系统。信息最初在感觉登记器中进行编码，最初的刺激以映像的形式保持在感觉登记器中，保留 0.25—2 秒，一部分信息就遗忘了，一部分信息通过注意或选择性知觉机制进入短时记忆。经过复述和组块化策略对信息进行编码，经过编码的信息归类进入长时记忆。当需要使用信息时要经过检索提取信息，被提取的信息既可以直接通向反应发生器产生反应，也可以再回到短时记忆进行编码后再到反应发生器。

（2）期望事项和执行控制（控制结构）。

①期望事项：指学生期望达到的目标，即学习的动机。

②执行控制：指加涅学习分类中的认知策略，执行控制决定哪些信息从感觉登记进入短时记忆，如何进行编码，用何种提取策略等。

[超纲知识]

双重编码理论（北师 21 简答）

双重编码理论由心理学家佩维奥提出，他认为在人脑中同时存在着两种信息编码和存储系统：一是表象系统，它对具体的事物或事件信息进行编码、存储、转化和提取，其表征类似于知觉；二是言语符号系统，主要用言语听觉、抽象概念或命题形式对信息进行加工。

佩维奥认为，表象和言语是相互平行和相互联系的两个认知系统。言语编码加工抽象的语言信息，表象编码加工具体的形象信息。表象编码似乎是空间加工，而言语编码是有序加工。在信息加工过程中，两个系统可能是重叠的，也可能是其中一种占优势。在一定条件下，表象码和言语码可以互译，言语码可以通过译码以感性形象再现，表象码也可以用言语形式储存信息。

2. 学习阶段及教学设计

从学习的信息加工模式中可以看到，学习是学生与环境之间相互作用的结果。学习过程是由一系列事件构成的。加涅将学习过程分解成八个阶段：

（1）动机阶段：学习者被告知学习目标，形成对学习结果的期望，激起学习兴趣。

（2）领会阶段：依据其动机和预期对信息进行选择，只注意那些与学习目标有关的刺激。

（3）习得阶段：对信息进行编码和储存。

（4）保持阶段：将已编码的信息存入长时记忆。

（5）回忆阶段：根据线索对信息进行检索和回忆。

（6）概括阶段：利用所学知识对知识进行概括，将知识迁移到新的情境中。

（7）操作阶段：利用所学知识，对各种形式的作业进行反应。

（8）反馈阶段：通过操作活动的结果认识到学习是否达到了预定目标，从而在内心得到强化，使学习活动告一段落。

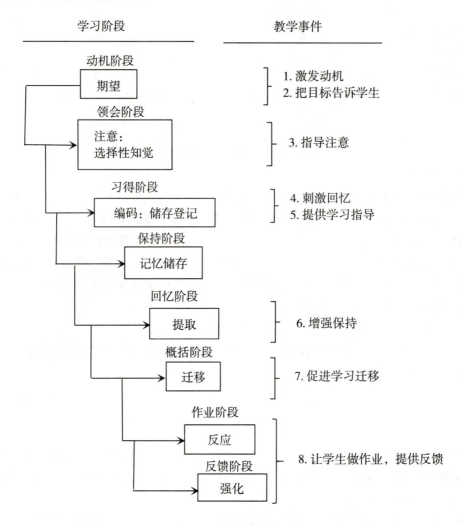

图 3-10　学习阶段与教学事件

总之，加涅认为教师是教学活动的设计者和管理者，也是学生学习效果的评定者。一个完整的学习过程是由上述八个阶段组成的。有效的教学要求教师根据学生的内部学习条件，创设或安排适当的外部条件，促进学生有效地学习，以实现预期的教学目标。

四　人本主义的学习理论★★

（南师 20 名解；华中 17 论述）

人本主义强调把人作为一个整体来研究，而不是将人的心理分解为不能整合的几个部分。人本主义心理学的学习理论从全人教育的视角阐释了学习者整个人的成长历程，重视如何为学习者创造一个良好的环境，让其从自己的角度感知世界，发展出对世界的理解，达到自我实现的最高境界。

（一）罗杰斯的自由学习观（中央民族/扬大19简答；云南19论述）

罗杰斯是人本主义心理学的创始人，他将"来访者中心疗法"移植到教育领域，创立了"以学生为中心"的教学理论，是20世纪最伟大的教育理论之一。

1. 知情统一的教学目标

罗杰斯认为，情感和认知是人类精神世界中两个不可分割的有机组成部分，两者融为一体。因此，教育应该应该要培养"躯体、心智、情感、精神、心力融汇一体"的人，即既用情感的方式也用认知的方式行事的情知合一的人，他称这种情知融为一体的人为"全人"或"功能完善者"。

2. 有意义学习与自由学习

（1）有意义学习的含义。

有意义学习是一种与个人各部分经验都融合在一起，使个人的行为、态度、个性以及在未来选择行动方针时发生重大变化的学习。它不仅仅是增长知识，更是要引起整个人的变化，对个人的生存和发展有价值。

（2）有意义学习的四个要素。

①个人参与：学习者的情感和认知两方面都投入学习活动。

②自动自发：即便在推动力或刺激来自外界时，也要求发现、获得、掌握和领会的感觉是来自内部的。

③全面发展：学习者的行为、态度、人格等获得全面发展。

④自我评价：学习者评估自己的学习需求、学习目标是否完成。

（3）自由学习。

罗杰斯所倡导的学习原则的核心就是让学生自由学习。自由学习就是教师要信任学生、信任学生的学习潜能，为学生提供各种学习的资源和一种促进学习的气氛，让学生自己决定如何学习，使其在交往中形成适应自己风格的、促进学习的最佳方法。

[易混知识]

罗杰斯的有意义学习与奥苏伯尔有意义学习的区别

罗杰斯的有意义学习是一种经验学习，它涉及学生个人的情感、需要、愿望与动机，以学生的经验生长为中心，以学生的自动自发为动力，关注的是学习内容与个人之间的关系。

奥苏伯尔的有意义学习是一种认知学习，它只涉及心智而不涉及情感或个人意义，是一种"只在颈部以上发生的学习"，与全人无关。

（二）学生中心的教学观（中央民族/扬大19简答）

1. 对传统教学方式的批判

罗杰斯对传统教育的师生关系进行了猛烈的批判，认为在传统教育中教师是知识的拥有者，而学生只是被动的接受者，主张废除教师这一角色，代之以"学习的促进者"。教师的任务不是教学生学习知识，也不是教学生如何学习，而是为学生提供各种学习资源和促进学习的气氛，让学生自己决定如何学习。

2. 促进学习的心理气氛因素

（1）真诚一致。学习的促进者是一个表里如一、真诚、完整而真实的人。

（2）无条件积极关注。学习的促进者关心学习者的方方面面，尊重其情感和意见。

（3）同理心。学习的促进者能了解学习者的内在反应，了解其学习过程。为其设身处地，使其感同身受。

3. 学生中心的教学观（非指导性教学策略）

"以学生为中心"教学模式的基本特征包括：①教学过程无固定结构；②教学无固定的内容；③教师不做任何指导。这种模式又称为"非指导性教学"。

（三）人本主义学习理论的应用

（1）在教育目标上。人本主义学习理论强调发展人性，注重创造潜能的启发，引导认知与经验的结合，注重人的理性与情感的均衡发展，使学生肯定自己，并进而促进自我实现。

（2）在教育方法上。它重视自由创造、经验的学习、主动探索与角色扮演。

（3）在课程设计上。注重师生共同设计、问题解决并从行动中加以学习。

（4）在教学思想和实践上。主张以自我发展为导向，适应学生的需要，帮助学生发展。

五 建构主义的学习理论 ★★★★

（一）建构主义的思想渊源与理论取向

1. 思想渊源

（1）皮亚杰的建构主义。皮亚杰是建构主义的奠基人，他的建构主义是建立在对西方传统认识论的批判和继承之上的。他指出，认识既不发端于主体，也不发端于客体，而是发端于联系主体、客体相互作用的动作过程中。

（2）杜威的经验性学习理论。强调教育必须建立在经验的基础上，教育就是经验的生长和改造，是在经验中、由于经验和为着经验的一种发展过程。

（3）维果茨基的文化历史论。维果茨基强调，个体的学习是在一定的历史社会文化背景下进行的，社会可以为个体的学习发展起到重要的支持和促进作用。

2. 理论取向

（1）个人建构主义。强调个人自身在个人知识建构中的创造作用，包括皮亚杰的发生认识论和激进建构主义等。

（2）社会建构主义。强调社会相互作用、文化在个人知识建构中的重要作用，包括维果茨基的文化历史理论等。

（二）建构主义学习理论的基本观点

（东北20，海师20/17，陕师/扬大17简答；湖师21，南师20，华中/天师/川师19，上师/深大17论述）

1. 知识观

建构主义者质疑知识的客观性和确定性，强调知识的动态性。具体体现在以下几方面：

（1）知识的动态性。知识不是对现实的准确表征，只是一种解释、一种假设，不是问题的最终答案。它会随着人类的进步而不断地被"革命"，并随之出现新的假设。

（2）知识的情境性。知识并不能精确地概括世界的法则，不能拿来便用，而是需要针对具体情境进行再创造。

（3）知识学习的主动建构性。知识不可能以实体的形式存在于具体个体之外，学习者对于命题的理解只能由个体基于自己的经验背景而建构起来，取决于特定情境下的学习历程。

2. 学生观

建构主义认为，学生并不是被动接受教师传授的知识，而总是以自己的经验背景或自己的经验来建构对事物的理解。具体表现在以下几方面：

（1）建构主义者完全否定心灵白板说，强调学生经验世界的丰富性和差异性。

（2）学生并不是空着脑袋走进教室的，当问题呈现时，他们基于相关的经验，依靠推理和判断能力，形成对问题的某种解释。

（3）教学不能无视学生的先前经验，要把儿童现有的知识经验作为新知识的生长点，引导儿童从原有的知识经验中"生长"出新的知识经验。

（4）教学要增进学生之间的合作，使他看到那些与他不同的观点，促进学习的进行。

3. 学习观

建构主义认为，学习是学习者主动地赋予信息以意义，建构自己的知识经验的过程，具有三个重要特征。

（1）主动建构性。面对新信息、新概念、新现象或新问题，学习者需要主动激活头脑中的先前知识经验，通过高层次思维活动，对各种信息和观念进行加工转换，对新旧知识进行综合和概括，解释有关现象，形成新的假设和推论。

（2）社会互动性。学习是通过对某种社会文化的参与，内化相关知识和技能，掌握有关工具的过程，这一过程常常需要通过一个学习共同体的合作互动来完成。

（3）情境性。建构主义者提出，知识存在于具体的、情境性的、可感知的活动中，它不是一套独立于情境的知识符号，不可能脱离活动情境而抽象地存在，它只有通过实际情境中的应用活动才能真正被人理解。

4. 教学观

（1）教学不再是传递客观而确定的现成知识，而是激活学生原有的相关知识经验，促进知识经验的"生长"；教学是促进学生的知识建构活动，以实现知识经验的重新组织、转换和改造，以此来培养学生的求知欲和探究能力。

（2）教学要为学生创设理想的学习情境，激发学生的推理、分析、鉴别等高级的思维活动，同时给学生提供丰富的信息资源、处理信息的工具以及适当的帮助和支持，促进他们自身建构意义以及解决问题的活动。

（三）认知建构主义学习理论与应用（青岛20，陕师19名解）

1. 认知建构主义的内涵

认知建构主义关注个体如何建构某种认知或情感，主要是以皮亚杰的思想为基础发展起来的。其基本观点是：学习是一个意义建构的过程，通过新旧经验的相互作用而形成的、丰富和调整自己认知结构的过程。一方面，新经验要获得意义需要以原来的经验为基础，从而融入原来的经验结构中；另一方面，新经验的进入又会使原有的经验发生一定的改变，使它得到丰富、调整或改造。

2. 认知建构主义学习理论

（1）维特洛克的生成性学习模式。维特洛克认为学习的生成过程就是学习者原有的认知结构

（已储存在长时记忆中的事件和脑的信息加工策略）和从环境中接受的感觉信息（新知识）相互作用，主动地选择信息和注意信息，以及主动地建构事物的意义的过程。教学必须从学生已有的知识、态度和兴趣出发，精心设计能够给学生提供经验的情境，这些经验应能与学生已有的经验有效地发生相互作用，使学生能够建构自己的理解，然后在教师的促进下，由学生自己去建构自己的知识。

（2）认知灵活性理论。认知灵活论认为，学习包括两方面的建构：一是建构对新信息意义的理解；二是对原有知识经验的改组和重建。它主张既要提供建构理解所需的基础，同时又要留给学生广阔的建构的空间，让他们针对具体情境采用适当的策略。

3. 认知建构主义学习理论的应用

（1）探究性学习。指学习者通过发现问题和解决问题而建构知识的过程。

按其思路，应该把学习活动设置到有意义的问题情境中，教师或学生针对所要探究的领域提出感兴趣的问题，学习者通过不断解决问题和发现新问题，来学习与所探究的问题有关的知识，形成解决问题的技能，并形成自主学习的能力。

（2）随机通达教学。指对同一内容，学习者要在不同的时间、重新安排的情境中，带着不同目的、从不同的角度进行多次交叉反复的的学习，以此把握概念的复杂性并促进迁移。随机通达教学运用各种媒体交互技术为学习者提供一个复杂与结构不良的学习环境，并由此鼓励学习者自己对知识的积极探索与建构。在这种学习中，学习者可以形成对概念的多角度理解，并与具体情境联系起来，形成背景性经验，为今后的灵活迁移做准备。

（四）社会建构主义学习理论与应用

1. 社会建构主义学习理论的内容

社会建构主义关注学习和知识建构背后的社会文化机制，其基本观点是：学习是一个文化参与过程，学习者通过借助一定的文化支持参与某个学习共同体的实践活动来内化有关知识，掌握有关的工具。知识的建构不仅仅需要个体与物理环境的相互作用，还需要通过学习共同体的合作互动来完成。

2. 社会建构主义学习理论的应用

（1）情境性教学。让学习者在一定情境的活动中完成学习的一种教学模式。具有四个基本特征：真实的任务、情境化的过程、真实的互动合作和情境化的评价方式。

（2）分布式认知。是指分布在个体内、个体间，以及媒介、环境、文化、社会和时间等之中而进行的认知。强调认知现象在认知主体和环境间分布的本质。以分布式认知为基础，人们提出了分布式学习的概念，分布式学习是一种教学模式，它允许指导者、学习者和学习内容分布于不同的非中心的位置，使教与学可以独立于时空而发生。强调学习是在学习共同体的个体之间分布完成的。

（3）认知学徒制。是指知识经验较少的学习者在专家的指导下参与某种真实的活动，从而获得与该活动有关的知识技能的教学模式。

（4）抛锚式教学。是指将学习活动与某种有意义的大情境挂钩，让学生在真实的问题情境中进行学习的情境性教学模式。

（5）支架式教学。指教师或其他助学者和学习者共同完成某种活动，为学习者参与该活动提供外部支持，帮助他们完成独自无法完成的任务，随着活动的进行，逐渐减少外部支持，使共同活动让位于学生的独立活动。

（6）合作学习。是指学习共同体在学习中进行沟通交流，共同完成一定的学习任务。重视教学中教师与学生以及学生与学生之间的社会性相互作用。

（7）交互式学习。是一种将传统的"以教师为中心"的教学模式转变为"以学生为主体、教师为主导"的师生之间良性互动的教学模式。"交互"是指学生之间、师生之间相互对话、相互交流，学生、教师、媒体和教材等诸多教学要素之间互动交流和传递。通过这种交互式交流来充分调动学生的学习主动性、积极性，在情境和对话中构建知识体系，不断激发学生探究式学习方法，进而提升学生综合能力和素质，实现教学双赢的目标。

【名校真题】

名词解释

1. 内隐学习（福建师范大学 2021）
2. 操作性条件反射（北京师范大学 2017）
3. 负强化（华中师范大学 2019）
4. 程序教学（天津师范大学 2017）
5. 先行组织者（山东师范大学 2020）
6. 探究性学习（陕西师范大学 2019）
7. 认知学习观（扬州大学 2020）

简答题

1. 简述加涅对学习结果的分类（苏州大学 2021）
2. 发现学习和接受学习的异同（青岛大学 2020）
3. 简述布鲁纳的认知发现说（中央民族大学 2017）
4. 简述罗杰斯的学生观和教学观（中央民族大学 2019）
5. 简述建构主义的学习理论（东北师范大学 2020）

论述题

1. 试述并评价主要的学习理论（苏州大学 2017）
2. 论述观察学习的基本过程，并举例阐明其在课堂教学中的应用（华中师范大学 2021）
3. 论述奥苏伯尔的有意义学习理论及其在教学中的作用（东北师范大学 2019）
4. 分析论述信息加工学习理论，及其对教学的启示（华中师范大学 2020）

第四章 学习动机

考频分析

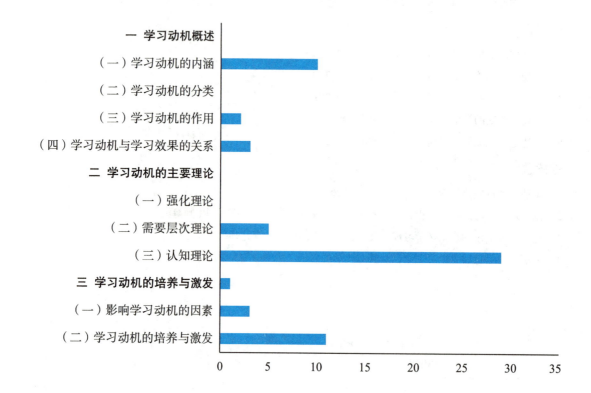

章节框架

学习动机
- 学习动机概述
  - 学习动机的内涵
  - 学习动机的分类
  - 学习动机的作用
  - 学习动机与学习效果的关系
- 学习动机的主要理论
  - 强化理论
  - 需要层次理论
  - 认知理论
  - 影响学习动机的因素
- 学习动机的培养与激发
  - 影响学习动机的因素
  - 学习动机的培养与激发

一 学习动机概述 ★★★★

（一）学习动机的内涵（上师/广师 21，陕师/贵师 20，天师 19，江苏 18，苏大 18/17，华南 17 名解）

动机是引起和维持个体活动，并使活动趋向一定的目标，以满足某种需要的一种内部心理动力状态。

学习动机是动机在学习活动中的表现，是引起和维持个体进行学习活动，并使活动朝向一定的学习目标，以满足某种学习需要的一种内部心理状态。它的主要内容包括知识价值观、学习兴趣、学习效能感和成败归因。

> [拓展知识]
>
> **学习兴趣**（陕师 17 名解）
>
> 兴趣是个体趋向于认识、掌握某种事物，力求参与某项活动，并且有积极情绪色彩的心理倾向，是一种内在动机。学习兴趣又称求知欲，是好奇心这一内驱力在学习上的表现，它促使个体主动积极地去学习以满足内心对知识的渴求，同时伴随着相应的情绪体验。它是动机中最现实、最活跃、带有强烈情绪色彩的因素。

（二）学习动机的分类

1. 按学习动机的动力源划分

（1）内部动机，是指对学习本身的兴趣所引起的动机。动机的满足在活动之内，不在活动之外，不需要外界的诱因、奖惩来使行动指向目标。如有的学生喜爱数学，在课上认真听讲，课下刻苦钻研。

（2）外部动机，是指由外部诱因引起的动机。动机的满足不在活动之内，而在活动之外。学习者不是对学习本身感兴趣，而是对学习所带来的结果感兴趣。如有的学生是为了得到奖励、避免惩罚、取悦老师等。

[拓展知识]

内部动机和外部动机可能存在相互影响。一方面，外部动机使用不当会削弱内部动机；另一方面，外部动机可以转化为内部动机。内部动机和外部动机决定着学生是否持续掌握他们所学的知识。具有内部动机的学生可以积极地参与学习过程并且在教师评估之前能对自己的学业表现有所了解；而具有外部动机的学生一旦达到了目的，学习动机便会下降。值得注意的是，两种动机在实际中并不是非此即彼的。有的学生可能同时受两种动机的驱动而从事一项学习任务。

2. 奥苏伯尔根据对学业成就的影响划分

（1）认知内驱力，是个体了解、理解和掌握知识，以及系统地阐述问题并解决问题的需要。是一种最重要和最稳定的动机。它指向学习任务本身，满足这种动机的奖励是由学习本身提供的，因而是一种内部动机。

（2）附属内驱力，是个体为了保持长者们的赞许或认可而表现出来的把工作做好的一种需要。

（3）自我提高内驱力，是个体因自己的胜任能力或工作能力而赢得相应地位的需要。它不直接指向学习任务本身，而是将成就看作赢得地位与自尊心的根源，是一种外部动机。

3. 个人动机与情境动机

（1）个人动机，是与个体自身的需求、信念与价值观以及性格特征密切相关的动机。它比较稳定、持久，贯穿于学校生活的始终乃至毕生，广泛存在于对各学科、课题和学习活动之中。

（2）情境动机，是与情境因素（外在刺激的吸引力、奖励和评价等）密切相关的动机。它是暂时的、不稳定的，往往表现在某一具体学习活动中。

4. 根据学习动机起作用的时间长短划分

（1）近景的直接性的学习动机，是与学习活动直接相连的动机，来源于对学习内容和学习结果的兴趣，其作用效果比较明显，但稳定性差，容易受到环境或一些偶然因素的影响。

（2）远景的间接性的学习动机，是与学习的社会意义和个人前途相连的动机，起作用较为稳定而持久。如为振兴中华而读书。

5. 按学习动机作用的大小划分

（1）主导性动机，是在一定时期或某个特定活动上起支配作用，发挥主导作用的动机。

（2）辅助性动机，是在某一具体学习活动中表现出来的动机。

（三）学习动机的作用（南师17简答；上师18论述）

（1）引发作用。当学生对某些知识或技能产生迫切的学习需要时，就会引发学习内驱力，唤起内部的激动状态，产生焦急、渴求等心理体验，并最终激起一定的学习行为。

（2）定向作用。学习动机以学习需要和学习期待为出发点，使学生的学习行为在初始状态时就指向一定的学习目标，并推动学生为达到这一目标而努力学习。

（3）维持作用。学习动机的维持作用表现为学生在某项学习上的坚持时间、出现频次以及投入状态。

（4）调节作用。学习动机调节学习行为的强度、时间和方向。如果行为活动未达到既定目标，动机还将驱使学生转换行为活动方向以达到既定目标。

（四）学习动机与学习效果的关系（山师21，川师17简答；湖师17论述）

（1）动机具有加强学习的作用，高动机水平的学生其成就水平也高；反之，高成就水平也能导致高的动机水平。但是学习效率与学习动机强度并不完全成正比。过于强烈的学习动机往往使学生处于一种紧张的情绪状态中，注意和知觉范围变得狭窄，由此限制了学生正常的智力活动，降低了学习效率。

（2）耶克斯—多德森定律。

①学习效率随学习动机强度的增加而提高，直至达到最佳水平，之后则随学习动机强度的进一步增加而下降。

②学习动机强度与学习效果之间的这种关系因学习者的个性、课题性质、课题材料难易程度等因素而异，动机强度的最佳水平会随学习活动的难易程度而有所变化。一般来说，从事比较容易的学习活动，动机强度的最佳水平点会高一些，而从事比较困难的学习活动，动机强度的最佳水平会低一些。

③动机强度的最佳点因人而异，进行同样难度的学习活动对有的学生来说动机强度的最佳水平点高一些更为有利，但对于另一些学生来说则相反。

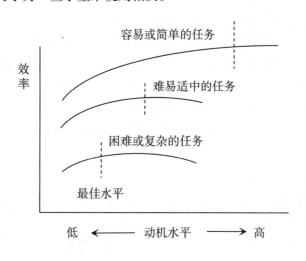

图4-1　耶克斯—多德森定律

二　学习动机的主要理论 ★★★★★

（一）强化理论

以桑代克、斯金纳为代表的行为主义心理学家不仅用强化来解释操作性行为的习得，也用强化来解释行为的动机，认为人之所以具有某种行为倾向，是因为这种行为受到了强化。

1. 主要内容

（1）任何学习行为都是为了获得某种报偿。人的某种学习行为完全取决于先前这种行为和刺激因强化而建立的牢固联系。如果学习行为受到强化就会产生强烈的学习动机；如果学习行为没有受到强化就会缺乏学习动机，如果学习行为受到了惩罚就会产生逃避学习的动机。

（2）有五种类型的强化可用增强学生学习动机：①社交强化物；②活动强化物；③象征性强化物；④实物强化物；⑤食物强化物。

2. 教学应用

在实际的教学中，教师的批评与表扬都会影响学生的成绩，在学习活动中，采取奖赏、赞扬、评分、竞赛等外部手段可以激发学生的学习动机，引起其相应的学习行为。

3. 局限性

只注重外在学习动机而忽视内在学习动机，忽视甚至否认了人的学习行为的自觉性、主动性，因而具有较大的局限性。

（二）需要层次理论（贵师18，江苏17简答；华东21，川师20，河南18论述）

人本主义心理学家马斯洛认为，个体的任何行为动机都是在需要发生的基础上被激发起来的。他把动机看作需要，认为动机是由多种不同性质的需要组成，各种需要之间又有先后顺序和高低层次之分，提出了动机的需要层次理论。

1. 七种需要

马斯洛提出，人有7种基本需要，分别为：

（1）生理需要：维持生存和延续种族的需要。

（2）安全需要：受保护与免遭威胁、获得安全感的需要。

（3）归属与爱的需要：被人接纳、爱护、关注、鼓励、支持的需要。

（4）尊重的需要：希望被人认可、关爱、赞许等维护个人自尊心的需要。

（5）求知与理解的需要：个体对不理解的东西寻求理解的需要，学习动机来源于这种需要。

（6）审美的需要：欣赏、享受美好事物的需要。

（7）自我实现的需要：在精神上臻于真、善、美合一的至高人生境界的需要，即个人理想全部实现的需要。

2. 七种需要的分类

马斯洛认为各种需要之间不但有高低之分，而且有先后顺序，低一层次需要获得满足或部分满足之后，高一层次需要才会产生。他将七种需要分为两类：缺失需要（前四种）和成长需要（后三种）。

（1）缺失需要，是我们生存所必需的，对生理和心理的健康是很重要的，必须得到一定程度的满足，一旦得到了满足，由它们产生的动机就会消失。

（2）成长需要，不是生存所必需，但对于适应社会有很重要的积极意义，很少能得到完全满足。

（3）二者关系。二者相互制约、相互影响。一方面，缺失需要是成长需要的基础，缺失需要若未能得到满足，成长需要就不会产生；另一方面，成长需要对缺失需要起引导作用，尤其是自我实现的需要对其他各层需要都有潜在影响力。

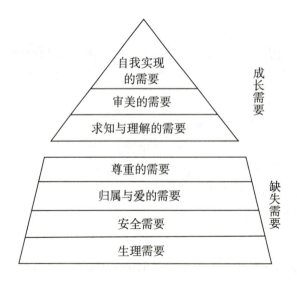

图 4-2　马斯洛需要层次图

3. 教学应用

家长和教师应注重为学生创设良好的成长环境，学生只有在各种缺失性需要都获得满足后才会不断成长，达到自我实现的理想境界。在现实的学校生活中，学生最主要的缺失性需要往往是爱和自尊，只有民主、公正、理解、爱护、尊重学生的教师才有可能使学生产生学习的热情、克服困难的意志和创造的欲望。

4. 评价

需要层次理论将外部动机与内部动机结合起来考虑，对学习行为的推动作用具有一定的科学意义，被心理学界誉为最完整、最系统的动机理论。但它忽略了个体本身的兴趣、好奇心等在学习中的始动作用。

（三）认知理论

（湖师21/19，江苏20，华南/陕师/宁夏19，浙师19/17，中央民族18，福师18/17，重师/山师17名解；福师21，宁波21/17，华中/山师20，青岛20/18，宁夏20/17简答；中央民族21/19，江苏21，北师19/17，东北18/17论述）

1. 期望—价值理论（成就动机理论）

将期望和诱因看作动机的决定因素，这种观点的发展引出了期望—价值理论。该理论的基本假设是：行为的发生依赖于个体认识到的行为导致目标实现的可能性以及目标的主观价值。

（1）成就动机的含义。是指一种努力克服障碍、施展才能、力求又快又好地解决某一问题的愿望或趋势。它是在人的成就需要的基础上产生的，是激励个体从事自己认为重要或有价值的工作，并力求获得成功的一种内在驱动力。

（2）理论内容。

①阿特金森在前人的基础上提出了期望—价值理论，他认为人们在追求成就时存在两种倾向：一种是力求成功的倾向；另一种是避免失败的倾向。一个人的成就行为体现了这两种倾向的冲突。

②根据两类倾向在个体的动机系统中所占的强度，可以将个体分为力求成功者和避免失败者。力求成功者的目的是获取成功，因而倾向于选择难度适中的任务，通过完成具有挑战性的任务提高其自尊心和获得心理上的满足；而避免失败者倾向于选择最易或最难的任务，即便失败也能找到借口以减少失败感。

（3）教学应用。

在实际教学过程中应注意的是，虽然成就动机对学习具有重要影响，但也不能片面地只讲个人的成就和个人的自我提高。教师必须引导学生认识学习的社会价值，把追求个人成就和追求社会进步结合起来，并使个人成就服从于整个社会进步的需要。

（4）评价。

①优点。成就动机理论把人的动机的情感方面与认知方面统一起来，揭示出了影响成就动机的一些变量和规律，并用大量的实证研究证实和检验了其理论假设的合理性和客观性，在动机理论研究上取得了突破性进展。

②局限性。理论模型还不够完善，有缺陷，如过分重视内部因素的作用而忽视了外部因素的作用，成就动机与整个人格特征的关系尚缺乏充分的研究。

2. 成败归因理论

（1）基本假设：寻求理解是行为的基本动因。

（2）海德。最早提出归因理论，认为人们具有理解世界和控制环境两种需要，使这两种需要得到满足的根本手段就是了解人们行为的原因，他把行为的原因分为外部环境和个人原因。

（3）罗特。对归因理论进行了发展，提出控制点的概念，并依据控制点把个体分为内控型和外控型。内控型的人认为自己可以控制周围的环境，无论成功还是失败都是由于自己的能力或努力等内部因素造成的；外控型的人则感到自己无法控制周围的环境，无论成败都归因于他人的影响或运气的好坏等外在因素。

（4）韦纳。对行为结果的归因进行了系统探讨，发现人们倾向于将活动成败的原因归结为六个因素：即能力高低、努力程度、任务难易、运气（机遇）好坏、身心状态、外界环境等。这六个因素可归为三个维度，即内部归因和外部归因、稳定性归因和非稳定性归因、可控制归因和不可控归因。最后，将三维度与六因素结合起来，组成归因模式，如下表。

表 4-1　成就动机的归因模式

	稳定性		内在性		可控性	
	稳定	不稳定	内在	外在	可控	不可控
能力高低	+		+			+
努力程度		+	+		+	
任务难度	+			+		+
运气好坏		+		+		+
身心状态		+	+			+
外界环境		+		+		+

（5）不同归因的影响。

①当个体将成功归因于能力和努力等内部因素时，会产生骄傲、自豪感，增强自信心和动机水平。

②将成功归因于任务容易、运气好、别人帮助等外部原因时，则满意感较少。当个体将失败归因于能力弱、不努力等内部原因时，会产生愧疚感；将失败归因于任务太难、运气不好或教师评分不公正等外部原因时，则较少产生愧疚感。

③归因于努力相比于归因于能力，无论成败都会引发更强烈的情绪体验。努力而成功体验到愉快；不努力而失败体验到羞愧；努力而失败也应受到鼓励。

（6）成败归因的影响因素。

①他人操作的有关信息。即个体根据别人的行为结果的有关信息来解释自己的行为结果的原因。如班级大部分人拿到高分，则易产生外部归因（如测试容易）；班级少部分人拿到高分，则易产生内部归因（如有能力，学习刻苦等）。

②先前的观念或因果图式。即个体以往的经验或行为结果的历史。如结果与之前的结果一致，则易归于稳定因素；否则归因于不稳定因素。过去因努力而成功者，更易将成功归因于努力等内部因素；若经努力而失败，则易归因于不可控因素，如运气等。

③自我知觉。即个体对自己能力的看法。自认为有能力者，易将成功归因于能力，将失败归因于教师的偏见、测验不公正等。

（7）教学应用。

该理论的教育意义在于它能从学生的观点显示出学习成败的原因。了解学生的自我归因可预测其今后的学习动机。学生的自我归因未必正确却十分重要，教师应注意了解和辅导。

（8）评价。

①优点。阐明了认知对成就动机的重要作用，韦纳对成败原因进行分类，具有高度概括性，其研究结论既有科学性也有实践价值。为教育实践提供了可行的方法和途径。

②不足。首先人对行为结果的归因是复杂多样的，六因素三维度归因是否能完全解释人类的归因尚待验证；其次按照哪些维度对归因进行分类也值得进一步研究；最后，在可控性上，对各种原因的稳定性和可控性都应持辩证的观点去看待，且不同原因的稳定性和可控性并非截然分为相对的两级。

[拓展知识]

习得性无助

习得性无助是美国心理学家塞利格曼在1967年研究动物时提出的，指个体后天习得的，由于认为自己无论怎样努力也不可能取得成功，从而采取逃避努力、放弃学习的无助行为。将失败归因于内部、稳定、不可控的因素时最消极，会产生习得性无助感，使人动机水平降低，并产生认知障碍、情绪失调。习得性无助的个体经历了某种学习后，在情感、认知和行为上表现出消极的特殊的心理状态。习得性无助的学生形成了自我无能的策略，最终导致他们努力避免失败。

3. 自我效能感理论

自我效能感由班杜拉提出，是指个体对自己能否成功进行某一成就行为的主观判断。它影响着个体对行为的选择，付出多大努力以及坚持多久。

（1）理论观点。

班杜拉指出，人的行为受行为结果（强化）的影响，但行为的出现不是由于随后的强化，而是由于人认识了强化与行为之间的依赖关系后建立了对下一步强化的期望。他将期望分为两种：结果期望和效能期望。

①结果期望，是指人对自己某种行为会导致某一结果的推测，这是传统的期望概念。如儿童感到上课注意听讲就会获得他所希望取得的好成绩，他就可能认真听讲。

②效能期望，指人对自己能否做出某种行为的能力的推测或判断。即人对自己行为能力的推测。它意味着人是否确信自己能够成功地进行带来某一结果的行为。例如，学生不仅知道认真听讲可以带来好成绩，还感到自己有能力听懂所讲内容时，他才会认真听讲。

（2）自我效能感对行为的影响。

①影响对活动的选择和坚持。人倾向于选择并做完自认为能胜任的工作，而回避自认为不能胜任的任务。

②影响在困难面前的态度。自我效能感高者有信心克服困难，更加努力；低者则信心不足，甚至放弃努力。

③影响新行为的获得和习得行为的表现。自我效能感高者表现自如，低者则畏手畏脚。

④影响活动时的情绪。自我效能感高者能够承受压力，情绪饱满、轻松；低者则感到紧张、焦虑。

（3）影响自我效能感的因素。

①直接经验。学习者的亲身经验对自我效能感的影响是最大的。成功的经验会提高人的自我效能感，多次失败的经验会降低人的自我效能感。

②替代性经验。学习者通过观察榜样的行为而获得的间接经验对自我效能感的形成也有重要的影响。当学习者看到与自己水平差不多的人取得了成功时就会增强自我效能感，反之就会降低自我效能感。

③言语说服。他人的建议、劝告和解释以及对自我的引导也有助于改变个体的自我效能感，但不持久，一旦面临令人困惑或难于处理的情境就会消失。

④情绪唤起和身心状况。情绪和生理状态也影响自我效能的形成。在充满紧张、危险的场合或认知负荷较大的情况下，情绪易于唤起，而高度的情绪唤起和紧张的生理状态会妨碍行为操作，降低个体对成功的预期水准。

（4）评价。

自我效能感理论吸取了联结派和认知派动机理论的合理之处，突破了二者的某些局限，拓展了强化理论关于强化的含义，使之更符合实际，也扩大了传统认知学派关于期望的范围，把人的需要、认知、情感有机结合起来，具有很强的理论和实践价值。

4. 自我价值理论

自我价值，是指认为自己是优秀、有能力的个体的一种信念。科温顿认为，自我价值感是个体追求成功的内在动力。

（1）理论内容。

该理论认为，接纳自我是人的最优先追求，而接纳自我的前提是自我价值，自我价值则通常建基于在竞争中取得成功的能力。一旦自我价值受到威胁，人将竭力予以维护和防御，以建立正面的自我形象，从而接纳自我。自我价值理论将学生组合出四种类型，分别对应建立自我价值的4种动机倾向。

①高趋低避型，又称成功定向者或掌握定向者，他们的学习超越了对能力状况和失败状况的考虑，他们学习仅仅是因为学习是生命的存在方式，是获取快乐的途径。他们往往拥有无穷的好奇心，对学习有极高的卷入水平。

②高趋高避型，又称过度努力者，他们兼具了成功定向者和避免失败者的特点。同时受到成功的诱惑和对失败的恐惧，对任务又爱又恨，既追求又排斥，这让他们常常处于一种冲突状态。

③低趋高避型，又称逃避失败者，这类学生更看重逃避失败而非期望成功，他们不喜欢学习，虽然他们不一定存在学习问题或学习困难，他们只是对课程提不起兴趣，其背后隐藏着他们对失败的强烈恐惧。

④低趋低避型，又称失败接受者，自甘失败者。这类学生不奢望成功，对失败也不感到丝毫恐惧或者羞愧。他们内心如同一谭死水，鲜有冲突。他们对成就表现漠不关心，不接受任何有关能力的挑战，作出许多自我设障的行为。

图4-3 自我价值动机的分类

（2）教学应用。

课堂学习动机的激发和培养应当从内部动机入手，着重培养积极的信念，保护学生的自我价值感；教师要合理设置任务，如教师可以鼓励小组合作学习，让学生有机会将学习视为集体的共同活动，将学习成绩的提高视为集体共同努力的结果而非个人能力的体现。

（3）评价。

动机的自我价值理论虽然缺乏系统完整性，但它是对前人理论的补充和发展，不仅如此，还切中教育的现实问题，有极强的实用价值。

三　学习动机的培养与激发★★★★

（深大19论述）

（一）影响学习动机的因素（河南20简答；中央民族20，华南18论述）

1. 内部因素

（1）需要与目标结构。每个学生认知需要的强度不同，反映在学习动机上也有强度差异。学生的学习目标可分为两类，即掌握目标和成绩目标。掌握目标定向者倾向于把学习的成败归因于内部原因，成绩目标定向者倾向于把学习的成败归因于运气、能力和任务难度等外部原因。

（2）成熟与年龄特点。年幼儿童的动机主要是生理性动机，随着年龄的增长，社会性动机及其作用也日益增长。年幼儿童对生理安全过分关注，而中学生对社会影响比较关注。

（3）性格特征与个别差异。学生的兴趣爱好、好奇心、意志品质都影响着学习动机的形成。

（4）志向水平与价值观。学生的人生观、世界观、价值观所直接反映的理想情况或志向水平影响其学习动机和目标结构的形成。

（5）焦虑程度。焦虑程度会影响学习动机和学业成绩。大量研究表明，中等程度的焦虑对学习是有益的，焦虑程度过低或过高都会对学习产生不良影响。

2. 外部因素

（1）家庭环境与社会舆论。①社会要求通过家庭对学生的动机起影响作用；②在学生动机形成过程中，家庭文化背景、精神面貌也起着极其重要的作用。

（2）教师的榜样作用。①教师是学生学习动机的榜样；②教师的期望也会对学生的动机和行为产生不同的影响；③教师还是沟通社会、学校的要求与学生的成长，形成正确动机的纽带，要善于把各种外部因素与学生的内部因素结合起来。

（二）学习动机的培养与激发

（青岛19简答；中央民族21/17，天师/江苏/云师20，贵师/南师19，华东/青岛/川师18论述）

1. 创设问题情境，实施启发式教学

想要实施启发式教学，关键在于创设问题情境。所谓问题情境，指的是一种适度的疑难情境。在学习过程中，仅仅让学生简单地重复已经学过或者过难的东西，学生都不会感兴趣。只有在学习那些"似懂非懂""似会非会"的东西时，学生才感兴趣而迫切希望掌握它。

2. 根据作业难度，恰当控制动机水平

教师在教学时，要根据学习任务的不同难度，恰当控制学生学习的动机水平。在学习较简单的课题时，应尽量使学生集中注意力；在学习较复杂的课题时，则应尽量创造轻松自由的课堂气氛。在学生遇到困难或出现问题，要尽量心平气和地耐心引导，以免学生过度紧张和焦虑。

3. 充分利用反馈信息，给予恰当的评定

心理学研究表明，来自学习结果的种种反馈信息，对学习效果有明显影响。一方面学习者可以根据反馈信息调整学习活动，改进学习策略，另一方面学习者为了取得更好的成绩或避免再犯错误而增加了学习动机，从而保持了学习的主动性和积极性。

4. 妥善进行奖惩，维护内部学习动机

在对学生进行评价时，奖励和惩罚对于学习动机的激发具有不同的作用。一般而言，表扬与奖励比批评与指责能更有效地激发学生的学习动机，因为前者能使学生获得成就感，增强自信心。但过多使用表扬和奖励，或者使用不当，也会产生消极作用。

5. 合理设置课堂环境，妥善处理竞争和合作

学生的学习主要是在课堂上进行的，课堂的合作与竞争环境无疑是影响学习动机的一个重要的外部因素。在教学活动中，合作与竞争都是必要的，应该强调竞争与合作的相互补充和合理运用。极端的竞争会对学生的学习行为和集体团结产生消极影响。适量与适度的竞争与合作的恰当结合，会有效激励学生的学习动机。

6. 适当进行归因训练，促使学生继续努力

在学生完成某一学习任务后，教师应指导学生进行成败归因。一方面，要引导学生找出成功或失败的真正原因，即进行正确归因；另一方面，教师也应根据每个学生过去一贯的成绩的优劣差异，从有利于今后学习的角度进行积极归因。

7. 培养自我效能感，增强学生成功的自信心

自我效能感影响学生的自我评价和自信心，进而影响学习成绩。尤其是学业不良的学生，由于对自己的学习能力持怀疑态度，表现出很低的自我效能感。因此，教师在教学中要通过一定的方法改变和提高他们的自我效能感。提高自我效能感具体措施如下：

（1）选择难易适中的任务，让学生不断地获得成功体验，进而提高自我效能感。

（2）通过获得替代性经验和强化来提高他们的自我效能感。当一个人看到与自己水平接近的学生学习成功时，就会增强他的自我效能感，激发其学习动机。

（3）引导学生坦然面对失败，从失败中找出可以改进的因素，进而提高自己的学习技能，增强获得成功的自信。

8. 维护学生自我价值，警惕自我妨碍策略

自我价值理论指出，学生有保护和表现自我价值的需要，这是个人追求成功的内在动力。教师要理解和尊重学生的这种需要，引导他们把自我价值的实现方式与正向、积极的学习行为相联系，避免学生不断从环境中体验到对自我价值的威胁感，从而采取各种自我妨碍的逃避政策。

9. 维护内在需要，促进外部动机内化

兴趣、好奇心、探索欲，是人类学习的最早动力。源于内部需要的学习动机具有更多的坚持性和抗干扰性。然而，不是每个孩子都对教育中涉及的所有内容充满好奇和兴趣。因此，教师要帮助学生将外部调控的学习动机不断内化，形成相对自主调控的学习动机。

【名校真题】

名词解释

1. 学习动机（上海师范大学 2021）

2. 成就动机（陕西师范大学 2019）
3. 期望—价值理论（湖南师范大学 2021）

简答题

1. 动机在学习活动中的作用（南京师范大学 2017）
2. 简述自我效能感的定义和影响因素（福建师范大学 2021）
3. 阿特金森成就动机理论（青岛大学 2020）

论述题

1. 试述学习动机对学习效果的影响（湖南师范大学 2017）
2. 试述归因理论及其教育价值（中央民族大学 2019）
3. 结合实际谈谈：面对一个考试失败无能为力、自暴自弃的学生，教师应该怎样做？（中央民族大学 2021）
4. 试述马斯洛需要层次理论的主要内容并分析其教育的启示意义（四川师范大学 2020）
5. 结合当前实际，谈谈如何激发学生的学习动机（南京师范大学 2019）

第五章 知识的学习

考频分析

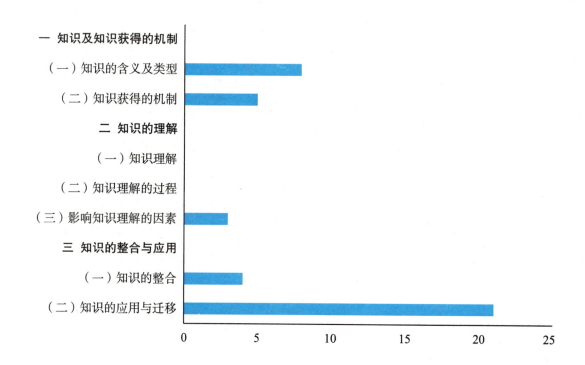

- 一 知识及知识获得的机制
  - （一）知识的含义及类型
  - （二）知识获得的机制
- 二 知识的理解
  - （一）知识理解
  - （二）知识理解的过程
  - （三）影响知识理解的因素
- 三 知识的整合与应用
  - （一）知识的整合
  - （二）知识的应用与迁移

章节框架

知识的学习
- 知识及知识获得的机制
  - 知识的含义及类型
  - 知识获得的机制
- 知识的理解
  - 知识理解
  - 知识理解的过程
  - 影响知识理解的因素
- 知识的整合与应用
  - 知识的整合
  - 知识的应用与迁移

一 知识及知识获得的机制 ★★★★

（一）知识的含义及类型（宁夏20/19，华东/中央民族18，华南/宁波/浙师17名解）

1. 知识及其含义

从认识的本质上讲，知识是人对事物属性与联系的能动反映，是通过人与客观事物的相互作用形成的。人在与外界相互作用的实践活动中，获得来自客体的各种信息，用一定方式对这些信息进行加工和组织，形成对事物的理解，从而形成知识。

2. 知识的类型

（1）从信息加工的角度，分为陈述性知识和程序性知识。

①陈述性知识，是关于"是什么"的知识，是对事实、定义、规则和原理等的描述。容易被人意识到，并且人能够明确地用词汇或者其他符号将其系统地表述出来。

②程序性知识，是关于"怎么做"的知识，如怎样进行推理、决策或者解决某类问题等。

> [拓展知识]
>
> 陈述性知识和程序性知识的学习过程（陕师21简答）
>
> 1. 陈述性知识的学习要经历理解符号代表的意义，建立符号与事物之间的等值关系，对事实进行归类，掌握同类事物的关键特征，理解概念、事实之间的关系等一系列步骤。需要的是理解和记忆。
>
> 2. 程序性知识的学习在此基础上还包括两个相互联系的地方：①模式识别，即将输入的刺激信息与长时记忆中有关的信息进行匹配，从而辨认出该刺激属于什么范畴的过程；②动作序列，指顺利执行、完成一项活动的一系列操作序列。
>
> 3. 陈述性知识和程序性知识在实际的学习与问题解决活动中是相互联系的。在实际活动中，陈述性知识常常可以为执行某个实际操作程序提供必要的信息。在学习中，陈述性知识常常是学习程序性知识的基础。反过来，程序性知识的掌握也会促进陈述性知识的深化。

（2）从知识是否容易传递的角度，分为显性知识和隐性知识。

①显性知识，指用书面文字、图表和数学表述的知识，通常是用言语等人为方式通过表述来实现的，所以又称为言明的知识。

②隐性知识，指尚未被言语或其他形式表述的知识，是尚未言明或难以言传的知识。

（3）从知识的不同抽象程度，分为具体知识和抽象知识。
①具体知识，指具体而有形的、可通过直接观察而获得的信息。
②抽象知识，指不能通过直接观察，只能通过定义来获取的知识。
（4）从知识反映事物的范围，分为一般知识和特殊知识。
①一般知识，是个体具有的对一类事物的普遍知识，如日常生活知识。
②特殊知识，是个体对具体事物或专门事物的知识，如心理学专业知识。
（5）从知识的不同反映深度，分为感性知识和理性知识。
①感性知识，是通过人们的感觉器官直接获得，是对事物的外部特征与外部联系的反映。
②理性知识，是通过思维活动间接获得，是对事物的本质特征与内部联系的反映。
（6）从知识应用的复杂多变程度，分为结构良好领域知识和结构不良领域知识。
①结构良好领域知识，是由明确的事实、概念和规则构成的结构化的知识。
②结构不良领域知识，是指生活中比较复杂的知识，不是简单回答就能理解解决的知识。

3. 知识的表征

知识的表征是指知识在头脑中的表现形式和组织结构。知识是通过个体与信息，甚至是整个情境相互作用而获得的，个体一旦获得知识就会在头脑中用某种形式和方式来代表其意义，把它储存起来。陈述性知识的表征方式有概念、命题和命题网络、表象等，程序性知识主要以产生式为表征。

（二）知识获得的机制（宁波21，青岛17 简答）

1. 陈述性知识获得的机制：同化

陈述性知识获得的心理机制是同化，同化是指学习者接纳、吸收和合并知识并将其转化为自身认知结构的一部分的过程。

（1）最早把"同化"一词运用于心理学的是赫尔巴特，他用同化的概念来解释知识的学习，认为学习过程是新观念进入原有观念团内，使原有观念得到丰富和发展，从而吸收新观念的统觉过程，即新旧观念的同化过程。

（2）皮亚杰发展了赫尔巴特的同化思想，认为儿童已掌握的知识经验是学习新知识的基础和关键，通过同化和顺应两种方式把新旧知识联系起来。

（3）奥苏伯尔进一步继承和发展了皮亚杰的认知同化论思想。他认为，同化是一个使知识从一般到个别、由上位到下位逐渐分化和横向联系的相互作用的过程。它不仅是知识的量变过程，也是知识的质变过程。

2. 程序性知识获得的机制：产生式

现代认知心理学运用产生式理论来解释程序性知识获得的心理机制。他们认为，计算机之所以智能，能完成各种运算和解决问题，是由于它储存了一系列"如果……那么……"形式编码的规则。人经过学习，头脑中也储存了一系列以"如果……那么……"形式表示的规则。这种规则称为产生式。

产生式由条件和行动两部分组成，基本原则是"如果条件为X，那么实施行动Y"，即当一个产生式的条件得到满足，则执行该产生式规定的某个行动。解决复杂问题需要多个产生式，这些产生式组成了产生式系统，即人所能执行的一组内隐的智力活动。

程序性知识的学习在本质上是掌握一个程序，即在长时记忆中形成一个解决问题的产生式系统。产生式系统理论为揭示程序性知识表征和获得的心理机制提供了新的思路，为程序性知识的教学提供了科学依据。

[拓展知识]

程序性知识的教学策略（北师21，宁波19，南师18简答）

1. **课题选择与设计策略**。在教学过程中，教师根据程序性知识的不同特点，为学生选择和设计学习课题来促进程序性知识的理解和获得，是教师指导作用的一个重要方面。

2. **示范与讲解策略**。示范的有效性首先取决于示范者的身份，其次示范的准确性是影响操作技能学习的直接决定因素。此外，在教学过程中通过讲解，可以突出动作要领，提高学生对动作的认识水平。

3. **变式练习与比较策略**。变式练习是学习以产生式表征的程序性知识的必要条件，它是指在其他教学条件不变的情况下，变化概念和规则的例证。在教学中，教师精心设计的变式练习，对于避免大量的重复练习，消除题海战术，减轻学生的学业负担，提高学生对实际问题的解决能力有重要的意义。比较是指在呈现例证或感性材料时，与正例相匹配呈现一些学生容易混淆的典型反例，以促进分化的顺利实现，并提高其准确性。

4. **练习与反馈策略**。采用何种练习方式直接影响着程序性知识的学习。从练习时间安排来看，练习的方式有集中练习和分散练习；从是否把动作步骤加以分解进行练习来看，有整体练习和部分练习。此外，给学习者提供适当的反馈信息也是提高练习效果的有效方法，通过反馈学生能辨别动作的正误，知晓自己动作是否达到要求。

5. **条件化策略**。要使所学知识在需要时能迅速、顺利、准确地提取和执行，就必须使所学的知识在头脑中建立一个"触发条件"，使之随时处于良好的备用状态。教师应注意经常提醒和帮助学生进行这种将知识"条件化"的工作，即明确程序性知识的条件项。

6. **分解性策略**。在程序性知识的教学中，教师还应注意将完成某类程序操作的完整过程分解为几个阶段，总结每个阶段上的最佳运算方式和可能的运算方式，同时对学生进行训练，使之掌握这些运算方式，再将它们连贯起来。

二 知识的理解

（一）知识理解

1. 知识理解的含义

知识理解主要指学生运用已有的经验、知识去认识事物的种种联系、关系，直至认识其本质、规律的一种逐步深入的思维活动。它是学生掌握知识过程的中心环节。

2. 知识理解的类型

（1）陈述性知识理解的类型。

奥苏伯尔把他所区分的有意义学习的三种类型看作陈述性知识理解的类型：

①表征学习：指学习单个符号或一组符号的意义。

②概念学习：指掌握以符号为代表的同类事物共同的本质特征。

③命题学习：学习某个句子的意义，以概念学习为前提。

（2）程序性知识理解的类型。

①模式识别学习：指学习者对某一特定内外刺激模式进行辨认和判断。

②动作步骤学习：指学习者学会顺利完成一项活动的一系列程序性的规则与操作步骤。

（二）知识理解的过程

1. 西方关于知识理解过程的理论

（1）三阶段论。

①生长阶段：学生接触各种形式的知识，包括术语、事件、理论解释等，并力图把这些"外来的"知识与自己原有的知识建立联系。

②重构阶段：建立观念间的联系，形成观念间的关系模式。

③协调阶段：根据深层次结构加以组织达到系统化和结构化的水平，最终达到某一概念在新的情境中与其他概念一起被灵活自动地应用。

（2）三水平论。

塔尔文把知识的记忆分为情节记忆、语义记忆和程序性知识的记忆三种水平，并认为知识的生长要以情节记忆为基础，知识的重构要以语义记忆为基础，知识的协调要以程序性知识的记忆为基础。

2. 我国关于知识理解过程的理论

结合我国教学的实际，冯忠良提出了知识掌握的领会、巩固、应用三阶段理论。

冯忠良认为，要掌握知识，首先应领会知识，然后应在头脑中将领会的知识加以巩固，从而在实践中去应用这类知识，以便得到进一步的检验和充实。领会、巩固、应用是知识掌握中的三个基本环节。知识的领会是通过对教材的直观和概括来实现的，知识的巩固是通过教材的识记与保持来实现的，而知识的应用则是通过具体化的过程来完成。

（三）影响知识理解的因素★★（深大18，广师17简答；海师19论述）

1. 客观因素

（1）学习材料的内容。学习材料的意义性、学习材料内容的具体程度、学习材料的相对复杂性和难度都会影响学生对知识的理解。

（2）学习材料的形式。采用直观的方式如实物、模型和言语等可以为抽象的内容提供具体感性信息的支持，影响学生对知识的理解；当所教的内容较为复杂时，多媒体和虚拟现实技术等计算机技术则会起到很好的教学辅助作用。

（3）教师言语的提示和指导。教师在不同教学阶段的言语提示对学生的学习有直接的影响。在教学中，教师言语的作用不应仅仅局限于对某一具体知识的描述和解释，重要的是用言语引导学生进行主动建构。

2. 主观因素

（1）原有的知识经验背景。学生对新信息的理解会受到原有知识经验背景的制约，这种知识背景有着丰富而广泛的含义，它包括来源不同的、以不同的表征方式存在的知识经验，是一个动态的、整合的认知结构。

（2）学生的能力水平。学生的认知发展水平和学生的语言能力直接影响知识的理解。

（3）主动理解的意识与方法。学生要有主动理解的意识倾向和主动理解的策略与方法。

三　知识的整合与应用★★★★★

（一）知识的整合（华南20名解；贵师20简答）

知识的整合就是知识的记忆过程，通过记忆来促进知识的整合与深化。

1. 记忆及其种类

记忆是个体通过对知识的识记、保持、再现等方式，在头脑中积累和保存个体经验的心理过程。从信息加工阶段的观点来看，记忆相应的是指人脑对外界输入的信息进行编码、存储和提取的过程。识记和保持是再现的前提，再现是识记和保持的结果，知识的整合与深化主要是通过识记和保持两个记忆环节实现的。

（1）根据记忆的结构，可分为瞬时记忆、短时记忆和长时记忆。

①瞬时记忆，也叫感觉记忆，指感觉刺激停止之后所保持的瞬间映象。它不做任何形式的加工，且保持的时间很短。

②短时记忆，也叫工作记忆，指个人当时注意着的信息，为现实进行加工、操作服务的记忆过程。它具有容量有限、储存时间短、语音听觉、视觉想象、语义等多重编码的特点。

③长时记忆，是短时记忆中的部分信息经过加工而得到永久储存的记忆，这种记忆保持的时间从分钟以上直至伴随人的一生，而且容量无限。

（2）在长时记忆中，从不同的角度可将其分为程序性知识和陈述性知识的记忆、形象记忆和情绪记忆、情境记忆和语义记忆、表象系统和言语系统的记忆等。

2. 遗忘的特点与原因

（1）遗忘是信息储存的动态变化。这种变化表现在三个方面：

①保持量的减少。保持量随时间、测量方法、学习程度、材料性质等因素的变化而有所不同。

②保持量的增加。儿童在学习后的两三天保持量会比学习后立即测得的要多，这种现象叫做记忆的恢复。记忆恢复现象儿童比成人较普遍，学习较难的材料比学习较易的材料更明显，学习程度较低的比学习纯熟的更容易看到。

③记忆内容变化。保持在头脑中的图形不是原封不动的，也不只是模糊化，而是进一步被加工并发生变化，故事逐渐被缩短和省略，变得更有连贯性、合理化、符合习惯与价值观。

（2）遗忘原因的理论探讨。

①记忆痕迹衰退说。完形心理学家提出人们在学习时神经活动引起大脑产生某种变化，并留下各种记忆痕迹，这些记忆痕迹会随着时间的推移而逐渐衰退，只有通过不断的练习，这种学习所留下的记忆痕迹才能继续保持。

②材料间的干扰说。这一理论认为，遗忘的发生是由于人们在一种学习之后又去从事其他的学习任务，人们在某时期所学习的材料或获得的信息之间会发生相互影响。正是这种影响造成了遗忘的发生。

③检索困难说。现代信息加工心理学认为，人们所获得的信息是以某种编码形式永久地储存在长时记忆中的，人们一时无法回忆起所需要的信息，并不是遗忘，而是因为难以找到其提取的线索。

④知识同化说。也称遗忘同化学说。奥苏伯尔认为遗忘是知识的组织和认知结构简化的过程。在有意义学习中，新旧知识之间通过相互作用建立起非人为的、实质性的联系，新知识同化到原有的认知结构中，人们长时记忆中储存的是经过转换了的较为一般性的观念结构，遗忘的是一些被较为高级的观念所替代的低一级的观念，从而减轻了记忆的负担。

⑤动机性遗忘说。这一理论认为，遗忘是因为我们不想记而将一些记忆信息推出意识之外，遗

忘不是保持的消失而是记忆被压抑，也称为压抑理论。

3. 影响遗忘的因素

（1）遗忘进程受时间因素的制约。艾宾浩斯以无意义音节作为记忆材料研究遗忘现象时发现，遗忘的进程并不均衡，识记的最初阶段遗忘速度快，随后逐渐变缓。

（2）识记材料的重要性。最先被遗忘的是那些对识记者来说没有重要意义的、不引起兴趣的、不符合需要的、在工作和学习中没有重要性的材料。

（3）识记材料的性质。有意义的材料比无意义的材料遗忘得慢；形象材料比抽象材料遗忘得慢；熟练的动作技能遗忘得最慢。

（4）识记材料的数量和学习程度。一般来说，材料越多，要达到同样识记水平，平均的诵读次数和时间也越多。过度学习也有助于保持识记材料，所谓过度学习就是指达到一次完全正确背诵后仍继续学习。

（5）识记材料的系列位置效应。一般系列材料的开始和末尾部分记忆效果较好，平均的诵读次数和时间也越多。

[拓展知识]

艾宾浩斯遗忘曲线（北师17名解；广师18论述）

艾宾浩斯通过实验，发现遗忘的进程是不均衡的，有先快后慢的特点，提出了遗忘曲线（见下图）。

遗忘在学习之后立即开始，而且遗忘的进程是最初很快，以后逐渐缓慢；过了相当的时间后，几乎不再遗忘。所以，根据这一规律，复习最好及时进行。

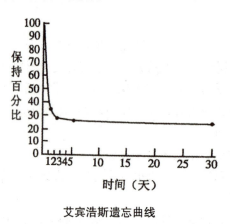

艾宾浩斯遗忘曲线

4. 促进知识整合的措施

知识的整合实际上是运用记忆规律促进知识的保持的过程。具体措施有：①提高加工水平；②多重编码；③联系记忆法；④过度学习与试图回忆相结合；⑤合理复习，包括及时复习和分散复习等。

（二）知识的应用与迁移

（华东/宁波20，山师20/18，南师19，宁夏/云师/扬大18，湖师17名解；华中/贵师/福师21，海师/扬大20，北师17简答；川师21，东北20/19，上师20，杭师19论述）

1. 知识应用的形式

知识的应用是指运用所获得的知识去解决同类或类似课题的过程。其形式可分为课堂应用和实际应用，包括审题、联想、课题类化、检验四个环节。

2. 知识迁移及其种类

知识迁移即学习迁移，是指已获得的知识、技能、态度或理解对新知识、新技能或态度的形成的影响。可以从不同维度对其进行分类，见下表。

表 5-1　知识迁移的分类

分类的维度	具体分类
迁移发生的领域	①知识与技能的迁移 ②情感和态度的迁移
迁移的方向	①顺向迁移：先前的学习对后来的学习的影响 ②逆向迁移：后来的学习对先前学习的影响
迁移的影响效果	①正迁移：一种学习对另一种学习的积极影响 ②负迁移：一种学习对另一种学习的消极影响 ③零迁移：两种学习间不存在直接的相互影响
迁移的不同程度	①近迁移：将所学的经验迁移到与原学习情境比较相似的情境中 ②远迁移：个体将所学的经验迁移到与原学习情境极不相似的其他情境中 ③自迁移：个体所学的经验影响相同情境中的任务的操作
迁移的自动化水平	①低通路迁移：指反复练习的技能自动化的迁移，如驾驶不同类型的汽车 ②高通路迁移：有意识地将在某一情境中习得的抽象知识运用到新的情境中
迁移的方式和范围	①特殊迁移：某一领域或课题的学习直接对学习另一领域或课题所产生的影响 ②非特殊迁移（一般迁移）：一般原理、方法、策略和态度等迁移到另一学习中去
迁移的不同抽象和概括水平	①水平迁移（横向迁移）：处于同一抽象和概括水平的经验之间的相互影响 ②垂直迁移（竖向迁移）：处于不同抽象、概括水平的经验之间的相互影响

3. 知识迁移的理论

（1）形式训练说：主张迁移要经过一个"形式训练"的过程才能产生，以官能心理学为基础，认为迁移是无条件自动发生的。通过一定的训练，心智的各种官能可以得到发展，从而转移到其他学习上去。

（2）相同要素说：桑代克于 20 世纪初提出，认为只有在原先的学习情境与新的学习情境有相同要素时，原先的学习才有可能迁移到新的学习中去。相同要素越多，迁移的程度越高，反之则越低。

（3）概括化理论：由贾德提出，这一理论认为，在经验中学到的原理原则是迁移发生的主要原因。根据迁移的概括化理论，对原理了解、概括得越好，对新情境中学习的迁移就越好。

（4）奥斯古德的三维迁移模型：又称迁移逆向曲面模型，这一模型表明了迁移与两个学习情境的刺激或学习材料的相似程度和反应的相似程度的关系。

（5）关系理论：强调行为和经验的整体性，认为习得的经验能否迁移取决于能否理解要素间形成的整体关系，能否理解原理与实际事物之间的关系。

（6）认知结构迁移理论：奥苏伯尔认为，学生积极主动地将新知识与认知结构中有关的旧知识发生相互作用，旧知识得到充实和改造，新知识获得了实际意义。这个过程就是陈述性知识迁移的过程，而其中的关键因素是认知结构本身的可利用性、可辨别性与清晰稳定性。

4. 影响学习迁移的因素

（1）相似性。包括学习材料的相似性、学习目标与学习过程的相似性。

①学习材料的相似性：包含结构特性的相似和表面特性的相似。前者即本质特征的相似，后者即非本质特征的相似。

②学习目标与学习过程的相似性：由于加工过程往往受到活动目标的制约，因此，目标要求是否相似将在一定程度上决定了加工过程是否相似，进而决定了能否产生迁移。

（2）原有认知结构。

①原有经验水平。原有经验的概括水平越高，迁移的可能性越大，效果越好；概括水平越低，迁移的范围越小，效果也越差。

②原有经验的组织性。组织合理的经验结构不仅表现在其抽象、概括性方面，还表现在经验的丰富性方面。

③原有经验的可利用性。要产生迁移，原有的经验结构须能够被有效地激活、提取。

（3）学习定势。定势通常指先于一定的活动而又指向该活动的一种动力准备状态，也称为心向。定势对迁移的影响表现为两种：促进和阻碍。

[拓展知识]

错误概念的转变（湖师 20 名解）

错误概念或称为另类概念，指学习者持有的与当前科学理论对事物的理解相违背的概念。从性质上看，错误概念不单是由理解偏差或遗忘造成的错误，它们常常与学习者的日常直觉经验联系在一起，植根于一个与科学理论不相容的概念体系。

概念转变就是认知冲突的引发和解决的过程，是个体原有的某种知识经验，由于受到与此不一致的新经验的影响，而发生的重大改变。错误概念的转变是新旧知识经验相互作用的集中体现，是新经验对已有经验的影响和改造。

5. 促进知识应用与迁移的措施

（1）整合学科内容。教师要注意把各个独立的教学内容整合起来，鼓励学生把在某一门学科中学到的知识运用到其他学科中去。

（2）加强知识联系。教师要重视简单的知识技能与复杂的知识技能、新旧知识技能之间的联系。教师要促使学生把已学过的内容迁移到新的学习内容中去。

（3）强调概括总结。教师在教学中要注意启发学生对所学内容进行概括总结。一方面，在教学中，教师要引导学生自己对原理进行概括，培养和提高其概括总结的能力，充分利用原理的迁移；另一方面，在讲解原理时，教师要在最大范围内列举各种变式，使学生正确把握其内涵和外延。

（4）重视学习策略。教师应有意识地教学生学会如何学习，帮他们掌握概括化的认知策略和元认知策略，从而促进学习的迁移。

（5）培养迁移意识。教师可以通过反馈和归因控制等方式使学生形成关于学习和学校的积极态度。教师要注意对学生的反馈，当学生用其他学科的知识来解决某一学科的问题时应给予鼓励。

[拓展知识]

促进认知策略迁移的措施

1. 培养学生树立正确的学习动机；

2. 丰富学生的知识背景；

3. 根据学生的元认知水平进行策略训练；

4. 制定一套外显的可以操作的训练技术；

5. 变式与练习。

【名校真题】

名词解释

1. 知识（宁夏大学 2020）
2. 程序性知识（华东师范大学 2018）
3. 顺向迁移（湖南师范大学 2017）
4. 学习迁移（宁夏大学 2018）
5. 形式训练说（华东师范大学 2020）
6. 记忆（华南师范大学 2020）
7. 错误概念（湖南师范大学 2020）

简答题

1. 简述程序性知识学习的一般过程（陕西师范大学 2021）
2. 影响学习迁移的因素（北京师范大学 2017）
3. 简述教学中促进知识迁移的基本策略（华中师范大学 2021）
4. 简述什么是变式练习及其在技能形成过程中的作用（北京师范大学 2021）

论述题

1. 介绍三种学习迁移的理论（东北师范大学 2019）
2. 根据记忆遗忘规律论述促进记忆和保持知识的方法（广西师范大学 2018）

第六章 技能的形成

考频分析

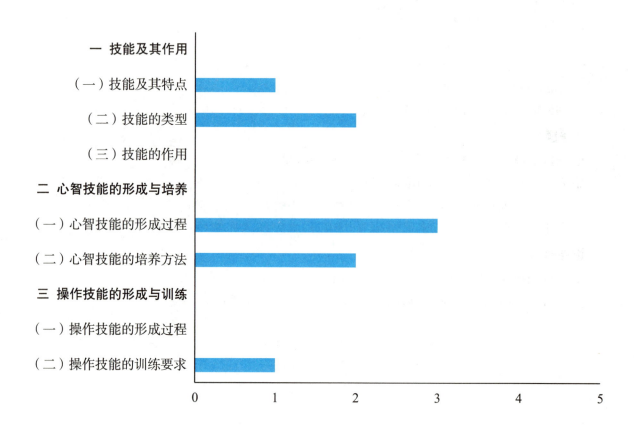

章节框架

技能的形成
- 技能及其作用
  - 技能及其特点
  - 技能的类型
  - 技能的作用
- 心智技能的形成与培养
  - 心智技能的形成过程
  - 心智技能的培养方法
- 操作技能的形成与训练
  - 操作技能的形成过程
  - 操作技能的训练要求

一 技能及其作用★

（一）技能及其特点（青岛21简答）

1. 技能的实质

技能是通过练习形成的合乎规则或程序的身体或认知活动方式，包括身体方面的技能和认知方面的技能。

2. 技能的特点

（1）技能是由练习导致的。技能不同于我们的身体本能，如眨眼反射、咳嗽动作等，技能需要通过不断地练习，是一个由不会到会、由会到熟练的不断完善的一个过程。

（2）技能表现为身体或认知动作。技能的掌握主要通过实际的动作活动来实现。

（3）合乎规则或程序是技能形成的前提。在技能形成的过程中，各个动作要素及顺序都要遵循活动本身的要求。

（二）技能的类型（华南21，天师19名解）

技能按照其本身的性质和特点分为动作技能和心智技能。

1. 动作技能（运动技能/操作技能）

动作技能是指由一系列的外部动作以合理的程序组成的操作活动方式，如书写、体操、骑自行车等技能。一般认为，动作技能包括三种成分：第一，动作或动作组；第二，体能；第三，认知能力。

（1）分类。

按肌肉运动强度划分：

①粗大技能：指运用大肌肉，并且经常要涉及整个身体的技能，如游泳、跑步等。

②精细技能：主要局限在较狭窄的空间内进行要求较精细的协调动作，主要表现为腕关节和手指运动，如穿针引线、写字、弹琴等。

按操作的连续性划分：

①连贯技能：以连续、不间断的方式完成一系列动作，如说话、打字、唱歌等。

②不连贯技能：具有可以直接感知的开端和终点，完成这种技能的时间相对短暂，如挪动棋子。

按操作的控制机制划分：

①封闭性技能：完全依赖内部肌肉反馈作为刺激指导的技能，如徒手画圆。

②开放性技能：依赖于周围环境提供的信息作为指导的技能，如打篮球。

按是否需要操作工具划分：

①操纵器具的动作技能：需要借助一定的工具来完成，如写字、绘画、打球等。

②机体动作技能：完全依赖机体自身来完成，如跑步、体操、跳舞等。

（2）动作技能的特点：①客观性，动作技能的活动对象是物质性客体或肌肉；②外显性，动作的执行是通过外显的肌体运动实现的；③展开性，活动的每个动作必须切实执行，不能合并、省略。

2. 心智技能（智慧技能/智力技能）

心智技能是指一种借助于内部语言在人脑中进行的认知活动方式，如默读、心算、写作和分析等技能。

（1）分类。根据适用范围的不同，心智技能可以分为专门心智技能和一般心智技能。

①专门心智技能：是为某种专门的认知活动所必需的，如默读和算术是学生在学习活动中必须掌握的专门心智技能。

②一般心智技能：是指可以广泛用于许多领域的心智技能，是由多种专门心智技能概括化而来，如观察、分析。

（2）心智技能的特点：①动作对象的观念性；②动作执行的内潜性；③动作结构的简缩性。

3. 动作技能和心智技能的关系

（1）区别：动作技能具有物质性、外显性和扩展性等特点，而心智技能则具有观念性、内隐性和简缩性等特点。前者主要表现为外显的肌肉骨骼的操作活动，后者主要为内隐的思维操作活动。

（2）联系：动作技能是心智技能形成的最初依据和外部体现的标志，心智技能是动作技能的调节者和必要的组成部分。两者相辅相成、互相制约、互相促进。

（三）技能的作用

（1）技能的掌握是进行学习活动，提高学习效率的必要条件，是学校教学的重要目标之一。

（2）技能的形成有助于对有关知识的掌握。虽然技能的形成要以对有关知识的掌握为前提，但技能的形成过程却又能促进对这些知识的理解和掌握。

（3）技能的形成也有利于智力、能力的发展。学生掌握了某种技能，就能够熟练地按照合理的动作方式去完成相应的活动任务，而这种活动效率的提高就是他们的智力、能力发展的具体体现。

二 心智技能的形成与培养 ★★

（一）心智技能的形成过程（山师/河南19，华东17简答）

1. 加里培林的五阶段模式

苏联著名心理学家加里培林等人根据维果茨基的活动论的观点（智力是外部的、物质活动的反映，是通过实践活动内化而实现的）提出，学生心智技能的形成"是外部物质活动转化到……知觉、表象和概念水平的结果"。这种转化过程需要经历五个阶段。

（1）活动定向阶段。活动定向是让学生在头脑中形成对活动程序和活动结果的映像。教师需要根据学生的基础水平，将活动分解成学生能够理解，并且能够做到的操作程序，建立起学生对原型活动的定向预期。

（2）物质活动或物质化活动阶段。物质活动是指运用实物的教学活动，物质化活动则是指利用实物的模拟品（标本、模型和示意图等）进行的教学活动。这两者都是基本的直观形式，后者是前者的一种变形。

（3）有声的言语活动阶段。有声的言语活动指不直接依赖实物或模拟品，而是借助出声的外部言语活动来完成各个操作步骤。这是活动从外部形式向内部形式转化的开始。通过这种出声的言语活动，学生可抽象并简化各步动作，并促使活动定型化与自动化。教师需要指导学生运用言语确切地表达各步实际动作，也要对言语动作进行展开、概括和简化的不断改造。

（4）无声的外部言语活动阶段。无声的外部言语活动是指以词的声音表象、动觉表象为中介，进行智力活动。这种不出声的外部言语活动貌似只是言语减去了声音，实际是动作向智力转向的开始。这种言语不出声的变化要求学生对言语机制进行很大的改造，需要学生重新学习，教师同样需要指导学生对无声的外部言语动作进行展开、概括和简化。

（5）内部言语活动阶段。内部言语活动是指凭借简化了的内部言语，似乎不需要多少意识参与就能自动化进行的智力活动。这一阶段是外部动作转化为内在智力的最后阶段。其特点之一是简缩，这是由于它是指向学习者自己的，不必考虑到外部言语作为交际手段的机能（要完整地表达）。其特点之二是自动化，这是由于它的进行基本上是学习者自己觉察不到的。

2. 安德森的三阶段理论

认知心理学家安德森将心智技能的形成分为以下三个阶段。

（1）认知阶段。在该阶段，要了解问题的结构，即问题的起始状态、目标状态以及从起始状态到达目标状态中间的步骤，从而形成最初的问题表征。

（2）联结阶段。在该阶段，学习者将某一领域的描述性知识编辑为程序性知识，应用具体的方法来解决问题。

（3）自动化阶段。在该阶段，个体操作某一技能所需的有意识的认知投入较小，且不易受到干扰。但高度自动化的程序可能使人的反应变得刻板，因此安德森主张对某些程序保持一定程度的有意识的控制是十分重要的。

3. 冯忠良的三阶段模型

（1）原型定向。这是指了解心智活动的实践模式或原型活动的结构，如动作构成要素、动作执行次序和执行要求等。

（2）原型操作。这是指依据心智技能的实践模式，以外显的物质与物质化操作方式，执行在头脑中建立的活动程序和计划。

（3）原型内化。这是指心智活动的实践模式从外部语言开始转向内部言语，最终向头脑内部转化，达到活动方式的定型化、简缩化和自动化。

（二）心智技能的培养方法（宁波20，扬大18简答）

1. 心智技能的原型模拟

苏联心理学家兰达最早使用了心理模拟法来分析心智活动的实践模式，主要原理是模拟与人的心理功能系统的运行法则，找出能与心理关键特征一一对应的物质系统。用心理模拟法建立智力活动的实践模式需要经过两个步骤：确立模型和检验修正模型。

2. 心智技能的培养方法

（1）遵循智力活动按阶段形成的理论。心智技能按阶段形成的理论，充分体现了心智技能形成的一般规律。因此，在培养学生形成心智技能时应遵循这一理论，积极创造条件，帮助他们从外部的物质活动向内部的智力活动转化。

（2）根据心智技能的种类选择方法。心智技能与动作技能一样也有简单和复杂之分，要根据其不同的复杂程度而采取不同的途径。

（3）积极创造应用心智技能的机会。学生的实践活动是心智技能形成和发展的基础。要想促进学生心智技能的形成和发展，使之达到熟练掌握和灵活运用的水平，教师必须积极创设问题情境，让他们的心智技能在解决问题的练习中得到锻炼。

（4）注重思维训练。学生心智技能的核心心理成分是思维。为此，教师在教学过程中要重视学生的思维训练，培养他们思维的独立性与批判性、敏捷性与灵活性、流畅性与逻辑性以及敏感性等良好品质，养成认真思考的习惯。

三 操作技能的形成与训练

（一）操作技能的形成过程

1. 菲茨和波斯纳的三阶段模型

（1）认知阶段。学习有关知识，了解完成这种技能动作的基本要求，在头脑中形成这种技能的最一般、最粗略的表象。练习者要将组成某种动作技能的活动方式反映到头脑中，形成动作映像，并对自己的任务水平进行估计，明确自己能够做得如何。

（2）联系阶段。对各个独立的步骤进行合并或"组块"，以形成更大的单元。学习者的注意力从开始的认知转向动作，从个别动作转向组合和协调，以形成连贯的动作。

（3）自动化阶段。学生所学习的动作技能的各个动作在时间和空间上已经联合成为一个有机的整体并且巩固下来，各个动作已经达到自动化，只要有一个启动信号就能迅速准确地按照动作的程序以连锁反应的方式来实现。

2. 冯忠良的四阶段模型

（1）操作的定向。操作的定向就是了解操作活动的结构与要求，在头脑中建立起操作活动的定向映像的过程。定向映像的形成包括两个方面：一是涉及操作活动本身的各类信息，如操作的力量、轨迹、方向；二是有关操作技能学习的各种内外刺激信息，如可被利用的反馈信息、容易引起分心的刺激等。

（2）操作的模仿。实际再现出特定的动作或行为模式，即个体将其在操作定向阶段头脑中形成的定向映像以外显的实际动作表现出来，也就是将头脑中的各种认识与实际的肌肉动作联系起来。

（3）操作的整合。学习者通过融合前一阶段习惯的动作，使各个动作成分变得协调，动作结构趋于合理，动作的初步概括化得到实现，个人对动作的有效控制也在增强。该阶段，学习者的动作变得具有稳定性、精确性和灵活性。

（4）操作的熟练。操作的熟练指形成的动作方式对各种变化的条件具有高度的适应性，动作的执行达到高度的完善化和自动化。

（二）操作技能的训练要求（杭师20名解）

1. 指导与示范

在动作技能形成的认知阶段，教师需要帮助学生理解动作技能，明确学习任务，形成作业期望，并获得一定的完成任务的学习策略。该部分主要有四个要点。

（1）掌握相关的知识。教师需要帮助学习者树立必要的先前的知识。如果学习者先前的技能习惯与新技能相矛盾，教师更需要提供合适的任务，使学习者认识到技能之间的区别，避免干扰。

（2）明确练习目的和要求。每一种运动技能都有其特定的目的和要求。只有学生明确了所学技能的目的和要求，他们才能自觉地组织自己的行动来掌握这种技能。

（3）形成正确的动作映像。人们的各种运动动作是在动作映像的定向调节支配下做出来的。在学生进行技能的学习之前或学习的过程中，教师要先进行充分而准确的示范：动作示范与言语解释相结合；整体示范与分解示范相结合；示范动作要重复，动作速度要放慢；指导学生观察，并纠正学生的错误理解。在示范过程中，教师要防止学生的认知负荷超载。

（4）获得一定的学习策略。动作技能的学习也包含学习策略或者窍门问题。完成动作任务所涉及的策略面也很广。有的是学习者自我生成的策略，有的是由指导者提供的策略。

2. 练习

动作技能只有通过一定的练习才能形成。练习是指以形成某种技能为目的的学习活动，是以掌握一定的动作方式为目标而进行的反复操作过程。

（1）练习曲线。指在连续多次的练习过程中所发生的动作效率变化的图解。通过练习曲线，可以发现学生的动作技能形成过程中普遍存在四种情况：

①练习成绩逐步提高，表现为：练习进步先快后慢；练习进步先慢后快；练习进步先后一致。

②练习中的高原现象，即练习到一定阶段时，进步会暂时停顿的现象。它表现为练习曲线保持在一定的水平而不再上升，甚至有所下降。但是在高原期后，练习曲线又会上升，即表示练习成绩又可以有所进步。

③练习成绩的起伏现象，在动作技能的练习曲线中，练习成绩会时而提高、时而下降、时而停顿。

④学生在动作技能形成中表现出明显的个别差异。

（2）练习方式。动作技能的形成包括实际的身体练习和心理练习。身体练习与心理练习结合起来，效果更佳。心理练习的效果取决于三个因素：第一，学习者对练习任务是否熟悉；第二，练习时间长短；第三，任务的性质。

（3）练习时间。集中练习和分散练习相结合。集中练习是指学生在学习一种技能时，在一段较长的时间内对某种技能进行反复的练习；分散练习是指学生把练习的时间分散开来，安排在几个时间段内来进行练习，每次练习的时间较短。

3. 反馈

在技能的练习中，让学生及时地了解自己的练习效果，有利于提高练习效率，但对教师而言，注意反馈的内容、频率和方式是至关重要的。

4. 积极的接纳态度

技能学习的过程中，如果学习者没有积极的态度，就难以进行主动学习，即使"被迫"学会了新的技能，如果没有积极接纳，也会因为疏于使用而荒废。

【名校真题】

名词解释

1. 心智技能（华南师范大学 2021）
2. 练习的高原时期（杭州师范大学 2020）

简答题

1. 技能过程中的特点及基于此的教学启示（青岛大学 2021）
2. 简述安德森的心智技能形成的三阶段（华东师范大学 2017）
3. 简述加里培林关于智力技能的发展阶段（山东师范大学 2019）

论述题

1. 心智技能的培养方法（扬州大学 2018）

第七章 学习策略及其教学

考频分析

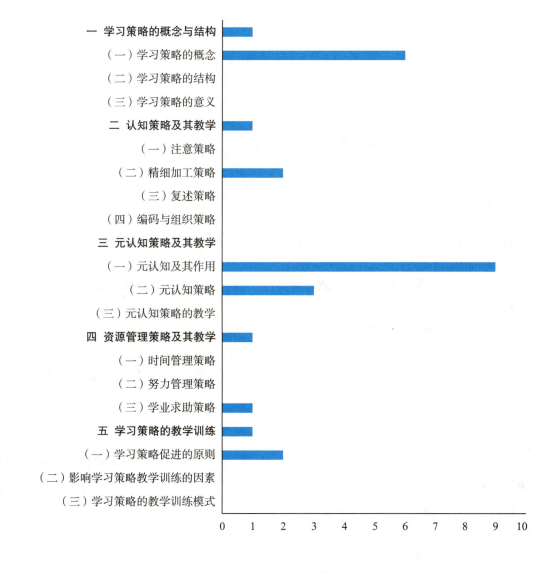

章节框架

学习策略及其教学
- 学习策略的概念与结构
  - 学习策略的概念
  - 学习策略的结构
  - 学习策略的意义
- 认知策略及其教学
  - 注意策略
  - 精细加工策略
  - 复述策略
  - 编码与组织策略
- 元认知策略及其教学
  - 元认知及其作用
  - 元认知策略
  - 元认知策略的教学
- 资源管理策略及其教学
  - 时间管理策略
  - 努力管理策略
  - 学业求助策略
- 学习策略的教学训练
  - 学习策略促进的原则
  - 影响学习策略教学训练的因素
  - 学习策略的教学训练模式

一、学习策略的概念与结构

（东北18论述）

（一）学习策略的概念 ★★（上师19，华东/华中/天师/海师18，贵师17名解）

学习策略是指学习者为了提高学习的效果和效率，有目的、有意识地制定的有关学习过程的复杂的方案。具有以下四个特征：

（1）<u>主动性</u>：学习策略一般是有意识的心理过程，对于较新的学习任务，学习者总在有意识、有目的地思考着学习过程的计划。

（2）<u>有效性</u>：通过采取灵活、有效的学习策略来提高学习的效果和效率。

（3）<u>过程性</u>：学习策略规定了学习过程中的具体操作方法。

（4）<u>程序性</u>：学习策略由规则和技能构成，对于同一种类的学习，学习策略也基本相同。

（二）学习策略的结构

1. 奈斯伯特与舒克史密斯的分类

奈斯伯特与舒克史密斯认为，学习策略包括六个因素：提问、计划、调控、审核、矫正、自检。

2. 温斯坦的分类

（1）认知信息加工策略，如精细加工策略。

（2）积极学习策略，如应试策略。

（3）辅助性策略，如处理焦虑。

（4）元认知策略，如监控新信息的获得。

3. 丹瑟洛的分类

（1）<u>基本策略</u>：被用来直接操作课本材料，包括获得和存储信息的策略（领会和保持），及提取和使用这些信息的策略（提取和利用策略）。

（2）<u>辅助性策略</u>：主要用来维持合适的进行学习的心理状态，包括计划和时间安排、专心管理（包括心境设置和心境维持）以及监控与诊断三种。

4. 迈克卡的分类

迈克卡等人将学习策略分为认知策略、元认知策略和资源管理策略，并对它们之间的层次关系进行了分析。如下图所示：

```
                    ┌─ 认知策略    ┬─ 复述策略：重复、抄写、划线等
                    │             ├─ 精细加工策略：想象、口述、做笔记等
                    │             └─ 组织策略：组块、列提纲、画地图等
                    │
                    │             ┌─ 计划策略：设置目标、浏览等
学习策略 ─┼─ 元认知策略 ┼─ 监察策略：自我检查、集中注意力等
                    │             └─ 调节策略：调整阅读速度、重新阅读等
                    │
                    │             ┌─ 时间管理：建立时间表、设置目标等
                    └─ 资源管理策略 ┼─ 学习环境管理：寻找安静地方等
                                  ├─ 努力管理：归因与努力等
                                  └─ 学业求助管理：寻求教师、伙伴帮助
```

图 7-1 迈克卡等人对学习策略的分类

（三）学习策略的意义

（1）<u>掌握学习策略是学会学习的必然要求</u>。学习策略有助于提高学习质量和学习效率。因此现代教学应该将学习策略作为教学的重要内容，达到"教是为了不教"的目的。

（2）<u>掌握学习策略是主体性教学的要求</u>。教师的主体性应体现在其积极引导学生主动掌握有效的学习策略之中；学生的主体性主要表现在发展的主体性和学习过程的主体性两方面，这两个方面都涉及学生对学习策略的掌握。

（3）<u>学习策略的掌握能有效提高学习的质量</u>。在众多影响学习质量的因素中，学习策略是最重要的因素之一。学习活动和认知活动都涉及相应的效率问题，而学习策略能够提高学习效率，从而提高学习效果。

二　认知策略及其教学★

（贵师 18 名解）

认知策略是加工信息的一些方法和技术，能使信息有效地从记忆中提取出来。认知策略可以分为注意策略、精细加工策略、复述策略、编码与组织策略。

（一）注意策略

1. 注意策略的含义

注意策略就是<u>保证学习者将注意力指向和集中于学习材料的策略</u>。由于注意的指向性具有选择

性的特点，所以选择性注意策略是注意的重要策略。选择性注意策略是指学习者在学习情境中激活与维持学习心理状态，将注意集中于有关学习信息或重要信息上，对学习材料保持高度的觉醒或警觉状态的学习策略。

2. 注意策略的教学

（1）教师应有意识地培养学生区别重要信息与次要信息的能力。

（2）教给学生专注于重要信息的策略。

（3）以问题为导向，引导学生对重要信息加以注意。

（4）巧妙运用刺激物的特点，吸引选择性注意。

（二）精细加工策略（山师/重师21名解）

1. 精细加工策略的含义

精细加工策略是通过把所学的新信息和已有的知识联系起来以增加新信息意义的策略，即通过对学习材料的精细加工，将新旧知识联系起来，帮助学习者增进对新知识的理解，并把信息储存到长时记忆中的学习策略。精细加工策略主要包括以下几种：

（1）记忆术。

①位置记忆法：通过联系自己熟悉的某些地点顺序来记忆一些名称或者客体顺序的方法。

②首字联词法：利用每个词的第一个字形成一个缩写。

③谐音联想法：利用视觉表象和语义联想记住一系列材料。

④琴栓—单词法：适用于无序的单词记忆，要求使用者对乐器或音律有一定的了解。类似于位置记忆法，把无序的单词与琴栓对应起来形成逻辑联系，以琴栓为线索提取记忆。

⑤关键词法：将新词或概念与相似的声音线索词，通过视觉表象联系起来。

⑥视觉想象：通过形成心理想象来帮助人们联想记忆。

（2）灵活处理信息。

①意义识记：善于找出学习事物之间的关系，这样即使某部分信息被遗忘了，学习者也可以顺着关系将其推导出来。

②主动应用：学习者不仅要记住某个信息，还要知道如何以及在何时何地可以使用这些信息。

③利用背景知识：在新学信息和已有知识之间建立联系。

2. 精细加工策略的教学

（1）给学生适当的时间，让学生思考。

（2）充分运用学生原有的知识。

（3）向学生介绍一些精细加工的实例，让学生掌握精细加工的方法。

（4）及时反馈评价。

（三）复述策略

1. 复述策略的含义

复述策略指在工作记忆中为了保持信息，运用内部语言在大脑中重现学习材料或刺激，以便将注意力维持在学习材料之上的学习策略。复述策略主要包括以下几种：

（1）利用记忆规律：干扰；抑制和促进；首因效应和近因效应。

（2）合理复习：及时复习；集中复习和分散复习；部分学习和整体学习；自问自答或尝试背诵；过度学习。

（3）自动化：随着学习的熟练程度加深，所需的注意力越来越少，这种过程就叫做自动化。

（4）**亲自参与**：在学习过程中，个体亲自参与任务的效果要比只看说明书或教师示范要学得多。

（5）**情境相似性和情绪生理状态相似性**：在相似的情境中有助于回忆。

（6）**心理倾向、态度和兴趣**：感兴趣的事情、持积极态度的事情，我们记得会牢固一些，反之记得就差一些。

> [拓展知识]
>
> 1. 抑制和促进
>
> （1）前摄抑制：先前所学的信息干扰了后面信息的学习。
> （2）倒摄抑制：后面所学的信息干扰了先前所学的信息在记忆中的保存。
> （3）前摄促进：学习的某件事有助于以后学习类似的事情。
> （4）倒摄促进：后面学习的信息有助于先前信息的学习。
>
> 2. 首因效应和近因效应
>
> （1）首因效应：由于对首先呈现的项目倾注了更多的注意，人们倾向于记住开始的事情。
> （2）近因效应：最新呈现的项目由于受到的干扰较少，比较容易被记住。
>
> 3. 过度学习
>
> 指达到一次完全正确再现后仍继续识记的记忆。学习程度在150%左右时，效果最好。过度学习的次数越多，保持的成绩越好，保持的时间也越长。

2. 复述策略的教学

（1）要求学生经常复述，培养学生的复述习惯。
（2）通过多种方式发展学生的复述能力。
（3）对学生的复述给予引导，使学生通过理解材料之间的意义、连接、关系来复述。

（四）编码与组织策略

1. 编码与组织策略的含义

组织策略指整合所学新知识之间、新旧知识之间的内在联系，形成新的知识结构的策略。编码与组织策略的使用是为了发现学习材料的共同特征或性质，从而达到减轻记忆负担的目的。编码与组织策略主要包括以下几种：

（1）**列提纲**：以简要的词语写下主要和次要的观点，以金字塔的形式呈现材料的要点，使每个具体的细节都包含在高一水平的类别中。

（2）**做图解**：如系统结构图、概念关系图、理论模型等。

（3）**做表格**：对于复杂的信息，采用各种形式的表格，如一览表和矩阵表，有利于形成信息的视觉化，能促进对信息的记忆和理解。

2. 编码与组织策略的教学

（1）教给学生组织材料的步骤。
（2）培养学生的概括能力，教给学生概括的方法。
（3）给学生提供更多的运用组织策略的练习或机会。
（4）注意理论与实践相结合。

> [易混知识]
>
> 学习策略与认知策略
>
> 学习策略与认知策略既紧密联系，又有很大区别。学习策略是比认知策略更广的概念，它针对学习活动的整个过程，认知策略是学习策略的基础，它仅涉及信息加工过程。认知策略只是学习活动的一个部分或方面，学习的过程除了信息加工外，还表现出许多与信息加工有关的学习者自身生理的、情绪的、社会性的影响因素，学习策略也包括对这些因素的处理和控制的方式。

三　元认知策略及其教学★★★★

（一）元认知及其作用（天师/江苏21，苏大/上师20，海师20/19，湖师/深大/川师17名解）

1. 元认知的含义

元认知就是对认知的认知。具体地说，是关于个人自己认知过程的知识和调节这些过程的能力，是对思维和学习活动的认知和控制。元认知具有两个独立但又相互联系的成分：第一，元认知知识，即对认知过程的知识和观念——知道做什么；第二，元认知控制，即对认知行为的调节和控制——知道何时、如何做什么。

2. 元认知的作用

（1）元认知可以提高学生对学习目标的意识水平。

（2）元认知可以使学生意识和体验到学习情境有哪些变量，并且意识和体验到这些变量之间的关系与它们的变化情况。

（3）元认知是学习策略迁移的关键。

（二）元认知策略（贵师19名解；华中/福师19简答）

元认知策略是对信息加工流程进行控制的策略，可分为计划策略、监察策略和调节策略。

（1）计划策略。根据认知活动的特定目标，在一项认知活动之前计划各种活动、预计结果、选择策略，想出各种问题解决的方法，并预估其有效性。计划过程涉及设置学习目标、浏览阅读材料、产生待回答的问题以及分析如何完成学习任务。

（2）监察策略。在认知活动的实际过程中，根据认知目标及时评价、反馈自己认知活动的结果与不足，正确估计自己达到认知目标的程度、水平，根据有效性标准评价各种认知行动、策略的效果。监察过程涉及阅读时对注意加以跟踪、对材料进行自我提问、和考试时监察自己的速度和时间。使学习者警觉并找出自己在注意和理解方面可能出现的问题并加以修改。包括领会监控和集中注意力两种策略。

（3）调节策略。核查认知活动结果并采取相应的补救措施，核查认知策略的效果，并及时修正、调整认知策略。

（三）元认知策略的教学

（1）教给学生元认知知识。

（2）丰富学生的元认知体验。

（3）经常给学生提供反馈的机会。

（4）指导学生调节和监控自己的学习过程。

四 资源管理策略及其教学

（湖师20名解）

资源管理策略是辅助学生管理可用环境和资源的策略，包括时间管理策略、努力管理策略、学业求助策略、学习环境管理策略。

（一）时间管理策略

时间管理策略是通过一定的方法合理安排时间、有效利用学习资源的策略。

（1）时间排序：排序的依据一般为事情的重要程度和紧急程度，按照这两个维度可以把事情分为四种类型，分别是既重要又紧急、重要但不紧急、不重要但紧急、不重要不紧急。高效地管理时间需要把精力放在前两类事情上。

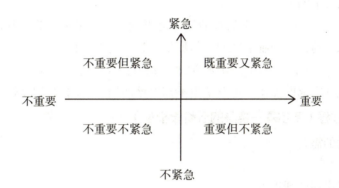

图7-2 时间管理象限图

（2）有效时间管理的使用：①确立有规律的学习时段；②确立切合实际的目标；③使用固定的学习区域；④分清任务的轻重缓急；⑤学会对分心的事物说"不"；⑥自我奖励学习上的成功。

（二）努力管理策略

掌握一些方法来排除学习干扰，使自己的精力有效地集中在学习任务上。

（1）归因于努力。根据韦纳的归因理论，学习者如果将成功归因于能力或者努力等内部因素时，会感到满意、自信，从而增强学习动机；如果学习者将失败归因于缺乏能力或努力，则会产生羞愧和内疚。总的来说，不论学习成功或失败，归因于努力能够使学习者产生强烈的情绪体验，从而维持和促进学习者继续努力，积极地争取成功。

（2）调整心境。调整心境是为了排除学习过程中消极情绪对学习的干扰，使学习者保持愉悦、活跃、轻松的积极情绪状态。积极的情绪状态能够提高学生的学习效率，消极的情绪状态会抑制学生的学习效率。对于学习过程中的紧张、焦虑等消极情绪体验，采用自我提示言语或转移法来进行调控是比较好的方法。

（3）意志控制。意志控制主要对努力起维持作用，即把既定的努力付出在学习任务上，使其不受其他因素的干扰。因此，意志控制对学习具有较强的维持功能。

（4）自我强化。自我强化指的是学生在达到自己制定的学习标准时进行自我奖赏，是一种自我管理、自我监督的过程。

（三）学业求助策略（河南21论述）

学业求助策略指当学生在学习上遇到困难时向他人请求帮助的行为，是一种重要的社会支持管理策略。

1. 学业求助的类型

（1）执行性求助：请求他人"替"自己解决困难的行为，目的在于想要尽快得到答案或者完成任务，自己不做任何尝试就放弃了获得成就的努力，选择了依赖而非独立掌握。

（2）工具性求助：借助他人的力量但由自己解决困难或者实现目标的行为，目的在于独立学习，借助他人力量来解决问题或实现自己的目标。

2. 影响学业求助的因素

（1）学业求助者的态度。学业求助者的态度与学习者的自我效能感有关。低自我效能水平的学生更有可能认为，如果求助就意味着低能，因此更少求助或回避求助；相反，高自我效能水平的学生遇到困难或失败时，他们不在乎别人是否把自己视为低能，因此更有可能寻求必要的帮助。

（2）学习者的归因。学习者常常根据是否独立完成任务来判断能力的高低，因此为了避免对自我构成威胁，常常回避求助。

（3）过去习得经验的影响。学生的求助经验会影响学生的求助行为，在鼓励求助的教师那里，学生的求助行为是积极的，在抑制求助的教师那里，学生的求助行为是消极的。

（4）难以识别该策略的运用条件。有些学生不知道在什么时候、什么条件下使用该策略，他们认为自己无须求助或认定求助无益。也有学生不知道该向何人求助，以及求助的方式等。

3. 学业求助的过程（奈尔森—黎高的五阶段模型）

（1）意识到求助的需要。
（2）决定求助。
（3）识别和选择潜在的帮助者。
（4）取得帮助。
（5）评价反应。

4. 学业求助策略的教学

（1）教会学生正确看待学业求助。学业求助不是自身能力缺乏的标志，而是获取知识、增长能力的一种途径，是一种重要的学习策略。

（2）注意发展学生学业求助能力。教师要教会学生正确判断是否需要学业求助、向何人求助以及如何求助才能获得信息等学业求助策略，使学生在真正需要求助的时候能够运用所学达到解决问题、提高能力的目的。

（3）要求学生采用工具性求助。教师要让学生明白，学业求助的关键在于求得别人的点拨和提示，而不是要求别人直接给出答案或者让别人直接解决问题。只有在遇到自己经过深思都不能解决的问题时才应寻求他人的帮助。

（4）注意营造一种良好的社会性学习环境。学业求助需要与他人的互动，没有一种和谐、相互关怀的师生和同学关系，学业求助会受到不必要的挫折。

（5）强调元认知策略。在学业求助过程中学习者是否意识到自己的学习状况、学习能力，是否需要求助他人，如何求助等，实质上反映了学生在问题情境中对自己学习的监控和调整。因此，教师要加强对学生元认知策略的训练。

[拓展知识]

资源管理策略除了前述的三种外，还有学习环境管理策略。学习环境管理策略主要指善于选择安静、干扰较小的地点学习、充分利用学习情境的相似性。

五　学习策略的教学训练★

（浙师20论述）

（一）学习策略促进的原则（重师17简答；湖师19论述）

（1）特定性原则。学习策略一定要适于学习目标和学生的类型。同时，策略教学还要考虑学习策略的层次，必须给学生大量的策略，不仅要有一般的策略，而且还要有非常具体的策略。

（2）生成性原则。有效学习策略的最重要的原则之一就是要利用学习策略对学习的材料进行重新加工，产生某种新的东西。这就要求学生进行高度的心理加工。

（3）有效的监控。教学生何时、何地与为何使用策略非常重要。根据有效监控的原则，学生应当知道何时、如何应用他们的学习策略，以及当这些策略正在运作时能将它说出来。

（4）效能性原则。教师需要给学生提供一些机会使他们感觉到策略的效力。策略训练课程必须包括动机训练。教师要促进学生使用学习策略，进而学习就会有所收获。

（二）影响学习策略教学训练的因素

1. 学生因素

（1）年龄特征。学习策略的发展具有一定的阶段性，学习者的认知发展也具有相应的年龄特征，因此学习策略的教学必须充分考虑策略发展的阶段性和认知发展的阶段性特征。

（2）原有的知识背景。学生原有的知识背景中有策略性知识和非策略性知识，这两种知识对学习策略的掌握和运用都有非常重要的影响。

（3）学习动机。动机的强度对掌握和应用学习策略的影响主要体现在学生掌握策略的意识性和对学习材料的兴趣以及对材料的敏感程度上。

（4）学习归因方式。研究表明，当学习者将学习的成败归于自身能够控制的、相当不稳定的因素时，这些学习者的策略水平相对较高。因此教师要引导学生恰当归因。

（5）自我效能感。它是指学习者对策略应用效能的信任和自信程度。在学习策略教学中，教师应该让学生体验到应用策略所带来的成功感。

2. 教师因素

（1）运用学习策略的水平。这是对教师自身策略知识和能力的要求。

（2）策略教学经验。教师的策略教学经验能够有效地促进学生对学习策略的获得和运用。

（3）策略教学方法。教师的策略教学方法影响学习策略的掌握程度。

（三）学习策略的教学训练模式

1. 课程式教学训练模式

即学习策略教学的课程化，它通过开设专门的学习策略课程，讲授教与学策略的有关常识，包括教与学的模式、方法、手段等。

2. 学科渗透式教学训练模式

它是指将学习策略的训练与特定学科的学习内容相结合，在具体学科知识的学习过程中传授学科学习的方法与技巧。学科渗透式教学训练模式可以贯穿整个教学活动，它要求教师在教学前就应该具有教与学的策略观，以教学策略为指导，进行备课、讲课、评课等。

3. 交叉学习式教学训练模式

该模式是为了克服前面两种模式的不足而设立的。它先是独立地教授学习策略，再将它与具体的学科内容结合起来，根据具体学习情境的差异，要求并帮助学生把所学的策略运用于具体的学习活动中。

【名校真题】

名词解释

1. 学习策略（华东师范大学 2018）
2. 精细加工策略（山东师范大学 2021）
3. 元认知（湖南师范大学 2017）
4. 资源管理策略（湖南师范大学 2020）

简答题

1. 元认知策略的基本类型（华中师范大学 2019）

论述题

1. 学习策略教学过程中，应遵循的要求与原则有哪些？（湖南师范大学 2019）
2. 论述学习策略的各种类型及意义（东北师范大学 2018）
3. 学习策略的教学训练因素及途径（浙江师范大学 2020）
4. 如何对学生进行学业求助策略的教学？（河南师范大学 2021）

第八章 问题解决能力与创造性的培养

考频分析

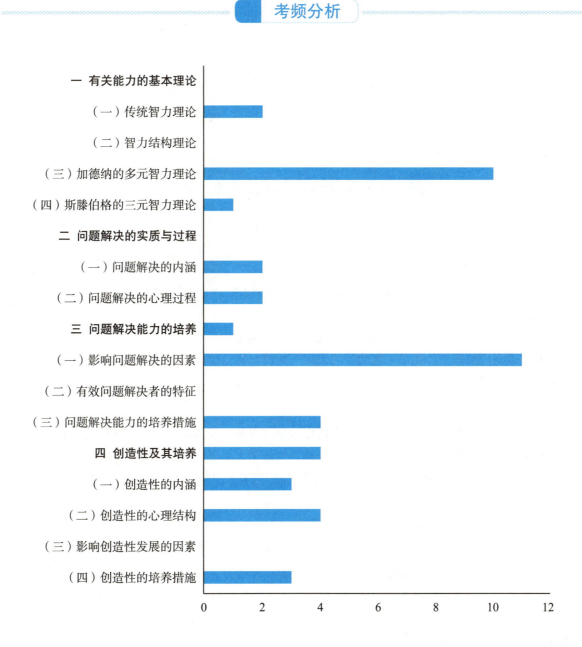

章节框架

问题解决能力与创造性的培养
- 有关能力的基本理论
  - 传统智力理论
  - 智力结构理论
  - 加德纳的多元智力理论
  - 斯滕伯格的三元智力理论
- 问题解决的实质与过程
  - 问题解决的内涵
  - 问题解决的心理过程
- 问题解决能力的培养
  - 影响问题解决的因素
  - 有效问题解决者的特征
  - 问题解决能力的培养措施
- 创造性及其培养
  - 创造性的内涵
  - 创造性的心理结构
  - 影响创造性发展的因素
  - 创造性的培养措施

一 有关能力的基本理论 ★★★★

（一）传统智力理论（苏大21，天师18名解）

1. 斯皮尔曼二因素论

（1）一般因素（G因素）：一种假想的、被用于许多不同任务之中的智力能力，影响个体在所有智力测验中的表现。

（2）特殊因素（S因素）：只影响个体在某一种能力测验中的表现。

特殊因素只能解释个体在单一测验中的表现，并没有提供综合信息，而一般因素与智力是相关的，因为它是一般的、总和的。

2. 群因素论

美国心理学家瑟斯顿发现智力并不是由斯皮尔曼所说的一般因素和特殊因素组成，而是由若干个介于一般因素与特殊因素之间的群因素构成的。他认为人类智力有以下七种主要因素（或称心理能力）组合而成：①词语理解能力（V）；②一般推理能力（R）；③语言流畅性（W）；④计算能力（N）；⑤记忆能力（M）；⑥空间关系（S）；⑦知觉速度（P）。

3. 卡特尔和霍恩的流体智力和晶体智力理论

美国心理测量学家卡特尔以及后来的霍恩根据对智力测验结果的分析，将人的智力分为两类：

（1）流体智力：指基本与文化无关的、非言语的心智能力，如空间关系认知、反应速度、记忆及计算能力等。流体智力在青少年之前一直增长，30岁左右达到顶峰，然后随着年龄增长逐渐衰退。

（2）晶体智力：指应用从社会文化中习得的解决问题的方法的能力，是在实践中形成的能力。晶体智力在人的整个一生中都在增长。

[拓展知识]

智力多因素论

不同于桑代克提出的独立因素理论，持智力多因素理论观点的学者认为，人的智力是由两种或两种以上因素构成的。智力多因素理论主要包括斯皮尔曼提出的二因素理论、卡特尔等人提出的流体智力和晶体智力理论、瑟斯顿提出的群因素理论等。

（二）智力结构理论

1. 吉尔福特的三维智力模型

吉尔福特否认 G 因素的存在，坚持智力因素的独立性。他认为任何一项智力活动都不过是对一定内容（对象）进行操作产生一定产品（结果）的过程，对智力结果的分析应该从智力活动的内容、操作和产品三个维度去考虑。吉尔福特认为该模型含三个维度共 5*6*6=180 种独特的智力因素。

（1）内容维度分为 5 个项目：图形、符号、语义、行为和听觉。

（2）操作维度分为 6 个项目：短时记忆、长时记忆、认知、发散思维、聚合思维和评价。

（3）产品维度分为 6 个项目：单位、分类、关系、系统、转换和推测。

2. 阜南的智力层次结构模型

阜南认为智力结构是按层次排列的，并把智力划分为四个层次：第一层次是智力的一般因素（G因素）；第二层次分为两大因素群，即言语和教育方面的因素、机械和操作方面的因素；第三层次分为几个小因素群，包括言语理解、数量、机械信息、空间能力和手工操作等；第四层次指各种特殊因素（S 因素）。

（三）加德纳的多元智力理论

（天师 / 海师 18，中央民族 17 名解；扬大 18，青岛 17 简答；深大 21，福师 / 华东 19，中央民族 18，江苏 17 论述）

1. 主要内容

多元智力理论认为，不存在单纯的某种智力和达到目标的唯一方法，每个人都会用自己的方式来发掘各自的大脑资源，这种为达到目的所发挥的各种个人才智才是真正的智力，造就了人与人之间的不同。人的智力可以分为八种：

（1）逻辑数学智力：运算和推理等科学或数学的一般能力，以及处理较长推理、识别秩序、发现模型和建立因果模型的能力。

（2）语言智力：运用语言达到各种目的的能力以及对声音、韵律、语意、语序和灵活操纵语言的敏感能力，包括听、说、读和写的能力。

（3）音乐智力：感受、辨别、记忆、理解、评价、改变和表达音乐的能力。

（4）空间智力：准确感受视觉—空间世界的能力。包括感受、辨别、记忆、再造、转换以及修改物体的空间关系，并借此表达思想和情感的能力。

（5）身体运动智力：控制自己身体运动和技术性地处理目标的能力。

（6）人际关系智力：与人相处和交往的能力，表现为觉察他人情绪、情感、气质、意图和需求的能力并据此做出适当反应的能力。

（7）内省智力：认识、洞察和反省自身的能力，并在正确的自我意识和自我评价的基础上形成自尊、自律和自制的能力。

（8）自然智力：认识物质世界的相似和相异性及动物、植物和自然环境其他事物的能力。

2. 加德纳多元智能理论的启示

（1）加德纳认为用学校的标准化考试来区分儿童智力高低和考察学校教育的效果，是片面的，这种做法过分强调语言智力和逻辑数学智力，否认了学生的其他潜能。

（2）他提出了"以个人为中心的教育"。强调每个学生都具备这八种智能，但所擅长的智能各不相同，教育要以学生的智能为基础，同时要培养学生的特长智能。

（3）多元智能理论还指导教师从多种智能途径增进学生对学科内容的理解。

（四）斯滕伯格的三元智力理论（成功智力理论）（青岛20简答）

1. 主要内容

斯滕伯格提出了三元智力理论，强调智力是一套相互关联的加工过程。三元智力理论认为，智力包括三个相互关联的方面：分析能力、创造能力和实践能力。这三个方面分别对应着不同的三个理论，分别是：

（1）成分亚理论：解释的是影响智力水平的基本信息加工过程或成分（元成分、操作成分、知识获取成分）。

（2）经验亚理论：将智力与经验关联起来，解释与信息加工成分相关的不同水平的先前经验（相对新异情境和自动化）。

（3）情境亚理论：将智力与个体日常生活情境联系起来，解释个体与周围环境相互作用的基本方式（适应、塑造和选择环境）。

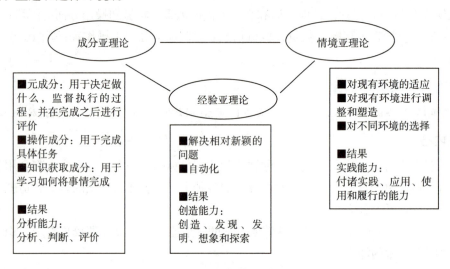

图 8-1 斯滕伯格的三元智力理论

2. 斯滕伯格三元智力理论的启示

（1）教师需要关注每一种学习行为对发展智力的三个方面的作用，使所有学生都能得到智力的全面发展。教师不仅要强调智力的学术性方面，也要强调其实践性方面，还要考虑学生的文化背景的影响。

（2）教师需要帮助学生认识、利用并发挥自己的智力优势。让学生意识到自己擅长智力的哪些方面，从而充分利用它们，也要让学生意识到自己不擅长智力的哪些方面，从而改进它们。

二 问题解决的实质与过程★

(一) 问题解决的内涵（浙师/贵师18名解）

1. 问题

问题是指个体想做某件事，但不能马上知道完成这件事所需采取的一系列行动。每一个问题都必然包含三种成分：第一，给定信息，指有关问题初始状态的一系列描述；第二，目标，指有关问题结果状态的描述；第三，障碍，指在解决问题的过程中必然会遇到的种种需解决的因素。

2. 问题解决

（1）含义。

问题解决是指个体在面临问题情境而没有现成方法可以利用时，将已知情境转化为目标情境的认知过程。当常规或自动化的反应不适用于当前的情境时，问题解决者需要超越对过去所学规则的简单应用，对所学规则进行一定的组合，产生一个解答，达到问题解决的目的。它涉及到认知、情感和行为活动成分。

（2）特点。

①所解决的是新的问题，即初次遇到的问题。如果是曾经解答过的问题，就称不上是问题解决，而只是一种操作或练习。

②在问题解决中，个体要把所掌握的规则重新组合，形成高级的规则，以适用于当前问题。

③问题一旦解决，个体的能力或倾向也随之发生变化。再遇到类似问题，可借助回忆进行解答。

(二) 问题解决的心理过程（山师21名解；青岛18简答）

1. 一般问题的解决过程（基克的问题解决模式）

（1）理解和表征问题阶段。

①识别有效信息：确定问题到底是什么，找出相关信息并忽略无关的细节。

②理解信息含义：除了能够识别问题的相关信息外，学生还必须准确地表征问题，这要求学生有某一领域特定的知识。成功地表征问题有两个任务，第一个是语言理解，需要理解问题中每一个句子的含义。

③整体表征：第二个任务是将问题的所有句子综合在一起，达成对整个问题的准确理解。

④问题归类：将要解决的问题归入某一类中，一个特定的图式就会被激活，这个图式将引导对有关信息的注意，并预期正确答案应该会是什么样的。

（2）寻求解答阶段。

①算法式。将达到目标的各种可能的方法都列出来，具体化，逐一加以尝试。

②启发式。根据目标的指引，试图不断地将问题状态转换成与目标状态相近的状态，只试探那些对成功趋向目标状态有价值的操作，也就是使用一般的策略试图解决问题。具体有手段—目的分析法、逆向反推法、爬山法、类比思维法。

（3）执行计划或尝试某种解答阶段。

当表征某个问题并选好某种解决方案后，下一步就是执行计划、尝试解答。

（4）评价阶段。

当选定并执行某个解决方案之后，学习者还需要对结果进行评价。评价结果的方法之一，就是寻找能够证实或证伪这种解答的证据，对解答进行核查。

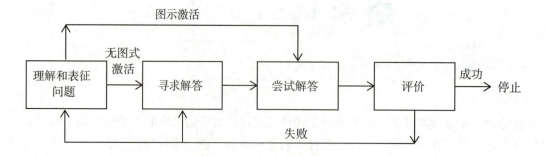

图 8-2 基克的问题解决模式

2. 结构不良问题解决过程

结构不良问题是指问题的给定状态、目标状态以及用于转换状态的方法中的一项或几项缺乏明确的界定，如全球水资源短缺。结构不良问题的解决过程如下：

（1）厘清问题及其情境限制。问题解决者首先需要确定问题是否真的存在，然后厘清问题的实质。需要分析问题的背景信息，弄明白问题的目标到底是什么，障碍是什么，权衡各种可能的理解角度，建立有利于问题解决的问题表征。

（2）澄清、明确各种可能的角度。问题解决者需要从多个角度、立场综合考虑问题中的多种可能性，权衡各方面的利害关系。

（3）提出可能的解决方法。从问题的条件和原因出发，设计问题的解决方案。

（4）评价各种方法的有效性。结构不良的问题通常没有唯一的标准答案，问题解决者需要评价各种可选方案的有效性，选择自己最能接纳的解决方案。

（5）对问题表征和解法的反思监控。问题解决者需要监控对解决过程的规划，看看自己对问题解决过程的规划是否合理、周全；需要监察自己的理解状况。该环节贯穿于问题解决的整个过程。

（6）实施、监察解决方案。实际实施解决方案，在实施过程中监察问题解决的进度和效果。

（7）调整解决方案。针对问题解决结果的反馈信息，问题解决者需要调整解决方案，或者改变理解问题的方式和思路。

[拓展知识]

问题解决的模式

1. 传统观点：桑代克的试误说和苛勒的顿悟说。

2. 信息加工观点：纽厄尔、西蒙认为问题一般包括三个方面：第一，初始状态——开始时的不完全的信息或令人不满意的状况；第二，目标状态——希望获得的信息或状态；第三，操作——为了从初始状态迈向目标状态可能采取的步骤。

3. 现代认知观点：杜威的五阶段论、皮亚杰的认知理论、基克的问题解决模式等。

三 问题解决能力的培养 ★★★★★

(杭师 21 论述)

(一) 影响问题解决的因素

(中央民族20，湖师18，杭师17 名解；山师／川师18，陕师17 简答；扬大19，福师18/17，河南17 论述)

1. 环境因素

(1) 问题情境：个体面临的刺激模式与其已有的知识结构所形成的差异。

(2) 原型启发：通过从待解决的问题具有相似性的其他事物上发现问题解决的途径和方法，如鲁班由丝茅草得到启发发明锯子。

(3) 人际关系：良好的人际关系有助于其解决面临的各类问题，如"一个好汉三个帮"。

2. 个体因素

(1) 知识经验：任何问题解决都离不开一定的知识、策略和技能，知识经验不足常常是不能有效解决问题的重要原因。

(2) 定势与功能固着：定势是指人在解决一些相似的问题之后会出现一种易以惯用的方式解决问题的倾向。功能固着是指一个人看到某个制品有一种惯常的用途后，就很难看出它的其他新用途。

(3) 酝酿效应：在反复探索一个问题的解决而毫无结果时，如果把问题暂时搁置几个小时、几天或几周，然后再回过头来解决，这时常常就可以很快找到解决方法。

(4) 情绪状态：情绪状态影响问题解决的效果。就情绪强度而言，在一定限度内，情绪强度与问题解决的效率成正比，但情绪过高或过低都会降低问题解决的效率，相对平和的心态有利于问题解决。同时，情绪的性质也影响到问题解决，一般来说，积极的情绪有利于问题解决，消极的情绪不利于问题解决。

[超纲知识]

刻板效应（宁夏19 名解）

刻板效应即刻板印象，是指人们对某一类人或某个社会群体所形成的一种概括而固定的印象。刻板印象在一定程度上反映了某一类人、某个社会群体成员心理和行为的特点，具有一定的合理性和真实性。

利：它有助于人们简化认识过程，使人们有可能在获得少量信息时就对他人进行认知判断，形成印象和做出行为预测，为自己迅速适应人际交往环境提高一定的便利。

弊：刻板印象的准确性不高，因为它是在信息不充分、不全面的情况下形成的，难免"以偏概全"；刻板印象具有较高的稳定性，很难随现实的变化而发生变化，这样就阻碍了人们接受新信息，从而产生成见。

(二) 有效问题解决者的特征

(1) 在擅长的领域表现突出。专家在解决自己擅长领域的问题时比较出色。

(2) 以较大的单元加工信息。专家能更有效地组织信息，因为他们能够将信息转换成为更大的、可以利用的单元，善于将当前有意义的信息加工为自己熟悉的图式。

(3) 能迅速处理有意义的信息。专家能更有效地搜索和表征问题，因为他们以前解决过大量类似的问题，积累起来的经验能使专家轻而易举地确认相关信息并选择恰当策略。

(4) 能在短时记忆和长时记忆中保持大量信息。专家在解决问题时观念和行动都是高度自动化的。这种自动化使得专家能够以更有效的方式利用自己的短时记忆。

（5）能以深层方式表征问题。专家通常将自己的注意力放在问题的基本结构上，而不是问题的表面特征上。

（6）愿意花费时间分析问题。专家会花费更多的时间来确认和表征问题，一旦问题得到了理解，在选择策略时耗时会少一些。

（7）能很好地监视自己的操作。专家在问题解决的各个阶段能始终保持反思，给自己提出恰当的疑问，较好地监督自己的问题解决过程。

（三）问题解决能力的培养措施（川师20简答；云师21，江苏18，天师17论述）

在实际教学中，学生问题解决的能力可以结合各门学科的内容来进行训练和提高。教师要把重点放在课题的知识上，放在特定学科的问题解决的逻辑推理和策略上，放在有效解决问题的一般原理和原则上。

（1）鼓励质疑。教师要尽量从自己提出问题过渡到学生质疑，从而培养学生主动质疑的内在动机，鼓励学生主动提问，形成一种自由探究的气氛。

（2）设置难度适当的问题。教师给学生的问题要可解，但要有一定的难度。

（3）帮助学生正确表征问题。学生运用所学知识解释问题，或者画草图、列表、写方程式等，这对回忆相关信息都有很好的作用。

（4）帮助学生养成分析问题的习惯。教师要帮助学生发展系统考虑问题的方式和系统分析的习惯，既不能让学生盲目尝试错误练习，也不能过分热心，先把答案告诉学生。

（5）辅导学生从记忆中提取信息。教师需要帮助学生从记忆中迅速提取与解决问题有关的信息，并能很快找出可利用的信息，明确问题解决情境与欲达到的目的，迅速做出判断。

（6）训练学生陈述自己的假设及其步骤。教师要培养学生由跟从别人的言语指导转变到自行指导思考，然后再要求他们自己用言语把指导步骤表达出来。

（7）提供结构不良问题，培养实际解决问题的能力。通过对这些问题的解决，能让学生将解决问题的能力迁移到实际领域中去。

四 创造性及其培养 ★★★★

（天师20简答；陕师20，重师/杭师17论述）

（一）创造性的内涵（华南19，深大/天师18名解）

目前，对创造性的理解主要有四种观点，体现了创造性研究的四种范式和方向。

1. 能力观

依据创造性人才的能力水平，把创造性看成是发现新联系、产生不寻常观念和背离传统思维方式的一种能力。大多数心理学家认为：创造性是一种创造新产品的能力，这种产品既新颖（独特的、预想不到的）又适宜（不超出现有条件的限制，产品是有用的）。

2. 过程观

个体的创造性总是体现在问题解决活动中。过程观的研究取向重视对创造性的心理结构和过程的分析，开创了创造性研究的新思路，但是忽视了创造性个体的人格因素和社会因素，因此受到人们的批评。

3. 人格说

该观点认为创造性的本质在于个体在创造活动中表现出来的不同于一般人的某种人格特征。持这种观点的学者一般倾向于认为具有创造性的人，总是具有好奇、进取、探究、专注、热情、自信、坚持、自制、挑战和敢于冒险等明显的人格特征。

4. 产品观

近期西方心理学家主要从创造性产品这一角度来界定创造性。创造产品在一定程度上体现了主体的创造过程，反映了主体的创造性品质。因此，从创造产品角度定义创造性，来分析创造性的本质，具有相对的客观性。

综合已有研究成果，创造性是个体利用一定内外条件，产生新颖、独特、有社会和个人价值产品的心理特性。这种心理品质是综合的、多维的，它包括与创造活动密切联系的认知品质、人格品质和适应性品质。创造性表现于创造活动（过程）之中，其结果以"产品"为标志，其水平以产品的"价值"为标准。

（二）创造性的心理结构（深大/江苏21，陕师19简答）

创造性是由多种心理因素构成的复合体，其心理结构具有多维性。张大均等人认为创造性是由多种心理品质有机结合构成的心理结构系统，主要包括创造性认知品质、创造性人格品质和创造适应品质三个子系统。

1. 创造性认知品质

创造性认知品质是指创造性心理结构中与认知加工有关的部分，它是创造性心理活动的核心。创造性认知品质主要包括创造性想象、创造性思维、创造性认知策略三个方面。

（1）创造性想象：指在人脑中对已有表象进行选择、加工和改组，形成独特的新形象的心理过程。

（2）创造性思维：指用超常规方法，重新组织已有知识经验，产生新方案和新成果的心理过程，是创造性认知品质的核心。主要特征有：

①流畅性，是指在给定时间内能产生、联想起更多的观念。它反映了思维的敏捷性。

②变通性，指能超越习惯的思考方式，在更广阔的视角下开创各种不同的思路，展示众多的思考方向。它体现了思维的广度。

③独特性，指善于对信息加以重新组织，产生不同寻常、与众不同的见解。

④综合性，指创造性思维是各种思维的综合，是抽象思维与形象思维、发散思维与聚合思维、逻辑思维与非逻辑思维相互作用而出现的整体思维功能。

⑤突发性，指创造性思维往往在时间上以一种豁然开朗标志着某一突破的获得，通常表现出一种非逻辑性的特征。

（3）创造性认知策略：指有效地进行创造性思维和创造性想象的方法和操作程序，其中包括元认知策略，元认知在创造性认知活动中的作用就是提供创造性活动的反馈信息，以利于随时纠正可能出现的错误，达到创造性地解决问题的目标。

[易混知识]

发散思维与聚合思维（海师21名解）

发散思维是产生尽可能多的观点和答案的能力；聚合思维则是确定一个唯一答案的能力。创造性思维与发散思维具有许多相同特点，通常更多地或首先表现在发散性上。但是，创造性思维并不完全等同于发散思维，而是发散思维和聚合思维的统一。

2. 创造性人格品质

创造性人格品质是有创造性的人所具有的个性特点。创造性人格品质包括创造性动力特征、创造性情意特征、创造性人格特质等。

（1）创造性动力特征。创造性动力主要表现为创造动机，它反映的是个体从事创造性活动的目的和意图。根据创造动机对创造活动的不同影响，可以分为外部动机和内部动机。内部动机比外部动机导致更高水平的创造性，过高的外部动机会阻碍创造性水平的发挥。

（2）创造性情意特征。创造性情意特征包括创造情感和创造意志两个方面：创造情感主要表现为对创造具有积极的情感体验，有较高的创造热情，有强烈的创造欲望；创造意志是指人们自觉调节创造行动，克服创造活动中的各种困难以实现创造目标的心理品质。

（3）创造性人格特质。创造性人格特质在创造性中有着不可忽视的地位和作用。高创造者所具有的共同的人格特征为：强烈的好奇心和求知欲，乐于接受新事物，对智力活动和游戏有广泛兴趣；想象丰富，好幻想，富于直觉；勇于探索、渴求发现，不满足于现有结论，具有挑战性和冒险性；独立自信、不盲从、不轻信；自制力强，能克服各种困难，专注于自己感兴趣的问题之中；富有幽默感。

3. 创造性适应品质

创造性适应品质是指个体在其创造性认知品质和创造性人格品质的基础上，在自己特定年龄阶段所规定的社会生活背景中，通过与社会生活环境的相互作用，所表现出来的对外在社会环境进行创造性的操作应对，对内在创造过程进行调适所表现出来的创造性行为倾向，具体表现为创造行为习惯、创造策略和创造技法的掌握运用等。

（三）影响创造性发展的因素

（1）生理基础。个体的神经系统，尤其是大脑所固有的结构和功能是创造性产生的物质基础。

（2）知识经验。丰富的知识是创造的必要条件，但只有那些具备了条件化、结构化、自动化和策略化表征的知识，才是高质量的知识，才能促进创造性的发挥。

（3）社会文化和教育观念。社会文化和教育对个体创造力有巨大影响，保守封闭、排斥新观念的社会文化和教育不利于个体创造力发展。

（4）个人心态、人格特征和认知习惯。个人消极的心态、人格特征和认知习惯对个体创造性发展起阻碍作用。

（四）创造性的培养措施（华东20，华中18，青岛17论述）

（1）营造鼓励创造的环境。这是促进学生创造性发展的必要条件。首先，应倡导民主式的教育和管理。其次，应改革考试制度，为学生创造宽松的学习环境。再次，应增加自主选择课程的机会和有针对性的课程设计。最后，应为学生提供创造性人物的榜样。

（2）培养创造性的教师队伍。首先，要转变教师的教育教学观念，使教师形成理解并鼓励学生的创造；其次，要教给教师必要的创造技法和思维策略；再次，为教师提供明晰的、具有实用价值的有关创造性的知识及相应的教学策略和技能；最后，教师应不断学习关于创造性的心理学知识，用心理学的理论指导自己的实践。

（3）培育创造意识，激发创造动机。只有当个人具有自觉的创造意识、强烈的创造动机，才易产生新思想、新方法、新观点。需要做到：树立学生创新的自信心；激发创造热情；磨砺创造意志；培养创造勇气。

（4）发展和培养创造性思维。创造性思维是创造性的核心。创造性思维的培养应注意以下几个方面：加大思维的"前进跨度"，培养思维的跳跃能力；加大思维的"联想跨度"，养成学生敢于把习惯上认为毫不相干的、表面上看来微不足道的问题联系起来或进行移植；加大"转换跨度"，引导学生敢于否定原来的设想，善于打破固有的思路；给学生大胆探索与推测的体会。

（5）开设创造课程，教给创造技法。教学是培养学生创造性的重要途径。因此，开设创造性课程已成为国内外开发创造性的有效途径。在创造性课程的教学中，注重教给学生基本的创造技巧与方法是培养创造性的有效措施。促进创造性发展的主要创造技法有：头脑风暴法；系统探求法；联想类比法；组合创新法；对立思考法；转换思考法。

（6）塑造创造性人格。创造性人格是创造性的重要组成部分，培养学生的创造性人格是培养创造性的重要内容。主要方法有：保护好奇心；解除对错误的恐惧心理；鼓励独创性与多样性。此外，自信与乐观、忍耐与有恒心、合作、严谨等也是创造性人格培养的重要方面。

[拓展知识]

创造性与智力的关系

创造性与智力存在一定的关系，但并不呈线性正相关。其关系主要表现为：

（1）高创造力者，智商一定很高。

（2）低创造力者，智商可高可低。

（3）高智商者，创造力可高可低。

（4）低智商者，创造力一定低。

因此，在学校教育中，智力开发并不等同于创造力的培养。在智力开发的同时，也要重视对学生创造力的培养。

【名校真题】

名词解释

1. 多元智力理论（天津师范大学 2018）
2. 流体智力（苏州大学 2021）
3. 功能固着（湖南师范大学 2018）
4. 创造性（华南师范大学 2019）
5. 思维定势（中央民族大学 2020）

简答题

1. 简述智力三元理论（青岛大学 2020）
2. 影响问题解决的因素（陕西师范大学 2017）
3. 简述创造性的心理结构（深圳大学 2021）

论述题

1. 加德纳多元智力理论对教育工作的启示（华东师范大学 2019）
2. 创造性发展的影响因素是什么（陕西师范大学 2020）
3. 结合实际谈谈如何培养学生的问题解决能力（云南师范大学 2021）
4. 结合现实，试述中小学生的创造性及其培养（华东师范大学 2020）

第九章

社会规范学习与品德发展

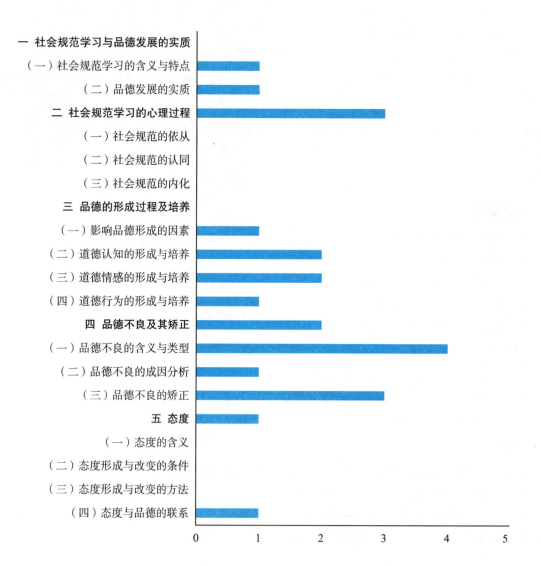

章节框架

社会规范学习与品德发展
- 社会规范学习与品德发展的实质
  - 社会规范学习的含义与特点
  - 品德发展的实质
- 社会规范学习的心理过程
  - 社会规范的依从
  - 社会规范的认同
  - 社会规范的内化
- 品德的形成过程及培养
  - 影响品德形成的因素
  - 道德认知的形成与培养
  - 道德情感的形成与培养
  - 道德行为的形成与培养
- 品德不良及其矫正
  - 品德不良的含义与类型
  - 品德不良的成因分析
  - 品德不良的矫正
- 态度
  - 态度的含义
  - 态度形成与改变的条件
  - 态度形成与改变的方法
  - 态度与品德的联系

一 社会规范学习与品德发展的实质

（一）社会规范学习的含义与特点（江苏20名解）

1. 含义

社会规范学习是指个体接受社会规范，内化社会价值，将外在的行为要求内化为自己的行为需要，从而建构主体内部的社会行为调节机制的过程，即社会规范的内化过程。其目的在于使个体适应社会生活。这一过程具体可从以下几点来理解：

（1）社会规范学习是逐步积累交往经验的过程。

（2）社会规范学习过程是个体适应社会生活的过程。

（3）社会规范学习是通过规范的内化过程实现的。

2. 特点

（1）情感性。在规范学习中，情感过程渗透在认知学习和行为方式学习的所有方面，没有情感，就没有规范的内化。

（2）约束性。规范不仅会约束学生的认知与评价，还会约束学生的行为方式。但是规范学习的这种约束性并不完全是强制性的，它是学生学习的主动性与受动性相结合的体现。

（3）延迟性。规范学习的目的在于使学生形成良好的行为习惯，促进其身心健康发展，但习惯的养成非一日之功。规范学习效果的显现需要较长时间，具有延迟性。

（二）品德发展的实质（青岛21简答）

品德发展是指个体在整个生命历程中品德的发生、发展和变化，即伴随个体成长过程中品德心理结构、品德各个成分及其功能的发展变化。品德发展的实质可以从以下几个方面来理解：

（1）品德发展是个体的品德心理结构的形成和不断完善，是品德各构成因素的不断协调发展。品德主要由三个子系统构成：①品德的深层结构和表层结构的关系系统；②品德的心理过程和行为活动的关系系统；③品德的心理活动和外部活动的关系及其组织形式系统。

（2）随着个体年龄增长，品德发展表现出阶段性特点，即不同年龄阶段个体表现出不同的品德特点。代表性的理论有皮亚杰和科尔伯格的道德认知发展理论。

（3）品德发展是个体对社会规范的学习和内化过程。品德结构及其对行为的价值取向的选择，是规范行为产生的内因。品德结构是一种对社会规范遵从的经验结构，是通过个体对社会规范的认知、情感和行为的学习，经历由简单到复杂、由片面到全面、由表及里，完成知、情、行的整合而构建起来的。

（4）品德发展过程就是个体不断社会化的过程。个体社会化是个体适应社会的前提。品德作为个体社会行为的内在调节机制，是合乎社会规范要求的稳定的心理特征，是德行产生的内因。品德的发展是个体从生物人向社会人转化的核心内容和主要手段，个体品德发展过程就是不断社会化的过程。

二 社会规范学习的心理过程★

（东北21，上师19简答；华南19论述）

（一）社会规范的依从

1. 含义

依从，即表面上接受规范，按照规范的要求来行动，但对规范的必要性或根据缺乏认识，甚至有抵触情绪。依从具有一定的盲目性和被动性，个体对规范所要求的行为缺乏足够的了解，只是迫于权威或环境的压力才遵从了规范。因此，依从水平上的规范是最不稳定的，一旦外部监控和压力消失了，相应的规范行为就可能会动摇和改变。依从是规范内化的初级阶段，也是进一步内化的基础。

2. 类型

（1）从众。从众现象指主体对于某种行为要求的依据或必要性缺乏认识与体验，跟随他人行动的现象。一般来说，自信心较强的人，发生从众的行为的可能性较小。缺乏自信心的人更容易产生从众行为。

（2）服从。服从现象指主体对于某种行为本身的必要性缺乏认识甚至有抵触时，由于某种权威的命令或现实的压力，仍然遵从这种行为要求的现象。

3. 特点

（1）盲目性。依从主体的行为依据具有很大的盲目性。在从众场合，主体之所以跟随他人行动，主要原因在于自己对这种行为的依据缺乏足够的信息，不足以使自己坚持某种与众不同的行为。

（2）被动性。依从的被动性与盲目性是直接相关的，两者是一种表里关系。被动行为一般指依靠外力而非内在需要驱动的行为。依从行为被动性的原因是行为依据的盲目性。主体对某种行为缺乏明确的认识和相应的体验，从而失去了这种行为的内在驱动力，因而行为表现受外力左右。

（3）工具性。从发生机制来看，依从行为是为满足某种需要而产生的一种工具性行为。服从行为的直接原因是对权威的命令及压力的屈从，以避免违背权威而可能带来的现实危险，因此，服从行为本身是一种取得安全的工具和手段。从众行为本身也是为了避免潜在的危险，满足安全需要，是趋安避危以及趋乐避苦的工具。

（4）情境性。依从行为的外在因素或诱发因素在于一定情景所引起的实在压力（服从）或潜在压力（从众），其内在因素在于维持安全的需要。依从行为的发生依赖于产生压力的情境，表明依从行为的产生与情境的引发直接有关。

4. 影响社会规范依从的因素（社会规范依从学习的条件）

（1）群体特征。

①群体规范：当一个人在群体中与多数人的意见或行为不一致时，就会因强大的群体压力而产生社会依从。

②群体舆论：当一个人的行为超出了群体规范所允许的真假是非、善恶美丑评价尺度时，人们就会谴责他，个体为避免受谴责而遵从社会规范。

③群体凝聚力：指群体使其成员在群体内活动并拒绝离开群体的吸引力，包括吸引群体成员遵从群体规范和群体保持高度一致的吸引力。

（2）个性特征。

由于个性的差异，不同个体在相同的群体中，面对相同情境会有不同的表现。一般来说，缺乏主见、独立性差、场依存型认知方式的人，更容易表现出依从。另外，不同国籍和种族的人，其文化背景不同，依从性也不同。

（3）外界压力。

外界压力是诱发个体社会依从的主要外因，主要有以下两种：

①直接的外部压力：指团体或个人为了使人从事期望中的行为而直接施加的一种外在压力，即一般的奖励与惩罚。

②间接的外部压力：指情境压力，是指当个体处于一个井然有序、循规蹈矩的情境中时所产生的很难不服从的潜在压力。

（二）社会规范的认同

1. 含义

认同比依从深入了一层，简单地说，它是对自己所认可、仰慕的榜样的遵从、模仿。认同具有自觉性和主动性，虽然学习者对规范必要性的认识还有不足，但他已有明确的行为意图，团体的规范对学习者具有一定的吸引力和感染力。相应地，认同水平的规范已经具有一定的稳定性，是规范内化的深入阶段。

2. 类型

（1）偶像认同（榜样认同）。偶像认同指出于对某人或者某团体的崇拜、仰慕等趋同心理而产生的遵从现象。这种认同也叫自居作用或同一化。

（2）价值认同。价值认同指个体出于对规范本身的意义及必要性的认识而发生的对规范的遵从现象。价值认同在日常生活中极为常见，如尊老爱幼、遵守交通法规等。

3. 特点

（1）自觉性。无论是偶像认同还是价值认同，均出于主体自愿。因此，认同区别于依从之处，在于个体的遵从行为是有其认知或情感依据的，而不是对外部情境或权威命令的压力屈从。

（2）主动性。认同行为的发生都是受主体内部认知因素与情感因素的驱使，而非奖惩等外部压力。

（3）稳定性。认同是建立在对榜样或偶像的情感趋同或对规范本身的必要性认识基础之上的，这种个体内部的心理因素不会随情境而改变，具有相对的稳定性。

4. 影响社会规范认同的因素（社会规范认同学习的条件）

（1）规范本身的特性。主体产生价值认同的前提是能认识到规范本身的含义和价值，所以，规范本身的特性同样会影响到主体对社会规范的认同。社会规范的抽象性程度、社会规范的实践意义和社会规范的使用频率是影响主体价值认同的主要因素。

（2）榜样的特点。榜样是主体认同的对象，是主体心中的范例，是主体认为值得学习的好人或好事。只有能够引起主体注意，激起主体认同需求和趋同情感的人或事，才能成为榜样。

（3）强化方式。强化对社会规范认同产生影响。如果认同行为受到奖励，可以促进社会规范认同，如果认同行为受到惩罚，则会降低社会规范认同。

（三）社会规范的内化

1. 含义

社会规范的内化是社会规范接受的高级水平，是品德形成的最高阶段，指主体随着对规范认识的概括化与系统化，以及对规范体验的逐步累积与深化，最终形成一种价值信念作为个体规范行为的驱动力。

2. 特点

（1）高度自觉性。内化行为由主体对规范的价值信念所引起，而且同主体认识问题的立场、观点和方法即价值体系相一致，因而是高度自觉的。这种行为的诱因与主体的人生目的及人生观相连。

（2）高度主动性。内化行为的动机是内在的，不受外力制约，因而这种行为完全是一种自主行为，具有高度的主动性。

（3）坚定性。内化行为与主体的价值体系相连，其动机具有深远性，因而这种行为不仅具有高度的稳定性，而且具有高度的灵活性。行为的稳定性表现为行为不因威胁或利诱而动摇。

3. 影响社会规范内化的因素（社会规范内化学习的条件）

（1）对规范价值的认知。规范价值的认识是在对规范的实践后果进行伦理学判断的基础上产生的，关于规范行为的是非、善恶、美丑的价值判断。个体的认知能力、社会实践机会、社会阅历、立场、态度以及所处的历史条件或情境都会直接影响其规范价值的认识。

（2）对规范价值的情感体验。对规范价值的情感体验是主体对规范价值的社会意义和作用的一种唤醒或激活状态的反馈感受，这种感受是主体规范学习的内部动力。对规范价值的情感体验既在自我强化着自身的规范行为，也在间接强化着他人的规范学习。

三 品德的形成过程及培养 ★★

（一）影响品德形成的因素（川师19简答）

1. 外部因素

（1）家庭环境。包括家庭结构和主要社会关系、家长职业类型和文化程度、家长自身品德观念、家长对子女的教养态度和期望、家长作风和家庭氛围。它对学生品德的形成和发展起着奠基的作用。

（2）学校集体。包括班集体、同辈、学校德育、校园文化、学校中的其他因素如教师领导方式、集体舆论、校风班风等的影响。

（3）社会环境（社会化）。一方面，社会风气对儿童品德的形成和发展具有重要影响；另一方面，电视、书刊和网络等构成的大众传媒对儿童的成长产生了深刻的影响。

2. 内部因素

（1）道德认识。人的行为总是受认识的支配，人的道德行为也受到道德认识的制约。作为独特的个体，学生在同化外界信息时呈现出不同的特点，受其不同认知特性的制约，每个人的道德认识会呈现出不同的水平与程度。

（2）个性品质。个性对品德发展的作用，主要体现为个性倾向性和个性心理特征对品德发展的影响。其中，个性倾向性在思维发展上起动力作用。

（3）适应能力。在社会化过程中，个体通过角色的不断变化来掌握相应的社会规范和行为模式，然后形成稳定的道德品质。包括自我教育能力、社会生活和工作能力两个方面。

（4）自身的智力水平。智力水平与道德之间的关系十分复杂。一般而言，低智商的犯罪者较多，但一个智力较高的人，并不见得就有积极的道德取向，并且一旦他们形成了不良的品德，高智力反而会促进其恶性发作。

（二）道德认知的形成与培养（深大18名解）

1. 含义

道德认知是对道德行为准则及其执行意义的认识，是社会的道德要求转化为个人内在品质的首要环节，是道德品质形成的基础和前提。

2. 发展理论

（1）皮亚杰的道德认知发展理论。

皮亚杰认为，道德是由种种规则体系构成的，道德的实质包括两方面的内容：一是对社会规则的理解和认识；二是对人类关系中平等、互惠的关心。他认为儿童道德认知发展要经历三个阶段：

①前道德阶段（无律阶段）。皮亚杰认为，5岁幼儿以自我为中心来考虑问题，对引起事情的结果只有朦胧的了解，其行为直接受行为结果支配。该阶段儿童既不是道德的，也不是非道德的。

②他律道德阶段。5—8岁的儿童处于他律道德阶段，这一阶段的道德认知一般是服从外部规则，接受权威指定的规范，他们只根据行为后果来判断对错。

③自律道德阶段。9—11岁的儿童处于自律的道德阶段，此时的儿童不再无条件服从权威，儿童已经能从主观动机出发，用平等或不平等、公平或不公平等新的标准来进行道德判断，但此时儿童的判断还是不成熟的，他们需要等到十一二岁后才能独立判断。

（2）科尔伯格的道德认知发展理论。（详见《教育心理学》第二章第三节）

2. 培养方法

（1）言语说服：教师经常要通过言语讲解和说服来使学生理解和接受一定的道德观念和道德准则（社会规范）。该方法有两种常用的技巧：

①单面论据与双面论据。对于受教育程度高的人来说，提供正反两方面的论据更易于使他们信服，对于受教育程度低的人来说，只提供正面论据更好一些。

②以理服人和以情动人。以理服人即用严密、条理的论证来说明；以情动人即在说明中带有强烈的情绪色彩，以情绪、情感的感染来打动学生。

（2）小组道德讨论：让学生在小组中就某个有关道德的典型事件进行讨论，以提高他们的道德判断水平。在讨论过程中，教师要起到启发和引导作用。

（3）道德概念分析：这种方法集中分析作为道德思维组成部分的一些最一般的概念或观念，一个道德概念可能是一种具体活动的名称，如说谎或遵守诺言，也可以是一种比较一般的概念，如友谊、义务或良心。使用这种方法时，首先要给概念提供一个具体的情境，其次对讨论过程中各种引人误解的陈述进行讨论，最后用进一步的讨论使学生对概念的理解更加精确。

（三）道德情感的形成与培养（重师21，青岛20名解）

1. 含义

道德情感是人们根据社会的道德准则去处理相互关系和评价自己或他人的言谈举止时所体验到的情感。它是品德心理结构的动力机制，也是一种自我监督和自我检查的力量。从内容上看，它包括公正感、责任感、义务感、自尊感、羞耻感、友谊感、荣誉感、集体主义情感和爱国主义情感等；从形式上看，它包括直觉的道德感、形象性的道德感和伦理性的道德感。

2. 发展理论

（1）精神分析学派对道德情感的研究。

精神分析学派的道德发展理论主要关注个体内在的道德情感的作用。其创始人弗洛伊德认为，儿童道德的发展与儿童早期跟父母感情联结有密切关系。儿童通过自居作用、自我惩罚、内疚等将父母的批评和社会的批评内化为良心或超我，帮助儿童在父母不在眼前时也能按照道德规范来行动，抵制外界的诱惑。

（2）人本主义情感取向的道德教育理论。

人本主义的道德教育思想是情感取向的道德教育理论之一。它主要来自人本主义的心理学和哲学思想。人本主义道德教育的主要观点可以归纳为五个方面：

①承认人性是建设性的。
②重视情感在道德教育中的作用。
③实施道德教育的三个最基本条件：真诚、接受和信任、移情性理解。
④视道德教育为一种过程，教师应是这一过程的"促进者"。
⑤以"学生"为中心的非指导性教学模式。

3. 培养方法

（1）移情能力的培养。移情是由真实或臆想的他人情绪、情感状态引起的并与之一致的情绪、情感体验，是一种替代性的情绪、情感反应，是一种无意识的、有时十分强烈的对他人情绪状态的体验。通过移情训练，青少年更可能设身处地去感受别人的心理反应，更可能做出帮助他人的行为。发展移情能力可以通过表情识别、情境理解、情绪追忆三个方面来着手。

（2）羞愧感。羞愧感是当认识到未能成功地以自己信以为好的方式行动或思考时，产生的痛苦的情绪。儿童羞愧感的产生意味着儿童个性正在发生变化，当它成为个性中一种稳定的东西时，就会改变个性的结构。

（四）道德行为的形成与培养（宁波17简答）

1. 含义

道德行为是道德认知和道德情感的集中体现，是个体面对一定的道德情境时，充分调动自己的道德认知并产生强烈的道德情感，经过内心冲突及外部情况的影响而做出来的。它是衡量道德品质的客观标志。

2. 发展

新行为主义认为品德发展没有固定阶段，是儿童学习外部环境和受强化的结果。新行为主义的品德理论包括以下方面：

（1）斯金纳的品德理论。

斯金纳坚持从强化理论来阐述道德行为。他认为，儿童品德形成是操作行为受强化而建立条件反射的过程。凡是受到正强化的行为就是善或好的行为，凡是受到负强化或惩罚的行为就是恶或坏的行为。

斯金纳特别重视外部环境对道德行为的强化作用。他认为，道德教育塑造道德行为就是通过环境的控制和改变来实现的，并且强调道德行为的形成是行为操作而不是主观能力，是行为效果而不是行为动机。

（2）班杜拉的道德行为形成理论。

班杜拉认为，观察学习是儿童学习的主要形式，品德学习也是通过观察学习完成。不同的是成人及同辈榜样是导致儿童大部分道德行为获得和改变的主要原因。儿童通过观察学习不仅可以缩短学习过程而且可以迅速掌握大量的整合行为模式，还可以避免由于直接尝试错误和失败可能带来的挫折或损失。

儿童道德行为的习得受到观察者内部和外部因素的影响。外部因素主要指榜样的示范性特征及后果。内部因素主要指观察者的动机或认知水平。在儿童的道德行为形成过程中，观察者本人、环境和行为三者是相互作用的。班杜拉强调观察学习的重要性，具有重要现实意义。

3. 培养方法

（1）群体约定。经过集体成员讨论制定的公约、规则会有助于学生形成积极的态度。由于各个成员参与了规则的讨论和制定，每个人都对规则负有责任，这会增加规则的约束力。同时，群体中意见高度一致，行为取向一致，这会形成一种无形的约束力。

（2）道德自律。品德培养应该使学生达到道德自律的水平，即能够按照自己内在的价值标准来评判自己的行为，从而规范自己做自己认为应该做的事，避免自己做那些不应该做的事情。自律行为大致包括自我观察、自我评价、自我强化三个环节。

[拓展知识]

品德与道德的关系

1. 联系

（1）品德的内容来自道德。

（2）品德是在道德活动中形成和发展起来的。

（3）品德受到道德的影响，但也可以反作用于道德。

2. 区别

（1）道德依赖于整个社会存在，不以个体的存亡为转移；品德依赖于个体存在，是一种个体现象。

（2）道德的内容反映整个社会生活的要求；品德只是道德规范的部分体现，是社会道德要求的局部反映。

（3）道德是一定社会生活的产物，道德发展受社会发展的支配；品德是社会道德在个体头脑中的反映，品德的形成和发展不仅受到社会的影响，还要服从个体心理活动的规律。

（4）道德是哲学、伦理学与社会学研究的对象；品德是教育学与心理学的研究对象。

四 品德不良及其矫正 ★★★

（福建20，华南17 论述）

（一）品德不良的含义与类型（江苏21，山师19，华南18 名解；华中17 简答）

1. 含义

品德不良是指个体具有的不符合社会道德要求的道德品质与道德行为，表现为个体经常违反道德准则或犯有较严重的道德过错，有的甚至处在犯罪的边缘或已有轻微的犯罪行为。

2. 类型

（1）作弊行为。考试作弊是学习领域最普遍的品德不良表现之一。该现象长期存在，一直受到社会广泛关注。

（2）诚信及文明礼仪缺失。诚信及文明礼仪缺失是青少年在社会生活领域中品德不良的主要表现。

（3）责任意识淡薄。责任在整个道德规范体系中居于最高层次。一个人能否形成一定的责任意识，能否勇于承担一定的社会责任，关键是青少年阶段。其主要表现有：①重个人意识，集体、社会责任意识淡薄；②自私、冷漠、懦弱、缺乏正义感；③行为上表现出怕负责任或逃避社会责任。

（二）品德不良的成因分析（河南20 论述）

1. 客观原因

（1）家庭方面。主要有五种：①家庭成员的溺爱、迁就；②家庭对孩子要求过高、过严，又缺乏正确的教育方法；③家庭成员教育的不一致性；④家长缺乏表率作用；⑤家庭结构的剧变。

（2）学校方面。某些教育工作者存在某些错误观念或方法上的偏颇，如：片面追求升学率，忽视学生的品德教育；不了解学生真实的内心世界，不能自发地进行教育；教育方法不当，使得学生厌烦；对矫正品行不良学生缺乏信心、恒心和毅力。此外，学校教育和家庭教育不一致，相互脱节，也会削弱教育的力量。

（3）社会方面。影响个体品德行为的有：长期封建社会遗留下来的某些腐朽思想；现实生活中的某些不正之风；思想不健康甚至低级趣味的文艺作品；朋友、邻居、社区，以及影响个体的各种社会活动。

2. 主观原因

（1）不正确的道德认识。儿童和青少年处于品德形成的过程中，他们的道德认识还不明确、不稳定，一些学生不理解或不能正确理解有关的道德要求和道德准则，缺乏独立的道德评价能力，常常不能明辨是非、分清善恶。

（2）异常的情感表现。品行不良的学生由于长期处于错误观念的支配下，常常造成情感上的异常状态，往往对真正关心他们的老师家长怀有戒心，或处于对立情绪中。

（3）明显的意志薄弱。有些品行不良的学生并非在道德认识方面无知，而是因为意志薄弱导致正确的认知不能战胜不合理的欲望。"明知故犯"的学生常是意志薄弱者。

（4）不良习惯的支配。偶然的不良行为经过多次重复就会变成不良习惯，不良习惯又支配不良行为，如此恶性循环必然导致学生的品行不良。

（5）某些性格缺陷。学生某些性格上的缺陷会直接导致品德不良。比如执拗、任性、骄傲、自私等消极性格特点，很容易让个体表现出无视他人和集体的利益，为私利我行我素，甚至做出破坏集体纪律和违反社会公德的行为。

（6）某些需要未得到满足。当学生的需要没有通过正常途径得到满足，他们就可能会通过一些不正当的方法去满足自己的需要，从而沾染上不良行为。

（三）品德不良的矫正（海师19，宁夏17简答；浙师17论述）

通过借鉴西方现代三大学习理论的精髓思想，矫正学生品行不良的方法主要有以下几种：

（1）运用行为主义学习理论培养个体的良好行为方式。在教育中适当运用渐进强化的原理，可以有效地塑造学生的良好行为方式或矫正学生的偏差行为方式。

（2）直接从自我观察学习入手培养人的自律行为。自律是个人根据自己的价值标准评判自己的行为，从而规范自己去做自己认为应该做的事情，或避免做自己认为不应该做的事。

（3）提高道德认识法。"美德即知识"的命题启示人们，在很多时候丰富人的道德认识的确可以使人少犯错误，尤其是一些低级错误。这样，妥善采取常用的说理法、故事启发法、小组讨论法或价值澄清法等方法以提高人们的道德认知水平，往往是防治品行不端的有效之举。

（4）改过迁善法。指要求犯错者纠正自己的不良品德，以使自己朝着善的方向发展的方法。该方法由两部分组成：一是消除一个或几个错误的地方；二是通过一定的练习，使自己的行为朝着与原来不良行为相反的或不相容的方向发展。

（5）防范协约法。指以书面形式在教育者与被教育者之间建立和实施的一种监督关系的矫正不良行为的方法。

[拓展知识]

正文中提到了品德不良矫正的具体方法，此外，关于品德不良的矫正还有一些要点需要注意：
（1）培养深厚的师生感情，消除疑惧心理和对立情绪。
（2）培养正确的道德观念，提高明辨是非的能力。
（3）保护和利用学生的自尊心，培养集体荣誉感。
（4）锻炼同不良诱因作斗争的意志力，巩固新的行为习惯。
（5）针对学生的个别差异，采取灵活多样的教育措施。

五 态度

（浙师18论述）

（一）态度的含义

态度是习得的、影响个人对特定对象作出行为选择的、有组织的内部准备状态或反应的倾向性。可以从以下三个方面来理解：
（1）态度是一种内部状态。
（2）态度是一种行为选择状态。
（3）态度是学习的结果。

（二）态度形成与改变的条件

1. 主观条件

（1）对态度对象的认识。在进行态度教学前，学生的认知结构中首先要有关于新态度对象的观念或认识，以及还要有一套关于行为与其相应情境的关系的观念。

（2）认知失调。处于认知失调的个体会努力改变自己的观念来求得新的平衡。

（3）有形成或改变态度的意向。意向是一种习惯性倾向，有着持久的影响，对于态度教学来说非常重要。

（4）对教育者的信任度。要做到这一点，教育者就必须先提高自身的综合素质，增强行为的表率性、情感的真挚性、教育方法的科学性和艺术性。

2. 客观条件

（1）所传递信息的可信度。态度形成和改变的基础就是对信息的认知和理解，信息的真实性和价值性决定主体对所传递信息的信任度。

（2）榜样人物的选择。在观察他人态度形成与改变时，学生获得关于榜样行为、行为情境及行为结果的知识，导致替代强化，影响自身的态度形成与改变。

（3）外部强化。分为直接强化和间接强化，直接强化即奖励或惩罚；间接强化指特定的环境氛围、群体舆论、群体成员的评价等潜移默化的方式影响人的态度形成与改变。

（三）态度形成与改变的方法

（1）提供榜样法。榜样对态度的影响是巨大的，在学校中，教师应该根据学生心中有关榜样的特点来选择、设计、示范榜样行为，以及运用有关的奖惩，引导学生学习某种合乎要求的态度。

（2）说服性沟通法。教师通过言语说服向学生提供对其原来态度的支持性或非支持性的证据，使学生获得与教师要求的态度有关的事实和信息，或深化已有态度、或形成新的态度、或改变原有态度。有效的说服技巧包括选择证据、情理服人、逐渐缩小态度差距。

（3）角色扮演。角色扮演指人按照自己的角色来行事，也指模仿别人的角色来行事。在角色扮演的过程中，个体有了较多的情感投入，因而对于态度改变有很大作用。

（四）态度与品德的联系（杭师20简答）

从实质上看，二者都是一种后天习得的影响个人行为选择的内部的、比较稳定的心理特征。从结构上看，都是由认知、情感和行为三个方面构成。

但是也存在一定区别。第一，所涉及的范围不同。态度涉及的范围较大，只有涉及道德规范的那部分稳定的态度才能称为品德。第二，价值的内化程度不同。价值内化的各级水平实际上也就是态度变化的水平，但只有价值观念经过组织且已成为个人性格的一部分时的稳定态度才能称为品德。也就是说，品德在价值的内化程度上，比态度要深。

【名校真题】

名词解释

1. 社会规范学习（江苏师范大学2020）
2. 道德情感（青岛大学2020）
3. 道德认知（深圳大学2018）
4. 移情（重庆师范大学2021）
5. 品德不良（华南师范大学2018）

简答题

1. 品德形成的因素（四川师范大学2019）
2. 简述学生的道德认识和道德行为的关系（宁波大学2017）
3. 简要阐述社会规范学习的心理过程（东北师范大学2021）

4. 品德不良的含义与类型（华中师范大学 2017）
5. 如何促进学生品德不良行为的转化（海南师范大学 2019）
6. 态度与品德的关系（杭州师范大学 2020）

论述题

1. 学生不良行为的原因及如何矫正（福建师范大学 2020）
2. 学生品德不良的纠正机制（浙江师范大学 2017）

第十章 心理健康及其教育

考频分析

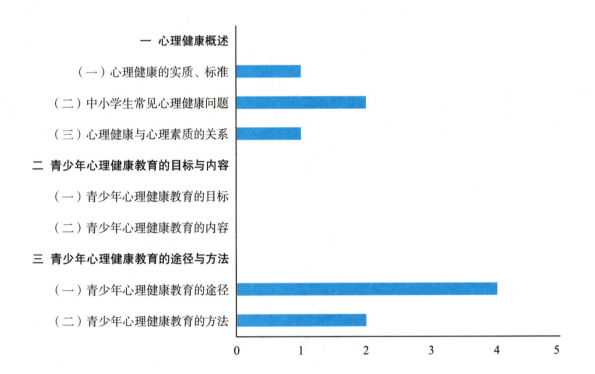

一 心理健康概述
（一）心理健康的实质、标准
（二）中小学生常见心理健康问题
（三）心理健康与心理素质的关系
二 青少年心理健康教育的目标与内容
（一）青少年心理健康教育的目标
（二）青少年心理健康教育的内容
三 青少年心理健康教育的途径与方法
（一）青少年心理健康教育的途径
（二）青少年心理健康教育的方法

章节框架

```
                          ┌── 心理健康概述 ──┬── 心理健康的实质、标准
                          │                  ├── 中小学生常见心理健康问题
                          │                  └── 心理健康与心理素质的关系
心理健康及其教育 ──────────┤
                          ├── 青少年心理健康教育的目标与内容 ┬── 青少年心理健康教育的目标
                          │                                  └── 青少年心理健康教育的内容
                          │
                          └── 青少年心理健康教育的途径与方法 ┬── 青少年心理健康教育的途径
                                                             └── 青少年心理健康教育的方法
```

一 心理健康概述 ★

（一）心理健康的实质、标准（扬大21简答）

1. 心理健康的实质

心理健康是个体一种<u>良好而持续的心理状态</u>，表现为个人具有生命的活力、积极的内心体验、良好的社会适应，并能有效地发挥个人的身心潜能和积极的社会功能。心理健康的判断标准主要有以下几类：

（1）<u>临床模式</u>。该模式从医学的观点出发，根据当事人是否出现某些异常症状来判断其心理健康状况，认为心理健康就是没有心理疾病。

（2）<u>统计常模</u>。人的各项心理特征的测量值在人群中接近正态分布。当一个人的心理特质的测量值接近总体平均数时，就认为他的心理是正常的、健康的；若一个人心理特质的测量值偏离总体均值，就认为他的心理是异常的、不健康的。

（3）<u>社会常模</u>。当一个人的心理与行为符合社会规范，得到多数人的认可，就认为他的心理与行为是健康的、正常的；反之，就认为他的心理与行为是不健康的、异常的。

（4）<u>生活适应</u>。生活适应良好者的心理是健康的；适应困难、干扰了个人或社会康宁者的心理是不健康的。

（5）<u>心理成熟</u>。一个人心理发展与生理发展程度协调者是心理健康的，而心理发展落后于生理发展或落后于同龄人平均水平者则是不健康的。

（6）<u>主观感受</u>。按照当事人主观体验到的是满意感、幸福感还是痛苦与不适，来判断一个人的心理健康状况。

前述观点都是从单一角度判断人的心理健康状况。但心理健康是一种复杂的心理状态，应从多角度、多层面综合判断：第一，<u>从个体的成长角度看</u>，适应与发展是主要的判断依据；第二，<u>从人的社会化角度看</u>，统计常模和社会常模是主要的判断依据；第三，<u>从个性发展角度看</u>，心理结构的完整与功能的匹配是主要的判断依据。在确定人的心理健康标准依据时，应从实际情况出发，具体问题具体分析，只存在统一的基本依据，不存在统一不变的具体依据。

2. 心理健康的标准

（1）充分自我实现的人就是心理健康的人。

（2）适应良好的人是心理健康的人。

（3）适应与发展和谐统一的人是心理健康的人。这是比较公认的现代心理健康标准——综合标准。可以细化为以下几点：①对现实的有效知觉；②自知、自尊和自我接纳；③自我调控能力；④与人建立亲密关系的能力；⑤人格结构的稳定与协调；⑥生活热情与工作高效率。

在理解和把握心理健康标准时，应主要考虑以下几点：第一，判断一个人的心理健康状况应兼顾个体内部协调与对外良好适应两个方面；第二，心理健康具有相对性；第三，心理健康既是一种适应状态，也是一种发展状态；第四，心理健康作为一种整体的心理状态，反映出一个人健康的人生态度与生存方式。总之，心理健康的人在生活中多持有一种积极的、开放的、现实的、发展的、辩证的、通达的人生态度。

（二）中小学生常见心理健康问题（华东21论述）

（1）学习问题。包括厌恶学习、逃学、学习效率低、阅读障碍、计算技能障碍、考试焦虑、学校恐惧症、注意缺陷及多动障碍等。

（2）人际关系问题。包括亲子关系、师生关系、友伴关系等方面的问题，如社交恐惧、人际冲突等。

（3）学校生活适应。包括生活自理困难、对学校集体生活不适应、对高学段学习生活不适应等。

（4）自我概念问题。包括缺乏自知、自信，自我膨胀，沉湎于自我分析，理想自我与现实自我差距过大，自贬的思维方式等。

（5）青春期性心理问题。包括青春期发育引起的各种情绪困扰，异性交往中的问题，性困惑、性恐慌、性梦幻、性身份识别障碍等。

[超纲知识]

学习压力（宁夏20名解）

学习压力是指学生在就学过程中所承受的来自环境的各种紧张刺激，以及学生在生理、心理和社会行为上可测定、可评估的异常反应。学习压力状态包括三个层面的因素：来自环境的紧张刺激、个体的内部紧张状态和个体的反应。

（三）心理健康与心理素质的关系

（1）从根本上说，心理素质和心理健康都是人的心理现象，但二者处在人的心理现象两个不同的层面。心理素质是一种稳定的心理品质，而心理健康则是一种积极、良好的心理状态。

（2）从心理素质的功能来看，心理素质的高低与心理健康的水平有直接关系。一般情况下，心理素质健全且水平高的人，较少产生心理问题，其心理处于健康状态；相反，心理素质不健全或水平低的人，容易产生心理问题，其心理极有可能处于不健康状态。

（3）从心理测量和评定的角度看，心理素质的测量常常包含许多心理健康的指标；而心理健康的测量标准也包含许多心理素质的成分。

（4）从心理素质的内容要素与功能作用的统一性意义来看，心理健康只是心理素质的表现层面，即功能性层面。大多数研究者都把心理健康看作心理素质的一个重要方面。

（5）从总体上看，心理素质与心理健康的关系是"本"和"标"的关系。心理素质包含从稳定的内源性心理品质到外显的行为习惯的多层面的自组织系统，而心理健康作为外显的表现和心理状态是心理素质的一种功能性反映，同时也可通过人的心理健康状况去了解人的心理素质。

[拓展知识]

学校心理素质教育（浙师18名解）

学校心理素质教育是指以培养学生健全心理素质为目标的教育活动，是一项具有全面性和全体性、活动性和互动性、主体性和发展性等特征相协调的素质教育形式。学校心理素质教育的根本目标是培养学生健全的心理素质，基本途径主要包括心理素质专题训练、心理辅导和学科渗透三种。

二、青少年心理健康教育的目标与内容

（一）青少年心理健康教育的目标

1. 总目标

培养学生健全的心理素质，使学生心理素质的各成分都得到健康的发展，使其形成正常的智能、完善的人格和良好的适应能力，为促进学生整体素质的发展奠定良好的心理基础。

2. 基本目标

（1）促进和维护学生心理健康。
（2）开发智力，促进能力发展。
（3）提高德性修养，培养良好品德。
（4）培养主体意识，形成完善人格。
（5）养成良好行为习惯，提高社会适应能力。

（二）青少年心理健康教育的内容

心理健康教育的主要内容包括：普及心理健康基本知识，树立心理健康意识，了解心理调节方法，认识心理异常现象，以及初步掌握心理保健常识，其重点是<u>学会学习、人际交往、升学择业以及生活和社会适应等方面的常识</u>。具体阶段及内容如下：

（1）小学低年级：帮助学生适应新的环境、新的集体、新的学习生活与感受学习知识的喜悦；乐与老师、同学交往，在谦让、友善的环境中体验友情。

（2）小学中、高年级：帮助学生在学习生活中品尝解决困难的快乐，调整学习心态，提高学习兴趣与自信心，正确对待自己的学习成绩，克服厌学心理，体验学习成功的喜悦，培养面临毕业升学的进取态度；培养集体意识，在班级活动中，善于与更多的同学交往，健全开朗、合群、乐学、自立的健康人格，培养自主自动参与活动的能力。

（3）初中：帮助学生适应中学的学习环境和学习要求，培养正确的学习观念，发展其学习能力，改善学习方法；把握升学选择的方向；了解自己，学会克服青春期的烦恼，逐步学会调节和控制自己的情绪，抑制自己的冲动行为；加强自我认识，客观地评价自己，积极与同学、教师和家长进行有效的沟通；逐步适应生活和社会的各种变化，培养对挫折的耐受能力。

（4）高中：帮助学生适应高中学习环境，发展创造性思维，充分开发学习的潜能，在克服困难取得成绩的学习生活中获得情感体验；在了解自己的能力、特长、兴趣和社会就业条件的基础上，确立自己的职业志向，进行职业的选择和准备；正确认识自己人际关系的状况，正确对待和异性伙

伴的交往，建立对他人的积极情感反应和体验；提高承受挫折和应对挫折的能力，形成良好的意志品质。

三 青少年心理健康教育的途径与方法★★

（一）青少年心理健康教育的途径（杭师21，上师/河南18简答；河南21论述）

1. 专题训练

心理素质专题训练过程一般由"判断鉴别—训练策略—反思体验"三个彼此衔接的环节构成。

（1）判断鉴别。通过心理检测和评估，让学生了解自己某方面心理素质发展现状，以此引起学生体会和反思该种心理素质对自己的意义，从而激发接受训练的积极动机。

（2）训练策略。针对该课主题和在判断鉴别中发现的问题，提出若干个解决该问题的具体有效的方法和技巧，通过组织学生参与讨论和操作活动来感受、理解，进而选择。

（3）反思体验。对训练中的心理感受、情感体验、行为变化、活动过程及效果等进行反思、强化、内化，强化训练效果，促进自我认知与评价。反思环节一定强调自觉、自发、自控。

2. 心理辅导

心理辅导是一种心理上的助人活动，是指在一种新型的、建设性的人际关系中，辅导教师运用其专业知识和技能，给学生以合乎需要的心理上的协助与服务以便在学习、工作与人际关系各个方面做出良好适应。

心理辅导的最简单的定义是助人自助。建立有效辅导关系的基本条件主要有以下三种：

（1）同感。教师进入受辅学生的内心世界，通过他的视角看事物，体察他的思想与感受，了解他观察自己与周围世界的方式。同感主要有三个要点，分别是设身处地、保持客观和传达感受。

（2）真诚。教师在辅导过程中诚实、自然、自由、开放，去掉保卫式的伪装或戒备心理，做到表里如一、言行如一、前后如一。

（3）尊重。教师要尊重受辅学生的人格、价值、自我选择的权利。

3. 学科渗透

教师在进行常规的学科教学时，自觉地、有意识地运用心理学的理论、方法和技术，让学生在掌握知识、形成能力的同时，完成各种心理品质，特别是诸如情感、意志、个性品质等方面。在学科教学、各项教育活动、班主任工作中，都应注重对学生心理健康的教育，这是心理健康教育的主要途径。

（二）青少年心理健康教育的方法（福师17名解；深大20论述）

1. 认知法

通过调动学生的感知、记忆、想象、思维等心理过程来达到教学目标。它可以派生出阅读、听、讲故事，观看幻灯片、图片、录像、电影，欣赏音乐、美术、舞蹈等艺术品，案例分析、判断和评价等形式。

2. 游戏法

竞赛性游戏能够调动学生参与活动的积极性，培养学生的竞争意识和团结合作精神；非竞赛性游戏可以缓解学生的紧张和焦虑程度，再现原有的生活体验，使学生获得新的体会与认识。

3. 测验法

通过智力、性格、态度、兴趣和适应性等各种问卷测验，帮助学生自我反省、自我分析，了解自己某方面心理素质的发展现状，形成正确的自我认识和自我评价。

4. 交流法

通过学生间的交流活动，各自介绍自己的心理优势或个体经验，促进其对训练策略的认同、领悟和掌握。

5. 讨论法

通过师生、生生间广泛、深入的思想交流，引导学生积极思考，步步深入，提高认识，转变思维方式和看问题的角度，掌握科学的行动步骤。讨论法可分为全班讨论、辩论、小组讨论、脑力激荡、配对交谈、行动方案研讨等多种形式。

6. 角色扮演法

教师提供一定的主题情境并讲明表演要求，让学生扮演某种人物角色，演绎某种行为方式、方法与态度，达到深化学生的认识、感受和评价"剧中人"的内心活动和情感的目的。

7. 行为改变法

通过奖惩等强化手段帮助学生建立某种良好的行为或矫正不良行为。此法有代币法、契约法、自我控制法等多种形式。

8. 实践操作法

让学生亲自动手，完成某种操作任务。常用于验证某种心理效应，达到加深学生的体验和增强认同感的目的。

【名校真题】

名词解释

1. 角色扮演法（福建师范大学2017）
2. 学校心理素质教育（浙江师范大学2018）

简答题

1. 简述现代心理健康的标准（扬州大学2021）
2. 简述学校心理健康教育的途径（上海师范大学2018）

论述题

1. 结合现实，谈谈中小学生常见的心理健康问题及其教育措施（华东师范大学2021）
2. 心理健康问题已经成为一个社会问题，谈谈中小学心理健康的养成（深圳大学2020）

附　录

北京师范大学	北师
华东师范大学	华东
陕西师范大学	陕师
华中师范大学	华中
中央民族大学	中央民族
东北师范大学	东北
华南师范大学	华南
湖南师范大学	湖师
宁夏大学	宁夏
苏州大学	苏大
南京师范大学	南师
宁波大学	宁波
深圳大学	深大
山东师范大学	山师
福建师范大学	福师
天津师范大学	天师
青岛大学	青岛
上海师范大学	上师
浙江师范大学	浙师
杭州师范大学	杭师
云南师范大学	云师
重庆师范大学	重师
四川师范大学	川师
安徽师范大学	安师
广西师范大学	广师
江苏师范大学	江苏
扬州大学	扬大
海南师范大学	海师
河南师范大学	河南
贵州师范大学	贵师

参考文献

[1] 王道俊，郭文安．教育学（第七版）[M]．北京：人民教育出版社，2016．

[2] 王道俊，郭文安．教育学（第六版）[M]．北京：人民教育出版社，2009．

[3] 全国十二所重点师范大学联合编写．教育学基础（第3版）[M]．北京：教育科学出版社，2014．

[4] 靳玉乐．现代教育学（2015年修订本）[M]．成都：四川教育出版社，2015．

[5] 冯建军．现代教育学基础[M]．南京：南京师范大学出版社，2007．

[6]《教育学原理》编写组．教育学原理[M]．北京：高等教育出版社，2019．

[7] 孙俊三，雷小波．教育原理[M]．长沙：湖南教育出版社，2007．

[8] 刘铁芳．学校教育学[M]．北京：教育科学出版社，2011．

[9] 朱德全，易连云．教育学概论[M]．重庆：西南师范大学出版社，2007．

[10] 柳海民．现代教育原理[M]．北京：人民教育出版社，2006．

[11] 黄济，王策三．现代教育论（第三版）[M]．北京：人民教育出版社，2014．

[12] 王道俊，王汉澜．教育学：新编本[M]．北京：人民教育出版社，1999．

[13] 袁振国．当代教育学（第4版）[M]．北京：教育科学出版社，2010．

[14] 陈琦，刘儒德．教育心理学[M]．北京：高等教育出版社，2005．

[15] 陈琦，刘儒德．教育心理学（第3版）[M]．北京：高等教育出版社，2020．

[16] 陈琦，刘儒德．教育心理学（第2版）[M]．北京：高等教育出版社，2011．

[17] 陈琦，刘儒德．当代教育心理学（第3版）[M]．北京：北京师范大学出版社，2019．

[18] 陈琦，刘儒德．当代教育心理学（第2版）[M]．北京：北京师范大学出版社，2007．

[19] 张大均．教育心理学（第三版）[M]．北京：人民教育出版社，2015．

[20] 冯忠良，伍新春，姚梅林，等．教育心理学（第三版）[M]．北京：人民教育出版社，2015．

[21] 燕良轼．教育心理学[M]．武汉：武汉大学出版社，2010．

[22] 汪凤炎，燕良轼，郑红．教育心理学新编（第四版）[M]．广州：暨南大学出版社，2016．

[23] 燕良轼．教育心理学：理论、实践与应用[M]．杭州：浙江教育出版社，2016．

[24] 莫雷，全国十二所重点师范大学联合编写．教育心理学[M]．北京：教育科学出版社，2007．

333 教育综合大纲解析

中国教育史和外国教育史分册

333 教育综合蓝皮书编写组 主编

北京理工大学出版社
BEIJING INSTITUTE OF TECHNOLOGY PRESS

版权专有　侵权必究

图书在版编目（CIP）数据

333教育综合大纲解析.中国教育史和外国教育史分册/333教育综合蓝皮书编写组主编.－－北京：北京理工大学出版社，2022.3

ISBN 978-7-5763-1155-6

Ⅰ.①3… Ⅱ.①3… Ⅲ.①教育学–研究生–入学考试–自学参考资料②教育史–中国–研究生–入学考试–自学参考资料③教育史–外国–研究生–入学考试–自学参考资料 Ⅳ.①G40②G5

中国版本图书馆CIP数据核字(2022)第045029号

出版发行 / 北京理工大学出版社有限责任公司

社　　址 / 北京市海淀区中关村南大街5号

邮　　编 / 100081

电　　话 / (010)68914775（总编室）
　　　　　 (010)82562903（教材售后服务热线）
　　　　　 (010)68948351（其他图书服务热线）

网　　址 / http://www.bitpress.com.cn

经　　销 / 全国各地新华书店

印　　刷 / 三河市恒彩印务有限公司

开　　本 / 880毫米1230毫米　1/16

印　　张 / 15.5　　　　　　　　　　　　　　　　　责任编辑 / 多海鹏

字　　数 / 761千字　　　　　　　　　　　　　　　文案编辑 / 多海鹏

版　　次 / 2022年3月第1版　2022年3月第1次印刷　责任校对 / 周瑞红

定　　价 / 96.80元（共2册）　　　　　　　　　　 责任印制 / 李志强

图书出现印装质量问题，请拨打售后服务热线，本社负责调换

本书特色

1 聚焦考点 方便查阅

高频考点索引

教育	P12	教师劳动的特点	P99
人的发展的规律性	P18	教师的素养	P103
教育的社会变迁功能	P27	皮亚杰认知发展阶段理论	P129
教育目的	P33	维果茨基的文化历史发展理论	P132
教育目的的价值取向	P34	科尔伯格的道德发展阶段理论	P136
我国教育目的的基本精神	P35	发现学习	P156

2 辨清概念 突破疑难

[易混知识]

教育的主导作用和引领作用
（宁波18简答；福建21，深大19，苏大17论述）

教育的主导作用是高频考点，教育的引领作用是2021年大纲新增的表述。教育的引领作用体现在教育如何宏观把控教育方向，引领学生从自然人走向社会人；教育发挥主导作用则是教育的引领作用的具体表现。

教育发挥主导作用的条件：

（1）科学的学校教育。教育目的影响着教育的效果；教育物质条件影响着教育的速度和规模；教育活动影响着教育影响的深度；教师素质影响着教育的水平；学校管理水平影响着教育的功能。

（2）优化的家庭教育。学校教育在人的身心发展中的主导作用的发挥，还受学生家庭的经济状况、家长的文化水平、家庭的人际关系等家庭条件的影响。

（3）良好的社会状况。教育活动是在一定社会的条件和背景下进行的，并受到社会条件的制约。这些

3 数据分析 梳理考点

考频分析

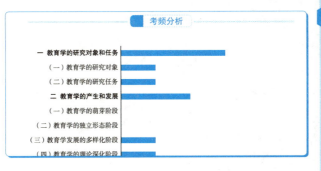

一 教育学的研究对象和任务
　（一）教育学的研究对象
　（二）教育学的研究任务
二 教育学的产生和发展
　（一）教育学的萌芽阶段
　（二）教育学的独立形态阶段
　（三）教育学发展的多样化阶段
　（四）教育学的理论深化阶段

4 攻克难点 知识延伸

[超纲知识]

课程评价的模式

1. 目标游离模式（海师17名解）

（1）内容：由美国学者斯克里文提出，他认为评价者应该注意的是课程计划的实际效益，而不是预期效益，主张把评价重点从"课程计划预期的结果"转向"课程计划实际的结果"。

（2）评价：目标游离模式强调评价过程是一种价值判断的过程，使评价更接近其本质，突破了预设目标的限制，将形成性评价和总结性评价结合了起来。但目标完全"游离"的评价是不存在的，目标游离模式没有一套完整的评价程序，操作比较困难。

2. CIPP模式（东师20简答；中央民族19论述）

（1）内容：该评价模式由斯塔弗尔比姆提出，CIPP是由背景评价、输入评价、过程评价、成果评价这几种评价名称的英文首字母组成。

①背景评价：要确定课程计划实施机构的背景；明确评价对象及其需要；明确满足需要的机会；诊断需

5 系统归纳 脉络清晰

章节框架

课程
- 课程概述
  - 课程及相关概念
  - 课程理论的发展
  - 课程论争的几个主要问题
- 课程设计
  - 课程目标的设计
  - 课程内容的设计
- 课程改革
  - 世界各国课程改革发展的趋势
  - 我国基础教育的课程改革
  - 我国中小学的课程设置
  - 影响课程改革的主要因素
  - 新一轮课程改革对教学过程和教师的要求

6 知识拓展 有料有趣

[拓展知识]

教育信息化与教师（湖师20论述）

教育的信息化是现代教育最显著的特征之一，也是世界教育改革的一个重要趋势。它带给教育的不仅仅是手段与方法的变革，而且也是包括教育观念与教育模式在内的一场历史性变革。

教育信息化有两个含义：一是教育培养适应于信息化社会的人才，二是教育把信息技术手段有效应用于教学与科研。

（1）对教师职能的影响。教学自动化并不能取代教师所发挥的作用，只能使教师职能有所改变，教师所具有的一些"人性化"的特质，是任何机器都代替不了的。教师将更多地成为学习活动的参谋与指导者，而不再是知识的提供者。同时，教师可以从事务性工作中解放出来，有更多的时间从事教学改革，更好地进行个别辅导。

（2）对师生关系的影响。教学技术促进了教育者和受教育者的地位互动。现代教育技术加快了知识信息传播的速度和知识传播的广度。教育者既可以通过先进的技术传授自己拥有的知识，同时又接受、学习

7 直击重点 有的放矢

一 教育概述 ★★★★★

（一）教育概念的界定

（宁夏21/18、福师21，陕师18/17，华南18/17，贵师18/17，宁波/扬大/天师17名解）

教育是人的发展与社会发展的中介活动，其旨在以人为本、育人成事，培养人成为其所生存的那个时代的社会实践主体，引导人和社会的持续发展。

其概念有广义和狭义之分：

<u>广义教育</u>：指凡是有目的地增进人的知识技能、影响人的思想品德、增强人的体质的活动都是教育，包括人们在家庭里、学校里、亲友间、社会上所受到的各种有目的的影响。

<u>狭义教育</u>：主要指<u>学校教育</u>，指一种专门组织的不断趋向规范化、制度化、体系化的教育。它是根据一定的社会现实和未来需要，遵循受教育者身心发展的规律，有目的、有计划、有组织地对受教育者身心施加影响，把他们培养成为一定社会或阶级所需要的人的活动。

8 实战实练 经典真题

[名校真题]

名词解释
1. 教育（陕西师范大学2017）
2. 狭义教育（华南师范大学2017）
3. 教育（华南师范大学2020）

简答题
1. 简述教育的质的规定性（华中师范大学2021）
2. 教育与教学的关系（南京师范大学2018）
3. 简述教育起源的主要观点（苏州大学2018）
4. 简述现代教育特征（中央民族大学2021）

论述题
1. 教育是什么？选一种观点论述（东北师范大学2020）

前言

亲爱的同学们：

你们好！非常感谢大家的信任和选择。相信你们在阅读这些文字的时候，已经做好了为成功上岸全力以赴、为追寻梦想不遗余力的准备。《333教育综合大纲解析》（以下简称"大纲解析"）是大家在这场征程中最坚实的"伙伴"和助手，能为大家解答知识疑惑和节约复习的时间成本，帮助大家顺利抵达成功的彼岸。

教育学的知识体系庞杂、繁多，帮助考生在较短的时间内对知识点进行精准把握，是我们编写这本大纲解析的初衷。为此，我们特意在以下几个方面做出了努力：

第一，确保知识点的全面覆盖和系统呈现

大纲解析是根据《全国教育硕士专业学位研究生入学考试大纲及指南》（以下简称"大纲"）编写，内容包含333教育综合考试大纲所规定的四个科目的所有知识点。此外，我们在仔细研读和分析近年来各校真题、认真总结近年考试趋势和动态的基础上，对大纲以外的高频考点也进行了总结归纳并将其补充到了大纲解析之中。因此，我们不仅基于大纲，还囊括了大纲没有但是可能会命题的内容，从而确保了知识点的全面性。

第二，结合最新大纲和多版参考教材

大纲解析是根据最新大纲的内容编写并进行了相应地调整。此外，在编写大纲解析的过程中，我们参考和结合了许多版本的参考教材，对各个版本教材的相关内容进行了仔细研读和对比分析，力求使知识点的表述更加合理，做到知识的易懂宜背和与时俱进。

第三，添加"高频考点索引"，快速定位重难点

333教育综合知识内容繁多，在众多的内容之中把握高频考点和重难点是非常重要的，尤其在考研的最后冲刺阶段，更应该注重高频考点复习。为此，我们添加了"高频考点索引"栏目，让考生能快速定位本书中的重点内容，从而节省考生查找重难点知识内容的翻阅时间，提高复习效率。

第四，设置知识框架及考频分析，厘清知识结构及重难点

教育综合内容繁多、体系庞大，为了方便考生对其进行知识的学习、整合、理解和记忆，我们在各科目和章节前都准备了对应的知识框架，以便于考生在头脑中形成相关内容的知识地图，从而帮助考生对知识进行编码和记忆。

其次，每章的正文之前都呈现了本章的考频分析图，使本章的高频考点和重难点一目了然，考生可结合考频分析图进行针对性地、有重点地复习，对各章的高频知识点倾注更多的注意，把握考试的规律。

第五，设置各类模块，增加对个别争议性、超纲知识点的解读与拓展

教育学是一门允许"百家争鸣"的学科，众多教材版本和大家对同一个内容的理解和说法都莫衷一是，因此对于一些存在争议性或超出大纲的知识，我们在"拓展知识""易混知识""超纲知识""温馨提示"等模块中进行了相关的说明和解释，在解答考生疑惑的同时，也对很多大纲没有涉及但是有可能会命题的内容进行了拓展。

第六，标注真题与星级，把握高频考点及命题方向

基于近几年 333 教育综合考试的变化趋势，为了帮助考生更加精准地把握命题方向和考试重难点，本书精选诸多 985、211、双一流以及重点师范院校（院校名单及简称见附录）的最新 333 考研真题，并根据考频标注了相应的星级，方便考生在复习的过程中更具有针对性和高效性。此外，每一章节后面均附上了"名校真题"板块，呈现了相关考点近几年的出题方式，便于考生了解并把握该部分内容的命题方式以及出题趋势。

总之，大纲解析与时俱进，在最新大纲的指导下，基于对历年真题的充分研究，并结合当前的教育学发展现状，参考了大量的教材进行编写，适用于绝大多数考 333 教育综合的考生。考生在阅读和使用本书时，要正确理解和领会，举一反三，学会融会贯通，绝不可死记硬背。当然，即使我们做出了很大的努力，本书也难免会存在一些不足，如果在使用时遇到一些疑惑和问题，可以在 QQ 群（325244018）进行交流，也可以在我们的教育学蓝皮书系列反馈问卷中进行反馈。我们也会及时将回复结果更新于在线文档中。

最后，祝各位考生顺利复习，成功上岸！

333 教育综合蓝皮书编写组

2022 年 1 月

反馈问卷

在线文档

第三部分　中国教育史 … 1

第一章　夏、商、西周的教育 … 5

第二章　私人讲学的兴起与传统教育思想的奠基 … 9

第三章　儒学独尊与读经入仕教育模式的形成 … 31

第四章　封建国家教育体制的完备 … 38

第五章　理学教育思想和学校的改革与发展 … 50

第六章　早期启蒙教育思想 … 66

第七章　中国教育的近代转折 … 70

第八章　近代教育体系的建立 … 79

第九章　近代教育体制的变革 … 89

第十章　南京国民政府时期的教育 … 108

第十一章　中国共产党领导下的革命根据地教育 … 114

第十二章　现代教育家的教育理论和实践探索 … 120

第四部分　外国教育史 ··· 133

第一章　古希腊教育 ··· 137

第二章　古罗马教育 ··· 145

第三章　西欧中世纪教育 ··· 150

第四章　文艺复兴时期的教育 ··· 157

第五章　宗教改革时期的教育 ··· 162

第六章　欧美主要国家和日本的教育发展 ······························· 166

第七章　欧美教育思想的发展 ··· 187

附录 ··· 234

参考文献 ··· 235

高频考点索引

学在官府	P7	智者派的教育活动与观念	P140
"六艺"教育	P7	苏格拉底的教育活动与思想	P141
齐国的稷下学宫	P13	柏拉图的教育活动与思想	P142
孔子的有教无类	P15	骑士教育	P152
孔子的教学方法	P16	中世纪大学	P153
鸿都门学	P35	人文主义教育的特征	P160
科举制度的影响	P44	贝尔—兰开斯特制	P169
韩愈的师道观	P47	《莫里尔法》	P180
苏湖教法	P53	《国防教育法》	P181
北宋三次兴学	P54	夸美纽斯的教育思想	P191
书院的产生与发展	P56	绅士教育	P195
书院教育的特点	P58	卢梭的自然教育理论及其影响	P196
朱子读书法	P62	裴斯泰洛齐的要素教育	P201
京师同文馆	P75	赫尔巴特的教育思想	P203
中体西用	P77	新教育运动中的著名实验	P213
"五育"并举的教育方针	P93	进步主义教育运动	P217
蔡元培改革北大	P94	杜威的教育思想	P220
革命根据地和解放区教育的基本经验	P118	要素主义教育	P225
职业教育思想体系	P123	终身教育思潮	P227
"生活教育"思想体系	P128	赞科夫的发展性教学理论	P231
"活教育"思想体系	P131		

第三部分 中国教育史

中国教育史

- 夏、商、西周的教育
  - 甲骨卜辞中的商代学校
  - 西周教育制度与"六艺"教育

- 私人讲学的兴起与传统教育思想的奠基
  - 私人讲学的兴起
  - 孔子的教育实践与教育思想
  - 孟子的教育思想
  - 荀子的教育思想
  - 墨家的教育实践与教育思想
  - 道家的教育思想
  - 法家的教育实践与思想
  - 战国后期的教育论著

- 儒学独尊与读经入仕教育模式的形成
  - 秦代的教育政策与措施
  - "独尊儒术"的文教政策
  - 汉代的学校教育政策
  - 董仲舒的教育思想

- 封建国家教育体制的完备
  - 魏晋南北朝官学的改革
  - 隋唐学校教育体系的完备
  - 科举制度的建立
  - 颜之推的教育思想
  - 韩愈的教育思想

- 理学教育思想和学校的改革与发展
  - 科举制度的演变与学校教育的改革
  - 官学的发展
  - 书院的发展
  - 私塾与蒙学教材
  - 朱熹的教育思想
  - 王守仁的教育思想

- 早期启蒙教育思想
  - 倡导新的教育主张
  - 颜元的学校改革思想

- 中国教育的近代转折
  - 教会学校的举办
  - 太平天国的教育举措
  - 洋务教育的创立与发展
  - 张之洞的"中体西用"教育思想

- 近代教育体系的建立
  - 早期改良派的教育主张
  - 维新派的教育实践
  - "百日维新"中的教育改革
  - 康有为的教育思想
  - 梁启超的教育思想
  - 严复的教育思想
  - 清末教育新政与近代教育制度的建立

（其余内容见下页）

（接上页）

中国教育史
- 近代教育体制的变革
  - 民国初年的教育改革
  - 蔡元培的教育实践与教育思想
  - 新文化运动影响下的教育思潮和教育运动
  - 学校教学方法的改革与实验
  - 1922年"新学制"
  - 收回教育权运动
  - 新民主主义教育发端
- 南京国民政府时期的教育
  - 教育宗旨与教育方针的变迁
  - 教育制度改革
  - 学校教育的管理措施
  - 学校教育的发展
- 中国共产党领导下的革命根据地教育
  - 新民主主义教育方针的形成
  - 革命根据地的干部教育
  - 革命根据地和解放区的群众教育和学校教育
  - 革命根据地和解放区教育的基本经验
- 现代教育家的教育理论和实践探索
  - 杨贤江的马克思主义教育理论
  - 黄炎培的职业教育思想与实践
  - 晏阳初的乡村教育实验
  - 梁漱溟的乡村教育建设
  - 陶行知的"生活教育"思想与实践
  - 陈鹤琴的"活教育"探索

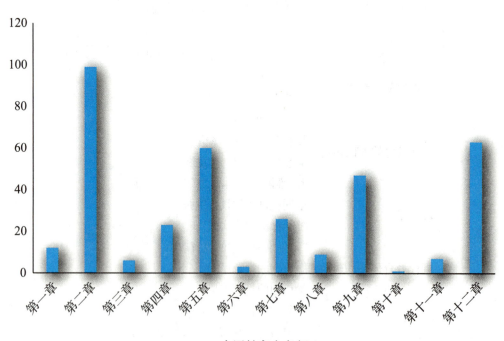

中国教育史考频

第一章 夏、商、西周的教育

考频分析

- 一 甲骨卜辞中的商代学校
  - （一）原始社会学校的萌芽
  - （二）夏代的学校
  - （三）甲骨卜辞中的商代学校
- 二 西周教育制度与"六艺"教育
  - （一）"学在官府"
  - （二）大学与小学
  - （三）国学与乡学
  - （四）家庭教育
  - （五）"六艺"教育

章节框架

夏、商、西周的教育
- 甲骨卜辞中的商代学校
  - 原始社会学校的萌芽
  - 夏代的学校
  - 甲骨卜辞中的商代学校
- 西周教育制度与"六艺"教育
  - "学在官府"
  - 大学与小学
  - 国学与乡学
  - 家庭教育
  - "六艺"教育

一 甲骨卜辞中的商代学校

（一）原始社会学校的萌芽

原始社会经济、政治的变革，推动着教育不断地发生变化，存在于社会生活中的教育逐渐分化出来，出现了学校的萌芽。

（1）成均，五帝时期实施乐教的场所。

（2）庠，是敬老养老之地，兼有养老与教育两方面的作用。氏族公社中教育年轻一代的任务通常由生活经验丰富的老人承担，一般在养老的地方进行，所以庠也兼为教育的场所。

成均和庠都是原始社会末期开展多种活动的机构，包括教育活动在内，他们只是学校的萌芽，还不是正式的学校。

（二）夏代的学校

（1）序，起初是教"射"的场所，后来发展为奴隶主贵族一切公共活动的场所，也是奴隶主贵族教育子弟的场所。

（2）校，乡学，是进行军事训练、习武的场所。

奴隶社会时期的教育为政治服务，突出表现在教育目的是培养奴隶主贵族的武士，教育内容重视军事训练和宗教教育。

（三）甲骨卜辞中的商代学校

（1）大学与小学，也称右学和左学，根据不同年龄划分，这表明商代已根据不同年龄，提出不同的教育要求，实际划分了教育阶段。

（2）瞽宗，商代大学的名称，大学以乐教为重，乐教的教师也就是乐师。乐师在学中祀其先师为乐祖，大学也就是成为乐师的宗庙，故称为瞽宗。瞽宗是当时贵族子弟学习礼乐的学校。

总之，殷墟甲骨的发掘，证明商代文字趋于成熟，并成为有效的教育工具。按年龄划分教育阶段，成为设立不同层次教育组织的依据，多方面的教育内容已具备了"六艺教育"的形貌。商代教育是一份重要的历史遗产，西周就是在此历史基础上进一步发展的。

二 西周教育制度与"六艺"教育 ★★★★

(一)"学在官府"（湖师 18，华中/浙师 17 名解）

西周在文化教育上的特征就是"学在官府"。为了国家管理的需要，西周奴隶主贵族制定法纪规章，并将其汇集成专书，由当官者来掌握。这种现象历史上称之为"学术官守"，并由此造成"学在官府"。"政教合一，官学一体"是"学在官府"的重要标志。

"学在官府"形成的根本原因是西周的生产水平和社会制度，客观原因有惟官有书，而民无书、惟官有器，而民无器、惟官有学，而民无学。

(二)大学与小学

西周的学校按照学生的年龄与程度，分为大学与小学。

1. 小学

贵族子弟进入小学的年龄与学生家庭的政治地位直接有关，小学的学习年限约为7年，教学内容是德、行、艺、仪几个方面，实际上是关于奴隶主贵族道德行为准则和社会生活知识技能的基本训练。

2. 大学

进入大学接受教育有一定限制，只有少数符合资格的人才能享受大学教育。一类是贵族子弟，他们按照身份入学；一类是平民中的优秀分子，经过一定程序的推荐选拔，方能进入大学。入学资格的限制，体现了西周教育的等级性。大学的学程为9年。天子设的大学叫辟雍，诸侯设的大学叫泮宫。大学的教学，服从于培养统治者的需要，学大艺，履大节，以礼乐为重，射御次之。

(三)国学与乡学

1. 国学

设在王都的小学、大学总称为国学。由中央为奴隶主贵族子弟而设，具有明显的等级性。

2. 乡学

设在王都郊外六乡行政区中的地方学校，总称为乡学。入学对象为一般奴隶主和部分庶民子弟，由司徒负责领导，教育内容为"乡三物"，即"六德""六行"和"六艺"。乡学实行定期的考察和推荐，把贤能者选送司徒，经司徒再择优选送至国学。

(四)家庭教育

西周的贵族子弟从小在家中接受家庭教育，其主要内容包括：基本的生活技能和习惯教育、初步的礼仪规则、初级的数的观念、方位观念和时间观念的教育。在男尊女卑思想的支配下，7岁开始进行男女有别的教育，要求男治外事，女理内事。女子受女德的教育，为将来成为贤妻良母做准备，其教育局限在家庭内，相对受到轻视。

西周家庭教育能按儿童年龄的发展提出不同要求，具有明显的计划性。从家庭教育的内容来看，西周家庭教育既注重知识教育，也重视品德与日常行为习惯的培养，而且能与幼儿的实际生活紧密结合。总的来说，西周时期的家庭教育在当时是具备一定的历史意义的。

(五)"六艺"教育（上师21，湖师/深大20，山师/云师19，扬大18，中央民族/福师/贵师17名解）

西周的教育内容总称为"六艺"教育，它是西周教育的特征和标志。"六艺"即礼、乐、射、御、书、数。其中，"礼、乐、射、御"为"大艺"，是大学的课程；"书、数"为"小艺"，是小学的课程。

（1）礼乐。礼乐教育是"六艺"的中心。礼的内容极广，包括政治、伦理、道德、礼仪各个领域。乐教是当时的艺术教育，包括诗歌、音乐和舞蹈。"礼"和"乐"紧密相连，互为表里，其教育作用也各有侧重。"礼"的作用在于约束人们的外部行为，具有一定的强制性；而"乐"则重在陶冶人们内心的情感，是潜移默化的教育。

（2）射御。"射"指射箭的技术训练，"御"指驾驭马拉战车的技术训练。"射"和"御"除了行军战时必用之外，一些典礼活动也要表演射御。以射选士，水平高低将决定射者在贵族中的地位，学御要经过严格训练方能达到标准要求，既学习了武事，也锻炼了身体。

（3）书数。"书"指文字书写，"数"指算法。书、数是文化基础技能，安排在小学学习。西周已有中国教育史上记载最早的儿童识字课本《史籀篇》；西周的数学教学内容较为丰富，《周礼》提出了"九数"，后发展成为《九章算术》的基础。

"六艺"教育包含多方面的教育因素，它既重视思想道德，也重视文化知识；既注意传统文化，也注意实用技能；既重视文事，也重视武备；既要符合礼仪规范，也要求内心情感修养。"六艺"教育有符合教育规律的历史经验，对其后的教育家的思想产生了重要影响，对整个封建社会的教育也影响至深。

【名校真题】

名词解释

1. 学在官府（华中师范大学 2017）
2. 六艺（湖南师范大学 2020）

简答题

1. 西周教育的特点（中央民族大学 2020）

第二章 私人讲学的兴起与传统教育思想的奠基

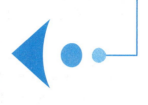

考频分析

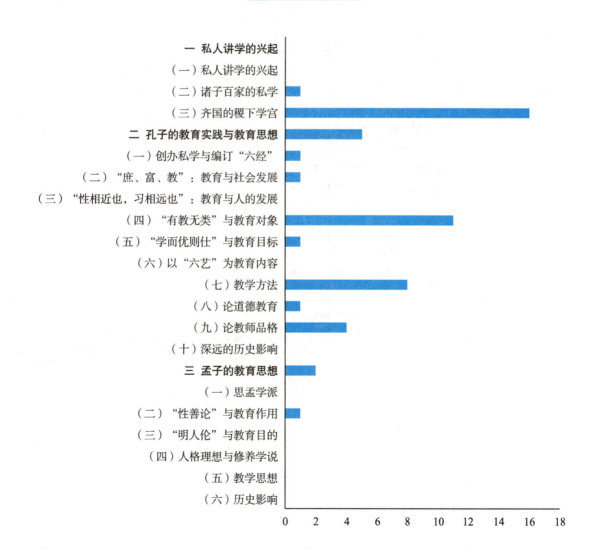

四 荀子的教育思想
（一）荀子与"六经"传授
（二）"性恶论"与教育作用
（三）以"大儒"为培养目标
（四）以"六经"为教学内容
（五）"闻见知行"结合的学习过程与方法
（六）论教师
（七）历史影响
（八）孟子和荀子的教育思想的异同

五 墨家的教育实践与教育思想
（一）"农与工肆之人"的代表
（二）"素丝说"与教育作用
（三）以"兼士"为培养目标
（四）教育内容
（五）教育方法
（六）历史影响

六 道家的教育思想
（一）道家学派
（二）"法自然"与教育作用
（三）追求"逍遥"的人格理想
（四）提倡怀疑的学习方法
（五）历史影响

七 法家的教育实践与思想
（一）"人性利己说"与教育作用
（二）禁私学
（三）"以法为教"，"以吏为师"
（四）历史影响

八 战国后期的教育论著
（一）《大学》
（二）《中庸》
（三）《学记》

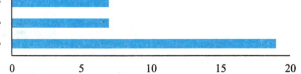

章节框架

私人讲学的兴起与传统教育思想的奠基

- 私人讲学的兴起
  - 私人讲学的兴起
  - 诸子百家的私学
  - 齐国的稷下学宫

- 孔子的教育实践与教育思想
  - 创办私学与编订"六经"
  - "庶、富、教"：教育与社会发展
  - "性相近也，习相远也"：教育与人的发展
  - "有教无类"与教育对象
  - "学而优则仕"与教育目标
  - 以"六艺"为教育内容
  - 教学方法
  - 论道德教育
  - 论教师品格
  - 深远的历史影响

- 孟子的教育思想
  - 思孟学派
  - "性善论"与教育作用
  - "明人伦"与教育目的
  - 人格理想与修养学说
  - 教学思想
  - 历史影响

- 荀子的教育思想
  - 荀子与"六经"传授
  - "性恶论"与教育作用
  - 以"大儒"为培养目标
  - 以"六经"为教学内容
  - "闻见知行"结合的学习过程与方法
  - 论教师
  - 历史影响
  - 孟子和荀子的教育思想的异同

- 墨家的教育实践与教育思想
  - "农与工肆之人"的代表
  - "素丝说"与教育作用
  - 以"兼士"为培养目标
  - 教育内容
  - 教育方法
  - 历史影响

（其余内容见下页）

（接上页）

```
私人讲学的兴起与传
统教育思想的奠基
├─ 道家的教育思想
│   ├─ 道家学派
│   ├─ "法自然"与教育作用
│   ├─ 追求"逍遥"的人格理想
│   ├─ 提倡怀疑的学习方法
│   └─ 历史影响
├─ 法家的教育实践与思想
│   ├─ "人性利己说"与教育作用
│   ├─ 禁私学
│   ├─ "以法为教"，"以吏为师"
│   └─ 历史影响
└─ 战国后期的教育论著
    ├─《大学》
    ├─《中庸》
    └─《学记》
```

一 私人讲学的兴起 ★★★★★

（一）私人讲学的兴起

1. 兴起的原因

（1）经济上：生产力的发展。春秋时期，铁器牛耕的使用大大提高了农业生产力，土地私有制代替了土地国有制，促进了奴隶制的瓦解，为私学产生提供了物质基础。

（2）政治上：官学衰废。世袭制度导致贵族不重视教育，王权衰落导致学校荒废，这些都反映了"官学"教育已经不适应新的要求，客观上酝酿着教育上要有新的变革和发展。

（3）文化上：文化下移。"天子失官，学在四夷"导致打破了"学在官府"的局面，使原来由贵族垄断的文化学术向社会下层扩散，这种历史现象称为"文化下移"。

（4）士阶层的出现。春秋时期的士是自由民，位居四民之首。在社会激烈变动时期，新兴地主阶级需要士来扩大自己的经济利益和政治势力，养士之风开始形成。而想要成为士，首先要学习文化，从师受教。这种情况，推动了私学的兴起。

2. 兴起的意义

（1）打破了"学在官府"的传统，使文化知识传播于民间。教育过程与政治活动有所分离，培养了不少有贡献的学者和治术人才。

（2）私学扩大了教育对象。教育对象由少数贵族扩大到平民，使学校教育和人才成长的社会基础更为广阔了，也为学术的广泛传播拓宽了道路。

（3）私学使教育内容和教育方式得到了新发展。在教育内容上，突破了"六艺"教育范围；在教育方式上，以教师为中心，以学生主动求学为基础，办学具有相当大的灵活性。

（4）私学在教育理念和教育经验方面有光辉的成就，不仅在中国教育史上有重要贡献，而且在世界教育史上也有很高的地位。

（5）在特定的历史条件下，私学依靠自由办学、自由就学、自由讲学、自由竞争发展教育事业，不仅符合历史潮流，也开辟了中国教育史的新纪元。

（二）诸子百家的私学（海师21名解）

百家争鸣发端于春秋战国之际的儒墨之争，"百家"是虚指，形容学派之多，在诸多学派中，教育领域影响最大的是儒、墨、道、法四家。

1. "百家争鸣"的原因

（1）养士之风的盛行，为战国诸子百家争鸣创造了条件。

（2）各国执政者的竞相罗致供养，强化了士的独立意识，抬高了他们的社会地位。

（3）各国执政者的竞相养士和用士于现实政治斗争，也促成了各家各派的竞争和争鸣。

2. "百家争鸣"的意义

战国时期的百家争鸣呈现出相当复杂的局面，各个学派之间、同一学派不同流派之间，既相互斗争又相互影响和吸取。他们对自然、对社会的认识既各有其深刻之处，也各有其偏颇甚至失误，由此构成了认识的矛盾运动，不断深化着人们的思想和认识水平。

（三）齐国的稷下学宫

（北师/福师/贵师/重师/河南20，南师19，华中/云师18，苏大/天师/上师17名解；华南/安师21，东北20，重师19简答）

稷下学宫是战国时期齐国一所著名的高等学府，因其建立于齐国都城临淄的稷门附近而得名。它既是百家争鸣的中心与缩影，也是当时教育上的重要创造，稷下学宫对中国古代学术、文化和教育的发展产生过重大的历史影响。

1. 产生的历史条件

（1）经济条件。齐国地处东方平原，有比较安稳的生产环境，农业、手工业和商业都比较发达，人口稠密，是一个富强大国；国都临淄是各国中最大最繁华的城市，繁华的大都市成为设立学宫的理想处所。

（2）政治需要。为了适应对内变革、对外争霸的需要，齐国统治者需要招纳网罗天下贤才，稷下学宫成为招纳和培养人才的好方式。

（3）养士之风的产物。齐国礼贤下士，注重养士，深得民心。

2. 性质和特点

（1）性质。

①稷下学宫是一所由官家举办而由私家主持的特殊形式的学校。从主办者和办学目的来看，稷下学宫是官学；在教学和学术活动方面由各家各派自主，官家不多加干预，统治者只为学术活动提供物质条件，这又体现了其私学性质。

②稷下学宫是一所集讲学、著述、育才活动为一体并兼有咨议作用的高等学府。

讲学：稷下学宫是一个十分集中的游学场所，其讲学活动十分兴盛，各学派集于一地，广泛求学、学无常师，还有定期的学术集会，即"期会"。这体现了高等学府讲学的特色。

著述：稷下学宫的重要特色是学术性，一方面表现为各家各派的讲学和思想交锋，另一方面表现为著书立说。

育才：各学派通过大师的著述和讲学，培养了学派的传人和时代所需要的各种人才。同时完备的学生守则、严格的教育管理和浓厚的学术氛围，表现了稷下育才的目的性、计划性和组织性。

咨政议政：稷下学宫为各家学者提供了一个固定的议政论坛，稷下学者称"先生"，政治色彩十分鲜明，咨政议政作用比较突出。

[拓展知识]

期会（湖师21名解）

期会是稷下学宫的一种自由灵活的教学组织形式，指定期举行的讲演会或辩论会，是一种常规性的教学和学术活动，全校师生与四方游士都可以自由参加。期会实现了稷下之学中日常教学与学术研究的相互促进。

（2）特点。

①学术自由。这是稷下学宫的基本特点。容纳百家是学术自由的一种表现，来者不拒，包容百家是稷下学宫的办学方针。各家各派的学术地位平等；相互争鸣与吸取是学术自由的又一种表现。

②待遇优厚。"不治而议论"是齐国君主给予学者们很高的政治待遇，因为学者所看重的是自己的思想主张能否被接受，人格是否受尊重；在物质待遇上也很丰厚，对稷下先生优越的物质待遇甚至惠及其弟子，这是稷下学宫能长期兴盛的重要原因之一。

③管理规范。在学生管理上，稷下学宫制定了历史上第一个学生守则——《弟子职》。

3. 历史意义

（1）促进了战国时期思想学术的发展。它是各派思想的聚集地，各家学者云集于此，争鸣于此，极大地促进了学术思想的繁荣。

（2）显示了中国古代士人的独立性和创造精神。稷下之学，标志着中国古代士人的黄金时代，最大限度地发挥了知识阶层作为整体的独立性和创造精神。

（3）创造了一个独特的教育典范。稷下之学是特定历史条件下的产物，它所独创的官方兴办、私家主持的办学形式，集讲学、著述、育才与咨政为一体的职能模式，自由游学和自由听讲的教学方式，学术自由和鼓励争鸣的办学方针，尊重优待知识分子的政策，都显示了它的成功之处，对后代官学与私学的发展具有启迪作用。

二 孔子的教育实践与教育思想 ★★★★★

（广师19，河南18，贵师17简答；海师21，天师18论述）

孔子，名丘，字仲尼，鲁国人，中国古代伟大的思想家、教育家，儒家学派的创始者，儒学教育理论的奠基人。

（一）创办私学与编订"六经"

孔子大约在他30岁时正式招生办学，开始他的教育生涯。他创办的私学产生了广泛的社会影响，是春秋时期规模最大、持续时间最长、影响最深远的学校。

孔子弃职出走之后，周游列国，一面进行政治游说活动，一面进行教育活动。他于晚年完成了《诗》《书》《礼》《乐》《易》《春秋》的编纂和校订工作，整理和保存了我国古代文化典籍，奠定了儒家教育内容的基础。后世将其称为"六经"，但因《乐》于秦焚书时丧失，现在实际存在的是"五经"。

[拓展知识]

《论语》（杭师 18 名解）

《论语》是专门记录孔子及其弟子言行的书。《论语》是教育学萌芽时期的著作，其中零散地保存了很多具有教育价值的语录，供后人研究。其中着重记录了孔子的教育思想，如"学而不思则罔，思而不学则殆""学而不厌，诲人不倦"等。

（二）"庶、富、教"：教育与社会发展（湖师 17 名解）

孔子认为教育对社会发展有重要作用，是立国治国的三大要素之一。教育事业的发展要建立在经济发展的基础上。治国的三个重要条件，首先是"庶"，是要有较多的劳动力，其次是"富"，要使人民群众有丰足的物质生活；再次是"教"，要使人民受到政治伦理教育，知道如何安分守己。"庶"与"富"是实施教育的先决条件，只有在"庶"与"富"的基础上开展教育才会取得成效。

孔子是中国历史上最先论述教育与经济发展关系的教育家，他认为先要抓好经济建设以建立物质基础，随之而来就应当抓教育建设，国家才会走上富强康乐之路。

（三）"性相近也，习相远也"：教育与人的发展

孔子对教育在人的发展过程中起关键性作用持肯定态度。他在中国历史上首次提出"性相近也，习相远也"。"性"指的是先天素质，"习"指的是后天习染，包括教育与社会环境的影响。孔子认为人的先天素质没有多大差别，只是由于后天教育和社会环境的影响作用，才造成人的发展有重大的差别。

从"习相远"的观点出发，孔子认为人要发展，教育条件是很重要的，认为人的生活环境应当受到重视，要争取积极因素的影响，排除消极因素的影响。

这一理论具有一定的科学性，指出人的天赋素质相近，打破了奴隶主贵族天赋比平民天赋高贵、优越的思想。孔子提出的这一理论，是人类认识史上一个重大的突破，成为人人有可能受教育、人人都应当受教育的理论依据。

（四）"有教无类"与教育对象

（宁夏/重师 21，华中/中央民族 20，川师/广师/扬大 19，北师/贵师 18，河南 17 名解；江苏 18 简答）

（1）含义："有教无类"的本意是不分贵贱贫富和种族，人人都可以入学接受教育。孔子的教学实践切实地贯彻了这一办学方针，他的弟子来自各个诸侯国，分布地区广泛；弟子成分复杂，出身于不同的阶级和阶层，大多数出身于平民。

（2）意义："有教无类"作为私学的办学方针与官学的办学方针相对立，打破贵贱、贫富和种族的界限，把受教育的范围扩大到平民，这是历史的进步。

（五）"学而优则仕"与教育目标（杭师 19 简答）

孔子提出由平民中培养德才兼备的从政君子，这条培育人才的路线可简括称之为"学而优则仕"。

（1）含义："学而优则仕"包含多方面的意思，学习是通往做官的途径，培养官员是教育最主要的政治目的，而学习成绩优良是做官的重要条件；如果不学习或虽经学习而成绩不优良，也就没有做官的资格。

（2）意义："学而优则仕"口号的提出，确定了培养统治人才这一教育目的，在教育史上有重要的意义。它反映了封建制度兴起时的社会需要，成为当时知识分子积极学习的巨大推动力量。"学而优则仕"与"任人唯贤"的路线配合一致，为封建官僚制度的建立准备条件。但这一思想被后世

演变成了"读书做官论",将求学当做获取高官厚禄的敲门砖,形成了所谓"万般皆下品,唯有读书高"的传统。

(六) 以"六艺"为教育内容

孔子继承西周贵族"六艺"教育传统,吸收采择了有用学科,又根据现实需要创设新学科,虽袭用"六艺"的名称,但对所传授的学科都作了调整,充实了内容。

(1) 含义:孔子教学的"六艺"即其编撰的"六经"(《诗》《书》《礼》《乐》《易》《春秋》),其中作为对弟子普遍传授的主要教材是《诗》《书》《礼》《乐》四种。

(2) 特点:

①偏重社会人事,敬鬼神而远之,具有强烈的人世性。

②偏重文事。他虽要求从政人才文武兼备,但在教学内容的安排上,有关军事知识技能的教学居于次要地位。

③轻视科技与生产劳动。他所要培养的是从政人才,不是从事工农的劳动者,因此不强调掌握自然知识和科学技术。这为教育与生产劳动相分离制造理论,造成深远的历史影响。

> **[拓展知识]**
>
> **"六经"**
>
> 《诗》又称《诗经》,是中国最早的诗歌选集,有风、雅、颂三类。
>
> 《书》又称《尚书》,是古代历史文献汇编。
>
> 《礼》又称《士礼》,后世称为《仪礼》,是孔子所认为的君子应该掌握的礼仪规范等。
>
> 《乐》是各种乐教形式的总称,《乐》传至秦,因秦焚书散佚。
>
> 《易》又称《周易》,是一部占卜之书。
>
> 《春秋》是据鲁国史记、周史记等编撰的我国现存的第一部编年体史书。
>
> 以上六种教材,各有其教育任务,对人的思想教育都有重要价值。《诗》教使人态度温和,性情柔顺;《书》教使人熟知历史,通晓先人施政之礼;《礼》教使人恭敬严肃,知道道德规范;《乐》教使人心胸宽畅,品性善良;《易》教使人知道人事正邪吉凶,事物之理的精微;《春秋》教使人知道交往用词得体,褒贬之事有原则。

(七) 教学方法 (华东21,云师17名解;深大21,重师/山师/湖师20,华南17简答;川师17论述)

1. 因材施教

孔子是我国历史上首倡因材施教的教育家。实行因材施教的前提条件是承认学生间的个体差异,并了解学生特点。孔子了解学生最常用的方法是谈话和个别观察,主张在了解学生的基础上,根据学生的具体情况,有针对性地进行教育。

2. 启发诱导

孔子是世界上最早提出启发式教学的教育家,比苏格拉底的"助产术"早几十年。他认为,不论学习知识或培养道德,都要建立在学生自觉需要的基础上,应充分发挥学生的主动性、积极性。

(1) 内容:他主张"不愤不启、不悱不发,举一隅不以三隅反,则不复也。""愤"与"悱"是内在心理状态在外部容色言辞上的表现,意思是教学时必先让学生认真思考,已经思考相当时间但还想不通,或虽经思考并已有所领会,但未能以适当的言辞表达出来,此时可以去开导他。教师的启发是在学生思考的基础上进行的,启发后应让学生再思考,获得进一步的领会。

（2）训练学生思考的方法：①"由博返约"，博学以获得较多的具体知识，"返约"则是在对具体事物分析的基础上进行综合、归纳，形成基本的原理、原则与观点；②"叩其两端"，即从考察事物的不同方面辨明是非，进而解决问题。

表3-1 孔子和苏格拉底的启发式教学的比较

	孔子	苏格拉底
不同点	①启发方式：更加强调学生本人对知识的思考，不追问，给学生思考的空间 ②启发顺序：一般到特殊 ③目的：温故知新	①启发方式：单纯的提问，用一系列的问题进行追问，让对方无言以对从而推导出结论 ②启发顺序：特殊到一般 ③目的：探索新知
相同点	都采用互动式交谈，即教师和学生进行一系列的对话，在对话中对学生进行启发	

3. 学思行结合

（1）学。"学而知之"是孔子进行教学的主导思想，学是求知的途径，也是求知的唯一手段。他主张"学而时习之"，对学习过的知识要时常复习才能牢固掌握。

（2）思。孔子提倡学习知识面要广泛，在学习的基础上认真深入地进行思考，把学习与思考结合起来。在论述学与思的关系时，他说"学而不思则罔，思而不学则殆"。

（3）行。孔子强调学习知识还要"学以致用"。如果不能应用，学得再多也没有意义。学是为行服务的，从学与行的关系来看，学是手段，行是目的，行比学更重要。

由学而思进而行，这是孔子所探究和总结的学习过程，也就是教育过程，与人的一般认识过程基本符合。这一思想对后来的教学理论和实践产生了深远的影响。

4. 好学求是的态度

孔子认为，教学需要师生双方配合协作，学生端正学习态度，是教学成功的重要条件。首先要有好学、乐学的态度；其次要有不耻下问的态度；最后还要有实事求是的态度。

（八）论道德教育（山师19简答）

1. 道德教育的内容

孔子的教育目的是培养从政的君子，而成为君子的主要条件是具有道德品质修养，因此，道德教育居首要地位。孔子主张以"礼"为道德规范，以"仁"为最高道德准则。凡符合"礼"的道德行为都要以"仁"的精神为指导，因此，"礼"和"仁"成为道德教育的主要内容。

2. 道德修养的原则与方法

（1）立志。认为人不应以当前的物质生活为满足，还应有对未来的精神上有更高的追求，要有自己的理想。

（2）克己。主张应着重在要求自己上，约束和克制自己的言行，使之合乎礼、仁的规范。"君子求诸己，小人求诸人。"

（3）力行。要求言行一致，不要出现脱节，道德认识依靠道德实践的检验而证实。"言必信，行必果。"

（4）中庸。待人处事都要中庸，防止发生偏向，一切行为都要中道而行。

（5）内省。就日常所做的事进行自我检查，查看其是否合乎道德规范。

（6）改过。人人都会犯错，但要以正确的态度重视改过，鼓励学生要勇于改正错误。

（九）论教师品格（河南20，苏大19，华中18简答；江苏17论述）

1. 学而不厌

教师要尽自己的社会职责，应重视自身的学习修养，掌握广博的知识，具有高尚的品德，这是教人的前提条件。

2. 温故知新

"故"是古，指的是过去的政治历史知识；"新"是今，指的是现在的社会实际问题。教师既要了解掌握过去的政治历史知识，又要借鉴有益的历史经验认识当代的社会问题，知道解决问题的办法。教师负有传递和发展文化知识的使命，既要注意继承，又要探索创新。

3. 诲人不倦

教师以教为业，也以教为乐，要树立"诲人不倦"的精神。诲人不倦不仅表现在毕生从事教育，还表现在以耐心说服的态度教育学生。

4. 以身作则

教师对学生进行教育的方式不仅有言教，还有身教。言教在说理，以提高道德认识；身教在示范，实际指导行为方法。教师身教的示范对学生有重大的感化作用，因此身教比言教更为重要。

5. 爱护学生

孔子爱护关怀学生表现在要学生们努力进德修业，成为具有从政才能的君子，为实现天下有道的政治目标而共同奋斗。对学生充满信心，对他们的发展抱有比较乐观的态度。

6. 教学相长

孔子认为，教学过程中，教师对学生不是单方面的知识传授，而是可以教学相长的。学生学习有疑难而请教，教师就答疑作说明，学生得到启发，思考问题更加有深度；教师于此反受启发，向学生学习而获益。

（十）深远的历史影响

孔子是全世界公认的伟大的思想家和教育家，他毕生从事教育活动，建树了丰功伟绩。他在实践基础上提出的一些首创的教育学说，为中国古代教育奠定了理论基础。孔子在教育史上的贡献是多方面的，主要表现在：

（1）首先提出教育在社会发展和人的发展中的重要作用，强调重视教育。

（2）创办规模较大的私学，开创私人讲学之风，改变"学在官府"的局面，成为百家争鸣的先驱。

（3）实行"有教无类"的方针，扩大受教育的范围，使文化教育下移到平民。

（4）培养从政君子，提倡"学而优则仕"，为封建官僚体制的政治改革准备了条件。

（5）重视古代文化的继承和整理，编纂《六经》作为教材，保存了中国古代文化。

（6）总结教育实践经验，对教学方法有新的创造，强调学思行结合的教学理论。

（7）首创启发式教学，发展学生的思维能力；实行因材施教，发挥个人专长，造就各类人才。

（8）重视道德教育，以仁为最高的道德准则，鼓励人们提高道德水平，提出道德修养应遵循的重要原则。

（9）要求教师具有良好的职业道德，学而不厌，诲人不倦，以身作则。

三 孟子的教育思想 ★

（河南21，华东19简答）

孟轲，字子舆，战国中期邹（今山东省邹县）人，孟子被认为是孔子思想的嫡传，封建统治者尊称孟子为"亚圣"。

（一）思孟学派

孟子受业于孔子之孙子思的门徒，一生崇拜孔子，自称"乃所愿，则学孔子也"。子思、孟子之学，后世称为思孟学派。这一派私学在教育理论和实践方面颇有造诣，《大学》《中庸》《学记》等一些著名先秦教育论著都与之有关。

（二）"性善论"与教育作用（浙师18简答）

1. "性善论"

（1）"性善论"说明了人性是人类所独有的、区别于动物的本质属性。人之需要社会伦理与政治，这是为人的内在本质所决定了的。人性是一个类范畴，人相对于其他的类绝不相同，而同类之中却相似。

（2）人性本质上的平等观。孟子认为人性的善，即"我固有之"的仁义礼智是人类学习的结果，不是由人的先天决定的，因此每个人都可以通过后天的学习达到理想的境界，即"人皆可以为尧舜"。

（3）"性善论"揭示了人之"故"。人性之"故"就是"人性之善也"。人性表现为"四心"，即恻隐之心、羞恶之心、恭敬之心、是非之心，也叫"四端"，分别是仁、义、礼、智的基础。孟子肯定人性本善。

2. 教育作用

（1）教育对人的作用：扩充"善性"。"善端"只是人的某种可能性，通过教育、物质生活条件、社会环境等多方面的因素，才能将其变成现实。教育的作用就是在于引导人保存、找回和扩充其固有的善端。

（2）教育对社会的作用："得民心"。"得民心"是"仁政"的关键，教育是"得民心"最有效的措施。

（三）"明人伦"与教育目的

孟子第一次明确地概括出中国古代学校教育的目的就是"明人伦"。"人伦"就是"人道"，具体来说就是五对关系："父子有亲，君臣有义，夫妇有别，长幼有序，朋友有信。"在"五伦"中，孟子尤重父子——孝，长幼——悌这两种关系，并以此为中心建立了一个道德规范体系——五常，即仁、义、礼、智、信。

孟子设想以父子、兄弟之类的血缘宗法关系去影响和制约君民、君臣之类的政治社会关系，实现社会改良，达到长治久安。自孟子提出"明人伦"的教育目的后，就明确了此后两千年中国古代教育的性质，即宗法的社会——伦理教育。

（四）人格理想与修养学说

1. "大丈夫"的理想人格

孟子提出"大丈夫"的理想人格，丰富了中国人的精神世界。他对"大丈夫"的理想人格作了描绘："富贵不能淫，贫贱不能移，威武不能屈。"首先"大丈夫"有高尚的气节，他们绝不向权势低头，绝不无原则地顺从，他们立足于仁义礼智，只向真理和正义低头；其次"大丈夫"有崇高的精神境界——浩然之气。这是一股凛然正气，是对自己行为的正义性的自觉，具有伟大的精神力量。

2. "大丈夫"的修养方法

（1）持志养气。志，即人的志向，或信念与追求，持志即坚持崇高的志向。一个人有了志向与追求，就会有相应的"气"，即精神状态。

（2）动心忍性。就是意志锻炼，尤其是要在逆境中得到磨砺。孟子认为人的聪明才智得之于艰苦的磨练，环境越恶劣，对人的造就就可能越大。

（3）存心养性。虽然人人生来就有仁义礼智的善端，但善端要成为实在的善性善行要靠存养和扩充。要扩充"善端"就要寡欲，要发挥理性的作用。

（4）反求诸己。也就是厚于责己。凡事需严于律己，时时反思。同时应当反躬自问，从自身找原因。

（五）教学思想

1. 因材施教（教亦多术）

孟子十分强调对不同情形的学生采取不同的教法，这就是"教亦多术"，也即因材施教的思想。孟子认为，对于学生，有的应及时点化，有的应成就其德行，有的要发展其才能，有的可答其所问，不能及门者则可以间接地受教。甚至拒绝教诲事实上也成为一种教导。一切因人而异。

2. 深造自得

在思维与感官之间，孟子更倾向于强调思维。他提出人们学习的一个基本要求就是"深造自得"，即深入地学习与钻研，必须要有自己的收获和见解，如此才能形成稳固而深刻的智慧，遇事则能左右逢源，挥洒自如。据此他尤其主张学习中的独立思考和独立见解。

3. 盈科而进

"盈科而后进"强调了学习和教学过程的循序渐进。孟子告诫人们必须懂得教学是一个自然有序的过程，应当关注并促进教学过程的实现，决不能用"揠苗"的方法助长。

4. 专心致志

学习必须专心致志，不能三心二意。孟子认为，人们学习上的差异取决于其在学习过程中专心致志与否，而不是其天资的高低。

（六）历史影响

孟子的思想表现出对人的问题的注重和对人的价值的肯定。他的"性善论"开创了中国教育史上强调个体理性自觉的"内发说"。他对教育作用的阐发，对"大丈夫"人格理想的议论，对教学过程的表述，无不体现了对人的主观作用的提倡。孟子的教育思想对后世中华民族气节、民主精神的激发，崇高精神境界的形成有极其重要的启蒙作用。

四　荀子的教育思想 ★★

荀况，字卿，世称荀子，战国末期赵国人，是先秦儒家最后一位大师，也是先秦思想的集大成者。其思想和社会实践对战国末期社会政治和思想学术的发展，对中国古代文化的传承产生过重大的影响。

（一）荀子与"六经"传授

荀子自称为儒却没有成为孔子的嫡传，始终没能进入孔庙，但在儒家经典的传授方面，其作用远过于孟子。孔子整理的"六艺"后来多经荀子传授，荀子也因此被称为"六经传人"。从学术发展史上看，荀子占有极其重要的地位。

（二）"性恶论"与教育作用（云师20/17，福师20名解；云师17简答）

荀子提出与孟子"性善论"相反的"性恶论"，他认为人之所以能为善全靠后天的努力，"人之性善，其善者伪也。"据此也开创了与"内省说"截然相反的"外铄论"，在教育上有更积极的影响。

1. 性伪之分

（1）"性"指人的先天素质，人的自然状态，它完全排除任何后天人为的因素。"性"不论贤愚，人人皆同。

（2）"伪"是与"性"相对的范畴，"伪"指人为，泛指一切通过人为的努力而使人发生的变化。荀子认为孟子所说的人性"善"实际上是"伪"，而不是"性"。因此荀子指出，在谈论人性时，首先应把人的先天素质与后天获得的品质区分开来。

2. 性伪之合

（1）性与伪是区别对立的，但也是联系与统一的。因此只有二者结合，即"性伪合"才能实现对人和社会的改造。

（2）"性伪合"表现了在人性与教育问题认识上的平等观念，荀子认为人人都可能习得善，乃至成为禹那样的圣人，这与孟子的"人皆可以为尧舜"有异曲同工之妙。

3. 化性起伪

荀子认为教育的作用在于化性起伪。通过教育的作用改变人的恶性，化恶为善，成为高尚的人。同时必须注意环境、教育和个体努力三方面的因素。荀子也重视教育的社会作用，认为教育能够统一思想和行动，促使国富民强。

（三）以"大儒"为培养目标

（1）荀子要求教育培养具有儒家学者身份且长于治国理政的各级官僚。他把当时的儒者划分为俗儒、雅儒和大儒。其中"大儒"是最理想的人才，他们不仅知识广博，而且能以已知推未知，自如地应对从未闻见过的新事物、新问题，自如地治理好国家。

（2）荀子关于教育目的的思想具备了两个新的特点：①体现了"贤贤"的育才、选才标准，即主张靠人的德才挣得社会地位；②要求人才是精于道而不是精于物的。这些思想代表了儒家学者与现实政治的进一步结合，对后来的中国封建社会产生了深刻影响。

（四）以"六经"为教学内容

（1）荀子重视文化知识特别是古代典籍的学习，以《六经》为教育内容，认为各经有不同的教育作用。在诸经中，荀子尤重《礼》，以之为自然与社会的最高法则。

（2）影响：从经学史上看，这是很大的功绩。秦的焚书坑儒毁灭了不少传统文献，传下来的一部分中相当数量得益于荀子一脉的口耳相传；从教育史上看，由于荀子的传经，使先秦儒家经典得以保存，这使得后世中国封建社会教育有了经典教科书，为文化、思想的统一和形成提供了依据。

（五）"闻见知行"结合的学习过程与方法（湖师21简答）

荀子对于学习过程的分析相当完整而系统，把学习过程具体化为闻、见、知、行四个基本环节。

1. 闻见

荀子认为闻见是学习的起点、基础和知识的来源，人的学习开始于感官对外物的接触，不同的感官与不同种类的事物或事物的不同属性相接触后就形成了不同的感觉，又使进一步的学习活动成为可能。

2. 知

（1）学习并善于运用思维的功能去把握事物的本质与规律，就能自如地应对前所未遇的事变，措施对于事变的合宜一如符节相吻合，这就是知——思维这一阶段的意义。

（2）荀子重视思维的作用，还具体提出了发挥"心"的功能的方法：①对事物作全面、广泛的比较、分析、综合，如实地把握事物及其关系；②"虚壹而静"，即"心"是藏与虚、两与一、动与静的统一。

3. 行

荀子认为行是学习必不可少的也是最高的阶段。在他看来，由学、思而得的知识还带有假设的性质，它的最终是否切实可靠，唯有通过行方能得到验证。荀子所谓的行也指人的社会实践，如个人的品德修养、教人、从政治国等。

（六）论教师

在先秦儒家诸子中，荀子是最为提倡尊师的，表达了与孔孟颇为不同的见解。

（1）教师的地位。荀子将教师视为治国之本，将国家兴亡与教育联系在一起，进而把师提到与天地、祖宗并列的地位。

（2）教师的作用。教师与师法有着治理国家的作用，教师通过施教参与国家的治理。

（3）师生关系。在教师与学生之间，荀子片面强调学生对教师的服从，主张"师云亦云"，教师在教学中应处于绝对的主导地位。

（4）对教师的要求。有尊严而令人起敬，德高望重；讲课有条理而不违师法，见解精深而表述合理。

（七）历史影响

荀子的教育思想表现出一些新因素。他提出的"性恶论"在中国教育史上开创了与教育"内发说"截然相对立的教育"外铄说"，促进了教育理论的发展。荀子对于教育目的、教育内容、学习过程、教师地位和作用的阐发都颇具新意，其中不少主张及实践对后世历代封建教育与政治产生过实际影响。

（八）孟子和荀子的教育思想的异同（海师17论述）

表 3-1 孟子和荀子的教育思想的异同

	孟子	荀子
教育实践	思孟学派	传授六经
人性论	性善论	性恶论
教育作用	①对社会：得民心；②对个人：扩充善性	化性起伪
教育目的	明人伦	培养大儒
教学内容	六经	儒经（《诗》《书》《礼》《乐》《春秋》）
教学/学习方法	深造自得、盈科而进、专心致志	闻、见、知、行

五 墨家的教育实践与教育思想 ★★

墨翟，世称墨子，战国初年宋国人（也有说法为鲁国人），墨子是继孔子之后的伟大思想家，他创立墨家学派，并使之与儒家对立，真正揭开了百家争鸣的序幕。韩非子称儒墨两家为"世之显学"。

（一）"农与工肆之人"的代表

墨子出生卑贱，生活简朴，为了百姓的利益可以不辞辛劳。从思想上看他代表着"农与工肆之人"的利益，注重实用。从思想渊源上来说，墨子是学过儒的。但是特别反对儒家重礼厚葬的繁文缛节，成为学术史上第一个批判儒家的思想家，其思想突出表现在《墨子》一书中。

（二）"素丝说"与教育作用（宁波/安师21，福师18名解；江苏19论述）

（1）教育对人的作用：墨子在人的教育方面提出"素丝说"，他以素丝和染丝为喻来说明人性及其在教育下的改变和形成。他认为人性不是先天所成，生来的人性如同待染的素丝，下什么色的染缸，就成什么样颜色的丝，即有什么样的环境与教育就造就什么样的人。

（2）教育的社会作用：主张通过教育建立一个民众平等、互助的"兼爱"社会。

（3）评价：这一思想从人性平等的立场出发认识和阐述教育作用，较之孔子的人性论，在社会意义方面有所进步。

（三）以"兼士"为培养目标

"兼相爱，交相利"的社会理想决定了墨家的教育目的是培养实现这一理想的人，即"兼士"或"贤士"，通过他们去实现贤人政治或仁政政治。关于兼士或贤士，墨子提出了三条标准："博乎道术"、"辩乎言谈"、"厚乎德行"，即知识技能的要求、思维论辩的要求和道德品行的要求。

（四）教育内容

1. 政治和道德教育

（1）道德教育。墨子很重视道德观念的教育，他将"兼爱"与"正义"作为最高的道德理想和教育的根本内容。

（2）政治教育。通过墨家"十论"（"兼爱""非攻""尚贤""尚同""节用""节葬""非乐""非命""天志""明鬼"）等多方面的教育，来养成兼士高尚的思想品质和坚定的政治信念。

2. 科学和技术教育

这包括生产和军事科学技术知识教育及自然科学知识教育，其目的在于帮助兼士获得"各从事其所能"的实际本领。

（1）自然科学教育。墨家的自然科学教育有很高的的造诣，涉及数学、光学、力学以及心理学等许多方面，墨家对力学和机械学规律的探索已相当深入，光学是墨家科学教育中最出色的部分。

（2）实用科学技术知识教育。主要表现为器械制造，首先是战争攻防器械，其次是生产器械。墨家这部分的教育内容有较高的科学价值，其中不少在当时世界上居于领先地位。

3. 文史教育

墨子并不完全弃置儒家以六艺为主题的文史知识教育，但认为其具有腐朽、寄生的特点。他提出"非乐"，认为乐教不仅费人力财力，而且消磨人的意志，使人懈怠于所从事的职业，于社会实利无补。因此，墨子认为只需学好对实现"兼爱"有用的主张和本领并多实践即可。

4. 培养思维能力的教育

这包括认识和思想方法的教育、形式逻辑的教育。其目的在于训练和形成逻辑思维能力，善于与人论辩，以雄辩的逻辑力量去说服别人，推行自己的政治主张。

（1）三表法。墨家用"三表法"来衡量人的认识与言谈是否正确。"三表"即立论要依据历史的经验和知识、依据民众的经历，以广见闻、必须在社会实践中检验思想与言论的正确与否。"三表法"表现了尊重实践、尊重民众意愿的进步性。

（2）强调掌握思维和论辩的法则，即形式逻辑。墨子在中国古代逻辑学史上首先提出"类""故"的概念，要求懂得运用类推与求故的方法。要求凡事都要有根据，要讲出道理，合乎逻辑，说服他人，战胜论敌。

（五）教育方法（江苏17简答）

1. 主动说教（主动）

墨子不赞成等待学生上门求学消极被动施教的态度，提倡送教上门积极主动施教。这种方法强调教育者的主动主导作用，具有合理的内核，但片面强调主动施教而忽视学习者的内在兴趣和主观能动作用的发挥，容易使教学陷入强行灌输的注入模式。

2. 善述善作（创造）

墨子批评儒家的"述而不作"，主张"古之善者则述之，今之善者则作之，欲善之益多也"。对古代的好东西应当继承，而在今天则进一步创造出新的东西，希望好东西能更多一些。"述"与"作"是有机联系的，"作"是"述"的前提。这既反映了墨子对待文化遗产的态度，也表现了他在学习与教育方法上重创造。

3. 合其志功（实践）

墨子提出"合其志功而观焉"，志就是动机，功就是效果，主张以动机与效果的统一去评价人的行为。实际上，墨家更着眼于"功"或效果，讲效果也就是讲实践。墨家的实践除了道德的和社会政治的之外，还有生产的、军事的和科技的。

4. 量力

墨子在中国教育史上首先明确提出"量力"这一教育方法，他十分注意在施教时考虑学生的力之所能及。量力要求具有两个方面的含义：其一是就学生的精力而言，人不能同时进行几方面的学习；其二就学生的知识水平而言，应当量其力而教。量力方法的提出，表现出墨子对教学规律的把握。

（六）历史影响

作为儒家教育思想对立面出现的以墨子为代表的墨家教育思想，包含不少合理的主张，尤其是科学技术知识和技能技巧的专门教育，是中国教育史上首先提出与实行的。这些都使墨家教育成为中国教育史上一份独特而有价值的遗产。理想主义、务实作风和主动精神是墨家教育值得后人记取之处。而忽视人的内心情感，过分注重经验而轻视理性则是其缺陷，应引以为戒。

六　道家的教育思想

（一）道家学派

道家学派起于春秋末而盛于战国，因其代表人物老子、庄子以"道"为学说中心而得名。道家之道是指宇宙本体及其法则，这就使其学说有了截然不同的起点。

（1）老子。一般来说，道家的开创者是老子，其学说的核心是"道"，它是关于宇宙本体、事物规律和认识本质的概括。老子对政治、道德等人类社会实践主张以"自然""无为"为法则，怀疑甚至蔑视向为人所重视的文化传统乃至人类文明。这成为道家思想的基本出发点，表现了与儒、墨、法各家学说的明显对立。

（2）庄子。庄子是道家直系，自庄子起，道家真正成为一个学派而与儒、墨相抗衡。庄子将老子思想中有关于人与自然对立的主张推向极端，摒弃和否定社会的一切，而大力崇尚自然，追求人格的独立和精神的逍遥。

（3）稷下道家。一批活动在稷下学宫的道家学者，因抬出黄帝来发明老子之术而被称为"黄老学派"。他们发展了《老子》中对社会实践成效、得失的研究，将思想兴趣由宇宙人生转向"君人南面之术"，表现出积极的入世精神。

（二）"法自然"与教育作用

（1）教育对人的作用。与儒墨强调人是社会的人不同，道家强调人是自然的人，道家认为教育不应是一个在人身上增加人类社会文明影响的过程，而应是把得之于社会的影响逐渐摒弃的过程。主张培养能够体会自然的"圣人"。

（2）教育的社会作用。应是对人"虚其心，实其腹，弱其志，强其骨""为腹不为目"。作为教育者，"圣人"应当侵削人的头脑而增强人的肢体，削弱人的社会性而扩张人的自然性，强调"绝学无忧"而抛弃文明。

（三）追求"逍遥"的人格理想

（1）含义。"逍遥"是指对是非、功名、利害、生死等一切都已无动于衷的一种绝对自由的精神境界。《庄子·逍遥游》描绘了一种理想人格："若夫乘天地之正，而御六气之辩，以游无穷者，彼且恶乎待哉？故曰：至人无己，神人无功，圣人无名。"至人、神人、圣人实是同指，他们凭借天地之道而遨游无穷之境，无所依赖，无所限制，消融于自然。

（2）评价。庄子的这种人格理想表现了个人主义价值取向，其实质乃是为了破除仁义礼法的羁绊，抵制社会义务，在"无己"的名义下大大地张扬有己。庄子衡量圣贤的标准是对自然天性的遵循，这对儒、墨学派的人格追求和世俗观念是无情的讥讽，指出了世俗的圣贤观念的虚伪和不公正的一面。

（四）提倡怀疑的学习方法

道家是一个十分善于怀疑的学派，认为对任何事物都要持怀疑态度。主张学习固然要从书本和已有的知识、法则入手，但最终还是要对已有的书本知识本身提出疑问，甚至对事物的根本提出疑问。因此，道家的认识论中含有不少的辩证思想，如"祸兮福之所倚，福兮祸之所伏。"

（五）历史影响

道家教育思想的特点是反对人为和反对教条。

（1）反对人为，首先是深刻地揭露了社会发展所伴随着的罪恶，因此具有反抗的意味，但道家仅仅抓住乃至放大了社会罪恶的一面，而否定了社会的文明与进步；其次是反对教育对社会原则的遵循，他们看到了教育中社会原则与自然原则的矛盾，尤其指出了人的自然本性如何保存，但却夸大了两者的冲突，由此主张摒弃人对社会原则的服从。

（2）反对教条，首先是反对儒、墨等家学说及其所尊崇的圣贤；其次是反对恒常不变的思想方法和思维方式。道家教育思想作为儒、墨、法等家主张的反对者，给予人颇多启发。

七 法家的教育实践与思想 ★

（华南19简答）

法家是战国时期重要的学派之一，一般认为，法家代表着新兴的社会势力和当时社会发展的趋势。最早从学者立场、以法理为依据论法的法家人物是魏国人李悝。他著有中国第一部刑法法典——《法经》。真正使法家思想与儒家思想趋于对立的是李悝的后学商鞅。之后是战国末期的韩非完成了法家理论的系统化工作。

（一）"人性利己说"与教育作用

法家的人性观表现为绝对的"性恶论"。法家认为人性是自私的，趋利避害是人的本性。基于此，法家强调治国必须靠高压政治、法制手段，无须用温情脉脉的教育感化。

法家强调法制对改造人的自私品质的作用，主张严格要求，有一定的道理，但是法家忽视了自我道德教育的必要性，否认了教育存在的价值，其结果必然走向惩罚主义。

（二）禁私学

法家认为，私家学派的存在造成思想的纷乱和不统一，导致了"乱上反世"。韩非将私家学派称为"二心私学"，并立法废除私学，对易于导致"二心"的私学和学派就应"禁其行""破其群""散其党"。

为了达到政治强权、实现国家富强进而实现统一各国的愿望，法家采取的一大措施就是不准人思想和禁止人说话，而定法家思想于一尊。法家这种禁"杂反"之学、学术思想择一的做法，也开拓了中国封建社会思想统治的先河。

（三）"以法为教""以吏为师"（福师19，华东17名解）

韩非子提出"以法为教""以吏为师"的教育主张，是法家教育思想和教育实践的一个基本概括。

（1）推行法治教育的内容：以法为教。法是一种依据或准则，有了法，就使人的行为有规矩可循。它要求对社会实行普遍的法治教育，使维护封建统治的政治、经济、思想、文教等法令妇孺皆知，深入人心。

（2）推行法治教育的手段：以吏为师。即为了实行法治，选择那些知法的官吏来担任法令的解释者和宣传者。因此，法家所谓"师"并非教师意义上的"师"。"以吏为师"还包含一层意思：理想的国家和社会是不需要许多人来从事文化、知识和教育工作的，这样的人一多，就会破坏社会秩序。妥善的做法，就是"以吏为师"。

（四）历史影响

尽管法家不少主张是为了完成统一的需要，但法家对通常人们所理解的教育持否定态度。因此，所采取的教育措施也否定人的价值、否定人类文化知识的积累、否定学校教育。法家的思想用于实践，不仅会摧残教育本身，还会窒息思想、文化的发展，这是已为历史发展所证实的。

八 战国后期的教育论著 ★★★★★

（一）《大学》（山师20，华中/广师19，浙师18，川师17名解；苏大/天师17简答）

《大学》是《礼记》中的一篇，是儒家学者论述大学教育的一篇论文，它着重阐明"大学之道"，即大学教育的纲领，被认为是与论述大学教育之法的《学记》互为表里之作，对大学教育的目的、程序和要求作了完整、扼要和明确的概括。

1. "三纲领"

《大学》开篇就说"大学之道，在明明德，在亲民，在止于至善。"这是儒家对大学教育目的和为学做人目标的纲领性表达。"明明德""亲民"和"止于至善"被称之为"三纲领"。

（1）明明德：就是指把人天生的善性——"明德"发扬光大，这是每个人为学做人的第一步。

（2）亲民：个人的完善从来就不是儒家的目标，他们要求凡事都须由己及人，把个人自身的善转化为他人、尤其是民众的善，于是高一步的目标是"亲民"。

（3）止于至善：是大学教育的终极目标，每个人都应在其不同身份时做到尽善尽美。

（4）评价：三纲领是一个要求由低到高、内涵由简单到复杂、活动由自身到他人以至群体社会的过程，表现了很高的道德要求、较强的逻辑性、易解性和可行性，又是层层递进、浑然一体的整体要求，表达了儒家以教化为手段的仁政、德治思想。

2. "八条目"

为了实现"三纲领"，《大学》进一步提出一系列具体的步骤，即"八条目"：格物、致知、诚意、正心、修身、齐家、治国、平天下。

（1）格物、致知：格物就是学习儒家"六行""六德""六艺"之类，致知则是在格物基础上的提高，即从寻求事物的理开始，旨在借着综合而最后的启迪。所以格物、致知是对先秦儒家学习起点思想和知识来源思想的概括。

（2）诚意、正心：诚意主要指人的意念、动机的纯正；正心就是不受各种情绪的左右，始终保持认识的中正，要求摆脱情绪对人认识和道德活动的影响。

（3）修身：不再局限于个人内心的自省与自律，开始走出自我，在与他人的相互关系中再认识、要求和提高自我，是人的一种综合修养过程，是人品质的全面养成。

（4）齐家、治国、平天下：这是个人完善的最高境界。齐家是一个施教过程，即成为家庭与家族的楷模，为人效法；治国是齐家的扩大和深化，而平天下是治国的扩大。其基本精神一以贯之，即为政以德，以孝悌、仁恤、忠恕之道治国。

（5）评价："八条目"表现出较强的逻辑性，它们由小到大、由浅入深、由近及远、由简单而丰富，体现了循序渐进的原则，因此表现了易解性和可行性。作为对先秦儒家为学过程最为明确、概括和完整的表述，"八条目"对以后中国知识分子的为学、为人与为政有极大的影响。

（二）《中庸》（安师21，浙师19名解；北师20，湖师／陕师18简答）

《中庸》也是《礼记》中的一篇，主要阐述先秦儒家的人生哲学和修养问题，提出了"中庸之道"，即一种道德修养，为人处世的准则与方法，与《大学》互为阐发，具有较强的理论色彩的思辨性。

1. "尊德性"与"道问学"

《中庸》开篇指出："天命之谓性，率性之谓道，修道之谓教。"意谓：天所赋予人的就叫做"性"，循性而行叫做"道"，修治此道叫做"教"。

由此可见，人们可以从两条途径得到完善：①发掘人的内在天性，进而达到对外部世界的体认，这就是"尊德性"或"自诚明，谓之性"；②通过向外部世界的求知，以达到人的内在本性的发扬，这就是"道问学"或"自明诚，谓之教"。无论是"尊德性"还是"道问学"，都说明人是通过向外求知以完其本性和向内省察以有助于求知来完善自身的。

2. 学问思辨行

《中庸》把学习过程具体概括为学、问、思、辨、行五个先后相继的步骤，即"博学之，审问之，慎思之，明辨之，笃行之"。这一表述概括了知识获得过程的基本环节和顺序，是对从孔子到荀子先秦儒家学习过程思想——学、思、行的发挥和完整表述。

《中庸》强调，这五个步骤是一个完整的过程，只有每个步骤的充分实现，才能有个人学习的进步。

> **[拓展知识]**
>
> **四书五经（深大19，河南18名解）**
>
> 四书五经，是指"四书"与"五经"的合称，是历代儒客学子研学的核心书经，在中国的传统文化的诸多文学作品当中，四书五经占据着相当重要的位置。四书五经详细记载了我国早期思想文化发展史上政治、军事、外交、文化等各个方面的史实资料以及孔孟等思想家的重要思想。四书包括《大学》《中庸》《论语》《孟子》；五经包括《诗经》《尚书》《礼记》《周易》《春秋》。

（三）《学记》

（中央民族21/19/17，深大／山师／河南21，陕师20，宁波／安师19，川师18，东北17名解；宁夏21，苏大20，湖师／天师19，浙师17简答；陕师／东北18，苏大17论述）

《学记》也是《礼记》的一篇，<u>是中国古代最早的一篇专门论述教育、教学问题的论著</u>，因此有人认为它是"教育学的雏形"。《学记》是先秦时期儒家教育和教学活动的理论总结，它主要论述教育的具体实施，偏重于说明教学过程的各种关系。

1. 教育的作用与教育目的

（1）<u>对个人的作用与目的</u>。教育通过对人有目的、有计划地培养，使每个人都形成良好的道德和智慧，懂得去维护国家利益和社会安定。

（2）<u>对社会的作用与目的</u>。《学记》认为实现良好政治的最佳途径是"化民成俗"，即兴办学校，推行教育，作育人才，以教化人民群众遵守社会秩序，养成良风美俗。

（3）评价。《学记》将教育与政治高度结合起来，使教育成为政治的手段。尽管它也说明了教育在人的发展中的作用，但人的发展问题是服从于政治与社会的发展的。因此，教育与人的关系只是一个中介。《学记》对教育的这种看法，成为以后历代学者看待教育的基本出发点。

2. 教育制度与学校管理

（1）<u>学制与学年</u>。关于学制系统，《学记》以托古的方式，提出了从中央到地方按行政建制建学的设想。关于学年，《学记》把大学教育年限定为两段、五级、九年。第一、三、五、七学年毕，共四级，为一段，七年完成，谓之"小成"；第九学年毕为第二段，共一级，考试合格，谓之"大成"。这也是古代年级制的萌芽。

（2）<u>视学与考试</u>。《学记》十分重视大学开学和入学教育，把它作为教育管理的重要环节。开学这天，天子率百官亲临学宫，参加开学典礼，祭祀"先圣先师"。还定期视察学宫，体现国家对教育的重视。学习过程中，规定每隔一年考查一次，以表示这一阶段学业的完成。

3. 教育、教学的原则

（1）豫时孙摩。

①豫，即<u>预防性原则</u>：要求事先估计学生可能会产生的种种不良倾向，预先采取预防措施。

②时，即<u>及时施教原则</u>：要求掌握学习的最佳时机，适时而学，适时而教。

③孙，即<u>循序渐进原则</u>：教学必须遵循一定的顺序，包括内容的顺序和年龄的顺序。

④摩，即<u>学习观摩原则</u>：学习要相互观摩，取长补短。同时，借助集体的力量进行学习。

（2）长善救失。

长善救失原则要求教师懂得并掌握教育的辩证法，坚持正面教育，善于因势利导，利用积极因素，克服消极因素，将缺点转化为优点。

（3）启发诱导。

君子的教育在于诱导学生，靠的是引导而不是强迫服从，是启发而不是全部讲解。只有这样，才能调动学生学习和思考的积极性、主动性，使学生的思维能力得到锻炼和发展。

（4）藏息相辅。

既有有计划的正课学习，又有课外活动和自习，有张有弛，让学生感到学习的乐趣，感受到老师、同学的可亲可爱，使学习成为学生的一种内在需要。

4. 教学方法

（1）<u>讲解法</u>。"约而达"即语言简约而意思通达，"微而臧"，即义理微妙而说得精善，"罕譬而喻"，即举少量典型的例证而使道理明白易晓。

（2）<u>问答法</u>。教师的提问应先易简后难坚，要循着问题的内在逻辑，而答问则应随其所问，有针对性地作答，恰如其分，适可而止，无过与不及。

（3）<u>练习法</u>。根据学习的内容来安排必要的练习，练习需要有规范，并且应逐步地进行。

5. 尊师重教与"教学相长"

（1）尊师重教。

《学记》十分尊师。首先，社会上每个人，从君到民，都是教师教出来的，尤其是以教育为治术就离不开好老师。社会要尊师，君主应当带头。其次，把为师、为长、为君视为一个逻辑过程，使为师实际上成为为君的一种素质、一项使命。再次，没有教师的教育引导，五服之内的人们也不会懂得相亲。

（2）对教师的要求。

①"记问之学，不足以为人师"。强调学识只是为师的条件，而非充分条件。

②"君子既知教之所由兴，又知教之所由废，然后可以为人师也"。它指出懂得教育成败的原理可以为师。

③"君子知至学之难易，而知其美恶，然后能博喻，能博喻然后能为师"。它指出善于在分析达成学习目标的难易程度和学生素质高下的基础上，采取各种有针对性的教学方法，可以为师。

④教师自我提高的规律：<u>"教学相长"</u>。"教学相长"的本意并非指教与学双方的相互促进，而是仅指教这一方的以教为学。它说明了教师本身的学习是一种学习，而教导他人的过程更是一种学习，正是这两种不同形式的学习相互推动，使教师不断进步。后人在注释"教学相长"时作了引申，将其视为教学过程中教师、学生双方的互相促进、共同提高的过程。

6. 评价

《学记》为中国教育理论的发展树立了典范，其历史意义和理论价值十分显著。它的出现，意味着中国古代教育思维专门化的形成，是中国教育理论发展的良好开端。

【名校真题】

名词解释

1. 稷下学宫（北京师范大学 2020）

2. 有教无类（华中师范大学 2020）

简答题

1. 孔子的教师观（华中师范大学 2018）
2. 孔子的教学方法（华南师范大学 2017）
3. 孟子的教育思想（华东师范大学 2019）
4. 简述荀子的学习过程（湖南师范大学 2021）
5. 《中庸》的学习过程和学习内容的观点（湖南师范大学 2018）

论述题

1. 孟子和荀子的异同点（海南师范大学 2017）
2. 《学记》中的教育理论与历史地位（陕西师范大学 2018）

第三章

儒学独尊与读经入仕教育模式的形成

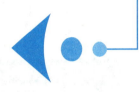

考频分析

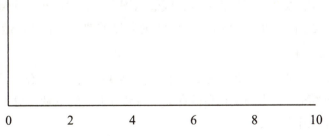

一 秦代的教育政策与措施
　　（一）统一文字
　　（二）禁止私学
　　（三）实行吏师制度
二 "独尊儒术"的文教政策
（一）"罢黜百家，独尊儒术"
三 汉代的学校教育政策
　　（一）经学教育
　　（二）太学
　　（三）鸿都门学
　　（四）郡国学
　　（五）私学
四 董仲舒的教育思想
（一）《对贤良策》与三大文教政策
　　（二）论人性与教育作用
　　（三）论道德教育

章节框架

儒学独尊与读经入仕教育模式的形成
- 秦代的教育政策与措施
  - 统一文字
  - 禁止私学
  - 实行吏师制度
- "独尊儒术"的文教政策："罢黜百家，独尊儒术"
- 汉代的学校教育政策
  - 经学教育
  - 太学
  - 鸿都门学
  - 郡国学
  - 私学
- 董仲舒的教育思想
  - 《对贤良策》与三大文教政策
  - 论人性与教育作用
  - 论道德教育

一 秦代的教育政策与措施

秦是中国历史上第一个统一的中央集权的封建国家。秦朝的教育政策遵循着一个中心原则，即维护国家统一和君主集权的封建统治制度，以法治思想指导教育实践。为了实现这个目标，秦朝在文化教育上采取了一系列措施。

（一）统一文字

1. 背景

秦统一六国以前，各国文字很不统一。国家统一后，这种文字混乱的状况严重阻碍了统一政令的推行，而且也阻碍了各地区间的文化教育交流。为顺应客观需要，秦始皇采纳了李斯的建议，进行文字的整理和统一工作，下令"书同文字"。

2. 措施

李斯以秦国字形为基础，吸收六国字形，总结出一种新的字体——小篆（又称秦篆），编成字书颁发全国，即《仓颉篇》，成为儿童习字的课本。后来程邈又对小篆进行改进，将其简化成为隶书。

3. 评价

秦朝对文字所做的整理工作是汉字规范化、定型化发展的重要步骤，奠定了汉字统一的基础。文字的统一对中国文化和教育的发展具有重大的贡献，对维护中国统一，形成中华民族统一的文化心理起到了重要作用。

（二）禁止私学

1. 背景

春秋战国时期是私学发展的鼎盛时期，秦始皇统一六国后出于加强中央集权的君主专制政治的需要，对私学采取了严厉禁止的政策，并实施了"焚书"政策。

2. 措施

讲学是传播学术思想的途径，书籍是知识的载体，李斯在提出禁私学的同时提出了"焚书"的主张，除秦国的历史、卜筮用书、农书不烧之外，其它文史书籍一律烧毁。历来以《诗》《书》为教、具有浓厚怀古思想的儒家学者，则成了主要的打击对象。

3. 评价

秦为了达到思想的统一，简单粗暴地采取禁学、烧书的手段，罔顾民众基本的精神自由和文化需求，这不仅是文化专制的反映，也是愚民政策的反映。秦禁私学以后，"百家争鸣"的风气从此结束。

（三）实行吏师制度

1. 背景

为了达到思想的高度统一，使法家思想深入人心，同时也是为了培养一大批知法、执法的封建官吏，实现以法治国的目的，秦采取了以法为教、以吏为师的教育政策。

2. 措施

政府规定教育的内容限于法令，其直接目的是使人成为知法守法、服从统治的驯民。为了保证这项规定得到落实，政府机关附设"学室"，由吏对弟子进行教训，以培养刀笔小吏。

3. 评价

私学的禁止和"吏师制度"的执行，必然会在教育上出现一种法律之外无学、官吏之外无师的局面。专职教师的出现是社会分工的必然结果，是教育发展史上的一大进步。秦又一次人为地将官与师结合起来，取消了专职教师，无疑是教育发展史上的一次大倒退。

二 "独尊儒术"的文教政策

（一）"罢黜百家，独尊儒术"

1. 背景

（1）汉初实行"黄老之学"的文教政策，统治者放松了对文化教育的钳制，为教育的发展、学术的繁荣提供了一种较为宽松的环境，这使各种学派得到了发展机会，其中特别是儒家学派更为突出地发展起来，并为夺取思想领域的主导地位而与黄老学派进行了斗争。

（2）汉武帝执政时，经济和政治都得到了恢复和稳定，他立志要转变汉初的"无为"政治，以一种具有进取精神的政治代之，因此汉武帝渴求一种新的政治指导思想。在此背景下，强调"文事武备"的儒家学说和汉武帝的政治愿望相契合，应时代登上了历史舞台。

2. 董仲舒的三大文教政策

（1）三大文教政策的内容。

①"罢黜百家，独尊儒术"。这是文教政策的总纲领，董仲舒论证了儒学在封建政治中应居独一无二的统治地位。

②兴太学以养士。为了保证封建国家在统治思想上的高度统一，也为了改变统治人才短缺的局面，董仲舒提出了"兴太学以养士"的建议，即由国家设立学校，培养贤士。实际上，兴办太学，政府直接掌握教育大权，决定人才的培养目标，也是整齐学术、促进儒学独尊的重要手段之一。

③重视选举，任贤使能。针对汉初人才选拔和使用中的弊端，董仲舒提出了加强选举、合理任用人才的主张。董仲舒提出了一套严格的选士方案，同时强调"量材而授官，录德而定位"的用人思想。这里的"材""德"是以儒家的经术和道德观念为标准的。这些主张，对促进儒学取得独尊地位有重要的作用。

（2）采取的措施：①专立五经博士；②开设太学；③确立察举制。

三 汉代的学校教育制度★★

汉代的学校有官学和私学，官学分为中央官学和地方官学，中央官学最重要的是以传授儒家经典为主的太学，还有东汉的鸿都门学、宫邸学等特殊性质的学校；地方官学主要是指郡国学。私学按其程度可以分为书馆和经馆两类。

（一）经学教育

1. 今文经学与古文经学

（1）今文经学。多为汉初凭经学大师的记忆、背诵并采用当时流行的隶书记录下来的六经旧典，发展在先。今文经学认为，《六经》为孔子本人的创作，其中包含了丰富的微言大义，治学倾向于在阐发微言大义的名义下，依据政治的需要来解释经学，迎合统治者的意志。

（2）古文经学。依据汉武帝时从地下或孔壁中挖掘出来，或通过其他途径保存下来的儒经藏本，初本是先秦的古文字，发展在后。古文经学只承认《六经》经过孔子的整理和编辑，但不是孔子的创作。学术上重视文字训诂、名物考据，倾向于研究《六经》的本意，恢复儒学的本来面目。

2. 章句之学与师法、家法

（1）章句之学。汉朝经学教育中多采用章句的形式教学。章句是经师教学所用的讲义。古籍本无标点段落，经师依照经文的顺序进行断句并划分章节，然后逐字逐句地进行解说，这样便形成了章句之学，也可称之为经说。

（2）师法、家法。师法和家法体现在不同的章句之学中，是和章句之学联系在一起的。师法是指汉初立为博士或著名经学大师的经说，如果大师的弟子对师说有所发展，能够形成一家之言，被学术界和朝廷承认，便形成家法。

3. 经学会议与石经

（1）经学会议。两汉时期，皇帝会召集一些著名学者对儒学进行讨论，借此达到统一经学的目的，其中最重要的两次经学会议是汉宣帝时期的石渠阁会议和汉章帝时期的白虎观会议。经学会议是为了提供经学研究和教育的规范思想。

（2）石经。为了统一经学教材，东汉熹平四年，蔡邕等人于东汉年间倡议镌刻石经，立于太学门外，作为规范的经学教科书。

（二）太学（海师19名解）

1. 设置与发展

（1）设置。元朔五年（前124年），汉武帝采纳董仲舒的建议，为博士置弟子，标志着太学的正式设立。同时也意味着以经学教育为基本内容的中国封建教育制度的正式确立。

（2）发展。太学产生以后，规模不断扩大，到东汉则盛极一时。以后太学随着社会政治、经济条件的变化，以及不同时期帝王对教育重视程度的不同而时有兴衰。

2. 基本特点

（1）教师与学生。太学的正式教师是博士，主要从事太学的教学工作，博士中通常推举出一位德高望重者为首领，博士首领在西汉称仆射，东汉改为博士祭酒；太学的学生称为"博士弟子"（或弟子）"诸生""太学生"等，他们的来源有两条途径：①太常于京师地方挑选年十八岁以上，仪状端正者；②从地方郡国道邑等地选择"好文学，敬长上，肃政教，顺乡里，出入不悖者"。

（2）培养目标。主要为国家培养"经明行修"的官吏。"经明行修"是对官吏才能和道德的要求，即必须通晓一种或两种经书，并具备"三纲五常"的德行。

（3）教学内容。学习儒家经典，即《诗》《书》《礼》《易》《春秋》。

（4）教学形式。初期采用个别或小组教学，后来出现了一种称为"大都授"的集体上课形式，主讲的博士称为"都讲"。除此之外，次第相传的教学形式也在太学内出现，即以高业生教授低业生。

（5）考试制度。太学的考试基本上采用"设科射策"的形式。"策"是指教师所出的试题，"射"是以射箭的过程来形象描写学生对试题的理解和回答过程，"科"是教师用以评定学生成绩的等级标记。学生所取得的实际等级是授官的依据。

（三）鸿都门学（南师/川师21，中央民族/山师/江苏19名解）

1. 概述

鸿都门学创办于东汉灵帝时期，因校址位于洛阳的鸿都门而得名。鸿都门学在性质上属于一种研究文学艺术的专门学校，规模曾发展到千人以上。鸿都门学的创办是统治集团内部各派政治力量的较量在教育上的反映，同时也与汉灵帝的个人爱好有密切关系。

2. 意义

鸿都门学的创办在中国教育史上起到过积极的作用。首先，它打破了儒学独尊的教育传统，以社会生活所需的诗、赋、书画作为教育内容，这是教育的一大变革。其次，鸿都门学是一种专门学校，作为一种办学的新型形式，为后代专门学校的发展提供了经验。同时，它也是世界上最早的文学艺术专门学校。

（四）郡国学

1. 兴起

汉朝除了在中央设立官学外，还在地方设立官学。郡国是汉朝时期最大的地方行政单位，地方官学又称为郡国学校。汉景帝时，蜀郡太守文翁到达成都后，积极兴办文化教育事业，发展儒家思想，改变了当地的风俗，促进了经济的发展。这就是教育史上所称颂的"文翁兴学"。汉武帝对文翁一事极为赞赏，下令各郡国依仿蜀郡设立学校，此后，各地方官纷纷在自己的治内设立学校。

2. 办学目的

主要有两项：一是培养本郡的属吏，同时向朝廷推荐地方学校中特别突出的优秀学生；二是通过学校定期举行"乡饮酒""乡射"等传统的行礼活动，向社会普遍推行道德教化。

（五）私学

1. 书馆

书馆又称书社。由于官学中除宫廷学校教育皇亲贵戚子弟之外，缺乏初等教育的设置，所以汉朝蒙学阶段的教育多依靠私学。

（1）教学内容：书馆前期主要是从事识字和书法教育，后期则开始接触儒学基础内容。

（2）教学组织形式：书馆里实行个别教学，重视口授和背诵。

（3）出路：学生从书馆结业后，少部分人可以进入地方官学乃至太学或更高一级的私学，大部人则从此中断学业，从事农工商活动。

2. 经馆

经馆是较书馆高一级的私学，实际是一些著名学者聚徒讲学的场所，其中程度较高的可与太学相比。经馆又称精舍或精庐等。汉朝的经馆，实际上是后代书院的历史渊源。

私学中最常用的教育方法是：以次相传授，老师只对从学时间较长的高业弟子进行直接传授，再由高业弟子转相传授初学弟子。汉朝私学承担了绝大部分基础教育的任务，对社会产生的影响不亚于官学。

四 董仲舒的教育思想

董仲舒（约前179—前104年），广川（今河北景县）人，西汉著名的思想家和教育家，学识渊博，遍通"五经"，被誉为"汉代孔子"。其著作以《春秋繁露》和《对贤良策》影响最大。

（一）《对贤良策》与三大文教政策

董仲舒在《对贤良策》中，向汉武帝提出了三大文教政策：一是"罢黜百家，独尊儒术"；二是"兴太学以养士"；三是"重视选举，任贤使能"。这三大文教政策，是董仲舒社会政治思想在文化教育领域的体现。

（二）论人性与教育作用

1. "性三品"说

（1）"仁气"与"贪气"。董仲舒认为人性就是指人天生的素质。人性可以分为"仁气"和"贪气"。仁气是指人性中那些有利于促进发展封建社会道德的先天因素，贪气是指人性中那些将导致与封建社会道德相抵触的先天因素，它们是人性中的两个对立物。

（2）将人性与善区分开来。人性与善的关系是可能性与现实性、根据和结果的关系，性是善的可能性和内在依据，善是性所具有的可能性和内在根据在教育条件下向具备一定道德之善的现实人格转化的结果。董仲舒的善是指封建社会的伦理道德。

（3）"性三品"说。董仲舒明确将人性划分为三种不同的等级：即"圣人之性、中民之性、斗筲之性"。

① "圣人之性""为上品，是天生的"过善"之性，是其他人先天不可能、后天又不可及的，指的是统治阶级最上层的比较少数的一些人。

② "中民之性"为万民之性，有善质而未能善，待渐于教训而后能为善，即待君王教化后方能成"善"，但却不可能成为圣人，他们是主要的教育对象，绝大多数人属于这一等级。

③ "斗筲之性"为下品，他认为下品无善质，近于禽兽，教化是无用的，只能采用刑罚对付他们。

2. 教育的作用

（1）具备"圣人之性"者能够自觉控制自己的感情欲望，注定要向善的方向发展，不需要教育就可通过自我的修养为善。

（2）具有"中民之性"的中民，教育对他们的发展起决定性作用，因此他们是教育的主要对象。

（3）具备"斗筲之性"者很难进行自我节制，只有用刑罚制止他们作恶，虽经教育也很难转化为善，要用刑罚加以强制性的制约。

（三）论道德教育

1. 德教是立政之本

董仲舒强调以道德教化为本为主，刑罚为末为辅。以道德教化作为实现仁政德治手段是儒家学说的传统，董仲舒更从"道之大原出于天"的神学目的论出发对其进行论证。

2. 德育内容

（1）"三纲五常"是董仲舒伦理思想体系的核心，也是其道德教育的中心内容。董仲舒从先秦儒家概括出的五种基本关系即"五伦"——君臣、父子、夫妇、兄弟、朋友中突出强调君臣、父子、夫妇三种主要关系，他提出"王道三纲"即"君为臣纲，父为子纲，夫为妻纲"，与"三纲"相配合的是"五常"，即仁、义、礼、智、信。

（2）"三纲"是道德的基本准则，"五常"则是与个体的道德认知、情感、意志、实践等心理、行为能力相关的道德观念。"三纲"与"五常"结合的纲常体系成为中国封建社会道德教育的中心内容。

3. 道德修养的原则与方法

（1）确立重义轻利的人生理想。董仲舒认为，对体现封建国家利益原则的道义的追求，应高于对个人利益的追求。只有这样，人生才能获得高度的和谐和最终的满足，也应是人生的基本取向。"正其谊（义）不谋其利，明其道不计其功"，正是对这一道德修养原则的总概括。

（2）"以仁安人，以义正我"。董仲舒认为个人修养中应该特别注意"以仁安人，以义正我"，他要求人们从尊重他人的价值与权利出发，以"仁者爱人"的情怀去爱护、关心他人，宽以容众，"躬自厚而薄责于外"。

（3）"必仁且智"。针对道德修养中情感与认知两种不同心理因素之间的关系，董仲舒提出"必仁且智"的命题，认为在道德修养中必须做到"仁"与"智"的统一，突出强调了道德修养中情感与认知的统一。

【名校真题】

名词解释

1. 鸿都门学（南京师范大学2021）
2. 太学（海南师范大学2019）

第四章 封建国家教育体制的完备

考频分析

- 一 魏晋南北朝官学的改革
  - （一）西晋的中央官学
  - （二）南朝宋的中央官学
  - （三）北魏的中央官学
- 二 隋唐学校教育体系的完备
  - （一）文教政策的探索与稳定
  - （二）中央政府教育管理机构确立
  - （三）中央和地方官学体系完备
  - （四）学校教学管理制度齐备
  - （五）私学发展
  - （六）学校教育制度的特点
- 三 科举制度的建立
  - （一）科举制度的产生与发展
  - （二）考试的程序、科目与方法
  - （三）科举制度与学校的关系
  - （四）科举制度的影响
- 四 颜之推的教育思想
  - （一）颜之推与《颜氏家训》
  - （二）论士大夫教育
  - （三）论家庭教育
- 五 韩愈的教育思想
  - （一）道统说
  - （二）"性三品"说与教育作用
  - （三）论人才的培养与选拔
  - （四）师道观
  - （五）中国古代教育家的教师观总结与对比

章节框架

```
                            ┌ 西晋的中央官学
          魏晋南北朝官学的改革 ┤ 南朝宋的中央官学
                            └ 北魏的中央官学

                            ┌ 文教政策的探索与稳定
                            │ 中央政府教育管理机构的确立
                            │ 中央和地方官学体系完备
          隋唐学校教育体系的完备┤ 学校教学管理制度齐备
                            │ 私学发展
                            └ 学校教育制度的特点

封建国家教育体制的完备        ┌ 科举制度的产生与发展
                            │ 考试的程序、科目与方法
          科举制度的建立     ┤ 科举制度与学校的关系
                            └ 科举制度的影响

                            ┌ 颜之推与《颜氏家训》
          颜之推的教育思想   ┤ 论士大夫教育
                            └ 论家庭教育

                            ┌ 道统说
                            │ "性三品"说与教育作用
          韩愈的教育思想     ┤ 论人才的培养与选拔
                            │ 师道观
                            └ 中国古代教育家的教师观总结与对比
```

一 魏晋南北朝官学的改革

（一）西晋的中央官学

1. 太学

西晋太学是曹魏太学的继续与发展。从西晋时太学的生员人数之多，来源之广看来，其规模不逊色于两汉太学。

2. 国子学

（1）含义。国子学是西晋专门创办培养贵族子弟的学校，这是其教育制度的一个主要特点。规定官品第五以上的子弟方能入学。国子学设立初期隶属于太学，国子学的国子祭酒实由太学博士祭酒兼任。

（2）意义。西晋是一个以士族为政治基础的政权，它的一切政策旨在维护门阀士族的利益和尊贵。国子学的设立，是为了满足士族阶级享有教育特权，严格士庶之别的愿望，使中央官学多样化，等级性更明显。

（二）南朝宋的中央官学

1. "四馆"

四馆包括儒学馆、玄学馆、史学馆和文学馆，分别研究经学、老庄学说、古今历史、词章。

四馆的建立打破了自汉代以来经学教育独霸官学的局面，使玄学、史学、文学和儒学并列，这是学制上的一大变革，反映了当时思想文化领域的实际变化。

2. 总明观

南朝宋明帝设立总明观，置祭酒，设儒、玄、文、史四科，是藏书、研究、教学三位一体的机关，教学任务实际已退居次要地位。

总明观的四科虽与元嘉时期的四馆分科相同，但它在四科之上以机构较完备的总明观作为总的领导机构，在管理上要更加完善，也使原来四个单科性质的大学发展为在多科性大学中实行分科教授的制度。

（三）北魏的中央官学

（1）北魏初期以经术为先，立太学，置五经博士，其规模相当可观，仿汉晋的学制已初步建立。

（2）明元帝时改国子学为中书学，隶中书省管辖，学内设中书博士以教授中书学生。中书学是北魏特创。

（3）首创皇宗学。太和九年，文明太后下令于闲静之所为皇子皇孙立学馆，设博士以教之，强调皇族的教育，建立起了皇宗学。

[易混知识]

察举制与九品中正制的异同（川师20名解；山师18简答）

1. 含义

（1）察举制。察举制是我国汉代选拔官吏的制度，由地方官根据朝廷所定科目和选拔标准，向朝廷荐举，经过考核，任以官职。

（2）九品中正制。九品中正制又称"九品官人法"，是魏晋南北朝时期重要的选官制度，即郡设小中正，州设大中正，由地方上有声望的人充任，将士人按"才能"评定为九等，实际上是按门第高低列等，政府按等选用。

2. 两者异同

（1）相同点。察举制和九品中正制都是我国古代重要的选官制度。

（2）不同点。①察举制不问出身，但九品中正制限制庶族；②察举制提高了人们求学的积极性，九品中正制相反；③察举制设有"孝廉"等科目，但是九品中正无科目。

二 隋唐学校教育体系的完备

（一）文教政策的探索与稳定

隋唐时期有多方面的因素影响文教政策的选择和调整，因而文教政策呈现出阶段性的变化。

（1）在儒学德治思想的主导下，隋唐在开国初实行崇儒兴学，作为推行教化的根本。

（2）兼用佛教与道教，作为控制民众思想的工具。

（3）积极发展科举，作为选拔人才、改进吏治的重要途径。
（4）提倡民间办学，听任私学发展，以补充官学。

（二）中央政府教育管理机构确立

1. 政府教育管理机构的确立

隋文帝时期，为加强对教育事业的管理和领导，在中央设置国子寺，隶属于太常寺，内设祭酒一人，总管教育事业。国子寺及国子祭酒的设置，是我国历史上第一次由中央政府设立专门管理教育的机构和官员，标志着我国封建教育已经发展到了成为独立部门的时代。国子寺独立后改名为国子学，大业三年改国子学为国子监，国子监的名称一直沿用到清朝。

2. 教育管理体制的确立

（1）中央和地方分级管理。中央官学由国子祭酒负责，地方官学由地方行政长官长史负责。

（2）统一管理和对口管理并举，以统一管理为主。国子监统一管理教育事业，一些专科学校由对口部门管理，有利于专业教育的实施。

（三）中央和地方官学体系完备

1. 中央官学

（1）隋朝的中央官学：五学。即国子学、太学、四门学、书学、算学。

（2）唐朝的中央官学：六学一馆。六学是国子学、太学、四门学、书学、算学和律学；一馆是广文馆。

（3）专门学校。利用中央行政部门人才资源和业务设备的资源附设的学校，并由这些部门管理。如太医署的医学等。

2. 地方官学

（1）隋朝。隋朝在地方上实行州县二级制，为了加强思想控制，统一人们的思想，设立了州县学，要求天下州县普遍设置博士，以教化于民。

（2）唐朝。唐承隋制，在地方上也推行州县二级制。唐代地方官学有经学、医学和崇玄学三种类型，由府州的长史主管。唐代的地方官学较普遍、发达，组织管理也趋于严密，州县的学生大多是庶民子弟，教师的地位和待遇、教学的要求都相对较低。

（四）学校教学管理制度齐备

（1）入学制度。唐代中央官学实行等级入学制度，贵族与官僚的子弟有优先入学的特权，学生按出身门第的高低、父祖官位的品级入相应的学校。申请入国子监的学生对年龄也有一定的限制，唯广文生不受年龄限制。

（2）学礼制度。束脩之礼、国学释奠礼等，通过这些定期性的隆重礼仪活动，使学生受到崇儒尊师、登科从政的教育，对学生进行思想熏陶。

（3）教学制度。各种类型的学校教学内容具有具体性和专业性，并规定了各门课程的修业时限。国子学、太学、四门学主要学习儒家经典；律学以学习唐律令为专业；算学以学习算经为专业；广文馆以进士科三场考试的帖经、杂文、时务策为学习内容。

（4）考核制度。国子监为了督促学生课业，每阶段都有考试，考试形成系列，发展过程有些演变，但考试始终作为考核的基本手段，主要有旬试、月试、季试、岁试和毕业试。

（5）惩罚制度。国子监主簿负责执行学规，督促学生勤学，保证国子监的教学和生活秩序。

（6）休假制度。学校常规的休假有旬假（每10日一休）、田假（五月收种农忙时放假15天）、授衣假（九月秋凉准备冬衣之时放假 15 天）。这种休假制度，反映了农业社会的人性关怀。

[拓展知识]

学礼制度

1. 束脩之礼。学生初入学，约定时日，穿好制服，隆重举行拜师礼，师生见面，表示建立师生关系，礼制还规定向学官敬献礼物：束帛一筐，酒一壶，脩一案，称为束脩礼。

2. 国学释奠礼。礼制规定，每年春秋季第二月上丁日，行释奠礼于先圣庙。行礼完毕，接着举行讲学活动，执经论议，不同见解可以责疑问难，相互交流。

3. 贡士谒见及使者观礼。每年诸州贡士明经进士朝见完毕之后，接下来就是引导到国子监拜谒先师，两馆及监内的举人亦参加行礼活动，学官为他们举行讲学活动，质问疑义。有外国使者来唐，朝见之后，并引导至国子监参观，感受中华的文化礼教。

（五）私学发展（福师 19 论述）

1. 私学发展的原因

（1）社会民众的需要。由于地方官学设置限在州、县所在地各一所，名额也有严格限制，广大民众要求子弟入学受教育的愿望不能满足，只好从发展私学找出路。

（2）政府政策的倡导。隋文帝实行德治，重视教化民众，强调劝学行礼，对私学发展起了推动作用。唐初对私学也采取鼓励政策。

（3）隋唐经济的繁荣。隋唐都有政治较为安定的时段，和平时期利于农业经济的发展，导致经济繁荣，这是民间私学发展的基础。

2. 私学的分类

（1）初级私学。

①办学类型：根据办学主体的不同，初级私学分为乡学（乡校）、村学、私塾、家塾、家学。

②办学形式：没有成文的制度，遵守历史形成的习俗。对入学年龄没有统一的硬性规定；春季始业，无学习年限；单班学校，个别教学。

③教学内容：读、写、算。主要进行启蒙的识字教育和一般的生活与伦理常识教育。

（2）高级私学。

①教育对象：是已受过初级私学教育而具有一定文化基础，要求进一步提高而受专业教育的青年，各社会阶层出身的人都有。

②教师设置：高级私学以教师为中心，自由设置。教师具备专门知识或广博学问，有一定的社会影响力，愿意从事教育工作即可开设私学，聚徒教授。

③教育内容：主要进行专经传授或其他专业知识技术传授教育，主要有《三礼》学《易》学《春秋》学等。

④办学形式：入学和出学时间没有规定，无始业和结业制度；长期从师听讲或短期游学请益由学生自己决定。

⑤教学方式：当面传授或函授。

3. 书院的创立

书院是由私人读书藏书的场所演化为讲学授徒的场所而产生的，也是由于实行科举考试制度以选士之后，要求应试者必须博学广识这种现实需要推动而形成的。因此，书院兼备培育人才和传播中华文化的任务。

书院产生于唐，发展于五代，而繁荣和完善于宋代。唐朝书院主要由民间私家设立，既有藏书，又有教学活动，学习内容适应科举考试的需要，不同于以前以单科学习为主的私学，形成知识面较广的新型教育机构。

(六) 学校教育制度的特点（浙师20简答）

（1）学校体系形成。私学与官学并存，私学承担基础教育与专业教育两层次教育任务。在教育行政上官学是教育的主干，私学是官学的重要补充。这一古代学校教育体系的形成对中国封建社会后期的教育产生了重要影响。

（2）教育行政体制分级管理的确立。从隋代开始实行分级管理的教育行政体制，中央官学由国子监祭酒负责管理，地方官学由州县长官负责管理。而专科性学校则归对口的行政部门管理，以利于专业教育的实施。

（3）学校内部教学管理制度及法规的完善。隋唐时期对过去学校教学的规定和惯例加以梳理，按现实需要做了新的规定，使对学校教学的管理有法可依。

（4）专业教育的重视。在国子监添设算学专科以培养算学的专门人才，还有其他一些专科教育，从教育制度发展过程来考察，这是实科教育的首创。

（5）学校教育与行政机构及事务部门的结合。一些事务部门，如天台司、太医馆等，负起双重任务，既为政府进行专业服务，又担负起培养专业人才的任务，学生在这种条件下学习，可以更好地把专业知识与专业实践密切结合起来。

三 科举制度的建立 ★★★

(一) 科举制度的产生与发展

1. 科举制度的产生

（1）含义。科举制度即个人自愿报考，县州逐级考试筛选，全国举子定时集中到京都，按科命题，同场竞试，以文艺才能为标准，评定成绩，限量选优录取，是一种选官制度，以这种方式选拔国家官员。

（2）科举制的产生。科举制度是由察举制演化而来的。隋炀帝大业二年"始建进士科"是科举考试制度确立的标志。它产生于隋朝，发展于唐朝。

2. 唐代科举制度的发展

（1）唐循隋制与恢复科举。唐代选官，沿用隋代科举考试制度，但又不是全部照旧，而是有发展有创新，逐步调整，使科举考试制度趋于健全。

（2）科目标准与贡举名额。唐代对科目的标准以法令条文明确加以规定，并且对于贡举的名额也按州的大小规定了分配名额。

（3）科目设置与适时变化。唐代科举考试有常科与制科。常科的科目是承续隋代的，但随后有不少变化发展。

（4）考试内容与项目调整。唐初承续隋代科举考试制度。贞观八年，诏加进士读经史一部，意在加强其基础知识，这是科举考试增加内容的开始。唐中宗神龙元年，开始实行明经、进士皆三场试。唐玄宗开元二十五年，科举考试的内容项目基本定型。

（二）考试的程序、科目与方法

1. 考试的程序

（1）考生来源。一是生徒，二是乡贡。每年冬天，学校都要将经考试合格的学生送到尚书省参加考试，这些考生称为"生徒"。不在学校学习而学有所成的人提出书面申请后经本县考试、州重试合格，由州送至尚书省参加考试。由于他们随各州进贡的物品发送，故称为乡贡。

（2）考试程序。乡试—省试（礼部试）—吏部试。

2. 考试的科目

科举考试大体有两种类型：一种是常科，每年定期举行；一种是制科，由皇帝根据需要下诏举行。常设科目有以下六种：

（1）秀才科。注重选拔博识高才、出类拔萃的人物，录取标准非常高。

（2）进士科。注重诗赋，参加考试的人比较多，但录取人数极少。

（3）明经科。即考试儒家经典，考试比较容易，只要熟读经文注疏就行。

（4）明法科。主要考律令，考生主要来自律学和州县的乡贡。

（5）明字科。主要考文字、训诂知识和书法，反映了唐代重视书法的风尚。

（6）明算科。主要考算术和术理，考生主要来自算学。

3. 考试的方法

（1）口试。让考生当场口头回答问题，主要是问以经义。

（2）帖经。将所试经书任揭一页，把左右两边遮住，中间只开一行，再用纸贴盖住三字，令试者填出来。类似今天的填空法。

（3）墨义。简单的问答题，不需考生发挥自己的思想，只需熟记经文和注释就能答出。

（4）策问。要求考生针对政治、经济、教化等现实问题发表自己的看法或提出建议。

（5）诗赋。要求考生写一诗一赋，主要考察考生的文学修养和文字能力。

（三）科举制度与学校的关系（东北21，宁波/重师18 简答）

（1）唐初学校教育制度是培养人才的制度，成为国家社会人才的重要来源，学校不断输送人才供科举考试选拔，是科举赖以发展的基础；科举考试是国家选拔人才的重要渠道，也为学校培养的人才开辟了政治出路。

（2）唐朝稳定发展时期科举考试受重视，居于主导地位，学校教育受轻视，居于次要地位。学校教育要适应科举考试的需要，成为科举的附庸，学校作为考试的预备场所，一切都受到科举考试的直接支配。科举考试对学校教育发挥着导向调控的作用，直接影响着学校教育。

（四）科举制度的影响（海师21，川师19，华南18，扬大17 简答；中央民族20 论述）

1. 积极影响

（1）扩大了统治基础，有利于加强中央集权。通过科举考试，平民及中小地主阶层获得了参政的机会，打破了门阀士族地主垄断统治权力的局面，扩大了封建统治的统治基础。同时，通过科举考试，朝廷将选士大权收归于中央政府，强化了中央集权的统治。

（2）使选士与育士紧密结合。促进人们的思想统一于儒学，成为儒家"学而优则仕"原则的途径。刺激学校教育的发展，有利于教育的普及。

（3）使选拔人才较为客观公正。隋唐科举考试在发展的过程中逐步建立了较为完备的考试制度，同时逐步建立了一系列的考试防范措施，加强考试管理。

2. 消极影响

（1）国家只重科举取士，而忽略了学校教育。学校成为科举考试的预备机构，一切教学活动都围绕着科举考试来进行，学校失去了相对独立的地位和作用。

（2）束缚思想，败坏学风。学校教学安排围绕科举进行，导致学校教育中重文辞少实学，重记诵而不求义理，形成了教条主义、形式主义的学习风气。在科举制的影响下，读书的目的不是求知求真，而是为了功名利禄，具有强烈的功利色彩。

（3）科举考试内容的狭隘也阻碍了中国文化的和谐发展，特别是科技文化的发展。

四 颜之推的教育思想 ★★

（贵师19简答）

（一）颜之推与《颜氏家训》（中央民族20，北师19名解）

颜之推，字介，梁朝金陵（今江苏南京）人，他根据自己的经历和体验，写出了我国封建社会第一部系统完整的家庭教科书——《颜氏家训》，用以训诫其子孙，这部著作是了解颜之推教育思想的主要依据，有助于研究颜之推在儿童教育、学习方法等方面的见解。

（二）论士大夫教育

1. 士大夫必须重视教育

颜之推从以下三个角度阐述了士大夫接受教育的必要性。

（1）教育与人性的关系。

他继承了前辈从人性论的角度来论述教育作用的传统，认为人性分为三品，性的品级与教育有直接关系，他说："上智不教而成，下愚虽教无益，中庸之人，不教不知也。"这种观点虽然在理论上并没有什么新的发展，但却是他强调士大夫教育作用的理论依据。

（2）教育与个人前途的利害关系。

接受教育是士大夫维持社会地位的必要手段，士大夫子弟要保持原有的社会地位，只有重视教育，通过学习获得特殊知识，并依靠这些知识才能实现。

（3）教育与利的关系。

从当时的社会现实来看，知识也是一种资本，它可以作为谋求生活的手段。

2. 教育的目标在培养治国人才

颜之推从士族地主的利益出发，认为教育要培养于国家有实际效用的各方面的统治人才。各种专门人才的培养要依靠各种专才的教育，这种观点冲破了儒家以培养较抽象的君子、圣人为教育目标，以儒学教育概括一切专门教育的传统，不再局限于道德修养和"化民成俗"方面，而更重要的在于对各种人才的培养。

3. 德与艺是教育的主要内容

士大夫教育的目的，就是要培养统治人才，而统治人才必须"德艺周厚"，因此，士大夫教育的主要内容，也应包括德、艺两个方面。

（1）在德育方面。承袭了儒家以孝悌仁义等道德规范为主要内容的传统，认为树立仁义的信念是德育的重要任务，而实践仁义则是德育的最终目的。

（2）在"艺"方面。颜之推主张以广博的知识为教育内容，以读书为主要教育途径。"艺"的教育内容除了经史百家等书本知识外，还应包括处身于士大夫社会生活所需要的"杂艺"，即琴、棋、书、画、数、医、射、投壶等。这些技艺在生活中有实用意义，也有个人保健、娱乐的价值。

（3）德与艺的关系。德育是教育的根本，但艺教也是必须的。二者是相互联系的，知识教育是道德教育的基础，并为道德教育服务。

（三）论家庭教育（安师19简答，中央民族18论述）

《颜氏家训》以讨论家庭教育为主，而家庭教育基本是长辈对未成年人主要是儿童的教育。儿童教育应当注意一些基本的原则。

（1）及早施教。幼年时期是奠定基础的重要阶段，长辈应及早地对幼儿进行教育，早期教育甚至可以从胎教开始。

（2）严慈相济。善于教育子女的父母，能把慈爱与严格要求相结合，并能收到良好的教育效果。

（3）均爱原则。在家庭教育中应该切忌偏宠，不论子女聪慧与否，都应以同样的爱护与教育标准来对待。

（4）重视语言教育。语言的学习应成为儿童教育的一项重要内容，对儿童进行的语言教育应注意规范，重视通用语言，而不应强调方言。

（5）重视品德教育。道德的教育应包括以孝悌为中心的人伦道德教育和立志教育两方面。颜之推认为对儿童进行道德教育应该以"风化"的方式进行，这是一种通过长辈道德行为的示范，使儿童受到潜移默化的影响，从而形成所要求的德行的教育过程。立志教育即为生活理想的教育，颜之推要求士族应教育其后代以实行尧舜的政治思想为志向，继承世代家业，注重气节培养。

五 韩愈的教育思想

韩愈，字退之，唐代著名的文学家、思想家、教育家。他站在维护皇权的立场上，极力维护儒家的道统及其独尊地位，是"重振儒学的卫道者"。

（一）道统说

（1）在思想文化方面，主张复兴儒学。认为要维护国家统一，反对藩镇割据，就必须以孔孟之道为思想支柱。他认为，儒学纲领是仁义道德，这既是先王之道，也是先王之教。

（2）在道德规范方面，把仁义与道德并提，基本内容是仁义。他把仁义道德说成是历代圣人相互传授的传统，排出儒家圣人的序列以表示儒道的源远流长，有传承的系统，居于中国历史上正统地位。他特别尊崇孔孟，认为孟子之后圣人之道无人继传，他鼓起传道的勇气，欲挽救先王之道，再兴而传。

（二）"性三品"说与教育作用

1. "性三品"

韩愈的《原性》从天命论出发，论述人性三品，借以说明教育的作用和规定教育权利。

（1）人性分三品。上品之性为善，中品之性可善可恶，下品之性为恶。

（2）人性中有性也有情，性是情的基础。性是与生俱来的，情是受到外界事物刺激而产生的。性之品分为上中下，情之品也有上中下与之对应。

（3）性可移，但性的品级不可移。三品之人都固定在天生的"品"的界限内，是不可移的。

2. 教育的作用

（1）人性决定教育所起的作用。教育对不同的人性发挥不同的作用：上品之人通过教育能使其先天具有的仁义之善性得到发扬，行动都符合道德原则；中品之人可引导往上也可引导向下，教育帮助他们往上品靠拢；下品之人的行为总是违反道德标准，对他们只有用刑罚才能保证社会秩序。

（2）人性规定教育的权利。人性等级不同，教育的作用也不同，因此教育的实施只限在一定范围内，没有必要遍及每一个人，只有统治阶级才可以享受学校教育的权利，而对被统治阶级则实施专制，剥夺教育权利。

（3）人性决定教育的内容。人性以仁、义、礼、智、信为内容，教育要发挥人内在的善性，就要以儒家五常道德教育为主，儒家经典是最好的教育内容。

（三）论人才的培养与选拔

1. 人才的培养

韩愈认为治国人才要依靠教育培养，他主张发展学校教育，并采取一些措施。

（1）用德礼而重学校。韩愈继承儒家德治的思想，把教育作为首要的政治工具。德礼指德政和礼教，实行德治必先德礼而后刑法。重德礼也必然重视以学校教育为重要的政治工具。

（2）学校的任务在训练官吏。学校是宣扬封建道德的中心，又是训练封建官吏的机构。特别是中央官学，是补充官员的重要来源，应选拔最优异的人才来加以训练，优秀青年集中于国学，把他们培养成为治人的君子。

（3）整顿国学。韩愈被任命为国子祭酒之后，从招生制度、学官选任和转变学风三个方面，对国子监实行整顿。

（4）恢复发展地方学校。韩愈主张重视地方学校，要求恢复地方官学。

2. 人才选拔

韩愈根据自己走科举之路的切身体会，抨击了科举选士的弊端以及考试的内容不合理。他指出，依靠科举选拔不出真才实学者，反而会埋没治国安邦的人才。他要求统治者爱惜人才，不拘一格地选拔人才。他在《马说》中以千里马和伯乐的关系表明人才的难得和重要性。

（四）师道观 ★★（北师18，东北/安师/宁波17简答；扬大18论述）

《师说》是韩愈论师道的重要教育论著，是中国古代第一篇集中论述教师问题的文章，提倡尊师重道，集中体现了他的教育思想。

1. 教师的地位

由"人非生而知之者"出发，肯定"学者必有师"。强调后天学习的重要性，认为学习一定要有教师的指导，教师是社会所必需。

2. 教师的任务

"传道、授业、解惑"是教师的基本任务。"传道"是儒家的仁义之道，"授业"是儒学的"六艺经传"与古文，"解惑"是解决学"道"与"业"过程中的疑问。三项最主要的是"传道"，"授业"和"解惑"都要贯穿"传道"，为"传道"服务。

3. 教师的标准

以"道"为求师的标准，主张"学无常师"。韩愈认为教师教学的主要任务在于"传道"，学生求学的任务主要在于学道，能否当教师也就以"道"为标准来衡量。社会上有道的人不少，皆可为师，求学的范围不应受到限制，应当学无常师。韩愈提出以道为师、学无常师的主张，在当时对打破士大夫们妄自尊大的心理，促进思想和文学上的交流，具有一定的积极意义。

4. 师生关系

提倡"相师"，确立民主性的师生关系。韩愈认为，士大夫应当矫正"耻学于师"的坏风气，形成相互学习的新风气，不限于同辈朋友之间，也要实行于教师学生之间。教师与学生年龄有差别，而闻道则不以年龄大小定先后，学术业务也可能各有专长。"弟子不必不如师，师不必贤于弟子"，教师与弟子相互学习，教学相长，是理所当然的事情。韩愈把师生的关系看为是可以相互转化的，这种具有辩证法因素的民主性的教育思想，在教育发展史上有重要意义。

5. 评价

韩愈既肯定了教师在传道、授业、解惑方面的主导作用，又强调了教师必须树立师生平等和教学民主的观念。这是对封建社会"师道尊严"传统的一大突破。在今天，韩愈关于师生关系的观点更具有现实意义。

（五）中国古代教育家的教师观总结与对比（杭师18论述）

表 5-1 中国古代教育家的教师观总结与对比

	孔子	荀子	韩愈
教师观	①对教师的要求：学而不厌、诲人不倦、温故知新 ②教师应该采取的教育方法：以身作则 ③师生关系：爱护学生、教学相长	①教师的地位：教师是治国之本，关乎国家兴衰 ②师生关系：学生无条件绝对服从教师，主张师云亦云，教师处于绝对主导地位 ③对教师的要求：有尊严和权威；有丰富的经验和崇高的信仰；能循序渐进，诵说不陵不犯；见解深刻，述说合理	①教师的地位：认为人非生而知之，肯定"学者必有师" ②教师的任务：传道、授业、解惑 ③教师的标准：以"道"为求师标准，主张"学无常师" ④师生关系：提倡"相师"，确立民主的师生关系
不同点	①背景：处在私学兴起，教师开始成为专门职业身份的时代 ②侧重点：阐述教师自身的要求，如言传身教、教师的标准等，奠定了中国传统教师思想的基础	①背景：处在大一统封建专制国家即将形成的时代 ②侧重点：阐述教师的外部关系，如教师与国家兴衰治乱的关系，强调教师对人性改造的主导作用，以师为道德化身，提出"师严道尊"的主张，对后世教师地位和师生关系产生了影响	①背景：处在儒佛道争夺思想地位、科举考试冲击学校教育的时代 ②侧重点：阐述教师与儒道重建、传承的关系，以及以"道"为求师标准，强调教师的弘道使命和教师职责，提倡交互的师生关系，对后世的为师之道产生了重要影响
相同点	①都对教师提出了要求，强调尊师重教；②都对师生关系提出了自己的看法		

【名校真题】

名词解释

1.《颜氏家训》（北京师范大学 2019）

简答题

1. 隋唐学校教育制度的特点（浙江师范大学 2020）
2. 简述科举制度对学校教育的影响（东北师范大学 2021）
3. 简述韩愈对教师问题的见解（北京师范大学 2018）

论述题

1. 科举制度的演变、历史影响，对当今教育（高考）改革的启示（华中师范大学 2019）
2. 论述颜之推的家庭教育思想（中央民族大学 2018）

第五章 理学教育思想和学校的改革与发展

考频分析

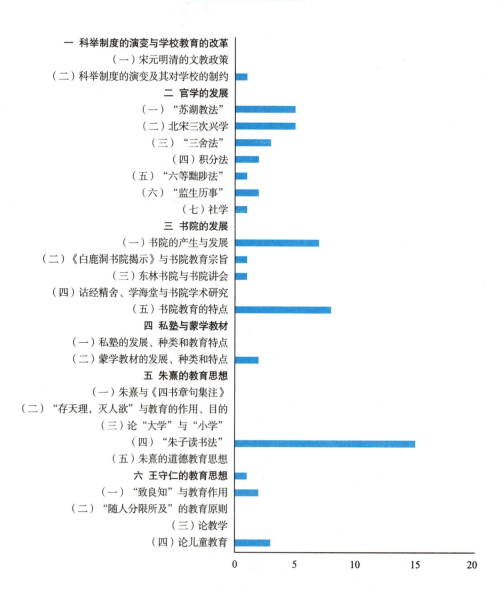

章节框架

理学教育思想和学校的改革与发展
- 科举制度的演变与学校教育的改革
  - 宋元明清的文教政策
  - 科举制度的演变及其对学校的制约
- 官学的发展
  - "苏湖教法"
  - 北宋三次兴学
  - "三舍法"
  - 积分法
  - "六等黜陟法"
  - "监生历事"
  - 社学
- 书院的发展
  - 书院的产生与发展
  - 《白鹿洞书院揭示》与书院教育宗旨
  - 东林书院与书院讲会
  - 诂经精舍、学海堂与书院学术研究
  - 书院教育的特点
- 私塾与蒙学教材
  - 私塾的发展、种类和教育特点
  - 蒙学教材的发展、种类和特点
- 朱熹的教育思想
  - 朱熹与《四书章句集注》
  - "存天理，灭人欲"与教育的作用、目的
  - 论"大学"与"小学"
  - "朱子读书法"
  - 朱熹的道德教育思想
- 王守仁的教育思想
  - "致良知"与教育作用
  - "随人分限所及"的教育原则
  - 论教学
  - 论儿童教育

一 科举制度的演变与学校教育的改革

（一）宋元明清的文教政策

1. 宋朝"兴文教，抑武事"

宋朝的统治者在打败割据势力，基本统一国家之后，在统治策略上作了重大改变，即由原来的重视"武力"改为强调"文治"。与统治策略这一转变相适应，确立了"兴文教，抑武事"的国策，主要表现在以下三个方面：

（1）重视科举，重用士人。

（2）"三次兴学"，广设学校。

（3）尊孔崇儒，提倡佛道。

2. 辽、金、元的"汉化"政策

辽、金、元是由我国境内的少数民族——契丹、女真和蒙古族的统治者建立起来的王朝。为了巩固政权、维护统治，它们都大力推行"汉化"政策，从政治、经济、文化教育等方面广泛地吸收先进的中原文化，不断进行社会变革，加速了本民族封建化的进程，具体表现为：①笼络汉族士人；②尊孔；③尊崇理学。

3. 明朝的"治国以教化为先，教化以学校为本"

（1）广设学校，培育人才。主要依靠学校培养人才。明朝立国之前，将应天府学改为国子学，创建了中央最高学府。同时，也十分重视发展地方教育事业。明初学校教育事业获得了空前发展。

（2）重视科举，选拔人才。明朝选拔人才的制度原有两种：荐举和科举。自建文、永乐以后，科举日重，士人都以科举登进为荣，而荐举名存实亡，科举日益成为明朝主要的选士制度。

（3）加强思想控制，实行文化专制。主要表现为推崇程朱，删节《孟子》；严格管理学校，禁止学生议政；大兴文字狱。

4. 清朝的"兴文教、崇经术、以开太平"

（1）崇尚儒家经术，提倡程朱理学。清朝统治者在崇尚儒家经术和尊孔的同时大力提倡程朱理学。程朱理学成为清朝兴学育才的指导思想和科举考试的基本内容。

（2）广兴学校，严订学规。在广泛兴设学校、积极发展文教事业的同时，清政府仿照明朝的做法，制定各种严厉的学规，加强对各级学校的管理和控制。

（3）软硬兼施，加强控制。为了巩固清王朝的统治，他们采取软硬兼施的手段加强对汉族知识分子的控制。一方面，清政府通过开科取士和编辑书籍，笼络士人；另一方面采取高压手段，对士人进行严厉钳制和残酷镇压，如严禁立盟结社、销毁书籍、大兴文字狱等。

（二）科举制度的演变及其对学校的制约（华中19论述）

1. 宋朝的科举制度

宋元时期的科举制度渐趋于完善和成熟，成为选拔各级官员的主要途径，对社会发展和学校教育产生了重要影响。宋朝科举制度的变化主要表现在以下几个方面：

（1）扩大科举科目。宋朝的科举除了文科还有武科，成人科目之外还有童子科。

（2）扩大科举名额。宋朝科举名额大为扩张，同时又提高科举及第后的地位和待遇。

（3）确定"三年一贡举"。宋英宗时期确定科举考试时间为"三年一贡举"，从此，三年一科举成为定制，一直延续到清末科举考试制度被废除。

（4）殿试成为定制。宋太祖起，"殿试遂为常制"。从此，形成三级科举考试制度：州试（由地方官主持）——省试（由尚书省礼部主持）——殿试（由皇帝主持）。

（5）建立新制，防止科场作弊。为了维护考试的客观性和公平性，防止作弊，宋朝在科举考试的实践中逐渐建立了一些新的制度，如锁院制、别头试、糊名法、誊录制等。

[拓展知识]

宋朝的科举新制

1. 锁院制。即主考官一旦受命，立即住进贡院，与外界隔离，以避免请托。
2. 别头试。又称"别试"，凡考生与考官有亲戚故旧关系的，另由吏部考功员外郎主持考试。
3. 糊名法。即将试卷上的姓名、籍贯等密封起来，以防徇私舞弊，又称"弥封"与"封弥"。
4. 誊录制。由书吏用朱笔誊抄试卷，誊抄后的试卷称"朱卷"，原来的试卷称"墨卷"。

2. 元朝的科举制度

元朝的科举考试分为乡试（行省考试）、会试（礼部考试）和御试（殿试）三级。将地方解送考试称之为乡试，即始于元朝。相对于其他朝代，元朝科举制度具有以下特点：

（1）民族歧视明显。元朝统治者将国人分为四等：蒙古人、色目人、汉人和南人。这四等人在考试科目、答题要求、考试结果等方面都各不相同。

（2）规定从《四书》中出题，以《四书章句集注》为答案标准。严重束缚了士子的思想，影响中国封建社会后期的文化教育长达数百年之久。

（3）科举制度日益严密。考试资格的限定；违纪处罚；试卷弥封、誊录制，严格的试卷处理流程等，为科举考试制度进一步完善积累了经验，对明清科举制度产生了重要影响。

3. 明朝的科举制度

明朝科举制是中国科举制度史上的鼎盛时期。它在继承宋、元科举制度的基础上，建立了称为"永制"的科举定式，将八股文作为一种固定的考试文体，并将学校教育纳入科举体系，这严重地影响和制约着学校教育的发展。

"永制"的主要内容：一是确定每逢三年开科考试；二是规定科举考试分为乡试、会试和殿试，再加上具有预备性质的童试，明朝科举考试实际上分为依次递进的四级考试：童试——乡试——会试——殿试。

4. 清朝的科举制度

清朝的科举制度是国家人才选拔的根本制度，它在沿袭明制的基础上根据自身的利益和实际需要进行损益，建立了更为严密的制度体系。但是清朝科场舞弊层出不穷，积重难返，学校成为科举的附庸，丧失了作为教育机构的独立性。突出表现在以下三个方面：

（1）学校以科举中式为目的。清朝重科举，学校"储才以应科目"，中式成为学校的教育目的，也是士人的志向所在。

（2）教学内容空疏无用。清朝科举考试实为八股文，这就使八股文成为学校教学的主要内容，造成无数士人除了学习八股文以外，对其他事物漠不关心。

（3）教学管理松弛。学校在教学管理上只重视各种八股文考试，讲学已成为虚设。受科举制度的影响，清朝的学校教育已经名存实亡。

二 官学的发展 ★★★★★

（一）"苏湖教法"（华中21，河南19，陕师/川师18，山师17 名解）

1. 含义

"苏湖教法"又称"分斋教学法"，是胡瑗在主持湖州州学时创立的新的教学制度，在"庆历兴学"时被用于太学的教学。胡瑗一反当时盛行的重视诗赋声律的学风，提倡经世致用的实学，主张"明体达用"，在学校内设立经义斋和治事斋，创立"分斋教学"制度。

2. 内容

在学校内分设经义斋和治事斋（治道斋）。经义斋学习儒家经义，以培养比较高级的统治人才为目标；治事斋分设治兵、治民、水利、算数等学科，学生可主修一科，副修另一科，以造就在某一方面有专长的技术、管理人才为目标。

3. 意义

分斋教学制度是中国教学制度发展史上首次按实际需要在同一学校中分设经义斋和治事斋，实行分科教学。治兵、治民、水利、算数等实用学科正式纳入官学教学体系中，取得了与儒学经学同等的地位。治事斋学生治一事，又兼摄一事，开创了主修和副修制度的先河。

（二）北宋三次兴学（福师18名解；苏大21，北师/南师19简答）

1. "庆历兴学"

第一次兴学运动在宋仁宗庆历四年，由范仲淹主持，史称"庆历兴学"。

（1）普遍设立地方学校。要求诸路府州军皆立学，并规定必须接受一定时间的学校教育，才可以应科举。

（2）改革科举考试。规定科举考试先策，次论，次诗赋，罢帖经、墨义。

（3）创建太学。在太学中推行著名教育家胡瑗创立的"分斋教学"制度。

庆历兴学对完善中央官学和推进地方教育的发展具有一定积极作用。但不久由于统治集团内部斗争加剧，范仲淹被排挤出朝廷，兴学之举宣告失败。

2. "熙宁兴学"

第二次兴学运动是在熙宁年间，由王安石主持，史称"熙宁兴学"。

（1）改革太学，创立"三舍法"。具体措施有：扩增太学校舍；充实和整顿太学师资；创立"三舍法"。

（2）恢复和发展州县地方学校。恢复地方学校，整顿教育教学工作。

（3）恢复和创设武学、律学和医学。使北宋的专科学校教育进入了一个新的发展阶段。

（4）编撰《三经新义》作为统一教材。为了统一思想，宋神宗下诏根据《诗经》《尚书》《周礼》编写《三经新义》，自此，《三经新义》不仅成为士子必须学习的官定统一教材，而且也是科举考试的基本内容和标准答案。

"熙宁兴学"也同样因为王安石被逐出朝廷而半途夭折，但是它将北宋教育事业向前推进了一大步，并对后来的兴学运动产生了深刻影响。

3. "崇宁兴学"

第三次兴学运动是蔡京在崇宁年间主持的，史称"崇宁兴学"。

（1）全国普遍设立地方学校。

（2）建立县学、州学、太学三级相联系的学制系统。

（3）新建辟雍，发展太学。

（4）恢复设立医学，创立算学、书学、画学等专科学校。

（5）罢科举，改由学校取士。

以上三次兴学运动，虽然前两次均未能取得预期效果，但都不同程度地将宋朝教育事业向前推进了一大步。第三次兴学，对宋朝教育事业发展所起的作用最大。这三次兴学运动是宋朝"兴文教"政策最直接、也是最重要的体现。

[超纲知识]

王安石的崇实尚用思想（云师21简答）

王安石针对当时教育存在的严重弊病，从变法图强，兴利除弊的实际需要出发，提出了崇实尚用的教育思想，主要有以下两点：

（1）学校应该培养具有实际才能的治国人才。这种人才应该是"遇事而事治，画策而利害得，治国而国安利"，即应该具有实际的治国才能。王安石强调人才实际的治国才能，并不是只注重功利而忽视道德修养，事实上，他把人的道德修养置于人才培养的首要地位。

（2）教学内容应该是"为天下国家之用者"。包括三方面：经术，即儒家经典；朝廷礼乐刑政之事，这是为官从政的基本条件；武事，为扭转"重文轻武"有积极意义。

（三）"三舍法"（中央民族/苏大/川师19名解）

"三舍法"是王安石在"熙宁兴学"期间创立的一种改革太学最重要的措施。

1. 主要内容

（1）三舍设置。将太学分为外舍、内舍和上舍三个程度不同、依次递升的等级。太学生相应地分为三个部分，学员依学业程度通过考核，依次升舍。

（2）实施方式。学生出入太学居外舍，学习一年，考试合格者升内舍；内舍学习两年，考试合格者升上舍；上舍学习两年，考试合格者任以官职。

（3）成绩评定。成绩评定分三等，上等者免殿试，直接授官；中等者免礼部试，直接参加殿试；下等者免贡举，直接参加礼部试。

2. 意义

（1）"三舍法"是严格的升舍考试制度，对学生的考察和选拔力求做到将平时行艺和考试成绩相结合，学行优劣与他们的任职使用相结合，这有利于调动学生学习的积极性，提高太学教育质量。同时又把上舍考试和科举考试结合起来，融养士与取士于太学，提高了太学地位。

（2）"三舍法"是中国古代大学管理制度上的一项创新，它不仅对宋朝的学校教育产生了积极作用，而且对后来元、明、清的教育也有深远影响。

（四）积分法（湖师/江苏21名解）

积分法是元朝国子学的重要特点之一，是累积计算学生全年学业成绩的方法。它始于宋朝太学，至元朝国子学趋于完善，明清继承和发展了该方法。

（1）含义。积分法即根据学生月考成绩，优等者加一分，中等者加半分，下等者不加分，年终积至八分以上则升上一等级，不能升级者来年积分归零。

（2）意义。积分法与"升斋等第法"相联系，根据学生的积分和品行依次升舍。由于积分法注重学生平时的考试成绩，因此具有督促学生认真学习的积极作用。

（五）"六等黜陟法"（江苏18名解）

（1）含义。六等黜陟法是清朝地方官学生员资格等级的升降条例。地方官学生员分为三等：廪膳生、增广生、附学生，学生按岁、科考试成绩被分为六等，决定升降惩罚。岁试得一等成绩者递补廪膳生；二等成绩者递补增广生；三等成绩者不升不降；四等成绩者挞责；五等成绩者降级；六等成绩者黜革。

（2）意义。六等黜陟法的基本特点是对生员进行动态管理，生员的等级不是固定不变的，而是根据学业成绩或升或降。把生员的等级与学业成绩紧密挂钩，有助于调动他们的学习积极性，提高学校教育质量。"六等黜陟法"是清朝在地方官学管理上的一个重要创新。

（六）"监生历事"（湖师19，浙师17名解）

（1）含义。"监生历事"制度是明朝国子监在教学制度方面的主要特点，即国子监学习到一定年限，分拨到政府各部门"先习吏事"，称为"监生历事"。除中央政府各部门之外，历事监生也被分派到州、县清理粮田，或督修水利等。监生历事的时间各有不同，期满经考核，分为上、中、下三等，上等者依上等用，中等者不拘品级，随才任用，下等者回监读书。

（2）意义。明朝统治者选派监生历事，起因是为了弥补明初官吏不足，监生通过历事，可以广泛地接触实际，获得从政的实际经验。因此，明朝监生历事制度，可视为是中国古代大学的教学实习制度。不过，此制实习到后来，监生日多，历事冗滥，已徒具形式，失去了其积极意义。

（七）社学（华中20名解）

（1）含义。社学始于元朝，是设在农村地区，利用农闲空隙时间，以农家子弟为对象的初等教育形式，它对于发展农村地区文化教育事业有一定意义。元制五十家为一社，每社设学校一所。择通晓经书者为师，以学习《孝经》《论语》《孟子》等为内容。社学是元朝在教育组织形式上的一种创新，对后世产生了深远影响。

（2）发展。

①明朝社学是对元朝社会制度的继承和发展。明朝社学是设在城镇和乡村地区，以民间子弟为教育对象的一种地方官学。它设立更普遍，数量更多，在教学的各个方面也更趋成熟。儿童进入社学，先学习《三字经》《百家姓》《千字文》等，然后学习经、史、历、算等知识。同时也须兼读《御制大诰》、明朝律令以及讲习冠、婚、丧、祭之礼。

②清朝的社学是设在乡镇地区最基层的一种地方官学。社学与府、州、县学在学制上相互联系，凡在社学中肄业者，学业成绩优秀，经考试可升入府、州、县学为生员；反之，若成绩不佳，则被遣退回社学。

三 书院的发展 ★★★★★

（一）书院的产生与发展（扬大20/17，东北17名解；宁波17简答；天师21，华中17论述）

1. 书院的萌芽

书院是我国封建社会自唐以来一种重要的教育组织形式。"书院"的名称始出现于唐朝，当时有两种场所被称为书院。一种是由中央政府设立的主要用作收藏、校勘和整理图书的机构。另一种是由民间设立的主要供个人读书治学的地方，这类书院或者直接以个人名字称呼，或者以所在地命名，如岳麓书院。

书院萌发于唐朝的原因：官学衰落，士人失学；我国有源远流长的私人讲学传统；受佛教禅林的影响；印刷术的发展，书籍大量增加。

2. 宋朝的书院

（1）发展。书院作为一种教育制度形成和兴盛则在宋朝。宋朝书院在得到较大发展的基础上，出现了一些著名的书院，主要有：白鹿洞书院、岳麓书院、应天府书院、嵩阳书院、石鼓书院、茅山书院等。

（2）特点。书院作为一种教育制度已经确立；书院促进了南宋理学的发展和学术文化的繁荣；书院官学化倾向已经出现。

[拓展知识]

书院官学化（陕师21名解）

书院官学化就是指书院受制于政府，被纳入官学体系。这种倾向带来了两种效应，一是因受到朝廷的重视而刺激了书院的发展，二是政府加强了对书院的控制，书院逐渐被纳入官学体系，有的直接变成地方官学，成为准备科举的场所。

3. 元朝的书院

（1）发展。元朝统治者对于书院采取保护、提倡和加强控制的政策，并创建了元朝第一所书院，即太极书院。元朝书院发展有两种动向，一是在"汉化"政策影响下开始书院的重建工作；二是南宋灭亡以后，有些士人不仕新潮，纷纷隐居山林，自建书院，专事教授和学术研究。

（2）控制。元朝政府在积极提倡办书院的同时，也加强对书院的控制，主要表现为三方面：政府任命书院的教师；控制书院的招生、考试及生徒的去向；设置书院学田。

4. 明朝的书院

明朝书院由于受统治阶级文教政策及其内部矛盾的影响，其发展经历了沉寂——勃兴——禁毁的曲折过程。明朝书院的议政特点以无锡的东林书院为代表。

5. 清朝的书院

（1）发展。清朝书院的发展大体上经历了两个时期：一是顺治元年至雍正十年为书院发展的前期，这个时期书院的发展表现为从沉寂转变为复苏；二是雍正十一年至鸦片战争前为书院发展的后期。这个时期，清政府改变了对书院的政策，在积极提倡的同时加强了控制，使书院得到很大的发展。但与此同时，书院官学化的倾向日趋严重，这是清朝后期书院发展的基本特点。

（2）类型。清朝书院的类型按其讲学的内容来划分，大致可分为四类：①以讲求理学为主的书院；②以学习制艺为主的书院；③以学习"经世致用"之学为主，反对学习理学和帖括的书院；④以博习经史词章为主的书院，其中以诂经精舍和学海堂最为著名。

（二）《白鹿洞书院揭示》与书院教育宗旨（杭师17简答）

白鹿洞书院在江西庐山五老峰下，唐朝后期李渤和其兄李涉隐居庐山读书，"谓其所居曰白鹿洞"。南宋时期朱熹修复，征集图书，筹措经费并任洞主，亲自掌教，聘教师，亲自制定《白鹿洞书院揭示》。

1. 主要内容

（1）五教之目：父子有亲，君臣有义，夫妇有别，长幼有序，朋友有信。

（2）为学之序：博学之，审问之，慎思之，明辨之，笃行之。

（3）修身之要：言忠信，行笃敬，惩忿窒欲，迁善改过。

（4）处事之要：正其义，不谋其利，明其道，不计其功。

（5）接物之要：己所不欲，勿施于人，行有不得，反求诸己。

2. 意义

《白鹿洞书院揭示》是中国书院发展史上的一个纲领性学规，在这个学规中，朱熹明确了教育的目的，阐明了教育教学的过程，提出了修身、处事、接物的基本要求。朱熹把这些儒家核心思想汇集起来，用学规的形式固定下来，形成较为完整的书院教育理论体系，成为后世学规的范本和办学准则，使书院教育逐步走上制度化的发展轨道，也对后世官私学校的兴办产生了实际的影响。

（三）东林书院与书院讲会（福师16简答）

1. 简介

东林书院在江苏无锡城东南，原为北宋理学家杨时讲学之所，后在该地建书院。明朝万历年间顾宪成及其弟顾允成重新修复并讲学其中，形成著名的"东林学派"。

2. 特点

（1）东林书院是当时一个重要的文化学术中心，形成了一套完备的讲会制度。

（2）密切关注社会政治，将讲学活动与政治斗争紧密结合起来。

3. 讲会

东林书院的讲会是明朝书院讲会制度的突出代表，集中反映在《东林会约》的"会约仪式"中。东林书院的讲会定期举行，讲会之日，举行隆重的仪式。讲学内容主要为"四书"，讲授时，与会者"各虚怀以听"，讲授结束，相互讨论，会间还相互歌诗倡和。此外，关于讲会组织的其他一些方面，如通知、稽察、午餐等，也都作了具体规定。这表明，东林书院的讲会制度已经制度化了。

（四）诂经精舍、学海堂与书院学术研究

1. 简介

诂经精舍、学海堂均为阮元所创建。诂经精社是他任浙江巡抚时在杭州孤山创立的，后来他又根据创办诂经精社的经验，于道光四年在广州粤秀山创立学海堂。这两所书院在办学宗旨、教学内容和方法等方面积累了很多成功的经验，培养了许多人才。

2. 特点

（1）<u>以励品学，非以弋功名</u>。反对当时书院的腐败之风，强调书院作为一种教育组织形式，其创立的初衷是专志于学术研究，而不事科举。

（2）<u>各用所长，因材施教</u>。在对教师的使用上贯彻"各用所长"，即充分发挥教师学术专长的原则，对学生要因材施教。

（3）<u>教学和研究紧密结合</u>。既进行教学活动，又从事学术研究。两所书院皆组织师生合作编书，推动了书院教学和研究活动的开展。

3. 意义

诂经精舍和学海堂继承和发扬了书院教育的优良传统，培养和造就了众多人才，对清朝学术文化的发展作出了重要的贡献。同时，这两所书院成为许多书院的楷模，对改变当时腐败的书院教育起了积极的作用。

（五）书院教育的特点（华中21，深大/江苏/川师/广师20，浙师/海师19简答）

书院最初属于私学性质，尽管在发展的过程中有官学化倾向，但在培养目标、管理形式、课程设置、教学方法以及师生关系等方面都表现出与官学不同的特点。

（1）<u>书院精神</u>。自由讲学。书院注重讨论，学术风气浓厚，开辟了新的学风，推动了教育和学术的发展。

（2）<u>书院功能</u>。育才、研究和藏书。

（3）<u>培养目标</u>。注重人格修养，强调道德与学问并进，培养学生的学术志趣。

（4）<u>管理形式</u>。较为简单，管理人员少，强调学生遵照院规自我约束、自我管理为主。

（5）<u>课程设置</u>。灵活具有弹性，教学以学生自学、独立研究为主，师生、学生之间注重质疑问难与讨论。

（6）<u>教学组织</u>。教学与研究相结合，教学形式多样，注重讲明义理，躬亲实践。

（7）<u>规章制度</u>。书院作为一种教育制度得以确立，在教育目标、教学方法、教学顺序等方面用学规的形式加以阐明，最著名的是《白鹿洞书院揭示》，它说明南宋后书院已经制度化。

（8）<u>师生关系</u>。较之官学更为平等、学术切磋多于教训，学生来去自由，关系融洽、感情深厚。

（9）<u>学术氛围</u>。教学与学术研究并重，学术氛围自由宽松，人格教育与知识教育并重。

总之，书院既是集藏书、教育和学术活动于一体的机构，又是学者以文会友的场所，具有较广泛的社会文化教育功能。

[拓展知识]

中国最有名的五大书院（上师17简答）

1. 白鹿洞书院。白鹿洞书院位于江西，唐代洛阳人李渤与其兄李涉隐居庐山读书，"谓其所居曰白鹿洞"，白鹿洞遂盛闻于世。朱熹曾为该书院亲自制定《白鹿洞书院揭示》，是中国书院发展史上一个纲领性学规，不仅对于当时及以后的书院教育，而且对于官学教育都产生过重大影响。

2. 岳麓书院。岳麓书院位于湖南长沙，原为智璇等僧所建佛寺，后潭州太守朱洞在此基础上创建了书院。岳麓书院获得了朝廷的赐书后还曾被真宗亲书"岳麓书院"匾额以示褒奖。

3. 应天府书院。应天府书院位于河南，又名睢阳书院，为应天府民曹诚在名儒戚同文旧居旁所建，其后曹诚将所建学舍捐赠入官，书院改为应天府学，给学田十倾。

4. 嵩阳书院。嵩阳书院位于河南，北魏时为嵩阳寺，唐代为嵩阳观，五代后周时改为太室书院。仁宗时赐学田一倾，更名为嵩阳书院，名闻天下。

5. 东林书院。东林书院位于江苏，原为北宋理学家杨时讲学之所，后在该地建书院。东林书院有两个重要的特点：①它是当时一个重要的文化学术中心，形成了一套完备的讲会制度；②密切关注社会政治，将讲学活动与政治斗争紧密结合起来。

四 私塾与蒙学教材

（一）私塾的发展、种类和教育特点

1. 私塾的发展

在中国封建社会时期，一般将8至15岁儿童的小学教育阶段称为"蒙养"教育阶段，对儿童进行启蒙教育的学校称为"私塾"。私塾亦称学塾、蒙学、塾馆或蒙馆，属小学或初小性质，也包括学前后段的教育。

2. 私塾的种类

（1）<u>门馆或家塾</u>。这种学校是教师在自己家中或借祠堂、庙宇设馆招收附近的儿童就读。教师本人是办学主体，学校的经费一般来源于学生的学费。

（2）<u>村塾或族塾</u>。由一村一族的人合作聘请教师，共同选址建馆来教育他们的子弟。

（3）<u>教馆、坐馆</u>。由富裕人家单独聘请家庭教师在自己家中设馆，专教自家的子弟及亲友子弟。

3. 私塾教育的特点

私塾对学生的入学年龄、学习内容及教学水平等均无统一的要求和规定，但也积累了一些成功的经验，主要表现在以下几个方面：

（1）强调严格要求，打好基础。私塾教育是基础教育，在该阶段严格要求，打好基础，会对于儿童日后发展长期起作用。因此宋元私塾教育十分强调对儿童进行严格的基本训练。

（2）重视用《须知》《学则》的形式培养儿童的行为习惯。蒙学阶段的儿童可塑性大，为了培养儿童的行为习惯，宋元时期的教育家制定了各种形式的《须知》《学则》等，以此作为规范儿童行为的准则。

（3）注意根据儿童的心理特点，因势利导，激发学习兴趣。私塾阶段的儿童活泼好动，宋朝教育家已经注意到儿童的这个特点，并对儿童积极引导，唤起他们的学习兴趣。

（二）蒙学教材的发展、种类和特点（宁波/天师20简答）

1. 蒙学教材的发展

（1）第一阶段：周秦至魏晋南北朝。

此时的蒙学教材多为识字书。最早的蒙学教材是《史籀篇》；秦代的李斯、赵高、胡母敬分别作《仓颉篇》《爰历篇》和《博学篇》；史游所作的《急就篇》影响最大、流传最久远；魏晋南北朝时期最著名、流传久远而广泛的蒙学教材是南朝周兴嗣所作的《千字文》。

（2）第二阶段：隋唐五代时期。

这一阶段的蒙学教材在内容上突破了前一阶段以识字为主的单一格局，宣传封建伦理道德和历史知识成为这一时期蒙学教材的主潮。在形式上，除了采用韵语体裁之外，还采用了对偶句式，这是蒙学教材发展的继往开来、承上启下的重要时期。唐中叶之后，在我国北方广泛流传的蒙学教材是《太公家教》。唐人李瀚的《蒙求》是对后世影响最大的蒙学教材。

（3）第三阶段：宋元明清时期。

宋元时期的蒙学教材开始出现分类按专题编写的现象，使我国古代蒙学教材的发展进入了一个新阶段。宋代除沿用前代的蒙学教材外，还编订出一批极具影响力的蒙学教材，其主要代表有：《百家姓》《三字经》《小学》《名物蒙求》《小儿语》等。

2. 蒙学教材的种类

宋元时期的蒙学教材按其内容的侧重点，大致可以分为五类：

（1）识字教学类。如《三字经》《百家姓》《千字文》等。主要目的是教儿童识字，掌握文字工具，同时也综合介绍一些基础知识。

（2）伦理道德类。如《童蒙训》《少仪外传》《性理字训》等，侧重于向儿童传授伦理道德知识以及为人处世、待人接物的准则。

（3）历史教学类。如《十七史蒙求》《叙古千文》《史学提要》《历代蒙求》《左氏蒙求》等。这类教材既向儿童传授历史知识，又对他们进行思想教育。

（4）诗歌教学类。如《训蒙诗》《小学诗礼》等，选择适合儿童的诗词歌赋供他们学习，对他们进行文辞和美感教育。

（5）名物制度和自然常识教学的教材。以《名物蒙求》为代表，内容涉及天文、地理、人事、鸟兽、草木、衣服、建筑、器具等。

3. 蒙学教材的特点

宋元明清时期的蒙学教材逐渐形成了鲜明的特点，具体表现在以下几个方面：

（1）按专题分类编写，使蒙学教材在内容和形式上呈现多样化。
（2）一些著名学者如朱熹等亲自编撰蒙学教材，对提高蒙学教材的质量起了重要作用。
（3）注意儿童的心理特点，采用韵语形式，文字简练，通俗易懂，并力求将识字教育、基本知识教育和伦理道德教育有机地结合起来。

五 朱熹的教育思想

（一）朱熹与《四书章句集注》

（1）朱熹是南宋著名的理学家和教育家，他一生主要从事学术研究和教育活动，继承和发展了二程学说，成为南宋理学思想的集大成者。

（2）《四书章句集注》是朱熹影响最深、最重要的一部著作，包括《大学章句》《中庸章句》《论语集注》《孟子集注》。元朝规定科举考试以《四书章句集注》取士，从此，《四书章句集注》成为科举考试的标准答案和各级学校必读教科书，其地位甚至高于"五经"，影响中国封建社会后期的教育长达数百年之久。

（二）"存天理，灭人欲"与教育的作用、目的

1. "存天理，灭人欲"与教育作用

（1）思想基础。

①从客观唯心主义思想出发，认为宇宙万物是由"理"和"气"两种因素构成的，"理"是精神范畴，提出人性就是"理"，就是"仁义礼智"等封建道德规范。"气"是物质范畴，是构成万物的材料，也是"理"的载体。

②万物都是"理和气"结合而成的。人性分为"天命之性"和"气质之性"，"天命之性"禀受"天理"而成的，所以浑厚至善，完美无缺；"气质之性"是禀受"理"和"气"两者杂然相存而成。由于"气"有清明、浑浊的区别，所以"气质之性"有善有恶。

（2）教育的作用。

朱熹认为教育的作用在于"变化气质"，发挥"气质之性"中所具有的"善性"，去蔽明善，以实现"明天理、灭人欲"的根本任务。

2. 教育的目的

朱熹主张学校教育的目的在于"明人伦"。在他看来，要克服"气质之偏"，革尽"物欲之蔽"，以恢复具有的善性，就必须"尽人伦"。"存天理，灭人欲"不仅是朱熹对教育目的、作用的表述，而且也是其道德教育的根本任务。

（三）论"大学"与"小学"

朱熹在总结前人教育经验和自己教育实践的基础上，基于对人的心理特征的初步认识，把一个人的教育分为"小学"和"大学"两个既有区别又有联系的阶段，并分别提出了两者不同的任务、内容和方法。

1. 小学（8—15岁）

（1）教育的任务。培养"圣贤坯璞"。他指出，若儿童时期没有打好基础，长大就会做出违背伦理纲常的事，再要弥补，就极为困难。小学教育对一个人的成长非常重要，必须抓紧、抓好。

（2）教育的内容。朱熹指出，因为小学儿童思维能力很弱，所以他们学习的内容应该力求浅近、

具体。为此他提出以"教事"为主的思想，强调让儿童在日常生活中通过具体行事，懂得基本的伦理道德规范，养成一定的行为习惯，学到初步的文化知识技能。

（3）教育的方法。先入为主，及早施教；要求形象、生动，以激发兴趣；以《学则》《须知》形式来培养儿童道德行为习惯。

2. 大学（15岁以后）

（1）教育任务。大学教育是在小学坯璞的基础上"加光饰"，再进一步精雕细刻，把他们培养成为对国家有用的人才。

（2）教育内容。大学教育是在"小学已成之功"基础上的深化和发展，教育内容的重点是"教理"，即重在探究"事物之所以然"。

（3）教育方法。重视自学，提倡不同学术观点之间的相互交流。

3. 评价

朱熹认为，尽管小学和大学是两个相对独立的教育阶段，具体的任务、内容和方法各不相同，但是这两个阶段又是有内在联系的，它们的根本目标是一致的。它们之间的区别只是因教育对象的不同而所作的教育阶段的划分，并非截然对立。朱熹关于小学和大学教育的见解，反映了人才培养的某些客观规律，为中国古代教育理论的发展增添了新鲜内容。

（四）"朱子读书法" ★★★★

（天师21，苏大18，陕师/深大17名解；上师/杭师21，深大/云师19，宁波/江苏/广师18，华东/湖师17简答；华南20，陕师19论述）

朱熹一生酷爱读书，对于如何读书有深切的体会，并提出了许多精辟的见解。他的弟子将其概括为"朱子读书法"六条。

1. 内容

（1）循序渐进。朱熹主张读书要"循序渐进"，包含三个方面的意思：①读书要按一定的次序，不要颠倒；②应根据自己的实际情况和能力，安排读书计划，并切实遵守它；③读书要扎扎实实打好基础，不可囫囵吞枣，急于求成。

（2）熟读精思。朱熹认为，读书既要熟读成诵，又要精于思考。熟读有利于理解，熟读的目的是为了精思。精思就是从无疑到有疑再到解疑的过程，即发现问题和解决问题的过程。

（3）虚心涵泳。所谓"虚心"是指读书时要虚怀若谷，静心思虑，仔细体会书中的意思，不要先入为主，牵强附会；所谓"涵泳"是指读书时要反复咀嚼，细心玩味。

（4）切己体察。强调读书不能仅仅停留在书本上和口头上，而必须要见之于自己的实际行动，要身体力行。

（5）着紧用力。包含两方面的意思：其一，必须抓紧时间，发愤忘食，反对悠悠然；其二，必须抖擞精神，勇猛奋发，反对松松垮垮。

（6）居敬持志。既是朱熹道德修养的重要方法，也是他最重要的读书法。"居敬"是读书时精神专一，注意力集中；"持志"是要树立远大的志向和高尚的目标，并要以顽强的毅力坚持下去。

2. 评价

（1）进步性。朱熹的读书法是他对自己和前人长期的读书经验的概括和总结，比较集中地反映了我国古代对于读书方法研究的成果，朱子读书法反映了读书学习的基本规律和要求，在今天仍具有一定的参考价值和借鉴作用。

（2）局限性。朱子读书法也不可避免地存在时代和阶级的局限性，突出表现为：朱熹所提倡读的书主要是宣传封建伦理道德的"圣贤之书"；他的读书法主要是强调如何学习书本知识，而未曾注意到与实际知识之间的联系。

（五）朱熹的道德教育思想

道德教育是理学教育的核心，也是朱熹教育思想的重要内容。朱熹十分重视道德教育，主张将道德教育放在教育工作的首位。

（1）根本任务："明天理、灭人欲"。天理即以三纲五常为核心的封建伦理道德，人欲即"心"的毛病，是为"嗜欲所迷"的心。

（2）基本内容。进行以三纲五常为核心的封建伦理道德教育。

（3）道德教育的方法。

①立志。学者应该树立远大的志向。

②居敬。居敬即专心致志，谨慎认真。

③存养。即存心养性，通过存养来发扬善性，发明本心。

④省察。经常进行自我反省和检查。

⑤力行。将学到的伦理道德知识付之于自己的实际行动，转化为道德行为。

六　王守仁的教育思想★★

（福师21论述）

王守仁是明中叶著名的哲学家和教育家，世称"阳明先生"，他长期从事授徒讲学活动，其门徒遍天下，形成了中国学术史上有重要地位的阳明学派。

（一）"致良知"与教育作用（江苏20，华东17名解）

1. 致良知

（1）含义。王守仁十分重视教育对于人的发展所起的重要作用，提出了"学以去其昏蔽"的思想，其目的是激发本心所具有的"良知"。其具体内容包括两个方面：

①"心即理"。王守仁认为万物都靠心的认识而存在，"理"并不在"心"外，而在"心"中，"心即理"。

②良知即是天理。良知不仅是宇宙造化者，而且也是伦理道德观念，是"心之本体"。

（2）特点。

它与生俱来，不学自能，不教自会；它为人人所具有，不分圣愚；良知不会泯灭。但是"良知"也有致命的弱点，即在与外物接触中，由于受物欲的引诱，会受昏蔽。

2. 教育作用

教育是"致良知"或"学以去其昏蔽"的过程。从积极的角度来说，王守仁又认为教育的作用是"明其心"。无论是"学以去其昏蔽"，还是"明其心"，其实质是相同的，教育的作用就在于实现"存天理、灭人欲"的根本任务。基于此，他认为用功求学受教育，并不是为了增加什么新内容，而是为了日减"人欲"。

（二）"随人分限所及"的教育原则

王守仁认为儿童时期正处在一个重要的发展时期，儿童的精力、身体、智力等方面都处于发展过程，教学必须考虑儿童的接受能力发展到何种程度，便就在这个程度进行教学，不可躐等。他把这种<u>量力施教</u>的思想概括为"随人分限所及"。

（三）论教学

1. 教学内容

王守仁认为凡是有助于"求其心"者均可作为教育内容，读经、习礼、写字、弹琴、习射等无可不学。读经的作用是帮助学习者明本心，但"六经"不过是人"心"展开过程的记载，其作用无非是帮助人明白和发展"心"中的"理"。因此王守仁认为读书不能迷信书中的东西，认为<u>"六经皆史"</u>而已。

2. 教学原则与方法

（1）<u>讲学方式</u>。教师的讲学方式应该多种多样，包括读书、谈话、问对、诗歌、习礼等。

（2）<u>教学方法</u>。知行并进、自求其得、循序渐进、因材施教。

（四）论儿童教育（天师/安师18简答；山师18论述）

王守仁十分重视儿童教育，在《训蒙大意示教读刘伯颂等》一文中比较集中地阐发了他的儿童教育思想。

1. 内容

（1）<u>揭露和批判传统儿童教育不顾儿童的身心特点</u>。王守仁指出当时从事儿童教育的老师每天只是督促儿童读书识字，责备他们修身，对待儿童就像对付囚犯，这种不顾儿童的身心特点，把他们当作小大人是传统儿童教育的致命弱点。

（2）<u>儿童教育必须顺应儿童的性情</u>。王守仁认为，一般来说儿童的性情总是爱好嬉游而厌恶拘束，因此他主张儿童教育必须顺应儿童的身心特点，这样儿童就能不断地长进。

（3）<u>儿童教育的内容是"诗歌""习礼"和"读书"</u>。王守仁认为对儿童进行诗歌、习礼和读书教育，是为了培养儿童的意志，调理他们的性情，在德育、智育、体育和美育诸方面都得到发展。

（4）<u>要"随人分限所及"，量力施教</u>。教育必须根据儿童的接受能力水平来进行。

2. 评价

王守仁的儿童教育思想的目的是为了向儿童灌输封建伦理道德，但他反对"小大人式"的传统儿童教育方法和粗暴的体罚等教育手段，要求顺应儿童性情、根据儿童的接受能力施教，使他们在德育、智育、体育和美育诸方面得到发展等主张，反映了其教育思想的自然主义倾向。

【名校真题】

名词解释

1. 三舍法（中央民族大学 2019）
2. 苏湖教法（华中师范大学 2021）
3. 社学（华中师范大学 2020）
4. 监生历事制度（湖南师范大学 2019）
5. 积分法（湖南师范大学 2021）
6. 致良知（华东师范大学 2017）

简答题

1. 简述北宋"三次兴学"的主要内容（南京师范大学 2019）

2. 简述东林书院的讲会制度（福建师范大学 2016）
3. 蒙学教材类型、特点（宁波大学 2020）

论述题

1. 论述中国古代书院的发展过程及其教育特点（华中师范大学 2017）
2. 论述朱子读书法内容及意义（华南师范大学 2020）
3. 王守仁的儿童教育思想（山东师范大学 2018）

第六章 早期启蒙教育思想

考频分析

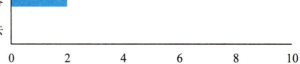

章节框架

- 早期启蒙教育思想
  - 倡导新的教育主张
    - "公其非是于学校"与学校的作用
    - "日生日成"的人性与教育
    - 义利合一的教育价值观
  - 颜元的学校改革思想
    - 颜元与漳南书院
    - "正其谊以谋其利,明其道而计其功"的义利观
    - "实才实德"的培养目标
    - "六斋"与"实学"教育内容
    - "习行"的教学方法

一 倡导新的教育主张

（一）"公其非是于学校"与学校的作用

黄宗羲认为应该在学校中由大家共同来议论国家政事的是非标准，学校集讲学和议政于一身，既是培养人才，传递学术文化的机构，又是监督政府、议论政事利弊的场所。

"公其非是于学校"思想的基本精神，在于反对封建君主专制，改变国家政事的是非标准由天子一人决断的专制局面。这是对中国古代关于学校职能理论的创新，反映了他要求国家决策民主化的强烈愿望。这种性质的学校已经与近代资本主义制度下的议会相近。黄宗羲"公其非是于学校"的思想，是近代议会思想的萌芽。

（二）"日生日成"的人性与教育

王夫之提出人性"日生日成"的著名论断，认为人性不是一成不变的，而是处在不断的变化发展过程中的。人性不是天生的，而是在后天不断的生长变化过程中逐渐形成的。因此，王夫之十分重视教育对人的发展所起的作用。他认为，这种作用主要表现为两方面：一是继善成性，使之为善；二是可以改变青少年时期因"失教"而形成的"恶习"。王夫之认为教育既对治国至关重要，又同人的发展密切相关，它或使人继善成性，或使人改恶为善。

（三）义利合一的教育价值观

颜元针对传统教育中"义"和"利"对立的观点提出"正其谊以谋其利，明其道而计其功"的思想，在他看来，"义"和"利"两者并非截然对立，而是能够统一起来的。其中，"利"是"义"的基础，"正谊""明道"的目的就是为了"谋利"和"计功"。"利"不能离开"义"，而且"利"必须符合"义"。颜元的这种思想冲破了传统的禁锢，使中国古代对于义、利关系问题的认识近乎科学。

二 颜元的学校改革思想 ★

（华东18简答）

（一）颜元与漳南书院

颜元是清初杰出的唯物主义思想家和教育家。颜元62岁时，应郝公函之聘，主持漳南书院。颜元亲自规划书院规模，在漳南书院设置六斋，规定了各斋教育内容，开展实学教育，并制定"宁粗而实，勿望而虚"的办学宗旨。颜元在漳南书院主持的时间不长，但办学宗旨比较集中地反映了他的教育主张。

（二）"正其谊以谋其利，明其道而计其功"的义利观

传统教育的一个严重弊端是在伦理道德教育方面，把"义"和"利"，"理"和"欲"对立起来。董仲舒提出"正其谊不谋其利，明其道不计其功"。理学家主张"明天理，灭人欲"。颜元针对其作了批判，他认为"义"和"利"并非截然对立，而是能够统一起来的。其中，"利"是"义"的基础，"正谊""明道"的目的就是为了"谋利"和"计功"。当然，"利"不能离开"义"，而且"利"必须符合"义"。颜元提出的"正其谊以谋其利，明其道而计其功"的命题，冲破了传统的禁锢，使中国古代对于义、利关系的认识近乎科学。

（三）"实才实德"的培养目标

颜元重视人才，主张学校应该培养"实才实德之士"，即是品德高尚、有真才实学的经世致用人才。颜元称这种人才为"圣人"或"圣贤"。具体来说，颜元所谓的"实才实德之士"有两种：一种是"上下精粗皆尽力求全"的通才，另一种是"终身止精一艺"的专门人才。在颜元看来，能成为通才当然最好，那是"圣学之极致"，但专门人才只要能经世致用，同样"便是圣贤一流"。

颜元提出"实才实德之士"的培养目标，其根本目的还是为了维护封建统治。但是，该思想冲破了理学教育的桎梏，具有鲜明的经世致用特征，反映了要求发展社会生产的新兴市民阶层对于人才的要求，在当时具有很大的进步意义。

（四）"六斋"与"实学"教育内容（华东17简答；安师20论述）

1. 教育内容

为了培养"实才实德之士"，在教育内容上，颜元针对理学教育的虚浮空疏，提出了"真学""实学"的主张。他认为，尧舜周孔时代的学术便是"真学""实学"。他大力提倡当时的"六府""三事""三物"，其核心是强调"六艺"教育。颜元强调"六艺之学"并非是真的要回复到尧舜周孔时代，而是托古改制，在古代圣贤"六艺"教育的旗帜下宣扬自己的主张。

颜元晚年曾规划漳南书院并设置六斋，并规定了各斋的具体教育内容。这是他对"真学""实学"内涵最明确也最有力的说明。漳南书院的六斋及各斋教育内容为：

第一，文事斋：课礼、乐、书、数、天文、地理等科；

第二，武备斋：课黄帝、太公以及孙、吴五子兵法，并攻守、营阵、陆水诸战法，射御、技击等科；

第三，经史斋：课《十三经》、历代史、诰制、章奏、诗文等科；

第四，艺能斋：课水学、火学、工学、象数等科；

第五，理学斋：课静坐、编著、程、朱、陆、王之学；

第六，帖括斋：课八股举业。

2. 评价

虽然漳南书院仍设置了"理学斋"和"贴括斋"，但只是为了"应时制"而暂时设立。颜元"真

学""实学"的教育内容不仅同理学教育有本质的区别，而且无论是在广度上，还是在深度上，都大大超越了"六艺"教育。它除了经、史、礼、乐等知识之外，还把诸多门类的自然科技知识、各种军事知识和技能正式列进教育内容，并且实行分科设教。这在当时确实是别开生面的，已经蕴涵近代课程设置的萌芽，将中国古代关于教育内容的理论推进到一个新的发展阶段。

[拓展知识]

实学教育思潮的一个显著特征就在于批判传统教育，尤其是宋明理学教育。颜元是这一思潮的重要代表人物，他对于传统教育的批评主要集中于以下三个方面：

（1）揭露传统教育严重脱离实际。

（2）批驳传统教育的义、利对立观。

（3）抨击八股取士制度。

（五）"习行"的教学方法

"习行"教学法强调在教学过程中要联系实际，要坚持练习和躬行实践，认为只有如此，学得的知识才是真正有用的。

颜元重视"习行"教学法，一方面同他朴素的唯物主义认识论有密切的关系。他主张"见理于世，因行得知"，认为"理"存在于客观事物之中，只有接触事物，躬行实践，才能获得真正有用的知识。另一方面，是为了反对理学家静坐读书、空谈心性的教学方法。

颜元强调"习行"，并非排斥通过读和讲学习书本知识，而是主张读书、讲说必须与"习行"相结合，而且要在"习行"上下更多功夫。"习行"虽然讲的是个人行动，没有社会实践的意义，但他强调接触实际，重视练习，从亲身躬行实践中获得知识，这在当时学生只是纯粹地"读书"而脱离实际的"文墨世界"中，无疑是吹进了一股清新之风，令人耳目一新。

【名校真题】

简答题

1. 简述颜元的实学教育内容及"六斋"（华东师范大学 2017）

论述题

1. 试述颜元的"实学""真学"及"习行"的内容及启示（安徽师范大学 2020）

第七章 中国教育的近代转折

考频分析

- 一 教会学校的举办
  - （一）英华书院与马礼逊学校
  - （二）教会学校的发展
  - （三）"学校与教科书委员会"与"中华教育会"
  - （四）教会学校的课程
  - （五）教会学校的性质与影响
- 二 太平天国的教育举措
  - （一）对儒学的批判
  - （二）改革文字、文风和科举制度
  - （三）改革教育内容
- 三 洋务教育的创立和发展
  - （一）洋务学堂的兴办、类别与特点
  - （二）京师同文馆
  - （三）福建船政学堂
  - （四）幼童留美与派遣留欧
- 四 张之洞的"中体西用"教育思想
  - （一）"中体西用"思想的形成与发展
  - （二）张之洞与《劝学篇》
  - （三）"中体西用"思想的历史作用和局限

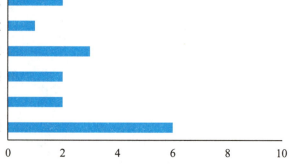

章节框架

中国教育的近代转折
- 教会学校的举办
  - 英华书院与马礼逊学校
  - 教会学校的发展
  - "学校与教科书委员会"与"中华教育会"
  - 教会学校的课程
  - 教会学校的性质与影响
- 太平天国的教育举措
  - 对儒学的批判
  - 改革文字、文风和科举制度
  - 改革教育内容
- 洋务教育的创立和发展
  - 洋务学堂的兴办、类别与特点
  - 京师同文馆
  - 福建船政学堂
  - 幼童留美与派遣留欧
- 张之洞的"中体西用"教育思想
  - "中体西用"思想的形成与发展
  - 张之洞与《劝学篇》
  - "中体西用"思想的历史作用和局限

一 教会学校的举办

（一）英华书院与马礼逊学校

1. 英华书院

英国传教士罗伯特·马礼逊于1818年在马六甲建立英华书院，这是<u>第一所主要面向华人的新式学校</u>。书院涵盖中学、小学，并使用中、英文交互教学。在课程上，对于欧籍学生，除必修中国语文外，根据学生的志愿选修宗教、文字、经济等科目；对于本土学生，以英语教授地理、历史、数学及其他有关学术和科学的各种科目。书院在办学过程中实际分成小学、中学及中学以上程度两部分：小学部分不限于英华书院内，以英华书院主办的多所小学组成。中学及中学以上的学生在程度、年龄、国籍和所受课程方面均参差不齐，人数也较少。

英华书院尽管不是设在中国本土大陆，办学目的也只在"为宣传基督教而学习英文和中文"，但它是第一所主要面向华人的新式学校。该校毕业的部分华人学生，成为近代中国第一批西学的知情者。从传教士方面说，英华书院也为鸦片战争后教会学校的大量设立积累了经验，探索了路径，准备了人才。

2. 马礼逊学校

马礼逊学校是<u>最早设立于中国本土的、比较正式的教会学校，也是一所专门为华人开办的学校</u>。1836年，马礼逊教育协会开始筹设马礼逊学校。1839年，独立的马礼逊学校在澳门成立。1842年，马礼逊学校迁往香港，成为香港开埠后的第一所学校。

马礼逊学校按学生程度分为第一、第二、第三、第四班，课程包括中文科和英文科，英文科有天文学、历史、地理、算术、代数、几何、初等机械学、生理学、化学、音乐、作文等科目，中文科设有四书、《易经》《诗经》《书经》等课目。中文科由华人任教，英文科由英美人任教。

马礼逊学校是一所专门为华人开办的学校。它以丰富的西学课程充实了在此求学的中国青年，开阔了他们的知识视野，形成了他们的近代社会观念的基础。有些人从此出发，成为近代中国不可多得的人才。

（二）教会学校的发展

第二次鸦片战争后，西方列强通过与清政府新签或修订的一系列不平等条约，进一步夺取了自由进入中国内地传教、通商、租买土地建造教堂、学校等特权，教会学校也随之由原来的五个通商口岸发展到内地，数量迅速增加。教会学校的发展大致可以分为两个阶段。

第一阶段从19世纪60年代初到1876年。主要表现在：第一，学校数量增加，学生人数增多；第二，学段以小学为主；第三，在学生的男女比例上，女生占了相当的比例。

第二阶段始于1877年的第一次基督教传教士大会。主要表现在：第一，教会之间的联系增强；第二，加速了学校的制度化发展；第三，办学层次更高；第四，随着洋务运动的发展，教会学校不再接收贫苦人家的孩子，而是转向新兴资产阶级家庭和其他富裕家庭的子弟。

（三）"学校与教科书委员会"与"中华教育会"

1. 学校与教科书委员会

1877年，第一次在华基督教传教士大会在上海举行。为适应教会学校的发展，规范教会学校的教学内容，大会决定成立"学校与教科书委员会"（又称"益智书会"）。这是近代第一个在华基督教教会的联合组织。

委员会成立后，推动了教会学校的教材编写工作。所编教科书除供应教会学校外，也赠送给各地传教区的私塾应用，促进了基督教传教士、教会和学校之间的联系和交流。

2. 中华教育会

1890年5月7日至20日，第二次"在华基督教传教士大会"在上海召开，将1877年成立的"学校与教科书委员会"改组为"中华教育会"。

中华教育会标榜"以提高对中国教育之兴趣，促进教学人员友好合作为宗旨"，对整个在华基督教教育进行指导。通过对中国教育进行调查，办杂志和各种讲习会、交流会、演讲会，并鼓励个人之间以通信的方式推广教育经验，策划教育方针和具体措施，还在基督教教会学校推行公共考试计划。

中华教育会扩大了工作范围，强调工作的经常性和规范性，后来实际上成为中国基督教教会教育的最高领导，对当时中国教育的发展产生过较大影响。

（四）教会学校的课程

教会学校的课程设置经历了由各自为政逐渐走向统一的过程。1877年之前，各校基本自行选择、编写教材，自行安排课程。1877年后，"学校与教科书委员会"引导教会学校课程走向规范化发展。1890年，中华教育会成立后，对课程统一问题给予了更多关注，课程设置一般包括以下方面。

（1）宗教。这是教会学校必开的主课，除了相关的课程外，学生还参加弥撒、做礼拜等其他活动，大部分学校都规定宗教课程不及格者不能升级。

（2）外语。1861年，开始将英语提到教学语言的位置。19世纪90年代后，教会学校已普遍开设外语课程，有些学校已经将其作为教学语言。

（3）西学。早期的教会学校开设有数学、天文、地理等课程。随着学校层次的提高，开设了相当数量的数学、物理、化学课程和其他科技课程。高等级的学校也开设一定数量的人文社会学课程，如哲学、逻辑学、经济学等。洋务运动后，西方科技越来越受到中国人的重视。

（3）儒学经典。早期的传教士视儒学文化和基督教文化势不两立，但他们的传教活动受到儒家思想的抵制，所以做出了一定的妥协。另外，教会学校要想使培养的学生能够对中国民众产生影响，就必须适应中国的文化教育背景甚至通过科举考试取得功名。因此，19世纪70年代后，教会学校一般都开设了相当数量的儒经课程。

（五）教会学校的性质与影响

1. 教会学校是西方世界殖民扩张的产物

传教士宣称要使中国完全基督教化，向中国传播西方的科学和文明。事实上，传教士的活动领域并不限于文化和宗教，而是与各宗主国的政治、经济甚至军事目的紧密结合的，带有强烈的殖民性质。

2. 教会学校是近代中国半殖民地的国家地位在教育上的反映

教会学校是以武力开道，以不平等条约为保护伞的。清政府对于教会学校如何教育中国学生没有发言权，这是教育主权不能独立的表现。教育主权是国家主权的一部分，一个主权完整的国家不会允许其教育主权受到如此公然的侵犯。

3. 教会学校是中国传统教育向近代教育过渡的促进因素

教会学校与洋务学堂被并称为新式学堂，其课程设置中的"西文"和"西艺"部分，都是当时中国人急需了解的西学成分，教会学校就成了中国人学习西方教育的"样本"。通过教会教育这个途径，中国人逐渐开阔了教育的视野。教会学校的毕业生成为洋务时期乃至维新时期、清末新政时期新式学堂教师的重要来源。

二　太平天国的教育举措

（一）对儒学的批判

太平天国运动借以发动和组织农民的思想武器，是洪秀全等创立的"拜上帝教"教义。在教义中，只有上帝是唯一的真神，其余偶像和权威都被视为"邪神"。在被称为"邪神"的权威和偶像中，孔子及其所代表的儒家学说首当其冲，成为被推倒的第一尊偶像。

太平天国后来改变了对儒家文化的政策，在对儒家经典进行删改后准许民间阅读。尽管太平天国对儒学最终采取了容纳的态度，但其对儒学及其创始人孔子的无情批判，无疑动摇了儒学在教育中的核心地位。

（二）改革文字、文风和科举制度

1. 对文字、文风的改革

为了有利于广大群众掌握文化、理解和接受革命道理，有利于发动和组织群众参加革命，太平天国对文字、文风的改革表现出简易、通俗化的倾向。其主要改革措施有以下三点。

（1）吸收民间常用的简体字作为官方用字，便于书写。

（2）仿照西方的做法，在书写、印刷时引入标点符号，便于识读。

（3）改革文风，要求文章的内容反映现实生活，做到"文以纪实"，提倡使用"俗语"即大众化的语言，反对言不从心和各种阿谀奉承的文字。

2. 对科举制度的改革

1853年定都天京起，太平天国开始利用传统的科举考试招揽人才，考试的程序基本沿用明清旧制，但对考试的内容和对象作了重大改革，主要措施如下。

（1）在考试内容上，废除从"四书""五经"中出题的做法，而根据太平天国所颁发的《旧遗诏圣书》《新遗诏圣书》和《真命诏旨书》，并突出"策论"，以选择能经邦济世的人才。

（2）在考试对象上，废除了门第、出身、籍贯等方面的限制。1853年还曾开设女科，专门选拔女子人才，突破了中国古代科举考试对女性的限制。

（3）1861年颁布《钦定士阶条例》，对考试程序、日期、场次、科名及对应试者的要求都作了更加具体严格的规定。这标志着太平天国科举制度的完备化。

（三）改革教育内容

太平天国教育内容主要是以宗教教义的形式组织起来的，把政治思想、道德教育融汇到宗教教育与宣传之中，也可达到初步读写和文化知识教育的目的。其基本材料主要有两类：第一类是群众性宗教、政治思想教育读物。主要有《天条书》《旧遗诏圣书》《新遗诏圣书》《真命诏旨书》等。第二类是儿童启蒙性读物。主要有太平天国自己编订的《三字经》《御制千字诏》和《幼学诗》等。

1859年，熟悉西学的洪仁玕任主持文教工作的文衡正总裁。他大力提倡学习西方科技知识，主张凡外国人技艺精巧者，只要不干涉天国的内政，都准其"教导我民"，表现出对西学的开放态度。

太平天国运动对以儒学为核心的传统教育进行批判，提出普及教育，同时开放女子教育，允许女子参加科举考试，洪仁玕等人还提出了学习西学等发展资本主义教育的主张。这些都对传统教育体系产生了重大的冲击，并具有近代教育的因素。

三 洋务教育的创立和发展 ★★★★★

（中央民族19论述）

（一）洋务学堂的兴办、类别与特点（中央民族18简答）

1. 洋务学堂的兴办和类别

从1861年清政府设立"总理各国事务衙门"到1895年签订《马关条约》的三十多年间，洋务派创办洋务学堂30余所，它们是随着洋务运动的展开而逐渐开办的，其目的在于培养洋务活动所需要的翻译、外交、工程技术、水陆军事等多方面的专门人才，教学内容以"西文"和"西艺"为主。主要分为外国语（"方言"）学堂、军事（"武备"）学堂和技术实业学堂三大类。

2. 洋务学堂的特点

一方面，洋务学堂与中国传统学校有显著的差异，因此又被称为新式学堂，表现出"新式"的特点。另一方面，洋务学堂本质上还是套种在传统封建教育体制边上的幼苗，根植于半殖民地半封建社会的土壤，难脱其桎梏和影响，又表现出新旧杂糅的特点。

（1）"新式"特点。

①培养目标。洋务学堂的培养目标是造就各项洋务事业需要的专门人才，广泛分布于外交、律例、水陆军事等诸多领域。

②教学内容。洋务学堂以学习"西文""西艺"为主，注意学以致用。

③教学方法。洋务学堂能按照知识的接受规律由浅入深、循序渐进地安排教学内容，重视理解，注意教学中的理论与实践结合，很多学校安排有实践课程，有的还建立了实习制度。

④教学组织形式。洋务学堂均制定有分年课程计划，确定了学制年限，采用班级授课制。
（2）"新旧杂糅"的特点。
①洋务学堂是洋务大臣们各自为政办起来的，缺乏全国性的整体规划和学制系统。
②在"中体西用"的总原则下，在传授西文西艺的同时并未放弃对四书五经的学习。
③洋务学堂由封建官僚所举办，在管理上带有封建官僚习气。

总的来说，洋务学堂以西方近代科技文化作为主要课程，在形式上引入了资本主义因素，初步具备了近代教育的特征。在它产生之初，并未有意与以科举为核心的旧教育体制对抗，甚至还乞求后者的容纳，但它产生之后，逐渐动摇和瓦解了旧的教育体制，实际启动了近代中国教育改革的进程。

（二）京师同文馆（华中21，川师20，上师19/18，河南19，南师/宁波18名解；陕师21简答）

1. 创立和发展

京师同文馆最初是作为外语学校设立的，是近代中国被动开放的产物。1860年《北京条约》签订，重新认定《天津条约》各项条款。其中规定中英、中法交涉只使用英文和法文，仅在三年内暂时配附中文。这一歧视性的规定，迫使清政府作出了开办外语学校的决定。1862年，学馆开始正式上课，定名为同文馆。1898年，京师大学堂成立，同文馆的部分科技教育归于京师大学堂。1902年，京师同文馆并入京师大学堂。

2. 教学内容设置

（1）在外语学习方面，开办之初只设有英文馆，第二年添设俄文馆和法文馆。1871年增加德文馆。1895年设置日文馆。

（2）在科学技术学习方面，京师同文馆设立不久，随着各地洋务事业的开展，洋务官员们越来越感到培养科技人才的重要。1866年添设了天文、算学馆（即科技馆）。1876年，馆中正式规定除外语外，学生还要学习数学、物理、化学、天文测算、万国公法、各国历史、地理等课程，同年还建立了中国最早的化学实验室和博物馆。1888年增设翻译处、天文台、格致馆。

3. 历史地位

就办学成效而言，京师同文馆不能列入洋务学堂的前列，也未表现出比其他洋务学堂更鲜明的特点。它在近代中国教育史上的地位和象征意义主要表现在：

第一，它是洋务学堂的开端，也是中国近代新教育的开端。京师同文馆的设立，表明近代以来向西方学习开始由观念变为现实。正是由于它的领头羊作用，才有紧随其后的一批外国语言学校的创立和众多其他类型的洋务学堂的涌现。

第二，京师同文馆位于帝都北京，位于全国的政治和文化中心，又由洋务中枢总理各国事物衙门直接统领，是社会关注的焦点。它的一些重要举措以及由此引起的争执能反映出各派关于教育改革的观点。

（三）福建船政学堂（南师19名解；福师21简答）

1. 创立和发展

福建船政学堂又称"求是堂艺局"或"福州船政学堂"，是福建船政局的组成部分。福建船政局由左宗棠于1866年创办，是近代中国第一个、也是洋务运动时期最大的专门制造近代轮船的工厂。在中国近代造船业的起步阶段，设备、人才、技术上都只能依赖外人。为了摆脱这种局面，左宗棠从一开始就十分明确地将设船造厂和培养人才紧密联系在一起。

1866年，左宗棠确定学校名称为"求是堂艺局"，并拟定《艺局章程》，对学校相关事项作出规定。1867年，福建船政学堂正式上课。1872年前后，是福建船政学堂的兴盛期。1913年，福建船政学堂从船政局中析出，改组为三个独立的学校：前学堂改组为福州制造学校；后学堂改组为福州海军学校；艺圃改组为艺术学校。

2. 教学内容

学堂由前学堂和后学堂两部分组成，学制五年。

（1）前学堂专习制造技术，又称造船学堂。目标是培养能够设计制造各种船用零件并能进行整船设计的人才。课程有基本课程和实践课程，基本课程包括法文、算术、代数、画法几何和解析几何、三角、微积分、物理以及机械学等；实践课程包括船体建造、机器制造和操纵等。

1868年，前学堂添设"绘事院"和"艺圃"，绘事院的目标是培养生产用图纸的制作人员，包括船图和机器图的绘制和说明。艺圃是一所在职培训学校，实行半工半读，学制3年。这种通过工读结合形式有计划地培养生产和技术骨干的做法，实开我国近代职工在职教育的先声。

（2）后学堂学习驾驶和轮机技术。驾驶专业的基本课程有英文、算术、几何、代数、平面三角、球体三角、航海天文学、航行理论、地理等，实践课程主要是上船实习；轮机专业的基本课程有算术、几何、制图、发动机绘制、海上操纵轮机规则及指示计、盐重计和其他仪表应用，实践课程主要是岸上装配和安装发动机。

3. 历史地位

福建船政学堂是洋务学堂中持续时间最久的一所学校，在近代中国各项科技事业中发挥了重要作用，尤其是在近代中国海军事业的发展中占有重要地位。

（1）它为近代中国海军输送了第一代舰战指挥和驾驶人才。在清末抗击外来侵略的两次重大海战中，福建船政学堂毕业生都是骨干力量。

（2）福建船政学堂为近代中国船舰制造业的发展写下了光辉的一页。1876年，第一届造船专业学生负责领头制造的"艺新号"下水试航。1880年代后，福建船政学堂留欧学生的回国将中国近代的船舰制造业推上了新的水平。

（3）福建船政学堂是当时同类学校的先驱，也是办得最久的一所。其培养的人才数量和层次是当时任何一所同类学校无法比拟的，是当之无愧的"中国近代海军人才的摇篮"。

（四）幼童留美与派遣留欧（福师17论述）

洋务运动开始后，出国留学由从前的零散自发变为由政府统一派遣。洋务派认识到，要全面深入地学习西方的先进技术，国内的学堂存在诸多局限。于是，向国外派遣留学生，便被纳入洋务计划。留学方向主要是美国和欧洲。

1. 幼童留美

1872年，在容闳的促成下，近代中国政府派出了首批留美学生。容闳的留美学生方案主要如下：选派学生数量每年30名，分四年，共120名，学习年限为15年。在上海、宁波、福建、广东等地挑选聪慧学生，年龄在12—16岁之间，经在国内试读考试合格后录取。经费由海关洋税中指拨。学生到美国后除学习西学后，仍要兼讲中学，课以《孝经》、小学、五经及国朝律例等书，在规定日期由正、副委员集中学生宣讲《圣谕广训》，还要由驻洋委员会率领学生和随行教师向至圣先师神位行礼等。上海设立"沪局"负责留学生出国事务，在美国设立留学事务所。派遣正、副委员和数名"中学"教师前往。

1872年8月第一批留美学生出发，随后，1873年6月、1874年11月、1875年10月第二、三、四期学生也按计划出发。后来由于留美学生思想和作风西化、留美管理人员之间的观念矛盾、国内守旧派的反对等方面的原因，留美幼童计划夭折。1881年，清政府作出了全数撤回留美学生的决定。

这些留美学生虽然没能完成学业计划，但后来仍然成为了近代中国科技、实业和管理领域的一支重要力量。

2. 派遣留欧

派遣留欧学生的建议始于船政大臣沈葆桢，留欧学生以福建船政学堂的学生为主。留洋期限为三年。留欧学习的具体目标是：到法国学习制造者，"务令通船新式轮机、器具无一不能自制"；到英国学习驾驶者，"务令精通该国水师兵法，能自驾铁甲船于大洋操战"；如果学生中有天资杰出者，也可学习矿学、化学以及交涉公法等。

1877年3月，中国近代第一批正式派遣的留欧学生出发前往欧洲。1881年底，第二届留欧学生从香港出发。1886年，第三批留欧学生出发，与前两期不同的是，第三批在洋学习时间为驾驶三年，制造六年。

这三批留欧学生从1879年起陆续学成回国。虽然由于社会的落后和封建制度的桎梏，并非所有人都人尽其才，但他们对于近代中国社会的影响是不容低估的。他们在外交、实业和科技方面均有建树，尤其是在近代中国海军建设事业中发挥了重要作用：第一，留欧学生将中国近代军舰制造技术推上新水平。第二，留欧学生成为近代海军重要将领的人选。第三，留欧学生在近代海军教育事业上大显身手。

洋务留学教育虽然规模小、人数少，但是却是中国教育走向世界过程中最名副其实的一步。相比引入西学，派出留学生直接学习在学习成果上要更加彻底。归国留学生回国后在事业上取得突出成就，取得了一定的社会地位，有力地回击了守旧派"终鲜实效"的预言，也改变了人们的科举正途观念。洋务留学教育对中国近代化的推进具有巨大功劳。

四 张之洞的"中体西用"教育思想★★★★

（广师21，海师17简答；东北21论述）

（一）"中体西用"思想的形成与发展（华东/苏大20名解）

"中学为体，西学为用"是洋务派关于中西文化关系的核心命题，也是洋务教育的指导思想。洋务运动的过程实质上是一场对近代西方文明成果的移植过程，由此引发了一个核心问题：引入的西学与中国固有文化之间是怎样的关系？对此，洋务派提出的典型方案就是"中体西用"，认为在突出"中学"主导地位的前提下，应该肯定"西学"的辅助作用和器用价值。从19世界60年代初开始，关于"中学"和"西学"主从关系的讨论就一直不停，直到1898年初，张之洞发表《劝学篇》，围绕"旧学为体，新学为用"的主旨集中阐述，形成了一个比较完整的思想体系。

（二）张之洞与《劝学篇》（湖师20，河南17名解）

张之洞的《劝学篇》是对洋务运动的理论总结，并试图为以后的中国改革提供理论模式。《劝学篇》分为内篇和外篇，内、外篇主旨分别为："内篇务本，以正人心；外篇务通，以开风气。"通篇主旨归为"中学为体，西学为用"。

"中学"（"旧学"）包括四书五经、中国史事、政书、地图等。张之洞认为对"中学"的各方面都要通其大概，尤其是纲常名教。"西学"（"新学"）包括西政、西艺、西史，在这其中，张之洞着重强调西政和西艺。西政是指西方有关文教制度、工商财政、军事建制和法律行政等管理层面的文化；西艺即近代西方科技。在办理教育和个人学习时，应该根据具体情况分出西政与西艺的轻重缓急，张之洞认为西艺难学，适合年少者，着眼于长远；西政相对易学，适合年长者，着眼于当前急需。

对于中、西学的关系，可以概括为"旧学为体、新学为用，不使偏废"。

（三）"中体西用"思想的历史作用和局限（海师20，浙师17简答；上师21/17，华南/川师18论述）

1. 历史作用

（1）洋务派提出"中体西用"，在不危及"中体"的前提下侧重强调采纳西学，既体现了洋务派的文化教育观，也是洋务派应对守旧派的策略

（2）在"中体西用"形式下，"西学"教育的规模不断扩大。两次鸦片战争中，"中体西用"的内涵被不断调整，"西用"的范围不断延伸，逐渐纳入新的成分。

（3）洋务运动时期，"中体西用"理论为"西学"教育的合理性进行了有效论证，促进了资本主义文化在中国的传播。在此原则下实施的留学教育和举办的新式学堂给僵化的封建教育体制打开了缺口，改变了单一的传统教育结构。

2. 历史局限

（1）"中体西用"思想本质上还是为了维护封建专制统治，阻碍了后来维新思想的广泛传播，不利于近代刚刚开始的思想启蒙运动。

（2）"中体西用"作为一种文化整合方案和教育宗旨来说是粗糙的。它是在没有克服中西文化固有矛盾情况下的直接嫁接，必然会引起两者之间的排异反应。

【名校真题】

名词解释

1. 京师同文馆（华中师范大学2021）
2. 中体西用（华东师范大学2020）
3. 《劝学篇》（湖南师范大学2020）
4. 福建船政学堂（南京师范大学2019）

简答题

1. 简述洋务学堂的特点（中央民族大学2018）

论述题

1. 论述洋务运动的教育改革（中央民族大学2019）
2. 中体西用思想的历史价值与局限（华南师范大学2018）

第八章 近代教育体系的建立

考频分析

一 早期改良派的教育主张
　（一）全面学习西学
　（二）改革科举制度
　（三）建立近代学制
　（四）倡导女子教育
二 维新派的教育实践
　（一）兴办学堂
　（二）兴办学会与发行报刊
三 "百日维新"中的教育改革
　（一）创办京师大学堂
　（二）书院改办学堂
　（三）废除八股考试，开设经济特科
　（四）"百日维新"的教育改革的历史影响
四 康有为的教育思想
　（一）维新运动中的教育改革主张
　（二）《大同书》中的教育理想
五 梁启超的教育思想
　（一）"开民智""兴民权"与教育作用
　（二）培养"新民"的教育目的
　（三）倡导师范教育、女子教育和儿童教育
　（四）论述近代学校制度
六 严复的教育思想
　（一）"鼓民力""开民智""兴民德"的"三育论"
　（二）"体用一致"的文化教育观
七 清末教育新政与近代教育制度的建立
　（一）"壬寅学制"和"癸卯学制"颁布
　（二）废科举，兴学堂
　（三）建立教育行政体制
　（四）确定教育宗旨
　（五）留日高潮与"庚款兴学"

章节框架

近代教育体系的建立
- 早期改良派的教育主张
  - 全面学习西学
  - 改革科举制度
  - 建立近代学制
  - 倡导女子教育
- 维新派的教育实践
  - 兴办学堂
  - 兴办学会与发行报刊
- "百日维新"中的教育改革
  - 创办京师大学堂
  - 书院改办学堂
  - 废除八股考试，开设经济特科
  - "百日维新"的教育改革的历史影响
- 康有为的教育思想
  - 维新运动中的教育改革主张
  - 《大同书》中的教育理想
- 梁启超的教育思想
  - "开民智""兴民权"与教育作用
  - 培养"新民"的教育目的
  - 倡导师范教育、女子教育和儿童教育
  - 论述近代学校制度
- 严复的教育思想
  - "鼓民力""开民智""兴民德"的"三育论"
  - "体用一致"的文化教育观
- 清末教育新政与近代教育制度的建立
  - "壬寅学制"和"癸卯学制"颁布
  - 废科举，兴学堂
  - 建立教育行政体制
  - 确定教育宗旨
  - 留日高潮与"庚款兴学"

一 早期改良派的教育主张

（一）全面学习西学

早期改良派将近代向西方学习的思想推进了一步，认为西学的内容非常丰富，要求扩大向西方学习的规模和领域，深化学习的层次。在一定程度上，早期改良派是用人类整体文化的观念来考虑中学和西学的关系。他们认为，一个国家的政教法度应该择善而从，不应该有古今、中外、华夷的区分，突破了民族文化本位的观念。

（二）改革科举制度

鸦片战争前后，改革派对科举制度进行过激烈的批判。随着新式学堂的产生和发展，科举制度阻碍中国教育发展的弊端越来越明显。第一，中国教育近代化的主旋律是学习西学，而科举考试重经史和八股文，严重阻碍了西学的传播和课程化；第二，近代教育应以培养多种类型、多种层次的人才为目标，而科举考试是以选取单一的政治人才为目的。因此，科举制度必然受到早期改良派的批判。早期改良派虽然猛烈抨击科举制度，但并未彻底予以否定，仍主张保留科举制度的形态，其至在他们设计近代学制时还考虑到与科举制度接轨。

（三）建立近代学制

在早期改良派中，勾画出中国近代学制轮廓的是郑观应。郑观应提出仿照西方学制设立小学、中学、大学三级学制系统，均采用班级授课的形式，规定学习年限各为三年，以考试的结果作为升学的标准。鉴于当时的现实，他又提出了变通的办法，即将科举制的进士、举人、秀才三级科名与大、中、小三级学校相配合，并将各省、府、县的书院改为学堂。

他是国内最早倡导改书院为学堂的人。郑观应设想的这三个学制系统，实际上是<u>以中等教育作为正规学制起点的</u>，学制中的"小学"相当于中等教育的起始程度。<u>初等教育主要在家塾、公塾中进行，未被纳入正式的学制系统</u>，不规定学习年限，学生通过考试才能进入"小学"。"小学"开始实行分科教育，分为文科和武科两大类，文科类有六个学科：文学、政事、言语、格致、艺学、杂学；武科类分为陆军和海军两科。

这种学制设想虽然还显得粗糙，且明显有与科举挂钩的痕迹，但它反映了早期改良派要求系统地改革封建教育体制的思想，也远远地超出洋务派教育实践的水平，克服了洋务学堂孤立、分散和应急性的特点。

（四）倡导女子教育

中国封建社会的学校只对男性开放。在近代西方男女平权观念的影响下，早期改良派最早关注女性的社会地位。到甲午战争前夕，他们普遍发出重视女子教育的呼声。陈虬提出中国应该仿照西方"设女学以拔取其材，分等录用"的主张，并认为占人口半数的妇女不读书，不能服务于社会，是"无故自弃其半于无用，欲求争雄于泰西，其可得乎"？当时，出现了如郑观应的《盛世危言·女教》等几种讨论女子教育问题、倡导女子教育的专篇文章。

正是有早期改良派的教育思想启蒙，才会导致甲午战争后维新教育思潮一触即发，并迅速转化为维新教育运动。

二　维新派的教育实践

（一）兴办学堂

维新性质的学堂有两类。第一类是维新运动的代表人物为了培养维新骨干、传播新思想而设立的学堂，著名的有万木草堂、湖南时务学堂。第二类学堂在办学类型与模式、招生对象、教学内容等某些方面相较洋务办学有所突破，领风气之先。著名的有北洋西学堂与南洋公学、经正女学。

（二）兴办学会与发行报刊

维新派还通过创办各种学会和发行报刊来宣传新思想。较为有名的报刊有《万国公报》(后更名为《中外纪闻》)《强学报》《时务报》《国闻报》《广仁报》《湘报》《蒙学报》《无锡白话报》等。知名学会有北京强学会、上海强学会、广西的圣学会、湖南的南学会、上海的蒙学会。维新派通过学会联络和组织维新人才，形成维新变法的政治团体。

总之，维新学派以学会为阵地，以报刊为传媒，讲西学、论国事，宣传变法主张，抨击封建势力，进行维新思想的启蒙。学会与维新学堂相互补充，起到了扩大教育面，开民智、新民德的作用。使不少人逐渐认识维新变法的意义，参加和支持变法，扩大了维新变法运动的社会基础。

三 "百日维新"中的教育改革

（一）创办京师大学堂（深大19名解）

1. 创立和变革

（1）早期改良派人物郑观应已有在京师设立大学堂的思想。

（2）1896年，刑部侍郎李端棻在《请推广学校折》中首次向朝廷正式提出设立京师大学堂的建议。

（3）1898年，梁启超拟的《京师大学堂章程》得到光绪帝批准，并派孙家鼐为管学大臣，负责管理京师大学堂。

（4）戊戌政变后，正在筹备中的京师大学堂由孙家鼐继续筹办，于当年11月正式开学。但与原《章程》的规划相比，其封建性明显加强。

（5）1900年，京师大学堂毁于八国联军战争。

（6）1902年，恢复开办，并被纳入清末学制系统，规模逐渐扩大。

2. 课程设置

《京师大学堂章程》对于大学堂的性质、办学宗旨、课程、入学条件、学成出身、教习聘用、机构设置、经费筹措及使用都作了详细规定。其中，《总则》中将京师大学堂定为全国最高学府和最高教育行政机关。办学宗旨为"中学为体，西学为用"。根据这一宗旨，大学堂的课程设置分为以下两类。

（1）溥通学。溥通学即基础课程，包括经学、理学、掌故学、诸子学、逐级算学、初级格致学、初级政治学、初级地理学、文学、体操学10门，学生年龄在20岁以下者必须从英、法、俄、德、日五国语言中学习一种。学习年限为3年，卒业后进入专门学的学习。

（2）专门学。专门学有高等数学、高等格致学、高等政治学（包括法律学）、高等地理学（包括测绘学）、农学、矿学、工程学、商学、兵学、卫生学（包括医学），共10门，学生从中选学1到2门，学习年限3年。这6年的课程规划中，西学比重高于中学。

（二）书院改办学堂

光绪帝在《明定国是诏》中宣示，从王公大臣到庶民百姓都要学习中、西学问。随后，光绪帝又命令官员将各省府厅州县的大小书院全部改为兼习中学、西学的新式学堂。省会的大书院改为高等学堂，郡城的书院改为中等学堂，州县的书院改为小学堂，地方自行筹办的社学、义学等一律中西学兼习。同时，民间祠庙不在祀典者也一律改为学堂，并鼓励绅民捐资兴学。中小学所用课本由官设书局统一编译印行，形成了"人无不学，学无不实"的局面。

（三）废除八股考试，开设经济特科

废除八股考试、改革科举制度也是"百日维新"中颁布的重要改革措施。1898年，光绪帝下诏废除八股文。八股废除后，人们不得不寻求新的学问，促进了西学的传播。同年七月，光绪帝又下诏催立经济特科，用来选拔维新人才。经济特科区别于明清的进士科，分为内政、外交、理财、经武、格物、考工六项，并强调科举考试要以实学实政为主。百日维新失败后，虽然恢复了八股考试，罢经济特科，但人们开始向往富有朝气的新式教育。科举考试经过这次冲击，变得非常冷清，考试人数锐减。

（四）"百日维新"的教育改革的历史影响

百日维新中的教育改革措施反映了资产阶级维新派的主张和愿望，对封建传统教育产生了强大冲击。因为时间短，大多数封建官僚因循守旧，废八股、改祠庙为学堂等又触及一些人的切身利益，这些措施在推行中遭到抵制和拖延，大多还没实行就被守旧派废止。但是，百日维新中那种"人人谈时务，家家言西学"的局面，激荡起一股思想解放的潮流。

四　康有为的教育思想

（一）维新运动中的教育改革主张

康有为是维新运动的代表人物之一，他对教育改革的迫切愿望源于对教育作用的认识。维新运动中，他非常强调"兴学育才"，认为中国的八股考试严重桎梏人才。

他提出的教育改革的主要措施有两点。第一是废八股，改试策论，等学校普遍开设后，再废科举。第二是大力创办学校，改变传统的教育内容，传授科学技术，培养新型人才。

为了更有效地学习西学，他还提出派遣留学生、翻译西书等建议。作为维新运动的领袖，康有为的建议直接影响了"百日维新"中的教育改革措施。

（二）《大同书》中的教育理想

《大同书》是康有为的代表作之一。康有为认为，现实世界一切苦难的根源皆因有"九界"的存在。所谓"九界"，是国界、级界、种界、形界、家界、业界、乱界、类界、苦界。他创造性地描绘了一幅"大同"社会的蓝图，在这个理想社会里，破除了"九界"，即消灭了国家、阶级、种族、家庭，消除了性别、职业所导致的社会差别，实现了天下太平、仁爱万物、人生极乐。大同社会"无邦国，无帝王，人人平等，天下为公"，根除了愚昧和无知，教育昌盛，文化繁荣，语言统一。因为消灭了家庭，"人人皆无家累"。

儿童是整个社会的儿童，不再是某个家庭或个人的子女，对儿童的抚养和教育均由社会承担。康有为设计了一个前后衔接完整的教育体系，从母亲受孕到进入人本院接受胎教时起，到出生后进入育婴院，然后再进入慈幼院，直到进入小学院、中学院和大学院。康有为还从利用女性人才资源，以及胎教和儿童教育的影响角度，说明重视女子教育的意义。

《大同书》中教育理想的观念背景，是中国传统大同思想和近代空想社会主义的综合体，带有明显的未来乌托邦色彩。

五　梁启超的教育思想

（华南20简答）

（一）"开民智""兴民权"与教育作用

梁启超是我国近代资产阶级思想启蒙的大师，维新运动的代表人物之一。其思想的突出之点是在维新变法期间明确地将"开民智"与"兴民权"联系起来，为"兴民权"而"开民智"。该思想在一定程度上揭示了专制与愚民、民主与科学的内在联系。他的"开民智"实质上具有科学与民主启蒙的内涵。

戊戌政变后，梁启超察觉到"民智"和"民权"不能划等号，教育可以培养人的权利意识，也可以培养人的奴性意识。由此出发，他提出教育应该确定宗旨，并在1902年发表了《论教育当定宗旨》，对这一问题进行集中阐述。他认为教育是一项长远事业，是国家用来培养国民的宏大事业，绝不能杂乱无章，敷衍了事。

（二）培养"新民"的教育目的

梁启超提出教育宗旨应建立在对民族文化的优点和缺点有所分析抉择，并广泛汲取世界各国文明的优秀成果的基础上；应包括德育、智育、体育，即"品行智识体力"三种基本要素；务使受教育者能"备有资格，享有人权"，具有自动、自主、自治、自立的品质，融民族性、现代性、开放性于一体。在同时期写成的《新民说》中，他将这种受教育者称为"新民"。

"新民"必须具有新道德、新思想、新精神、新的特性和品质，诸如国家思想、权利思想、政治能力、冒险精神，以及公德、私德、自由、自治、自尊、尚武、合群、生利、民气、毅力等。这种"新民"是具有资产阶级政治信仰、思想观念、道德修养和适应资本主义社会生活的知识技能的新国民。

（三）倡导师范教育、女子教育和儿童教育

1. 师范教育

1896年，梁启超于《时务报》上发表《变法通议·论师范》，在中国近代教育史上首次专文论述师范教育问题。文章对当时的新、旧学堂情况进行了分析，他认为当时传统学堂的教师既不通六艺、四史，也不了解西学基本常识。而新式学堂的外籍教师又存在语言不通、聘金昂贵、学问粗陋的问题。因此，中国急需普遍设立中、西学兼习的新式学堂，但不能依靠这两类教师，根本的解决办法是设立师范学校，培养符合时代要求的教师。

梁启超倡导师范教育，不仅是从教师职业的特殊性出发，强调对教师进行专门培养，更重要的是希望通过广设师范学校，统一课程设置，培养一批在知识结构和思想观念上都符合维新要求的新教师，推动维新教育活动的全面开展。

2. 女子教育

重视女子教育，也是梁启超维新教育思想的重要内容。1896年，他在《时务报》上发表《记江西康女士》一文，号召发展女子教育。不久，他又发表《变法通议·论女学》，系统地阐述女子教育问题，从女子自养自立、成才成德、教育子女、实施文明胎教等方面揭示女子教育的必要性。他还认为，接受教育是女子的天赋权利，也是男女平等的保障。

梁启超认为，女子教育的发展水平反映国势的强弱，中国欲救亡图存，由弱转强，就必须大力发展女子教育。1898年，他积极参与筹办中国第一所女学——经正女学，以实际行动推动女子教育的发展。梁启超的女子教育思想内容广泛，有鲜明的近代特征。

3. 儿童教育

梁启超在《变法通议·论幼学》中倡导对中国儿童教育进行改革。他从学习顺序、学习兴趣、学习理解三个方面对中、西儿童进行了比较，建议中国应从编写儿童教学用书入手，对儿童教育进行改革，应编写的书包括识字书、文法书、歌诀书、问答书、说部书、门径书、名物书（即字典）七类。

（四）论述近代学校制度

梁启超根据当时西方心理学研究成果中的年龄与身心发展的关系理论，列出一份《教育期区分表》，将受教育者划分为以下四个年龄阶段：

（1）5岁以下。幼儿期——家庭教育与幼稚园期。

（2）6—13岁。儿童期——小学期。
（3）14—21岁。少年期——中学校期。
（4）22—25岁。成人期——大学校期。

梁启超介绍了各个年龄阶段的学生在身体、知、情、意、自观力（自我意识）等方面的发展情况和基本特征。根据学生身心发展的阶段性特征来确定学制的不同阶段和年限，是近代西方教育心理学研究的成果。梁启超是中国近代最早系统接受和倡导这一理论的人物。

六　严复的教育思想

（一）"鼓民力""开民智""兴民德"的"三育论"

严复是中国近代从德、智、体三要素出发构建教育目标模式的先导性人物。严复的德、智、体"三育论"首次在《原强》中提出。

（1）"鼓民力"即提倡体育，包括禁止吸鸦片和女子缠足等陋习，使国民有强健的身体，体育和智育是相辅相成的。

（2）"开民智"就是要全面开发人民的智慧，提高人民的文化教育水平，但实际牵涉对传统教育体制、教育内容、学风和教学方法的改革，其核心是改革科举制度，废除八股取士和训诂词章之学，讲求西学。

（3）"新民德"主要是改变传统德育内容，用西方的民主自由平等取代封建伦理道德，培养人民忠爱国家的观念意识。"新民德"涉及上层建筑的意识形态领域，为三者之中最难。

严复提出的德、智、体三育兼备的教育目标体系，无论就其结构要素，还是各育的内容而言，都基本确立了中国教育目标体系的近代化模式。

（二）"体用一致"的文化教育观（浙师18简答）

在确立中国未来文化教育发展的基本原则上，严复则以强调"体用一致"而独树一帜。甲午战争后，严复发表了《论世变之亟》《原强》《救亡决论》等文章。他通过对中西文化的比较，明确肯定西方文化的先进性和优越性，其中充满了颂扬民主、自由、平等的激昂文字。严复的"体用一致"思想倡导对西方的自然科学和社会政治学说要一体学习。此时，他的"体用一致"思想表现为"全盘西化"和西学自成体用的倾向。

严复的"体用一致"思想还包括对西学整体性和发展性的认识。他认为，西学是一个发展的体系，运用考察、实验、归纳等方法创造新知和验证学理，要不断更新、改进和发展。他批评洋务教育对西方的学习仅停留在技术和现有结论上，忽视了西学的整体性和发展性。

1902年，严复发表《与外交报主人论教育书》，鲜明地表达了其"体用一致"的观点，认为一个国家的政教学术是一个整体，文化的整合并不是简单的支解拼凑，他改变了过去全盘西化的倾向，提出要构建一种融会中西，兼备体用的新文化体系的设想。

七 清末教育新政与近代教育制度的建立 ★★

（一）"壬寅学制"和"癸卯学制"颁布（贵师19，东北/河南18名解；北师17简答）

1. 壬寅学制

<u>壬寅学制是中国近代第一个以中央政府名义制定的全国性学制系统</u>，具体规定了各级各类学堂的性质、培养目标、入学条件、在学年限、课程设置和相互衔接关系，但公布后未曾实行即被"癸卯学制"取代。学制主系列划分为三段七级。

第一阶段为初等教育，包括蒙学堂4年、寻常小学堂3年、高等小学堂3年。儿童6岁起进入蒙学堂，蒙学堂毕业后升入小学堂。蒙学堂和寻常小学堂共7年，为义务教育阶段。

第二阶段为中等教育，设中学堂4年，"为高等专门之始基"。

第三阶段为高等教育，分为三级：高等学堂或大学预科3年；大学堂3年；大学堂之上设大学院，年限不定，以研究为主，不立课程，不主讲授。不算大学院，整个学制年限长达20年。

学制主系列外，还设有与高等小学堂平行的简易实业学堂；与中学堂平行的中等实业学堂、师范学堂；与高等学堂（或大学预科）平行的高等实业学堂、师范馆、仕学馆等。

2. 癸卯学制

<u>"癸卯学制"是中国近代由中央政府颁布并首次得到施行的全国性法定学制系统</u>，较"壬寅学制"更为系统完备。学制主系列分为三段七级。

第一阶段为初等教育，包括蒙养院4年、初等小学堂5年和高等小学堂4年。蒙养院是幼儿教育机构，招收3—7岁幼儿，将其纳入学制系统<u>标志着我国学前幼儿教育已进入到国家规划发展的新阶段</u>。初等小学堂规划为强迫教育阶段，儿童7岁进入学龄期后就应入学接受教育。高等小学堂旨在培养国民善性、国民知识、国民体质。

第二阶段为中等教育，设中学堂5年。

第三阶段为高等教育，分为高等学堂或大学预科3年、大学堂3—4年、通儒院5年（研究院性质）。从小学堂到大学堂，学习年限为20—21年。在主系列之外，还设有实业类和师范类的平行学堂。

[拓展知识]

清末学制的意义

1. 积极意义

清末学制的制定是近代以来学习西方教育的系统性成果，是近代中国教育改革的承前启后之作，在中国教育近代化发展中具有标志性意义。学制的制定反映了近代资本主义教育的诸多特点。学制的义务教育目标反映了对教育普及性和平等性的要求；阶段教育目标确定了德、智、体协调发展的"三育教育"；众多的实业学堂推动了近代资本主义工商业的发展；重视师范教育，加强了教师职业训练；教学管理方式和教学组织形式更加系统；尊重儿童个性发展；在课程比重上，西学占主体地位。

2. 消极意义

清末学制是封建王朝垂亡时的自救措施，仍受到封建思想的支配，表现出浓厚的封建性。以"癸卯学制"为例，主要表现在以下六方面：①学制的指导思想是洋务教育"中体西用"思想的延续，强调对学生进行封建伦理道德知识的灌输，首要任务还是培养学生效忠封建王朝；②中西兼学，导致学制偏长；③客观上各级各类学堂无明确入学限制，但在实际实行过程中普通民众入学仍有一定的限制，无形中维护了教育的封建等级性；④妇女被排除在学校教育外；⑤用带有封建统治秩序的规定来约束教职工和学生；⑥根据学生表现和学业程度奖励相应的科举功名，说明该学制并未完全割断与旧教育体制的联系。

（二）废科举，兴学堂

1898年百日维新中已经出台设经济特科，废八股考试的措施，但由于戊戌政变，并未实行。1901年新政后，这两项措施又被重新确认。1903年，张之洞、袁世凯上书废科举。1905年，光绪帝正式下令废除科举。这宣告了自隋代起实行了1300年的科举考试制度的终结。

科举制度从议废到实废，仅用了两年左右时间，有力地配合了学制颁布后兴学政策的落实，出现了中国近代史上难得的兴办新学的热潮。至1909年，各级各类新式学堂数量已达5千多所，在校学生数量超160万人。

（三）建立教育行政体制

废科举后，为适应教育形势的新变化，加强教育管理，清政府进一步对教育行政体制进行了改革。1905年，清廷批准成立学部，作为统辖全国教育的中央教育行政机关，并将原来的国子监并入。学部内分为5司12科，附设有编译图书局、京师督学局、学制调查局、高等教育议会所、教育研究所等机构。

地方教育行政也相应作了改革。清朝官制在各省设立提督学政管理教育，1904年后部分省根据《学务纲要》规定设立学务处。1906年，各省设提学使司作为各省专管教育的行政机构。同时，在府、厅、州、县设立劝学所为各级教育行政机关，县设视学一人并兼任学务总董。至此，形成了一套新的从中央到地方的教育行政系统。

（四）确定教育宗旨

1902年，梁启超明确提出教育应当定宗旨。1903年，王国维发表《论教育之宗旨》一文，从受教育者的基本素质要素出发，提出以体育培养人的身体之能力，智、德、美三育培养人的精神之能力，相应发展出真善美之理想，以期培养"完全之人物"。这是中国近代教育史上第一次提出德、智、体、美四育并重的教育宗旨，对以后教育目标模式的设计产生了重大影响。1906年，学部针对民权思想的流行和资产阶级革命派的活动，拟订"忠君、尊孔、尚公、尚武、尚实"的五项教育宗旨，这是中国近代第一次正式宣布的教育宗旨。

（五）留日高潮与"庚款兴学"（河南21，山师18名解）

在清末新政的激励下，近代留学教育在进入20世纪后骤然勃兴，首先是在1906年前后形成了规模盛大的留日高潮，其次是在1908年美国实行"退款兴学"政策后留美潮流逐渐兴起。

1. 留日高潮

清末新政后，清政府多次倡导留学。1903年，清政府公布《约束奖励游学毕业生章程》，明确了对留学毕业生给予相应的科名奖励办法，留日学生逐年增多。1905年，清政府废除科举制度后，士人为求新的出路，纷纷涌向日本，形成留日高峰。

清末留日归国学生虽然在输入近代西方科技方面整体层次不高，但他们充实了新式学堂的师资，壮大了实业技术人才的队伍，翻译了大量日文西学书籍，较广泛地传播了资本主义思想观念。特别是以留日学生为骨干，形成了资产阶级革命派群体，促成了辛亥革命的爆发，对中国近代社会的变革产生了重大影响。

2. "庚款兴学"

为了美国的长远利益，1908年，美国国会通过议案，决定从1909年起，将美国所得庚子赔款的一部分以"先赔后退"的形式退还给中国，用以发展中国的留美教育。美国的举动被后来其他国家效仿，形成所谓的"庚款兴学"（或"退款兴学"）。

为了实施庚款留美计划，中国政府专门拟定了《遣派留美学生办法大纲》，规定在华盛顿设立

"游美留学监督处"作为管理中国留美学生的机构,在北京设立"游美学务处",负责留美学生的考选派遣事宜,从1909年开始实施。同时,游美学务处开始筹办留美预备学校——清华学堂,清华学堂对提高中国留美学生的层次和系统引入西学起到了重要作用。

通过"庚款兴学",美国达到了将中国的留学潮流从日本引向美国的目的,此后,中国留学生的流向结构发生了重大变化。

【名校真题】

名词解释

1. 京师大学堂(深圳大学 2019)
2. 壬寅学制(贵州师范大学 2019)
3. 庚款兴学(河南师范大学 2021)

简答题

1. 简述癸卯学制(北京师范大学 2017)
2. 简述梁启超的教育思想(华南师范大学 2020)
3. 简述严复的"体用一致"的文化教育观(浙江师范大学 2018)

第九章 近代教育体制的变革

考频分析

一 民国初年的教育改革
　（一）制定教育方针
　（二）颁布"壬子癸丑学制"
　（三）颁布中小学校课程标准
二 蔡元培的教育实践与教育思想
　（一）"五育"并举的教育方针
　（二）改革北京大学的教育实践
　（三）教育独立思想及收回教育权的推进
　（四）蔡元培对近代中国教育发展的贡献和影响
三 新文化运动影响下的教育思潮和教育运动
　（一）新文化运动抨击传统教育，促进教育观念变革
　（二）平民教育运动
　（三）工读主义教育运动
　（四）职业教育思潮
　（五）勤工俭学运动
　（六）科学教育思潮
　（七）国家主义教育思潮
四 学校教学方法的改革与实验
　（一）现代西方教学理论在中国的传播
　（二）设计教学法

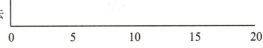

（三）"道尔顿制"

（四）文纳特卡制

五 1922年"新学制"

（一）"新学制"的产生过程

（二）"新学制"的标准和体系

（三）"新学制"的特点

（四）"新学制"的课程标准

（五）"新学制"的评价

六 收回教育权运动

（一）教会教育的扩张

（二）收回教育权运动

七 新民主主义教育发端

（一）中国共产党领导下的工农教育

（二）湖南自修大学

（三）上海大学

（四）国共合作时期的黄埔军校

（五）农民运动讲习所

（六）李大钊的教育思想

（七）恽代英的教育思想

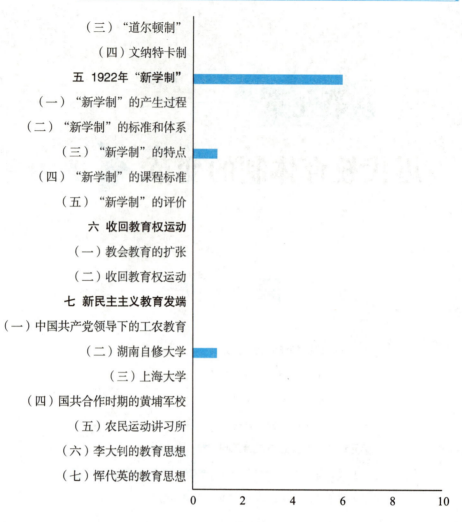

章节框架

- **近代教育体制的变革**
  - 民国初年的教育改革
    - 制定教育方针
    - 颁布"壬子癸丑学制"
    - 颁布中小学校课程标准
  - 蔡元培的教育实践与教育思想
    - "五育"并举的教育方针
    - 改革北京大学的教育实践
    - 教育独立思想及对收回教育权的推进
    - 蔡元培对近代中国教育发展的贡献和影响
  - 新文化运动影响下的教育思潮和教育运动
    - 新文化运动抨击传统教育，促进教育观念变革
    - 平民教育运动
    - 工读主义教育运动
    - 职业教育思潮
    - 勤工俭学运动
    - 科学教育思潮
    - 国家主义教育思潮
  - 学校教学方法的改革与实验
    - 现代西方教学理论在中国的传播
    - 设计教学法
    - "道尔顿制"
    - 文纳特卡制
  - 1922年"新学制"
    - "新学制"的产生过程
    - "新学制"的标准和体系
    - "新学制"的特点
    - "新学制"的课程标准
    - "新学制"的评价
  - 收回教育权运动
    - 教会教育的扩张
    - 收回教育权运动
  - 新民主主义教育发端
    - 中国共产党领导下的工农教育
    - 湖南自修大学
    - 上海大学
    - 国共合作时期的黄埔军校
    - 农民运动讲习所
    - 李大钊的教育思想
    - 恽代英的教育思想

一 民国初年的教育改革

（南师18简答）

（一）制定教育方针

民国临时政府教育部重要的任务是为新生的资产阶级共和国的教育发展规划蓝图，其中具有战略意义的是确立民国教育方针。1912年，全国临时教育会议召开。会议讨论通过了民国教育方针，于当年9月2日由教育部公布实施，其内容为："注重道德教育，以实利教育、军国民教育辅之，更以美感教育完成其道德。"

民国教育方针包含有德、智、体、美四育因素，体现了受教育者身心和谐发展的思想。以道德教育为核心，将培养受教育者和具有共和国国民的健全人格作为首要任务。以军国民教育和实利教育引导体育和智育，寄希望于教育能在捍卫国家主权、抑制武人政治、振兴民族经济方面发挥基础作用。

（二）颁布"壬子癸丑学制"

1912年，民国教育部参照日本学制，制定和正式公布了民国学制系统的结构框架——壬子学制。随后至1913年，教育部又陆续公布了一系列教育法令法规，使得壬子学制得到充实和具体化，综合起来形成了壬子癸丑学制，又称1912—1913学制，这是中国近代第一个资产阶级性质的学制。该学制主系列划分为三段四级。

第一阶段为初等教育段。分为初等小学校和高等小学校两级，其中初等小学校4年，为义务教育，法定入学年龄6岁；高等小学校3年，共7年。

第二阶段为中等教育段，设中学校4年，不分级，但专为女子设立女子中学校。

第三阶段为高等教育段，不分级，设立大学。大学实际分为预科、本科、大学院三个层次。其中预科3年，本科3—4年，大学院不设年限。

从进入初等小学校到大学本科毕业，学制总年限为17—18年。小学前的蒙学院和大学本科后的大学院均不计入学制年限。主系列外设置平行学院，主要分为师范类和实业教育类。此外，该学制还特设或附设有补习科、专修科、讲习所之类的旁支。

[拓展知识]

壬子癸丑学制相较于癸卯学制，其明显特点有：第一，缩短了学制年限。初等小学校、高等小学校、中学校各减少1年，学制总年限缩短了3年，有利于普通教育的普及和平民化发展；第二，女子享有与男子平等的法定教育权；第三，取消对毕业生奖励科举出身，废止清末高等教育中的所谓保人制度，大学不设经科，有利于消除教育中的封建等级性、科举名位思想和复古气息；第四，规定一学年度为三个学期；第五，壬子癸丑学制不采纳清末中学的文、实分科做法，取消了高等学堂，只设大学预科。

（三）颁布中小学校课程标准

在颁布教育法令法规的同时，教育部还颁布了各级各类学校的课程标准和课程表，更具体地对有关学校课程的设置、教学目标、授课时数都作出规定。

1. 小学校

（1）课程设置。根据1912年颁布的《小学校教则及课程表》，初等小学校开设修身、国文、算术、手工、图画、唱歌、体操共7门课程，女子加缝纫课。如因故不能开设手工、图画、唱歌、缝纫之一科或数科，应增加其他课目的教学时数。高等小学校开设修身、国文、算术、本国历史、地理、理科、手工、图画、唱歌、体操共10门课程，女子加缝纫课，男子加农业课（根据地方情形，或缺或改为商业），有条件的加英语课或其他外语课。如因故不能开设手工、唱歌、农业之一科或数科，也应增加其他课目的教学时数。

（2）教学原则。小学各科教学原则为：第一，强调教学的教育性，各课目都应随时提示国民道德教育的相关事项。第二，适应儿童生活，注意选择生活上所必需之知识技能进行教授。第三，适应儿童身心发展的程度和特点，注意男女儿童的差别。第四，注意各科教学在目标、方法等方面的相互联系和配合。

2. 中学校

根据1912年至1913年间先后颁布的《中学校令》《施行规则》《课程标准》等文件，中学校开设修身、国文、外国语、历史、地理、数学、博物、物理、化学、法制经济、图画、手工、乐歌、体操等课程，女子中学加家事、园艺（可缺）、缝纫等课。强调外国语应以英语为主，特殊情况下才可从法、德、俄语中选择一种。

[拓展知识]

民国课程设置特点

1. 废止了癸卯学制中的"读经讲经"课，突出近代学科和资本主义文化在教育中的地位，但同时对中国传统文化也采取了批判继承的态度。

2. 提高了唱歌、图画、手工、农业等课程的地位，关注对学生的美感和情感教育，注意课程的应用性、平民化和手脑协调发展的特色。

二 蔡元培的教育实践与教育思想★★★★★

（天师21简答；中央民族21，浙师/东北20，杭师/广师19，华南17论述）

（一）"五育"并举的教育方针

（扬大21，苏大/福师19，华中18，湖师/重师17名解；贵师21/19，安师/云师/华南20，宁波17简答；上师20/19/18，广师19，海师18，扬大17论述）

蔡元培是中国近代著名的资产阶级革命家和民主主义教育家。1912年初，蔡元培发表《对教育方针之意见》一文，从"养成共和国民健全之人格"的观点出发，提出军国民教育、实利主义教育、公民道德教育、世界观教育和美感教育的"五育"并举教育思想，成为制定民国元年教育方针的理论基础。

（1）军国民教育。指将军事教育引入到学校和社会教育之中，让学生和民众受到一定的军事教育和训练。在学校教育中，强调学生生活的军事化，特别是体育的军事化。蔡元培认为，军国民教育并不是理想社会的教育，但在中国仍有提倡的必要。当时的中国不论是在国际形势还是国内形势上都处于不利地位，蔡元培提倡的军国民教育，有寓兵于民、对抗军阀拥兵自雄、捍卫民主共和的良苦用心。

（2）实利主义教育。即密切教育与国民经济生活的关系，加强职业技能的培训，使教育能发挥提高国家经济能力和改善人民生活水平的作用。蔡元培指出，世界各国的竞争不仅在军事，更在经济，武力需要财力的支持。而中国丰富的自然资源并未得到有效利用，人民失业，国家贫穷，因此需要发展实利主义教育。

（3）公民道德教育。蔡元培认为，公民道德的基本内容不外乎法国资产阶级革命所标榜的自由、平等、博爱，虽然与封建道德的专制等级性不相容，但他明确指出中国传统伦理特别是儒家伦理中的一些基本范畴，其内涵是与自由、平等、博爱的精神相通的。蔡元培尊重文化的继承性和发展性的统一。因此他在摒弃封建道德专制性和等级性的同时，汲取其中有利于资产阶级道德建设的养分。

（4）世界观教育。是蔡元培独创并被作为教育的最高境界。世界观教育就是要培养人们立足于现象世界但又超脱现象世界而贴近实体世界的观念和精神境界。现象世界中的人，由于存在人我差别的意识、追求幸福的意识，而纠缠于由此产生的种种矛盾。在实体世界中，人们摆脱了现象世界的种种矛盾，实现意志的完全自由和人性的最大发展，思想和言论也不受某一门哲学或宗教教义的束缚。

（5）美感教育。美感教育与世界观教育紧密联系。蔡元培认为，美感介于现象世界和实体世界之间，是两者之间的桥梁。世界观教育是引导人们具有实体世界的观念，但不是靠简单的说教可以实现的，其有效的方式是通过美感教育，利用美感这种超越厉害关系、人我之分界的特性去破除现象世界的意识，陶冶、净化人的心灵。所以，美感教育是世界观教育的主要途径。大力提倡美感教育是蔡元培教育思想和实践的一个重要特点。

蔡元培认为，"五育"不可偏废，其中军国民教育、实利主义教育、公民道德教育偏于现象世界，隶属于政治教育；世界观教育和美感教育以追求实体世界之观念为目的，为超越政治的教育。根据当时流行的德、智、体三育的说法，蔡元培认为，军国民教育为体育，实利主义教育为智育，公民道德教育为德育，美育教育可以辅助德育，世界观教育将德、智、体三育合二为一，是教育的最高境界。学校中每种教学科目虽于"五育"中各有侧重，但又同时兼通数育。

（二）改革北京大学的教育实践（湖师19，河南18 简答；北师21，山师20，川师17 论述）

民国成立后，京师大学堂改称北京大学。当时北大校政腐败、制度混乱、学生求官心切、学术空气淡薄、封建文化泛滥。为了改变这种风气，蔡元培赴任北大校长，对北大进行全面改革。

（1）抱定宗旨，改变校风。蔡元培明确大学的宗旨，认为大学应该成为"研究高尚学问之地"。他改革北大的第一步就是要为师生创造研究高深学问的条件和氛围。具体措施有：改变学生的观念；整顿教师队伍，延聘积学热心的教员；发展研究所，广积图书，引导师生研究兴趣；砥砺德行，培养正当兴趣。

（2）贯彻"思想自由，兼容并包"的办学原则。蔡元培明确声明，在学术上"循'思想自由'原则，取兼容并包主义"，这是他办理北京大学的基本指导思想。该思想不仅体现在学术上，也体现在教师的聘任上。蔡元培以"学诣为主"，罗致各类学术人才，使北大教师队伍一时呈现出流派纷呈的局面。

（3）教授治校，民主管理。1912年由蔡元培主持制定的《大学令》中，确立了教授治校、民主管理的大学校务管理原则，规定大学设立评议会，各科设立教授会。蔡元培到任北大后，当年即组织了评议会。1919年，评议会通过学校内部组织章程，决定：第一，设立行政会议，作为全校最高的行政机构和执行机构，负责组织实施评议会议决的事项，下设各种委员会分管各类事物；第二，设立教务会议及教务处，由各系主任组成，并互相推选教务长一人，统一领导全校的教务工作；第三，设立总务处，主管全校的人事和事务工作。

管理体制的改革，体现了蔡元培教授治校、民主管理的思想，目的是把推动学校发展的责任交给教授，让真正懂得学术的人来管理学校。新的管理体制的建立，改变了京师大学堂遗留下来的封建衙门作风，提高了工作效率，促进了学校的蓬勃发展。

（4）学科与教学体制改革。在学科与教学体制改革方面，蔡元培主要有三个措施：第一，扩充文理，改变"轻学而重术"的思想；第二，沟通文理，废科设系；第三，改年级制为选科制（学分制），发展学生个性。

北京大学的改革不仅仅使自身改变了面貌，也是我国高等教育近代化发展中的一个里程碑。这次改革的灵魂是"思想自由，兼容并包"，其中"兼容并包"不仅包容不同的学术和学说流派、不同的人物和主张，也在男生之外包容女生，在正式生之外包容旁听生。北大因此成为新文化运动和马克思主义的传播中心、五四运动的策源地，其影响远远超出了教育领域。

[拓展知识]

洪堡的高等教育改革与蔡元培北京大学改革的异同（华中 21 论述）

1. 相同点

（1）在改革思想上。第一，都推崇教育独立思想。洪堡认为大学应该"独立于一切国家的组织形式"，但国家必须为大学提供必要的经费；蔡元培也提出了教育独立思想，认为教育应该做到经费独立（由政府专项拨款）、行政独立、学术和内容独立以及教育要脱离宗教而独立。第二，都认为大学应该以学术为重。洪堡认为大学的真正使命在于提高学术研究水平，为国家长远的发展开拓更广阔的前景；蔡元培认为大学是研究高尚学问之地。第三，都倡导教师和学生的学术自由，洪堡的柏林大学改革提倡"教学自由"与"学习自由"；蔡元培的北大改革提倡"思想自由，兼容并包"。

（2）在改革措施上。第一，都对教师队伍进行了整顿，柏林大学通过聘请一批学术造诣深厚的教授来提高教学质量和学术声望；蔡元培也聘请了一批兼具学识和声誉的专家学者到北大任教。第二，都重视学生的学术研究能力培养。洪堡在柏林大学各学院掀起了一股学术研究之风；蔡元培任北大校长后，也在北大内设立了各类研究所，鼓励学术研究。第三，都进行了管理体制的改革，实行了选科制和教授治校。

2. 不同点

（1）改革的具体实施上。第一，学科设置。洪堡重视哲学，认为哲学是一切自然科学的基础，将哲学课程和哲学院放在了核心位置；蔡元培的大学学科设置思想，有一个变化发展过程，经历了从偏重文理到沟通文理，再到废科设系的过程。第二，教学制度。两者都采用了选科制，但在具体实施上有所区别。柏林大学的学生可以自由选择任何课程内容和教师，拥有极大的自由完善发展的空间和机会；而北大为了防止学生纯粹从兴趣出发，忽视对基本理论和知识的学习。学生所选择的学科必须经教员审定，学生实际上只有相对的选择。

（2）对后世的影响。洪堡的高等教育改革影响是世界范围的，也影响到了蔡元培的北大改革；而蔡元培的北大改革教育影响更多的还是集中在国内。

（三）教育独立思想及对收回教育权的推进

1922 年，蔡元培发表《教育独立议案》，阐明教育独立的基本观点和方法，成为教育独立思潮中的重要篇章。教育独立的基本要求可以大致归结为：

（1）教育经费独立。政府指定固定的款项，专作教育经费，不能移做他用。建立独立的教育会计制度等。

（2）教育行政独立。设立专管教育的行政机构，不附设于政府部门，由懂教育的专业人士主持。教育总长不得因政局的变动而频繁变动。

（3）教育学术和内容独立。教育方针应保持稳定，不受政治的干扰。能自由编辑、出版、选用教科书。

（4）教育脱离宗教而独立。

教育独立思想在推进收回教育权运动、抵制殖民教育方面起到了积极作用。蔡元培关于教育脱离政治、脱离政党的主张，是一种历史唯心主义的观点，但反映了他反对军阀分子控制教育，希望按照教育规律办好教育事业的美好愿望；教育脱离宗教的主张更含有反对帝国主义文化侵略的革命意义。

（四）蔡元培对近代中国教育发展的贡献和影响

蔡元培在民国历史的几个关键时期被委以教育要职，对民国教育的大政方针和宏观布局有重大影响。他的教育思想贯穿着对民主、科学、自由、个性的追求，充满了爱国主义激情。他在教育实践中表现出不屈从压力、锐意改革、坚守信念的品质。他在民国初期改革封建教育，建立资产阶级民主教育制度，反映的是新时代对教育的要求；20年代提倡教育独立是在教育面临深重危机下的一次无奈抗争；他对北京大学的改革，包容博大，规模恢宏，影响深远，凸显了他作为杰出教育改革家的远大理想和个性品质。

三 新文化运动影响下的教育思潮和教育运动 ★★

（湖师20简答；华中20论述）

（一）新文化运动抨击传统教育，促进教育观念变革（华中19简答；安师18论述）

1. 抨击传统教育

（1）对封建教育的危害和没落的抨击。新文化斗士大力批判儒学中的"三纲五常"及与之相联系的道德礼教，揭露了封建礼教对人性的迫害和阶级压迫的本质。要反对袁世凯的复辟倒退，就必须要反对尊孔读经，反对封建道德和专制统治，反对孔孟之道。

（2）对以"中体西用"为指导思想的教育的抨击。新文化运动的民主斗士们发现自鸦片战争以来，中国教育表面上看上去颇有改善，但就其实质而言，中国教育仍未进入现代社会，存在着三个弊端：第一，教育精神远离了民主与科学；第二，教育内容脱离社会发展的实际需要；第三，简单模仿，食洋不化。

2. 促进教育观念的变革

在抨击封建传统教育的基础上，新文化运动促进了中国教育的变化，推进着中国教育观念朝着教育个性化、教育平民化、教育实用化、教育科学化的方向进行变革。

（1）教育的个性化。主要表现在四个方面：第一，在教育上"使个人享有自由平等之机会而不为政府、社会、家庭所抑制"；第二，教育要尊重个人，又从尊重儿童起，甚至"以儿童为中心"；第三，不能让社会淹没个性，要使人各尽其性，能够发挥个人潜能；第四，学校教育尤忌"随便教育"。教师要以合适的方法帮助学生，学生要充分发挥主观能动性，学会主动学习。

（2）教育的平民化。通过"庶民"教育可以保障普通民众受教育的权利，使他们的能力得到发展和发挥，这些能力不仅可以改善民众的个人生活，汇聚在一起更是改造社会的巨大潜力。

（3）教育的实用化。在新文化运动时期，提倡务实的教育成为共识。一方面，人们认识到教育对于个性生活能力的培养、对社会生产发展的适应的重要意义；另一方面，人们认识到学校内部必须进行全面改革，强调从社会生活和学生生活的实际出发，沟通教育与生活、学校与社会的关系，强调对学生的主动学习、创造性学习和实际能力的培养，要求课程内容和教学组织形式均须适应生产和生活发展的需要。

（4）教育的科学化。对科学方法和观念的倡导是"五四"新文化运动思想启蒙的重要内涵与特点，表现出强烈的理性色彩，这是一种更深层次的启蒙和洗礼。民主斗士们认为学校进行科学教育，社会讲究科学，重要的是让科学内容和方法渗入社会各项事业，改变人的态度和观念。

新文化运动所促发的中国现代教育观念的转变是划时代的，表明中国人对教育传统、教育现状的反思和学习西方先进的教育进入到思想文化层面和自觉主动的阶段。教育观念的转变直接促成"五四"新文化运动时期教育的改革，尤其是带来20世纪二三十年代中国教育的繁荣，并使中国教育更为广泛和深入地融入世界性的现代教育发展潮流之中。

[拓展知识]

新文化运动推动下的教育改革
1. 废除读经，恢复民国初年的教育宗旨。
2. 教育普及有所发展。
3. 学校教学内容改革。
4. 师范教育和大学的改革。

（二）平民教育运动（山师17名解）

倡导平民教育是新文化运动中民主思潮在教育领域里的反映和重要的组成部分。平民教育思潮的共同点，在于批判传统的"贵族主义"的等级教育，破除千百年来封建统治者独占教育的局面，使普通平民百姓享有教育权利，获得文化知识，改变生存状况。由于政治立场和思想倾向的差异，在平民教育的具体实践中分化出以下两种类别：

第一类是以共产主义为思想的平民教育，代表人物有陈独秀、李大钊、邓中夏等人，他们要求平民教育必须符合劳动人民谋求自身解放的根本利益，尤其应该与破除阶级统治的革命斗争同时进行。毛泽东创办的工人夜校、邓中夏发起的平民教育演讲团都是这类教育的具体实践。

第二类是以资产阶级和小资产阶级知识分子在西方尤其是美国杜威民主主义教育思想的影响下实行的平民教育，他们把平民教育视为救国和改良社会的主要手段，希望通过平民教育来实现平民（民主）政治。北京高等师范学校的教职员和学生组织的平民教育社，便是这类教育的具体实践。

（三）工读主义教育运动

工读主义教育思潮的基本主张有：以工兼学、勤工俭学、工人求学、学生做工、工学结合、工学并进，培养朴素工作和艰苦求学的精神，以求消除体脑差别。由于提倡和参加者思想立场的差异，工读主义也有不同主张。

1. "工学主义"

以匡互生、周予同等北高师学生发起组织的工学会，倡导"工学主义"，主张把工学作为实现民主自由、发展实业、救济中国社会的武器。他们认为，工学会"要把工和学并立，做工的人一定要读书，读书的人一定要做工"。"工"包括体力劳动和脑力劳动，"学"是求得做工的知识，工学不可分割，通过工学结合可以改变中国民穷财尽的社会现状。

2. 北京工读互助团

由少年中国学会成员王光祈发起组织的北京工读互助团代表更激进、影响更大的工读主义派别。他们受无政府主义和空想社会主义的影响，将工读视为实现新组织、新生活、新社会的有效手段。

3. 知识分子与工农结合

以李大钊为代表的初步具有共产主义思想的知识分子也倡行工读，提出了工人和农民的工读问题，也支持青年学生的工读互助实验，尤其是号召知识青年到工农中去，初步提出了知识分子与工农结合的思想。这么做的目的一方面是要提升劳工的知识文化水平，另一方面是希望知识青年从中建立新道德、新观念。

4. 纯粹的工读主义

以胡适、张东荪为代表，他们将工读看成是青年换取教育经费，解决青年失学问题的方法，是纯粹的经济问题，不承认其改造社会的功能。

（四）职业教育思潮

职业教育思潮是由清末民初的实利主义教育思想发展演变而来，且受到欧美职业教育思想传入中国的推波助澜。

民国初期，蔡元培将"实利主义教育"列入资产阶级的教育方针。由于民族资本主义工业的发展对技术人才的需求日益迫切，加之新文化运动兴起后民主斗士对传统教育脱离社会、脱离生产的抨击，倡导职业教育成为教育界内外的共同呼声，人们从不同视角阐述了职业教育对于当时中国的紧迫性，职业教育思潮逐步形成。

1917年，黄炎培发起成立了中华职业教育社，这是中国近代第一个研究、倡导、实验和推行职业教育的专门机构，进一步从理论上探讨、在实践中推行职业教育，职业教育思潮由此达到高潮，并出现全国性的职业教育运动。

职业教育思潮和运动开展的结果，不仅产生了代表人物黄炎培系统的、有中国特色的职业教育理论，而且大大促进了中国的职业教育事业，对1922年新学制的影响尤其大。30年代中期，职业教育思潮趋于消沉。

（五）勤工俭学运动

1915年，蔡元培、李石曾、吴玉章等人在法国创立"勤工俭学会"，以"勤于工作，俭于求学，以进劳动者之智识"为宗旨，并规定了留法勤工俭学的程序、费用、求学、工作等细目，创造了半工半读的教育形式。

1916年，为了组织和领导华工的教育和学生出国留学与谋工，蔡元培、吴玉章等人与法国人士共同在巴黎发起组织"华法教育会"，以勤工俭学的方式吸引贫苦有志青年赴法留学。

从1919年至1920年底，留法勤工俭学运动形成高潮。早期共产主义者是此阶段留法勤工俭学运动的主要发起、组织和参加者。因此，此时勤工俭学运动的内容与性质都发生了变化，从通过勤工与俭学以维持学业，提高到以俭学与勤工相结合、探索改造中国的出路的认识高度。

留法勤工俭学运动结束于1925年前后，最初是一场以输入西方资本主义文明为指导思想，以教育救国和实业救国为主要追求，以工读结合为手段的教育运动，<u>后来逐渐转变为寻求革命救国道路，以马克思主义为指导的新民主主义文化教育运动和革命运动</u>。在此过程中，进步的知识分子和青年学生比较正确地认识到劳动的伟大意义和教育与生产劳动相结合的意义，并进行了知识分子与工人群众相结合、脑力劳动与体力劳动相结合、教育与生产劳动相结合的大规模的实践尝试。同时，该运动对西方教育思想的引进、对留学教育事业的发展、对中国现代多方面专业人才的培养，都产生了积极的影响。

（六）科学教育思潮（福师18论述）

科学教育思潮在新文化运动期间形成并盛行一时。其基本内涵为：一是<u>"物质上之知识"</u>的传授；

二是应用科学方法于教育研究和对人的科学精神、科学态度的训练，而尤以后者为重。

"五四"运动后，科学教育运动在中西方学者和科学成果的推波助澜下，得到较为广泛的开展，具体表现在以下两方面：第一，提倡学校中的科学教育，即按照教育原理和科学方法进行教育，培养学生科学的知识、技能和态度，此即科学的教育化趋势；第二，提倡以科学的方法研究教育，包括儿童心理和教育心理的研究、各种心理和教育统计与测量的试验及量表的编制应用，此即教育的科学化趋势。

科学教育思潮和运动对于中国现代教育进步的促进，表现在：以科学方法研究教育蔚然成风，教育及心理测量、智力测验、教育统计、学务调查在二三十年代的中国教育界成为流行的研究手段；各种新教学方法的试验广泛开展，道尔顿制、设计教学法、蒙台梭利教学法、自学辅导主义等方法，为人们所耳熟能详；高校中培养教育学科专门人才的学科和专业开始设置。

（七）国家主义教育思潮

国家主义教育思潮是一种具有强烈资产阶级民族主义色彩的社会思潮，于20世纪初在中国兴起，是政治上的国家主义在教育领域的反映。其内涵为：第一，以教育为国家的工具，教育目的对内在于保持国家安宁和谋求国家进步，对外在于抵抗侵略、延存国脉；第二，教育为国家的任务，教育设施应完全由国家负责经营、办理，国家对教育不能采取放任态度。其主旨在于以国家为中心，反对社会革命，通过加强国家观念的教育来实现国家的统一与独立。

国家主义教育派共同促成了20年代中国的收回教育权运动，促成了学校中军国民教育和爱国教育的加强，也促成了中华教育改进社一度以国家主义为教育宗旨。然而，国家主义教育思潮本质上是一种教育救国论，其一概而论地反对教育的政治和党派性，与"五四"新文化运动所形成的教育民主观念相抵触，加之其浓厚的政治宗教色彩和一些成员依附军阀的言行不一，使之一开始就受到马克思主义者恽代英、张闻天等人的批判。

四 学校教学方法的改革与实验

（一）现代西方教学理论在中国的传播（福师20论述）

受"五四"新文化运动思想解放潮流的激荡，受实用主义教育、科学主义教育的影响，在学制和课程与教材改革的推动下，一场改革教学法的运动在20世纪20年代逐渐形成高潮。

在近代，输入中国最早的是赫尔巴特教学法。赫尔巴特的"五段教学法"以学生的心理过程为依据，强调教师的主导作用，注重课堂教学形式的组织和规范化。这种教学法给教师的教学带来了便利，但这种方法本身的缺陷和机械地运用，与传统的注入式讲授法合流，影响了教学质量，压抑了学生的个性。

20世纪初，美国和欧洲的一些国家兴起了进步主义教育运动，猛烈冲击"以教师为中心""以课本为中心"的课堂教学模式，形成了以"儿童为中心""以活动为中心"的关注学生兴趣和个性发展的教学思想和教学方式。

新文化运动掀起的思想解放潮流，加速了中国教育界对进步主义教育思想与方法的引进。由此，西方的各种教学理论迅速在中国传播开来。从新文化运动到20世纪二三十年代，在中国广泛传播的各种教学理论和方法主要有：设计教学法、道尔顿制、文纳特卡制等。

（二）设计教学法

设计教学法是由克伯屈依据杜威问题教学法和桑代克行为主义心理学而创造的一种方法，主张由学生自发地决定自己的学习目的和内容，在学生自己设计、自己实行的单元活动中获得有关的知识和形成解决实际问题的能力。它主张从实际生活中获取学习材料，打破教学科目的界限，摒弃教科书；强调教师的责任在于利用环境去引发学生的学习动机，并帮助学生选择活动所需要的材料。其一般程序为：确定目的、制定计划、实施完成、检查评价。

设计教学法的优点在于重视学生学习的主动性和独立性，强调学生的学习动机与兴趣，注重教学与学生生活紧密联系，摒弃传统教育的形式主义。其缺点也非常明显，它打破了系统的学科体系，使知识支离破碎，过于强调学生的主动性使得学生被放任自流。1924年后渐趋沉寂，30年代后近乎没落。

（三）"道尔顿制"

"道尔顿制"是相对于班级授课制的一种个别教学制度，产生于美国进步主义教育家柏克赫斯特于1920年在马萨诸塞州道尔顿中学所进行的实验。其原则有三：一是自由，去除凡是阻碍学生自由学习和教师对学生的不合理规定，让学生自我计划、自我约束，借助自由手段养成学生自我支配的能力；二是合作，即学校成为实际社会组织，打破班级界限，在团体生活中，学生既为团体服务又保持个人独立性；三是计划，也称时间预算，在规定时间内，学生自订计划，自行学习。其实质是让每一个学生能够对自己的学习进度和学习方法更多地负责。

道尔顿制看到了整齐划一的班级授课制度的缺陷，注重因材施教和学生独立工作能力的培养，对改变机械、被动的学和呆板、划一的教有很好的用意，因此吸引了力图改变教学现状的中国教育界。但因其理论本身的缺陷和师资、设备等方面的困难，道尔顿制难以为继。

（四）文纳特卡制

文纳特卡制也叫适应个性教学法，是比道尔顿制更为激进的一种个别教学制度，由美国教育实验家华虚朋创造。它有四个目标：第一，给儿童以优美快乐的生活；第二，充分发展儿童的个性；第三，个人的社会化；第四，养成儿童普遍需要的知识技能。依据这四个目标，它把课程分为两个部分：第一部分是儿童将来生活必须的知识技能；第二是创造的参与社会的活动，使儿童个人的能力和社交意识得到发展。文纳特卡制在学科教学上倡导个别化教学，对教师有很高的要求。在活动课程上，以学生的团体活动和创造性表演活动为主。

文纳特卡制完全打破班级教学，谋求彻底的个别化教学，且没有年级的编制。它既注重儿童的个性和自由，也强调儿童的团体意识和社会化过程。1928年，文纳特卡制传入中国，但它并没有像道尔顿制那样引起广泛的影响。其原因有两点：一是它对学生自学能力要求过高，缺乏教师的直接讲授导致学生不能获得系统扎实的基础知识；二是国内此前已经有过各类教学法的引进实验，人们的热情减退并开始反思。

五 1922年"新学制" ★★

（杭师21，江苏19名解；安师21，重师17简答；杭师20，河南17论述）

（一）"新学制"的产生过程

中国近代学制形成后，虽经民国初年的教育改革，仍存在不少问题，已不适应日益发展的社会政治经济生活和生产的需要，因而孕育着一场新的改革。

1915年，湖南省教育会在全国教育会联合会上提出《改革学制系统提案》。随后，其他各省也相继提出改革学制议案。

1921年，全国教育会联合会通过了新的"学制系统草案"。会后向全国广泛征求意见反响十分强烈，并在全国掀起了研究学制改革的高潮。

1922年，教育部在北京专门召开了学制会议。同年11月以大总统令公布了《学校系统改革案》。该学制又被称为"新学制"或"壬戌学制"，由于采用的是美国式的六三三分段法，又称"六三三学制"。

（二）"新学制"的标准和体系

1. 标准

"新学制"的七项标准为：适应社会进化之需要；发扬平民教育精神；谋个性之发展；注意国民经济力；注意生活教育；使教育易于普及；多留各地伸缩余地。

这七项标准体现出来的主流是新文化运动以来所倡导的"民主"与"科学"的精神，尤其是实用主义的教育思想。它对其后民国一系列教育改革产生了深远的影响。

2. 学制体系

（1）初等教育。儿童满6周岁入学。小学教育六年，其中初级小学四年，为义务教育，可以单独设立；高级小学2年，可以根据地方具体情况，增加职业准备的课程。

（2）中等教育。中学教育为六年，分初、高中两级，各三年。初级中学为普通教育，可以单独设立。高级中学实习分科制，设普通科、农、工、商、师范、家事等科，普通科又可以分为文科和理科，主要目标是升学。新学制倡导综合中学模式，以方便学生根据个性和家庭情况选择升学或职业预备。

（3）高等教育。高等教育分为专门学校和大学两种，专门学校的最低修业年限为三年，取消"壬子癸丑学制"的大学预科制。大学修业年限是四到六年，其中规定医科和法科大学应至少五年。

（三）"新学制"的特点（南师20简答）

1. 根据儿童身心发展规律划分教育阶段

这是1922年新学制最显著的特点，也是中国近代学制发展史上第一次将学制阶段的划分建立在对我国儿童身心发展阶段的研究上。

2. 初等教育阶段趋于合理，更加务实

它缩短了小学教育年限，改七年为六年，有利于初等教育的普及。另外，幼稚园也被纳入初等教育阶段，使幼、小教育得到衔接，确立了幼儿教育在中国教育史上的地位。

3. 中等教育阶段是改制的核心，是新学制中的精粹

第一，延长了中学年限，改善了中学与大学的衔接关系；第二，中学分成初、高中两级，给了地方办学伸缩的余地，也增加了学生选择的余地；第三，中学开始实行选科制和分科制，使学生有较大发展余地，适应不同学生的发展需要。

4. 建立了比较完善的职业教育系统

新学制建立了自成体系、从初级到高级的职业教育系统，用职业教育替代了清末民初的实业教育。这种改革既注意了普通教育与职业教育的沟通，又加重了职业教育在整个教育体制中的比重。

5. 改革师范教育制度

新学制突破了师范教育自成系统的框架，使师范教育种类增多、程度提高、设置灵活。

6. 缩短高等教育年限，取消大学预科

大学不再承担普通教育的任务，有利于大学进行专业教育和科学研究。此外，还有两条"附则"：一是注重天才教育，得变通修业年限及课程，使优异之智能尽量发展；二是注重特种教育。

（四）"新学制"的课程标准

新学制的课程标准于1923年在《中小学课程标准纲要》中得到确定。

（1）小学取消修身课本，增加公民、卫生课，将手工改为公用艺术，图画改为形象艺术；又将初小的卫生、历史、公民、地理合为社会科；设自然园艺科；将国文改为国语（包括语言、读文、作文和写字），体操改为体育。小学上课以分钟记：初小前两年每周至少1080分钟，后两年每周至少1260分钟，高小每周至少1440分钟。

（2）初级中学课程设社会、言文、算学、自然、艺术、体育6科。其中，社会科含公民、历史、地理；言文科含国语、外国语；艺术科含图画、手工、音乐；体育科含生理卫生、体育。初中上课以学分记，每学期每周上课一小时为一学分，初中修完180个学分才能毕业。除必修科164学分外，余为选修他种科目或补习必修科目。

（3）高级中学分为普通科和职业科。普通科分文学、社科和数理三类，又分为两组：第一组注重文学和社会科学，第二组注重数学和自然科学。职业科分农、工、商、商船四类。课程分为公共必修科目、分科专修科目、纯选修科目三种，每一种有若干门课程，以各种课程学分计算，修满150学分为毕业。三种课程中，公共必修科目约占学分总额的43%，纯选修科目不得超过学分总额的20%。

（五）"新学制"的评价

1. 积极影响

（1）新学制虽借鉴了美国的六三三制，但并非盲从美制。它的产生是经过我国教育界的长期酝酿讨论，并经许多省市认真试行，最终集思广益的成果。

（2）新学制加强了中等教育和职业教育训练，有利于初级中等教育的普及，在一定程度上处理了升学和就业的矛盾，适应当时中国资本主义工商业发展的需求。

（3）新学制尽管受到进步主义教育思想和美国模式的影响，但有其内在的先进性和合理性，比较彻底地摆脱了封建传统教育的束缚，表现了教育重心下移、适应社会和个人需要等时代特点。

（4）该学制比较符合当时中国的情况，后来经多次修补，除了在某些方面有所改动外，总体框架一直沿用下来。这是中国教育界、文化界共同智慧的结晶，标志着中国近代以来国家学制体系建设的基本完成。

2. 消极影响

（1）实用主义教育学说对新学制的影响使得它忽视了我国各族人民教育界广大人士为制定新学制而付出的辛勤劳动，以及他们在制定新学制过程中所表现出来的才智。

（2）新学制在具体实施中存在不少问题，如缺乏师资、教材、设备等，不得不在其后对所开的综合中学增开大量的选科等做法进行调整。

六 收回教育权运动

（一）教会教育的扩张

进入20世纪后，教会学校在数量和办学层次上都有所发展，并形成了一个完整而独立的办学体系。教会学校在客观上促进了中国近现代教育的发展，并在中国传播了西方现代的文化与文明。

但是，所有教会学校均由相应的宗教差会设立和管理，不向中国政府立案注册，不接受中国教育行政部门的管理，其招生毕业、课程教材、教学考试等自成体系，严重侵犯了中国的教育主权。而且，教会学校以传播宗教、发展教徒为目的，强行向学生灌输宗教教义教规，硬性组织学生参加各种宗教活动，是对学生思想和信仰的粗暴干涉。

20世纪20年代初，在国家主义教育思潮和教育独立论的影响下，教育界掀起了一场收回教育权的运动。教会学校被迫向中国政府立案注册，获得私立学校的身份，并加快朝世俗化和本土化的方向推进。

（二）收回教育权运动

随着中国人民的觉醒和国家观念、民族意识的增强，以及科学主义思想的广泛传播，教会教育日益激起人们的反对，向教会收回教育权已经成为不可避免之势。

民国初年，蔡元培以教育总长的身份曾提出以美育代宗教。

1922年，蔡元培发表《教育独立议》，进一步主张教育脱离宗教，举起反基督教教育的大旗。

1923年，余家菊发表《教会教育问题》一文，率先提出"收回教育权"的口号，要求对教会学校"施行学校注册法"。

1924年，广州学生收回教育权运动委员会成立。中华教育改进社在南京开会，讨论外人在华设学和收回教育权问题。同年十月，全国教育会联合会通过了《教育实行与宗教分离》和《取缔外人在国内办理教育事业》两个议案。

1925年，收回教育权运动在"五卅运动"中达到高潮。同年11月，北洋政府教育部颁布《外人捐资设立学校请求认可办法》，这个文件的颁布和执行，是收回教育权运动中最大的实际性成果。

尽管教会学校的教育没有因为收回教育权运动而得到彻底地收回，但收回教育权运动让中国人民对教会学校有了一个较为清晰的认识，使教会教育的发展势头在一段时期内受到了遏制，也迫使传教士们重新思考他们所办理的学校教育事业，教会学校的宗教色彩较以前有所淡化，而真正的教育职能得到了一定程度的强化。收回教育运动是日后教会教育（特别是教会大学）走向本土化和世俗化必不可少的前奏，具有深远的历史意义。

[拓展知识]

《外人捐资设立学校请求认可办法》

1.凡外人捐资设立各等学校，遵照教育部所颁布之各等学校法令规程办理者，得依照教育部所颁布关于请求认可之各项规则，向教育部行政官厅请求认可。

2.学校名称上应冠以私立字样。

3.学校之校长，须为中国人，如校长原系外国人者，必须以中国人充任副校长，即为请求认可时之代表人。

4.学校设有董事会者，中国人应占董事名额之过半数。

5.学校不得以传布宗教为宗旨。

6.学校课程，须遵照部定标准，不得以宗教科目列入必修科。

七 新民主主义教育发端

（一）中国共产党领导下的工农教育

中国共产党成立后，始终重视工农教育，将其作为开展革命的有力武器。党的工农教育围绕着提高工农政治觉悟和文化水平的目标展开，而教育形式则多是因地制宜、灵活多样。

1. 工人教育

中国共产党领导的工人教育，是通过领导全国职工运动中的中国劳动组合书记部，并依靠各级工会开展的。1921年到1925年，许多中共党员深入工矿企业、铁路码头开展职工教育，并在开展工人运动的同时，进行多种形式的教育活动。北方最早创办的工人教育机构是长辛店劳动补习学校。南方则是由刘少奇于1921年在沪西小沙渡开办的劳动补习学校。国共合作后，又以国民党名义在上海工人集中地区开办了工人补习学校，开展工人运动。在各地的工人教育中，湖南地区的最具代表性。1925年后，工人教育在全国各地更为广泛地开展起来，各种形式的工人学校逐渐普及，有效地促进了工人运动的深入和北伐战争。

2. 农民教育

中国共产党在领导和发动工人运动的同时认识到，占中国绝大多数人口且深受帝国主义、封建主义压迫的农民，是工人阶级的天然盟友和同盟军，因此也把组织、教育农民作为一项重要工作。他们深入农村，以宣传教育的手段，组织农民，建立农会，开展斗争。

在农民运动最早兴起的广东海陆丰地区，也是农民教育最早开展的地区。湖南也是农民教育开展较早、较为普遍的地区。建党以后，有不少共产党人与进步人士一起在各地办农民补习学校，宣传革命。

农民运动的开展，有力地促进和保障了农民教育的发展。此外，在农民运动中提出的诸多纲领性的文件，如《农村教育决议案》，既促进了农民教育的蓬勃开展，也推进了农民运动本身。其指导方针、办学思想和不少实践经验，为后来中国共产党领导的农村革命根据地的教育事业，奠定了良好的基础。

（二）湖南自修大学（深大18名解）

1921年，由毛泽东、何叔衡发起创办，为共产党培养了许多干部。湖南自修大学以办"平民主义的大学"为办学宗旨。为实现其办学宗旨，自修大学实行了独特的教学制度、方法和课程。由于办学模式新颖，自修大学广受赞誉。1923年11月被湖南军阀赵恒惕以"学说不正，有碍治安"为由强制封闭。自修大学被封后，中共湖南省委筹办的湘江学校于1923年11月24日开学，自修大学大部分学员都转来学习。湘江学校分中学与农村师范两部，看似与普通中学相同，实则延续了自修大学的传统。湖南自修大学为中国共产党培养了大量的干部和革命的中坚力量，对中国人民的解放事业贡献巨大。

（三）上海大学

上海大学是中国共产党领导的又一类型的高等学校，创办于1922年。其办学目的是培养研究社会实际问题和建设新文艺的革命人才，因此在课程的设置上偏重政治和社会学。上海大学的教学采取教师授课与学生自学相结合的方式，尤其重视学生在认真读书、思考基础上的讨论。此外，上海大学鼓励学生投身于社会活动，如街头宣讲、夜校授课、工会工作等。上海大学办学五年，不仅宣传、教育了青年和民众，也培养了许多党的干部。

(四)国共合作时期的黄埔军校

黄埔军校是第一次国共合作的产物,建立在新三民主义的思想基础上,是一所新型的军事干部学校,培养了大批高级军事政治人才。其初期办学,具有以下特色:第一,贯彻新三民主义的办学宗旨,把政治教育放在首位,政治教育和军事教育相辅相成;第二,实行课堂教学与现实斗争相结合,将学生锻炼成革命军战士;第三,纪律严明,管理规范,从严治校。

中国共产党在黄埔军校初期倾注了大量人力,为军校发展做出了巨大贡献。黄埔军校也为中国共产党培养了许多高级将领。

(五)农民运动讲习所

农民运动讲习所创办于1924年,至1926年共办6届,是国共合作时期培养农民运动干部的学校,也是全国农民运动研究中心。农讲所根据办学目的和形势需要,采取短训班形式,每期3个月,课程与教学安排始终坚持马克思主义理论与实际斗争需要紧密联系的原则,采取课堂讲授与课外实习、自学与集体讨论、调查研究相结合的方式。农讲所先后培养了一千多名农民运动干部,为此后十年的土地革命播下火种。1927年,由于"白色恐怖",农讲所难以继续,学员撤离,成为南昌起义的骨干。

(六)李大钊的教育思想

1. 论教育的本质

出于马克思主义理论家的强烈党性和使命感,李大钊尝试运用历史唯物主义说明教育的本质问题,提醒人们正确认识教育与社会发展的关系。李大钊认为,教育受制于经济基础和政治,要想改造中国社会光靠教育本身的努力是不够的,最首要的也是最根本的是要解决经济基础问题。解决经济基础问题又要通过政治过程来现实,因此,教育和革命又该是双管齐下的。

2. 倡导工农大众的教育

(1)工人教育。新文化运动时期,以李大钊为代表的共产党人,提出了自己的平民教育主张——真正的工农劳苦大众的教育。李大钊认为在真正的平民主义社会中,劳工不仅应该获得政治上的选举权,经济上的分配权,还应该获得平等地受教育的权利。而这种权利只有通过阶级斗争建立工人阶级的政权后才能获得。但是,根据工人生产和生活的现状,必须先面对实际,去争取劳工的受教育机会。首先,要多设补助教育机关,以满足劳工获取知识的需求;其次,要缩短工人工时,以给工人时间去学习。

(2)农民教育。李大钊还敏锐地认识到劳工教育中农民教育的重要。中国共产党成立后,农民运动处于高潮时,李大钊提出农民教育同样有着提高文化知识和阶级觉悟两方面任务,在当时尤其应该进行反帝反封建教育,启发其阶级觉悟并进行工农联盟的政治教育。

李大钊工农教育的不少主张在新文化运动时期就已提出,事实上为中国共产党领导下的工农教育的兴起,做了理论准备。

3. 倡导青年教育

从新文化运动时期,作为青年的良师益友,李大钊始终关注青年问题,关心青年的教育和成长,他认为中国的命运是以青年的命运为命运。中国共产党成立后,他更明确地指出青年在社会改造中的使命,要求青年运动成为社会革命的先锋。

李大钊提出,青年要完成自己的历史使命,首先要树立正确的人生观,其次要磨炼坚强的意志,最后,青年必须走与工农相结合的道路。首先意识到青年在社会革命中的重要作用,意识到青年知识分子与工农结合的意义,是李大钊赋予青年教育问题的新涵义,其思想影响了此后青年教育的理论和实践。

（七）恽代英的教育思想

1. 论教育与社会改造

恽代英首先肯定了教育在改造社会方面的作用，但要使教育在这一方面发挥作用，关键在于要以社会改造的目的来办教育。他批判教育救国论，主张把改造教育与改造社会达成一片，认为教育与社会要有共同的改造理想，要把教育办成有计划、有目的的社会改造运动。他还强调，在当时的社会环境下，需要的是研究救国的革命人才而非纯粹的学术人才。

2. 论教育的改造

恽代英以社会改造为其教育改造的根本目的和依据，提出教育改造的新构想，该构想主要集中在儿童教育和中等教育上。

（1）<u>儿童教育的改造</u>。恽代英认为，儿童初生时无善恶之分，儿童的培养就是要正确引导其本能向着有益于个人和社会方面发展，关键在于引导。另一方面，要充分利用好学龄前儿童的丰富求知欲，引导他们主动学习知识和技能，以为日后学校教育打好根基。为了教育好儿童，恽代英主张实行儿童公育，设立专门机构，使儿童刚出生就能受到良好的公共教育。但他也指出，儿童公育只有在社会彻底改造后才能真正实现。

（2）<u>中等教育的改造</u>。恽代英中学教育的思想，切中了当时中学教育的弊端，触及了不少中学教育的理论和实践问题，推动了20世纪20年代中国中学教育的进步。主要体现在以下四点：

①<u>中学教育的目的</u>。中学教育应该培养一般国民必须的最低限度的独立生活的知识和技能，是养成一般中等国民应有的品格、知识、能力的教育，是养成健全公民的教育，中学教育要使毕业生升学就业两不误。

②<u>中学的课程</u>。恽代英主张课程要让中学生有更多的时间学习读书、写字、算账等必要技能，自然科学常识和历史、地理、政治、经济概要。强调课程设置要以培养健全公民的需要为主，尤其强调学以致用。

③<u>中学的教科书</u>。教科书的改革要遵循自学辅导的指导思想，叙述详明，附参考书目和思考题，便于自学；以归纳法编撰，通过提供事实，让学生自己得出结论；强调学科间的联系；讲究学以致用等原则。

④<u>中学的教学方法</u>。恽代英提倡用自学辅导法取代传统的注入式教育。自学辅导法的要点是强调自学，在学生自学过程中培养自学习惯和自学能力。

【名校真题】

名词解释

1. "五育"并举（华中师范大学 2018）
2. 平民教育思潮（山东师范大学 2017）
3. 壬戌学制（杭州师范大学 2021）
4. 湖南自修大学（深圳大学 2018）

简答题

1. 中华民国临时政府教育部的教育改革内容（南京师范大学 2018）
2. 新文化运动抨击传统教育，促进教育变革体现在哪里（华中师范大学 2019）
3. 我国二十世纪二三十年代的教育思潮（湖南师范大学 2020）

4. 简述1922年"新学制"中对中等教育的改革举措（南京师范大学2020）

论述题

1. 评述蔡元培"思想自由，兼容并包"的思想、教育实践及影响（北京师范大学2021）
2. 论述洪堡的高等教育改革与蔡元培北京大学改革的主要内容，并比较其异同（华中师范大学2021）
3. 五四新文化运动时期西方教学理论在中国的传播（福建师范大学2020）
4. 试析壬戌学制的特点和意义（河南师范大学2017）

第十章 南京国民政府时期的教育

考频分析

一 教育宗旨与教育方针的变迁
　　（一）党化教育
　　（二）"三民主义"教育宗旨
　　（三）"战时须作平时看"的教育方针
二 教育制度改革
　　（一）大学院和大学区制的试行
　　（二）"戊辰学制"的颁行
三 学校教育的管理措施
　　（一）训育制度
　　（二）中小学校的童子军训练
　　（三）高中以上学生的军训
　　（四）推行导师制
　　（五）颁布课程标准，实行教科书审查制度
　　（六）实行毕业会考
四 学校教育的发展
　　（一）幼儿教育
　　（二）初等教育
　　（三）中等教育
　　（四）高等教育
　　（五）抗日战争时期的学校西迁

0　　2　　4　　6　　8　　10

章节框架

南京国民政府时期的教育
- 教育宗旨与教育方针的变迁
  - 党化教育
  - "三民主义"教育宗旨
  - "战时须作平时看"的教育方针
- 教育制度改革
  - 大学院与大学区制的试行
  - "戊辰学制"的颁行
- 学校教育的管理措施
  - 训育制度
  - 中小学校的童子军训练
  - 高中以上学生的军训
  - 推行导师制
  - 颁布课程标准，实行教科书审查制度
  - 实行毕业会考
- 学校教育的发展
  - 幼儿教育
  - 初等教育
  - 中等教育
  - 高等教育
  - 抗日战争时期的学校西迁

一 教育宗旨与教育方针的变迁

（一）党化教育

1924 年，孙中山改组国民党，强调政治上一切举措都以党纲为依据，教育也不例外，党化教育由此推衍而出。党化教育就是在国民党指导下，求得教育的"革命化""民众化""科学化""社会化"，即把教育方针建立在国民党的根本政策之下，按国民党的党义和政策的精神重新改组学校课程，不仅造就各种专门人才，尤其要使学生走出学校后都能做党的工作。

（二）"三民主义"教育宗旨

由于"党化教育"受到进步人士的抨击，国民党内部对"党化教育"的解释也有分歧。1928 年第一次全国教育会议上就"党化教育"一词的来源和含义发生了争执，大会决定以"三民主义教育"代替"党化教育"，通过了《三民主义教育宗旨说明书》，解释三民主义教育"就是以实现三民主义为目的的教育，就是各级教育行政机关的设施，各种教育机关的设备和各种教学科目，都是以实现三民主义为目的的教育"。

1929 年由南京国民政府正式以《中华民国教育宗旨及其实施方针》通令颁行，其宗旨为："中华民国之教育，根据三民主义，以充实人民生活，扶植社会生存，发展国民生计，延续民族生命为目的；务期民族独立，民权普遍，民生发展，以促进世界大同。"

"三民主义"教育宗旨的颁行对教育的稳定发展起到了一定作用，但这一方针的本质是维护国民党的一党专政，在实际执行中也大打折扣。

（三）"战时须作平时看"的教育方针

抗日战争爆发后，国民政府提出了"战时须作平时看"的教育方针，颁布了"一切仍以维持正常教育"为主旨的《总动员时督导教育工作办法纲领》。他们一方面采取一些战时的教育应急措施，另一方面强调维持正常的教育和管理秩序。

国民政府还提出了战时教育的九大方针和十七项要求，具体规定了教育实施原则。"战时须作平时看"的教育方针不是一项短视的重要决策，它既顾及了教育为抗战服务的近期任务，也考虑了教育为战后国家建设和发展的远期目标，使得教育事业在艰苦卓绝的战争环境中仍能有所发展。

二 教育制度改革

（一）大学院和大学区制的试行（福师17名解）

1927年，国民党中央设中华民国大学院主管全国教育，地方试行大学区。随后，国民政府任命蔡元培为大学院院长，公布了《中华民国大学院组织法》。根据大学院组织法规定，大学院为全国最高学术教育机关，隶属国民政府，管理全国学术和教育行政事宜。

1928年，国民政府公布《修正大学区组织条例》，规定全国各地按教育、经济、交通等状况划分为若干个大学区，每区设大学1所，大学设校长1人负责大学区内一切学术和教育行政事务。大学区制先在江苏、浙江、河北三省试行，取得经验后推广到全国。

大学院和大学区制试行不到两年即宣布废除，其根本原因在于它们的原则和精神违背了国民党政府的官僚专制体制。但蔡元培在文化教育这一学术人才最为密集的领域首倡行政、学术一体化，以提高行政决策的科学性和独立性，其方向是值得肯定的。

（二）"戊辰学制"的颁行

南京国民政府成立后，出于推行"三民主义"教育的需要，又动议修订学制系统。1928年，在中华民国大学院第一次全国教育会议上，以1922年新学制为基础略加修改，提出了《整理中华民国学校系统案》，即"戊辰学制"。该学制分为原则和组织系统两部分。第一部分提出七项原则，分别是：①根据本国实情；②适应民生需要；③增高教育效率；④提高学科标准；⑤谋个性之发展；⑥使教育易于普及；⑦留地方伸缩之可能。第二部分为学校系统。

三 学校教育的管理措施

（一）训育制度

训育制度是国民政府在学校里进行常规政治思想教育和实行管理的基本组织形式。1929年，国民政府颁布《中小学训育主任办法》，设立训育主任和训育人员，专事考查学生的思想、言论和行动，在全国中小学实现训育制度。从实施训育制度起，国民政府历年所颁有关训育的法令法规多达数十个，详细规定训育的实施。全面抗日战争爆发后，国民党对各级各类学校的训育更为加强。

国民政府统治时期所建立的学校训育制度，虽也有一些道德教育的价值，但主要还是维护专制独裁统治。其所提倡的一些道德规范，不少属于旧道德范畴，在观念上的倒退显而易见。

（二）中小学校的童子军训练

作为对学生训育的组成部分，国民政府在小学和初中实行童子军训练，在高中以上学校实行军事教育和军事训练，以养成儿童青少年服从的意识、划一的习惯、团体的精神和军事的技能。

童子军是一种使儿童少年接受军事化教育、训练的组织形式，于民国初年传入中国。1928年，国民党中央常务会议通过《中国国民党童子军总章》，规定以"三民主义"培养青年。1933年，中国童子军总会筹备处公布《中国童子军总章》，其中规定中国童子军以"忠孝仁爱信义和平为训练之最高原则"，以"智、仁、勇"为教育目标。1934年，中国童子军总会正式成立。此后一直到全面抗日战争爆发，国民政府又颁布了一系列有关童子军的管理办法，到1939年，童子军组织已经扩大到社会范围。

（三）高中以上学生的军训

1927年，南京国民政府通过的《国民政府教育方针草案》提出"各学校要增设军事训练"。

1929年，教育部颁发《高中以上学校军事教育方案》，规定高中以上学校军事科为必修科目，每年度每周3课时，每年暑假连续三星期的集中训练。1933年，蒋介石下令国民政府各部门："凡高中以上学校学生军训不合格者，不得补考、投考大学"。这就将军训作为完成学业和升学的必要条件。抗战胜利后，对学校学生的军训也在加强。1946年，国民政府国防部成立，学生军训改归国防部领导。

当时中国国难当头，出于抗击侵略，维护国家安全和发展的考虑，对大中学生进行国防教育和一定的军事训练，确有其必要性，而且对于增强学生的爱国情感、民族责任心有教育意义。然而，国民党政府却使其逐步变为控制学校和学生的手段，变成专制政治的工具。

（四）推行导师制

导师制是训育制度的一部分，其主要目的是为了进一步控制学生，强化训育。1938年，教育部公布《中等以上学校导师制纲要》，规定在中等以上学校中推行导师制度。1939年，又公布《切实推进导师制办法》，予以促进。规定：

（1）中等以上学校每一年级学生分成若干组，由校长指定专任教师一人为导师，学校设主任导师或训育主任一人，总领全校训导。

（2）导师对学生的思想、行为、学业和身体，均应体察，作详细记录，按月报告训导处和家长。

（3）训导方式除个别谈话外，还可有本组学生的谈话、讨论。

（4）学生不堪训导，由学校除名。

（5）学生毕业，必须有导师的"训导证明书"。

（6）导师授课时数可酌减，但不减待遇。

（五）颁布课程标准，实行教科书审查制度

1. 颁布课程标准

1932年，教育部正式颁发《小学课程标准》，分别就小学初、高两级的课程目标、内容等作了规定，并要求将"党义"课教材融化于国语、自然、社会等科目中，另设有"公民训练"课以实施训育。同年11月又颁发《中学课程标准》，对初、高中课程分别作出了规定。为落实和加强小学公民训练课程，1933年，教育部公布《小学公民训练标准》，从公民的体格训练、德性训练、经济训练、政治训练等方面，按小学六学年分281个细目，逐年规定了训练要求。

为统一规范全国公私立大学的培养工作，从1938到1948年间，教育部召开了三次全国大学课程会议，先后颁发了文、理、法、医、农、工、商、师范8个学院的共同必修科目、分系必修科目

和选修科目表，强调基础训练、基本要求和扩大知识面。

国民政府教育部颁定大、中、小学校的课程标准，并十分强调课程的统一性和规范性，不允许学校有自主权，尤其是将公民、党义、"三民主义"、童子军训练、军训等硬性规定为必修科目，实际上是为了强化对学校教育的控制。但是，颁定课程标准又规定了学校教学的基本要求，有益于规范教学工作，保证教学质量。

2. 实行教科书审查制度

中华民国成立之初，南京临时政府教育部颁发的《普通教育暂行办法》规定，各种教科书必须合乎民主共和之精神，禁用清学部颁行的教科书，要求各书局删改教科书中涉及清政府教育精神和制度的有关内容，并于1912年颁布《审定教科用图书规程》，规定中、小学校和师范学校教科用书，允许人们自行编辑，但须经教育部审定，以供出版选用。这就是民国的教科书审定制度。

国民政府建立和完善教科书审查制度，贯穿了思想控制的意图，力图借助教科书贯彻国民党的党义和"三民主义"精神。但是，教科书编审制度的建立，也对全国教科书的编写、出版起到规范作用，尤其是在教授专家学者、富有实践经验的学校教师、校长和出版界有识之士的共同努力下，国民政府时期的确出版了为数不少的优秀教科书，提供了不少教材编纂经验。

（六）实行毕业会考

1932年起，教育部开始整顿全国教育，<u>重点在中等教育</u>。<u>中学毕业会考是整顿的重要措施与内容之一</u>。1932年，教育部公布《中小学毕业会考暂行规定》，通令各省市县教育行政主管部门对所属公立及已立案的私立中小学应届毕业生，在经过所在学校考试合格后实行会考。1933年，教育部公布《中学毕业会考规程》并废除《中小学毕业会考暂行规定》，这实际上是取消了小学生的毕业会考。中学实行毕业会考后，国民政府继续将这种这种做法向其他教育领域推广，包括师范学校、专科学校。

作为一个区域辽阔、各地区经济、文化、教育发展极不平衡的国家，建立统一的会考制度，客观上对整齐各地各校的教学水平和教学质量有一定的作用。而且，通过会考建立一种中学教育阶段培养和学校办学的合格认定制度，也不是全无是处。但是，南京国民政府通过会考，使之成为对学生和学校的严格管控的手段，使之成为学生的羁绊而令其无暇无力旁顾，使之成为政府对学生求职就业的操控，这些目的才是最主要的。这种意图在师范学校和大专院校的总考制中体现得更为明显。

四 学校教育的发展

（一）幼儿教育

1929年，教育部颁发《幼稚园课程暂行标准》，成为指导全国各类幼稚园课程建设和实施的纲领性文件。在此基础上，1932年，教育部颁布《幼稚园课程标准》，规定幼稚教育的目的为："增进幼稚儿童身心的健康"，"力谋幼稚儿童应有的快乐和幸福"，"培养人生基本的优良习惯"。当时，幼稚园多采用西方的设计教学法，办园形式以半日制为主。随后教育部又颁布实施了一系列有关幼儿教育的法规，使得各级政府管理幼稚园有据可依、有章可循，保证了幼稚园的健康发展。

中国幼儿教育的起步阶段，多是模仿国外的做法，很少有符合本国国情的。1923年，陈鹤琴在南京创设了<u>我国第一所实验幼稚园——鼓楼幼稚园</u>，开创了中国幼儿教育实验研究之风，使幼儿教育走上了中国化、科学化的道路。在实验的基础上，拟定了《幼稚园课程暂行标准》，并被教育部颁行全国，中国有了自己的幼儿教育标准。

（二）初等教育

国民政府时期的初等教育可以分为三个时期。

（1）稳定发展时期。该时期国民政府以"三民主义"为宗旨，加强对初等教育的控制，同时教育建设实行法制化，保障了教育发展，民国初等教育基本定型。

（2）抗日战争时期。由于国民政府提出"抗战建国"的口号，实施国民教育制度，初等教育在时局动荡中仍能维持一定发展。

（3）抗战胜利后。国民党悍然发动全面内战，国民教育的实施受到扼杀，初等教育同样走向衰败。

（三）中等教育

国民政府时期的中等教育也先后经历三个发展阶段。

（1）统治的最初十年，通过一系列中等教育法规的颁布，保证了中等教育的发展。发展主要体现于中等教育内部结构的调整，而非数量的增加。

（2）抗战时期，由于采取"抗战建国"方针，中学数量增长较快。

（3）抗战胜利后，全国中学数量达到最高点。

（四）高等教育

国民政府时期的高等教育也是先后分为三个阶段。

（1）统治的前十年，稳步发展，逐步定型。

（2）抗日战争爆发后的一段时间，开始下挫。

（3）抗战胜利后，高等教育进行了复原工作，大学学校和学生数量都达到最高点。

（五）抗日战争时期的学校西迁

全面抗战爆发后，中、高等教育损失巨大。但国民政府在"战时须作平时看"政策的指导下，一定程度上维持了中、高等教育的稳定和发展。

在中等教育方面，由于沦陷区师生流亡到大后方日益增多，国民政府设立国立中学予以安置，前后创办国立中学34所，大多设置在西南、西北地区。

在高等教育方面，为保存国家教育实力，国民政府将沿海著名的大学西迁，高等教育的基本力量得到保存，还获得了一定的发展。一方面，一些原有著名大学经过合并组合，使各自的优良传统和学科优势得以发扬和互补，形成新的特色，如由北大、清华、南开合并而成的西南联合大学；另一方面，在西南、西北新设和改制了一些大学，如新设的江西中正大学、贵州大学等，由省立改国立的云南大学、广西大学等，由私立改国立的厦门大学、复旦大学等。至1938年底，共迁址调整大学55所，为中国教育保存了一批精英力量。

【名校真题】

名词解释

1. 大学院（福建师范大学2017）

第十一章 中国共产党领导下的革命根据地教育

考频分析

一 新民主主义教育方针的形成
　（一）苏维埃文化教育总方针
　（二）抗日战争时期中国共产党的教育方针政策
　（三）"民族的、科学的、大众的"文化教育方针
二 革命根据地的干部教育
　（一）干部在职培训
　（二）干部学校教育
　（三）中国人民抗日军政大学
三 革命根据地和解放区的群众教育和学校教育
　（一）群众教育
　（二）根据地的小学教育
　（三）解放区中小学教育的正规化
　（四）解放区高等教育的整顿与建设
四 革命根据地和解放区教育的基本经验
　（一）教育为政治服务
　（二）教育与生产劳动相结合
　（三）依靠群众办教育

章节框架

- 中国共产党领导下的革命根据地教育
  - 新民主主义教育方针的形成
    - 苏维埃文化教育总方针
    - 抗日战争时期中国共产党的教育方针政策
    - "民族的、科学的、大众的"文化教育方针
  - 革命根据地的干部教育
    - 干部在职培训
    - 干部学校教育
    - 中国人民抗日军政大学
  - 革命根据地和解放区的群众教育和学校教育
    - 群众教育
    - 根据地的小学教育
    - 解放区中小学教育的正规化
    - 解放区高等教育的整顿与建设
  - 革命根据地和解放区教育的基本经验
    - 教育为政治服务
    - 教育与生产劳动相结合
    - 依靠群众办教育

一 新民主主义教育方针的形成

（一）苏维埃文化教育总方针

1931年，中华苏维埃共和国宣告成立。第一次全国工农兵代表大会通过的《宣言》中，明确提出了苏维埃政权的教育方针，"工农劳苦群众，不论男子和女子，在社会、经济、政治和教育上，完全享有同等的权利和义务"；"取消一切麻醉人民的封建的、宗教的和国民党的三民主义教育"。

1934年，毛泽东在第二次全国苏维埃代表大会的工作报告中，具体、明确地表述了苏维埃文化教育的方针："在于以共产主义的精神来教育广大的劳苦民众，在于使文化教育为革命战争与阶级斗争服务，在于使教育与劳动联系起来，在于使广大中国民众都成为享受文明幸福的人。"这一表述合乎苏区斗争的实际条件和实际需要，具有民族的、科学的、大众的和革命的基本特征，是中国共产党对新民主主义教育方针最初的、较为明确的表述。这既是对整个苏区教育实践的总结，也为它的进一步发展和以后抗日战争、解放战争时期革命根据地的教育事业，奠定了理论基础。

（二）抗日战争时期中国共产党的教育方针政策

1937年，毛泽东在中共洛川会议上通过的《抗日救国十大纲领》中的第八条提出"抗日的教育政策"为："改变教育的旧制度、旧课程，实行以抗日救国为目标的新制度、新课程。" 1938年，毛泽东在中国共产党六届六中全会上所作《论新阶段》的报告中，将抗战时期的教育政策论述得更为具体。他指出："在一切为着战争的原则下，一切文化教育事业均应使之适合战争的需要"。据此提出了培养大批干部的思想，又发展成"干部教育第一，国民教育第二"政策。

毛泽东关于抗战教育基本政策的论述，延续了苏区教育总方针的基本精神，而更为强调教育与民族解放战争的结合。该论述成为抗战时期抗日民主根据地教育的指导思想，也成为中国共产党制定抗战时期教育方针政策的依据之一。

（三）"民族的、科学的、大众的"文化教育方针

1940年，毛泽东在《新民主主义论》中提出新民主主义文化教育方针，即民族的、科学的和大众的文化教育。

（1）"民族的"。指新民主主义教育是反对帝国主义压迫，主张中华民族的独立和尊严，带有民族特性的教育。

（2）"科学的"。指新民主主义教育是反对一切封建、迷信思想，主张实事求是，主张客观真理，主张理论与实践统一。对于中国传统教育，取其精华，去其糟粕。

（3）"大众的"。指新民主义教育是为全民族百分之九十以上的工农劳苦民众服务的，并逐渐成为他们的教育，因而又是民主的。

新民主主义教育方针的提出，对抗日民主根据地和此后阶段新民主主义革命时期的教育产生了实际影响。抗日民主根据地和以后解放区的一系列行之有效的教育方针政策，都是新民主主义教育方针的具体化。

二 革命根据地的干部教育

（一）干部在职培训

在职培训和干部学校是干部教育的两大基本形式。在职培训在苏维埃革命根据地时期就已经普遍开展，目的是提高在职干部的水平或训练某种专业人员，通过干部培训班、在职干部学校实施。

（二）干部学校教育

干部学校是在1931年苏区政权逐步稳定后由一些干部训练班和随营学校发展而来的。1933年后，建立了一批重要的高级干部学校，如马克思共产主义大学、苏维埃大学等。抗战时期，在陕甘宁边区的中心延安，干部教育得到迅速发展，逐渐形成了较完整的干部教育体系，逐渐建立起培养各类干部的学校，包括党政、军事、医药、师范、艺术、农业等各方面。其中比较有影响的有中共中央党校、陕北公学、鲁迅艺术学校、延安大学等。

（三）中国人民抗日军政大学（河南20名解）

中国人民抗日军事政治大学简称"抗大"，是在中国共产党和毛泽东直接领导和关心下创建和发展起来的。1936年，西北抗日红军大学在陕北瓦窑堡成立，1937年改名为中国人民抗日军事政治大学，迁往延安。从西北抗日红军大学到抗大，总校先后办了8期，同时还办了12所分校，培养了20多万军政干部。这是一所培养抗日军政干部的学校，是抗日民主根据地干部学校的典型。

（1）抗大的教育方针：坚持正确的政治方向，艰苦朴素的工作作风，灵活机动的战略战术。

（2）抗大的宗旨：训练抗日救国军政领导人才。

（3）抗大的校训：团结、紧张、严肃、活泼。

（4）抗大的学风：理论联系实际。

（5）抗大的政治思想教育：①帮助学生把握马克思列宁主义，克服小资产阶级思想；②教育学生有组织性、纪律性，反对无政府主义和自由主义；③教育学生要深入基层实际工作，反对轻视实际工作经验的态度；④教育学生接近工农、服务工农，反对看不起工农的意识。

（6）抗大的教学方法：抗大创造了一套从实际出发、生动活泼的教学形式和方法，包括启发式、研究式、实验式、"活"的考试。

三　革命根据地和解放区的群众教育和学校教育

（一）群众教育

由于苏维埃根据地经济文化落后，影响到根据地的发展，苏维埃政策积极采取各种形式来帮助群众识字，提高其文化水平。苏区的成人群众教育分为军队和地方两种，教育形式不拘一格，灵活多样，将土地革命、马克思主义的宣传同普通群众性识字、学文化运动结合起来，利用生产闲暇时间进行文化教育活动。

抗日根据地的教育继承了土地革命时期苏区教育的传统，主要有冬校、夜校、雨校、半日识字班、民教馆等。群众教育的目的一方面是扫除文盲，另一方面让一般群众理解战争、配合战争、参与战争。

（二）根据地的小学教育

抗日根据地小学分为两类：第一类是巩固地区的小学。巩固地区是指在政治、军事、经济等各方面基本上都被我方控制的地区。在这类地区，一般都设有为抗战服务、在形式上比较正规的小学。第二类是近敌区和游击区的地区。在这些地方，为了反抗敌人的奴化教育，争夺下一代，办有抗日两面小学和抗日隐蔽小学。

抗日根据地的小学教育较之苏区时期发展得更为成熟。在办学思想、办学形式、教育内容等方面形成了不少经验和特点，成为革命老区的教育传统，影响了以后的教育。

（三）解放区中小学教育的正规化

1948年，解放全中国的态势已经形成。新的形势要求教育事业既要考虑解放战争继续发展对各种干部的迫切需要，也要考虑为顺利地接管各地乃至全国政权和全国解放后大规模的经济建设准备后继人才，保护和发展解放区的各级各类学校，恢复和开展系统的文化科学知识和技能的教育。这成为新的时代任务，学校正规化问题再次提到教育工作的日程上。

由于解放战争即将胜利的形势对人才要求的特殊性，学校正规化工作是从中等学校开始的。随后，各解放区又参照中等教育改革精神，开始对小学教育的正规化进行了酝酿和探索。通过当时教育正规化的工作，普通中小学有很大的发展。教育正规化问题的提出和落实，标志着教育开始有意识地从为革命战争服务转移到为和平建设事业服务上来。

（四）解放区高等教育的整顿与建设

解放战争呈现夺取全国胜利之势时，毛泽东把造就大批管理干部的任务提上日程。造就管理干部的重要途径是高等教育。解放区高等教育的整顿和建设是从以下三方面开展的。

1. 办抗大式训练班

随着解放区的迅速扩大，接管大量学校，大批原有教师和学生被妥善安置。为适应解放事业的需要，须逐步加强对他们的思想教育和思想改造。中共中央提出通过办理抗大式培训班来逐批对知识青年进行短期政治教育；训练班规模必须逐步扩大，争取大多数知识分子都能接受一切政治训练。

2. 解放区原有的大学进一步正规化

出于培养有革命思想与科学技术知识的管理干部和"自己的高级知识分子"的目的，解放区原有的一些较为正规的大学，要求进一步正规化，1939年创办于延安的华北联合大学就是其中的典型。

3. 创办新大学

解放战争中，东北解放区最先成为稳固的后方，加之东北在全国工业基地的重要地位，经济建设已着手开展。高等教育的大规模整顿和创办新大学，也最先从东北开始。整顿的形式主要是在旧大学的基础上，建立培养各类人才的新大学，如培养经济建设人才的沈阳工学院、培养中学师资的东北大学、培养行政干部的东北行政学院等。东北解放区高等教育建设是解放战争后期解放区高等教育改革的代表，并揭开了人民共和国高等教育建设的序幕。

中华人民共和国建立前夕解放区高等教育的整顿和建设，是中国革命由暴风骤雨般的武装斗争向大规模的经济建设、文化建设转变过程中的产物，其意义不只是表面上的实行正规化教育制度，更意味着新民主主义教育事业发展的深入。

四 革命根据地和解放区教育的基本经验 ★★

（山师21，华中20，浙师19，陕师17简答；安师17论述）

（一）教育为政治服务

在当时特定的时代环境下，最大的政治是以武装斗争的手段去夺取民族民主革命的胜利，而动员广大人民群众投入革命战争、支援革命战争，并最大限度地提高人民军队干部战士的觉悟，是中国共产党面临的中心任务。革命根据地的教育正是围绕着这一中心任务展开的，教育的功能得到了最大限度的发挥。主要表现在以下几方面：

（1）在安排各类教育的发展时，正确处理了特定环境下的轻重缓急，保证了最迫切需要的满足，将干部教育作为优先，国民教育作为次要。

（2）在教育内容的确定上，始终服从了战争的需要，注重形势教育、对敌斗争教育、阶级斗争教育、纪律教育、群众路线教育。

（3）在教育教学的组织安排上，也充分考虑到战争条件和政治需要。在学制方面，因时、因地制宜；课程安排少而精，以切合战争需要为主；教学形式和方法更强调教学内容的联系实际斗争和工作，并在战斗中工作和学习。

此外，根据地的干部学校、军事学校乃至一般中小学，均不同程度地采取军事化管理形式，强化教育工作和教育对象对战争环境的适应性。

（二）教育与生产劳动相结合（重师21简答）

根据地教育的基本任务是彻底改变建立在封建生产关系之上、以脱离农村生产生活实际为特征、以培养精神贵族为目的的文化教育。同时，根据地工作虽以战争为主，但也需要积极发展生产，以保障前线和后方基本的物质需求。因此，根据地学生将教育与生产劳动相结合，就有着特定的历史意义，主要体现在：第一，教育内容紧密联系当时当地的生产和生活实际，进行劳动习惯和观点、劳动知识和技能的教育；第二，教育教学的组织形式和时间安排注意适应生产需要；第三，要求学生参加实际的生产劳动，这不仅具有教育意义，也具有经济意义。

（三）依靠群众办教育

根据地教育之所以能在严峻的战争环境中、困难的经济条件下办得生气勃勃，其重要原因就是依靠群众办学，发掘了蕴藏在人民群众中巨大的教育能量。

毛泽东总结出群众路线有两条原则，一是要满足群众的需要，二是要出于群众的自愿。依据群众需要，出于群众自愿，并实行民办公助的政策，成为根据地教育的巨大动力。依靠群众办教育加强了学校与群众的联系，争取了群众对学校的支持和监督，有利于学校在边区人民群众中生根，加强了学校的民主管理，大大提高了群众办教育的积极性，促进了根据地教育的发展。

【名校真题】

名词解释

1. 中国人民抗日军事政治大学（河南师范大学 2020）

简答题

1. 简述中国共产党在革命根据地中教育与劳动相结合的做法（重庆师范大学 2021）
2. 试论革命根据地教育经验的现代价值（安徽师范大学 2017）

第十二章 现代教育家的教育理论和实践探索

考频分析

一 杨贤江的马克思主义教育理论
（一）论教育的本质
（二）论教育的功能
（三）"全人生指导"与青年教育
二 黄炎培的职业教育思想与实践
（一）倡导学校教育的"实用主义"
（二）职业教育的探索
（三）职业教育思想体系
三 晏阳初的乡村教育实验
（一）以县为单位的教育实验
（二）"四大教育"与"三大方式"
（三）"化农民"与"农民化"
（四）晏阳初教育思想和实践的评价
四 梁漱溟的乡村教育建设
（一）立足于文化传统的乡村建设实验
（二）乡村建设和乡村教育理论
（三）乡村教育的实施
（四）梁漱溟和晏阳初的教育思想比较
（五）梁漱溟乡村教育思想和实践评述
五 陶行知的"生活教育"思想与实践
（一）为祖国、为民众、为儿童探索教育的一生
（二）生活教育实践
（三）"生活教育"思想体系
（四）陶行知和杜威教育思想的比较
六 陈鹤琴的"活教育"探索
（一）幼儿教育和儿童教育探索
（二）"活教育"实验
（三）"活教育"思想体系
（四）"活教育"思想的评价

章节框架

现代教育家的教育理论和实践探索
- 杨贤江的马克思主义教育理论
  - 论教育的本质
  - 论教育的功能
  - "全人生指导"与青年教育
- 黄炎培的职业教育思想与实践
  - 倡导学校教育的"实用主义"
  - 职业教育探索
  - 职业教育思想体系
- 晏阳初的乡村教育实验
  - 以县为单位的教育实验
  - "四大教育"与"三大方式"
  - "化农民"与"农民化"
  - 晏阳初教育思想和实践的评价
- 梁漱溟的乡村教育建设
  - 立足于文化传统的乡村建设实验
  - 乡村建设和乡村教育理论
  - 乡村教育的实施
  - 梁漱溟和晏阳初的教育思想比较
  - 梁漱溟乡村教育思想和实践评述
- 陶行知的"生活教育"思想与实践
  - 为祖国、为民众、为儿童探索教育的一生
  - 生活教育实践
  - "生活教育"思想体系
  - 陶行知和杜威教育思想的比较
- 陈鹤琴的"活教育"探索
  - 幼儿教育和儿童教育探索
  - "活教育"实验
  - "活教育"思想体系
  - "活教育"思想的评价

一　杨贤江的马克思主义教育理论 ★

（一）论教育的本质

杨贤江是中国最早的马克思主义教育理论家和青年教育家。运用历史唯物主义阐明教育的本质，是杨贤江教育思想的重要内容，也是他对中国当代教育理论的一大贡献。杨贤江在《新教育大纲》中，对"教育是什么"这个关乎教育本质的问题作了开宗明义的说明，他说："教育为'观念形态的劳动领域之一'，即社会的上层建筑之一"。它与法律、政治、宗教、艺术、哲学等观念形态的领域一样，建立于经济基础之上，取决于经济基础，又反作用于经济基础。教育是上层建筑的同时，也是劳动力再生产的手段，具有双重属性。

（二）论教育的功能

杨贤江批判了"教育神圣说""教育清高说""教育中正说""教育独立"等观点，并驳斥"教育万能说""教育救国论""先教育后革命论"。他认为要改革当时不合理的社会制度，只有进行革命。在革命中，教育应当作为革命武器之一；革命胜利后，教育便应当促进建设社会主义社会。

（三）"全人生指导"与青年教育（浙师18名解；华南21论述）

杨贤江的青年教育体现在两方面，一是对青年问题的分析，二是对青年进行"全人生的指导"。

1. 对青年问题的分析

杨贤江认为，青年期是人的身心发展显著而重要变化的时期，对个体发展及其关键，或向上，或堕落，人生很大程度取决于此时。同时，青年问题也不仅是个体身心问题，更是社会问题最集中、最尖锐的反映。青年问题的产生是正常现象，只要正确教育和指导，完全可以将青年引上正途。

所谓青年问题，就是青年生活上所发生的困难或变态。杨贤江考察了当时青年中存在的问题，发现主要有：人生观、政治见解、求学、生活态度、职业、社交、家庭、经济、婚姻、生理和常识方面的问题等。

2. 对青年进行"全人生的指导"

"全人生指导"就是对青年进行全面关心、教育和引导，即不仅关心他们的文化知识学习，同时对他们生活中各种实际问题给以正确的指点和疏导，使之在德、智、体诸方面都得以健康成长，成为一个"完成的人"，以适社会改进之所用。具体体现在：第一，指导青年树立正确的人生观，这是杨贤江青年教育思想的核心；第二，旗帜鲜明地主张青年要干预政治，投身革命；第三，强调青年必须学习，这是青年的权利与义务；第四，对青年的生活也提出了指导性意见。

与同时代教育家相比，杨贤江的独特建树表现在两方面：其一，他致力于中国的马克思主义教育理论建设，创造性地阐述了教育本质问题，并贡献出像《教育史ABC》《新教育大纲》这样的名著；其二，他致力于中国的青年教育，提出了"全人生指导"的青年教育思想，对当时一代青年的健康成长影响非常大。

> [拓展知识]
>
> 《新教育大纲》（广师21名解）
>
> 我国新民主主义革命时期，杨贤江于1930年以李浩吾的化名撰著的《新教育大纲》出版。这是我国第一本试图用马克思主义的观点论述教育的著作。该书论述了教育的本质和作用，认为教育是社会上层建筑之一，是营谋社会生活的手段，是阶级斗争的工具，在教育理论上起到了一定的启蒙作用。

二 黄炎培的职业教育思想与实践 ★★

（一）倡导学校教育的"实用主义"

黄炎培是中国近现代著名的爱国主义者和民主主义教育家，是我国近代职业教育的创始人和理论家。他以毕生精力奉献于中国的职业教育事业，为改革脱离社会生活和生产的传统教育，建设中国的职业教育，做出了重大贡献。

洋务教育和维新教育的相继推进，促成了20世纪初清政府的教育改革。其中，普通教育和实业教育是两个热点。但是十年以后，普通教育发展速度远高于实业教育，两者比例极不相称。黄炎培于1913年在《教育杂志》上发表《学校教育采用实用主义之商榷》，对"癸卯学制"颁布以后中国教育，尤其是普通教育发展中的问题做了考察。他指出，学生在学校所受到的道德、知识、技能训练，走上社会以后毫无用处。从理论上论证了改革普通教育、加强学校教育与个人生活和社会需要之间联系的必要性。该文发表后，在民国初年的教育界激起强烈反响，形成早期实用主义教育思潮，引发人们教育观念的变化。

（二）职业教育的探索

一战爆发后，我国的民族资本主义迅速发展，要求补充各种技术和管理人员，人才急需与乏才可用的矛盾突出，也暴露了在新形势下学校教育与社会需要的严重不适应。在此期间，黄炎培开始探寻中国教育弊端根源及其救治之道，作了数次国内外教育考察，提倡一种融教育与职业为一途的新教育形式的念头随之萌发，并开始从提倡实用主义教育逐渐转向提倡职业教育。

1917年，中华职业教育社成立后发表的《中华职业教育社宣言书》，标志着以黄炎培为代表的职业教育思潮的形成。此后，黄炎培职业教育思想不断发展、成熟。

（三）职业教育思想体系（南师21，广师17简答；宁波21，华中18，重师17论述）

1. 职业教育的作用与地位

（1）作用。职业教育的功能就其理论价值而言，在于"谋个性之发展"；"为个人谋生之准备"；"为个人服务社会之准备"；"为国家及世界增进生产力之准备"。就其教育和社会影响而言，在于通过提高国民的职业素养，确立社会国家的基础。就其对当时中国社会的作用而言，在于有助于解决中国最大、最重要、最急需解决的人民生计的问题，消灭贫困，并进而使国家每一个公民享受到基本的自由权利。

（2）地位。职业教育在学校教育制度上的地位是一贯的、整个的和正统的。"一贯的"，是指应建立起从初级到高级的职业教育系统。"整个的"，是指不仅在学校教育体系中要有一个独立的职业教育系统，其他各级各类教育也要与职业教育相互沟通。不仅普通教育要适应职业需要，职业教育也要防止偏执实用的片面。"正统的"，是指应破除以普通教育为正统，以职业教育为偏系的传统观念，平等地看待二者。

2. 职业教育的目的

黄炎培对职业教育目的的认识和表述因不同历史时期和社会场合而有所不同，但他将职业教育的最终目的概括为"使无业者为有业，使有业者乐业"。

"使无业者有业"，是指通过职业教育为资本主义工商业发展造就适用人才，同时解决社会失业问题，使人才不至浪费，使生计得以保障。

"使有业者乐业"，是指通过职业教育形成人的道德智能，使之能胜任和热爱自己的职业，进而能有所创造发明，造福于社会人类。

3. 职业教育的方针

黄炎培在数十年的实践中，形成了社会化、科学化的职业教育办学方针。

（1）社会化。黄炎培将社会化视为"职业教育机关唯一的生命"。他认为，办理职业教育，必须注意时代发展趋势与应行的途径，社会需要哪种人才，就办哪种学校。强调职业教育必须适应社会需要。

（2）科学化。科学化是黄炎培办职业教育所坚持的另一条方针。科学化是指用科学来解决职业教育问题。开展职业教育需要的工作包括物质方面和人事方面，这两方面的工作都需要遵循科学原则。

4. 职业教育的教学原则

黄炎培根据职业教育的特点总结出以往教育的经验，提出"手脑并用""做学合一""理论与实际并行""知识与技能并重"等主张，作为开展职业教育教学工作必须坚持的原则。

5. 职业道德教育

黄炎培把职业道德教育的基本要求概括为"敬业乐群"。"敬业"是指热爱自己的职业，做到尽职，有为所从事职业和全社会做出贡献的追求。"乐群"是指有高尚情商和群体合作精神，有服务和奉献精神。"敬业乐群"的职业道德教育思想，贯穿于黄炎培职业教育的实践。这不仅在中华职业学校以之为校训，而且在教育和教学的每一个环节都努力体现。

作为中国近现代职业教育的先行者，黄炎培及其职业教育思想开创和推进了中国的职业教育事业；其平民化、实用化、科学化和社会化特征，也丰富了中国的教育理论，并对20世纪二三十年代中国教育改革产生了巨大的影响。

三 晏阳初的乡村教育实验 ★★

（一）以县为单位的教育实验（云师21名解）

晏阳初是中国现代史上著名的教育家、世界平民教育运动与乡村改造运动的倡导者。20世纪20年代后期，晏阳初、陶行知、黄炎培、梁漱溟等一大批有见识的教育家，将平民教育实验运动从大城市转向中国广大的农村地区，随后形成了声势浩大的乡村建设实验运动。晏阳初主持的中华平民教育促进总会（简称平教会）所进行的河北定县乡村平民教育实验，在这场运动中占有举足轻重的地位。

定县的乡村平民教育实验是与晏阳初对平民教育认识的发展紧密联系的。晏阳初认为，农村建设的工作最重要的是必须有具体的方案，具体的方案又必须以事实为依据，必须靠有系统的精确调查。在定县乡村平民教育实验的基础上，晏阳初对于县范围内如何具体实施乡村教育总结了一套成功的经验。这集中体现为他所概括的"四大教育"和"三大方式"。

（二）"四大教育"与"三大方式"（杭师20简答；苏大21，湖师17论述）

1. 四大教育

晏阳初把中国农村的问题归结为"愚""穷""弱""私"四个方面，他认为，要解决这四点，就必须通过"四大教育"来进行。

（1）以文艺教育攻愚，培养知识力。具体做法是从文字及艺术教育着手，使人民认识基本文字，得到求知识的工具，以为接受一切建设事务的准备。其首要工作就是除净青年文盲，将农村优秀青年组成同学会，使他们成为农村建设的中坚分子。

（2）以生计教育攻穷，培养生产力。它从农业生产、农村经济、农村工业各方面着手，以达到农村建设的目标。

（3）以卫生教育攻弱，培养强健力。注重大众卫生和健康，及科学医药的设施，使农民在他们现有经济状况下，能得到科学治疗的机会，以保证他们最低程度的健康。

（4）以公民教育攻私，培养团结力。通过激起人民的道德观念，施加良好的公民训练，使他们有公共心、团结力，有最低限度的公民常识，政治道德，以立地方自治的基础。晏阳初认为，四大教育中，公民教育是最根本的。

2. "三大方式"

在定县乡村平民教育实验中，针对过去教育与社会相脱节、与生活实际相背离的弊端，在强调发挥教育的整体功能作用时，晏阳初提出了在农村推行"四大教育"的"三大方式"。

（1）学校式教育。学校式教育以青少年为主要教育对象。包括初级平民学校、高级平民学校、生计巡回学校。

（2）家庭式教育。家庭式教育的目的在于：第一，解决家校矛盾，帮助年长的家庭妇女减少对青年妇女和儿童教育的阻挠或反对，增强学校教育的效益；第二，把学校课程的某一部分交由家庭承担，使家庭关心社区的利益，乐于承担社会责任。

（3）社会式教育。社会式教育是由平民学校毕业生从各个方面发挥示范作用，积极引导和帮助全村农民按照计划接受四大教育。

（三）"化农民"与"农民化"（湖师19名解）

定县试验加强了知识分子和农民之间的沟通，在此基础上，晏阳初提出了"农民科学化，科学简单化"的平民教育目标，认为想要"化农民"必须先"农民化"。

为此他号召知识分子深入农民，学习和了解农民生活，彻底地与广大农民打成一片，只有这样才能深切地了解农民和他们的需要，才能实实在在进行乡村改造。"化农民"和"农民化"是晏阳初进行乡村建设试验的目标和途径。

（四）晏阳初教育思想和实践的评价

晏阳初所提出的中国农村四大基本问题，只看到了社会现象的表层，没能认识到其背后的根源——帝国主义侵略和封建残余的剥削；他否认了旧中国社会问题的根源是阶级压迫和剥削，反而把由于阶级压迫和剥削所造成的愚、穷、弱、私等社会现象作为问题根源。因此，晏阳初在为解决中国社会问题上所采取的办法是改良主义的，其理论不能解决旧中国农村的根本问题，无法达到复兴农村、拯救国家的根本目的。

但是，晏阳初的平民教育思想和乡村改造理论是有可取之处的：首先，晏阳初是一位爱国的教育改革家，他的平民教育和乡村改造理论颇有中国特色。其次，虽然晏阳初的乡村教育实验并没有从根本上解决实验区农村的根本问题，但总体来说还是有所助益的。最后，晏阳初"四大教育"、"三大方式"的理论打破了狭隘的教育观念，把乡村教育视为是与乡村经济、文化、卫生、道德等方面共同进行，学校、家庭、社会相互促进的系统工程，这在中国教育史上是一种创新，直至今天仍具有教育意义。

四 梁漱溟的乡村教育建设 ★

（一）立足于文化传统的乡村建设实验

梁漱溟对近代中国教育的贡献，在于他的乡村教育理论和实践，他的乡村建设理论是从寻找中国问题的病因入手的。他认为晏阳初提出的中国农村四大问题只是中国社会的表面病象，中国的深层问题在于极严重的文化失调，因此，中国问题的解决只有从自身固有文化中寻找出路。

乡村建设，是一种力图在保存既有社会关系的基础上，通过乡村教育的方法，由乡村建设引发社会工商业发展，实现经济改造和社会改良。梁漱溟认为解决中国问题唯一的道路就是乡村建设。其原因在于：首先，中国80%以上的人民生活在乡村；其次，中国传统文化的根在乡村，而理性的胚芽也只能在乡村慢慢培养起来；再次，当时中国的乡村经济近乎破产，中国要想从头建设，必须从乡村建设起。

（二）乡村建设和乡村教育理论（华南19论述）

乡村建设和乡村教育是一个问题的两个方面，<u>乡村建设应以乡村教育为方法，而乡村教育需以乡村建设为目标</u>，建设和教育二者不可分离。

梁漱溟认为，要解决中国文化失调的问题和重新整理、建设中国固有的文化，必须借助教育的手段来实现。教育是比暴力革命更为有效的社会改造手段。中国社会的改造其实是一个巨大的教育工程，所以，建设必须寓于教育，乡村的进步，社会的改造都离不开教育。在乡村建设中，学校必然成为社会的中心，教员必然成为社会的指导者，乡村建设把社会运动纳于教育之中，通过教育来完成社会改造。

（三）乡村教育的实施（湖师18简答；中央民族17论述）

1931年，梁漱溟到山东邹平开办了山东乡村建设研究院，研究乡村建设问题，培养乡村建设人员，规划和指导实验区的乡农教育，为寻求民族自救之路作了艰苦的探索。

1. 乡农学校的设立

1933年，山东省政府将邹平、菏泽划为县政建设实验区，实验区将全县分成若干个区，各区成立乡农学校校董会，开办乡农学校。乡农学校由学长、学董、教员、学众组成。学长和学董是"乡村领袖"；教员是在乡村建设研究院受过专门训练的乡村建设者；学众则是乡村中的一切人，主要是成年农民。

乡农学校分<u>村学</u>和<u>乡学</u>两级。从教育程度上分，文盲和半文盲入村学，识字的成年农民入乡学；从行政功能上分，村学是乡学的基础组织，乡学是村学的上层机构。其组织原则是：其一，<u>"政教养卫合一"、"以教统政"</u>，即乡农学校是教育机构和行政机构的合一，乡村建设的政治、经济措施都通过乡农学校来实施；其二，<u>学校式教育与社会式教育融合</u>，在乡农学校中成立儿童部、成人部、妇女部和高级部。

2. 乡农学校的教育内容

乡农教育的课程分为两大类：一类是<u>各校共有的课程</u>，包括识字、唱歌等普通课程和精神讲话，尤重后者。第二类是<u>各校根据自身生活环境需要而设置的课程</u>，如匪患严重的乡村，可成立农民自卫武装组织，进行自卫训练等。

总之，乡农学校的所有教育内容强调服务于乡村建设，密切适合农村生产、生活的需要。

（四）梁漱溟和晏阳初的教育思想比较（江苏21论述）

1. 相同点

（1）都认为解决中国的问题要从农村出发。晏阳初认为中国所有的问题都是人的问题，中国85%以上的人在农村，要普及平民教育，就要去到农村。梁漱溟认为中国绝大多数的人在农村，中华文化的根在农村，而农村也是最急需建设的地方，所以中国建设要从农村开始。

（2）都重视乡村教育在乡村建设中的作用。

（3）都把乡村教育与地方实业技术相结合。晏阳初的"四大教育"和梁漱溟的"两类课程"中均涉及到地方农业经济、农业科学技术等的学习。

2. 不同点

（1）对中国问题的分析不同。晏阳初认为中国的问题是"愚""贫""弱""私"，梁漱溟认为是严重的文化失调。

（2）实施乡村教育的形式不同。晏阳初是"三大方式"，梁漱溟是设立乡农学校。

（3）乡村教育的具体内容不同。晏阳初是"四大教育"，梁漱溟是"两类课程"。

（五）梁漱溟乡村教育思想和实践评述

梁淑溟的乡村建设理论和乡村教育思想，本质上是一种中国知识分子通过改造中国农村来改良中国社会的理想，是在探索拯救中国的"第三条道路"。他力图在伦理本位基础上重建中国社会的新秩序，提出"伦理本位，职业分途"的假说，无视中国社会当时客观存在的阶级冲突和阶级斗争，对中国共产党领导的农村土地革命持反对态度，其问题和错误不言而喻，因此，乡村建设是一场并不成功的实践。

但是，梁漱溟的乡村建设实验对后人有一定的启示。他认识到中国的问题是农村的问题，并立足于文化传统来思考中国社会的改造，是有识之见；认为中国教育应该到农村去办，并身体力行地去到农村，践行理论，发扬了五四以来的优良传统，精神可嘉；并且，他通过自身工作为农村建设作出了实际贡献。梁漱溟的实践虽然不足以改变中国农村面貌，但却作出了有益的探索，在中国现代教育史上具有一定的意义。

五 陶行知的"生活教育"思想与实践★★★★★

（一）为祖国、为民众、为儿童探索教育的一生

陶行知是现代杰出的人民教育家、大众诗人和坚定的民主战士，毕生从事教育，勇于批判和改革旧教育，为中国探索民族教育的新路。

他认为平民教育是改造环境、把握国家命运的重要方法。他希望利用平民教育打破贫富贵贱，"创造一个四通八达的社会"。1923年，他辞去东南大学教职，与朱其慧、晏阳初在北京发起组织中华平民教育促进会，推行平民教育运动。

1926年，陶行知为中华教育改进社起草《改造全国乡村教育宣言书》，提出"筹募一百万基金，征集一百万位同志，提倡一百万所学校，改造一百万个乡村"。1927年，在南京创办晓庄学校。1930年，晓庄学校被当局查封，陶行知逃往日本。

1931年陶行知回国，开展"科学下嫁"活动，编辑了许多科普读物。1932年，创办山海工学团。1934年，创办《生活教育》半月刊，同年7月，发表《行知行》一文，并正式改名"行知"，以示人生态度和学术追求。

1935年"一二·九"运动爆发后，他积极参加抗日救亡运动。1936年1月，发起国难教育社，推行国难教育；同年7月，赴英国伦敦参加国际新教育会议，并受全国教育联合会委托，作为民国外交使节，访问亚非欧美28国，宣传中国的抗日，以谋求国际社会支持。1938年回国，被选为国民参政员，积极呼吁战时教育；12月，生活教育社在广西桂林正式成立，陶行知任理事长。1939年，为了收容战争难童，培养有特殊才能的幼苗，他在重庆创办育才学校，培养了一批艺术人才，其中不少成为新中国的干部。

1945年，他参加中国民主同盟首次代表大会，当选为中央常务委员、教育委员会主任委员，主编《民主教育》月刊。1946年，他在重庆创办社会大学，任校长，推进民主教育运动；同年4月返回南京、上海，为反对专制独裁、争取和平民主而奔走呼号；1946年7月25日，陶行知因过度劳累突发脑溢血，于上海逝世。

（二）生活教育实践（江苏20，云师19/17，浙师19名解）

1. 晓庄学校

1927年，在南京和平门外晓庄创办南京市试验乡村师范学校，后改名晓庄学校，计划培养一批

有农夫的身手、科学的头脑、改造社会的精神、健康的体魄和艺术的兴趣的乡村教师。确立"生活即教育""社会即学校""教学做合一"的生活教育理论，并亲自实验，希望从乡村教育入手，寻找改造中国教育和社会的出路，从而成为中国现代教育史上提倡乡村教育、兴办乡村学校的先行者。1930年晓庄学校遭当局查封，因受通缉而亡命日本。晓庄师范无论在培养目标、课程设置、教学方法、学生管理等方面都是崭新的。

2. 山海工学团

陶行知于1931年回国，从事科学普及教育，开展"科学下嫁"活动，编辑了许多科普读物。1932年，在上海郊区大场创办山海工学团，提出"工以养生，学以明生，团以保生"，力图将工厂、学校、社会打成一片，以达到普及教育的目的。

3. "小先生制"

小孩不仅能教小孩、甚至还能教大人，在陶行知看来，儿童是中国实现普及教育的重要力量。他提出的"即知即传"的"小先生制"，就体现了这一认识。"小先生制"是指人人都要将自己认识的字和学到的文化随时随地教给别人，而儿童是这一传授过程的主要承担者。尤其重要的是"小先生"的责任不止在教人识字学文化，而是在"教自己的学生做小先生"，由此将文化知识不断推广。陶行知认为，"小先生制"是为解决普及教育中师资奇缺、经费匮乏、谋生与教育难以兼顾、女子教育困难等矛盾而提出的，穷国普及教育最重要的钥匙是小先生。

（三）"生活教育"思想体系

（川师21/20，江苏21，南师20，海师19，湖师18名解；河南/川师20，江苏19，重师19/18，云师18，深大17简答；杭师/山师/浙师21，扬大21/18，陕师20/17，苏大/天师20，海师20/19/18，华东/东北19，贵师18论述）

1. "生活即教育"

"生活即教育"是陶行知生活教育理论的核心。其内涵十分丰富。

（1）生活含有教育的意义。陶行知说："教育的根本意义是生活之变化。生活无时不变即生活无时不含有教育的意义。因此，我们可以说：'生活即教育'。"生活的矛盾无时无处不在，生活也就随时随地在发生教育的作用。从生活的横向展开来看，过什么生活就是在受什么教育；从生活的纵向发展来看，生活伴随人们始终，教育也就伴随人们一生。陶行知主张人们积极投入到生活中去，在生活的矛盾和斗争中去选择和接受"向前向上"的"好生活"。

（2）实际生活是教育的中心。陶行知始终把教育和社会生活联系起来进行考察，认为"生活教育是生活所原有，生活所自营，生活所必须的教育"。生活与教育是同一个过程，教育不能脱离生活。教育要通过生活来进行，无论教育的内容还是教育的方法，都要根据生活的需要。

（3）生活决定教育，教育改造生活。一方面，生活决定教育，表现为教育的目的、原则、内容、方法都为生活所决定，是为了"生活所必需"。另一方面，教育又能改造生活，推动生活进步。

"生活即教育"所强调的是教育以生活为中心，所反对的是传统教育脱离生活而以书本为中心。尽管它在生活与教育的区别和系统的知识传授方面有所忽视，但在破除传统教育脱离民众、脱离社会生活的弊端方面，有十分重要的意义。

2. "社会即学校"

"社会即学校"是生活教育理论另一重要主张，是"生活即教育"思想在学校与社会关系问题上的具体化。

（1）"社会即学校"，是指"社会含有学校的意味"，或者说"以社会为学校"。由于到处是生活，到处都是教育，"整个的社会是生活的场所，亦即教育之场所"。

（2）"社会即学校"，是指"学校含有社会的意味"。也就是说，学校通过与社会生活相结合，一方面运用社会的力量使学校进步，另一方面动员学校的力量帮助社会进步，使学校真正成为社会生活必不可少的组成部分。

"社会即学校"扩大了学校教育的内涵和作用，对于传统的学校观、教育观有所改变。传统学校与社会生活脱节，学生孤陋寡闻，而以社会为学校，使得教育的材料、教育的方法、教育的工具、教育的环境可以大大地增加，有利于拓展学生的知识，增强学生的能力。"社会即学校"，还可以使被传统学校拒之门外的劳苦大众能够受到起码的教育，贯穿了普及民众教育的苦心，同样也值得肯定。

3. "教学做合一"

"教学做合一"是生活教育理论的又一重要主张，是"生活即教育"在教学方法问题上的具体化。其涵义为：教的方法根据学的方法；学的方法根据做的方法。事怎样做便怎样学，怎样学便怎样教。教与学都以做为中心。"教学做合一"包括以下四个要点：

（1）"教学做合一"要求在"劳力上劳心"。陶行知认为，在传统教育下，劳力者与劳心者是割裂的，所以在中国难以发展科学。为了改正这个问题，就必须教劳心者劳力（教读书的人做工）和教劳力者劳心（教做工的人读书）。

（2）"教学做合一"是因为"行是知之始"。陶行知认为，行（做）是知识的重要来源，也是创造的基础，通过亲身实践才有真知，才有创新。不仅个人要如此，中国的教育也须从行动开始，以创造为完成。

（3）"教学做合一"要求"有教先学"和"有学有教"。"有教先学"就是教人者先教己，将所教材料学明白。同时，教学者还要"为教而学"，即先了解所教对象为什么而学、要学什么、怎么学。"有学有教"即"即知即传"，要求：会者教人学，能者教人做。

（4）"教学做合一"还是对注入式教学法的否定。根据生活教育的要求，教是服从于学，而教、学又是服从于生活需要的。"教学做合一"是最有效的方法。

4. 评价

陶行知的生活教育理论是一种大众的、为人民大众服务的教育理论，且还是一种不断进取创造，旨在探索具有中国民族特色的教育道路的理论。生活教育理论还在教育观念的改变方面颇有建树，无论是强调学校教育与社会生活、生产劳动相结合，还是要求手脑并用、在劳力上劳心，都是对学校与社会割裂、书本与生活脱节、劳心与劳力分离的传统教育的反动，显示出强烈的时代气息，至今都富于启示。陶行知的生活教育理论是我国民族教育理论宝库中十分可贵的遗产，值得我们珍惜并认真研究汲取。

（四）陶行知和杜威教育思想的比较（广师19简答；宁夏18论述）

1. 相同点

（1）都强调教育与生活的联系、学校与社会的联系。
（2）都对传统的学校观和教育观有所改变，都有利于拓展学生的知识，增强学生的能力。
（3）两者都强调做的重要性，都重视教学中学生的"做"。

2. 不同点

（1）理论的社会背景和历史影响不同。
（2）对"生活"的理解不同，杜威强调体现社会精神的学校生活和儿童生活，陶行知强调现实社会生活。

（3）对教育的理解不同，杜威强调的是学校教育，陶行知强调的是社会意义上的教育。

（4）杜威认为社会的改造要依靠教育的改造，他希冀通过教育改造社会生活，使之更完善、更美好；陶行知的主张贯穿了普及民众教育的苦心，使得被传统学校拒之门外的劳苦大众能够受到起码的教育。

（5）杜威只强调了在做中学，而陶行知强调了教学做三者的结合。

> **[拓展知识]**
>
> 陶行知的儿童创造教育思想（湖师 21，杭师 18 简答）
>
> 1. 创造教育的目的
>
> 陶行知认为，创造的教育就是要以生活为教育、以社会为学校、学校和社会打成一片的教育。创造教育的理想和目的有两个：第一，为"老百姓造福利"，为"整个国家民族谋幸福"，为"整个人类谋利益"。第二，培养出具有真善美人格和创造力的人。
>
> 2. 创造教育的六大解放
>
> 陶行知认为，"儿童是新时代的创造者"，应当解放和培养而不是压制甚至摧残儿童的创造力。因此创造教育必须从儿童抓起。为了培养儿童的创造力，他提出了儿童创造教育需要做到"六大解放"，把儿童从成人的束缚中解放出来。"六大解放"，即解放儿童的头脑、双手、眼睛、嘴、空间、时间。
>
> "六大教育"具体内容：①解放儿童的眼睛，就是让学生多观察现实社会，多了解社会现实生活，才能发现新情况、新问题。②解放儿童的头脑，使学生的头脑从迷信、盲从、成见、曲解、幻想中摆脱出来，大胆想象，大胆思考，大胆探索，独立思考，让创造性思想"突围出来"。③解放儿童的双手，即让孩子亲自动手操作，参与实践，训练动手能力。④解放儿童的嘴巴，即鼓励儿童大胆开口说话。⑤解放儿童的空间，即让儿童接触大自然和社会现实，拓展学习范围。⑥解放儿童的时间，让儿童有更多的时间学习人生、学做事、去创造，利用空余时间谈国事，培养儿童对国家和人民的责任感。

六 陈鹤琴的"活教育"探索 ★★★★

（一）幼儿教育和儿童教育探索

陈鹤琴是中国近代学前儿童教育理论和实践的开创者。1919 年，陈鹤琴任教于南京高师，授教育学、心理学和儿童心理学。其间，他投身教育改革，译介西方新理论、新方法，并通过对长子陈一鸣的追踪研究，力行观察、实验方法，探索中国儿童心理发展及教育规律；同时创办了中国第一所实验幼稚园——鼓楼幼稚园，进行中国化、科学化的幼儿园实验，总结并形成了系统的、有民族特色的学前教育思想。

（二）"活教育"实验

20 世纪 30 年代末，陈鹤琴在总结自己以往教育实践和思想的基础上，明确提出"活教育"主张。

1940 年，应江西省政府主席之邀，来到江西泰和，筹建省立实验幼稚师范学校，并附设小学和幼稚园，以及校办农场，开展"活教育实验"。

1941 年，创办《活教育》杂志，标志着有全国影响的"活教育"理论的形成和"活教育"运动的开始。

1942年，幼师附设婴儿园。

1943年，幼师改为国立幼稚师范学校，并增设专科部。"活教育"实验已形成包括专科部、幼师部、小学部、幼稚园、婴儿园五个部门的幼儿教育体系，并在教育目标、教学原则与方法、德育原则、课程与教学大纲等方面进行了改革，造就了一所有崭新气象的新型学校。

1945年，陈鹤琴被任命为上海市教育局督导处主任督学，获准将幼师专科部改为国立幼稚师范专科学校迁来上海。年底，又创办上海市立幼稚师范学校，后改为上海市立女子师范学校并附设附小、附幼。兼任幼专、幼师两校校长，继续"活教育"实验。

（三）"活教育"思想体系

（河南21，华东/上师20，川师19，云师/东北17简答；广师21，江苏20，河南/安师/宁波19，华东18，杭师17论述）

1. "活教育"的目的论

陈鹤琴提出"活教育"的目的是"做人，做中国人，做现代中国人。"

（1）"做人"是"活教育"最为一般意义的目的。"活教育"提倡学习如何做人，如何求社会进步、人类发展。学会"做人"，是个体参与社会生活、增进人类全体，同时也是个体幸福的基础。

（2）"做中国人"体现了"活教育"目的的民族特征，指要懂得爱护这块生养自己的土地，爱自己国家长期延续的光荣历史，爱与自己共命运的同胞。并且，应该与其他中国人团结起来共同谋国家发展。

（3）"做现代中国人"体现了时代精神，有五个具体方面的要求：要有健全的身体；要有建设的能力；要有创造的能力；要能够合作；要服务。

"活教育"目的论从普遍而抽象的人类情感和认识理性出发，逐层赋予教育以民族意识、国家观念、时代精神和现实需求等涵义，使教育目标逐渐具体，表达了陈鹤琴对人的发展、教育与社会变革的追求。

2. "活教育"的课程论

"大自然、大社会都是活教材"，是陈鹤琴对"活教育"课程论的概括表述。"活教材"是指取自大自然、大社会的"直接的书"，即让儿童在与自然、社会的直接接触中，在亲身观察中获取经验和知识。既然"活教育"的课程内容应该来源于自然、社会和儿童的生活，其组织形式也必须符合儿童的活动和生活的方式，符合儿童与自然、社会环境的交往方式。

"活教育"的课程打破惯常按学科组织的体系，采取活动中心和活动单元的形式，即能体现儿童生活整体性和连贯性的"五指活动"形式。"五指活动"包括儿童健康活动（包括卫生、体育、营养等）、儿童社会活动（包括史地、公民、时事等）、儿童科学活动（包括生、数、理、化等）、儿童艺术活动（包括音、美、工等）、儿童文学活动（包括读、写、说等）。

按"五指活动"的设想，儿童活动代替课堂教学成为学校教育的基本形式，它追求的是完整的儿童生活。以"五指"作比喻，是因为这五种活动好像一只手的五根指头，是相联的整体。

3. "活教育"的教学论

"做中教，做中学，做中求进步"是活教育教学方法的基本原则。陈鹤琴认为，"做"是学生学习的基础，因此也是"活教育"教学论的出发点。它强调儿童在学习过程中的主体地位和在活动中直接经验的获取。

陈鹤琴提出了"活教育"的17条教学原则，这些教学原则体现出的特点有：

（1）强调以"做"为基础，确立学生在教学活动中的主体性。陈鹤琴认为，"做"是学生学习的基础，因此，凡儿童自己能够做的，就应当让他自己做。在教学中鼓励儿童自己去做、去思想、去发现，是激发学生主体性的最有效的手段。

（2）鼓励学生在"做"的同时，教师要进行有效的指导。但指导不是替代，更不是直接告知结果，而是运用各种心理学、教育学规律予以启发、诱导。

陈鹤琴还归纳出"活教育"教学的四个步骤：实验观察、阅读思考、创作发表和批评研讨。这四个步骤体现了以"做"为基础的学生主动学习。

（四）"活教育"思想的评价

"活教育"思想明显地受到杜威实用主义教育思想的影响，陈鹤琴对此也毫不讳言。但"活教育"如同陶行知的"生活教育"理论一样，吸取了杜威实用主义教育的合理内核，即批判传统教育忽视儿童生活和主体性，力图去除以学校和课堂为中心而脱离社会生活、以书本知识为中心而脱离实际和实践、以教师为中心而漠视学生的存在等弊端，同时也充分考虑到中国的时代背景和国情。这是一种有吸收、有创造、有创新的教育思想。"活教育"是对中国现代教育产生过重要影响的教育思想，其精神至今都未过时，不少观点对当今的教育改革仍然富有启发。

【名校真题】

名词解释

1. 教学做合一（湖南师范大学 2018）
2. 生活即教育（南京师范大学 2020）
3. 化农民和农民化（湖南师范大学 2019）
4. 全人生指导（浙江师范大学 2018）
5. 《新教育大纲》（广西师范大学 2021）
6. 定县实验（云南师范大学 2021）
7. 晓庄师范（云南师范大学 2017）
8. 活教育（四川师范大学 2021）
9. 小先生制（浙江师范大学 2019）

简答题

1. 简述陶行知的六大解放内容（湖南师范大学 2021）
2. 简述黄炎培的职业教育办学方针（南京师范大学 2021）
3. 晏阳初的乡村教育思想（杭州师范大学 2020）
4. 简述陈鹤琴的课程论及其现实意义（东北师范大学 2017）

论述题

1. 论述杨贤江"全人生指导"教育理论（华南师范大学 2021）
2. 黄炎培的职业教育思想（华中师范大学 2018）
3. 论述晏阳初的"四大教育"和"三大方式"（苏州大学 2021）
4. 梁漱溟的乡村教育建设思想（华南师范大学 2019）
5. 陶行知的生活教育理论，结合实际谈谈学校教育与生活之间的理想关系（陕西师范大学 2017）
6. 杜威生活教育理论与陶行知生活教育思想的联系及区别（宁夏大学 2018）

第四部分 外国教育史

第四部分 外国教育史

- 外国教育史
  - 古希腊教育
    - 古风时代的教育
    - 古典时代的教育
  - 古罗马教育
    - 共和时期的罗马教育
    - 帝国时期的罗马教育
    - 古罗马的教育思想
  - 西欧中世纪教育
    - 基督教教育
    - 世俗教育
    - 拜占庭和阿拉伯教育
  - 文艺复兴时期的教育
    - 人文主义教育家
    - 人文主义教育的特征、影响和贡献
  - 宗教改革时期的教育
    - 新教的教育思想
    - 天主教教育
  - 欧美主要国家和日本的教育发展
    - 英国教育的发展
    - 法国教育的发展
    - 德国教育的发展
    - 俄国及苏联教育的发展
    - 美国教育的发展
    - 日本教育的发展
  - 欧美教育思想的发展
    - 夸美纽斯的教育思想
    - 洛克的教育思想
    - 卢梭的教育思想
    - 裴斯泰洛齐的教育思想
    - 赫尔巴特的教育思想
    - 福禄培尔的教育思想
    - 斯宾塞的教育思想
    - 马克思和恩格斯的教育思想
    - 19世纪末至20世纪前期的教育思潮和教育实验
    - 杜威的教育思想
    - 现代欧美教育思潮
    - 苏联教育思想

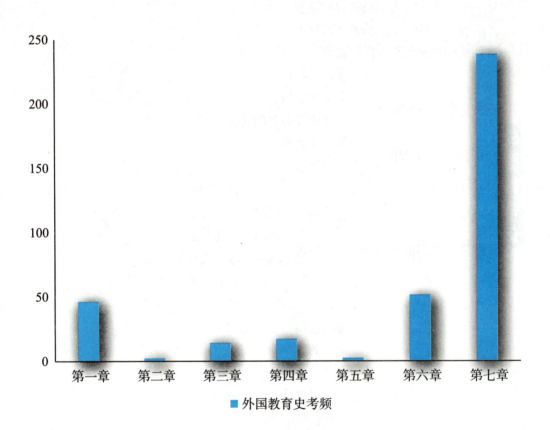

第一章

古希腊教育

考频分析

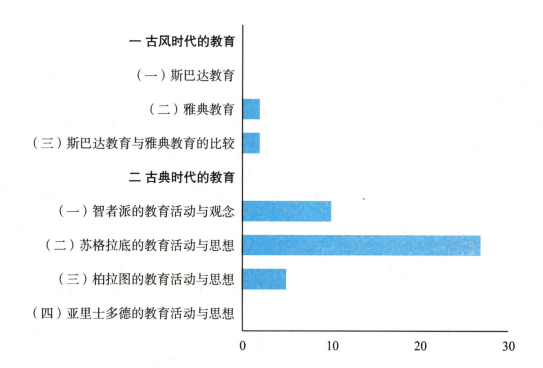

章节框架

古希腊教育
- 古风时代的教育
  - 斯巴达教育
  - 雅典教育
  - 斯巴达教育与雅典教育的比较
- 古典时代的教育
  - 智者派的教育活动与观念
  - 苏格拉底的教育活动与思想
  - 柏拉图的教育活动与思想
  - 亚里士多德的教育活动与思想

一、古风时代的教育 ★

（一）斯巴达教育

1. 地理位置和政治背景

斯巴达地处伯罗奔尼撒半岛南部的拉哥尼亚平原，平原以北群山深锁，向南为沼泽地，由此延伸入海。斯巴达土地肥沃、易于耕作，自给自足的农业经济发达。但由于没有适宜的港湾，因而与外界的交往不便。政治上为保守的军事贵族寡头统治，为了镇压和奴役土著居民，举国皆兵。

2. 教育目的与教育任务

斯巴达的教育完全由国家控制。在斯巴达的教育体制中，<u>培养英勇果敢的战士</u>是教育的唯一目的。教育的任务是要使每一个斯巴达人在经过长期而严肃的训练后，成为一个坚韧不拔的战士和绝对服从的公民。

3. 教育过程和内容

（1）斯巴达人为保证种族在体质上的"优越性"，为培养体格强壮的战士打下基础，实行严格的体检制度。公民子女出生后，由长老代表国家检查新生儿的体质情况，只抚养健康的新生儿。

（2）在7岁以前，公民子女在家中接受母亲的养育。

（3）从7岁至18岁，儿童进入国家的教育机构，开始军营生活。此阶段教育的主要任务是通过严格的军事体育训练和道德训练，使儿童养成健康的体魄、顽强的意志以及勇敢、坚忍、顺从、爱国等品质。教育的主要内容是"五项竞技"（即<u>赛跑、跳跃、摔跤、掷铁饼和投标枪</u>）。

（4）从18岁起，公民子弟进入高一级的教育机构——青年军事训练团（又称埃佛比），接受直接由军事首领组织的为期两年的强化军事训练。

（5）年满20岁的青年开始服兵役，同时承担着对少年儿童的训练任务，到30岁时正式取得公民资格，此后至60岁一直在军队中服役。

4. 女子教育

斯巴达人非常重视女子教育。女子通常和男子接受同样的军事、体育训练，其目的是造就体格强壮的母亲，以生育健康的子女；当男子出征时，妇女能担任防守本土的职责。

5. 教育评价

斯巴达教育只重军事体育训练，轻视知识学术，鄙视思考和言辞，生活方式狭隘，除了军事作战外，不知其他。这种片面的以国家目的为教育目的的教育实践严重阻碍了斯巴达人才能的发展。斯巴达教育中的国家导向型和实用性、专业性教育的模式代表着世界教育史上一种重要的实践方向。

[拓展知识]

埃佛比

埃佛比，即青年军事训练团，是一种广泛存在于斯巴达、雅典等古希腊城邦中的教育机构。它主要承担着对城邦子弟进行军事训练的职能，一般年满18岁的城邦男性青年均须进入埃佛比接受军事训练，为期两年。

（二）雅典教育（福师21名解；杭师17简答）

1. 地理位置和政治背景

雅典三面临海，有良好的海运条件，易于航海和商业贸易；城邦境内多山，矿藏丰富。这些因素均有利于雅典制造业和工商业的发展。政治上建立起奴隶主民主政体。经济的繁荣发展与政治上的民主倾向为雅典形成独特的公民民主意识提供了宽松的社会环境和稳固的经济基础。在古风时代的雅典，民主政治对公民的基本素养提出了更高的要求，直接影响到雅典教育的发展。

2. 教育目的和教育内容

（1）教育目的。雅典教育的主要目的是培养青少年勇敢、强健的体魄以及理智、聪慧和公正的品质，使其既能够担负保卫城邦的重任，更能够履行公民参政议政的职责。概言之，即培养身心和谐发展的合格公民。

（2）教育内容：从身心和谐的观念出发，雅典人注重对青少年儿童进行多方面的教育，包括道德熏陶、体格训练、文化教育以及音乐、舞蹈等，但又反对专业和职业的训练。

3. 教育过程和内容

（1）公民子女出生后，由父亲进行体格检查。7岁前，儿童在家由父母养育。

（2）7岁以后，女孩继续在家中由母亲负责教育，学习纺织、缝纫等技能；男孩7岁后开始进入文法学校、弦琴学校学习。

（3）13岁左右，公民子弟除继续在文法学校或弦琴学校学习外，还要进入体操学校（又称角力学校），接受各种体育训练，科目包括游泳、舞蹈、赛跑、跳跃、掷铁饼、投标枪，其目的在于使公民子弟具有健全的体魄和顽强、坚忍的品质。

（4）15到16岁，大多数公民子弟不再继续上学，开始从事各种职业，少数显贵子弟则进入国立体育馆，接受体育、智育和审美教育。

（5）18到20岁，青年进入青年军事训练团，接受军事教育。

（6）20岁，经过一定的仪式，被授予公民称号。

4. 教育评价

雅典的妇女社会地位低下，深居简出，女孩子只是在家庭中受教育。雅典教育是一种身心统一和谐发展的教育。雅典教育对理性主义的重视，对身心和谐发展教育理念的理解，对职业化和专业化教育的反对，对自由教育的强调等，对后世的教育思想和实践具有重大影响。

（三）斯巴达教育与雅典教育的比较（中央民族21，东北19论述）

表1-1 古风时代斯巴达教育与雅典教育的比较

	斯巴达	雅典
地理环境	封闭，适合农业	临海，适合工商业
政治背景	军事寡头独裁	奴隶主民主政体
教育体制	教育完全由城邦负责（专制型）	城邦重视教育，但并不绝对控制（民主型）
教育方法	武士教育（野蛮鞭笞）	公民教育（温和民主）
教育目的	英勇果敢的城邦卫士	身心和谐发展的公民
教育内容	以军事教育和道德教育为主	多样化的教育内容
女子教育	重视女子教育	忽视女子教育
总体评价	形式单一，程度较低	形式多样，程度较高

二 古典时代的教育 ★★★★★

（一）智者派的教育活动与观念（福师20简答）

古典时期是古希腊教育发展的黄金时期。以智者的出现为标志，古希腊（尤其是雅典）教育进入了一个新的发展阶段。

1. 智者的概念（华中/云师21，山师19，东北18，中央民族17名解）

"智者"又称诡辩家，在荷马时代，是指某种精神方面的能力和技巧，以及拥有这些能力和技巧的人。后来各行各业具有专门知识和技艺的人，如诗人、音乐家、医生、自然哲学家等，也被称为"智者"。

到前5世纪后期，"智者"被用来专指以收费授徒为职业的巡回教师。这些人云游各地，积极参加城邦的政治和文化生活，以传播和传授知识获得报酬。并逐步形成了一个阶层。哲学史、文化史和教育史所探讨的就是这种意义上的智者。

智者派的共同思想特征是相对主义、个人主义、感觉主义和怀疑主义。

2. 智者的教育贡献

智者不仅在古希腊文化史上占有重要的地位，作为西方最早的职业教师，他们对古希腊教育实践和教育思想的发展，同样做出了重大的贡献。

（1）智者云游各地，授徒讲学，以钱财而不以门第作为教学的唯一条件，这既推动了文化的传播，又由于教育对象范围的扩大而促进了社会的流动。

（2）智者适应了时代对辩论、演讲的广泛需要，抱着实用的目的研究与辩论、演讲直接相关的文法、修辞、哲学等科目，并把这些知识传授给他人，因而拓展了学术研究的领域，又扩大了教育内容的范围。西方教育史中的"前三艺"（文法、修辞学和辩证法），正是由智者派首先确定的。

（3）智者最关心的是道德问题和政治问题，并把系统的道德知识和政治知识作为主要教育内容。这样不仅丰富了教育的内容，而且提供了一种新型的教育——政治家或统治者的预备教育。

（4）作为职业教师，智者已经较为明确地意识到教育活动的特殊性，并开始自觉地把教育现象与政治现象、道德现象等社会现象相区分。另一方面，他们也认识到教育与政治、道德具有密切的相互联系，教育在国家生活中具有举足轻重的作用。

（5）正是由于智者的出现，古希腊教育思想才真正成型，智者们提出并在不同程度上探讨了希腊教育中的很多基本命题。简而言之，在智者的教育思想中，已经包含了全部古希腊教育思想发展的基本线索和方向。

[拓展知识]

"七艺"（上师/山师21，安师/河南18名解）

"七艺"是西方教育史上对七种教学科目的总称，包含文法、修辞、辩证法、音乐、算术、几何、天文。西方教育史上沿用长达千年之久的"七艺"中的前"三艺"（文法、修辞、辩证法）是由智者首先确定下来的。后来柏拉图将"四艺"（算术、几何、天文和音乐）作为教学科目详加论述，并认为"三艺"是高级课程，"四艺"是初级课程。三艺和四艺合称为"七艺"。

（二）苏格拉底的教育活动与思想（江苏17名解；华南18简答）

苏格拉底（前469—前399）是古希腊著名的哲学家、教育家。在希腊哲学史上，苏格拉底是最早将对人的关注引入到哲学领域的思想家之一，从而实现了从自然哲学向伦理哲学领域的转变。

1. 教育的意义与目的

苏格拉底认为，人天生是有区别的。但不管这种区别有多大，教育能使人得到改进。不论是天资比较聪明的人还是天资比较鲁钝的人，都必须勤学苦练。苏格拉底认为教育的目的是培养治国人才，治国者必须有德有才，深明事理，具有各种实际知识。

2. 美德即知识

（1）内容。

苏格拉底认为道德不是天生的，正确的行为基于正确的判断，做坏事的人按照错误的判断行事，没有人会明知故犯，所以教人道德就是教人智慧，教人辨别是非、善恶，正确地行事，智慧就是道德。正确行为基于正确认识，对人进行道德教育就是可能的，道德是可教的。

（2）评价。这个观点是近代教育性教学原则的雏形，"美德即知识"对于破除贵族阶级的道德天赋的理论，具有明显的进步意义。但是这一观念也是不完善的，它忽略了道德的其他方面，如情感、行为等。

3. 苏格拉底方法

（深大21，天师21/19/17，上师21/20/18/17，华中20/18，贵师20/18，湖师/杭师/海师20，川师19，华东/陕师18，浙师17名解；扬大/海师18简答；华南/云师20，山师17论述）

（1）主要内容。

苏格拉底法也称"问答法""产婆术"，是由讥讽、助产术、归纳和定义四个步骤组成的独特的方法。这是苏格拉底探讨伦理哲学的研究方法，也是他的教学方法。

①讥讽。指就对方的发言不断提出追问，迫使对方自陷矛盾，最终承认自己的无知。

②助产术。指帮助对方自己得到问题的答案。

③归纳。从各种具体事物中找到事物的共性或本质，通过对具体事物的比较寻求"一般"。

④定义。指把个别事物归入一般概念，得到关于事物的普遍概念。

（2）评价。

①优点：第一，这种教学方法不将现成的结论硬性灌输或强加于对方，而是与对方共同讨论，通过不断提问诱导对方认识并承认自己的错误，自然而然地得到正确的结论。第二，这种方法遵循从具体到抽象、从个别到一般、从已知到未知的规则，为后世的教学法所吸取。

②局限：这种原始的教学方法是在当时没有成熟的教材和没有正规课堂教学制度的特定历史条件下的产物，它不是万能的教学方法，只能在一定条件下和适度范围内作为参照。

4. 东西方最早的启发式教育方法的比较（川师17 论述）

表1-2　东西方最早的启发式教育方法的比较

分类	孔子的启发诱导	苏格拉底法
教育对象	有教无类，任何人	有知识基础和推理能力的成年人
具体方法	启迪性回答	不断追问学生，然后帮助学生自己得到答案
思维方式	演绎法，从一般到特殊	归纳法，从一般到特殊
师生对话	教师被动回答	教师主动提问
相同点	都反对灌输式教学，主张启发式教学，不直接告诉学生答案，而是引发学生学习的主动性和思考性	

（三）柏拉图的教育活动与思想（湖师21/17，福师/云师19，海师17名解）

柏拉图（前427—前347）是古代西方哲学史上客观唯心主义的最大代表，也是整个西方文化中最伟大的哲学家和思想家之一。在西方教育思想史上，柏拉图的《理想国》、卢梭的《爱弥儿》和杜威的《民主主义与教育》堪称三个里程碑。

1. 学园

柏拉图创办的学园被视为雅典第一个永久性的高等教育机构，在外国高等教育史上，学园的出现具有划时代的意义。

作为一所高等学府，学园既开展了广泛的教学活动，培养各类人才，同时也进行了哲学和自然科学领域的学术研究，这些教学和研究活动极大地促进了古希腊科学和文化的发展。学园开设的课程门类众多，其中，数学占有重要地位。学园的教学形式和方法灵活多样，苏格拉底式的谈话法被普遍采用。

在长期的办学实践中，学园培养和造就了一大批在各领域做出重要贡献的知名学者。特别是柏拉图在此工作期间，学园一度成为当时希腊世界重要的学术活动中心。

2. 学习即回忆

柏拉图认为从感性的个别的事物中不能得到真知识，只有通过感性事物引起思维，认识共相，才能达到对真理的把握。他把思维、共相看成与外界无关的、存在于人的灵魂的内部。

他说人在出生以前已经获得了一切事物的知识，当灵魂依附于肉体（降生）后，这些已有的知识被遗忘了，通过接触感性事物，才重新"回忆"起已被遗忘的知识。认识就是回忆，学习并不是从外部得到什么东西，它只是回忆灵魂中已有的知识。

3.《理想国》

《理想国》是一部讨论政治和教育的著作，被认为是西方教育史上最为重要和伟大的教育著作之一。在《理想国》中，柏拉图精心设计了一个他心目中理想的国家，在这个国家中，执政者（哲学王）、军人、工农商服从各自的天性，各安其位，互不干扰，智慧、勇敢、节制、正义成为理想国的四大美德。他还为这个理想国家的实现，提出了完整的教育计划。

（1）教育目的：《理想国》中教育的最高目标是培养哲学家兼政治家——哲学王；教育的最终目的是促使"灵魂转向"。

（2）教育对象：女子和男子应受同样的教育，从事同样的职业，受同样的体操训练和军事教育。在承担国家和社会事务方面，女子与男子是平等的。

（3）教育阶段：国家公民子女为国家所有，由国家负责教育和养育，分五个阶段：①学前教育阶段（0—6岁）；②初等教育阶段（7—16岁、17岁）；③军人教育阶段（17—20岁）；④哲学家预备教育阶段（30—35岁）；⑤哲学家教育阶段（30—35岁）。学生受完这一阶段教育后成为哲学家，就可以执政，执政后还要继续学习，到了50岁，确实能治国，就成为哲学王。

（4）评价。

积极因素：①国家重视教育，教育与政治结合；②高度评价教育在人的塑造中的作用；③将算术、几何、天文、音乐理论四门课程（后来成为四艺）列入教学科目；④第一次提出以考试作为选拔人才的手段之一；⑤强调身心协调发展，提倡男女教育平等；⑥注意早期教育，主张课程学习与实际锻炼结合；⑦净化教育内容，反对强迫学习，以理性指导欲望作为道德教育的中心任务。

消极因素：《理想国》的教育过于强调一致性，忽视个性发展。此外，它拒绝变革，"不让体育和音乐翻新"，这些思想是有局限性的。

（四）亚里士多德的教育活动与思想

亚里士多德（前384—前322）是古希腊一位百科全书式的学者，他在哲学、政治学、伦理学、逻辑学、心理学等学科上都有相当精深的研究与建树。

1. 吕克昂

吕克昂是亚里士多德于公元前335年创办的哲学学校。学校注重科学研究和相应的实验和训练，并兼有图书馆、实验室和博物馆，是实践亚里士多德教育观念的主要机构。后与学园等合并为雅典大学。

2. 灵魂论

（1）内容。

亚里士多德将人的灵魂分为三部分：一是植物的灵魂，灵魂中的低级部分，它主要表现在营养、发育、繁殖、生长等生理方面；二是动物的灵魂，灵魂中的中级部分，它主要表现在本能、感觉、情感、欲望等方面；三是理性的灵魂，灵魂的高级部分，它主要表现在认识与思维方面。

亚里士多德认为，在人的发展过程中，身体、情感和理智三者应有一个发展的顺序。儿童是身体先发育，然后才有本能、感觉、情感，进而才出现思维、理解和判断。因此，与灵魂的这三个部分的区分相适应，对儿童应实施从体育到德育再到智育的全面和谐发展的教育。

（2）意义。

①它说明人也是动物，人的身上也有动物性的东西，且与生俱来，采取不承认主义或企图消灭它，违反了人的本性，也是做不到的。

②人具有理性，人不同于动物，高于动物。能否用理性领导欲望，使欲望服从理性，是人与动物区分的标志。发展人的理性，使人超越于动物的水平，上升为真正的人，这就是教育，特别是德育的任务。

③灵魂论为教育必须包括体育、德育、智育提供了人性论上的依据。

3. 自由教育

（1）含义。自由教育是亚里士多德总结的古希腊教育传统。它是指对自由公民所施行的，强调通过自由技艺的学习进行非功利的思辨和求知，从而免除无知愚昧，获得各种能力全面完美的发展以及身心和谐自由状态的教育。

（2）教学内容。其教学内容为不受任何功利目的影响的自由知识，也称为自由学科（"七艺"），包括文法、修辞学、辩证法、算术、几何、天文、音乐等。自由教育成为西方经典的教育模式之一，对于西方教育传统的形成具有重要作用。

【名校真题】

名词解释

1. 理想国（湖南师范大学 2019）
2. 智者（华中师范大学 2021）
3. 七艺（上海师范大学 2021）
4. 美德即知识（江苏师范大学 2017）
5. 古雅典教育（福建师范大学 2021）

简答题

1. 简述苏格拉底的教育思想（华南师范大学 2018）
2. 智者派的观点（福建师范大学 2020）

论述题

1. 试比较古代雅典和斯巴达的教育体制（中央民族大学 2021）
2. 试述苏格拉底方法的内容及意义（华南师范大学 2020）
3. 阐述苏格拉底法与孔子关于启发式教学的思想，并比较二者的异同（四川师范大学 2017）

第二章 古罗马教育

考频分析

- 一 共和时期的罗马教育
  - （一）初级学校
  - （二）文法学校
  - （三）修辞学校
- 二 帝国时期的罗马教育
- 三 古罗马的教育思想
  - （一）西塞罗的教育思想
  - （二）昆体良的教育思想

章节框架

古罗马教育
- 共和时期的罗马教育
  - 初级学校
  - 文法学校
  - 修辞学校
- 帝国时期的罗马教育
- 古罗马的教育思想
  - 西塞罗的教育思想
  - 昆体良的教育思想

一 共和时期的罗马教育

共和时期的教育可以分为前期和后期。共和前期的教育又称为本色时期，主要以家庭教育为主，主要教育内容为道德、政治和军事、农业、法律等。共和后期的教育受古希腊影响开始建立学校，促进了学校教育的发展，出现了三种学校。

（一）初级学校（初等教育）

7—12岁的男女儿童入小学，学校是私立的、收费的；教学内容是读、写、算，其中包括学习道德格言和《十二铜表法》；小学教师的收入菲薄，社会地位低下。

（二）文法学校（中等教育）

贵族及富家子女12—16岁入文法学校；学校教育内容包括拉丁文、希腊文、修辞学等；教师多由希腊人担任；教学方法是讲解、听写和背诵。

（三）修辞学校（雄辩术学校，属高等教育）（中央民族18名解）

准备担任公职的贵族子弟，在读完文法学校后进入修辞学校或雄辩术学校。16岁入学，学习两到三年；课程有修辞学、哲学、希腊文、法律、数学、天文、音乐等；这种学校的教育目的主要是培养学生的雄辩、演说才能。雄辩术学校的目标是培养演说家或雄辩家。

表2-1 罗马学校一览表

	学校性质	招生对象	培养目标	学习年限	教学内容	教学方法	教师
初等教育	初级学校	7—12岁儿童	掌握基本知识和技能	5年	读写算、道德、十二铜表法	抄写、背诵	被称为"教字母的人"，多为希腊人
中等教育	文法学校	贵族及富豪的子弟	为接受更高一级教育做准备	3—5年	希腊文法、拉丁文法	背诵	希腊文法学家、拉丁文法学家
高等教育	修辞学校	贵族子弟	演说家	5年以上	修辞学、辩证法、法律、数学、天文学、几何学、伦理学、音乐	模仿和练习	希腊文或拉丁修辞学家

二 帝国时期的罗马教育

进入帝国时期，国家把学校作为统治工具，加强对教育的控制，对学校进行了一些改革：

（1）改变了教育目的，从培养演说家变为培养效忠于帝国的顺民和官吏。

（2）建立统一的国家教育制度。对当时一般都是私立的初等学校实现国家监督，把部分私立文法学校和修辞学校改为国立，以便于国家对教育的严格控制。

（3）提高教师的地位和待遇，改教师的私人选聘为国家委派。

（4）加强宗教教育。

三　古罗马的教育思想

（一）西塞罗的教育思想

西塞罗（前106—前43）是古罗马共和后期最杰出的演说家、教育家，古罗马文学黄金时代的天才作家。他根据当时罗马社会的政治需要，在其教育著作《论雄辩家》中论证了培养雄辩政治家的教育思想。

1. 雄辩家的定义

西塞罗认为，一个名副其实的雄辩家必须能就眼前任何需要用语言艺术阐述的问题，以规定的模式，脱离讲稿，伴以恰当的姿势，得体而审慎地进行演说。

2. 雄辩家的教育内容

西塞罗认为，要想成为一个名副其实的雄辩家，必须具备下列条件。这些条件也就是雄辩家的教育内容。

（1）广博的学识。西塞罗要求雄辩家拥有全部自由艺术和各种重要的知识。全部自由艺术是指文法、修辞学，以及柏拉图所主张学习的算术、几何、天文、音乐等学科；各种重要知识则是指政治，各国政治制度、法律、军事和哲学等。

（2）在修辞学方面具有特殊的修养。因为决定演讲水平高低的重要方面是遣词造句以及整个演说词的文体结构，所以在修辞方面要求表达正确，通俗易懂，优美生动，语言与主题相称。

（3）优美的举止与文雅的风度。西塞罗指出"演说是由身体、手势、眼神以及声音的调节及变化等加以控制的，它们对于演说本身所产生的作用是巨大的。"要达到具有优美的举止和文雅的风度，必须付出很大的努力。

3. 雄辩家的培养方法

西塞罗强调练习和模仿在雄辩家教育中的重要地位。他主张要进行经常的模拟演说，同时要勤于写作，用写作来磨炼演说。他认为写作可以训练人的思维能力和表达能力。这种能力可以转移到演说能力中去。

4. 评价

西塞罗是生活在罗马由传统社会向希腊化社会过渡时期的人物，其本人也深受希腊文化的影响，因而他的教育主张乃是罗马的民族特点和希腊文化深刻影响相结合的产物，反映了罗马教育发展的趋势。

（二）昆体良的教育思想（中央民族20简答）

昆体良（约35—约95）是古代罗马帝国时期著名的雄辩家、教育家。其著作《论演说家的教育》是西方第一部专门以教育为题材的教育学著作，也是系统的教学方法著作。

1. 教育目的

昆体良认为，德行是雄辩家的首要品质，所以教育目的是培养善良而精于雄辩术的人。他认为，一个雄辩家必须是一个善良的人，如果一个雄辩家不为正义辩护而为罪恶辩护，雄辩术本身就成为有害的东西。

2. 教育适应天性

昆体良承认天赋的作用，但更重视教育的力量。教育的关键在于：

（1）要研究儿童的天赋、倾向、才能，根据其倾向和才能进行教育和教学。教师还应了解年轻人的倾向，帮助他们选择最适合其天分的学科，避免让学生做不可能做到的事。

（2）教育必须遵循儿童的年龄特点。教师要了解并确定儿童在不同年龄期的接受能力，切忌给予幼弱的学生以过重的负担。

3. 论学校教育的优势

昆体良认为，学校是儿童最好的学习场所，认为学校教育比家庭教育优越得多。原因在于：

（1）许多儿童在一起学习不会产生孤独与世隔绝的感觉，并有助于克服儿童唯我独尊、自命不凡的状态。

（2）在学校里可培养发展儿童间友谊、合群的品性，养成适应和参加社会公共生活的习惯和能力，在大庭广众之下能态度自然，举止大方。

（3）学校教育能激励学生趋善避恶。

（4）学校能给儿童提供多方面的知识。

4. 学前教育思想

昆体良十分重视学前教育，认为在幼儿能说话的前后就应该对他进行智育，但在7岁前每次的学习量应当很少；主张教幼儿认识字母、书写和阅读，他在教育史上第一次提出了双语教育问题；关于学前教育的方法，昆体良认为应注意要进行快乐教育，使儿童热爱学习。

5. 教学理论

（1）班级授课制思想的萌芽。昆体良认为大多数的教学可以用同样大小的声音传达给全体学生，根据一些教师的实践，把儿童分成班级，依照他们每个人的能力，指定他们依次发言。在他看来，实行集体教学有利于学生的学习，并易于接受良好的影响。

（2）专业教育应该建立在广博的普通知识基础上。昆体良极力主张雄辩家的教育应建立在尽可能广博的普通知识的基础上。他不仅认为雄辩家应学习包括文法、修辞学、音乐、几何、天文学、哲学（物理、伦理、辩证法）等课程，并且对每门学科在培养雄辩家的各种素质、能力、技能等方面的作用和意义做了充分的论述。

（3）改进教学方法。昆体良主张采用赞许和表扬以及激励学生的方法，同时强调使用启发诱导和提问解答的教学方法，反对体罚。

（4）倡导因材施教。昆体良主张教师根据学生天赋才能的差异来组织和指导他们的学习，倡导教学要能培植各人的天赋特长，沿着学生的自然倾向最有效地发挥他们的能力。

（5）教学要"适度"。昆体良认为，教师所传授的知识的分量与深度要适应儿童的天性，符合他们的接受能力，而不能使他们的学习负担过重。学习和休息应该交替进行，休息时应发挥游戏的作用。

（6）注意培养学生的能力。昆体良认为，教师在教学中应该结合教材、作业和演讲来培养学生的判断力、想象力和创造力。为适应实际的社会生活，学生应具有独立工作能力。

6. 对教师的要求

昆体良对教师提出了很高的要求，主要有下列几点：

（1）教师应该是德才兼备的，既教学生学习基础知识和雄辩术，又教学生做人。

（2）教师对学生应宽严相济。

（3）教师对学生的教育要有耐心，对学生要多勉励，少斥责；在实行奖惩时要注意分寸。

（4）教师应当懂得教学艺术，教学应当简明扼要，明白易懂，深入浅出。

（5）教师要注意儿童之间在能力、资质、心性等方面的差异，因材施教。

7. 评价

昆体良的教育思想既是对自己长期以来教学工作实践经验的总结，又是对古罗马教育理论和教育实践的梳理，是古罗马教育理论的最高成就。昆体良强调专业教育和普通教育相结合，为文法学校制定的课程体系以及对文法学校的深刻见解，对教学理论的真知灼见，都对后世欧洲教育产生了深远的影响。

【名校真题】

名词解释

1. 修辞学校（中央民族大学 2018）

简答题

1. 昆体良的教育思想（中央民族大学 2020）

第三章

西欧中世纪教育

考频分析

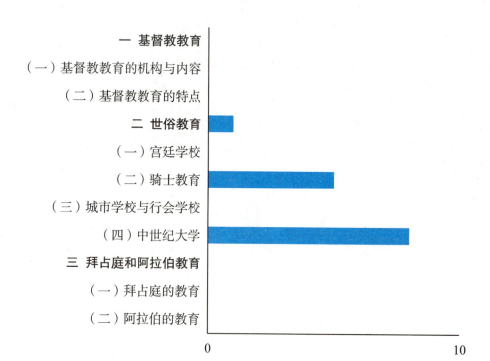

章节框架

西欧中世纪教育
- 基督教教育
  - 基督教教育的机构与内容
  - 基督教教育的特点
- 世俗教育
  - 宫廷学校
  - 骑士教育
  - 城市学校与行会学校
  - 中世纪大学
- 拜占庭和阿拉伯教育
  - 拜占庭的教育
  - 阿拉伯的教育

一 基督教教育

（一）基督教教育的机构与内容

中世纪时期，教会学校一直是基督教教育的主要机构，教会学校有三种：

1. 修道院学校

（1）含义。又称僧院学校或隐修院学校，最早是教徒集体修行的场所，后发展成为培养神职人员和为普通世俗人士传授文化知识的机构，是中世纪基督教主要的教育机构之一。

（2）教育对象。修道院学院的学生一般十岁左右入学，学习期限大约为八年。最初只接收志在侍奉上帝、准备充当神职人员的人进行教育，后来扩大范围，一些并不以神职为生的人也被接纳。但两类学生分开，前者称为"内学"，毕业后将终生做圣职；后者称为"外学"，入修道院只为学习知识，学成后仍为俗人。

（3）教育内容。早期的修道院学校主要强调宗教信仰的培养，知识学习的内容最初不过是简单的读、写、算，随后课程逐渐加多加深，"七艺"成为主要课程体系。

（4）教师与教学方法。修道院学校的教师完全由教士担任，教学方法主要是教师口授与学生背诵、抄写相结合；实行个别教学，学生的入学时间、学习进度和时间安排因人而异。学校的纪律十分严格，体罚盛行。

2. 主教学校

（1）含义。因设在主教座堂所在地，又叫座堂学校，主教学校性质和水平与僧院学校差不多。

（2）教学内容。强调宗教信仰的培养，学习读、写、算以及"七艺"课程。

（3）教师。由教士担任。

（4）教学方法。教师口授与学生背诵、抄写相结合

（5）教学形式。实行个别教学。

（6）办学水平。学校的条件与教区学校相比较好，水平也比较整齐，但数量有限。

3. 教区学校

（1）含义。因办在堂区教士所在村落或教堂里面，也叫堂区学校，是由教会举办的面向一般世俗群众的普通学校，12世纪成为中世纪欧洲最普遍的学校教育形式。

（2）教师与教育对象。堂区学校一般由教士或其他指定的教会人员负责，招收7—20岁的男生

入学（少数学校也招收女生）。

（3）教学内容。学校的课程以灌输宗教知识为主，同时也进行读、写、算及简单世俗知识的教学。

（4）办学水平。与修道院学校和主教学校相比，堂区学校的教育范围更大，培养目标更为宽泛，但学校的条件较差，设施不整，水平较低。

这三种学校是各自独立的，没有确定的学习年限，经常参加宗教活动，妨碍了教学活动。

（二）基督教教育的特点

（1）教育目的宗教化。主要是为了培养教会人才，扩大教会势力，巩固封建统治。

（2）教学内容神学化。主要课程是神学和"七艺"。神学包括《圣经》、祈祷文、教会的礼仪等；"七艺"是从古希腊内容演变而来的，经基督教改造，为神学服务。

（3）教育方法原始、机械、烦琐。为了维护教会、神学的绝对权威，教会学校强迫学生服从《圣经》和教师，学校个别施教，纪律严格，体罚盛行。

总的来说，基督教教育在培养僧侣和其他为教会服务人员的同时，向群众宣传宗教，使劳动群众服从教会和封建统治。因此，西方教育发展中一个重要主题是教会和学校的分离，即教育的世俗化和国家化。但是，在中世纪早期世俗学校普遍消亡、文化衰落的情况下，教会教育在保持、传播古代文化、发展封建文化方面，客观上起了一定的作用。

二 世俗教育★★★★

（华东18简答）

（一）宫廷学校

宫廷学校是一种设在国王或贵族宫中，主要培养王公贵族后代的教育机构。其学习科目与当时的教会学校一样，主要是七艺，教学方法也采用教会学校盛行的问答法，以此来让学生掌握有关宗教、自然和社会的各种知识。

宫廷学校主要是培养封建统治阶级所需要的官吏，但因为欧洲中世纪早期社会政教合一的特征，宫廷教育具有浓厚的宗教色彩，与教会学校有着密切的联系和相似性。

（二）骑士教育（深大20，上师19，川大18，河南/贵师17名解）

骑士教育是中世纪世俗教育的一种主要形式，以培养当时封建制度中骑士阶层的成员为目的。它是一种特殊形式的家庭教育，并无专设的教育机构，也没有专职的教育人员。它在骑士生活和社交活动中进行。训练骑士的标准是剽悍勇猛、虔敬上帝、忠君爱国、宠媚贵妇。

1. 骑士教育三阶段

（1）家庭教育阶段（0—7、8岁）。儿童在家庭中接受母亲的教育，主要内容是宗教知识、道德教育和身体的养护与锻炼。

（2）礼文教育/侍童教育阶段（7、8—14岁）。贵族之家按其等级将儿子送入高一级贵族的家中充当侍童，侍奉主人和贵妇。同时学习上流社会的各种礼节和行为规范。

（3）侍从教育阶段（14—21岁）。这一阶段的重点是学习"骑士七技"，即骑马、游泳、投枪、击剑、打猎、弈棋和吟诗；同时要侍奉领主和贵妇。贵族子弟在这种教育过程中年满21岁时要通过授职典礼，正式获得骑士称号。

2. 评价

（1）积极影响：骑士教育虽然内容简单，但比较实用，培养了当时社会所需要的实际应用人才；中世纪被歌颂的"骑士精神"实际上体现了当时社会所崇尚的人格品质和道德风范：对主人和君主尊崇忠诚，对贵妇斯文典雅，作战时勇猛果敢，与人交往中慷慨豪放。对于以后在欧洲所出现的绅士教育有一定影响。

（2）消极影响：骑士教育旨在训练保护封建主世俗利益的武夫，其内容注重宗教道德品质，以养成军事征战能力为主要目的，文化知识极为贫乏；其次这是一种典型的武夫教育，对文化知识传授并不重视，重在灌输服从与效忠的思想理念，训练勇猛作战的诸种本领，养成封建统治阶级的保卫者。再次女孩受教育极少，主要是在贵族官邸中进行，目的在于培养贤妻良母。

（三）城市学校与行会学校

1. 城市学校的产生

（1）产生。自11世纪开始，西欧城市中新兴市民阶层出于本阶级的特殊经济利益和政治斗争的需要，产生了教育需求，从而促使新型城市学校的诞生。

（2）含义。城市学校是为新兴市民阶层子弟开办的学校的总称，包含不同种类、不同规模的学校。例如，由手工业行会开办的学校被称为行会学校，由商人联合会设立的学校被称为基尔特学校。

2. 城市学校的特点

（1）在领导权上，最初的城市学校大多由行会和商会开办，以后随着城市的发展和管理的加强，这些学校逐渐由市政当局接管；由市政府决定学费金额、选聘教师、支付工资、确定儿童入学资格等。

（2）在归属上，尽管城市学校与教会还有着千丝万缕的联系，但它基本上属于世俗性质。这就打破了教会对学校教育的垄断，这是欧洲中世纪教育的一个很大的进步。

（3）从内容上看，城市学校强调世俗知识，特别是读、写、算的基础知识和与商业、手工业活动有关的各科知识的学习。这扩大了学校教育的内容，使学校教育为人们的现实生活服务。

（4）从培养目标上看，城市学校主要满足新兴城市对从事手工业、商业等职业人才的需求，因此城市学校虽然主要是初等学校，但也具有一定的职业训练性质。

3. 城市学校的评价和意义

城市学校是适应生产发展和市民阶层的利益需要而出现的新型学校。它具有很强生命力，在教会的多方反对和阻挠中成长起来。到15世纪，几乎西欧所有大城市都办起了城市学校。城市学校的兴起和发展对处于萌芽阶段的资本主义生产方式的成长起了促进作用。

（四）中世纪大学（陕师21名解；东北21，华东/海师19，南师/山师18简答；海师20论述）

中世纪大学是12世纪左右兴起的一种自治的教授和学习中心。一般由一名（或数名）在某一领域有声望的学者和他的追随者自行组织起来，形成类似于行会的师生团体进行教学和知识交易。最早的中世纪大学包括萨莱诺大学、波隆那大学、巴黎大学等。

1. 产生的原因

（1）经济上：中世纪中后期，经济的复苏和城市的复兴，为中世纪大学的产生提供了物质条件，同时也为师生组合在一起共同研讨学问提供了必要的场所。

（2）政治上：经济的发展和城市的复兴带来了市民阶层的兴起，原有的基督教学校及其教育内容已经无法满足这种新兴阶层的需要，他们迫切需要一种能满足其自身需要的、新型的和世俗的教育机构和教育内容。

（3）文化上：十字军东征带来了东方的文化，开拓了西欧人的视野；经院哲学的产生及其内部的论争，繁荣了西欧的学术氛围。在这种背景下，西欧出现了文化教育的复兴，从而为中世纪大学的产生奠定了重要的知识基础。

（4）组织基础：基督教的教育机构尤其是修道院学校以及中世纪城市的行会组织，为中世纪大学的产生奠定了组织基础，有的大学甚至就是从教会的主教学校和修道院学院发展而来的。

2. 中世纪大学的特点

（1）教育目的。中世纪大学的基本目的是进行职业训练，培养社会所需要的专业人才。因此大学教育往往分文、法、神、医等专业学院来进行。

（2）领导体制。中世纪大学按领导体制分为两种，一种为"学生"大学，一种为"先生"大学。前者由学生主管校务，教授的选聘、学费的数额、学期的时限和授课时数等，均由学生决定；后者由教师掌管校务，学校诸事均由教师决定。

（3）课程设置。大学的课程开始并不固定，各大学甚至各教师自己规定开设的课程。13世纪以后，课程趋向统一。文学院属大学预科，一般课程六年。学生结束学习后分别进入法学院、神学院、医学院，学习有关专业课程。

（4）教学方法。中世纪大学最常用的教学方法是演讲，由阅读、评注和介绍作业等部分构成，同时穿插不同程度的讨论。此外，还采用辩论的方法。

（5）学位制度。中世纪大学已经有了学位制度。学生学习3—7年，修完规定的课程，考试及格便可以获得"硕士""博士"学位。最初这两种学位并无程度上的差别，以后分化成表示不同学术水平的独立学位。

3. 中世纪大学的评价和意义

（1）积极性。

①中世纪大学的产生在当时是进步现象，有积极意义。它打破了教会对教育的垄断，促进了教育普及。它一开始是世俗性教育团体，不受教会统治，使较多的人可以不受封建等级限制而得到教育，符合当时新兴的市民阶级对世俗教育的要求。

②对于后世高等教育的发展具有重要意义。现代意义的大学基本上直接起源于欧洲中世纪大学，现代大学的一系列组织结构和制度原则都与欧洲中世纪大学有着直接的历史联系。

③中世纪大学还培养了一大批人才，促进了古希腊罗马文化、阿拉伯文化等多种科学文化的保存、交流和发展。

（2）局限性。因为当时教会势力强，所以大学的宗教色彩比较浓厚。

[拓展知识]

中世纪大学的特权（华东19简答）

中世纪大学在与教会、城市当局以及市民等的斗争中获得了许多特权，主要包括以下几个方面：

（1）居住权。大学的师生们可以在大学所在地平安而不受干扰地居住。

（2）司法自治权。大学的成员不受城市普通司法体系的管辖。

（3）罢教权和迁徙权。如果大学师生与城市当局或教会发生矛盾，或者教学、学习活动受到干扰时，可以进行罢教；如果问题得不到满意的解决，大学可以迁校。

（4）颁发教学许可证的特权。

（5）免税、免役权。大学师生具有免税和免服兵役的权利等等。

三　拜占庭和阿拉伯教育

（一）拜占庭的教育

1. 主要教育机构

（1）初等学校。招收 6—12 岁儿童，学习文法、算术和《荷马史诗》等，保持了希腊化时代的传统。

（2）中等学校。主要是文法学校，学习文法和古典作品。

（3）高等教育机构。最著名的是君士坦丁堡大学，由帝国政府创办，培养国家高级官吏，教师是著名学者，领取国家俸禄并免税。学生修业 5 年，以"七艺"为基础课程。

（4）隐修院学校和座堂学校。培养神职人员，进行神学教育，学习基督教经典和世俗学科，如"七艺"、古代哲学文学著作、演讲术等。

2. 拜占庭教育的特点及历史影响

（1）特点。直接继承了古希腊和古罗马的文化教育遗产；存在着因世俗生活需要而得到发展的世俗教育体系；教会的文化教育体系与世俗的文化教育体系长期并存。

（2）历史影响。总的来说，拜占庭的教育起了保存和传播古希腊罗马文化的作用，并对文艺复兴、阿拉伯教育都产生了重大影响。

（二）阿拉伯的教育

1. 主要教育机构

（1）昆它布。初级教育场所，通常是教师在家招收少量学生，教授简单的读写，教学内容主要是《古兰经》、语法、诗歌、算术等，教学重背诵。

（2）宫廷学校和府邸教育。教育政治和宗教领袖的子女，或是贵族请教师来家中教育他们的孩子。

（3）学馆。学者在家讲学的地方，讲授的内容较为高深，相当于中等程度的教育。

（4）清真寺。既是宗教场所，也是重要的教育场所。既传授基本知识，也讲授高深知识。将宗教教育与知识传授结合起来。主要科目有学习礼拜、神学、哲学、史学、文学、法学等，教学既有记诵，也有研究性的讨论。

（5）图书馆与大学。既收藏图书，又培养学者，是特殊形式的高等教育机构。

2. 阿拉伯教育的特点及历史影响

（1）特点。尊师重教、教育机会比较均等；教学组织形式多样，神学与实用课程并存；多方筹集教育资金以保证发展教育的物质条件；开明的文化教育政策。

（2）历史影响。

①阿拉伯人由于实施开明的文教政策，广泛吸取被占领地区各民族的文化教育遗产，在融合东、西方文明的基础上，形成了具有自己特点的伊斯兰文化教育体系。

②阿拉伯人在数学、天文学、医学、哲学和文学的学术研究和教育方面对西方世界产生了重要影响。他们保存的古希腊典籍对西欧重新认识古希腊文化产生了重要影响。他们在文化教育上取得的辉煌成就对西欧中世纪教育的发展和文艺复兴做出了不可磨灭的贡献。

【名校真题】

名词解释

1. 骑士教育（四川师范大学 2018）
2. 中世纪大学（陕西师范大学 2021）

简答题

1. 西欧中世纪大学的特征与意义（南京师范大学 2018）
2. 西欧中世纪世俗教育的主要形式（华东师范大学 2018）
3. 西欧中世纪大学享有的特权（华东师范大学 2019）

论述题

1. 中世纪大学的地位和作用（海南师范大学 2020）

第四章

文艺复兴时期的教育

考频分析

一 人文主义教育家
　（一）弗吉里奥
　（二）维多里诺
　（三）伊拉斯谟
　（四）莫尔
　（五）蒙田
二 人文主义教育的特征、影响和贡献
　（一）人文主义教育的特征
　（二）人文主义教育的影响和贡献

章节框架

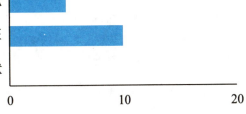

文艺复兴时期的教育
- 人文主义教育家
  - 弗吉里奥
  - 维多里诺
  - 伊拉斯谟
  - 莫尔
  - 蒙田
- 人文主义教育的特征、影响和贡献
  - 人文主义教育的特征
  - 人文主义教育的影响和贡献

一、人文主义教育家

（一）弗吉里奥

弗吉里奥是率先阐述人文主义教育思想的学者，其思想大大受益于昆体良。曾为昆体良的《雄辩术原理》做注释，使之风行于意大利内外。他发表了《论绅士风度与自由学科》一文，全面概括了人文主义的教育目的和方法。他的主要观点有：

（1）人文主义的教育目的在于对青少年施以通才教育，以培养身心全面发展的人。

（2）在教育方法上，必须使所教内容适合学生的个人爱好和年龄特征。

（3）在教育内容上，他最推崇的三门科目是历史、伦理学（道德哲学）和雄辩术，认为这三门课程最能体现人文主义精神。

（4）在道德教育上，特别重视道德品质的培养，把学识和品行结合起来作为教育的共同目标，并认为德行重于学问。

> [超纲知识]
>
> 博雅教育（云师20名解）
>
> 1. 含义：博雅教育又称自由教育、通才教育，源于古希腊，其理想为文艺复兴时代的人文主义者所普遍接受。这是唯一适合于自由公民的教育，其目的不是进行职业准备，而是发展人的各种能力达到一种完美的卓越，使人从无知愚昧状态的束缚中解放出来。只有当人将其原有的理性发展起来，人才真正具有了自由。
>
> 2. 基本条件：自由教育的基本条件为闲暇和自由。这是进行高级思辨活动的前提。只有在此基础上，才有可能进行不抱任何功利目的的理性活动，为自己思考问题而不受制于别人。
>
> 3. 教育目的：全面而和谐地发展人的理性和完美的才能。
>
> 4. 教育内容：阅读、书写、音乐、哲学、几何、算术、天文、修辞、辩证法等。后来，自由教育的教学基本确定为以"七艺"为基础核心的课程。
>
> 5. 影响：其影响深远，成为其后人文与科学教育、普通教育与专业教育，以及某些新传统教育思想和保守主义色彩的教育思潮的精神资源。

（二）维多里诺（浙师19名解）

1. 简介

维多里诺是弗吉里奥教育理想的实践者。他对西塞罗的《论雄辩术》颇有心得，深谙西塞罗精神的内蕴，并热衷于古希腊身心和谐发展的教育理想。

2. 教育实践

维多里诺创办了一所宫廷学校，名为"快乐之家"。这所宫廷学校是当时欧洲最好的宫廷学校，成为欧洲大陆人文学校的范例，被认为是人文主义学校的发源地。"快乐之家"学校环境优美，师生关系融洽，招收贵族子弟和部分富有天赋的贫苦学生，修业15年。实施体育、德育、智育并重的方针，开设以古典学科为中心的内容十分广阔的人文主义课程。

3. 教育贡献和观点

"快乐之家"的教育实践体现了维多里诺人文主义教育思想，其教育贡献和观点如下：

（1）倡导"自由教育"，培养全人。维多里诺接受了亚里士多德关于培养和谐发展的人的思想，认为教育的目的在于培养身心和谐发展的人。

（2）开设以古典语文为中心的内容十分广泛的人文主义课程。课程范围从初步的读写算、拉丁文、希腊文到传统的"七艺"、古代教义著作乃至骑士技艺。

（3）发展了新的教学方法体系。维多里诺强调尊重儿童的身心特征和个性差别，反对机械背诵，提倡启发学生的学习兴趣和主动性。另外，维多里诺反对惩戒，禁止体罚。

（三）伊拉斯谟

伊拉斯谟是16世纪早期荷兰著名人文主义思想家，杰出的教育理论家。他与《乌托邦》的作者莫尔被认为是北欧文艺复兴的典型代表，并由于在人文主义教育方面的重要贡献，被称为"欧洲的导师"。其教育方面的代表性有《论基督教君主的教育》等。他的主要观点有：

（1）人性有潜在能力，可经过后天教育充分地、完美地实现。

（2）家庭、国家、教会都要重视教育，主张国家和教会应重视教师培养。

（3）强调古典文化的教育价值，反对形式主义，要求因材施教，尊重儿童，反对体罚和羞辱。

（四）莫尔

莫尔是英国杰出的人文主义者，西方早期的空想社会主义者。其代表作为《乌托邦》，他在《乌托邦》中提出了空想社会主义的教育思想。主要观点如下：

（1）公共教育。乌托邦岛实行公共教育制度，所有儿童不分男女都进学校接受教育。

（2）学校教育。学校教育的内容及其广泛，包括智育、体育、道德教育及宗教信仰教育。意在培养德、智、体全面发展的人。

（3）劳动教育。必须依据儿童的年龄和能力学习手工业和农业劳动技术，而且要求在劳动教育中注重劳动实践与理论的并进。

（4）成人教育与终身教育。乌托邦岛上的教育，不只限于儿童和青年时期，而是终身都在学习。

（五）蒙田

蒙田的16世纪法国具有人文主义思想的作家和教育家，其代表作为《论学究气》和《论儿童教育》。其主要教育观点如下：

（1）对经院哲学的批判。蒙田认为经院主义教育不能使儿童的智慧和能力得到长进，他认为教育的真正意义在于使儿童获得智慧、实际判断能力和认识事物本质的能力，使之成长得更聪明。

（2）教育目的——培养完人。教育的目的在于造就一个有能力、有本领的事业家。蒙田心中的"完人"是身心都得到发展的人。

（3）重视实行。知识的用处在于能够指导人的行动，增长人的判断力。他不反对获取书本知识，但反对过度沉溺于书本。

（4）教学方法。蒙田主张学习的彻底性，强调学生要把所学知识变为自己的东西，提倡学习的独立性，反对死记硬背。

（5）教师的作用。教师要根据学生的能力施教，采用谈话、练习、旅行等多种方法进行教学。

二 人文主义教育的特征、影响和贡献 ★★★★

（河南21名解；北师21，华中19，云师18简答；海师19论述）

（一）人文主义教育的特征

（苏大21，南师20，宁波/扬州19，华中/川师18，陕师/湖师/天师/重师17简答）

（1）人本主义。

人文主义教育在培养目标上注重个性发展，在教育教学方法上反对禁欲主义，尊重儿童天性，坚信通过教育这种后天的力量可以重塑个人、改造社会和自然，这些都表现出人本主义内涵，人的力量、人的价值被充分肯定。

（2）古典主义。

人文主义教育思想吸收了许多古人的见解，人文主义教育实践尤其是课程设置亦具有古典性质，但这种古典主义绝非纯粹的"复古"，实则含有古为今用、托古改制的内涵，这在当时是进步的。

（3）世俗性。

不论从教育目的还是从课程设置等方面看，人文主义教育洋溢着浓厚的世俗精神，教育更关注今生而非来世，这是人文主义教育与中世纪教育的根本区别。

（4）宗教性。

人文主义教育仍具有宗教性，几乎所有的人文主义教育家都信仰上帝，他们虽然抨击天主教会的弊端，但不反对宗教更不打算消灭宗教，他们希冀以世俗和人文精神改造中世纪陈腐专横的宗教性以造就一种更富世俗色彩和人性色彩的宗教性。

（5）贵族性。

这是由文艺复兴运动的性质所决定的。人文主义教育的对象主要是上层子弟，教育的形式多为宫廷教育和家庭教育而非大众教育，教育的目的主要是培养上层人物如君主、侍臣、绅士等。

综上可见，人文主义教育具有两重性，进步性与落后性并存，尽管它有不足之处，但它涤荡了中世纪教育的阴霾，展露出新时代教育的灿烂曙光，开了欧洲近代教育之先河。

（二）人文主义教育的影响和贡献

（1）教育内容发生变化。对古希腊罗马的热情使其知识和学科成为教学主要内容，导致美育和体育复兴并关注自然知识的学习。

（2）教育职能发生变化。从训练、束缚自己服从上帝到使人更好地欣赏、创造和履行地位所赋予人的职责。

（3）教育价值观发生变化。重新发现人，重新确立了人的地位，强调人性的高贵，复兴了古希腊的个人主义价值观。

（4）复兴了古典的教育理想。形成了全面和谐发展的完人的教育观念，从中世纪培养教士的目标转向文艺复兴时期培养绅士的目标。

（5）复兴了自由教育的传统。教育推崇理性，复兴古希腊的自由教育。

（6）自然主义教育思想兴起。用自然来取代《圣经》作为引证，按照人的天性来生活，按照人的需求和本性来设置课程，尊重受教育者的兴趣、爱好、欲望和天性，出现了直观、游戏、野外活动等教育新方法。

（7）出现了新道德教育观。以原罪论为中心的道德教育已开始解体。人道主义、乐观、积极向上、热爱自由、追求平等和合理的享乐等新的道德观在人文主义的学校中开始取代天主教会的道德观。尊重儿童，反对体罚，已成为某些教育家的强烈要求。

（8）教育与劳动相结合及共产主义的教育思想。在某些空想社会主义教育思想中，首次提出教育与生产劳动相结合的思想以及成人教育的思想。人文主义者莫尔和康帕内拉还提出共产主义的理论以及所实行的教育制度。

（9）建立了新型的人文主义教育机构。

（10）促进了大学的改造和发展。

（11）教育理论不断丰富。

（12）推动了教育世俗化的历史进程。

[拓展知识]

　　文艺复兴运动是14—17世纪欧洲在意识形态领域里向封建主义和天主教神学体系发动的一场伟大的文化革命运动。"文艺复兴"就其词义看，是指古希腊、古罗马人文学科的复活或复兴，但就其实质看，复兴的范围绝不仅限于人文学科，而且复兴过去并不是为了过去而是为了现在和未来，文艺复兴不仅仅是复兴，而且是新时代对古代文化的继承、利用和发展，使古典文化成为表达新文化的媒介。

　　人文主义文化是文艺复兴运动的重要成就。人文主义是文艺复兴时代不同国家、不同领域、不同时期的人文主义者所共有的世界观，这种世界观主要体现为以下数端：

　　（1）歌颂赞扬人的价值和尊严。人文主义文化的核心是提倡人道，肯定人的价值、地位、尊严。

　　（2）宣扬人的思想解放和个性自由。人文主义与这种权威主义做法相对立，要求把人从教会的教义、教规和其他教条的束缚中解放出来。

　　（3）肯定现世生活的价值和尘世的享乐。肯定现世享乐是对中世纪禁欲主义和来世说宗教教条的背离。人文主义者将天国的幸福和欢乐移至人间，认为不言今生的幸福，就根本谈不上来世的欢乐。

　　（4）提倡学术，尊崇理性。文艺复兴带来了学术的繁荣，知识受到尊崇，理性得以弘扬。

【名校真题】

名词解释

1. 快乐之家（浙江师范大学 2019）
2. 人文主义教育（河南师范大学 2021）

简答题

1. 简述欧洲文艺复兴时期全人教育理想及其影响（北京师范大学 2021）
2. 试述人文主义教育的基本特征（南京师范大学 2020）

论述题

1. 试述文艺复兴时期人文主义教育的特征、影响、贡献（海南师范大学 2019）

第五章
宗教改革时期的教育

考频分析

- 一 新教的教育思想
  - （一）马丁·路德的教育思想
  - （二）加尔文的教育思想
- 二 天主教教育
  - （一）耶稣会学校
  - （二）人文主义教育、新教教育和天主教教育的比较

章节框架

宗教改革时期的教育
- 新教的教育思想
  - 马丁·路德的教育思想
  - 加尔文的教育思想
- 天主教教育
  - 耶稣会学校
  - 人文主义教育、新教教育和天主教教育的比较

一 新教的教育思想

（一）马丁·路德的教育思想

宗教改革运动始于德国，发起者是威登堡大学神学教授马丁·路德。其教育思想包括以下几点：

（1）教育目的。提出普及义务教育及其目的。强调教育具有宗教目的的同时也具有世俗目的。宗教目的是使人虔信上帝，灵魂得救；世俗目的是使教育有利于国家的安全、兴旺和人才培养。

（2）教育原则。提出国家在普及义务教育中的责任。强调教育权由国家而不是教会掌握，要求国家普及义务教育。

（3）教育体系。要求建立包含初等、中等和高等教育的国家学校教育新体系。

（4）教育内容。教育上除了进行《圣经》教育之外，还吸收了人文主义教育的方法和内容。要求学习历史、音乐、体育等其他科目和古典学科。

（5）教学方法。废除体罚，满足儿童求知和活动的兴趣，主张运用直观的方法。

马丁·路德的教育思想推动了新教教育的实践，促进了教育的国家化和近代西方普及义务教育的发展。

[拓展知识]

路德的宗教与政治主张

1. 主张因信称义。人因真诚的信仰而获新生，而使灵魂得救，使一切罪得以赦免，而不是因为斋戒、施舍、朝圣和买赎罪券。

2. 主张众信徒皆教士。人只要是为了信仰，在上帝面前就享有平等的权利和义务。只要大家同意，任何信徒都可像教士一样主持圣礼。这种平等观念彻底否定了教阶制度和教士的各种特权。

3. 提倡新的善功与天职观念。中世纪教会所推崇的生活方式是禁欲主义的修道生活，认为人只有独身禁欲、忍受饥寒才能变得圣洁，路德则认为修道是逃避尘世的责任，凡凭信仰从事的各种职业和日常生活皆属善功。上帝所能接受的唯一的生活方式是每个人完成其在尘世的义务。

4. 主张政教分离。教会和世俗政权各自分管精神生活和世俗生活，互不干涉，各得其所，教会不应干涉世俗事务。

（二）加尔文的教育思想（华南21简答）

加尔文的思想与路德类似，不过更为重视个人在宗教生活中的地位。其教育主张包括：

（1）强调教育对个人生活、社会生活和宗教生活的意义。他认为：人与生俱来带有"原罪"，需接受教育才能不致堕落；人为了信仰，为了能直接阅读《圣经》，也须受教；人的知识和能力在社会生活中具有重要价值，应不断追求新知，不断完善自身，这也须受教；为具备一个真正的基督徒所具有的勤奋、俭朴、效率、责任感等道德品质，人也须受教。

（2）提出普及、免费的教育的主张。他要求国家开办公立学校，实行免费教育，使所有儿童都有机会受到教育，学习基督教教义和日常生活所必须的知识技能。

（3）重视人文学科的价值，将宗教科目与人文科目结合起来。

（4）学习古典文科中学的管理模式，并创立了相对完整的教育体系以及日内瓦学院，影响了西方高等教育发展。

二、天主教教育

为了反对宗教改革，天主教自身也加强了自身的变革和对教育的控制，其中最为著名的是耶稣会。耶稣会是反宗教改革运动的先锋和中坚，创始人是西班牙人罗耀拉。

（一）耶稣会学校

1. 教育目的

耶稣会把兴办教育视为实现其宗教和政治目的的重要手段。出于培养精英以控制未来的统治阶层的考虑，耶稣会集中全力于中等和高等教育而不重视初等教育。

2. 教育内容

耶稣会设立的学校统称为学院，分为初级部与高级部。

（1）初级部5—6年，相当于中等教育和大学预科。学习内容以拉丁语、希腊语、希伯来语、文法和古典文学等人文学科为主，意在为进一步的学习奠定基础。

（2）高级部包括哲学部和神学部，属高等教育。哲学部学习年限一般为三年，内容包括逻辑学、形而上学、心理学、伦理学、数学、物理学、天文学等。神学部是最高一级的教育，学习时限为4—5年，学习《圣经》和经院哲学。

3. 管理制度

耶稣会学校的组织管理一切以《耶稣会章程》和《教学大全》这两个纲领性文件为标准和尺度，前者专门对教育问题如授课时间、顺序、方式等做出规定；后者完全讨论教育问题，以权威的形式明确规定了耶稣会学校的教学内容和方法的一切细节。这两个文件还对各级教育行政管理人员的职责权限及其相互关系做了明确规定。

这些规定具有法律的权威，对学校工作具有普遍的指导意义，保证了散布欧洲各地的耶稣会学校组织和管理上的统一、集中和稳定，使得耶稣会学校能够有条不紊、高效率地工作，从而获得可观的成效。

4. 师资水平

耶稣会十分重视师资的培养和训练。主要有三个方面的内容：

（1）宗教训练。通过这种训练，使受训者忠于上帝、教皇和天主教会，成为虔诚的天主教徒。

（2）知识训练。这种训练持续很长时间，学习内容因将来所从事教育的对象的程度不同而有差异。

（3）有关教育和教学方法方面的训练。包括不同科目的教学方法、班级管理方法、运用谈话和竞赛等手段调动学生积极性的方法等。

5. 教学方法

耶稣会学校采用寄宿制和全日制，学生因能力水平的不同分别被编入不同班级，教学以班级为单位采用集体授课的方式，教师在教学中具体使用讲座、讲授、阅读、写作、背诵、辩论、练习、考试、竞赛等方法；学校提倡温和纪律、爱的管理，强调亲密的师生关系，很少使用体罚。

6. 评价

耶稣会学校高质量的教学使耶稣会学校赢得了良好的声誉，但耶稣会学校的目的是企图重建教皇和天主教会对欧洲的统治，这一目的是逆历史潮流，是与民族国家的兴起相对立的；耶稣会遭到各民族国家的拒斥，其开办的教育也必定随之受到冷落。

（二）人文主义教育、新教教育和天主教教育的比较（宁波20论述）

表5-1 人文主义教育、新教教育和天主教教育的比较

	人文主义教育	新教教育	天主教教育
不同点	贵族性（将学习古典知识作为贵族阶级自身的高级享受）；为贵族服务	较强的群众性和普及性；为新教服务	贵族性（出于控制社会精英的政治目的而重视上层社会子女的教育）；为天主教服务
相同点	①宗教性，都信仰宗教但是程度不同 ②重视古典主义和人文主义 ③逐渐取消体罚，完善班级授课制 ④世俗性增强		

【名校真题】

简答题

1. 简述加尔文教育思想的特点（华南师范大学2021）

论述题

1. 文艺复兴时期的人文主义、新教教育和天主教教育之间的联系、区别、影响（宁波大学2020）

第六章 欧美主要国家和日本的教育发展

考频分析

一　英国教育的发展
　　（一）公学
　　（二）贝尔—兰开斯特制
　　（三）1870年《初等教育法》
　　（四）《巴尔福教育法》
　　（五）《哈多报告》
　　（六）《1944年教育法》
　　（七）《1988年教育改革法》
二　法国教育的发展
　　（一）启蒙运动时期的国民教育设想
　　（二）《帝国大学令》与大学区制
　　（三）《费里教育法》
　　（四）《郎之万—瓦隆教育改革方案》
　　（五）1959年《教育改革法》
三　德国教育的发展
　　（一）初等国民教育的兴起
　　（二）巴西多与泛爱学校
　　（三）实科中学
　　（四）柏林大学与现代大学制度的确立
　　（五）德意志帝国与魏玛共和国时期的教育
　　（六）《改组和统一公立普通学校教育的总纲计划》

四 俄国及苏联教育的发展

（一）彼得一世教育改革

（二）《国民学校章程》

（三）苏联建国初期的教育管理体制改革

（四）《统一劳动学校规程》

（五）20世纪20年代的学制调整和教学改革实验

（六）20世纪30年代教育的调整、巩固和发展

五 美国教育的发展

（一）殖民地普及义务教育

（二）贺拉斯·曼与公立学校运动

（三）《莫里尔法》

（四）"六三三"制

（五）初级学院运动

（六）《国防教育法》

（七）《中小学教育法》

（八）生计教育和"返回基础"教育运动

（九）《国家在危机中：教育改革势在必行》

六 日本教育的发展

（一）明治维新时期教育改革

（二）军国主义教育体制的形成和发展

（三）《教育基本法》和《学校教育法》

（四）20世纪70—80年代的教育改革

章节框架

欧美主要国家和日本的教育发展 —— 英国教育的发展
- 公学
- 贝尔—兰开斯特制
- 1870年《初等教育法》
- 《巴尔福教育法》
- 《哈多报告》
- 《1944年教育法》
- 《1988年教育改革法》

333 教育综合大纲解析

欧美主要国家和日本的教育发展
- 法国教育的发展
  - 启蒙运动时期的国民教育设想
  - 《帝国大学令》与大学区制
  - 《费里教育法》
  - 《郎之万—瓦隆教育改革方案》
  - 1959年《教育改革法》
- 德国教育的发展
  - 初等国民教育的兴起
  - 巴西多与泛爱学校
  - 实科中学
  - 柏林大学与现代大学制度的确立
  - 德意志帝国与魏玛共和国时期的教育
  - 《改组和统一公立普通学校教育的总纲计划》
- 俄国及苏联教育的发展
  - 彼得一世教育改革
  - 《国民学校章程》
  - 苏联建国初期的教育管理体制改革
  - 《统一劳动学校规程》
  - 20世纪20年代的学制调整和教学改革实验
  - 20世纪30年代教育的调整、巩固和发展
- 美国教育的发展
  - 殖民地普及义务教育
  - 贺拉斯·曼与公立学校运动
  - 《莫里尔法》
  - "六三三"制
  - 初级学院运动
  - 《国防教育法》
  - 《中小学教育法》
  - 生计教育和"返回基础"教育运动
  - 《国家在危机中：教育改革势在必行》
- 日本教育的发展
  - 明治维新时期教育改革
  - 军国主义教育体制的形成和发展
  - 《教育基本法》和《学校教育法》
  - 20世纪70—80年代的教育改革

一 英国教育的发展 ★★★★

（一）公学（东北/深大/安师17名解）

公学是一种私立教学机构，相对于私人延聘家庭教师的教学而言，这种学校是由公众团体集资兴办，其教学目的是培养一般公职人员，其学生是在公开场所接受教育。它较之一般的文法学校师资及设施设备条件好、收费更高，是典型的贵族学校。

公学的教学质量较高，在历史上曾为英国培养了不少政治、经济领袖，因而总以天才教育相标榜，被称为英国绅士的摇篮。

(二) 贝尔—兰开斯特制（南师21，中央民族/深大/福师20，浙师19，海师18名解）

为解决英国近代教育发展背景下师资匮乏的问题，英国传教士贝尔和兰开斯特创办导生制学校，在这类学校中实行导生制教学。

贝尔—兰开斯特制又称导生制，其具体实施是：教师在学生中选择一些年龄较大、学习成绩较好的学生充任导生，教师先对导生进行教学，然后由他们去教其他学生。通过这种教学方式，学生的数额得以大大增加，也在一定程度上缓解了教师奇缺的压力，因而一度广受欢迎，但因其难以保证教育质量而最终被人们所抛弃。

(三) 1870年《初等教育法》（河南20名解；湖师18简答）

1870年《初等教育法》（又称《福斯特法》）是英国政府在1870年颁布的关于推行普及义务教育的法令。

1. 主要内容

（1）国家对教育有补助权与监督权。

（2）将全国划分为数千个学区，设立学校委员会管理地方教育。

（3）对5—12岁儿童实施强迫的初等教育。

（4）在缺少学校的地区设公立学校，每周学费不得超过9便士，民办学校学费数额不受限制。

（5）学校中世俗科目与宗教科目分离。

2. 评价

这是英国第一个关于初等教育的法令，其中最有意义的是强迫初等教育，它标志着国民初等教育制度正式形成。该法颁布后，英国初等教育发展迅速，到1900年，基本普及了初等教育。

(四)《巴尔福教育法》

1902年，为了公平分配教育补助金和加强对地方教育的管理，英国通过了《巴尔福教育法》。

1. 主要内容

（1）设立地方教育当局，以取代原来的地方教育委员会。其主要职责是：保证初等教育的发展，享有设立公立中等学校的权力，并为中等学校和师范学校提供资金。

（2）地方教育当局有权对私立学校和教会学校提供资助和控制。

2. 评价

《巴尔福教育法》是英国进入20世纪后所制定的第一部重要的教育法。它促成了英国中央教育委员会和地方教育当局的结合，形成了以地方教育当局为主的英国教育行政体制。该法首次强调初等教育和中等教育的衔接，并把中等教育纳入地方教育部门管理，为建立统一的国家公共教育制度奠定了基础。

(五)《哈多报告》

1924年，工党政府任命了以哈多爵士为主席的调查委员会，负责研究英国的全日制初等后教育。该委员会在1926—1933年提出了三份《关于青少年教育的报告》，一般称为《哈多报告》。

1. 主要内容

（1）小学教育应当重新称为初等教育。儿童在11岁以前所受到的教育称为初等教育。其中5—8岁入幼儿学校，8—11岁入初级小学。

（2）儿童在11岁以后所受到的各种形式的教育均称为中等教育。中等教育阶段设立四种类型的学校：以学术性课程为主的文法学校、具有实科性质的选择性现代中学、相当于职业中学的非选择性现代中学、略高于初等教育水平的公立小学高级班或高级小学。

（3）为了使每个儿童进入最合适的学校，应当在11岁时进行选拔性考试。同时规定，义务教育的最高年龄为15岁。

2. 评价

《哈多报告》第一次从国家的角度阐明了初等教育与中等教育衔接，中等教育面向全体儿童的思想。并从儿童发展的角度，明确提出了初等教育后教育分流的主张，以满足不同阶层人们的需要。但报告把中等教育分为四种轨道，又反映了英国教育传统的影响。

（六）《1944年教育法》（湖师20简答）

1944年，英国政府通过了以巴特勒为主席的教育委员会提出的教育改革方案，即《1944年教育法》(又称《巴特勒教育法》)。

1. 主要内容

（1）加强国家对教育的控制和领导。法案废除教育委员会，设立教育部，统一领导全国的教育。同时，设立中央教育咨询委员会，负责向教育部长提供咨询和建议。

（2）加强地方行政管理权限，设立由初等教育、中等教育和继续教育组成的公共教育系统。地方当局负责为本地区提供初等、中等和继续教育。其中，初等教育包括幼儿园、幼儿学校和初等学校。小学生毕业后根据11岁考试结果，按成绩、能力和性向分别进入文法中学、技术中学和现代中学。初等学校和中等学校实行董事会制。

（3）实施5—15岁的义务教育。父母有保证子女接受义务教育和在册学生正常上学的职责。地方教育当局应向义务教育超龄者提供全日制教育和业余教育。

（4）要求改革宗教教育、师范教育和高等教育等。

2. 评价

《1944年教育法》在英国现代教育发展中占据极其重要的地位。它结束了第二次世界大战前英国教育制度发展不平衡的状况，形成了初等教育、中等教育和继续教育相互衔接的公共教育制度，对以后英国教育的发展产生了重要影响。

（七）《1988年教育改革法》（湖师21简答）

1988年，英国国会通过了一项重要的教育改革法案，即《1988年教育改革法》。这部法案对英国教育体制全面进行改革，主要内容涉及普通中小学教育、高等教育、职业技术教育、教育管理和教育经费等。

1. 主要内容

（1）规定实施全国统一课程。确定在5—16岁的义务教育阶段开设三类课程：核心课程、基础课程和附加课程。核心课程和基础课程合称为"国家课程"，为中小学必修课程。

（2）设立全国统一考试制度。规定在整个义务教育阶段学生要参加四次全国性考试。分别在7、11、14、16岁时举行，作为对学生进行甄别和评估的主要依据。此外，对学生的评估还要结合教师对学生的平时考查。由学校考试委员会负责的全国性考试的结果，还将作为对学校工作进行评价的依据。

（3）实施摆脱选择政策。即规定地方教育当局管理下的所有中学，和规模较大的小学，在多数家长要求下可以摆脱地方教育当局的控制，直接接受中央教育机构的指导。这一政策表明英国开始打破过去中央、地方两级分权管理教育的传统，而走向中央集权制管理。此外，该法还赋予学生家长为子女自由选择学校的权利。

（4）建立一种新型的城市技术学校，以培养企业急需的精通技术的中等人才。

（5）废除高等教育的"双重制"。"双重制"是指英国各类学院由地方管理，而大学则由中央管理的体制。根据新规定，包括多科技术学院和其他学院在内的高等院校将脱离地方教育当局的管辖，成为"独立"机构，并获得与大学同等的法人地位。同时成立"多科技术学院基金委员会"，负责多科技术学院的发展规划和拨款事务。

2. 评价

《1988年教育改革法》不仅涉及问题广泛，涉及主题重要，并且在较大程度上动摇了英国教育的某些传统，被认为是1944年《巴特勒教育法》以来英国历史上又一部里程碑式的教育改革法，对英国教育发展产生了长期的历史影响。

[超纲知识]

功利主义教育思想（福师21名解）

功利主义教育思想出现于19世纪20—30年代的英国，是由当代英国工业资产阶级和工人阶级共同掀起的激进主义运动发展起来的，其主要代表人物有杰里米·边牧、詹姆士·穆勒、约翰·穆勒和斯宾塞。功利主义教育思想集中体现在以下几个方面：

（1）教育要实现大多数人的最大幸福。

（2）道德教育应成为教育的重要内容之一。

（3）课程以实用知识为主。

（4）开展多样化的教育。

功利主义教育思想促进了英国的教育变革，在世界上也产生了较大影响。其中，最突出的影响就是在办学理念方面强调实用知识为主的课程，使科学技术知识由边缘逐渐走向教育的中心。

二 法国教育的发展★

（一）启蒙运动时期的国民教育设想

启蒙运动时期，法国出现了诸多思想家。他们基于平等、自由等启蒙精神，提出了国民教育设想。主要的代表人物有爱尔维修、狄德罗和拉夏洛泰等人。

1. 爱尔维修的教育思想

（1）追求教育民主化，提出了教育万能论。他认为个人的成长归因于教育和环境，通过教育可以改变社会制度，解放思想，造就人才。教育万能论否定了遗传因素的作用，陷入了唯心主义的社会历史观。

（2）国民教育思想。鉴于教育对个人和国家的重大影响，爱尔维修要求彻底改造旧学校。他主张由国家创办世俗教育，论述并倡导人们关心现实的利益，认为顺应"自爱"并以公共利益作为行为的指南，才是高尚的道德。

（3）强调学习科学知识的重要性。爱尔维修指出知识的学习依赖于感官的发展和教育，而且人的终生都是在学习和受教育。他还主张爱护身体，重视体育。

2. 狄德罗的教育思想

狄德罗是爱尔维修同时代的法国唯物主义者，启蒙运动和百科全书派的领袖人物。

（1）教育的作用：狄德罗否认了爱尔维修的"教育万能"论，认为教育可以发展人的优良的自然素质，抑制不良的自然素质，进而启发人的理性，认识社会中的罪恶现象，唤起对正义、善行和新秩序的爱。

（2）国民教育：狄德罗主张剥夺教会的教育管理权，把教育交由新的国家政府管理，教会人员不得在新学校中担任职务。国家应当推行强迫义务教育。中学和大学应当向一切人开放。

（3）科学教育：狄德罗强调科学知识的学习和科学方法的应用，指出研究和学习的主要方法是观察、思考、实验，认为思维能力的培养也是教育的一项重要任务。

3. 拉夏洛泰的教育思想

拉夏洛泰是18世纪中期法国的著名思想家。他的《论国民教育》系统地论述了国家办学的思想，对法官乃至西欧各国世俗公共教育制度的建立发生过很大影响。

（1）主要内容：①拉夏洛泰的国家办学思想基于对教会教育特别是对耶稣会教育的批判之上形成的；②他还从知识和教育的巨大作用角度说明了国家办教育的必要性；③认为法国国民教育目的应该是培养良好的法国公民，教育应该首先考虑的是国家；④教育最终要达到使人民心智完善、道德高尚、身体健康的目标。

（2）评价：拉夏洛泰关于国家办学的论证走在了时代的前列，启发了同时代的和后来的人们，为后来法国国家中央集权教育领导体制的形成提供了思想启示。

（二）《帝国大学令》与大学区制

法国中央集权式教育管理体制确立于法兰西第一帝国时期，为牢固掌握教育管理权，拿破仑颁布了一系列的帝国教育法令。由此法国确立了中央集权式教育管理体制。

1. 主要内容

（1）以帝国大学的名义建立专门负责整个帝国公共教育管理事务的团体。

（2）帝国大学总监为最高教育管理长官，具体负责学校的开办、取缔、教职员任免、提升与罢黜等项事宜。

（3）帝国大学下设由30人组成的评议会，协助总监管理全国教育事务。

（4）全国共划分为27个学区，每一个大学区设总长1人，并设由10人组成的学区评议会。

2. 教育体制的特点

（1）教育管理权力高度集中。

（2）全国的教育实行学区化管理。

（3）开办任何学校教育机构必须得到国家的批准。

（4）一切公立学校的教师都是国家的官吏。

3. 评价

拿破仑第一帝国时期确立的中央集权式教育管理体制，虽在此后各历史时期也发生了某些变化，但其基本框架得以保留和延续，并对法国国民教育发展产生了深远影响。

（三）《费里教育法》（杭师20，山师19简答）

1881年和1882年先后颁布的《第一费里法案》和《第二费里法案》，不但确立了国民教育义务、免费、世俗化三大原则，而且把这些原则的贯彻实施予以具体化。

1. 主要内容

（1）义务化。6—13岁为法定义务教育阶段，接受家庭教育的儿童须自第三年起每年到学校接受一次考试检查。对不送儿童入校学习的家长予以罚款。

（2）免费化。免除公立幼儿园及初等学校的学杂费，免除师范学校的学费、膳食与住宿费用。

（3）世俗化。废除教会监督学校及牧师担任教师的特权，取消公立学校的宗教课，改设道德课与公民教育课。

2. 评价

《费里教育法》的颁布与实施为这一时期初等教育的发展提供了必要的法律保障，指明了进一步努力的方向，标志着法国初等教育步入了一个新的历史发展阶段。

（四）《郎之万—瓦隆教育改革方案》（华东17论述）

1947年，以法国著名物理学家郎之万和著名儿童心理学家瓦隆为主席的教育改革委员会提交了《教育改革方案》（又称《郎之万—瓦隆教育改革方案》）。《方案》批评了法国教育的弊端，就各级各类学校的组织、制度、教育内容和方法提出了具体改革意见。

1. 主要内容

（1）提出了二战后法国教育改革的六条原则：①社会公正；②社会上一切工作价值平等，任何学科价值平等；③人人都有接受完备教育的权利；④在加强专门教育的同时，适当注意普通教育；⑤各级教育实行免费；⑥加强师资培养，提高教师地位。

（2）实施6—18岁学生的免费义务教育。这种教育可划分为如下三个阶段：第一阶段为基础教育；第二阶段是方向指导阶段；第三阶段为决定阶段。之后分别进入学术型、技术型、艺徒制学校学习。学生在18岁时结束免费义务教育。

（3）该方案还对高等教育进行了设计。在义务教育第三阶段之后，在学术型学校结业的学生可进入一年制大学预科接受教育，然后进入高等学校学习。

2. 评价

受第二次世界大战后初期历史条件的影响，郎之万—瓦隆的教育改革方案并未付诸实施。但在它的影响下，法国开始大力扩充初等教育，同时把较好的初等学校升格为中学，极大地促进了中等教育的普及，基本实现了初等和中等教育的衔接。

（五）1959年《教育改革法》

1959年，戴高乐政府颁布了《教育改革法》，该法案规定：

（1）义务教育年限由战前的6—14岁延长到16岁，并规定到1969年完全实现这一目标。

（2）规定6—11岁为初等教育阶段，面向所有儿童。

（3）完成初等教育之后，除个别被确定不适于接受中等教育的儿童外，其余儿童都可进入中等教育的第一阶段，即两年的观察期教育（11—13岁）。

（4）两年后，学生进入中等教育的第二阶段（13—16岁），这个阶段分为四种类型，即短期职业型、长期职业型、短期普通型、长期普通型。

1959年的教育改革由于不够灵活，难以操作，所以在实践中并未完全实施。

三、德国教育的发展 ★★

（一）初等国民教育的兴起

（1）16世纪。德国是较早将教育权从教会转移到世俗政权的国家。早在16世纪后半期，威登堡、萨克森等邦国颁布强迫教育法令要求进行义务教育。

（2）18世纪。1763年，普鲁士王腓特烈二世颁布《普通学校章程》，规定5—12岁的儿童必须到学校接受教育，否则对家长要处以罚金；1787年，普鲁士成立高级学校委员会，管理中等和高等学校；1794年，普鲁士《民法》规定，学校事务最终决定权在政府。这些法令规定了国家强迫义务教育的各方面具体要求和措施，为德国的初等国民教育的发展奠定了基础。

（3）19世纪。进入19世纪，德国初等教育发展加速，一些公国颁布了《初等义务教育法》，1885年普鲁士实行免费初等义务教育，19世纪末德国初等教育入学率达到100%。在初等教育发展方面，德国走在了欧美国家的前列。

（二）巴西多与泛爱学校（浙师18名解）

1. 巴西多

巴西多是泛爱学校的创始人，他赞同卢梭的教育思想，认为教育的最高目的是增进人类的现世幸福，培养掌握实际知识、具有泛爱思想、健康乐观的人，反对压制儿童的封建式经院教育，主张热爱儿童，让儿童自由发展。

2. 泛爱学校

（1）泛爱学校强调适应自然的教育原则和让儿童主动地学习的教学方式，提出培养博爱、节制、勤劳等美德，注重实用性和儿童兴趣，寓教育于游戏之中。泛爱学校的课程主要有实科知识、体育、音乐和劳动等；注重实物教学，反对经院主义、古典主义教育，禁绝体罚。

（2）评价：巴西多的泛爱学校传播资产阶级进步的人文主义教育思想，起到了反对封建教育的作用，但泛爱运动的教育思想由于过于注重儿童的自由后来受到赫尔巴特等人的批评。

（三）实科中学（深大21，湖师18，华东17名解）

（1）内涵。受经济和科学技术发展的影响，德国实科教育在18世纪兴起并得到发展。这是一种既具有普通教育性质，又具有职业教育性质的新型学校。它排除课程内容的纯古典主义的倾向，注重自然科学和实科知识的学习，适应了德国资本主义经济逐渐发展起来的需要。

（2）地位。1832年，普鲁士率先颁布《实科中学毕业考试章程》，标志着实科中学得到政府认可。但实科中学的社会地位比文科中学低得多，学生不能升入大学，大都只能进入职业领域。

（四）柏林大学与现代大学制度的确立

1. 背景

1810年，为了挽回普法战争时对普鲁士造成的影响，在洪堡、费希特等人的领导下，德国创办了柏林大学。洪堡认为，大学的真正使命在于提高学术研究水平，为国家长远的发展开拓更广阔的前景。

2. 特点

（1）柏林大学拥有充分的办学自主权。教师与学生享有研究与学习的自由，即"教学自由"与"学习自由"。

（2）聘请一批学术造诣深厚、教学艺术精湛的教授到校任教，切实提高柏林大学的教学质量与学术声望。

（3）重视柏林大学的学术研究与培养学生的研究能力。

3. 评价

柏林大学是一所新型大学，注重开展哲学、科学和学术研究，提倡学习和教学自由，建立了讲座教授制度和习明纳制度，培养学生的研究能力，从而确立了以研究为核心的现代大学制度，成为现代高等教育的典范，影响了世界高等教育的发展。

[超纲知识]

洪堡的教育改革（山师19论述）

洪堡在1809—1811年担任普鲁士内务部文教总管期间，实行了教育改革，史称"洪堡教育改革"。

1. 初等教育：洪堡注重提高基础教育的质量，加强小学师资的培训，促进师范教育的发展，初步构建了师范教育体系。

2. 中等教育：洪堡对文科中学进行了多方面的改革，消减了古典学科，使文科中学更接近实际生活；并由国家进行中学师资的考核与选择，保证了中学教师的质量。

3. 高等教育：洪堡重视创新型大学，主张把大学办成哲学、科学和学术研究的中心。1810年，他在任期间创建的柏林大学提倡学习和自由教学，建立讲座教授制度和习明纳制度，强调科学研究，从而一举建立现代大学制度。

洪堡教育改革虽然历时较短，但帮助德国完善了近代教育制度，为德国教育的发展奠定了坚实的基础，尤其是在高等教育方面，德国大学成为现代高等教育的经典模式之一。

（五）德意志帝国与魏玛共和国时期的教育

1. 德意志帝国时期

（1）在德意志帝国时期，德国教育就已经形成了典型的三轨制。在这种制度下形成了三类学校，即国民学校、中间学校和文科中学。其中文科中学在德国教育中占有重要地位。德国这一时期的教育与欧洲其他国家一样，具有明显的等级性和阶级性。

（2）19世纪末，受新人文主义的影响，德国开始了对中等教育的改革。其主要特点是：①减少文科中学古典语言的分量，并在其他中学中增加自然科学和现代语言的课程；②出现了两类学术性中学，即实科中学和文实中学。从而确定了德国三种中学（文法中学、实科中学和文实中学）并存的局面。

（3）进入20世纪后，德国宣布文科中学、实科中学和文实中学的地位相等，都可以为大学多数科系培养学生。改革虽然对现行各中学的课程进行了调整，但仍重视文科中学及其课程的地位。

[超纲知识]

新人文主义教育思想（云师19简答）

1. 特征

（1）强调学习古典语言、文学、历史等人文学科。与文艺复兴时期的人文主义教育不同，新人文主义不偏重罗马文化，而倾向于希腊文化，主张复兴古希腊文化的优秀内容和精神，注重领会其中积极的世界观和人生观，而不在于对古代语言和生活样式的模仿。

（2）强调在教育中尊重人性，重视人性的和谐发展，促进人的身体和精神的均衡。

（3）教育目的在于充分发展人的一切力量，陶冶人成为完美的人。新人文主义教育注重学习自然科学，重视审美教育，在艺术教育中渗透道德要素，在情感陶冶中应侧重于理智的和职业的训练，用以人格为中心的人性陶冶取代唯理性绅士教养。

2. 评价

新人文主义教育思想对 19 世纪德国教育产生了重大影响。尤其是在洪堡担任普鲁士内务部教育司司长期间，将新人文主义教育思想付诸实施，建立了德国新的教育体系，使德国教育走上了正规化和近代化的道路，特别是洪堡于 1810 年主持建立的柏林大学以及所形成的大学精神至今仍深刻地影响着大学的发展方向。

2. 魏玛共和国时期

魏玛共和国时期通过的《魏玛宪法》规定了共和国教育发展的指导思想，反映了一战后德国民主化的要求。

（1）初等教育。主张建立公共学校系统，废除双轨制，建立统一的四年制初等学校，提供免费的义务教育。

（2）中等教育。取消了中学预备学校阶段，使中学建立在统一的基础学校之上；在原来的中学的基础上增加了德意志学校和上层建筑学校。

（3）教师培养。规定小学教师须由属于高等教育的师范学院来培养，学习期限为四年。这大大提高了德国小学教师的质量。

（4）高等教育。一方面坚持大学自治、教学和科研相结合的原则，另一方面提出高等教育面向大众的思想。

魏玛共和国时期的教育改革对德国现代教育有巨大的促进作用，但其中也有着强烈的民族主义和国家主义的倾向。

（六）《改组和统一公立普通学校教育的总纲计划》

1959 年，德国教育委员会公布《改组和统一公立普通学校教育的总纲计划》（《总纲计划》）。

1. 主要内容

（1）教育体制。集中探讨了普通初等和中等教育的改进问题，赞同保留中等学校的三分制体制，但要有所改革，注意发展儿童的先天才能，促进儿童个别爱好和专门特长的发展。

（2）初等教育。所有儿童均应接受四年制的基础学校教育，然后再接受两年促进阶段的教育。促进阶段教育旨在给予学生充分发展能力和特长的机会，以便通过考试遴选进入不同类型的中等教育机构。

（3）中等教育。设置主要学校、实科学校和高级中学。

2. 评价

《总纲计划》提出的学校教育机构既保留了德国传统的等级性特征，又适应了二战后联邦德国社会劳动分工对学校培养人才规格和档次的不同要求，这种学校系统对激发儿童个性才能的发展具有一定的积极作用。

四 俄国及苏联教育的发展

（一）彼得一世教育改革

17世纪末沙皇彼得一世匿名考察欧洲各国，回国后立即进行了多方面的社会改革，拉开了俄国近代化的序幕。

（1）专门教育。彼得一世为了尽快培养俄国改革和发展所需的专门人才，创建了诸多具有实科性质的学校，特别是有关军事技术的专门学校。

（2）初等义务教育。彼得一世下令开办俄语学校、计算学校，并把各地开办学校的责任委于当地教会，促进了初级主教学校、堂区学校的发展。

（3）中等和高等教育。彼得一世为了培养本国的高级人才，提出了建立俄国科学院的设想，并附设文科中学和大学，以肩负科研和教学的双重职能。

彼得一世的改革是为了强化国力，以大规模引进西方先进科学技术为主要特征的，因此在改革中强化了教育的实科倾向，扩大了普及面，向教育近代化迈出了一步。但因改革缺乏广泛的社会基础，改革取得的成果也就难以保持。

（二）《国民学校章程》

1786年，由叶卡捷琳娜二世成立的国民学校委员会颁布了《国民学校章程》（简称《章程》）。

1. 主要内容

（1）领导体制。由当地政府领导，聘请校长进行管理。经费由当地政府、贵族、商人共同承担。

（2）学制形式。《章程》规定，在各省城设立中心国民学校，修业5年。在各县城设立初级国民学校，修业2年。

（3）课程内容。初级国民学校和中心国民学校前两年课程相同，有读、写、算及文法课；中心国民学校后三年设有机械、建筑、物理等；宗教、人与公民的义务是两种学校学生都必须学习的课程。《章程》还对师生的品德、教学乃至日常生活及宗教信仰提出了严格的要求。

这是俄国历史上发布最早的有关国民教育制度的正式法令，这一章程标志着俄国教育制度化和法制化的开端。

2. 评价

由于该法令的实施，初等、中等教育被忽视和外省缺乏学校教育的情况有所改变，从而对俄国近代教育发展，特别是国民教育制度的建立起到了一定的作用；但该章程没有涉及农村地区的教育。

（三）苏联建国初期的教育管理体制改革

"十月革命"胜利后，苏维埃政府对旧教育进行了根本性的改革。改革的重点是废除旧的教育制度，改变学校的性质，确立无产阶级政党对教育事业的领导地位。

（1）苏联政府一方面建立了教育人民委员会和国家教育委员会，作为全苏教育的领导机构，阐明了教育工作的总方针和基本原则。实施免费、普及的义务教育，清除了教会对学校的影响。

（2）另一方面废除了旧的国民教育管理制度，撤销学区制，撤销学堂管理处和视察处等机构。

（3）国民教育总的领导由国家教育委员会承担，各地方教育由省、县、乡的工农兵代表苏维埃执行委员会所属的国民教育局负责。这克服了革命前学校管理方面的分散和混乱现象，保证了学校领导的统一性，迅速地、成功地拟订出建立新的社会主义教育体制的总的原则。

(四)《统一劳动学校规程》

1918年,经全俄教育工作者第一次代表大会讨论通过,正式公布了《统一劳动学校规程》和《统一劳动学校基本原则》(又称《统一劳动学校宣言》)。

1. 统一劳动学校

(1)内涵。根据《统一劳动学校规程》的规定,凡属教育人民委员部管辖的俄罗斯苏维埃社会主义共和国的一切学校(除高等学校外),一律命名为"统一劳动学校"。所谓"统一"是指所有的学校(从幼儿园到大学)是一个不间断的阶梯,所有儿童都应进同一类型的学校,全都有权沿着这个阶梯升入高一级学校学习;所谓"劳动"是针对旧的"读书学校"而言,强调"新学校应当是劳动的",并且把劳动列入学校课程,使学生通过劳动能"积极地、灵活地、创造性地去认识世界"。

(2)阶段。统一劳动学校分为两个阶段:第一级学校招收8—13岁的儿童,学习期限5年;第二级学校招收13—17岁的少年和青年,学习期限4年。两级学校均是免费的,并且是相互衔接的,这显然是试图实现党纲规定的普及义务教育目标,但这在当时的条件下是无法完全实现的。

2. 评价

(1)积极影响。它是苏联教育史上第一个重要的立法,在世界教育史上第一次贯彻了非宗教的、民主的和社会主义的教育原则;尖锐地批判了旧学校的形式主义、脱离实际的倾向,要求把教育与生产劳动紧密地结合起来;强调全面发展儿童个性,充分发挥儿童学习的主动性和创造性等。这一切不仅对苏联教育、教学工作的发展起过积极的作用,而且在国外也引起了强烈的反响。

(2)消极影响。《统一劳动学校规程》错误地取消了一切必要的、合理的教学制度,取消教学计划,完全废除考试和家庭作业,不正确地解释教师的作用,过高地估计了劳动在学校中的地位。

(五)20世纪20年代的学制调整和教学改革实验

1. 学校制度的调整

1920年年底,俄共(布)召开了有关国民教育问题的第一次会议。会议从当时的实际情况出发,通过了学制改革的决议,把七年制学校作为普通学校的主要类型,允许在七年制学校的基础上设立修业年限3—4年的中等技术学校和职业学校。

2. 综合教学大纲的试行及其经验教训

(1)主要内容。

①《综合教学大纲》。1921—1925年国家学术委员会的科学教育组编制并正式公布了《国家学术委员会教学大纲》(通称综合教学大纲或单元教学大纲)。《大纲》完全取消学科界限,将指定要学生学习的全部知识,按自然、劳动和社会三方面的综合形式来编排,而且以劳动为中心。

②劳动教学法。在实施综合教学大纲的同时,相应地改变了教学方法。开始采用所谓劳动的教学法,即在自然环境中,在劳动和其他活动中进行教学。主张废除教科书,广泛推行"工作手册""活动课本""杂志课本"等;在教学组织形式上主张取消班级授课制,实行道尔顿制和设计教学法。

(2)评价。

①积极影响。《大纲》试图通过单元教学的形式,把学校的教学工作同现实生活紧密地联系起来,彻底克服旧学校教学与生活完全脱离的缺点,并加强各门学科之间的联系,培养儿童自己掌握知识的能力和自觉的劳动态度,激发儿童对改造周围生活的兴趣,充分发挥他们学习的主动性和创造性。

②消极影响。《大纲》实际上破坏了各门学科之间的内在逻辑,曲解了教学活动与现实生活之间的联系,因而削弱了学校中系统的基础理论知识学习和基本的读、写、算能力的训练。

3. 加强劳动教育和综合技术教育

由于统一劳动学校制度的实施，特别是由于列宁和克鲁普斯卡雅的积极提倡，这一时期苏联学校中的劳动教育和综合技术教育大大地加强了。1923年国家学术委员会的教学大纲规定，劳动是学校生活的组成部分，研究人类的劳动活动乃是整个教学大纲的基础和核心。

4. 高等教育的改革

高等教育改革的措施有：①改进招生制度，逐步恢复新生入学考试；②改革高等学校的管理体制；③加强教学与生产的联系。

（六）20世纪30年代教育的调整、巩固和发展

1.《关于小学和中学的决定》

（1）背景。面对国家建设的要求，以及为了解决长期以来教育发展中的问题。1931年，苏联政府颁布了《关于小学和中学的决定》（以下简称《决定》），这是30年代苏联改革和发展国民教育的纲领性文件。

（2）内容。《决定》对学校的基本任务、教学方法、干部、中小学的物质基础以及学校管理等方面提出了明确的要求和具体的改进措施，强调系统知识和传统的教学方法。

2. 评价

（1）积极性。《决定》对克服苏联普通学校工作中存在的缺点，进一步改进学校的教育教学工作，提高教学质量，使之更加适合于社会主义建设的需要具有极其重要的意义，改变了学生和教师醉心于参加工人和集体农民的一般劳动而忽视学校教学工作的错误倾向。

（2）局限性。在执行《决定》的过程中，过分强调对学生的知识教育，导致学校工作走上了另一极端，即忽视学生的劳动教育。

五　美国教育的发展 ★★★★★

（一）殖民地普及义务教育

1642年，马萨诸塞学校法规定家长和雇主有责任让子弟受教育。1647年，马萨诸塞规定凡满50户居民的市镇设教师一人，满百户的市镇设小学一所。这些法令对于早期殖民地的普及义务教育产生了重要影响。

1751年，富兰克林在费城创办了第一所文实中学。到19世纪上半期，文实中学成为中等教育的主体，19世纪下半叶，公立中学逐渐取代文实中学。文实中学用现代语言教学，不重拉丁语而重英语；男女合校，为就业做准备，开设适应经济和政治需要的学科，不重古典课程而重实用课程；不仅以富家子弟为对象，而且照顾到中产子弟；扩大了中等教育机会，促进中等教育从古典向现代发展。

（二）贺拉斯·曼与公立学校运动

1. 贺拉斯·曼论教育

贺拉斯·曼是美国著名的教育实践家，在推动美国公立学校发展上做出了重要贡献，被称为"美国公立学校之父"。贺拉斯·曼十分注重教育理论的探索，最终形成自己的教育理论体系。

（1）教育作用。①实施普及教育是共和政府存在的保证；②教育是维持社会安定的重要工具，

教育可以减少罪恶，可以减少社会遭受不良行为的损害；③教育还是人民摆脱贫穷的重要手段。

（2）教育目的。培养社会需要的各类专业工作者。

（3）教育内容。体育、智育、政治教育、道德教育以及宗教教育诸方面。

（4）师范教育。贺拉斯·曼将师范教育视为提高公立学校教育的重要手段；倡议创设师范学校来培养教师；要求在师范学校开设公立学校所开设的全部科目。此外，未来的教师还要学习各科教学法、心理学、哲学、人体生理学、卫生学等科目。

2. 公立学校运动

（1）内涵。19世纪30年代，美国出现了公立学校运动。公立学校运动主要是指依靠公共税收维持，由公共教育机关管理，面向所有公众的免费的义务教育运动。19世纪上半期，美国公立学校运动的进行主要是在小学；19世纪后期至20世纪初期，主要是在中学。

（2）表现。建立地方税收制度，兴办公共小学，实行强迫入学和免费教育。

（3）评价。美国公立学校运动奠定了美国资本主义教育制度的基础，促进了普及义务教育的开展，同时也促进了美国师范学校的发展。

（三）《莫里尔法》（华中/山师/川师21，福师20，东北17名解）

1862年，林肯总统批准实施《莫里尔法》。

（1）内容。该法规定：联邦政府按各州在国会的议员人数，按照每位议员三万英亩的标准向各州拨赠土地，各州应将赠地收入用于开办或资助农业和机械工艺学院。利用这笔拨赠，大多数州专门创办了农业或机械工艺学院，有的州则在已有大学内附设农业或机械工艺学院。

（2）意义。此类农业或机械工艺学院的设立与发展，确立了美国高等教育为工农业生产服务的方向，在一定程度上改善了高等教育发展与社会需要联系不够密切的状况。

（四）"六三三"制

1. 背景

1913年，美国全国教育协会成立了"中等教育改组委员会"，重新研究中等教育的职能和目的问题，以提高中等教育的社会效益。该委员会于1918年提出了《中等教育的基本原则》的报告。

2. 主要内容

（1）报告指出美国教育的指导原则应当是民主的原则，应当使每一个成员通过为他人和为社会服务的活动来发展他的个性。

（2）中等教育的七大目标：①健康；②掌握基本的方法；③高尚的家庭成员；④职业；⑤公民资格；⑥适宜地使用闲暇；⑦道德品格。

（3）为了实现这一目标，报告建议改革学制，使第一个6年致力于初等教育，以满足6—12岁学生的需要；第二个6年致力于中等教育，以满足12—18岁学生的需要。中等教育由初级和高级两个阶段组成，每阶段3年，即"六三三"制。

3. 评价

《中等教育的基本原则》在美国教育史上是一份很有影响的报告。它不仅肯定了六三三学制和综合中学的地位，而且提出了中学是面向所有学生并为社会服务的机构的思想。这一时期，美国中学的改革对美国教育乃至其他国家的教育，都产生了重要的影响。

(五)初级学院运动（深大18名解）

1. 背景

19世纪后半期，为解决中等教育和大学的衔接问题，人们从高等教育的目标和自身结构方面提出了改革设想。1892年，芝加哥大学校长哈伯率先提出了把大学的四个学年分为两个阶段的设想，第一个阶段的两年为"初级学院"，第二个阶段的两年为"高级学院"。同时把课程分为两部分，使前一阶段的课程类似中等教育，后一阶段类似专业教育和研究生教育。

2. 主要特点

（1）美国初级学院运动是一种从中等教育向高等教育过渡的教育。
（2）招收高中毕业生，传授比高中稍广一些的普通教育和职业教育方面的知识。
（3）初级学院由地方社区以及私人团体和教会开办，不收费或收费较低。
（4）学生就近入学，可以走读，无年龄限制，也无入学考试。
（5）初级学院课程设置多样，办学形式灵活，学生毕业后可以直接就业，也可以转入四年制大学的三年级继续学习。

3. 评价

美国初级学院运动的产生和发展，是美国高等教育大众化和民主化进程的产物，适应了美国社会政治、经济和文化发展的需要，成为美国高等教育的重要组成部分，构成了美国高等教育体系中的一个重要层次。第二次世界大战后，美国的初级学院得到更快发展，并能影响到其他发达国家，有力地推动了高等教育的普及。

(六)《国防教育法》

（川师/河南/深大19，福师18/17，海师18，苏大17名解；华南/苏大/浙师/广师20，重师/东北19简答；安师21论述）

1957年，苏联卫星上天后，美国朝野震惊，开始反思自身的教育问题，并将教育提高到保卫国家国防的高度，要求对教育进行改革。在此背景下，1958年美国总统批准颁布了《国防教育法》。

1. 主要内容

（1）加强普通学校的自然科学、数学和现代外语（即"新三艺"）的教学。
（2）加强职业技术教育。要求各地区设立职业技术教育领导机构，有计划地开展职业技术训练。
（3）强调"天才教育"。鼓励有才能的学生完成中等教育，攻读考入高等教育机构所必需的课程并升入该类机构，以便培养拔尖人才。
（4）增拨大量教育经费。作为对各级学校的财政援助。

2. 评价

《国防教育法》是作为改革美国教育、加快人才培养的紧急措施推出的，其颁布与实施，为第二次世界大战后美国教育改革提供了坚实的法律保障，促进了美国教育事业的发展，有利于教育质量的提高和科技人才的培养。

(七)《中小学教育法》

20世纪60年代，为了继续改善教育机会不平等问题，美国进行了教育改革。1965年，美国国会通过了《中小学教育法》。

1. 主要内容

（1）提出了中小学的教育目标，指出小学生更应加强文化教育，为将来接受专业教育打好基础，中学的目标则应是为培养未来的学者、专家打基础,学会钻研科学的方法。

(2)要求政府拨款奖励推动黑人、白人学生合校的工作,规定凡自动而认真合并的学校可以领取大量的补助费。

(3)制定了一系列对处境不利儿童的教育措施和帮助政策。

2. 评价

《中小学教育法》要求政府拨巨款奖励推动黑人和白人学生合校的工作,这在一定程度上改变了黑人教育的面貌,也促进了整个中小学教育的发展。该法对于中小学教育质量的提高和教育公平的实现具有重要作用。

(八)生计教育和"返回基础"教育运动（苏大/江苏21,中央民族18名解;杭师18简答）

20世纪70年代,美国教育暴露出中小学生缺乏社会适应能力,普通教育缺乏基础训练等问题,针对这些问题,美国教育改革出现了生计教育和"返回基础"教育运动。

1. 生计教育

(1)主要内容。生计教育是美国教育总署署长马兰于1971年倡导的一种教育。他提出,生计教育的实质在于以职业教育和劳动教育为核心,引导帮助人们学会许多新的知识和技能,以在适应瞬息万变的社会的过程中,实现个人生存与社会发展的双重目的。这种教育要求以职业教育为中心重新建立教育制度。

(2)实施。1974年美国国会通过了《生计教育法》,采取实际步骤推行生计教育。它的实施是把幼儿园、中小学、大专院校学生以及成人都作为教育对象。它和终身教育有些重叠,但突出职业教育的特点,中小学阶段是生计教育的重点实施阶段。

(3)评价。生计教育是美国社会失业率较高,人们对自己的就业问题忧心忡忡的心态在教育制度上的反映。这种教育不可能解决社会制度固有的弊端,只能是一种安慰人们适应社会现实的生存措施,并不能鼓励人们奋起改造社会。

2. "返回基础"教育运动

(1)背景。在美国基础教育委员会倡导和推动下,"返回基础"实施于1976年,并发展成为20世纪70年代后期美国教育改革的主流。"返回基础"主要针对中小学基础知识教学和基本技能训练薄弱问题而开展。

(2)主要内容。①要求在小学阶段加强阅读、写作和算术教学;②确定中学阶段的教育重点在于英语、自然科学、数学和历史等科目的教学;③强调教师在教学过程中发挥主导作用;④经过考试证明学生已掌握规定的基本技能和知识后,学生方可升级或毕业;⑤取消选修课,增加必修课。

(3)评价。"返回基础"教育运动实质上是美国的一种恢复传统教育的思潮,它否定了"进步教育"运动的基本主张,强调严格管理,提高教育质量,但是这一教育运动遭到了许多指责,认为它过分赞赏和重振传统教育,所以"返回基础"的呼声在80年代以后又逐渐消沉。

(九)《国家在危机中:教育改革势在必行》（湖师20名解）

20世纪80年代初期,美国中小学教育质量问题成为社会关注的中心。1983年,美国中小学教育质量调查委员会提出《国家在危机中:教育改革势在必行》的报告。该报告成了美国80年代中期开始的教育改革的纲领性文件,改革的中心是提高教育质量。

1. 主要内容

(1)加强中学五门"新基础课"的教育。中学必须开设数学、英语、自然科学、社会科学、计算机课程。这些课程构成了现代课程的核心。

（2）<u>提高教育标准和要求</u>。小学、中学、学院和大学都要对学生的学业成绩和行为表现采取更严格的和可测量的标准。

（3）<u>改进师资培养</u>。提高职前教师教育的专业标准和执教能力，使他们既有从教的倾向，又具备从教的专业素质和专业能力，同时提高他们的社会地位和物质待遇。

（4）<u>联邦政府、州和地方官员以及学校校长和学监，都必须发挥领导作用，负责领导教育改革的实施</u>。各级政府、学生家长以及全体公民都要为实现教育改革的目标提供必要的财政资助。

2. 评价

虽然有人批评美国在重视教育质量的同时，又出现了忽视灵活性、忽视情感培养等问题，但总体而言，《国家在危机中：教育改革势在必行》产生的效应是积极的。

六　日本教育的发展 ★

（一）明治维新时期教育改革（中央民族/宁波21，华南19简答）

1868年，日本建立了地主和资产阶级联合执政的天皇明治政府，实施了一系列的改革政策，史称"明治维新"，其中也包括对教育的改革。

1. 主要内容

（1）<u>建立中央集权式的教育管理体制</u>。1871年，明治政府在中央设立文部省，统一管理全国的文化教育事业并兼管宗教事务。1872年颁布的《学制令》，在确立教育领导体制的基础上，建立全国的学校教育体制。规定实行中央集权式的大学区制。

（2）<u>初等教育的发展</u>。1886年颁布的《小学令》规定初等教育年限为八年，分两个阶段实施。前4年为寻常小学阶段，实施义务教育；后4年为高等小学阶段，实施收费制。

（3）<u>中等教育的发展</u>。1886年颁布的《中学校令》规定，中学承担实业教育及为学生升入高等学校做准备的基础教育两大任务；中学类型分为寻常中学与高等中学两类，前者修业五年，由地方设置及管理，每府县设立一所，属普通教育学校；后者修业两年，每学区设一所，属大学预科性质，直接接受文部大臣的领导。

（4）<u>高等教育的发展</u>。日本近代高等教育的发展始于明治维新时期的教育改革，这一改革既吸取借鉴了欧美发展高等教育的经验，同时又较好地利用了本国已有的教育基础。新大学的创办以1877年东京大学的成立为肇端。1886年颁布《帝国大学令》，改东京大学为帝国大学，明确其任务为适应国家发展需要，讲授学术及技术理论，研究学术及技术的奥秘，培养大批管理干部及科技人才。

（5）<u>师范教育的发展</u>。明治时期大规模教育改革的推行及学校的兴办，尤其是初等义务教育运动的开展，客观上要求充分发展师范教育以提供必要的师资保障。1886年颁布的《师范学校令》为日本师范教育的规范发展提供了政策支撑。《师范学校令》将师范学校分为寻常师范学校与高等师范学校两类。寻常师范学校由地方设立，招收小学毕业生，主要为公立小学培养教师和校长；高等师范学校由国家设立，招收寻常师范学校的毕业生，主要为寻常师范学校培养教师和校长。

2. 评价

总的来说，日本通过改革，使得封建教育向近代资本主义教育转变。建立并完善了学制，普及了初等义务教育，发展了中等和高等教育，为日本的发展做出贡献，提高了日本国民文化水平。但明治维新自上而下进行，带有很大的不彻底性，使得日本近代资本主义教育的发展从一开始就带有浓厚的封建主义和军国主义色彩。

[拓展知识]

明治维新时期教育改革与洋务运动时期教育改革的异同

1. 指导思想的异同

明治维新时期教育改革的指导思想是"文明开化"与"和魂洋才";洋务教育的指导思想是"中学为体,西学为用"。

相同点:两者都重视引进和兴办西式近代教育,又不希望丢掉本国文化传统的根本。

不同点:明治维新教育改革以否定封建教育为前提,兴办西式近代教育;洋务教育旨在保留封建教育的同时,兴办西式近代教育。

2. 改革措施的异同

相同点:①两者都采用了向海外派遣留学生的措施;②两者都聘请洋教员执教、办理西式近代学校。

不同点:①明治维新教育将教育改革和社会改革同时进行;洋务教育未能使教育改革与社会改革同步进行。②明治维新对教育进行了全面而系统的改革,涉及各级各类教育;洋务教育只是当时中国教育体系中的一小部分,且主要集中于专门教育。③明治维新教育改革确立了以文部省为首的中央集权式的教育管理体制,是通过政府动员全国力量进行的,力量强大;兴办洋务教育的主体是部分具有危机和开放意识的官员,未能获得全国统一教育领导机构的有利支持,力量薄弱。

(二)军国主义教育体制的形成和发展

1926年,日本裕仁天皇即位后,更加重视道德教育和民族主义精神的教育,大肆鼓吹军国主义和对外扩张的思想。日本开始由20世纪20年代初期的民族沙文主义转向军国主义,并逐步完成了侵略战争的准备。日本的教育为适应这一体制的变化,也开始军国主义化、法西斯化,成为服务于日本战争机器的工具。日本军国主义教育体制的形成和发展主要表现为以下几个方面:

(1)控制和镇压日本师生民主进步运动。

(2)加强军国主义思想的传播和灌输。

(3)军事训练学校化和社会化。

(三)《教育基本法》和《学校教育法》

1947年,日本国会公布了《教育基本法》和《学校教育法》,否定了战时军国主义教育政策,为二战后教育指明了发展方向。

1. 《教育基本法》

(1)主要内容:①教育必须以陶冶人格为目标,培养和平的国家及社会的建设者;②全体国民接受九年义务教育;③尊重学术自由;④政治教育是培养有理智的国民,不搞党派宣传;⑤国立、公立学校禁止宗教教育;⑥教育机会均等,男女同校;⑦教师要完成自己的使命,应受到社会尊重,保证教师享有良好的待遇;⑧家庭教育和社会教育应得到鼓励和发展。

(2)评价:《教育基本法》所提出的教育目标,与第二次世界大战前法西斯军国主义教育政策截然不同,对第二次世界大战后日本教育发展具有积极意义。所以这一文件被视为日本教育史上划时代的教育文献。

2. 《学校教育法》

(1)《学校教育法》是《教育基本法》的具体化,主要内容包括:①废除中央集权制,实行地方分权，新设教育委员会管理各地学校行政事务；②采用六三三四制单轨学制，延长义务教育年限到九年，儿童6岁入学，男女儿童教育机会均等，一律实行男女同校制度；③高级中学以施行普通教育和专门教育为目的，按课程设置情况分为单科制高中和综合制高中两类；④将原来多种类型的高等教育机构统一为单一类型的大学，在大学的基础上设研究生院；⑤《学校教育法》还对教员、校长、教育经费、教育行政管理以及幼儿园教育、特殊教育等做了一些规定。

（2）评价：该法是《教育基本法》的具体化，它使二战后日本教育系统有了法律保障。但有些条款还不完善，后来又经过多次修订和补充。

（四）20世纪70—80年代的教育改革

1. 20世纪70年代的教育改革

进入70年代，日本又进行了多次教育改革。1971年，日本中央教育审议会提出《关于今后学校教育综合扩充、整顿的基本措施》的咨询报告，拉开了日本"第三次教育改革"的序幕。主要涉及中小学教育和高等教育的改革。

（1）在中小学教育上，日本提出了重视人的个性发展、国家和教育者的责任的3个基本目标和为实现目标而制定的10项具体措施。在高等教育上，报告提出了5个方面的要求和12项具体措施。

（2）70年代，日本还颁布了《关于改善中小学教学计划的标准》《小学初中教学大纲》《高中教学大纲》等法规。这些文件的基本内容是：①重视德育和体育，培养协调发展的儿童；②精选教学内容，培养儿童的创造能力；③减少教学时数，增加儿童的课外活动，使儿童在轻松、愉快的学习生活中健康成长。

2. 20世纪80年代的教育改革

80年代，日本的教育改革更加具体和深入。1984年，日本成立了"临时教育审议会"，1987年，日本文部省成立了"教育改革推进本部"，二者成为推进日本80年代教育改革的领导机构。

1987年"临时教育审议会"发布《为使教育适应我国社会变化和文化发展而进行的各项改革的基本方针》，提出面向21世纪日本教育改革的目标、责任和使命是：培养青年一代具有广阔的胸怀、强健的体魄和丰富的创造力，具有自由、自律的品格和公共精神，成为面向世界的日本人。

"临时教育审议会"提出的教育改革原则是：重视个性原则、国际化原则、信息化原则和向终身教育体制过渡的原则；决定全面修订中小学的教学大纲，建立新的教科书制度，建立包括六年制中等学校、学分制高中在内的学习年限弹性化的后期中等教育结构，振兴学前教育和残疾人教育。

【名校真题】

名词解释

1. 导生制（福建师范大学2020）
2. 英国公学（东北师范大学2017）
3. 实科中学（华东师范大学2017）
4. 《莫雷尔法案》（东北师范大学2017）
5. 生计教育（江苏师范大学2021）
6. 《国家处在危险之中：教育改革势在必行》（湖南师范大学2020）

简答题

1. 《1944年教育法》（湖南师范大学2020）
2. 简述英国《1988年教育改革法》（湖南师范大学2021）

3. 简述1870年英国《初等教育法》的基本内容（湖南师范大学2018）
4. 简述《费里法案》（杭州师范大学2020）
5. 简述《国防教育法》（华南师范大学2020）
6. 简述明治维新的教育改革（华南师范大学2019）

论述题

1. 论述《郎之万—瓦隆教育改革法》的内容及对教育民主化的影响（华东师范大学2017）
2. 论述洪堡的高等教育改革与蔡元培北京大学改革的主要内容，并比较其异同（华中师范大学2021）

第七章 欧美教育思想的发展

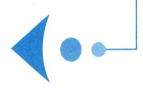

考频分析

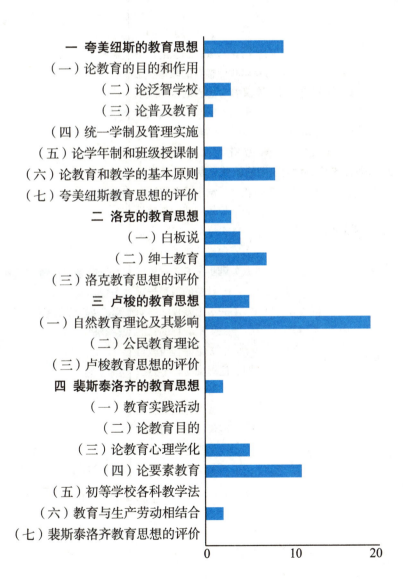

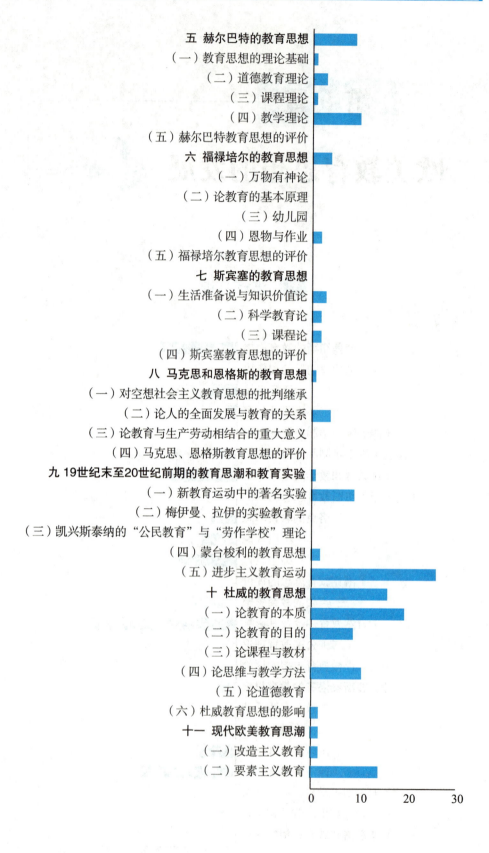

（三）永恒主义教育
（四）新托马斯主义教育
（五）新行为主义教育
（六）结构主义教育
（七）终身教育思潮
（八）现代人文主义教育思潮
（九）存在主义教育思潮
十二 苏联教育思想
（一）马卡连柯的教育思想
（二）凯洛夫教育学体系
（三）赞科夫的发展性教学理论
（四）苏霍姆林斯基的教育理论

章节框架

欧美教育思想的发展
- 夸美纽斯的教育思想
  - 论教育的目的和作用
  - 论泛智学校
  - 论普及教育
  - 统一学制及管理实施
  - 论学年制和班级授课制
  - 论教育和教学的基本原则
  - 夸美纽斯教育思想的评价
- 洛克的教育思想
  - 白板说
  - 绅士教育
  - 洛克教育思想的评价
- 卢梭的教育思想
  - 自然教育理论及其影响
  - 公民教育理论
  - 卢梭教育思想的评价
- 裴斯泰洛齐的教育思想
  - 教育实践活动
  - 论教育目的
  - 论教育心理学化
  - 论要素教育
  - 初等学校各科教学法
  - 教育与生产劳动相结合
  - 裴斯泰洛齐教育思想的评价

欧美教育思想的发展

- 赫尔巴特的教育思想
  - 教育思想的理论基础
  - 道德教育理论
  - 课程理论
  - 教学理论
  - 赫尔巴特教育思想的评价
- 福禄培尔的教育思想
  - 万物有神论
  - 论教育的基本原理
  - 幼儿园
  - 恩物与作业
  - 福禄培尔教育思想的评价
- 斯宾塞的教育思想
  - 生活准备说与知识价值论
  - 科学教育论
  - 课程论
  - 斯宾塞教育思想的评价
- 马克思和恩格斯的教育思想
  - 对空想社会主义教育思想的批判继承
  - 论人的全面发展与教育的关系
  - 论教育与生产劳动相结合的重大意义
  - 马克思、恩格斯教育思想的评价
- 19世纪末至20世纪前期的教育思潮和教育实验
  - 新教育运动中的著名实验
  - 梅伊曼、拉伊的实验教育学
  - 凯兴斯泰纳的"公民教育"与"劳作学校"理论
  - 蒙台梭利的教育思想
  - 进步主义教育运动
- 杜威的教育思想
  - 论教育的本质
  - 论教育的目的
  - 论课程与教材
  - 论思维与教学方法
  - 论道德教育
  - 杜威教育思想的影响
- 现代欧美教育思潮
  - 改造主义教育
  - 要素主义教育
  - 永恒主义教育
  - 新托马斯主义教育
  - 新行为主义教育
  - 结构主义教育
  - 终身教育思潮
  - 现代人文主义教育思潮
  - 存在主义教育思潮
- 苏联教育思想
  - 马卡连柯的教育思想
  - 凯洛夫教育学体系
  - 赞科夫的发展性教学理论
  - 苏霍姆林斯基的教育理论

一 夸美纽斯的教育思想★★★★★

（贵师 20/19，湖师 / 山师 / 广师 17 简答）

夸美纽斯（1592—1670）是 17 世纪捷克伟大的爱国者、教育改革家和教育理论家，他继承了文艺复兴以来人文主义教育思想的成果，总结了自己丰富的教育实践经验，系统地论述了教育的理论和实际问题，代表作有《大教学论》《世界图解》《母育学校》等。

> [拓展知识]
>
> 夸美纽斯的教育著作（河南 21/19，深大 20，川师 17 名解）
>
> 《母育学校》，是西方教育史上第一部学前教育专著，详细论述了在家庭中进行幼儿教育的各个方面。
>
> 《大教学论》，是夸美纽斯的教育代表作，标志着独立形态的教育学的开端，论述了教育的目的和任务、教育适应自然的原则、学校制度及各阶段的教育任务、班级授课制、教学原则和教学方法等，成为近代教育理论的奠基之作。
>
> 《世界图解》，是西方历史上第一部依据直观原则编写的对幼儿进行启蒙教育的看图识字课本。

（一）论教育的目的和作用

1. 教育的目的

夸美纽斯的教育目的有着浓厚的宗教色彩，也洋溢着文艺复兴带来的人文精神。

（1）宗教性目的：认为人生的最终目的是为达到"永生"，教育的目的是使人为来世生活做好准备。

（2）现实性目的：通过教育使人认识和研究世界上一切事物，培养和发展他们的各种能力、德行和信仰，以便享受现世的幸福，并为永生做好准备。

2. 教育的作用

（1）对国家和社会的作用：教育是改造社会、建设国家的手段。

（2）对人的作用：人都是有一定天赋的，而这些天赋发展得如何，关键在于教育。只要接受合理的教育，任何人的智力都能够得到发展。

（二）论泛智学校（云师 18 名解；湖师 20，贵师 17 简答）

1. 泛智主义教育观

基于教育的崇高目的，夸美纽斯提出了"将一切事物交给一切人"的泛智主义教育观，并由此大力主张普及教育于全体儿童和民众。内容主要包括以下两个方面：

（1）教育内容泛智化。把人们现世和来世所需要的一切事项，主要包括智力、道德和宗教信仰，全部纳入教育内容之中，这样的教育才是周全的教育，才能使人们"懂得科学，纯于德行，习于虔诚"。这是夸美纽斯针对科学革命所要求的学校教育内容扩充作出的反应。

（2）教育对象普及化。要求学校向全体人敞开大门，一切城镇乡村的男女儿童，不论富贵贫贱，都应该进学校接受一切有用的教育。这体现出夸美纽斯教育思想的民主性，他把教育理论探讨的对象扩大到所有的人类，这是夸美纽斯超越前人之处。

2. 泛智学校

夸美纽斯在自己的另一本著作《泛智学校》中提出了有关设立"泛智学校"的设想，他希望设立一种对儿童进行广博教育的新式"泛智学校"，设立七个年级，以学习将来所需要的一切学科。

1650年，夸美纽斯受邀到匈牙利，受聘担任沙洛斯—波托克地方的长期教育顾问，并创建了一所"泛智学校"，以实验他的泛智教育思想，但只办成前三个年级，实验计划未能完全实现。

（三）论普及教育（扬大17论述）

1. **普及教育的含义**

夸美纽斯认为普及教育就是"人人都可接受教育"，其核心是泛智论。夸美纽斯大力主张普及教育于全体儿童和民众。实现普及教育的可能性一方面在于人自身具有接受教育的先天条件，另一方面在于教育可以改进社会和塑造人，社会和人的进步离不开教育。

2. **普及教育的意义和局限**

（1）意义：①具有比较完善的理论体系，为此后普及教育的发展奠定了坚实的理论基础；②普及教育思想建立在对儿童身心发展特点的认识基础上，从儿童身心发展特点来论述普及教育的必要性，并对儿童身心特点做了分析，这是史无前例的；③在民主主义、人文主义、爱国主义基础上论证普及教育问题，对贫民给予更多的关心和同情；④普及教育内容比较丰富，包括了一些以前没有的自然科学知识。与只讲读、写、算、宗教知识或古典学科等相比，更适应时代发展的需要。

（2）局限：①由于受历史和本人认识上的局限，夸美纽斯认为不同人接受教育的目的和层次不同；②存在宗教思想与科学思想，形式上的平等与实质上的不平等等种种矛盾。

（四）统一学制及管理实施

1. **统一学制**

为了使国家便于管理全国的学校，使所有儿童都有上学的机会，夸美纽斯提出建立全国统一学制的主张。他把人的学习期划分为四个阶段，并按这种年龄分期设立相应的学校：

（1）婴儿期：1—6岁，每个家庭设立母育学校。

（2）儿童期：6—12岁，每个村落设立国语学校。

（3）少年期：12—18岁，每个城市设立拉丁语学校。

（4）青年期：18—24岁，每个王国或省设立大学。

各级学校均按照适应自然的原则，采取班级授课制和学年制开展工作，分别开设不同的课程来教育和培养儿童。

2. **管理实施**

夸美纽斯强调国家对教育的管理职责，认为国家应该设立督学对全国的教育进行监督，以保证全国的教育的统一发展。督学的主要职责是：

（1）培训将成为教育管理者的人，管理各级学校人员。

（3）检查学校工作，监督学校规章制度的执行。

（3）指导社会和家庭教育。另外他还严格规定校长、教师、学生的职责，强调规章制度和纪律的作用。

夸美纽斯这种建立全国统一的既分段又连贯的学校制度，并加强国家管理的思想，对后世影响很大，各国的普及教育及公立学校制度正是在此基础上逐步发展起来的。

（五）论学年制和班级授课制（华东20，中央民族17简答）

1. **学年制**

（1）目的：为改变当时学校教学活动缺乏统一安排的无序状况，夸美纽斯制定了学校教学活动的学年、学日制度。

（2）具体措施：①各年级应在同一时间开学和放假；②每年招生一次，学生同时入学，以便使全班学生的学习进度一致；③学年结束时，经过考试，同年级学生同时升级；④强调学校工作要有计划，使每月、每周、每日、每时都按计划进行各项工作，规定了工作、休息、娱乐、礼拜时间。

2. 班级授课制

（1）目的：为实现普及教育、提高教学效率，改变教师只对学生进行个别教学和指导的状况，夸美纽斯总结新旧各教派学校中实行班级授课的经验，提出并全面系统地论述了班级授课制度。

（2）具体措施：①根据儿童年龄及知识水平分成不同班级，每个班级一间教室，由一个教师对一个班级的学生同时授课；②为每个班级制定统一的教学计划，编写统一的教材，规定统一的作息时间，使每年、每月、每日、每时的教学计划都有计划地进行；③把全班学生分成若干小组，每组十人，委托一个优秀学生做组长，协助教师管理学生，考察学业。

（3）评价：夸美纽斯关于班级授课制的论述，为彻底改革个别教学提供了理论基础，在实践中对普及教育的发展起了推动作用，这是他对世界教育的贡献。采取班级授课制，可以扩大教育对象，提高教学效率，促进学生集体的形成，锻炼学生的交往能力，也为学校教学管理的制度化、标准化提供了可能；不过夸美纽斯过分强调集体教学，忽视了个别指导，而且认为每班的学生越多越好，这是不科学的。

（六）论教育和教学的基本原则（华中19名解；上师/杭师21，宁波/苏大19简答；河南20，福师17论述）

1. 论教育适应自然的原则

教育适应自然的原则是贯穿夸美纽斯整个教育理论体系的一条根本的指导性原则，他的"自然"包括两个方面的含义：

（1）自然界及其普遍法则。夸美纽斯认为在宇宙万物和人的活动中存在着一种"规则"，它保证了宇宙万物的和谐发展。所以人的各种活动包括教育活动也都应该遵循这些自然的、普遍的规则。在此基础上，夸美纽斯提出要改革学校，要使学校教育符合自然的规则和秩序。

（2）人的与生俱来的天性。夸美纽斯认为，人是自然界的一部分，人的发展也有其本身的规则。据此，夸美纽斯提出要依据人的自然本性和儿童年龄特征进行教育，使每个人的智力都得到充分的发展。

[拓展知识]

自然主义教育思想的产生与发展（川师21论述）

自然主义教育思想是西方教育发展史上一种重要的教育思想。一般认为，西方自然主义教育思想萌芽于古希腊。

亚里士多德从灵魂论出发，提出教育应该按照人的发展阶段进行。他首次提出"教育效仿自然"的原理，开启了西方自然主义教育思想的萌芽阶段。

到了文艺复兴时期，厌倦了修道院生活和经院哲学的人们从古希腊、古罗马的文化中看到了自然的力量，开始崇拜、讴歌自然，将个性的全面发展、自由发展作为教育的培养目标。但是这一时期的思想家和教育家对自然主义教育思想的阐述还是零散的，仅限于表面性的论述而没有触及到自然主义教育的根本内涵和原则。

真正提出并系统地论述自然主义教育思想的人当属17世纪的捷克教育家夸美纽斯。他在《大教学论》中，提出了"自然适应性原则"。他以适应自然、合乎自然秩序为基础，来论证自己教育改革主张的合理性，提出了一个比较完整的教育学体系，使自然主义教育理论初具形态。

真正把"自然适应性原则"推进到适应人的身心发展特点的是18世纪的法国教育家卢梭。他继承并发展了夸美纽斯的教育思想,针对经院主义不顾儿童身心发展的特点,强迫儿童死记硬背的教育事实,提出教育应归到自然,适应自然。

裴斯泰洛齐以卢梭自然主义教育思想作为其教育理论和教育实践的重要依据来阐述其教学思想,并进一步发展了这一思想的内涵。他把自然教育与人的心理发展密切结合起来,把自然主义教育思想提高到了一个更高的境界。

2. 主要教学原则

(1)直观性原则。夸美纽斯认为应该把通过感官所获得的对外部世界的感觉经验作为教学的基础,教学应从观察实际事物开始;在不能进行直接观察时,可以使用图片或模型;在呈现直观教具时要将它们直接放到学生的眼前,放在合理的范围内;要让学生先看到实物或模型的整体,然后再分辨各个部分等。

(2)激发学生求知欲望原则。夸美纽斯提出应该用一切可能的方法去激发孩子的求知欲和主动学习的意愿,比如父母应当在子女面前赞扬学问与具有学问的人们;教师应该用温和的亲切的语言和循循善诱的态度去吸引学生,时常表扬用功的学生等。

(3)巩固性原则。夸美纽斯强调学生掌握并牢牢记住所学知识,认为只有巩固的知识储备才能帮助学生随时随地加以运用。此外,经常地练习和复习,把自己所掌握的知识交给别人等,都是巩固知识的有效方法。

(4)量力性原则。夸美纽斯从教育适应自然的理论出发,在教育史上首次提出量力性原则。夸美纽斯要求教学要适合儿童的年龄特征和学习能力,不应加给儿童过重的学习负担。

(5)系统性和循序渐进性原则。系统性的教学原则要求教材的组织具有系统性和逻辑性;教学的系统性原则必然要求教学过程的循序渐进,教学应遵循从已知到未知、从易到难等规则。

(6)因材施教原则。夸美纽斯认为教师在教学过程中应注意到学生的个别特征和个体差异,然后再有针对性地施教。

(七)夸美纽斯教育思想的评价

夸美纽斯是教育史上第一位系统地总结教学原则的教育家,他的教育理论包含了大量宝贵的教学经验,在一定程度上反映了教学工作的客观规律性,具有普遍的指导意义。夸美纽斯是一位杰出的教育革新家,他的教育思想具有明显的民主主义、人文主义色彩。在继承前人经验的基础上,夸美纽斯提出了系统的教育思想。他论述了教育的作用,呼吁开展普及教育,试图使所有人都能接受普及教育;详细制定了学年制度和班级授课制度,提出了各级学校课程设置,编写了许多教科书,且系统地阐述了教育的基本原则和方法等。

但夸美纽斯的教育思想中也存在着一些明显的缺陷。他的教育思想具有过分浓郁的宗教气息,对科学知识和教育科学的认识也不准确。这些缺陷既有他本人认识上的原因,也有时代本身的局限。

【名校真题】

名词解释

1. 教育适应自然(华中师范大学 2019)
2. 《大教学论》(深圳大学 2020)

简答题

1. 简述夸美纽斯的班级授课制（华东师范大学 2020）
2. 简答夸美纽斯教育适应自然原则的主张及其意义（上海师范大学 2021）
3. 夸美纽斯的泛智理论（湖南师范大学 2020）
4. 夸美纽斯的贡献（湖南师范大学 2017）

论述题

1. 论述夸美纽斯的教育原则并结合实际谈谈其在中小学课堂教学中影响（河南师范大学 2020）
2. 论述夸美纽斯的普及教育思想及其历史贡献（扬州大学 2017）

二 洛克的教育思想★★★★

（海师 17 名解；北师 20，深大 19 论述）

洛克是英国 17 世纪著名的实科教育和绅士教育的倡导者。他重视教育对个人幸福、事业和前途的影响，其教育思想具有世俗化、功利主义和个人主义的色彩。主要著作有《教育漫话》《工作学校计划》等。

[拓展知识]

《教育漫话》

《教育漫话》集中反映了欧洲文艺复兴时期新兴资产阶级的教育观。本书以"绅士教育"为主题，分为体育保健、道德教育、智育（包括学问、知识和技能）三个部分，阐明了如何才能培养出符合时代需要的、有理性、有德行、有才干的绅士或者有开拓精神的事业家。

（一）白板说（华东 21，中央民族 20，南师/宁波 17 名解）

（1）含义。洛克反对"天赋观念"论，认为人出生后心灵如同一块白板，一切知识是建立在由外部而来的感官经验之上的。

（2）评价。"白板说"是洛克教育思想的主要理论基础，他高度评价教育在人的形成中的作用，认为人之好坏，"十分之九都是由他们的教育所决定"。教育的社会意义在于它关系到国家的幸福与繁荣。不过洛克更注重的是教育对个人幸福、事业、前途的影响，显示出鲜明的功利主义和个人主义色彩。

（二）绅士教育（上师 20，湖师/贵师/海师 19，江苏 18，苏大 17 名解；杭师 19 论述）

1. 绅士教育的含义

洛克认为教育的最高目的在于培养绅士。所谓绅士教育，就是培养既具有封建贵族遗风，又具有新兴资产阶级特点的新式人才的教育。他主张把社会中上层家庭的子弟培养成为身体强健、举止优雅、有德行、智慧和实际才干的事业家。

2. 绅士教育的内容

对于绅士教育，洛克更重视性格训练而非知识学习。在《教育漫话》中，洛克从体育、德育、智育三方面对其进行了论述。

（1）体育。"健康之精神寓于健康之身体"。洛克把健康的身体看作绅士事业成功、生活幸福的首要条件。他注重年轻绅士的身体保健和健康教育，并把游泳、骑马、击剑当作绅士教育的重要内容之一。洛克希望每个绅士的身体必须适应可能遇到的艰苦环境。他认为身体强健的主要标准是能忍耐劳苦，而学会忍耐劳苦则须从小逐渐养成习惯，不要间断。

（2）德育。洛克把德行放在比知识更重要的地位，他认为绅士应该具备三种品德：有远虑，富有同情心或仁爱之心，有良好的教养或礼仪。其德育目标就是要造就能按这些道德规范行事的、有绅士风度的人。

（3）智育。洛克尤其强调品德重于学问；学问的内容必须是实际有用的广泛知识。洛克认为，教育必须使人适合于生活、适合于世界，而非只是适合于学校；教育在本质上是一种性格的训练，知识只能起到辅助品德的作用。因此，导师的主要任务在于年轻绅士的品德培养，有了这一点，学问则极容易用适当的方法去获得。

（三）洛克教育思想的评价

洛克的教育思想以其世俗化、功利性为显著特点。相对于夸美纽斯而言，洛克更为彻底地破除了宗教神学的束缚。他的思想在实践中和理论上都对英国及西欧教育的现代化作出了贡献。但他的教育思想局限于绅士教育而缺乏夸美纽斯那样的民主性，具有一定的局限性。

【名校真题】

名词解释

1. 白板说（华东师范大学 2021）
2. 绅士教育（苏州大学 2017）

论述题

1. 洛克的教育思想（深圳大学 2019）

三　卢梭的教育思想 ★★★★★

卢梭（1712—1778）是18世纪法国著名启蒙思想家和教育家，其教育思想的基本特征是高度尊重儿童的天性，倡导自然教育和儿童本位的教育观。主要著作有《爱弥儿》《社会契约论》等。

> **[拓展知识]**
>
> **《爱弥儿》**
>
> （山师20，上师/河南19，宁波/杭师17名解）
>
> 《爱弥儿》是卢梭的教育哲理小说，通过论述主人公爱弥儿及其未婚妻苏菲的教育过程，批判了经院主义教育，提倡自然主义教育；认为人生来具有自由、理性和良心的秉赋，顺乎天性发展可以成为善良的人并达致善良社会，故教育应受天性指引，以培养"自然人"为目的；论述了儿童身心发展的四个时期的特点、教育内容和方法；论述了女子教育。该书反映了新兴资产阶级改革教育的要求，在西方教育史上首次系统提出新的儿童教育观，在教育史上掀起一场"哥白尼式的革命"。

（一）自然教育理论及其影响

（江苏/重师19，安师/江苏17名解；云师/海师21，广师20，江苏19，上师19/18，华南17简答；深大

21/17，河南 21，苏大 20，浙师／贵师／川师 19，杭师 18 论述）

1. 自然教育的基本含义

卢梭自然主义教育的核心是"回归自然"。一方面，善良的人性存在于纯洁的自然状态之中。只有"回归自然"、远离喧嚣社会的教育，才有利于保持人的善良天性。因此 15 岁之前的教育必须在远离城市的农村进行。另一方面，每个人都是由自然的教育、事物的教育、人为的教育三者培养起来，只有三种教育圆满地结合才能达到预期的目的。三者之中，应以自然的教育为基准，才能使教育回归自然达到应有的成效。

2. 自然教育的培养目标

自然教育最终目的是培养"自然人"，即身心调和发达、体脑两健、能力强盛的新人，也就是摆脱封建羁绊的资产阶级新人。具有以下特征：

（1）自然人是能独立自主的人，他能独自体现出自己的价值。
（2）在自然的秩序中，所有的人都是平等的。
（3）自然人又是自由的人，他是无所不宜、无所不能的。
（4）自然人还是自食其力的人。可无须仰赖他人为生，这是独立自由的可靠保证。

[拓展知识]

"自然人"虽然与专制国家中"公民"的概念相对立，但并不完全与"社会人"相对立。"自然人"是可以广泛适应社会情况的，社会中的"自然人"要头脑清醒，知道怎样在城市中谋生而不被偏见、欲念、权威所控制，既能尽到作为社会成员的责任，又能保持纯真的天性，自由发展。他虽处在社会中，但仍把自然感情保持在第一位，所以仍然可以称为"自然人"而非"社会人"。

3. 自然教育的方法原则

卢梭猛烈抨击了当时向儿童强迫灌输旧的道德和知识、摧残儿童天性的做法，他提出以下几点原则和方法：

（1）树立正确的儿童观。自然教育的必要前提是要改变对儿童的看法。在人生的秩序中，儿童有他的地位，应当把成人看作成人，把孩子看作孩子。

（2）消极教育。教育要遵循自然天性，也就是要求儿童在自身的教育和成长中取得主动地位，无须成人的灌输、压制、强迫，教师只需创造学习的环境，防范不良的影响。它的作用是消极的，是对儿童的发展不横加干涉的教育。

（3）自然后果律。当儿童（处于 2—12 岁之间）犯了错误和过失后，不必直接去制止或处罚他们，而让他们在同自然的接触中，体会到自己所犯的错误和过失带来的自然后果，使儿童服从于自然法则，结合具体事例让他们从自己的直接经验中受到教育。

（4）根据儿童天性的个体差异，因材施教。卢梭要求教育者在进行教学之前必须先了解自己的学生。

4. 自然主义教育的实施

卢梭根据自然教育的原则，根据人的自然发展的进程和不同年龄时期身心的特点，把自然教育分为婴儿期、儿童期、少年期和青春期。

（1）婴儿期（0—2 岁）：主要进行体育，其任务在于通过身体的养护和锻炼，促进儿童身体的健康发展，增强儿童的体质。婴儿期的体育应该顺应自然，通过合理的饮食、衣着、睡眠和游戏，实施正确的教育。

（2）儿童期（2—12岁）：又称儿童的"理性睡眠期"，主要进行感官训练和身体发育，使他们通过感觉器官的运用获得丰富的感性经验，并要掌握一些道德观念。这个时期的儿童不宜进行理性教育，不应强迫儿童读书。

（3）少年期（12—15岁）：主要进行智育和劳动教育。智育的任务在于发展他们的智力，培养他们的学习兴趣和掌握学习研究的方法。卢梭重视劳动教育，认为儿童必须学会劳动，学会从事一种职业。劳动不仅可以谋生，还能促进理性的成长，并直接影响人的道德品质和人格发展。

（4）青春期（15—20岁）：主要接受道德教育，包括宗教教育、爱情教育和性教育，激发青年自然涌现的善良情感，发展他们的理性，使其在行为中接受道德的磨炼。

[拓展知识]

在自然教育的具体实施中，卢梭提出了针对德育、智育的一些举措：

（1）感官训练：卢梭主张，首先是发展触觉，因为触觉能提供事物的形象和表面，而且比其他的感觉更为可靠；其次是发展视觉；最后是发展听觉。但听觉的发展应该注意与语言的发展联系起来。

（2）智育：卢梭强调从自然中学习，主张要以儿童的经验为基础，独立观察和研究大自然中的各种事物。他认为教学中最重要的是启发儿童、青年的自觉性，为此特别重视动机、兴趣和需要在学习中的作用。他还主张使用发现教学、直观教学、从经验中学习。

（3）德育：卢梭主张，从天赋良心与自爱出发到爱亲近的人再到爱全人类，激发青年自然涌现的善良感情，发展理性，在行为中接受道德的磨炼。

（二）公民教育理论

1. 公民教育的目标

公民教育的具体目标是培养忠诚的爱国者，也是适应当时社会发展的资产阶级创业者。这种教育是建立在对旧有的制度和教育进行改革的基础上的，是新的社会制度的教育目的。

2. 具体措施

（1）改变现有制度及其教育。

（2）卢梭主张国家掌管学校教育，设立专门的教育管理机构来管理和考核校长和教师。

（3）教育对象和教育内容不应有贫富和等级之分，儿童应该享受同样的教育。

（4）公立教育应该完全免费或尽量做到让贫苦家庭也能负担得起，以保证公民的受教育权。

（5）教师应是已婚男子且必须是本国公民，兼备良好的识见、智慧和品行。

（6）提拔优秀教师。

（7）体育是教育中最重要的部分，不仅能使儿童的身体变得强健，还能影响儿童的道德发展。

[拓展知识]

卢梭的自然主义教育思想和公民教育思想的观点看似矛盾，实则是可以理解的。他的自然主义教育思想是在封建制度发生危机、资产阶级革命时代已经来临、但封建专制制度尚未倒台的政治前提下提出的革命主张。同时，他也是一个对新的社会制度充满幻想的思想家，对于未来的理想国家有着自己的设想，为了达到理想国家的目标，他提出了公民教育的思想。两种观点会出现矛盾是因为它们所针对的社会问题不同。

（三）卢梭教育思想的评价

卢梭是西方教育史上具有划时代意义的教育思想家，他对封建社会进行了猛烈的抨击，提出了反映新兴资产阶级利益的教育思想，是现代教育思想的重要来源。

（1）卢梭提出的自然主义教育思想是教育思想史上由教育适应自然向教育心理学化过渡的一个重要环节。在封建社会压制人性的情况下，提倡性善论，尊重儿童天性具有历史进步意义。他呼吁培养身心调和发展的自然人和自由人也反映了对人的发展的合理要求。

（2）卢梭论证了自然主义教育的内容和方法。如重视感觉教育的价值；反对古典主义和教条主义，要求人们学习真实有用的知识；反对向儿童灌输道德教条，要求养成符合自然发展的品德等。这些观点既是在前人的基础上的发展，也反映了近代教育的发展方向。

（3）卢梭的教育理论对欧美教育产生了深远影响。德国的泛爱教育运动、瑞士的裴斯泰洛齐的教育实验、美国进步主义教育运动等，无不受到卢梭自然教育理论的启发。

【名校真题】

名词解释

1. 爱弥儿（上海师范大学 2019）
2. 自然后果律（江苏师范大学 2017）
3. 卢梭的自然主义教育（重庆师范大学 2019）

简答题

1. 卢梭的自然教育理论（华南师范大学 2017）

论述题

1. 试论述卢梭的自然教育阶段及任务（苏州大学 2020）
2. 试述卢梭自然教育理论，并联系实际谈谈这一理论的现实意义（深圳大学 2021）

四 裴斯泰洛齐的教育思想★★★★★

（广师 21 简答；东北 20 论述）

裴斯泰洛齐（1746—1827）是 19 世纪瑞士著名的民主主义教育家。他一生热爱儿童和教育事业的奉献精神，对教育革新的执著追求和坚毅实践，在教育理论上的潜心探索和独创见解，对世界教育理论和实践的发展做出了重要贡献。主要著作有《林哈德与葛笃德》《天鹅之歌》等。

（一）教育实践活动

裴斯泰洛齐的生平和教育实践活动本身就是一部完整的教育史，可以分为四个时期。

1. 新庄时期（1768—1798 年）

1768 年，裴斯泰洛齐于苏黎世的比尔村建立了新庄示范农场，帮助附近的农民掌握新的农业技术，从而提高产量，改善生活，但由于经营不善，五年后农场宣告破产。而后，他将新庄逐渐变成"贫儿之家"，收容了五十多名穷孩子，向他们传授读、写、算的知识，进行道德教育，让他们学习生产技艺，参加生产劳动，这样既可以生产自给，又可以将教育与生产劳动相结合。1780 年，"贫儿之家"难以为继，被迫停办。此后，裴斯泰洛齐转向对社会和教育问题的深入思考和探索，总结了该时期的社会活动和教育实践的经验，初步构建了自己的社会观和教育思想。

2. 斯坦兹时期（1798—1799 年）

1798 年后，裴斯泰洛齐在阿尔卑斯山区创建斯坦兹孤儿院。他在已有经验基础上，继续探索读、写、算的知识教学和学习工农业技艺以及参加与劳动相结合的教育途径，探索教育过程的人性基础。该时期，他积累了以儿童对母亲的爱作为德育基础的新经验，阐述了要素教育理论，也开始了初等教育新方法的研究和实验。

3. 布格多夫时期（1799—1805 年）

1799 年，裴斯泰洛齐在瑞士的布格多夫市市立幼儿园任教，从事初等教育的改革、探索。其目标是使教育心理学化、促进儿童在德智体各方面和谐发展，并考虑了要素教育的计划。同年，裴斯泰洛齐在布格多夫创建了一所寄宿制学校，采用独创的直观教学法进行教学。裴斯泰洛齐的教育理论在布格多夫学校得到充分实验的良机，他的初等教育方法也由此而形成体系。

4. 伊佛东时期（1805—1827 年）

1805 年，裴斯泰洛齐带领部分师生迁到伊佛东城，建立了伊佛东学校，设小学、中学和师范部。在这里，裴斯泰洛齐的各种教学法得到了更加广泛的实验和应用。福禄培尔称伊佛东为"教育的圣地"，学者们纷纷来此研究和学习。

（二）论教育目的

裴斯泰洛齐认为，教育的首要功能应是促进人的发展，尤其是人的能力的发展。教育的最终目的是发展各人天赋的内在力量，使其经过锻炼，使人能尽其才，能在社会上达到他应有的地位。其基本内涵有以下几个方面：

（1）教育可以使人的"心、脑、手"的潜能得到充分发展。

（2）教育的措施既要适合儿童的天性，也要符合他们所处的社会条件，使人能够遵守社会秩序，让人达到道德状态，成为对社会有用的人。

（3）教育要使人的德、智、体得到全面发展，因为只有这样，人才能成为个性完整的人。

（4）教育可以使人成为人格得到发展的真正独立的人。

（三）论教育心理学化（华东21，天师／宁波20，河南17 简答）

在西方乃至世界教育史上，裴斯泰洛齐是第一个明确提出"教育心理学化"的教育家。教育心理学化就是要把教育提高到科学的水平，将教育科学建立在人的心理活动规律的基础上。

1. 基本内涵

（1）教育目的心理学化。要求将教育的目的和理论指导置于儿童本性发展的自然法则的基础上。只有认真探索和遵循儿童的心理活动和心理发展的规律性，才能有效地达到应有的教育目的。

（2）教学内容心理学化。必须使教学内容的选择和编制适合儿童的学习心理规律。裴斯泰洛齐力图从客观现象和人的心理过程探索教育和教育内容中普遍存在的基本要素，并以此为核心来组织各科课程和教学内容，提出"要素教育"理论。

（3）教学原则和教学方法的心理学化。教学要遵循自然的规律，要使教学程序与学生的认识过程相协调。在此原则下，提出了直观性教学原则、循序渐进原则。

（4）要让儿童成为他自己的教育者。教育者不仅要让儿童接受教育，还要使儿童成为教育中的动因，要适应儿童的心理时机，尽力调动儿童的能动性和积极性，使他们懂得自我教育。

2. 评价

虽然裴斯泰洛齐对人的心理理解是感性的，并不十分科学，但他关于教育心理学化的思想，不仅成为他关于人的和谐发展论、教育要素论、简化的教学方法和初等学校各科教学法的重要理论基础，而且对19世纪欧美一些国家教育研究和实践产生了重大影响。

[拓展知识]

赫尔巴特教育心理学化思想（陕师18简答）

虽然裴斯泰洛齐首先提出了教育心理学化的口号，但他并没有将其丰富的实践经验上升到系统理论的高度。但他的设想对赫尔巴特产生了很大的影响。赫尔巴特的教育心理学化思想主要体现在：

（1）教学过程应以"统觉"原理为基础。
（2）兴趣是形成统觉的条件，并赋予统觉以主动性。
（3）设置广泛课程，培养儿童多方面兴趣。
（4）儿童的管理、教学和训育应遵循儿童心理发展规划。

（四）论要素教育

（川师21/20，中央民族19，陕师17名解；宁波21，上师20，陕师19，华东/湖师18，河南17简答；福师18论述）

要素教育论的基本思想是：初等学校的各种教育都应该从最简单的要素开始，然后逐渐转到日益复杂的要素，循序渐进地促进人的和谐发展。要素教育既要求初等学校为每个人在德、智、体几方面都能受到基本的教育而得到和谐的发展，又要求在德育、智育、体育的每一个方面都通过"要素方法"获得均衡的发展。

1. 德育

（1）基本内涵：道德教育最基本的要素是儿童对母亲的爱。随着孩子的成长，便由爱母亲发展到爱双亲，爱兄弟姐妹，爱周围的人。进入学校后，又把爱逐步扩大到爱所有人，爱全人类。

（2）具体方法：①唤起儿童富有生气的和纯洁的道德情感；②教导儿童练习自我控制，关心一切公正和善良的东西；③帮助儿童形成应有的道德权利和义务的正确观念。

2. 智育

（1）基本内涵：智育的基本要素是数目、形状和语言。教育就是在这些要素的基础上来进行教学和设计课程，从而促进儿童的心理发展。所对应的科目分别是算数、几何和语文。

（2）具体方法：①教学过程心理学化；②改进初等学校的教学科目和教学内容；③教师在教学中应引导和组织学生进行各种思维练习。

3. 体育

（1）基本内涵：体育的基本要素是关节活动。儿童的体育训练就是要从各种关节活动的训练开始，并随着年龄的增长逐渐进行较复杂的动作训练，以发展他们身体的力量和各种技能。

（2）具体方法：①体育训练要从基本动作开始，循序渐进；②体育应从儿童早期开始；③学校体育活动应多样化，以激发儿童活动兴趣和需求。

4. 评价

要素教育论是裴斯泰洛齐基于教育心理学化理论对初等教育内容和方法的重要论述，也是他为初等教育改革所开展的开创性实践的结晶。裴斯泰洛齐要素教育论的提出，奠定了初等学校各科教学法的基础，对初等教育的发展与普及作出了很大的贡献。

（五）初等学校各科教学法

裴斯泰洛齐根据教学心理学化和要素教育的理念，具体地研究了初等学校各科教学法。裴斯泰洛齐是现代初等学校各科教学法的奠基人。

1. 语言教学

语言教学要从<u>发音教学开始</u>，先使儿童学会发音和听音；然后进行单词教学，扩大儿童的词汇；最后是严格意义上的语言教学。这就是裴斯泰洛齐提出的语言教学的三个阶段。

2. 算术教学

裴斯泰洛齐认为，<u>数字"1"是数目的最简单要素</u>，而计数是算术能力的要素。算术教学应该首先通过具体实物或直观教具使儿童产生"1"这个数字的概念，并从"1"开始，进行运算。

3. 测量教学

测量教学也称形状教学，其目的是发展儿童对事物形状的认识能力。裴斯泰洛齐认为测量教学应从构成<u>各种形状最简单的要素——直线开始</u>，先观察直线，然后认识角，再进而学习由直线组成的四边形、三角形及各种多边形。在此基础上，再学习曲线、圆形和椭圆形等。

4. 地理教学

裴斯泰洛齐主张地理教学应按照由近及远的原则进行，即从直接观察儿童所熟悉的周围地区的自然环境开始，进而逐渐扩大到对本村、本县、本省、本国以至对全世界地理的了解。

（六）教育与生产劳动相结合（川师20，东北18论述）

裴斯泰洛齐是西方教育史上<u>第一位将教育与生产劳动相结合付诸实践的教育家</u>，并在自己的教育实践活动中，推动和发展了这一思想。

1. 发展

（1）早期，在新庄"贫儿之家"时，裴斯泰洛齐便开始了教育与生产劳动相结合的初步试验。裴斯泰洛齐主要重视生产劳动的经济价值，因此教育与生产劳动相结合，只是一种单纯的、机械的外部结合，教学与劳动之间并无内在意义的联系。

（2）后期，即斯坦兹时期，裴斯泰洛齐关注生产劳动的教育价值，将两者在人的内部结合起来，深信教育与生产劳动相结合对培养人的重大教育意义，并认为这是基于教育心理学化的教育途径。因此，他不仅把学习与劳动相结合视为帮助贫苦人民掌握劳动技能从而改变贫困状况的手段，而且将其与体育、智育、德育联系起来，肯定其对人的和谐发展具有重要的教育价值。

2. 评价

裴斯泰洛齐关于初等教育与生产劳动相结合的实践和有关论述，虽然受时代的限制，无法真正找到教育与生产劳动相结合的内在联系，更未能对两者之间的关系做出全面的历史分析，只是一种理想。但在西方教育史上依旧产生了重要影响，对19世纪初的空想社会主义者关于教育与生产劳动相结合的设想也有很大启示。

（七）裴斯泰洛齐教育思想的评价

（1）裴斯泰洛齐的教育思想具有鲜明的<u>民主性和革新性</u>，反映了时代对教育的要求，反映了一定的教育自身的规律。

（2）他的教育实践和国民教育理论，对欧美国家的教育和19世纪上半期的许多著名教育家都产生了很大的影响。

（3）在他的教育思想体系中，也存在缺陷和不足。如，在他的基本教育观中，具有一定的唯心主义色彩；在论述要素主义以及教学原则、教学方法时，又表现出一些机械主义和形式主义。

【名校真题】

名词解释
1. 要素教育（陕西师范大学 2017）

简答题
1. 简述裴斯泰洛齐的要素教育（华东师范大学 2018）
2. 简述教育的心理学化（华东师范大学 2021）

论述题
1. 试论裴斯泰洛齐的教育思想（东北师范大学 2020）
2. 试论述西方教育史上教育与生产劳动相结合的主张（四川师范大学 2020）

五　赫尔巴特的教育思想★★★★★

（广师 19 简答；浙师 20，上师 19/18/17，陕师／天师 18，陕师 17 论述）

赫尔巴特（1776—1841），19 世纪德国著名的哲学家、心理学家、教育家。他明确提出把教育学建立成为一门独立学科的设想，被视为"科学教育学之父""教育性教学"的倡导者以及教学形式阶段的发明者。主要著作有《普通教育学》《教育学讲授纲要》等。

[拓展知识]

《普通教育学》（宁波 19 名解）

《普通教育学》是一本自成体系的教育学著作，它标志着教育学已经成为一门独立学科。在此书中，赫尔巴特全面、系统地阐述了其教育理论：由儿童的管理、教学和道德教育构成的教育过程，兴趣的多方面性，教学形式阶段，教育性教学原则，由单纯提示的教学、分析教学和综合教学构成的教学进程等等。

（一）教育思想的理论基础（杭师 17 论述）

赫尔巴特教育思想具有伦理学和心理学双重理论基础。他认为伦理学为教育指明目的，而心理学则指出教育的途径、手段和障碍。

1. 伦理学基础

（1）主要内容：五种道德观念，即内心自由、完善、仁慈、正义和公平。

①内心自由。指一个人有了正确的思想或者说对真善美具有明确的认识，就能够自觉地按照道德规范行事，使自己的行为符合理性的原则。

②完善。人调节自己意志、做出判断的一种尺度。

③仁慈。绝对的善，它要求人无私地为他人谋福利、与人为善，从而使自己的意志与他人的意志协调一致。

④正义。守法的观念，它要求避免不同意志之间的冲突，并按照人们自愿达成的协议解决冲突。

⑤公平。当人故意作祟时予以应有的惩罚，即"善有善报，恶有恶报"。

赫尔巴特指出，这五种道德观念是一个不可偏废的相互联系的整体，它们应该按照一定的比例构成，某一种观念既不能缺少，也不能过多或过少。在上述五种道德观念中，前两种是调节个人道德行为的，后三者是调节社会道德行为的。

（2）重要特征：强调知识或认识在德行形成过程中的作用。

2. 心理学基础

在西方教育史上，赫尔巴特是第一位把心理学作为一门独立学科加以研究并努力把它建立成一门科学的思想家。他把心理学作为教育学的重要理论基础，其心理学的核心概念有：

（1）观念。是指事物呈现于感官，在意识中留下的印象。赫尔巴特认为，人的一切心理机能只是观念的活动，观念的相互联合与斗争是心理学的基本内容。因此，他的心理学又称观念心理学。

（2）意识阈。赫尔巴特认为，由于观念具有引力和斥力，人们只能意识一定的对象或注意有限的范围，不能同时注意两个观念。一个观念若要由一个完全被抑制的状态进入一个现实观念的状态，便必须跨过一道界线，这道界线就是意识阈。

（3）统觉。赫尔巴特把观念的同化与相互融合说成是统觉，统觉是其心理学的基本概念。他认为，统觉的过程就是把一些分散的感觉刺激纳入意识，形成一个统一的整体，组成"观念团"。

[拓展知识]

赫尔巴特统觉理论的基本含义：当新的刺激发生作用时，感觉表象就通过感官的大门进入到意识阈中；如果它具有足够的强度能够唤起意识阈下已有的相似观念的活动，并与之联合，那么，由此获得的力量就将驱逐此前在意识中占据统治地位的观念，成为意识的中心，新的感觉表象与已有观念的结合，形成统觉团；如果与新的表象相似的观念已经在意识阈上，那么，二者的联合就进一步巩固了它的地位。统觉实现的条件是兴趣，兴趣赋予统觉活动以主动性。

赫尔巴特提出，观念是人的大脑与外界事物相互作用的结果，把这种观念及其统觉论应用于教育中就是要说明教育是如何通过感觉经验的作用使学生不断掌握新知识的。

（二）道德教育理论（天师21，杭师20，江苏18论述）

1. 教育目的论

赫尔巴特认为，教育的基本目的可以区分为两种，即"可能的目的"和"必要的目的"。

（1）可能的目的：指与儿童未来所从事的职业有关的目的。这种目的是多方面的，教育的目的就是要发展这种多方面的兴趣，使人的各种能力得到和谐发展，即兴趣的多方面性。

（2）必要的目的：指教育所要达到的最高和最为基本的目的。即要养成内心自由、完善、仁慈、正义和公平五种道德观念。

2. 教育性教学原则

（1）内涵：教育性教学原则是指以教学来进行教育的原则。赫尔巴特指出，不存在"无教学的教育"也不存在"无教育的教学"。即教育是通过，而且只有通过教学才能真正产生实际作用，教学是道德教育的基本途径。

（2）措施：首先要求教学的目的与整个教育的目的保持一致。因此教学工作的最高目的在于养成德行。为了实现这个最终目的，教学还必须为自己设立一个近期的、较为直接的目的，即"多方面的兴趣"。

（3）评价：赫尔巴特的突出贡献在于，运用其心理学的研究成果，具体阐明了教育与教学之间存在的内在的本质联系，使道德教育获得了坚实的基础；但他把教学完全从属于教育，把教育和教学完全等同起来，也是一种机械论的倾向。

3. 儿童的管理与训育

（1）儿童的管理。赫尔巴特认为，"儿童管理"是一种道德教育，主要目的在于创造秩序，预防某些恶行，为随后进行的教学创造必要的条件。

（2）训育。

①内涵：训育是指有目的地进行培养，其目的在于形成性格的道德力量，是为了美德的形成。

②四个阶段：道德判断、道德热情、道德决定和道德自制。

③具体措施：维持的训育；起决定作用的训育；调节的训育；抑制的训育；道德的训育；提醒的训育。

（三）课程理论（华中 20 简答）

赫尔巴特以其心理学说为依据，提出了较为完整的课程理论。主要观点如下：

1. 课程必须与儿童的经验和兴趣相适应

（1）经验与课程。一方面，儿童在日常生活中可以获得经验和同情（实质上也是一种经验，只是更倾向于伦理和社会方面），这是教学活动进行的基础。另一方面，儿童的经验并非完美无缺，需要教学加以补充和整理。因此，课程的内容必须与儿童的日常经验保持联系，通过使用直观教材使得儿童的经验变得更加丰富、真实和确切。

（2）兴趣与课程。只有与儿童经验相联系的内容，才能引起儿童的兴趣；只有能够引起兴趣的教学内容，才能使儿童保持意识的警觉状态，从而更好地接受教材。为了让课程与兴趣保持联系，赫尔巴特把兴趣分为经验的兴趣和同情的兴趣两大类，各类下又细分了三小类，并根据该分类对课程也进行了相应的划分，具体见下表。

表 7-1 兴趣课程体系

	兴趣的分类	所开设的课程
经验的兴趣	经验的兴趣	自然、物理、化学、地理等
	思辨的兴趣	数学、逻辑、文法等
	审美的兴趣	文学、绘画等
同情的兴趣	同情的兴趣	外国语、本国语等
	社会的兴趣	历史、政治、法律等
	宗教的兴趣	神学等

2. 课程要与统觉过程相适应

根据统觉原理，新的知识总是在原有的理智背景中形成的，以原有知识为基础。因此，课程安排应当使儿童能够不断地从熟悉的材料逐渐过渡到密切相关但还不熟悉的材料。为此，赫尔巴特提出"相关"和"集中"两项原则，目的是保持课堂教学的逻辑结构和知识的系统性。

（1）相关，指学校不同课程的安排应当相互影响、相互联系。

（2）集中，指在学校的所有课程中，选择一门科目作为学习的中心，其他科目都作为学习和理解它的手段。赫尔巴特把历史和数学视为所有学科的中心。

3. 课程必须要与儿童发展阶段相适应

（1）儿童发展阶段。

赫尔巴特认为，儿童在一定发展阶段上最理想的学习内容应当是种族发展在相应阶段上所取得的文化发展。以此为基础，他将儿童发展分为婴儿期、幼儿期、童年期和青春期。每个时期对应不同的心理特征，应开设不同的课程。

①婴儿期（0—3岁）：进行身体的养护，加强感官训练，发展儿童的感受性。

②幼儿期（4—8岁）：教学内容以《荷马史诗》等为主，发展儿童的想象力。

③童年和青春期：分别教授数学、历史等，发展其理性。

（2）评价。

在欧美近代教育史上，赫尔巴特所提出的课程理论是最为完整和系统的。他在前人的基础上，力图赋予教育以严格和广泛的心理学基础，从而使课程的设置与编制有了明确的依据，避免课程设置中的盲目性和随意性。客观地说，无论在理论上还是在实践中，赫尔巴特虽未真正解决欧美近代学校的课程问题，但他为解决问题进行了有益的探索，并提出了一些卓有见地的主张。

（四）教学理论

（河南20名解；川师21，陕师20，华中18，东北17简答；中央民族20，苏大19，河南/川师18，宁波17论述）

1. 教学进程理论

统觉过程的完成大体上具有三个环节：感官的刺激、新旧观念的分析和联合、统觉团的形成。与此相应，赫尔巴特提出了三种不同的教学方法：单纯提示的教学、分析教学和综合教学。这三种教学方法的联系，就产生了所谓的"教学进程"。

（1）单纯提示的教学，即直观教学。目的在于通过感官的运用，得到一些与儿童已经观察过的事物相类似，并与之有关联的感觉表象，从而为观念的联合做准备。

（2）分析教学。对不同的观念和表象进行区分，有助于形成观念的复合或融合，为观念的联合做好准备。

（3）综合教学，即新旧观念的联合。通过综合教学，形成了观念的联合，即获得了新的知识和概念。

2. 教学形式阶段理论

赫尔巴特的教学形式阶段，实际上就是课堂教学的完整过程，是一个包括教学方法、教学形式等内在的规范化的教学程序。

他认为，兴趣活动可以划分为四个阶段：注意、期待、要求和行动。儿童在学习活动中的思维方式有两种：专心与审思。在此基础上，他提出了教学形式阶段理论，即"赫尔巴特四段教学法"。

（1）明了（或清晰）：当一个表象由自身的力量突出在感官前，兴趣活动对它产生注意；这时，学生处于静止的专心活动；教师通过运用直观教具和讲解的方法，进行明确的提示，使学生获得清晰的表象，以做好观念联合，即学习新知识的准备。

（2）联合（或联想）：由于新表象的产生并进入意识，激起原有观念的活动，因而产生新旧观念的联合，但又尚未出现最后的结果；这时，兴趣活动处于获得新观念前的期待阶段；教师的主要任务是与学生进行无拘无束的谈话，运用分析的教学方法。

（3）系统：新旧观念最初形成的联系并不是十分有序的，因而需要对前一阶段由专心活动得到的结果进行审思；兴趣活动处于要求阶段；这时，需要采用综合的教学方法，使新旧观念间的联合系统化，从而获得新的概念。

（4）方法：新旧观念间的联合形成后需要进一步巩固和强化，这就要求学生自己进行活动，通过练习巩固新习得的知识。

赫尔巴特的阶段教学论，在一定程度上揭示了教学过程方面的某些规律，反映了人类对教学过程和教学活动本质认识的发展，具有广泛的实践意义，是值得充分肯定的；但是，该理论认为任何一堂课都必须遵循这样一个阶段，既限制了学生学习的积极主动性和创造精神，也束缚了教师教学的主动性和灵活性。

（五）赫尔巴特教育思想的评价

（1）贡献。

赫尔巴特是近代教育家中试图使教育学成为一门科学的开山之祖，在历史上首次提出了心理学是一门科学并将其作为教学论的基础，在当时具有非常积极的意义。他最重要的贡献是教育性教学的理论与实践。其思想深刻影响了近代教育科学的形成与各国教育事业的发展。

（2）局限性。

赫尔巴特教育理论受到其社会政治观点的影响，带有明显的保守色彩。他的哲学观点使其教育思想带有思辨特征。他主要关注文科中学的教育和教学，把性格形成作为教育目的，带有旧时代贵族教育色彩。其儿童管理思想主要反映了普鲁士集权教育压制儿童的特征。他的心理学仍属于科学心理学诞生前的哲学心理学范畴，建立在这种心理学基础上的教育理论的合理性与先进性还有待商榷。

【名校真题】

名词解释

1. 四段教学法（河南师范大学 2020）
2. 《普通教育学》（宁波大学 2019）

简答题

1. 赫尔巴特的课程理论（华中师范大学 2020）
2. 赫尔巴特的教学阶段论（陕西师范大学 2020）
3. 赫尔巴特教育心理学化思想（陕西师范大学 2018）

论述题

1. 评述赫尔巴特的教学思想，并说说他的历史贡献和局限之处（上海师范大学 2019）
2. 赫尔巴特的课程理论和教学理论，结合实际谈谈对于现在的教育改革是否还有借鉴意义（陕西师范大学 2017）
3. 论述赫尔巴特的"教育性教学"在实际教育中的应用（江苏师范大学 2018）

六　福禄培尔的教育思想★★

（宁波18，深大17名解；湖师21简答；浙师21论述）

福禄培尔（1782—1852），19世纪德国著名的教育家、幼儿园的创立者、近代学前教育理论的奠基人。他对世界幼儿教育的发展有着深刻的影响，被誉为"幼儿教育之父"。主要著作有《人的教育》。

（一）万物有神论

万物有神论是福禄培尔思想的基础，即统一的原则，具有宗教色彩。他认为世界万物统一在上帝的精神之中，教育的目的就是通过认识自然、认识人性而逐渐认识上帝。

（二）论教育的基本原理

（1）统一的原则。人类首先须认识自然，进而认识人性，最终认识上帝的统一。教育的实质正在于使人能自由和自觉地表现他的本质，即上帝的精神。教育的任务就是帮助人类逐步认识自然、人性和上帝的统一。

（2）顺应自然的原则。"自然"一方面指大自然；另一方面指儿童的天性，即生理和心理特点。在论述教育顺应自然时，自然主要指后者。教育顺应自然思想是基于性善论，但他并非绝对否认强制性、干预性的教育。

（3）发展的原则。福禄培尔把人性看成一种不断发展和成长的东西。人的发展过程也和自然界的进化过程一样，经历了从不完善到完善、从低级到高级和由简单到复杂的前进序列。

（4）创造的原则。福禄培尔认为，上帝创造了人，人也应当像上帝一样进行创造。因此，对于年轻的一代需要及早地给以从事外部工作和生产活动的训练，使其能从外部表现上帝给予他的本质。

（三）幼儿园

1. 幼儿园工作的意义和任务

（1）意义：福禄培尔重视家庭尤其是母亲在早期教育中的作用。他把幼儿园作为家庭教育的补充而非替代，强调幼儿园是家庭生活的继续和扩展。两者的一致性，是完善教育的首要条件。

（2）任务：通过各种游戏和活动，培养儿童的社会态度和民族美德，使他们认识自然与人类，发展他们的智力与体力以及做事或生产的技能，尤其是运用知识与实践的能力，从而为下一阶段的发展做好准备。此外，幼儿园还应负担起训练幼儿园教师、推广幼儿教育经验的任务。

2. 幼儿园教育方法

（1）基本原理：自我活动或自动性。福禄培尔认为，自我活动是一切生命最基本的特征，也是人类生长的基本法则。自我活动帮助个体认识自然、认识人类，最终认识上帝的统一。

（2）游戏。福禄培尔高度评价了游戏的教育价值，把游戏看作儿童内在本质向外的自发表现。游戏不等于儿童的外部活动，而更多地指向儿童的心理态度。他主张为儿童建立公共游戏场所，以培养儿童的社会的民族的美德。

（3）社会参与。福禄培尔也把社会参与作为重要的幼儿园教育方法，要求教育儿童使之充分适应小组生活，并重视家庭和邻里生活之复演。

3. 幼儿园课程

依据感性直观、自我活动与社会参与的思想，福禄培尔建立起一个以活动与游戏为主要特征的幼儿园课程体系，包括游戏与歌谣、恩物游戏、手工作业、运动游戏、自然研究，以及唱歌、表演和讲故事等，其中最重要的是恩物与作业。

（四）恩物与作业（湖师/河南18名解）

1. 恩物

（1）含义：恩物是福禄培尔创制的一套供儿童使用的教学用品，其教育价值就在于它是帮助儿童认识自然及其内在规律的重要工具。恩物作为自然的象征，能帮助儿童由易到难、由简及繁、循序渐进地认识自然，发展儿童的想象力和创造力。

（2）恩物应满足的条件：①能使儿童理解周围世界，又能表达他对于这个客观世界的认识；②每种恩物应包含一切前面的恩物，并应预示后继的恩物；③每种恩物本身应表现为完整的有秩序的统一观念，即整体由部分构成，部分可形成有秩序的整体。

2. 作业

作业与恩物的关系十分密切，它主要体现福禄培尔关于创造的原则。实际上，作业是要求将恩物的知识运用于实践。福禄培尔认为积极有益的作业应该贯穿教育过程的始终。作业具有道德、精神和宗教等多种价值。

3. 恩物与作业的关系

恩物与作业既相互联系，又相互区别。

（1）联系：恩物和作业是两种相互连接的幼儿游戏活动的形式，是儿童认识自然和社会、满足其内心冲动的必要手段。

（2）区别：

①从幼儿活动次序来看，恩物在先，作业在后。恩物为作业的开展提供基础，作业是幼儿利用恩物进行游戏后的更高发展阶段。

②从活动的材料看，恩物的材料是固定的，作业的材料是可以改变的。

③从性质来看，恩物是活动的材料。作业既包括活动，也包括活动的材料。

④从儿童的内心需要来看，恩物主要反映模仿的本能，作用在于接受或吸收，而作业主要反映创造的本能，作用在于发表和发现。

（五）福禄培尔教育思想的评价

（1）贡献。

①幼儿教育领域。他首创了"没有书本的学校"，即幼儿园，并在长期的幼儿教育实践中摸索、总结出一套教育幼儿的新方法，建立起近代学前教育的理论体系。他的幼儿教育方法深刻地影响了其他各国的幼儿教育，福禄培尔因此被誉为"幼儿园之父"。

②小学至中学教育领域。福禄培尔对于儿童积极主动活动的重视，对游戏的教育意义的强调，对手工教育的推崇以及对家庭、社区和儿童集体在儿童教育中的重要作用的评价，逐渐影响到小学乃至中学课程的设置。

（2）局限性。

①福禄培尔的世界观带有唯心主义倾向，使其教育学说也有浓厚的神秘主义色彩。

②他的教育理论受到当时条件的限制，对于自己理论的解说在一些方面略显牵强附会。

③他的活动和思想在很大程度上受到当时德国一般政治、社会条件的限制。

【名校真题】

名词解释

1. 恩物（湖南师范大学 2018）
2. 福禄培尔（深圳大学 2017）

简答题

1. 简述福禄培尔的地位（湖南师范大学 2021）

论述题

1. 试论述福禄培尔的幼儿教育理论（浙江师范大学 2021）

七 斯宾塞的教育思想 ★★

斯宾塞（1820—1903），19世纪英国著名哲学家、社会学家和教育家，是近代英国科学教育思想的主要代表人物。主要著作是《教育论》。

（一）生活准备说与知识价值论（山师17名解；湖师19，北师18简答）

1. 生活准备说

斯宾塞主张教育的目的是<u>为完满生活做准备</u>。为实现此目的，教育应从当时古典主义的传统束缚中解放出来，应该切实适应社会生活与生产的需要。

2. 知识价值论

斯宾塞提出了"什么知识最有价值"这一问题，并将评价知识价值的标准定义为对生活、生产和个人发展的作用，知识对生活的作用越大则价值越大。

（二）科学教育论（山师21，广师18简答）

斯宾塞的教育理论主张<u>以科学知识为中心</u>，兼顾个人和社会生活的双重需要，是教育思想上的一次变革。斯宾塞及其他提倡科学教育的思想家们不仅对英国中学和大学冲破古典教育传统的禁锢产生了深刻的影响，而且影响到欧美其他国家，极大地推动了科学教育的发展。但是，他的教育观也带有明显的时代局限性，他的课程论反映了资产阶级利益，带有个人主义、功利主义的色彩。

（三）课程论（福师20简答）

斯宾塞按照重要程度把人类活动分为五个部分：①直接有助于自我保全的活动；②从获得生活必需品而间接有助于自我保全的活动；③目的在于抚养和教育子女的活动；④与维持正常的社会和政治关系有关的活动；⑤在生活中的闲暇时间用于满足爱好和情感的各种活动。

为促使个人有能力从事上述五类活动，斯宾塞提出学校应开设以下五种类型的课程：

（1）生理学与解剖学。此类知识属于<u>直接保全自己的知识</u>，应成为合理教育中最为重要的部分。

（2）逻辑学、数学、力学、化学、天文学、地质学、生物学和社会科学，属于<u>间接保全自己的知识</u>，是文明生活得以维持的基础知识。

（3）生理学、心理学与教育学。此类知识能够<u>保证父母们成功履行自己的责任</u>，进而促使家庭稳定和睦，社会文明进步。

（4）历史学。历史知识有利于人们自己调节自己的行为，成功履行<u>公民的职责</u>。

（5）文学、艺术等。这类知识能够满足人们<u>闲暇时休息与娱乐的需要</u>。

表 7-2 斯宾塞的科学知识课程体系

名称	目的
生理学与解剖学	为了直接保全自己或维护个人生命和健康
逻辑学、数学、力学、化学、天文学、地质学、生物学和社会科学等	为了间接地保全自己
生理学、心理学与教育学	为了正当地履行父母的职责，更好地教养自己的子女
历史学	为了合理地调节自己的行为和履行社会义务
文学、艺术等	为了更好地度过闲暇

[超纲知识]

斯宾塞的教学原则与方法（安师18简答）

为保证课程教学获得较好的效果，斯宾塞提出了一些具体的教学原则与方法：

（1）教育应符合心智发展的顺序，表现为从简单到复杂、从不准确到准确、从具体到抽象。

（2）儿童所接受的教育必须在方式和安排上与历史上的人类教育相一致。

（3）教学的各部分都应从纯粹实验入门，积累了充分观察后才开始推理。

（4）引导儿童自己进行探讨和推论。

（5）注意学生的学习兴趣。

（6）重视实物教学。

斯宾塞反对传统教育照本宣科、死记硬背等无视学生身心健康的教学方法，主张重视学生心理规律、兴趣与实验等，表现出鲜明的历史进步性。

（四）斯宾塞教育思想的评价

（1）斯宾塞的教育思想突破了英国传统的古典人文主义的教学内容，使其与现实的社会生活密切联系。

（2）他强调自然教育和自我教育，反对注入式、压制儿童智慧活动的旧教学，在道德教育和体育方面也提出了一些有价值的意见。

（3）斯宾塞向古典主义教育的挑战和对科学教育的论证，为各国中高等教育改革提供了依据，推动了近代实科教育的发展。

（4）但他忽视人文科学的功利主义倾向也受到人们的批判。

【名校真题】

名词解释

1. 教育准备说（山东师范大学 2017）

简答题

1. 简述斯宾塞的智育论（安徽师范大学 2018）
2. 斯宾塞的生活准备说（湖南师范大学 2019）
3. 斯宾塞的课程论（福建师范大学 2020）
4. 简述斯宾塞教育科学化思想的主要内容（山东师范大学 2021）

八 马克思和恩格斯的教育思想★★

（华南 17 论述）

马克思（1818—1883）和恩格斯（1820—1895）凭借他们创立的辩证唯物主义和历史唯物主义世界观与方法论，基于对人类社会发展规律的综合考察，紧密结合无产阶级革命的理念与实践，论述了一些重要的教育问题，从而形成一种独特的教育观。

（一）对空想社会主义教育思想的批判继承

1. 对资本主义社会教育的批判

空想社会主义者批判资本主义社会的教育违反儿童的本性，教育方法单一，压抑儿童的需求和兴趣，理论脱离实际，使儿童成为片面发展的人。马克思、恩格斯继承了这种批判，并深入地揭示这种批判背后的社会根源和资产阶级本质，为解决教育问题指明了方向。

2. 环境和教育对人的发展的影响

空想社会主义者反对"先天决定论"，强调人的发展的社会制约性，重视教育的作用。马克思、恩格斯既批判其重蹈了旧唯物主义的错误，将人视为完全是环境的消极产物，忽视了人的主观能动性，但又肯定这一学说强调人的发展的社会制约性和高度重视教育的作用。

3. 关于人的全面发展

空想社会主义者批判资本主义社会的教育造成人的片面发展，提出了全面发展的理想。马克思、恩格斯扬弃了其中人性论的观点，从现代工业生产的本性对劳动者的要求以及社会向共产主义发展的必然趋势和人的彻底解放之间的内在联系，对人的全面发展做了详细的论述。

4. 关于教育与生产劳动相结合

空想社会主义者提出了教育与生产劳动相结合的主张。马克思、恩格斯在此基础上，揭示了教育与生产劳动相结合的客观规律性，科学地论证了教育与生产劳动相结合的历史必然性和重大意义。

（二）论人的全面发展与教育的关系（海师/贵师18简答；东北21，安师19论述）

1. 人的全面发展的内涵

（1）人的全面发展，既意味着劳动者智力和体力两方面，以及智力和体育的各方面都得到发展，达到体力劳动和脑力劳动相结合，这是人的全面发展的基础。

（2）从更深层次来看，人的全面发展也是指一个人在志趣、道德、个性等方面的发展，即作为一个真正完整的、全面性的人的发展，而且是每个社会成员得到自由的、充分的发展，即人的彻底解放。

2. 人的全面发展的实现

（1）人的全面发展及其实现只能依据现实的社会条件。根本变革资本主义方式，废除生产资料的私有制，消灭阶级划分，全面占有生产力，是实现人的全面发展的前提条件。

（2）必须向全体社会成员施以普遍的全面教育，包括智育、综合技术教育、体育和德育，以及实行教育与真正自由的生产劳动相结合。

（3）马克思、恩格斯指出，实现每个人的全面发展，是一个历史发展过程。实现人的全面发展和彻底消灭私有制、建立共产主义社会是互为条件的。

（三）论教育与生产劳动相结合的重大意义

（1）教育与生产劳动相结合不仅是提高社会生产力的一种方法，而且是造就全面发展的人的唯一方法，是改造现代社会的最强有力的手段之一。

（2）由于大工业的本性需要尽可能多方面发展的工人，于是客观上一方面要求将生产劳动与教育结合起来，使工人尽可能受到适应劳动职能变更的教育，另一方面要求将教育与生产劳动相结合，以培养能多方面发展的劳动者。

（3）由于机器大工业生产是建立在现代科学技术基础上的，这就为通过科学这一中介，将教育与生产劳动有机地相结合提供了基础。

（4）综合技术劳动使儿童和少年了解生产各个过程的基本原理，同时使他们获得运用各种生产最简单工具的技能的现代教育内容，为教育与生产劳动相结合提供了重要的纽带。

教育与生产劳动相结合尽管是现代社会发展的客观要求，但在资本主义社会，这种"结合"会受到资本主义基本经济规律的制约。因此，只有彻底变革旧的生产方式，在合理的社会制度下，才能实现教育与生产劳动相结合，实现人的全面发展。

（四）马克思、恩格斯教育思想的评价

（1）马克思、恩格斯批判地继承了历史上有价值的教育思想遗产。

（2）以无产阶级和全体劳动人民的根本利益为着眼点，同当时工人运动中各种错误的教育思想进行了争论。

（3）从对教育同社会生产和社会关系的关系的考察中，揭示了教育的社会本质及其职能。

（4）从实践的观点阐明了遗传因素、环境、教育和革命实践对人的发展以及教育对社会发展的作用。

（5）从对现代生产、现代科学与现代教育的内在联系以及人类社会未来发展的分析中，论述了教育与生产劳动相结合以及人的全面发展的必然性和必要性。

（6）马克思、恩格斯的教育学说，为揭示近代教育的基本特征，为建立社会主义教育体系，提供了科学的、基本的理论基础。

【名校真题】

简答题

1. 简述马克思人的全面发展与教育的关系（海南师范大学 2018）

论述题

1. 马克思和恩格斯的教育思想（华南师范大学 2017）
2. 联系实际论述马克思的人的全面发展学说的主要内容及其现实意义（东北师范大学 2021）

九、19世纪末至20世纪前期的教育思潮和教育实验 ★★★★★

（苏大 17 简答）

19世纪末至20世纪前期，在欧美国家经济、政治以及科学文化等方面发展变化的背景下，欧美一些国家开始出现各种新的教育思潮，并逐步汇集成一场范围广泛的教育革新运动。

（一）新教育运动中的著名实验（北师/湖师/深大 21，海师 20，华东 19，福师/重师 17 名解）

新教育运动，也称新学校运动，是指19世纪末20世纪初在欧洲兴起的教育改革运动，初期以建立不同于传统学校的新学校作为新教育的"实验室"为其特征。第二次世纪大战以后，新教育运动逐步走向衰落。新教育运动中著名的实验学校有：

1. 乡村寄宿学校

（1）阿博茨霍尔姆乡村寄宿学校。

英国教育家雷迪于1889年创办，标志着新教育运动的开端，被视为欧洲"新学校"的典范。

①教育对象及目的：以11—18岁的男孩为教育对象，教育目的是把他们造就成新型的英国各

种领导阶层人士。

②教育内容：包括体力和手工活动、艺术和想象力的课程、文学和智力课程以及社会教育和宗教、道德教育。

③学校作息：上午主要学习功课，下午从事体育锻炼和户外实践，晚上是娱乐和艺术活动。

（2）乡村之家运动。

德国的利茨在参观了雷迪的学校之后，于1898年创办了德国第一所乡村教育之家，招收12—16岁的学生。在利茨的影响下，德国先后出现了许多以他的学校为模式的新学校，形成"乡村之家运动"。

（3）罗歇斯学校。

法国的社会学家和教育家德莫林于1899年创办了法国第一所新学校——罗歇斯学校。该校重视"小家庭"式的师生之间的亲密关系；在开设各种正规课程的同时，还从事体力劳动和小组游戏，尤其重视体育运动，因此这所学校又有"运动学校"之称。

2. 其他类型学校

（1）儿童之家。

蒙台梭利于1907年创办儿童之家。她认为，新教育的基本目的就是发现和解放儿童，教育方法的根本就是为儿童身心的发展提供适宜的环境和条件。儿童之家正是体现这种思想的实验环境。通过儿童之家的实验，蒙台梭利形成了蒙台梭利教育方法。

（2）生活学校。

德可乐利创办的生活学校也称隐修学校，教育对象为4—18岁的儿童，学校从幼儿园到中学形成一体化。学校不仅仅是教育教学机构，还是一个实验室、活动室甚至是工厂车间，目的是使儿童通过实践活动把学习和日常生活相结合。学校以儿童的本能需要和兴趣为中心设置课程，打破分科。组成教学单元，从而形成了德可乐利教学法。

［拓展知识］

乡村寄宿学校的特征（华东19简答）

1. 新学校都设在远离城市、自然环境优美的乡村，利于儿童了解自然、在自然中得到智慧和体力的发展。

2. 新学校在管理、教育和教学上具有民主和自由的色彩，学校一般采用家庭式教育管理方式，师生拥有自治权，师生之间、学生之间相互关心，亲密无间。

3. 学校把学生的各种活动与学习融为一体，把德育寓于民主生活之中，使儿童得到全面的发展。

4. 教学内容注重与社会实际生活紧密相连，教学强调以儿童的兴趣和需要为基础。

5. 办学目的是为资产阶级培养新一代领导人，招收对象仅限于中上层阶级的子女，规模小，学费昂贵，学校完全独立于国民教育系统之外。

《儿童的世纪》（南师20名解）

瑞典作家爱伦·凯的著作《儿童的世纪》被视为新教育的经典作品。她在《儿童的世纪》中预言"20世纪将成为儿童的世纪"，强调教育者应了解儿童，保护儿童纯真天真的个性。这本书被译成多种文字出版，在推动20世纪欧美的教育改革中发挥了重要作用。

（二）梅伊曼、拉伊的实验教育学

实验教育学是19世纪末20世纪初兴起的一种具有重要影响的新教育思潮，代表人物是德国心理学家、教育家梅伊曼和德国教育家拉伊。

1. 主要观点

（1）反对以赫尔巴特为代表的强调概念思辨的教育学。

（2）提倡把实验心理学的研究成果和方法运用于教育研究，从而使教育研究真正"科学化"。

（3）把教育实验分为三阶段：就某一问题构成假设；根据假设制定实验计划，进行实验；将实验结果应用于实际，以证明其正确性。

（4）认为教育实验与心理实验的差别在于心理实验是在实验室里进行的，而教育实验则要在真正的学校环境和教学实践活动中进行。

（5）主张用实验、统计和比较的方法探索儿童心理发展过程的特点及其智力发展水平，用实验数据作为学制、课程和教学方法改革的依据。

2. 影响及评价

实验教育学所强调的基本原则和方法，成为新教育家们进行教育革新和教育实践的基本思维方式，深刻影响了各类新学校的实验，推动了教育科学按照儿童身心发展规律来进行。但当实验教育学及其后继者把科学的实验方法夸大为教育科学研究的唯一有效的方法时，它就走上了"唯科学主义"的迷途，受到了来自文化教育学的批判。

（三）凯兴斯泰纳的"公民教育"与"劳作学校"理论

凯兴斯泰纳是德国教育家，19世纪后期开始在欧美流行的劳作教育思潮的主要代表人物和推动者。他的教育改革和教育理论对德国乃至世界许多国家的教育产生了重要影响。

1. 公民教育理论

凯兴斯泰纳指出，培养有用的国家公民是国家公立学校的目的，也是一切教育的目的。公民教育的中心内容是通过个人的完善来实现为国家服务的目的。

有用的国家公民应具备的三项品质：①具有关于国家的任务的知识；②具有为国家服务的能力；③具有热爱祖国、愿意效力于国家的品质。

2. 劳作学校理论

凯兴斯泰纳认为，劳作学校是一种最理想的学校组织形式，是为国家培养有用公民的重要教育机构。"劳作"在教育学上的定义是：首先，"劳作"不只是体力上的，而且是一种身心并用的活动；其次，"劳作"与游戏、运动和活动不同，"劳作"既有客观目的，又须经受艰辛，所以富有教育意义；再次，"劳作"应能唤起个人客观兴趣，使学生有内心要求，照自己的计划想方设法去完成，并检验自己的劳动成果。

（1）基本精神：让学生在自动的创造性的劳动活动中，得到性格的陶冶。

（2）三项任务。

①<u>职业陶冶的预备</u>。即帮助学生将来能在国家的组织团体中担任一种工作或一种职务。

②<u>职业陶冶的伦理化</u>。要求把所任的职务看作郑重的公事，要把个人的工作与社会的进步联系在一起，把职业陶冶与性格陶冶结合起来。

③<u>团体的伦理化</u>。要求在学生个人伦理化的基础上，把学生组成工作团体，培养其互助互爱、团结工作的精神。

（3）教学内容和方法以及教育教学的管理。

①必须把"劳作学校"列为独立科目，并聘请专门的技术教员。

②改革传统科目的教学，着重培养和训练学生逻辑思考的本领和自主自动的能力。

③发展学生的公民意识和社会技能，以团体工作为基本原则，发展利他主义，强调社会利益。

3. 评价

凯兴斯泰纳的公民教育理论是19世纪末出现的民族主义教育趋势的反映，为当时德国资产阶级统治集团的对内统治和对外扩张侵略提供了精神武器。其思想在教育学领域的贡献是值得肯定的，他将新的教育方法引进公立学校体系，改革了国民学校的教育和工人的进修教育；他重视学校的社会功能，努力培养学生的合作精神和创造性的劳动能力。

凯兴斯泰纳的教育理论不仅在德国，而且对许多国家的教育产生了较大的影响。在凯兴斯泰纳的影响下，欧洲许多国家也采取"劳作学校"的做法。

（四）蒙台梭利的教育思想（华中17简答；宁夏21论述）

蒙台梭利是20世纪意大利杰出的幼儿教育家，她毕生致力于探讨科学的幼儿教育方法，创立了蒙台梭利教学法，主要著作有《蒙台梭利方法》《童年的秘密》等。

1. 论幼儿的发展

蒙台梭利的幼儿教育思想是建立在幼儿生命力学说之上的。她认为，儿童存在着内在的生命力，其生长是由于内在生命潜力的自发发展。因此，她强调遗传的作用，推崇内发论，但同时也重视环境的教育作用。她认为儿童心理发展存在以下特点：

（1）具有独特的心理胚胎期；（2）心理具有吸收力；（3）发展具有敏感期；（4）发展具有阶段性。第一阶段为个性建设阶段（0—6岁），第二阶段为增长学识和艺术才能阶段（6—12岁），第三阶段为青春期阶段（12—18岁）。

2. 论自由、纪律与工作

（1）自由。蒙台梭利提出，真正的科学的教育学的基本原则是给学生以自由，即允许儿童按其本性个别地、自发地表现。允许儿童自由活动，是实施新教育的第一步。

（2）纪律。蒙台梭利认为儿童是要守纪律的。真正的纪律对儿童来说必须是主动的，只能建立在自由活动的基础上。

（3）工作。蒙台梭利所谓纪律赖以建立的自由活动指的是手脑结合、身心协调的作业。这种活动或作业被称为"工作"，工作是人类的本能与人性的特征。

（4）三者的关系。自由、工作和纪律这三者通过工作有机地联系起来，在自由的基础上培养纪律性；通过独立达到自由；在自由的练习活动中发展意志；在自由的活动中培养社会性，从而有助于学生手脑结合、身心全面和谐地发展。

3. 蒙台梭利教学法

（1）组成成分：①儿童敏感期的利用（内在可能性）；②教学材料；③作为参观者的教师（有刺激的环境）。这些成分以最佳的方式相互作用时，儿童能自由地参加自发的活动。

（2）具体实施内容：①感官教育，这是蒙台梭利方法的一大特点，主要包括视觉、听觉、嗅觉、味觉及触觉的训练，其中以触觉练习为主；②读、写、算的练习，在"儿童之家"里，蒙台梭利将写字的练习先于阅读的练习，掌握了文字书写的技能之后，儿童再转入阅读练习；③实际生活练习，主要包括日常生活技能的练习、园艺活动、手工作业（绘画和泥土）、体操和节奏动作。

4. 蒙台梭利教育思想的评价

蒙台梭利在医学、生理学、实验心理学的基础上，结合自己的实验所形成的新教育方法体系，有力地挑战了传统教育的模式，体现了新教育运动强调自由、尊重儿童的基本精神，对20世纪学前教育产生了很大影响。但由于她的教育方法脱胎于低能儿童的教育方法，因此不可避免地带有机械训练的性质和神秘主义的色彩。

（五）进步主义教育运动

（扬大／重师／海师21，北师／山师／川师20，陕师20/19，江苏19，苏大19/18/17，华东／宁波／福师18，浙师18/17，湖师／河南17名解；中央民族21，重师20/18/17，云师20，河南19，深大18简答）

进步主义教育运动是指19世纪80年代至20世纪50年代在美国出现的以杜威教育哲学为主要理论基础、以进步主义教育协会为组织中心、以改革美国学校教育为宗旨的教育革新思潮和实践活动。进步教育理论的"实验室"主要是美国的公立学校。相对欧洲的"新学校"来说，进步学校更关心普通民众的教育，更强调教育与生活的联系，更重视从做中学，更注意学校的民主化问题。

1. 进步主义教育运动历程

进步主义教育运动经历了四个时期，即形成期、拓展期、转变期和衰落期。

（1）形成期（1883—1919）。帕克在库克师范学校的实习学校、约翰逊的有机教育学校、沃特的葛雷制学校等进步主义学校的建立；进步主义教育理论初步形成；儿童中心论观念的确立。

（2）拓展期（1919—1929）。进步主义教育协会建立；进步主义教育原则形成；《进步主义教育》杂志创刊；儿童中心论延续。

（3）转变期（1929—1938）。实验的重心从初等教育转到中等教育；关注的重心从儿童中心转移到社会改造；进步主义教育内部开始分裂。

（4）衰落期（1938—1957）。进步主义教育协会更名为美国教育联谊会；1955年协会解散；1957年《进步主义教育》杂志停办，标志着美国教育史上一个时代的结束。

进步主义教育衰落的原因有：①不能与美国社会的进步保持同步；②理论和实践存在矛盾和局限；③保守主义和改造主义的批判加速了其衰落。

2. 进步主义教育运动的主要特征

（1）对儿童的重新认识和对儿童地位的强调。在批判传统教育忽视儿童的基础上，进步主义教育进一步发扬了儿童中心论，并提出了"整个儿童"的概念，关注儿童的一切能力或力量。

（2）对教师地位和作用看法的改变。进步主义不再认同以前教育中对教师的看法，而是认为教师的作用是鼓励，而不是监督，教师仅仅是用他的高明和丰富的经验分析当前的情景。

（3）关于学校观念的变化。学校不再是被动传授知识的场所，而应当是积极的、主动的，并通过解决问题进行教育；学校也不应通过记忆和推论进行教育；反对教育是生活的准备的观念；主张教育是实际生产过程的组成部分。

（4）对教学、课程、课堂等观念的变化。进步主义教育强调互助的、热情的和人道的教室气氛；强调让儿童获得更多的活动空间；课程应适应每个儿童的成熟水平，并根据儿童的兴趣、创造力、自我表现和人格发展实现个别化教学；为儿童提供丰富的教学材料，以便他们探索、操作和运用；鼓励建立促进合作、共同经验的组织模式；反对强制和严厉的惩罚。

3. 昆西教学法

昆西教学法是指帕克在昆西学校和库克师范学校进行的教育改革实验所采取的的新的教育方法和措施。帕克是美国进步教育运动的先驱者，主要著作是《关于教育学的谈话》。昆西教学法的主要特征有：

（1）强调儿童应处于学校教育的中心。认为儿童具有内在的能力，能自发地学习和工作。教师必须了解儿童和他的本性，提供相应的条件，满足其要求和需要。

（2）重视学校的社会功能。强调学校应成为理想的家庭、完善的社区和民主政治雏形，在促进民主制度的发展方面发挥巨大作用。

（3）主张学校课程应尽可能与实践活动相联系。将各门学科联系起来，使学生获得知识的整体。同时，也将学习内容与生活联系，并围绕一个核心安排相互联系的科目。

（4）强调培养儿童自我探索和创造的精神。教师的工作是要指导学生发现真理，使学生养成探究、发现和使用真理的习惯。

4. 有机教育学校

约翰逊是美国教育家、进步教育协会创始人之一，她在亚拉巴马州创办的费尔霍普学校以"有机教育学校"而闻名。其主要特征是"有机教育"。主要观点有：

（1）目标：发展人的整个机体，包括培养感觉、体力、智力和社会生活能力，以改善生活和文化。

（2）教育方法：遵循学生的自然生长，是"有机的"。学校的目的在于为儿童提供每个发展阶段所必需的作业和活动。

（3）组织形式：根据学生的年龄来分组，称作"生活班"，而不叫年级。

（4）课程设置：以活动为主，儿童根据需要和兴趣主动地从事探索。凭着儿童自己求知的愿望，再把他们引导到读、写、算、地理等正规课程的学习。

（5）制度：强迫的作业、指定的课文和通常的考试都被取消。

（6）培养理念：①重视社会意识的培养，认为发展合适的社会关系应是学校最重要的任务之一，主张培养学生无私、坦率、合作等品质，以及提出建设性建议的能力；②反对放纵儿童。认为纪律是必要的。她主张应以一种平衡而有纪律的方式发展整个人的机体。

5. 葛雷制

葛雷制也称"双校制""二部制"或"分团学制"，是美国教育家沃特推行的一种进步主义性质的教育制度。主要内容包括以下几点：

（1）以杜威的基本思想为依据，以具有社会性质的作业为学校的课程。

（2）把学校分成四个部分：体育运动场、教室、工厂和商店、礼堂；把课程也分成四个方面：学术工作和科学、工艺和家政、团体活动，以及体育和游戏。因此葛雷学校也称"工读游戏学校"。

（3）为减少学校经费开支，充分利用现有的设施以提高办学效率，沃特在教学中采用二重编法，即将全校学生一分为二，一部分在教室上课，另一部分则在体育场、图书馆、工厂、商店以及其他场所活动，上下午对调，解决了葛雷地区学校少、供不应求的矛盾。

沃特的葛雷制曾被认为是美国进步教育思想的最卓越的例子，它的课程设置能保持儿童的天然兴趣和热情，管理方式经济而有较高的效率。到1929年，美国已有41个州采用这一制度，成为进步学校流行最广的一种形式。

6. 道尔顿制

道尔顿制是美国进步主义教育家帕克赫斯特针对班级授课制的弊端在道尔顿中学实施的一种个别教学制度，也称"道尔顿计划"。主要内容包括：

（1）在学校里废除课堂教学，废除课程表和年级制，代之以"公约"或合同式的学习。

（2）将各教室改为各科作业室或实验室，按学科性质陈列参考用书和实验仪器，供学生使用。各作业室配有该科教师一人，负责指导学生。

（3）用表格法来了解学生的学习进度，以增强学生学习的动力，使学生管理简单化。

（4）道尔顿制的两个重要原则是自由与合作。要使儿童自由学习，养成独立工作的能力，也强调师生和学生之间的合作，以培养社会意识。

20世纪20年代，道尔顿制在许多国家流行一时，产生过较大影响。道尔顿制存在的主要问题是过于强调个体差别，对教师要求过高，以及在实施时易导致放任自流；并且，将教室完全改为实验室也不太实际。

7. 文纳特卡制

文纳特卡制是美国进步主义教育家华虚朋在芝加哥的文纳特卡镇所实施的个别教学实验，也称"文纳特卡计划"。主要内容包括：

（1）重视使学校的功课适应儿童的个别差异。将个别学习和小组学习结合起来，个性发展与社会意识的培养相联系。

（2）将课程分为两个部分：共同知识或技能（包括读、写、算等工具性学科）和创造性的、社会性的作业（如木工、织布、雕刻等）。前者主要按照学科进行，并以学生自学为主，教师适当进行个别辅导，以考试来检验学习成果；后者则以小组为单位展开活动或施教，不考试。

文纳特卡计划在20世纪30—40年代的美国得到迅速而广泛的传播，对世界不少国家的教育也产生了重要影响。但有人指责它影响学科的深入学习，并且实施起来也很困难。50年代起逐渐衰落。

8. 设计教学法

设计教学法是美国进步主义教育家克伯屈提出的新的教育方法。他将设计教学法定义为在社会环境中进行有目的的活动，重视教学活动的社会的和道德的因素。强调有目的的活动是设计教学法的核心，儿童自动的、自发的有目的的学习是设计教学法的本质。主要内容包括：

（1）主张放弃固定的课程体制，取消分科教学及现有的教科书，把学生有目的的活动作为设计的学习单元。

（2）根据不同的目的，将设计教学法分成四种类型：生产者设计、消费者设计、问题设计、练习设计，以生产者设计为重点。

（3）根据杜威的"思维五步法"，提出设计教学法的四个步骤：决定目的、制订计划、实施计划和评判结果。

设计教学法在美国得到迅速传播，到20世纪30年代，对世界各地的学校产生了广泛的影响。设计教学法充分发挥了儿童的主动性和积极性，力求使教学符合儿童的心理发展规律，以提高学习效率；注重培养儿童的合作精神，加强教学与儿童实际生活的联系。但设计教学法的四个步骤是针对生产者设计而言的，克伯屈本人也承认没有为学习知识的设计教学确定明确的步骤。由于强调根据儿童的经验组织教学，设计教学法必然导致系统知识学习的削弱。

[拓展知识]

设计教学法的四种类型

生产者设计也被称为建造者设计，这种设计是以实现一个观念、思想或计划为主要目的，如建造房屋，制造工具等；消费者设计也被称为欣赏性的设计，其主要目的是消费、吸收和享用别人生产的东西，如欣赏芭蕾舞、享受音乐等；问题设计主要是解决某种理智上的困难和障碍，例如思考人为什么不能飞上天；练习设计的目的是达到某项任务或获得某种程度的知识与技能，比如阅读、拼写等。

9. 进步主义教育的历史影响

（1）进步主义教育遇到强有力地促进了美国教育从农业时代向工业化时代、从近代向现代的巨大转变，对美国教育的转型发挥了积极的作用，构成了现代美国教育的重要开端，并直接制约着发展的方向和格局。

（2）进步主义教育运动对形成美国学校教育的基本特征，产生了深远的影响。它从根本上改变了美国学校和教室的氛围，同时促进了美国教育理论研究的发展和教育理论研究的"美国化"。

（3）进步主义教育运动对世界许多国家和地区的教育发展，产生了广泛的影响，并且成为中国、苏联、日本和印度等国现代教育历史的重要篇章。

（4）进步主义教育运动与西欧新教育运动一起，共同构成了西方现代教育的重要开端。

> **[拓展知识]**
>
> 　　本节所讨论的各种教育思潮间存在着相互影响和相互促进的关系，共同特点是：重视儿童自身在教育过程中的主体地位，认为儿童先天具有善性和自我发展的能力，不再把儿童视为强制行为的对象；重视儿童研究和教育调查，并运用定性研究和定量研究结合、思辨与经验结合，以及比较和测量等新方法，力图使教育研究科学化；重视儿童的创造性活动、社会合作活动和劳动在儿童身心发展中的作用。这些思想在很大程度上构成了西方现代教育理论的最初形态，对20世纪欧美国家的教育发展产生了广泛而深刻的影响。
>
> 　　这一时期的欧美教育思潮也存在一些局限性或不成熟性，留下了许多尚未解决的矛盾。如在儿童研究中，有着严重的生物化倾向；极端的个人主义性质，过高地估计了儿童自由、个性和创造性的意义；片面强调实用、适应，只顾眼前利益而忽视长远利益，忽视基本知识的传授和一般智力的发展，降低了教育质量，引起传统派思想的回潮。

【名校真题】

名词解释

1. 道尔顿制（陕西师范大学2019）
2. 美国进步主义教育运动（北京师范大学2020）
3. 新教育运动（北京师范大学2021）
4. 设计教学法（四川师范大学2020）
5. 文纳特卡制（江苏师范大学2019）
6. 昆西教学法（宁波大学2018）

简答题

1. 简述进步主义教育的基本特征（重庆师范大学2018）
2. 欧洲乡村寄宿学校的主要特征（华东师范大学2019）
3. 19世纪末20世纪初期的教育思潮和教育实验（苏州大学2017）
4. 有机学校的主要观点（深圳大学2018）

论述题

1. 试述蒙台梭利的思想（宁夏大学2021）

十　杜威的教育思想★★★★★

（贵师18简答；陕师/福师21，海师21/17，天师19，陕师/华南18，浙师17论述）

　　杜威（1859—1952）是20世纪美国著名的哲学家和教育家，他以实用主义哲学、民主主义政治理想和机能心理学为基础，通过批判地继承前人的思想，构建起庞大的教育哲学体系，成为现代教育的代表人物。主要著作有《民主主义与教育》《我的教育信条》等。

[拓展知识]

《民主主义与教育》

《民主主义与教育》是杜威的教育代表作，依杜威自己的划分，该书包含3个部分：

（1）论述了教育的智能，指出了当时学校教育的严重缺陷及改革方向。

（2）阐述了民主社会的教育性质，明确教育即生长、生活和经验改造的意义，并通过对过去各种教育理论的批判来反证民主教育的正确性和优越性。

（3）以实用主义教育哲学来调和教育理论中长期存在的各种二元论问题，并阐述了对于课程、教材和教法的新观点。最后，杜威论述了实用主义的真理观和道德论。

（一）论教育的本质

（北师21，华东20/19名解；江苏20，南师19简答；宁夏21，扬大19，东北／宁波18，川师／贵师17论述）

杜威对于"什么是教育"的问题，给出的回答是：教育即生活、教育即生长、教育即经验的持续不断地改造。

1. 教育即生活

杜威认为教育是生活的过程，学校是社会生活的一种形式，那么学校生活也是生活的一种形式。

（1）学校生活应与儿童自己的生活相契合，满足儿童的需要和兴趣，使校园成为儿童的乐园，使儿童在现实的学校生活中得到乐趣。

（2）学校生活应与学校以外的社会生活相契合，适应现代社会变化的趋势并成为推动社会发展的重要力量，校园不应是世外桃源而应积极参与社会生活。

杜威要做的就是改造不合时宜的学校教育和学校生活，使之更富活力，更有乐趣，更具实效，更有益于儿童发展和社会改造。

2. 学校即社会

杜威"学校即社会"意在使学校生活成为一种经过选择的、净化的、理想的社会生活，使学校成为一个合乎儿童发展的雏形的社会。而要将此落于实处，就必须改革学校课程，从分科课程转变为活动课程。

"学校即社会"是对"教育即生活"这一命题的进一步引申，代表社会生活的活动性课程的引入是使学校与社会生活相联系的基本保证。杜威坚信教育是社会进步及社会改革的基本方法，通过教育改造社会生活，使之更完善、更美好。

3. 教育即生长

杜威针对当时教育无视儿童天性，消极对待儿童，不考虑儿童的需要和兴趣的现象，提出了"教育即生长"的观念。

杜威要求摒除压抑、阻碍儿童自由发展之物，使教育和教学适应儿童的心理发展水平和兴趣、需要的要求。他所理解的生长是机体与外部环境、内在条件与外部条件交互作用的结果，是一个持续不断地社会化的过程。杜威要求尊重儿童但不同意放纵儿童，这也是杜威与进步主义教育实践的一个重要区别。

4. 教育即经验的改造

教育即经验的改造是指构成人的身心的各种因素在外部环境和人的主动经验过程中统一的全面改造、发展、生长的连续过程，包含四个方面：

（1）经验是一种行为，涵盖认识的、情感的、意志的等理性、非理性因素，成为儿童各方面发展和生长的载体。在经验过程中，儿童不仅获得知识，而且形成能力、养成品德。

（2）经验是有机体与环境相互作用的过程，机体不仅受环境的塑造，同时也对环境加以改变。经验的过程就是一个实验探究的过程、运用智慧的过程、理性的过程。

（3）经验的过程是一个主动的过程，有机体既接受着环境塑造，也主动改造着环境。

（4）经验是一个连续发展的过程，不存在终极目的的发展过程，因此教育就是个人经验的不断生长。

5. 评价

（1）积极性。杜威关于教育本质的论点具有重要的意义：①这些观点是杜威改革旧教育的纲领，他的意图是要使教育为缓和社会矛盾、完善美国社会制度服务，对于推动当时的教育改革有积极意义；②杜威关于教育本质的观点是他的教育哲学的三个主要命题，内涵丰富并具有启发意义；③杜威力图把教育的社会功能与个体发展功能统一起来，并把社会活动视为使两者得以协调的重要手段或中介。

（2）局限性。杜威对于教育本质的表述不够科学。如"教育即生长"给人以重视个体的生物性而回避社会性的印象，并且生长有方向、方式之异，有好坏优劣之别，所以仅说"教育即生长"是不严谨的；又如"教育即生活"的口号表述过于简要，也易使人不得要领，从而在理解上产生歧义；"学校即社会"的提法也存在着片面性，它忽视社会与个体发展的各自的相对独立性，进而导致抹杀学校与社会的本质区别。

（二）论教育的目的（安师19名解；华东21，湖师19，江苏18简答；江苏19论述）

1. 教育无目的论

从教育本质论出发，杜威反对外在的、固定的、终极的教育目的，认为教育无目的。杜威所希求的是过程内的目的，这个目的就是"生长"。

杜威认为在非民主的社会里，教育目的是外在于并加强于教育过程的，包含权威与专制色彩。而在民主的社会里，教育目的应该内在于教育的过程之中，杜威主张以生长为教育的目的，其主要意图在于反对外在因素对儿童发展的压制，在于要求教育尊重儿童愿望和要求，使儿童从教育本身中、从生长过程中得到乐趣。

2. 教育的社会目的

杜威强调过程内的目的不等于否定社会性的目的。杜威要求教育为社会进步服务，为民主制度的完善服务。他认为，教育是社会进步及社会改革的基本方法，学校是社会进步和改革的最基本和最有效的工具。在民主社会中，个人发展与社会进步是统一的。

教育要培养具有良好公民素质、民主思想和生活能力的人，要培养具有科学思想和精神，能解决实践问题的人，要培养具有道德品质和社会意识的人，要培养具有一定职业素养的人。

（三）论课程与教材

1. 对传统课程的批判

（1）杜威认为传统教育的课程是由成人编就的，代表成年人的标准，不适合儿童的现有能力，超出了儿童已有的经验范围。

（2）儿童的生活和经验具有统一性和完整性，学校中多种多样的分门别类的学科割裂和肢解了儿童的世界，使儿童对世界的认识失去应有的全面性而流于片面。

（3）旧教材和课程社会精神匮乏。杜威要求教材不能只从本身出发，而应与社会生活相联系。

2. 从做中学

杜威以其经验论为基础，要求**从做中学、从经验中学**，要求以活动性、经验性的主动作业来取代传统书本式教材的统治地位。在杜威看来，这种活动性、经验性课程既能满足儿童的心理需要，又能满足社会性的需要，还能使儿童对事物的认识具有统一性和完整性。

杜威并不反对间接经验本身，他反对的是传统教育中那种不顾儿童接受能力的直接灌输、生吞活剥式的获取间接经验的方式。学习的关键在于既要使儿童获得较为系统的知识，又能在学习过程中兼顾儿童的心理水平。

3. 教材心理学化

杜威主张以"教材心理学化"来解决怎样使儿童最终获得较系统的知识而同时又能在学习过程中顾及儿童的心理水平。"教材心理学化"是指把各门学科的教材或知识各部分恢复到它所被抽象出来之前的原来的经验。这种心理化就是把间接经验转化为直接经验，即直接经验化。之后再将已经经验到的那些东西累进地发展为更充实、更丰富也更有组织的形式，即逐渐地接近于提供给有技能的、成熟的人的那种教材形式。

4. 课程论的不足之处

（1）杜威意在通过直接经验去理解系统知识，但却在一定程度上忽视了理解直接经验需要一定的系统知识和条件。

（2）并非所有的系统知识都可还原为直接经验。

（3）怎样将学生的个人直接经验"组织"成较为系统的知识，是一个非常难解决的问题。

（四）论思维与教学方法（福师19名解；南师/江苏21，河南19，天师17简答；中央民族20论述）

杜威反对以教师、教科书、教室为中心的传统教学方法而提出"从做中学"，这是一种通过主动作业、在经验的情境中思维的方法，从而达到经验与思维的统一、思维与教学的统一、课程与作业的统一、教材与教法的统一。

1. 反省思维

杜威所力倡的反省思维是指对某个经验情境中的问题进行反复的、严肃的、持续不断的思考，其功能在于求得一个新情境，把困难解决、疑虑排除、问题解答。

2. 五步教学法

杜威根据科学的实验主义探究方法和反省思维方式，提出了五步教学法，五个阶段的顺序并不固定，实际思维中，有时两个阶段可以合二为一。

（1）创设疑难的情境。学生要有一个真实的经验的情境，要有一个对活动本身感兴趣的连续的活动。

（2）确定疑难所在。在这个情境内部产生一个真实的问题，作为思维的刺激物。

（3）提出问题的种种假设。他要占有知识资料，从事必要的观察，对付这个问题。

（4）推断哪种假设能解决这个困难。他必须有条不紊地展开他所想出的解决问题的方法。

（5）验证这种假设。他要有机会和需要通过应用检验他的观念，使这个观念意义明确，并且让他自己发现它们是否有效。

3. 评价

杜威这种教学方法重视科学探究思维，重视解决实际问题的行动能力，与主智主义的传统教育理论有本质区别。但该方法过于注重活动，忽视了系统知识的传授，窄化了认知的途径，泛化了问题意识，在实践中也存在诸多影响教育质量的问题。

（五）论道德教育

1. 主要任务

杜威认为道德教育的主要任务是协调个人与社会的关系。他认为个人的充分发展是社会进步的必要条件，社会的进步又可以为个人的发展提供更好的基础。他反对过分强调个人自由和竞争的旧个人主义，而提倡强调人与人之间的合作，强调社会责任的和理智作用的新个人主义。

2. 途径和方法

（1）教育的道德性和教育的社会性是相通的，道德教育应在社会性的情境中进行而不能只停留于口头说教。

（2）要求学校生活、教材、教法皆应渗透社会精神，视学校生活、教材、教法为"学校道德三位一体"，这三者都是道德教育的重要途径。

3. 基本原理

杜威将道德教育的原理分为社会方面和心理方面。

（1）社会方面是关于道德教育的"目的和内容"，指道德教育应有社会性的情境、社会性的内容和社会性的目的。

（2）心理方面是关于道德教育的"方法和精神"，指道德教育若要取得成效，就必须建立在学生本能冲动和道德认识、道德情感的基础上。

（六）杜威教育思想的影响

（1）杜威是西方现代教育派的理论代表。他对传统教育的整个理论体系发起挑战，奠定了现代教育的理论大厦的基石。

（2）杜威是新教育的思想旗手，他的教育理论突破以往建立在主客体两分之上的传统教育的弊端，将知行合一，使教学中死的知识变为活的知识，突破了内发论和外铄论，将教育看作人与环境的交互过程中经验的观点具有很高的创造性。

（3）杜威奠定了儿童中心论，解决教育与儿童相脱离的问题，并通过学校与社会的统一、思维与经验的统一，解决教育与实践，学校与社会脱离的问题。

（4）杜威提出了做中学这一建立在新哲学和心理学基础上的新方法，拓宽了教学形式和方法，提高了教学专业化水平。

（5）杜威的教育理论对世界教育进程发挥巨大作用，对日本、中国、苏联等国具有直接的影响。

（6）杜威的理论偏重儿童、活动、经验三中心而使得教育实践忽视了系统知识的传授以致引发了自由与纪律、教师与学生关系等诸多矛盾。另外根据经验和教材心理化原则编写新型教材的设想过于理想化，难以实现。

[超纲知识]

儿童中心论（杭师19名解）

杜威在批判传统教育的基础上提出了儿童中心论，他在《学校与社会》中分析、批判了旧教育忽视儿童本能的弊病，并明确提出以儿童为教育中心的主张。他认为传统学校的重心在教师、教科书或其他地方上，不在儿童，教育的变革是重心的转移，儿童将变成教育的重心，教育的一切措施要围绕儿童。杜威提出要重视儿童本身的能力和主动精神在教育过程中的地位，把他们看成教育的素材和出发点。

杜威的儿童中心原则虽在批判传统教育上有一定积极意义，但总的来说，它是不科学的，是有悖于教育活动的客观规律的。

【名校真题】

名词解释
1. 教育即生长（北京师范大学 2021）
2. 学校即社会（华东师范大学 2019）
3. 教育即生活（华东师范大学 2020）
4. 五步探究教学法（福建师范大学 2019）

简答题
1. 杜威的教育目的论（湖南师范大学 2019）
2. 简述杜威的思维与教学方法（江苏师范大学 2021）

论述题
1. 论述杜威的教育本质观，并对其进行评价（四川师范大学 2017）
2. 杜威和赫尔巴特教学过程的比较（中央民族大学 2020）
3. 杜威和赫尔巴特的教育理论及对我国各时期教育实践的影响（陕西师范大学 2018）
4. 请论述如何理解教育的过程就是学生生活的过程（宁夏大学 2021）

十一 现代欧美教育思潮 ★★★★★

（宁夏20 论述）

20世纪以来，由于科学技术的突飞猛进，许多新兴科学的兴起，以及教育改革和发展的新要求，在欧美国家中先后出现了一些新的教育思潮。

（一）改造主义教育（安师21 简答）

改造主义教育是实用主义教育的一个分支，产生于20世纪30年代的美国，影响于50年代。改造主义教育是一种把"社会改造"作为教育的主要目标，强调学校成为"社会改造"的主要工具的教育思潮，代表人物是布拉梅尔德。其主要观点包括以下几个方面：

（1）教育应当以"改造社会"为目标。
（2）教育应当重视培养"社会一致"的精神。
（3）教育工作应当以行为科学为依据。
（4）课程教学应当以社会问题为中心。
（5）教师的主要职责是劝说教育。

改造主义是实用主义教育在新的社会时期的继续。在批判与它同一时期出现的要素主义教育和永恒主义教育的同时，也吸收了它们所阐述的某些教育观点。改造主义教育在美国教育界曾产生过一定的影响，但因与美国的社会性质不和，在美国教育实践中的影响不大。

（二）要素主义教育（南师/安师18，华东17 名解；华中21，山师20，杭师19，东北17 简答；云师19 论述）

要素主义教育是20世纪30年代末作为实用主义教育和进步教育的对立面出现的。要素主义教育是现代欧美国家一种强调学校教育的任务主要是传授人类文化遗产共同要素的教育思潮。1938年在美国成立的"要素主义者促进美国教育委员会"，是要素主义教育形成的标志。代表人物有巴格莱、科南特等人。其主要观点包括以下几个方面：

（1）教育核心：传授给学生人类基本知识的要素或民族共同文化传统的要素。

（2）教育目的：强调人的心智或智力的发展，主张心智训练。

（3）教育内容：教授基础科目，开设以学科为中心的系统的学习科目。

（4）师生关系：教师中心，强调教师的权威地位。

（5）教育与社会的关系：教育要为社会服务。

（6）教育重心：基本技能和基础知识的学习。

要素主义教育对美国 20 世纪 50—60 年代的教育改革产生了重要的影响，所提出的教育主张和观点受到了政府的重视，有些主张和观点被采纳为国家的教育政策。但其也存在一些不足，如较少考虑到学生的个别差异和能力水平、忽视学生的动机和情感、所编的教材脱离学校教育实际等，因而受到一些社会和教育界人士的抨击。

（三）永恒主义教育（宁波 21，安师 19，山师 18 简答；杭师 21，中央民族 18 论述）

永恒主义教育亦称"新古典主义教育"，产生于 20 世纪 30 年代，是现代欧美国家一种<u>强调理性训练以及人的理性和教育基本原则的永恒性</u>的教育思潮，代表人物有美国的赫钦斯、艾德勒，英国的利文斯通和法国的阿兰等。其主要观点包括以下几个方面：

（1）发展人的理性是教育永恒不变的原则。

（2）教育的主要目的是培养永恒的理性。

（3）永恒的古典学科应该在学校课程中占有中心地位。

（4）学生通过教师的教学进行学习。

永恒主义教育对进步教育的批判比要素主义更加激烈，但从整体上来看，它并未提出新的价值判断标准。永恒主义教育在教育理论上有一定影响，但在教育实践中的影响范围不大，主要限于大学和上层知识界中的少数人。

（四）新托马斯主义教育

新托马斯主义教育是现代欧美国家一种以托马斯·阿奎那宗教神学理论为思想基础的、提倡基督教教育和希望培养"真正的基督徒"的教育思潮。其主要观点包括以下几个方面：

（1）教育应当以宗教为基础。

（2）教育的目的是培养真正的基督教徒和有用的公民。

（3）学校课程以基督教精神为基础。

（4）教育应该处在教会的严密控制之下。

新托马斯主义在欧美国家的一些学校里，特别是天主教会的学校里曾产生了一定的影响。但由于它的宗教色彩，以及它的观点中难以自圆其说的矛盾而陷入了窘境。

（五）新行为主义教育

新行为主义教育产生于 20 世纪 30 年代的美国，是现代欧美国家一种<u>运用有关人类行为及学习过程理论来阐释教育和教学问题</u>的教育思潮。它以新行为主义心理学为理论基础，代表人物有美国的托尔曼、斯金纳、加涅等。其主要观点包括以下几个方面：

（1）<u>教育就是塑造人的行为</u>。人的任何行为都是能够设计、塑造和改变的，因此在教学过程中要注重操作性行为。

（2）<u>学生的学习行为可以运用教学机器来强化</u>。机器教学能对学生正确的答案及时强化并有足够的强化次数和作用，能使教师从批改作业等繁琐事物工作中摆脱出来等。

（3）<u>确立程序教学理论</u>，其基本原则包括：积极反应、小步子、及时强化和自定步调。

（4）<u>教育研究应该以教和学的行为作为研究的对象</u>。教师应该研究教学过程中具有操作性的学习理论以及教学方法和技术。

新行为主义教育不仅有助于学习理论的发展，而且为计算机辅助教学的发展开辟了道路；但新行为主义教育家忽视人类学习与动物学习的本质差别，把人类的学习归结为操作性条件作用，明显具有机械主义的特征，从而受到人们的批判。

（六）结构主义教育（宁波/扬大19，天师18名解）

结构主义教育产生于20世纪50年代末，是现代欧美国家一种强调认知结构的研究和认知能力的发展的教育思潮。它以结构主义心理学为理论基础，侧重研究课程教学改革问题，代表人物有皮亚杰、布鲁纳等。其主要观点包括以下几个方面：

（1）教育和教学应重视学生的认知能力发展。教育是教育者引导学习者实现知识的转化，并使学习活动内化的构造过程。其主要任务就是促使学生的认知能力得到发展。

（2）注重掌握各门学科的基本结构。学科的基本结构是指一门学科的基本概念、定义、原理、原则和方法。掌握学科的基本结构有助于理解和把握整个学科的内容。

（3）主张学科基础的早期学习。任何一门学科的基础知识都能以一定的形式教给任何阶段的任何儿童，因此，尽早让儿童掌握学科的基本结构是有效和便捷地进行教学的主要途径。

（4）倡导发现法和发现学习。发现学习就是引导儿童从事物表面现象去探索具有规律性的潜在结构的一种学习途径。

（5）认为教师是结构教学中的主要辅导者。教师应从儿童的心理能力出发，考虑一门学科的基本结构在学习中的作用以及如何使学生理解和掌握该门学科的基本结构。

结构主义教育思想为心理学研究和教育研究的相互协作提供了一个范例，对现代西方课程论影响很大，并成为20世纪60年代美国课程改革的指导思想。但是结构主义教育有些观点过于天真和理想化，导致课程教材改革的难度偏大，引起了人们不同的评论和争议。

（七）终身教育思潮

（川师21，河南20，北师18名解；重师18，江苏17简答；中央民族19，云师18，安师17论述）

终身教育思潮产生于20世纪50年代的法国，是现代欧美国家一种强调把教育贯穿人的一生的教育思潮，现已成为一种被视为未来教育战略的国际性教育思潮，代表人物是保罗·朗格朗。

（1）终身教育的缘由：终身教育是应对人类在现代社会中所面临各种新挑战的需要，是一种能够使人在各方面做好准备并应付新的挑战的教育模式和教育观念。

（2）终身教育的含义：终身教育包括了教育的各个方面、各项内容，从一个人出生的那一刻起一直到生命终结时为止的不间断的发展，也包括了在教育发展过程中的各个阶段之间的内在联系。它并不是传统教育的简单延伸，而是包括一切正规教育、非正规教育以及非正式教育。其基本特点是具有连续性和整体性。此外终身教育没有固定的教育内容和方法，强调人的个性发展。

（3）终身教育的目标：实现更美好的生活，使人过一种更和谐、更充实和符合生命真谛的生活。具体目标包含两方面：培养新人；实现教育民主化。

终身教育理论自20世纪60年代中期兴起以后，在教育领域中引起了一场广泛而深刻的革命。终身教育已成为建立一个学习化社会的象征。许多国家把终身教育作为教育改革和发展的战略重点，但终身教育的具体实施规划仍需进一步探讨。

（八）现代人文主义教育思潮（华中20名解；扬大20简答；华南/福师19论述）

现代人文主义教育思潮于20世纪60—70年代盛行于美国，是现代欧美国家一种以人本主义心理学为基础、突出"以人为本"理念、以培养自我实现和完整的人为教育目的的教育思潮，代表人物有马斯洛、罗杰斯和弗洛姆等。其主要观点包括以下几个方面：

（1）教育的目的是培养自我实现的人。教育的目的就是人的自我实现、完美人生的形成以及人的潜能的充分发展。

（2）主张构建人本课程，即"课程人本化"。不仅要注意课程内容的人本主义，而且要注意强调情感在知识教育中的作用。

（3）强调学校应创设自由学习和发展的氛围。教育的作用就是为学习者创造最佳的学习条件，即创造一种积极的学习环境。

现代人文主义教育不仅对西方教育理论和实践产生了重要的影响，而且对发展方向具有牵引的作用；但它过分强调主体性及个人的价值观和个人的自我实现，简单地把个体的潜能实现与个体的社会价值画上等号，也受到了批评。

（九）存在主义教育思潮（安师 20 简答）

存在主义教育是现代欧美国家一种以存在主义哲学为价值取向的教育思潮，它以"人的存在"为研究的对象，强调品格教育的重要，并提倡个人自由选择。代表人物有海德格尔和雅斯贝尔斯等。其主要观点包括以下几个方面：

（1）教育的目的在于使学生实现自我完成。
（2）品格教育在人的自我发展中具有重要作用。
（3）学生应该能自由选择道德标准。
（4）采用个别教育的方法。
（5）教师是学生自我实现的影响者和激励者。

存在主义教育对于当时的教育制度进行了激烈的批判，提出一些具有积极意义的教育观点。但其过分强调个人意志和自我选择，以及本身存在的消极因素，而使其教育主张客观上带有偏激性和片面性。这致使它在教育工作实践中的影响甚为有限。

【名校真题】

名词解释

1. 终身教育思潮（北京师范大学 2018）
2. 结构主义教育（宁波大学 2019）
3. 要素主义（南京师范大学 2018）
4. 现代人文主义教育思潮（华中师范大学 2020）

简答题

1. 永恒主义教育（宁波大学 2021）
2. 简述要素主义教育思潮的基本观点（华中师范大学 2021）
3. 简述改造主义教育的基本观点（安徽师范大学 2021）

论述题

1. 试述终身教育思想的提出对学习型社会的意义（安徽师范大学 2017）
2. 论述要素主义教育思潮的主要观点及其贡献和价值（云南师范大学 2019）
3. 论述 20 世纪前期的教育思潮（宁夏大学 2020）

十二 苏联教育思想 ★★★★

（一）马卡连柯的教育思想（杭师21名解；安师20，云师17论述）

马卡连柯是苏联早期著名的教育理论家和实践家，他的教育实践和教育理论不仅促进了苏联教育事业的发展，而且对世界教育也产生了深远影响。主要著作有《教育诗篇》等。

1. 论教育的目的

马卡连柯认为学校的任务是要<u>为社会培养高质量的人才</u>。他从当时苏联社会主义建设的实际情况出发，主张教育的目的应该是把青年一代培养成为真正有教养的苏维埃人、劳动者，一个有用的、有技术的、有学识的、有政治修养和高尚道德的身心健全的公民。

2. 论教育方法

马卡连柯的教育方法<u>强调统一与个性的综合</u>。他认为，符合时代要求的教学方法应该既是总的和统一的方法，又是使每一个单独的个人能发挥自己特点、保持自己个性的方法。教师在培养新人时，要注意防止两种倾向：一种是抹杀个性特点；另一种是消极地跟随个体。

3. 论集体主义教育

集体主义教育是马卡连柯教育思想的核心。他认为，在社会主义社会里，每一个人都不能离开集体而单独存在，同时每一个人的创造性和力量也只有在集体中才能得到充分发挥。因此，苏维埃教育的任务只能是培养集体主义者，而要培养集体主义者就必须<u>在集体中通过集体并为了集体</u>来进行教育。马卡连柯在多年的教育实践中，创立了一整套集体教育的原则和方法，具体如下：

（1）<u>平行教育影响原则</u>。它是教育和影响个人的一种形式，是以集体为教育对象，通过集体来教育个人。教育者对集体和集体中每一个成员的教育影响是同时的、平行的。在给个人一种影响的时候，这影响必定同时应当是给集体的一种影响。相反的，每当我们涉及集体的时候，同时也应当成为对于组成集体的每一个人的教育。

（2）<u>前景教育</u>。要求教师在教育过程中经常给学生指出美好的前景，即给学生提出一个或好几个需要经过一定努力才能完成的新任务，吸引学生集体和集体中的每一成员，为完成新的任务，实现新的前景，由近及远、由易到难地开展活动。

（3）<u>优良的作风与传统</u>。培养优良的作风和传统，既是苏维埃教育的主要任务，又是进行集体主义教育的重要方法，对于美化集体和巩固集体具有非常重要的意义。

（4）<u>纪律教育</u>。马卡连柯认为，纪律是达到集体目的的最好方式，它可以使集体更完善，更迅速地达到自己的目的；同时也是良好的教育集体的外部表现形式，还是每一个人充分发展的保障。

（5）<u>尊重与要求相结合的原则</u>。这是马卡连柯基于社会主义人道主义思想而确立的一条基本原则。从这个原则出发，他要求教育工作者最大限度地尊重儿童的人格，相信儿童，对儿童的要求应建立在对他们关怀和信任的基础上。

4. 论劳动教育

马卡连柯非常重视年轻一代的劳动教育。他认为，劳动教育就是人的劳动品质的教育，也是公民将来生活水平及其幸福的教育。其目的是要发展儿童的体力、智力和培养他们从事生产劳动的技能技巧，尤其重要的是使学生在道德上和精神上得到良好的发展。

但不是任何劳动都能教育人，只有那些按照教育原则组织的、作为教育过程总的体系的一部分的劳动才有教育意义。马卡连柯要求在让儿童从事体力劳动的同时对他们进行思想道德教育，注意培养他们对待劳动的态度以及对劳动者的尊敬和对寄生者的憎恨等思想感情，培养自觉的劳动纪律和爱护公共财产等劳动品质。

5. 论家庭教育

（1）重要性：儿童的早期家庭教育对儿童的成长影响极大。家庭教育的好坏，不仅关系到儿童的未来，还关系到社会和国家的未来。

（2）基本条件：建立一个"完整和团结一致"的家庭集体。

（3）重要原则：在家庭教育的方式方法上要注意掌握尺度和分寸，要遵循"中庸之道"。

（4）父母的作用：马卡连柯特别重视父母自身的行为在家庭教育中的作用，认为父母的一言一行、一举一动都会给儿童产生深刻的影响。

（5）方法：吸引儿童参加经济管理并从事一些力所能及的劳动；组织各种游戏活动等。

6. 马卡连柯教育思想的评价

马卡连柯的教育理论是在全面总结苏联社会主义教育实践和自己的教育实践的基础上，逐渐形成和发展起来的，具有极其重要的理论和实践意义，对世界各国都产生了一定的影响；但他也受到了一定历史条件和个人经验的限制。

（二）凯洛夫教育学体系

凯洛夫是苏联著名的教育学家。他的教育学主要体现在其主编的《教育学》一书中。

1. 教学过程的本质

（1）教学是教育的基本途径。教学过程具有以下特点：

①通过教学过程应使学生接受的是前人已获得的真理。

②在教学过程中学生是在有经验的教师领导下获得对现实事物的认识的。

③在教学过程中一定要有巩固知识的工作。

④在教学过程中还包括有计划地实现发展儿童智力、道德和体力的工作。

（2）教学基本环节。

①使学生感知具体的事物并在此基础上形成学生的表象。

②分清事物的异同、主次，认清它们之间的各种关系。

③形成概念，认识定律、定理、规则、主导思想。

④使学生牢固地掌握事实和概括性的工作。

⑤技能和熟练技巧的养成和加强。

⑥在实践中检验知识，把知识应用于包括创造性作业在内的各种课业中。

[拓展知识]

凯洛夫所提出的教学基本环节与赫尔巴特的教学形式阶段具有明显的相似之处，但两者的理论基础不同。赫尔巴特的教学形式阶段理论是以观念心理学为基础的，凯洛夫的《教育学》则力图将其理论建立在辩证唯物主义的认识论的基础上，是一种历史的进步，但它将教学局限在使学生掌握间接知识的范围之内，也是一种片面性。

2. 论教学原则

（1）直观性原则。其目的是为了使学生在知觉具体事物的基础上形成观念和概念。教学活动的安排应该适合学生尤其是低年龄儿童的年龄特征。

（2）自觉性与积极性的原则。旨在保证儿童通过积极的思维活动，对已感知到的外部具体事物及其特征进行对比、甄别、分析、归纳，并最终得出概念性及规律性的认识。

（3）巩固性原则。其重要性在于把知识保持在记忆中，并能在必要的时候想起这些知识并以它作为凭借。

（4）系统性与连贯性原则。要求按照严格的逻辑编写系统的教学大纲与教材，要求教师系统讲述其任教学科，要求学生进行系统的学习。

（5）通俗性与可接受性原则。主要指教材所涵盖的知识范围、复杂程度及深度应符合特定年龄段儿童的年龄特征，要照顾到学生的知识水平、领会科学问题所达到的程度及智力水平等。

3. 道德教育

（1）德育的任务：培养苏维埃爱国主义精神、社会主义的人道主义精神、集体主义精神、对劳动和社会公共财产的社会主义态度、自觉纪律以及布尔什维克的意志与性格特征。

（2）德育的原则：第一个原则是要使德育过程渗透共产主义的目的性和思想性；其他原则还有适应儿童的发展水平、连续性、对学生的严格要求和尊重学生人格相结合、长善救失、在集体中通过集体进行教育等。

（3）德育的途径和方法：首先强调的是教学，还包括说服法、练习法、儿童集体组织法、奖惩法等。

4. 凯洛夫教育思想的评价

凯洛夫的教育思想体系建立在马列主义哲学思想、历史唯物主义基础上，批判和改造了以往教育学说的历史遗产。他力图以历史唯物主义为指导阐述教育这一社会现象，全面、系统地反映20世纪30—40年代苏联普通教育的实践经验，建构较完善的教学论体系，代表了苏联教育理论建设的一个阶段，也对新中国成立初期的教育理论建设产生过很大的影响。但它未能根据苏联当时已有很大变化的文化教育状况、教育自身特点及其发展规律，提出和解决新的教育理论与实际问题，使它带有浓重的滞后性和封闭性，缺少创造性。

（三）赞科夫的发展性教学理论（苏大21，陕师20，北师17 简答；华南/东北21，天师17 论述）

赞科夫是20世纪60—70年代苏联著名的心理学家和教育家，他的教学理论主要处理的是教育与人的发展关系问题。通过多年的实验，赞科夫形成了他的发展性教学理论。主要著作有《论小学教育》《和教师的谈话》《教学与发展》等。

1. 发展性教学理论

赞科夫认为，教学的核心是要使学生的一般发展取得成效。一般发展的具体含义如下：

（1）一般发展是指儿童心理的一般发展。指的是个性的所有方面的进步。

（2）一般发展不同于特殊发展。一般发展在学习任何学科、任何情境中都会表现出来。

（3）一般发展不同于全面发展。这里的一般发展指的是发展的心理学和教育学方面。

（4）一般发展有别于智力发展。不仅发展学生的智力，还包括情感、意志、品质、性格等方面。

（5）一般发展还包括身体发展和心理发展。但赞科夫主要研究的是教学与儿童心理一般发展的关系。

2. 五项教学论体系的新原则

（1）以高难度进行教学的原则。这一原则在实验教学论体系中起决定性作用。难度的含义是要求学生通过努力克服障碍。但高难度并不意味着越难越好，困难的程度要控制在学生的"最近发展区"的范围内。

（2）以高速度进行教学的原则。这一原则要求教学不断地向前运动，以各方面内容丰富的知识来充实学生的头脑，为学生深入地理解所学知识创造有利的条件。要克服多余的重复烦琐的讲解以及机械的练习，以节约时间、加快进度。要善于利用一切手段提高学习质量。

（3）理论知识起主导作用的原则。这一原则不贬低学龄初期儿童掌握技巧的重大意义，而是要求学生在一般发展的基础上，尽可能深入领会有关概念和规律性的知识。

（4）使学生理解学习过程的原则。实验教学不仅要求学生会背，而且要求学生学会分析、比较、综合、归纳，了解所学知识之间的联系等等。这样做有利于发展学生的思维能力，提高他们学习的主动性与创造性，教会他们学习。

（5）使班上所有的学生都得到一般发展的原则。这条原则的本质在于让优、中、差三类学生都以自己现有的智力水平为起点，按照自己最大的可能性得到理想的一般发展。

3. 赞科夫教育思想的评价

赞科夫的教育理论对苏联教育理论与实践的发展影响较大。他的发展性教学理论的一些观点为苏联教育理论界所接受，并被吸收到 20 世纪 70—80 年代出版的教育著作和教科书中。但其理论也存在一定的局限性，他的研究主要从儿童心理的角度进行，很少考虑教学过程的社会政治与道德要求，过分强调认知方面的智育。此外，对待传统教学理论的全盘否定态度是不科学的。

（四）苏霍姆林斯基的教育理论（宁波 20 名解；扬大 21 简答；天师 20，浙师 18，中央民族 17 论述）

苏霍姆林斯基是苏联著名的教育理论家和实践家，被誉为"教育思想的泰斗"。贯穿于他一生的教育实践主线是全面和谐发展的教育思想。主要著作有《给教师的一百条建议》《把整个心灵献给孩子》《帕夫雷什中学》等，被称为"活的教育学"和"学校生活的百科全书"。

1. 全面和谐教育的含义

苏霍姆林斯基认为，为了培养全面和谐发展的人，就必须深入地改善整个教育过程，实施和谐的教育。全面和谐的教育包含两层含义：

（1）要把学生认识和改造世界的活动和谐地结合起来，要求学生的体力劳动与智力活动的结合、课堂教学与课外活动的结合、教育与自我教育的结合。

（2）要把德智体美劳诸育和谐的结合起来，强调的是诸育的相互渗透和交织，统一为一个完整的过程。

2. 全面和谐发展教育实施

（1）德育，在全面和谐的教育中应占有主导的地位。德育贯穿于学校教育、教育工作的各个方面，德育任务的完成有赖于其他各育的实施，学校里所做的一切都应当包含深刻的道德意义。

（2）智育，是学校的主要任务。智育应当包括获得知识，形成科学世界观，发展认识和创造能力，养成脑力劳动文明等。

（3）体育，被视为一个人得以全面发展、和谐发展的最重要因素。苏霍姆林斯基认为体育工作首先要关注人的身体健康，其次要关注体育在培养道德、审美和智育等方面的重要作用，要保证人的身体发育、精神生活以及多方面的活动的协调一致。

（4）美育，苏霍姆林斯基对美育的重视以他对情感在人的个性形成中的重要作用的认识为基础，认为"美是心灵的体操"，要通过各种活动潜移默化地培养学生的美感。

（5）劳动教育，苏霍姆林斯基认为脱离劳动就不可能有教育，应该尽早开始劳动教育。劳动既是学生认识和理解世界的手段，也是他们进行自我认识和自我教育的重要途径。劳动具有经济的价值；劳动能丰富学生的精神生活，提高他们的道德素养，完善审美情操；创造性劳动是道德修养的源泉和精神文明的基础。

3. 全面和谐发展教育的原则

（1）全面与和谐不可分割。
（2）多方面教育的相互配合。
（3）个性发展与社会需要相适应。
（4）学生自由。
（5）尊重儿童，重视自我教育。

4. 苏霍姆林斯基教育思想的评价

苏霍姆林斯基的教育理论与实践对20世纪70—80年代苏联教育理论的发展产生了很大的影响，如，苏联教育家巴班斯基就接受了苏霍姆林斯基关于教育和教学工作整体性的观点，将全面和谐发展学生的个性作为学校理想的观点。此外，他的教育理论与实践在中国教育界也受到了十分广泛的关注。

【名校真题】

名词解释

1. 平行教育影响原则（杭州师范大学 2021）

简答题

1. 赞科夫的发展理论的五个原则（陕西师范大学 2020）

论述题

1. 论述苏霍姆林斯基的教育理论（天津师范大学 2020）
2. 论述赞科夫发展性教学理论（华南师范大学 2021）
3. 试述马卡连柯的劳动教育思想及其当代意义（安徽师范大学 2020）

附 录

北京师范大学	北师
华东师范大学	华东
陕西师范大学	陕师
华中师范大学	华中
中央民族大学	中央民族
东北师范大学	东北
华南师范大学	华南
湖南师范大学	湖师
宁夏大学	宁夏
苏州大学	苏大
南京师范大学	南师
宁波大学	宁波
深圳大学	深大
山东师范大学	山师
福建师范大学	福师
天津师范大学	天师
青岛大学	青岛
上海师范大学	上师
浙江师范大学	浙师
杭州师范大学	杭师
云南师范大学	云师
重庆师范大学	重师
四川师范大学	川师
安徽师范大学	安师
广西师范大学	广师
江苏师范大学	江苏
扬州大学	扬大
海南师范大学	海师
河南师范大学	河南
贵州师范大学	贵师

参考文献

[1] 孙培青. 中国教育史（第四版）[M]. 上海：华东师范大学出版社，2019.

[2] 孙培青. 中国教育史（第三版）[M]. 上海：华东师范大学出版社，2008.

[3] 孙培青. 中国教育史（修订版）[M]. 上海：华东师范大学出版社，2000.

[4] 孙培青. 中国教育简史[M]. 北京：中国人民大学出版社，2021.

[5] 王炳照，郭齐家，等. 简明中国教育史[M]. 北京：北京师范大学出版社，2007.

[6] 张传燧. 中国教育史[M]. 北京：高等教育出版社，2010.

[7] 刘垚玥，卢致俊. 中外教育简史[M]. 北京：中国人民大学出版社，2012.

[8] 吴艳茹，杜海燕，等. 中外教育史[M]. 北京：北京师范大学出版社，2015.

[9] 杜成宪，王保星. 中外教育简史（上、下）[M]. 北京：北京师范大学出版社，2015.

[10] 吴式颖，李明德. 外国教育史教程（第三版）[M]. 北京：人民教育出版社，2015.

[11] 吴式颖. 外国教育史教程：缩编本[M]. 北京：人民教育出版社，2002.

[12] 张斌贤. 外国教育史（第2版）[M]. 北京：教育科学出版社，2015.

[13] 张斌贤. 外国教育史[M]. 北京：教育科学出版社，2008.

[14] 周采. 外国教育史[M]. 上海：华东师范大学出版社，2008.

[15] 王天一. 外国教育史（修订本）[M]. 北京：北京师范大学出版社，2005.

[16] 贺国庆，于洪波，朱文富. 外国教育史[M]. 北京：高等教育出版社，2009.